明清宫廷史学术研讨会论文集

第一辑

故宫博物院 编　　紫禁城出版社

序

2009年10月20日，故宫博物院明清宫廷史研究中心正式成立，揭牌仪式在故宫博物院建福宫花园内敬胜斋隆重举行。参加仪式的有国家清史编纂委员会主任戴逸教授等国内外著名大学与研究机构的专家学者近百人，还有中国第一历史档案馆、沈阳故宫博物院等与明清宫廷史研究相关的各单位领导，台北故宫博物院周功鑫院长也派员参加了仪式。

故宫博物院明清宫廷史研究中心的成立，是故宫博物院在新的世纪大力加强学术基地建设、提升学术水平的又一举措。

故宫博物院自1925年建院伊始，即以开放的胸怀，延揽学界精英，共同研讨故宫学术。进入21世纪，为了进一步推动学术研究，故宫博物院更加开放地吸引社会学术力量介入。2005年成立了故宫博物院古陶瓷研究中心、故宫博物院古书画研究中心，2008年成立了故宫博物院古建筑研究中心。2009年10月，明清宫廷史研究中心（同月成立的还有故宫博物院藏传佛教文物研究中心）的成立则是这一思想的延续和发展。

故宫博物院成立明清宫廷史研究中心后，积极推动与国内外学术机构的合作，进一步加强与国内外学术界在明清宫廷历史方面的沟通与交流，并在研究场所、研究设备、文物资源的利用与保护、学术成果的出版与管理、院外学者延揽等方面建立一套完整的章程与办法，主要汇集在《故宫博物院明清宫廷史研究中心章程》中。这些将为故宫博物院的学术研究创造良好的条件，从而使研究中心成为国内外专家学者开展合作性课题的学术平台。

该中心主任由故宫博物院副院长陈丽华研究馆员担任，秘书长由时任故宫博物院宫廷历史部副主任任万平研究馆员担任。在成立仪式上，中心聘请戴逸、南炳文等中外著名的对明清宫廷史研究卓有建树的专家学者30余人担任客座研究员。同时，在成立仪式上，该中心已与三家研究机构签署了学术合作意向书。随着条件的成熟，故宫博物院将会与更多的学术机构达成合作意向。

揭牌仪式之后，随即于10月21至22日在北京鑫海锦江大酒店召开了以“宫廷历史学研究对象、范围与方法”为主要议题的明清宫廷史研究中心第一届国际学术研讨会。来自北京、上海、天津、黑龙江、吉林、辽宁、河北等省市以及港澳特别行政区、台湾地区，美国、英国、新加坡等国的正式代表及列席代表近百人参加了学术研讨会。

本届学术研讨会是近年来大陆举办的具有较高水准的一次学术盛会，体现在以下几个方面。

第一，与会专家学者人数多、水平高，可谓群贤毕至。本届研讨会邀请到了海内外最著名的一批明清史研究专家，他们的研究成果深具影响力与代表性。本次会议在筹备期间即已收到论文30余篇，提要40余篇，其议题广泛，富有深度，涉及明清宫廷史研究的理论与方法、宫廷史个案研究、宫廷原状恢复、中外宫廷对比等多方面的问题。

第二，研讨议题紧扣明清宫廷史研究的中心主旨，首先研讨了宫廷史研究的对象、范围与方法，这对于未来明清宫廷史研究中心的学术发展至关重要。南开大学的冯尔康教授提出宫廷史研究要走出帝王崇拜的阴影，关注宫廷史与中国社会走向的大题目，认识宫廷决策对中国社会政治经济文化与社会生活的影响作用，着眼于文化史更有意义。北京大学徐凯教授介绍了国外宫廷史的研究方法，提出我们国内的明清宫廷史研究不应仅凭借唯物主义方法，还应借鉴西方宫廷史学的研究经验，探讨出其特有的研究方法。中国人民大学毛佩琦教授提出宫廷史不同于宫闱史，宫廷文化与宫廷物质生活等都是宫廷史研究的对象。尽管其腐朽的一面不可否认，但依然是中国文化的精华，是社会文化的引领。他还指出，宫廷事件不仅仅指在宫廷之内发生的事件，有时甚至波及社会底层和国家的边陲等。故宫博物院刘潞研究馆员基于二十余年的宫廷史研究实践，从学科建设的角度对清代宫廷史研究的对象进行了阐述，通过时空角度界定其研究对象，进而提出了清代宫廷史研究对象的四个层次：事实——沿革——规律——方法。对于宫廷史研究的对象、范围与方法这样的理论问题，当然不可能仅通过这样一次会议就得到解决。以后我们还将对这一问题进行深入地探讨。

第三，本次会议提出了很多富有建设性、开创性的议题，对于今后进一步深入开展明清宫廷史研究提供了很好的切入点与思路。台北故宫博物院庄吉发研究员在掌握大量原始档案的基础上，以其深厚的满文功底辨析了沈阳故宫博物院与故宫博物院匾额的翻译问题，以《上谕档》的记载分析清宫陈设等。国家清史编纂委员会朱诚如教授从儒家的“中和”思想解读了康乾盛世，给我们以思想的启迪，令人耳目一新。北京大学王天有教授提出对明代宦官问题需要重新审视的新观点，认为明代宦官在中国历代王朝中文化水平最高，但不能把文化水平高归结为与其专权有直接的因果关系，而是要看当时的皇权与内阁处于强势还是弱势的不同情况来分析，并且分析了明代宦官专权只有20年左右的时间，因而也不能以偏概全。台北师范大学朱鸿教授通过对十三陵空间布局的分析，从新的视角解读了明代迁都问题与“正统”年号的由来及内涵。

除上述几家之言外，提交会议的论文还涉及宫廷典制、人物、事件、文化艺术、档案资料等多方面。

第四，本次研讨会的举办，增进了两岸故宫的学术交流。除了故宫博物院正式邀请的与会代表外，还有多名台北故宫博物院的同仁列席了会议，促进了两岸故宫的学术互动。

除以上几方面的特点外，此次会议把明史、清史两个断代史的学者，通过明清宫廷史研究中心的成立而团结、汇聚到一起，这样更有利于展开历史沿革领域的探讨与研究，可以做到瞻前顾后。此次会议的形式，全部安排为大会发言形式，便于全部参会学者的聆听与讨论，给年轻学者安排了青年论坛，提供了宣读论文的良好机会。令我们感动的是，很多德高望重的学者，尽管公务与学术活动甚为繁忙，还是全程参加了研讨会，这也是近年来学术会议很难得的现象，为年轻学者树立了良好的学术风范。

总之，本次会议，促进了学术交流，拓宽了研究视野，增强了研究深度，为故宫博物院明清宫廷史研究中心未来的研究工作开辟了良好的开端，是一次成功的学术会议。

故宫博物院第一届明清宫廷史国际学术研讨会结束后，与会学者根据会议的研讨，对其论文进行了一定的修改。修改稿汇总后，故宫博物院明清宫廷史研究中心组织专家组进行了审稿，汰除了个别学术性有欠缺的稿件，对一些稿件提出了进一步的修改意见，然后返回作者再次修改或调整论述角度，最终再次汇集，进入出版的各项程序。

本次论文集共收录论文37篇，因是第一届研讨会论文集，故编为第一辑，名为《明清宫廷史学术研讨会论文集》。根据《故宫博物院明清宫廷史研究中心章程》，中心每三年召开一次国际学术研讨会。嗣后，将根据研讨会召开的情况，陆续编次论文集，以促进学术交流与发展。

郑欣淼

2010年8月

目录

从好奇到认知
——宫廷史研究浅谈

南开大学历史系　冯尔康

值此故宫博物院成立“明清宫廷史研究中心”之际，仅就宫廷史研究的四个问题，谈一点浅见，表示祝贺之情,并请方家指教。

一　宫廷史研究的必要性与意义

明清故宫建筑群和大量的珍贵古文物、绘画雕塑品、图书、档案，是宝贵的中华文化遗产，对它进行研究具有重大意义：中国古代宫廷建筑的气势恢宏，庞大的建筑群及其内涵，配合以园林，又有园中之园，以及各种古代文物，无不展示中华文化的特色。早在20世纪30年代，中国本位文化论与全盘西化论之争时，梁实秋认为中国文化优于西方文化的地方是菜好吃，长袍布鞋舒适，宫室园林雅丽。张奚若亦是如此，以中国坛庙宫殿式建筑而自豪，中国饭好吃，山水画讲究意境。二位学者共同地认为宫室园林建筑是中国文化瑰宝，是对世界多元文化的贡献。宫廷史研究的内涵，实能揭示、展示中国优秀文化传统，国家文化软实力；宫廷古迹及在相关场所举办的宫廷文物展览，提供民众参观娱乐场所，而宫廷史研究与之配合，深化人们的历史记忆，获得准确的宫廷史知识，从神秘、好奇到认知,会得到智慧的启迪，也有益于克服历久相延的帝王崇拜文化心态。

二　宫廷史研究对象范围

从多角度思考宫廷史研究的内涵与外延，概括讲是明清宫廷建筑群、宫廷文物研究与政治史、社会生活史研究的结合，稍微具体讲，想到几个方面：

从政治史角度考虑，皇宫是传统社会的政治心脏，中枢决策之所。乾清门的御门听政，养心殿的召见军机大臣、引见中下级官员，乾清宫的举行君臣柏梁体赋诗会的君臣同乐，保和殿的殿试贡士，太和殿的筵宴朝正外藩，午门的献俘，天安门的宣诏，中海丰泽园和避暑山庄莆田丛樾的试种植农作物（如御稻）与推广。宫廷及其各个处所，见证社会历史的变迁，诸如朝代的更易与迁都，明成祖的攻陷南京，而后的迁都北京与南、北二京制度，李自成的武英殿登基与败亡，满洲入关定都北京与建设夏京避暑山庄；它还是皇家施行各项政策的见证，民族认同的见证，国际交往的见证，皇帝与皇室成员的生活与政治关系的见证。比如，雍亲王府（雍和宫）之东寝宫，西室屏门上前曰“劝农”，后曰“课织”，屏间绘有耕织图，这就令人想到，康熙帝发布《耕织图》之后，时为皇子的雍亲王（日后的雍正帝）推出《耕织图》，并且以他本人和妻子那拉氏为模特绘制农夫织妇形象，以迎合康熙帝重农劝农之意，谋求康熙帝的好感。当然也会想到在清代以农业为主的社会,重农耕乃朝廷应有之意。还回到雍亲王话题,在王府大和斋之东北的“五福堂”，匾为康熙帝御笔，康熙帝本人追求五福，并认为“考终命”最难。堂内雍亲王书写的匾曰“悦目赏心”，联曰：“大德曰生，到处和风甘雨；与民偕乐，随事击壤歌衢。”堂后有书室，堂内雍亲王书匾“幽偏自怡”，联曰：“健行乾不息，逊志亦无方。”[1]雍亲王选编《悦心集》，此书的命名，与五福堂匾联的含义完全相同。其时康熙帝诸皇子争夺储位，雍亲王以此表示他淡泊胸怀，无意于储位的争竞，给人以假象。如此韬略与作为，可知他后来位登九五，哪里是偶然的事情！雍亲王府的匾联和雍亲王的未来前途竟然是如此合

[1]《国朝宫史》卷一六《宫殿》。

拍，为研究雍正帝史提供了绝好的物证。

从宫廷政治斗争史角度看，皇宫具有“凶宅”成分。宫廷的凶杀案与宫闱疑案历来很多，王朝更替时期有，王朝内部也有。靖难之役中，宫中火起，建文帝不知所终，或云由地道出亡，这就成为郑和下西洋的动因之一。改朝换代的屠戮，才有崇祯帝的“汝何故生我家”的悲惨哀嚎[2]，致使昭仁公主惨死在崇祯帝剑下，长平公主受伤而夭亡，真是“不幸生于帝王家”呀！

从宫廷生活史方面讲，皇宫含有牢笼因素。历史上时或出现不守帝王规范的有越轨行为的皇帝，如汉成帝微服出游，汉灵帝在宫中开设商店取乐。明武宗出游宣府、大同，成为京剧《梅龙镇》之张本，他以宣府为家，在那里过年，而将皇宫、南郊祭天置之度外，他游江南，泛舟落水，终致得病而崩。乾隆帝在圆明园开设买卖街，留下逸闻趣事。20年前我撰文《皇家“买卖街”游戏》，说到有的皇帝秘密出游和在宫苑开设商店，斥责他们的荒唐之外，提出“皇宫中的生活是那样美好吗”的问题，指出皇帝的活动范围，宫苑虽然不小，但再大也不过是那种围墙内的天地，在这一点上就不如老百姓的活动地盘大，“皇帝不能出宫，在一定意义上说皇宫也是皇帝的监狱，虽然他是那里的主人”。臣民可以走亲访友，逛市场，与熟人、陌生人打交道，“是宫中所没有的。皇帝也是人，也会向往民间丰富多样的生活。……（这）对于每一个人来讲都不是过分的、无理的。因此，我们指责汉灵帝这一类君主的时候，还要看到那种封建的政治体制，也限制了皇帝个人的个性发展和生活情趣，他也成为被扭曲的人，他们希望在帝王生活之外还有普通人那样的一些生活内容也是可以理解的事情。”所以，“封建帝王的政治制度是更应该诅咒的”。因此，也有人说：“天底下可能没有比紫禁城更不适合一个孩子成长的地方了。唯独缺乏一样东西：简单平凡的亲情。”

就宫廷人群史来讲，所有宫墙内之人都是宫廷史研究的对象。皇帝、太后和太上皇、皇后、妃嫔、皇子、太监、宫女是，非皇宫正式成员的杂役人员也是。上自帝后，下至太监、

[2]《明史·公主传》。

宫女、杂役，他们的生活，都需要关注。在实际上，往往留意的是皇帝、得意的后妃和皇太后，宫苑下层人物常常被忽视，这种情形，似宜改变。我觉得，帝王的寿命及形成的原因，皇家的生育与抚育，太监、宫女的“伴食”，民间稳婆与选秀女，与宫中收生等等专题史，均值得深入研究。

宫廷史研究，明确宫苑的范围，甚为必要。宫廷建筑群包括北京故宫（含三海）、沈阳故宫、承德避暑山庄、颐和园、雍和宫，明孝陵、明十三陵、凤阳明陵、清东陵、清西陵、辽宁清三陵，以及南苑、圆明园、畅春园等遗址。

三　宫廷史研究法

运用档案文书与宫中实物研究宫廷史，重要的是两方面的紧密结合。由于档案是原始资料的原始资料，我国现存历史档案，又以明清档案最丰富、最珍贵，因此，研究清史及近代史，明清档案无疑是必须利用的史料，如果对它有所忽略，甚或基本不去顾及，必将较大程度地限制研究水准的提高。20世纪20年代开始利用档案文书研究明清史，以后研究者越来越多，档案的整理、出版取得了重大成就。但是，当今修清史，编著者利用档案的情形，远不是想象得那么热情，甚至显得冷清。因此，充分利用档案，提高研究水准，仍然是需要提倡，需要呼吁的事情。档案与实物对照研讨，有的学者作出显著成绩，如杨启樵的研究，先利用雍正朝朱批谕旨写作《雍正帝及其密折制度研究》，此后运用“宫中档·活计档”撰著《揭开雍正皇帝隐秘的面纱》，认为世传雍正帝节俭是片面、表面、非真实的，他侈靡达到顶峰，爱用奢华起居用具，如服饰、衣架、床褥、风扇；为玩赏娱乐而做棋子、骨牌、盆景、珍宝、玩具。而在2009年11月台北故宫博物院召开的《为君难：雍正其人其事及其时代》研讨会上，嵇若昕的专题演讲《雍正皇帝的艺术品位》，从对雍正帝关注下制造的两种鼻烟壶、瓷胎画珐琅兰料山水碗、两种松花石砚等器物的具体赏鉴，认为雍正帝对于工艺美术的欣赏，以“文雅”为最高标准，而“素静”、“精细”、“秀气”为达到标准的手段，进而分析雍正帝对工艺品的精益求精，“是坐拥天下的皇帝对于生活品位的追求，或也是清世宗戮力朝政后的一种生活调剂吧”！综观杨氏、嵇氏两种不同角度的查察，都让人得到有益的启发。当研究者为雍正帝宣称生活节俭所迷惑之时，获知其奢华一面，对他有了较为全面的认识，而作为勤政的帝王，需要调剂精神，在工艺品欣赏方面的付出也是必要的，他的富有更是可能的，从需要与可能来讲，是可以理解的。因此，我以为两种见解互为补充，使得人们对雍正帝的艺术追求、生活情趣和为人有了深入一个层次的认知。与此相关的林姝《从造办处档案看雍正帝的审美情趣》一文，藉用故宫博物院所收藏的雍正实物，即石砚、漆器书桌、漆盒、玛瑙壶、（鼎）紫檀木座、玻璃窗、鼻烟壶等制品，与档案文书结合研究，指出他以“精细”、“素静文雅”、“秀气”为审美标准，强调大气，宫廷之气象，而非民间的“俗气”和纤细之巧。林姝的文章从艺术史方面塑造雍正帝形象，指出他艺术鉴赏力及标准的文雅精细，反映其人不仅是工作狂，且懂生活，有生活情趣，有高雅的一面。再如庄吉发利用康熙朝满文奏折档案，发现噶尔丹之死系病故，并非《清圣祖实录》所说的穷途末路，仰药自尽，纠正了钦定官书的错误。我个人在《雍正朝起居注册》未印刷以前，也即处于未完全公布的档案状态，利用原书，与《清世宗实录》、《上谕内阁》作比较，论证这三部史籍的优劣，写作《〈雍正朝起居注〉、〈上谕内阁〉、〈清世宗实录〉史料异同——兼论历史档案的史料价值》，指出原始资料之原始资料《雍正朝起居注册》的史料价值高出另外两部书。收集在1994年出版的《山庄研究》一书中的许多论文，是文献与实物综合研究的成果。等等。

运用档案史料与宫廷实物的结合研究，特别值得注意的是进行动态研究。同一所建筑，有改建、修缮，用途抑或有所变化；相关的档案记录亦有不同。因此，进行动态研究是非常必要的。

四　宫廷史研究与走出帝王崇拜阴影

宫廷史研究，对帝王需要有一种理解的态度，对他们无须抱持“地主阶级总头目”的敌视批判态度，更要克服帝王崇拜情结。前一种态度，是30年前的主流意识，今日已然消失。而后一种态度则需要特别警惕。在传统社会，皇帝的一举一动关系着臣民的命运，因此臣下对皇家行为特别敏感，并感兴趣，又由于宫禁森严、规制严密，宫廷秘事不可能为外人知晓，于是由神秘而形成流言，进而扩散，并留下许多记录，其中有较为严肃的，有极不严肃的，最终造成讹传的泛滥。以致形成这样的公式：神秘——好奇——猜测——传闻——真实与讹误不一（真伪并存）。历史上的“皇权主义”、“好皇帝”思想流传深远，时至今日，“造神”土壤并未彻底消失，时而冒出“忠君”观念，皇帝与子民关系的“君父”之说，由“君恩”而引出的“忠于君主”的理念未能清除；皇宫神秘感仍令人好奇不已。因此，宫廷史的研究，无疑有继续清除传统社会君主专制意识的任务，警惕在客观上助长它的延续；帮助人们走出帝王崇拜的阴影；满足人们健康的好奇心态。

以往的一些宫廷史研究文论，诸如汇集在《故宫新语》、《故宫轶事》、《清宫轶事》、《明清宫廷趣闻》等书中的，令人得知许多宫闱秘事的知识，颇有价值。但是今日的要求提高了，宫中的逸闻趣事需要讲，以健康、有益的知识满足大众对宫廷生活的好奇心理和知识追求，但是切忌媚俗，给人不健康的东西。置身故宫的游客之中，不难听到羡慕三宫六院的声音，即使是开玩笑，也很难说是健康心理的流露。研究帝王史、宫廷史本身，令帝王充斥于图书、影视中，令人耳濡目染，在客观上容易使帝王崇拜心态流传，所以需要特别警惕。宫廷史、帝王史有更多更重要的史事需要研讨，关注宫廷史与中国社会走向的大题目，认识宫廷决策对社会政治、经济、文化、社会生活的作用与影响，着眼于文化史、着眼于未来，可能更有意义。在这种情形下，故宫博物院成立“明清宫廷史研究中心”，加强宫廷史研究，我想是让人们对宫廷从神秘、好奇到认知的一个过程，是文化建设的重大事情。祝贺她的诞生，预祝她将成为宫廷史研究的重镇，以丰硕的研究成果贡献于学术界和广大宫廷史爱好者！

宫廷、制度与文化
——关于明清宫廷史研究的几点想法

北京大学历史学系　徐凯

故宫博物院成立明清宫廷史研究中心，为学人搭建了一个开放式的宫廷史研究平台。依靠故宫厚重的物质和精神文化遗产，以现代广阔的文化视野重新审视故宫，揭示明清宫廷文化的历史地位和文化特质，阐述故宫文化在我国现代化建设中的作用和意义。应当说，明清宫廷史研究发展的前景将会更加可观。

宫廷史是历史学的分支之一。自王朝产生以来，就有学人注目于宫廷各式人等及其活动，诸如，二十四史中皆有《后妃传》、《诸王传》、《阉宦传》等。尤其是明清两朝官府和私人都重视宫廷史的编纂，例如，清代《国朝宫史》、《日下旧闻考》等，明人朱权等《明宫词》、刘若愚《酌中志》，清人高士奇《金鳌退食笔记》等。20世纪初，我国一些学者以实证的方法研究宫廷史，发表了一些论著，例如，唐邦治的《清皇室四谱》四卷，金梁的《清宫史略》八卷、补辑一卷、孟森的《清初三大疑案考实》等。特别是改革开放的30年，在解放思想的方针指引下，运用较为科学的方法研究宫廷史，使得该学科有了跨越式的发展。20世纪70年代末，《故宫博物院院刊》复刊，刊登明清宫廷史研究的学术论文；80年代，又出版印制精良的明清宫廷史的专刊《紫禁城》，图文并茂，交流学术；1989年，成立清宫史研究会，每两年举办一次学术会议，交流研究成果，推动了明清宫廷史研究的深入展开。

20世纪90年代初期，出版了《中国宫廷文化丛书》，分别探讨了帝王养生术、帝王与炼丹、皇权的异化——垂帘听政、皇子争位术等，以及编纂中国宫廷知识词典等。1995年又成立了中国紫禁城学会，主要是以建筑研究为主体，吸纳历史、艺术、自然科学的学术组织。进入21世纪以来，出版了一批中国宫廷史的研究专著，例如，中国宫廷政治、御览善本和图书、宫廷医学、舞蹈艺术、宫廷园林史考等，均包括明清宫廷史的内容；同时刊布了清代宫廷史等，并翻译出版了外国学者同类的著述。2003年，郑欣淼院长又提出“故宫学”，出版了《故宫与故宫学》，从多角度论述了故宫学。总之，改革开放的30年，中国宫廷史研究正快速发展，成绩喜人。

明清宫廷史研究是个特定的历史范畴和独特的环境，也是探讨特殊的历史对象，及其相互关系。它涉猎的内容广泛，包括政治、经济、军事、司法、宗族、宗教、建筑、医学、礼乐、教育、养生、思想文化、人物、动物、文物、档案、典籍等等。明清宫廷是一批特殊人的活动场所，他们是皇帝、后妃、皇子、皇女、宦官、宫女，以及相关衙门、官员、侍卫、外戚、僧道、耶稣会士等。宫廷以皇帝为主体，除了政务、典礼活动外，衣食住行，戏曲娱乐，婚丧嫁娶，生老病死，牵涉宫廷生活的方方面面。研究这样纷杂的问题，应在总结以往学术成果的基础上，借鉴西方学界研究宫廷史的理论与方法，针对近550年明清宫廷史的特点，将理论与实践相结合，探索中国特色的宫廷史研究的理论和方法，以新的视野、新的方法、新的史料，把明清宫廷史研究推向一个新阶段。以下谈谈个人一些不成熟的想法，请与会专家批评指正。

一　探索中国宫廷史研究的理论，运用多学科交叉的方法，加强宫廷史学科建设

学术研究成果的质量的高低取决于理论研究是否成熟，这是学界的共识。新中国建立60年来，马列主义、毛泽东思想一直是我们从事哲学社会科学等研究的理论基础，以辩证唯物

主义和历史唯物主义的哲学思想指导历史学研究，并取得了一些成绩。“文革”的十年浩劫后，一些人在理论上出现“思想障碍”，轻视研究理论。也有学人引进外国人文理论，用中国史事加以印证。由于缺乏独立自主的理论创新，高质量的学术著述凤毛麟角，这也是当前学术发展阶段所遇到的一个瓶颈。随着改革开放的深入，西方理论的介入，学界出现了理论多元化的局面。学人常说，研究对象决定于学科，研究方法决定于流派。多年来，学界一些学者也在探讨历史学自身的理论是什么？换言之，中国宫廷史研究的理论与方法是什么？这些是值得我们认真思索的问题。

历史是人类活动构成的。在“普天之下，莫非王土；率土之滨，莫非王臣”的古代社会里，“朕即国家”，家国合一，某一姓的家天下。在宫廷特定的环境里，一切的活动都是以皇帝为中心，将宫廷中涉及的各类人物作为一个长期相对独立的社会群体，与当时社会发生的重大事变有机地联系起来，动态地研究这些鲜活的社会群体之间的关系，以及对当时国家和社会发展的影响。宫廷史涉猎的多学科的内容，研究方法上，也应采取历史学、社会学、政治学、经济学、性别学、宗教学、建筑学、考古学、医学、艺术学、美学等多学科交叉研究的方法，尤其要重视社会学及其分支文化社会学的理论与方法的应用。

文化社会学产生于19世纪的德国和法国。此学说最早是德国社会学家P.巴尔特在《社会学的历史哲学》一书中提出的，主要以精神文化为研究对象，强调对文化进行整体性、综合性和多视角的探析，把握各种社会文化现象产生、发展的规律及趋势，一定的社会文化影响着人们的心理、习惯、性格与行为。文化社会学包括知识社会学、宗教社会学和技术社会学，对解决社会问题提供了一种新的方法论视野。以社会学和文化社会学的理论与方法对明清宫廷各式人群进行总体综合研究，带动其他方面的探索，这对明清宫廷史研究将大有裨益。

二　凸现明清时代特色，展现宫廷制度运作与文明交融，全方位探讨宫廷社会生活

明清两代是我国封建时代后期的两个王朝。自16世纪始，也是明清王朝从传统社会向近代社会的转型时期，中西两种制度、两种文明撞击和交融的时代，西方近代科学、宗教等传入我国，无疑也给宫廷社会带来许多新变化。经典作家十分强调历史研究要把问题提到当时的历史环境中加以考察，明清宫廷史研究也应遵循此法。即将明清宫廷史纳入明清历史发展的长河中加以分析，不能脱离那个时代去就事论事。例如，明武宗（正德皇帝）私行出游，扮成商人，在商店做买卖；明熹宗（天启皇帝）不理朝政，专心木作，导致皇权旁落。这两位"荒唐帝王"的所作所为，不单是个人的行为，更重要的是社会商品经济发展的必然结果，由此引发人们社会观念与风俗的骤变。

整个宫廷生活承载着厚重的中国传统文化，明清宫廷史内容丰富繁杂，它研究的是一个比较宽泛的范畴，我们应当从物质文明和精神文明两个方面，做"明清大宫廷史"探索，包括京城内外诸如紫禁城、苑囿、离宫、行宫、坛庙、巡幸、秋狝、陵寝等发生的一切活动，凸显宫廷制度的运作和宫廷文化交融的研究。宫廷内的诸多方面都离不开各式的《则例》等管理制度，维持着宫廷秩序的正常化。以清代"考工"为例，如北京大学图书馆收藏的清代《内庭宫殿大式做法》、《宫庭装修则例》、《内庭宫殿画工则例》、《内庭工程做法》、《圆明园工程则例》、《东西各陵园工程做法》等一整套规章，正是有了对以上各项制度的依循，方能保障工程的质量。宫廷生活也是体现着浓郁的传统文化色彩，例如，皇帝的经筵日讲、南书房、上书房、宫廷戏曲等。明清宫廷史应把宫廷制度与文化作为研究的基轴。

三　吸纳西方宫廷史研究的理论与方法，做中外宫廷史的比较研究

2006年9月，在“第八届清宫史学术研讨会”上，我作了题为《e考据时代与清宫史研究》的发言，讲述了西方宫廷史研究的理论与方法。进入18世纪，西方历史学家的宫廷史研究集中于欧洲各个王朝的宫廷制度，以及宫廷间的外交关系。19世纪之后，宫廷史研究随着经典社会学研究的发展而发展，马克思的阶级斗争学说以及韦伯的精英理论，都深刻地影响了当时的宫廷史学者。他们试图用经典社会学理论来解释宫廷社会，并将宫廷社会放入整个人类社会的大背景之中，研究宫廷社会和宫廷之外的社会之间的互动关系。

其中最具代表性的为宫廷史理论研究作出贡献的著名社会学家诺贝特·埃利亚斯（Norbert Elias）（1897～1990年），在1965年出版了里程碑式的历史社会学论著《宫廷社会》（The Court Society）[1]一书。该书关于宫廷社会的论述成为当代西方宫廷史研究的理论基础之一。他将宫廷社会放入整个人类文明的进程之中考察，认为在宫廷社会中产生的“宫廷礼仪”（Courtoisie）是个人举止方式的“文明”产生的第一阶段。[2]他指出，商贸和货币交流的不断增长导致的西欧封建领主间的分化，在大的封建领主领地的中心，逐渐形成了一个高度整合的社会单位——“宫廷社会”。宫廷社会的整合有三方面的含义：首先是生产上的整合，其次是组织上的整合，最后也是最重要的是社会关系上的整合。他认为在大封建主的宫廷内部，有三种主要的社会角色：宫廷男主人、宫廷女主人及为行政管理或娱乐所招募的各种优秀人才。由于宫廷男主人忙于战争，宫廷女主人成为日常社会交际活动的主要承担者。因此，宫廷内社交活动主要发生在社会地位低、依附性强的男子（上述第三种人）和社会地位较高的女子（宫廷女主人）之间。而这种地位上的悬殊带来了两方面的结果：一是“宫廷抒情诗”的产生，二是“宫廷礼仪”的形成；而这正是人类由简单的聚合体

[1] Norbert Elias, translated by Edmund Jephcott, *The Court Society*, (Oxford: Basil Blackwell,1983).

[2] 其余两个继宫廷礼仪之后的阶段为礼貌(civilite)和文明(civilization)。引自杨正联：《埃利亚斯的文明进程理论》，《社会科学家》2003年第4期。

成长为“社会”的标志，因为社会就是“指一种较稳定的，相对狭小和均衡的人群聚合，对暴力活动至少是在内部交往中的暴力活动和克制有某种程度的强制”。[3]埃利亚斯让学者们认识到宫廷社会是推动西方社会实现国际化、理性化等文明价值的重要力量。它不但是高雅文化的表率，而且宫廷礼仪产生的人与人之间的合理距离推动了现在社会文明的形成。

近些年来，西方宫廷史的研究同其他历史学科的分支一样，深受后现代主义思潮的影响。后现代主义是对以往普遍解释和宏观理论的反动，主要观点为“没有真理，只有繁多的解释；没有客观的真实，只有不同的看法；在真理和谬误之间并不存在真正的区别，只是权力关系的不同表达”[4]。受此思潮的影响，当代西方宫廷史研究不再像20世纪一样使用经典的社会学理论来解释宫廷社会、宫廷政治以及宫廷生活，都不同程度地被当代的宫廷史学者反动。而是将宫廷作为政治权力关系的一个支点，从这个支点产生的诸多变化对于社会的其他方面产生了颇大的压力。

西方宫廷史研究除了着力于传统的政治和制度之外，主要集中于以下几个方面：一是对于宫廷文化、宫廷艺术的研究。二是从社会学、人类学的角度探索宫廷社会和宫廷生活。三是从性别史的角度来讨论宫廷中的性别关系和宫廷中的妇女。这些新的研究领域的开拓扩大了我们的学术视野，可资深入探讨明清宫廷史的借鉴。

总体来说，现代西方宫廷史研究呈现出以下几个特点：第一，学者们不仅仅停留于对以往宫廷生活的描述和对于已经失落的辉煌宫廷的追思，而是对于宫廷权力、人事、继承、公众形象等诸多机制的分析。第二，学者们并非将宫廷孤立于社会，而是将宫廷纳入社会，分析宫廷和社会之间的互动关系。第三，学者们将宫廷作为顶级艺术家、建筑师、园艺师、音乐家集中的场所，并通过这些人来描述和分析宫廷文化。

近十年来西方宫廷史研究有升温的态势。1995年9月，宫廷研究协会（The Society of Court Studies）在伦敦正式成立；

[3] 诺贝特·埃利亚斯：《文明的进程》（第二卷），第3页，生活、读书、新知三联书店，1999年。

[4] 陈恒：《新史学》第五辑《后现代：历史、政治和伦理》之《卷首语》，大象出版社，2006年。

1998年9月，宫廷研究协会北美分会（The North American Society of Court Studies） 宣告成立。宫廷研究协会成立之后，每年分别在英国和美国定期举办宫廷史研修班，并且每两年出版一期会刊《宫廷史学家》（*The Court Historian*）。相继有不少颇具影响的专著出版，如《流放中的宫廷：1718至1789年间的在法国的斯图尔特朝廷》（*A court in exile: the Stuarts in France, 1689～1718*）[5]，《维也纳和凡尔赛：1550至1780年间的欧洲宫廷竞争者》（*Vienna and Versailles: the courts of Europe's dynastic rivals, 1550～1780*）[6]，《阴谋与叛逆：1547至1558年的都铎宫廷》（*Intrigue and treason: the Tudor court, 1547～1558*）[7]，《欧洲的女王统治（1660～1815）：宫廷配偶的角色》（*Queenship in Europe, 1660～1815: the role of the consort*）[8]，和《德累斯顿的宫廷文化：从文艺复兴到巴洛克》（*Court culture in Dresden: from Renaissance to Baroque*）[9]。

德国一位美学家说：音乐是流动的建筑，建筑是凝固的音乐。金碧辉煌的紫禁城与富丽堂皇的俄罗斯冬宫、法国卢浮宫、凡尔赛宫、英国白金汉宫等比较研究，不仅是建筑风格上的，更是文化内涵的解析。紫禁城体现的君权神授，帝王至尊，等级森严，江山永固；西方宫殿则表现各国君主位尊富贵与高尚典雅的文化氛围。一个是封闭保守的城池，另一个则是开放活跃的殿堂。中西宫廷的比较研究方可知晓东西方文化的差异。他山之石，可以攻玉。当中国宫廷史的理论尚未完全构建之时，我们不妨参借西方的同行之道，以治明清宫廷史。

四 广泛发掘中外文献新史料，将明清宫廷史研究推向深入

广泛收集中西文关于明清宫廷史料，官修典籍、档案、私著文集、笔记、日记等，这是明清宫廷史研究的基础性工作。它在很大程度上决定着研究的创新程度。北京大学古籍部保存

[5] Edward Corp, *A court in exile: the Stuarts in France, 1689–1718*, (Cambridge: Cambridge University Press, 2004).

[6] Jeroen Duindam, *Vienna and Versailles: the courts of Europe's dynastic rivals, 1550–1780*, (Cambridge: Cambridge University Press, 2003).

[7] David Loades, *Intrigue and treason: the Tudor court, 1547–1558*, (Harlow: Pearson, 2004).

[8] Edited by Clarissa Campbell Orr, Queenship in Europe, 1660–1815: the role of the consort, (Cambridge: Cambridge University Press, 2004).

[9] Helen Watanabe-O'Kelly, *Court culture in Dresden: from Renaissance to Baroque*, (Basingstoke: Palgrave, 2002).

的善本有不少记载明清宫廷规章制度等方面的史料。明清之际许多西方来华耶稣会士、商人、探险家、外交使臣等撰写大量的多种文体的笔记，记载了比较丰富的明清宫廷资料。耶稣会士的笔记大多数保存在该国的教会总部，基本都公布在国际互联网上。外交使团的报告和往来文书则保存在该国外交部。例如，雍正五年（1727年）十月八日，精通满汉语的耶稣会士巴多明（Pareunin）担任葡萄牙等国使臣的翻译，记述了《葡大使苏沙谒见雍正皇帝记》（译文载台湾《东方杂志》复刊第六卷第八期）。朝鲜王朝官修的《同文汇考》等典籍，以及来华使臣撰写的数量繁多的《朝天录》、《燕行录》等均有明清宫廷史料记述。海南出版社出版的《郁金香丛书》，选择明清时期的来华西人著述，已出版多种。尚有数量不少的关于明清宫廷史的中外新史料有待进一步深入发掘整理，这是一项急需要做的工作。

关于清代宫廷史的研究对象

故宫博物院　刘潞

故宫博物院成立宫廷史研究中心，是一项整合研究力量、推动宫廷史研究的重大举措，值得祝贺！民国以来，无论是民间对宫闱秘史好奇心的需求，还是故宫博物院自身建设的需求，对宫廷历史的研究实际上一直都在进行着。不过，作为博物馆我们的研究，大都会从文物本身出发。这是我们的优势，同时也容易成为一个局限，比如我们很多研究的重点还是在文物本身，而“史”的层面的研究显得不足。因此，宫廷史到底研究什么，还是一个需要讨论的问题。这里仅以清代宫廷史为例，谈谈对宫廷史研究对象的一点粗浅的看法，求教于各位同行。

一　研究对象在学科建设中的地位

成立宫廷史研究中心，表明我们是把宫廷史研究作为一个专门的研究领域，或者说是一个专门的学科来对待的。

一般来说，建设一个学科需要从以下五个方面着手，第一是明确本学科的研究对象，第二是明确本学科在社会发展中的地位和价值，第三是建设本学科的理论和方法论体系，第四是建设一支高质量的研究队伍，第五是设立重点研究项目，以获取重大研究成果。五项之中，确立学科研究对象，是一个学科存在的首要条件，是这一学科与其他学科的根本区别所在。因此，清代宫廷史研究的特殊对象，是决定它跟其他学科或研究领域区别的根本属性之一。

表面看来，清代宫廷史研究的人、事、物，跟其他相关学科有很多相同的研究内容，如宫廷人物、典章制度等，既是宫廷史研究的内容，也是清史研究的内容；皇家宫殿、园林建筑，既是建筑史研究的对象，也是宫廷史研究的对象；宫廷书画、陶瓷、珐琅、钟表等，同样既是美术史、陶瓷史、工艺史研究的对象，也是宫廷史研究的重要内容。那么，清代宫廷史研究的对象，跟清史、建筑史、美术史等学科的研究对象有什么区别？

要明确这种区别，需要从时间与空间角度，和清代宫廷史研究的根本目的两个方面来界定。

一般来说，历史学研究是对某一时空界定下人、事、物的研究，如中国史研究，很显然是对中国以往五千年人、事、物的研究；在研究中即使涉及世界史，其目的也是为更好地解释中国历史。清代宫廷史也是一定时空界定下的历史，其时间界限比较容易说明，即从努尔哈赤建立宫廷的天命元年（1616年），至清朝灭亡宫廷消失（1911年）的这295年。其空间界限是什么？词典上的“宫廷”有两个含义：一个意思是“由帝王及其大臣构成的统治集团”，另一个意思是“帝王居住和处理朝政的处所”。这种解释也适用于界定宫廷史研究的空间，即，一是以帝王为核心的宫廷人物的活动，二是在帝王居住的空间中生成的事与物。

清代宫廷人物，除了皇帝家庭成员外，还包括为宫廷服务的亲王大臣、太监宫女，以及工匠苏拉等；他们的活动，应纳入宫廷史的研究内容。

清代帝王居住和处理朝政的处所，主要是指皇宫紫禁城，但也包括其离宫别苑，如万寿山清漪园（颐和园）、玉泉山静明园、香山静宜园和畅春园、圆明园等所谓的“三山五园”，避暑山庄、盘山等清帝行宫，沈阳、遵化和易县清帝后陵寝，以及为帝王生活服务的场所或机构，如内务府七司三院、江南三织造、景德镇官窑等等，这其中的事物，也都属宫廷史的研究内容。

这样我们就从时间和空间范围把清代宫廷史研究的人、事、物跟其他领域研究的人、事、物区别开了。清代宫廷史，就是发生在这个时间、空间范围内，跟这些人、事、物相关联的内容。

二　清代宫廷史研究对象的四个层次

探讨清代宫廷史到底研究什么，还需要从清代宫廷史研究的根本目的说起。

我们知道，所谓历史研究，不是仅仅研究孤立发生的人、事、物，换言之，对孤立的人、事、物的研究，虽然是历史研究的基础和起点，但还不是完整的“史”的研究。历史研究的目标除探究和说明事实外，还应发现并揭示特定时期、特定范围内事物的发展、联系、原因和规律。因此，清代宫廷史研究的对象，不仅应该是个别的、孤立的人、事、物，而且还应该是这些人、事、物的发展、联系和在宫廷史中的地位。清代宫廷史研究要对这些加以揭示和阐述。

具体说来，清代宫廷史研究的对象大致可以分为四个层次，即事实、沿革、规律和方法。下面逐一简单说明：

第一个层次是“事实”，即对清代宫廷中具体人、事、物的研究。这是宫廷史研究的基础，没有这个层次的研究，其他研究无从进行。这些年来，我们在这方面取得了显著的成就。我们对宫廷建筑、陈设、家具、服饰、餐具、各类宫廷艺术藏品等等，几十年来发表的论文数不胜数。当然，这一层次需要研究或进一步深入研究的问题也仍数不胜数。

第二个层次是“沿革”，即对清代宫廷各方面的发展的研究，例如宫廷典章制度、宫廷经济、文化、艺术、生活习俗的发展变化等。这方面我们也进行了很多研究。

第三个层次是“规律”，即在前两个层次研究的基础上，探讨各方面发展的联系和规律，进而对清代宫廷总体发展的特点、原因、规律进行探讨。包括清代宫廷发展的阶段划分，各阶段的特点和形成这些特点的原因，以及其中体现的宫廷史视角的发展规律。

第一、第二个层次是宫廷史研究的基础和基本依据，第三个层次则是注重于人、事、物之间的联系和发展规律的探讨，和对清代宫廷史的总体把握。

这里举两个例子，一个是对《乾隆大阅图》的研究。《大阅图》是知名度极高的郎世宁作品，作为第一、第二个层次的研究对象，我们可以对其进行绘画技艺、内容等绘画史的研究，例如我院老专家朱家溍先生曾研究出此画绘于乾隆二十三年，意大利学者马可·马西罗也发表了他对此图画法的研究，认为“皇帝骑在马上的中心形象布局于三个不同空间风景组成的图画中。它们在空间层次上并不完全一致，而是被技巧性地分开了。第一个空间由左下角的近景构成，用强烈的明暗对照法描绘了一些植物……第二个空间包括乾隆帝所处的地方以及背景的风景。这部分采用了中国的绘画方式，用细致可见的笔触，保持一致淡雅的风格。第三个空间是天空，采用了与《海天旭日图》中同样的欧式画法，大手笔涂刷。”他们的研究令人眼界大开，但由于他们研究的仅限于这幅画本身，并未将它的绘制目的、用途，以及它与郎世宁的另一巨幅纪实性绘画《丛薄行围诗意图》绘制时间相距仅10天，二者间是否有关系等等作进一步的研究，因此，马可·马西罗便根据乾隆于四十七年所写《新衙门行宫杂咏》诗，将这幅绘于乾隆二十三年巨画的创作目的，判定为“老皇帝用画像来纪念自己十分特殊的、年轻的而又军事化的角色”。这一判定与事实完全不符。这幅巨画，是清代一重大政治事件的产物。很显然，这是马西罗先生仅采用第一层次即孤立研究绘画本身的研究方法，而未深入到清代宫廷绘画整体创作过程的研究所做出的误判。由此可以看出，要回答清代宫廷史研究关注的问题，就必须从清代宫廷发展和与其相关的其他人、事、物的关系中来把握、来探索。

再举一例，清宫西洋科技仪器研究。我院收藏的西洋科技仪器，从顺治元年至光绪末年跨越250余年，品种多，数量大。以前我们多从第一个层次，即对其中个别仪器或某类仪器进行研究。但这些仪器分属不同学科，可比性不强，也就难于联系起来进行发展、沿革层次的研究。10年前在编写故宫藏珍品60卷的《西洋仪器卷》时，我们把250余年的各类仪器放在清代宫廷史的同一大背景下联系起来考察，发现尽管清初的天文仪器与清中期的钟表及清晚期的医学仪器，没有器物沿革史上的线索，但在清代宫廷发展这个统一的空间里，它们出现的过程，与清代早、中、晚时期中西交流的大环境，与皇帝个人的性格、好恶，以及整个中国的时政密切相关，它们成为清代宫廷乃至清帝国发展史一个方面的写照。

第四个层次是“方法”，即宫廷史研究的指导思想、基本原则和具体方法。将“方法”也归于研究对象，是因为我们要总结和发现研究方法。建立适合的研究方法体系，是我们搞好宫廷史研究的基本条件之一。

我国历史研究的总体指导思想是唯物史观，宫廷史研究当然也不例外。但是宫廷史研究由于其特殊的研究对象和研究目标，必然有自己特别的方法体系。现在我们对这方面还缺少研究。比如宫廷史研究的目标是什么，宫廷史研究应当如何分类，宫廷史研究的指导思想是什么，宫廷史研究有哪些具体方法等等，都是需要我们在研究中不断学习、总结、梳理和论证的问题。

这里仅对宫廷史研究方法的跨学科性谈一点粗浅的认识。

前面说过，宫廷史研究以具体的人、事、物为研究起点，目标是通过对这些事物及其发展的考察，探索体现在其中的宫廷发展轨迹和规律。为此，宫廷史研究应注重在全局中、在发展中、在联系中考察具体的人、事、物。由于这种特殊的研究目标和视角，我们在研究中往往要涉及多种学科领域的研究方法和研究成果。

例如，对内廷东六宫一区中斋宫的研究。我们需要用建筑史的方法研究它的形制、规格、彩绘和使用。但宫廷史更关心的是，这座本应属于坛庙的建筑，为什么会建到了皇宫的内廷？为此，就必须考察皇家祭祀制度，斋宫与雍正年间斋戒制度的变化，以及引起这种变化的原因与雍正时期的朝政关系等等。可见，从宫廷史的角度说明斋宫的发展，至少涉及建筑史、政治史、宗教史的研究内容。

前面提到的《乾隆大阅图》和《丛薄行围诗意图》的研究也是如此。由于大阅图张挂于清廷举行大阅礼的南苑行宫，那么，它必应涉及大阅制度；而二十三年是乾隆朝重要西域战事取得重大进展之年，则这两幅图的研究又会涉及清代军事史和新疆民族史。如此钩沉梳理，便可揭示出这两图之所绘，不仅与平西域之战中布鲁特归顺清廷直接相关，也与乾隆时期承平日久，朝廷礼制懈怠直接相关。

再如对宫廷典章制度的研究，故宫博物院藏有大批与典章制度相关的文物，如朝服、印玺、卤簿仪仗、相关书画等等。但由于文物是分类保管，一直以来，对文物的研究也多以类别为对象。其结果，是我们虽对上述文物的个案或沿革都有了较为深入的认识，但对清代整体宫廷典章制度仍不甚了了。前几年故宫博物院宫廷部在做清帝万寿节展和大婚展时，在对相关文物做研究的基础上，将它们串联起来，整体把握，使我们对这方面的制度得以有深入且生动的认识。

由此可见，只有从多学科的角度进行研究，才可使我们的研究最大限度地接近历史真相。

台北故宫博物院现藏档案与清朝宫廷史研究

台北故宫博物院　庄吉发

一　前言

历史档案是一种直接史料，发掘历史档案，掌握直接史料，是探讨清朝宫廷历史的重要途径。宫廷历史研究和历史档案的互相结合，可以显露出清朝宫廷的真实轮廓，接近客观的历史事实，以论代史，妄加曲解，是无视客观的历史存在[1]。近数十年来，中外学者对清朝宫廷历史的研究，有一个逐步深化的过程，一方面是由于宫廷历史研究方向的多元化，扩大研究领域，投入大量的人力和时间，研究成果更加丰硕；一方面则是出现一个十分有利的客观条件，有利于清朝宫廷历史的研究，那就是海峡两岸本着资料共享的理念，积极整理出版明清档案，提供丰富的第一手原始资料，使从事明清宫廷历史研究的中外学者，无论在档案资料的掌握，研究方法的运用，还是在理论架构的建立，都有突破性的进步。

台北故宫博物院现藏清朝历史档案，按照原来存放的地点，大致分为宫中档案、军机处档案、内阁部院档案、清朝国史馆暨民初清史馆等四大类，此外还有善本古籍。宫中档案主要是满汉文朱批奏折、奏片及其附件，现存朱批奏折除了直省外任臣工缴回宫中的折件外，还含有总管内务府大臣、盛京将军、热河总管等奏折。军机处档案主要可分为档册与月折包两大类，如上谕档、廷寄档等就是重要的档册；月折包主要是朱

[1] 韦庆远：《利用明清档案进行历史研究的体会》，《明清史辨析》，中国社会科学出版社，1989年。

批奏折录副存查的抄件，称为奏折录副，其未奉朱批的部院衙门或监察御史等奏折，则以原折归入月折包，朱批奏折附呈各种地图留中不发后亦归入月折包。内阁原为典掌纶音重地，内阁所存文书案卷及档册，为数可观。其中，《满文原档》保存颇多清朝入关前的珍贵史料，康熙年间以降的起居注册，记录了许多不见于实录的真实史料。现藏史馆档主要为纪志表传的各种稿本及其相关资料。故宫博物院南迁的档案计3773箱，其中迁运台北故宫博物院者，共204箱，为数较少，但亦可供治清史者考研之用。

本文尝试就台北故宫博物院现藏清朝档案及善本古籍中涉及宫廷历史研究者举例介绍。全文除前言、结语外，共计五部分。第一部分从《满文原档》所载盛京宫殿及城门满文名称还原清朝宫廷历史记忆，第二部分从《上谕文件》的记录认识清朝宫殿的文物陈设，第三部分从宫里宫外的动态说明满汉文朱批奏折的史料价值，第四部分从宫廷建筑分析军机处月折包的史料价值，第五部分从善本古籍旧藏地点探讨还原宫廷藏书的历史意义。虽然只是浮光掠影，又不免以偏概全，然而为了掌握清朝宫廷历史研究的完整史料，台北故宫博物院典藏的档案，仍可部分反映清朝宫廷的文化特色。集中分散的档案，有助于清朝宫廷历史研究的向前发展。

二　御门听政——清朝宫殿城门名称的历史考察

清朝皇帝视朝处理政事，称为御门听政。从《满文原文件》的记载，可以看到清朝入关前皇帝处理政事的数据，对宫廷史的研究提供了重要的参考。清太祖努尔哈赤、太宗皇太极时期，记注政事及抄录往来文书的档册，主要是以无圈点老满文及加圈点新满文记载的档子（dangse），因为这批满文档子是清朝入关前的原文件，不是重抄本，也不是晒蓝复制本，所以称之为《满文原档》。

台北故宫博物院典藏《满文原档》，共40册，都是清朝入关后由盛京移存于北京内阁大库的原档，清太祖与太宗两朝各占20册，记事年代始自明神宗万历三十五年（1607年），迄崇德元年（1636年），原按千字文编号，自“天”字起，迄“露”字止，因避清圣祖玄烨御名讳，故缺“玄”字。《满文原档》是探讨清初史事不可或缺的第一手史料，对关外时期宫廷史的研究，也提供颇多珍贵的史料。譬如，崇德元年（1636年）七月初五日，《满文原文件》记载圣汗御崇政殿，巴敦达尔汉卓里克图、绰尔阔儿巴儿衮等朝见，进马二匹。同年十月初五日，《满文原文件》记载：奉宽温仁圣汗命，召群臣集大政殿传谕大军将行，当秣马令其肥壮。

满蒙联姻是满族与蒙古诸部民族融合的过程，清太祖、太宗时期的大规模联姻活动，成为清朝入关后遵行不替的基本国策。由于满蒙长期的联姻，不仅使满蒙成为军事联盟，而且也成为政治、经济的联盟，满蒙遂成为休戚与共的民族生命共同体。天聪十年（1636年）四月，全国制定盛京五宫的宫殿名称，中宫赐名清宁宫，东宫称关雎宫，西宫称麟趾宫，次东宫称衍庆宫，次西宫称永福宫。崇德元年（1636年）七月初十日，皇太极在盛京崇政殿举行册立后妃大典。台北故宫博物院典藏《满文原档》中的“日字档”，以高丽笺纸，用加圈点新满文书写。原文件中详细地记录了册封五宫后妃的经过，并忠实地书明后妃的名字[2]。其中科尔沁部贝勒莽古思之女哲哲（jeje）被封为清宁宫中宫国君福金，即中宫皇后。科尔沁部贝勒寨桑长女海兰珠（hairanju）被封为东宫关雎宫大福金宸妃。皇太极将海兰珠居住的东宫命名为关雎宫，取《诗经》“关关雎鸠，在河之洲”之义。东宫宸妃的地位，仅次于中宫皇后。海兰珠的妹妹布木布泰（bumbutai）被封为次西宫永福宫侧福金庄妃，她就是清史上赫赫有名的孝庄皇后。察哈尔林丹汗妻娜木钟（namjung），因其地位尊崇，被封为西宫麟趾宫大福金贵妃。林丹汗另一妻巴特玛·璪（batma dzoo）被封为东宫衍庆宫侧福金淑妃。五宫并建，蒙古归心。乾隆年间，重抄原档，将中宫皇后、宸妃、庄妃、娜木钟的芳名，俱改为“博尔

[2]《满文原档》第十册，第315页，日字档，崇德元年七月初十日，册封后妃记事，台北故宫博物院，2006年。

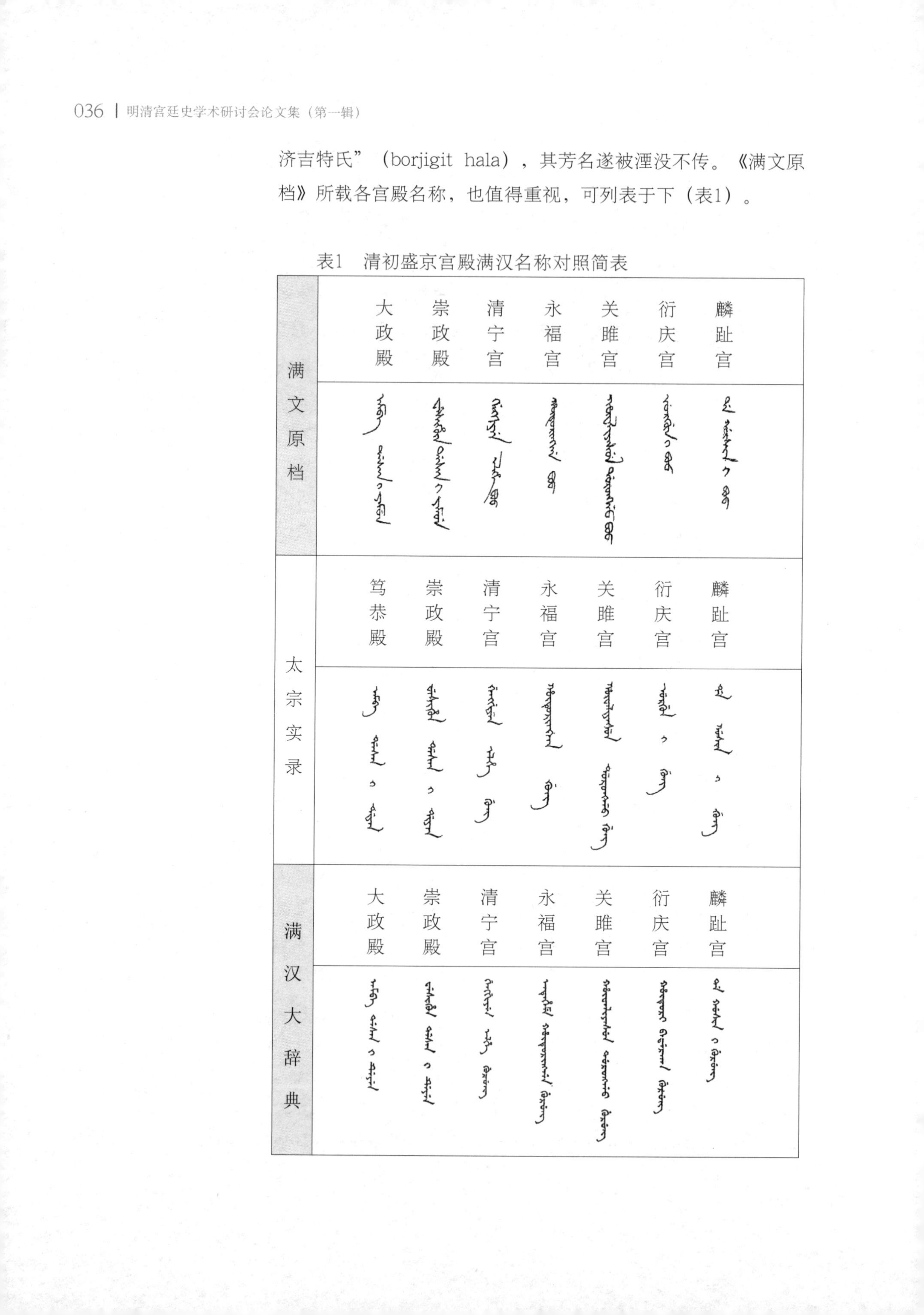

济吉特氏”（borjigit hala），其芳名遂被湮没不传。《满文原档》所载各宫殿名称，也值得重视，可列表于下（表1）。

表1 清初盛京宫殿满汉名称对照简表

满文原档	大政殿	崇政殿	清宁宫	永福宫	关雎宫	衍庆宫	麟趾宫
	[illegible]	[illegible]	[illegible]	[illegible]	[illegible]	[illegible]	[illegible]
太宗实录	笃恭殿	崇政殿	清宁宫	永福宫	关雎宫	衍庆宫	麟趾宫
	[illegible]	[illegible]	[illegible]	[illegible]	[illegible]	[illegible]	[illegible]
满汉大辞典	大政殿	崇政殿	清宁宫	永福宫	关雎宫	衍庆宫	麟趾宫
	[illegible]	[illegible]	[illegible]	[illegible]	[illegible]	[illegible]	[illegible]

由前列简表可知，清初盛京宫殿的满汉文名称。其中，崇政殿是盛京大清门内大殿，《满汉大辞典》作“wesihun dasan i deyen”[3]；《清太宗文皇帝实录》满文本作“wesihun dasan i diyan”；《满文原档》作“wesihun dasan i yamun”。大政殿，《清太宗文皇帝实录》汉文本作“笃恭殿”，满文本作“amba dasan i diyan”；大政殿，《满文原档》作“amba dasan i yamun”。宫殿的“殿”，《五体清文鉴》作“deyen”，是规范音译。《满文原档》作“yamun”，意即“衙门”，较为质朴。清宁宫，《满汉大辞典》作“genggiyen elhe gurung”；《清太宗文皇帝实录》作“genggiyen elhe gung”；《满文原档》作“genggiyen elhe boo”。永福宫，《满汉大辞典》作“enteheme hūturingga gurung”；《清太宗文皇帝实录》作“hūturingga gung”；《满文原档》作“hūturingga boo ”。关雎宫，《满汉大辞典》作“hūwaliyasun doronggo gurung”；《清太宗文皇帝实录》作“hūwaliyasun doronggo gung”；《满文原档》作“hūwaliyasun doronggo boo”。衍庆宫，《满汉大辞典》作“hūturi badaraka gurung”；《清太宗文皇帝实录》作“urgun i gung”；《满文原档》作“urgun i boo”。麟趾宫，《满汉大辞典》作“da gosin i gurung”；《清太宗文皇帝实录》作“da gosin i gung”；《满文原档》作“da gosin i boo”。各宫殿的“宫”，《五体清文鉴》作“gurung”，《满汉大辞典》统一作“gurung”，较为规范。《清太宗文皇帝实录》作“gung”，是汉字“宫”的音译，较易与“公”，或“功”混淆。房屋的“房”，满文读如“boo”。清宁宫等各宫的“宫”，《满文原档》俱作“boo”，清宁宫即清宁房，满文较质朴。五宫中庄妃布木布泰所封宫名，汉字俱作“永福宫”。其实，《满文原档》作“hūturingga boo”，意即福房，《清太宗文皇帝实录》作“hūturingga gung”，意即福宫，俱无“永”字，《满汉大辞典》对应汉字“永福宫”译作“enteheme hūturingga gurung”，满汉文义相合，但它不是原来的名

[3] 安双成主编：《满汉大辞典》，第1091页，辽宁民族出版社，1993年。

称。衍庆宫，《满文原档》作“urgun i boo”，《清太宗文皇帝实录》作“urgun i gung”，文义相近，改动不多。满文“urgun”，可作“喜”、“怡”、“庆”等解释，“urgun i boo”，意即“庆房”。《满汉大辞典》“hūturi badaraka gurung”，汉译可作“衍禧宫”，与《满文原档》或《清太宗文皇帝实录》原来名称，颇有出入，研究清朝宫廷历史，以满文来还原宫殿名称，也是不可忽视的重要课题。《清史图典》所载满汉文“崇政殿匾额”（图1）简介云：“崇政殿为清太宗皇太极时期修建，是盛京皇宫的正殿，俗称“金銮殿”。皇太极在此处理政务，接见外国使节与少数民族首领。”

匾额中“崇政殿”，满文作“wesihun dasan i diyan”，或许这块匾额并非崇德年间修建的，而是后来修建的。崇德年间的“崇政殿”[4]，其满文当作“wesihun dasan i yamun”。

起居注是官名，掌记注之事，起居注官记录帝王言行的档册，称为《起居注册》，是类似日记体的一种史料。康熙十年（1671年）八月，正式设置起居注官，《起居注册》的记载

[4]《清史图典》第一册，太祖、太宗朝，第190页，紫禁城出版社，2002年。

图1 崇政殿匾额

即始于是年九月，包含满文本与汉文本，九月、十月各合为一册，十一月以降每月各一册，闰月各增一册。雍正朝以降，每月增为各二册，闰月另增各二册。《起居注册》记注的范围很广，凡逢朝会、御殿、御门听政、有事郊庙、外藩入朝、大阅校射、勾决重囚等，记注官俱分日侍值。凡谒陵、校猎、驻跸南苑等，记注官皆扈从。查阅满文本《起居注册》，并核对汉文本《起居注册》，可以查到颇多宫殿名称，例如康熙皇帝东巡盛京时，起居注册所载“清宁宫”，满文作“genggiyen elhe gung”，与《清太宗文皇帝实录》满文本相同。以下仅就康熙朝满文本《起居注册》所载北京宫殿名称举例列表说明（表2）。

表2　康熙朝满汉文《起居注册》所载北京宫殿名称对照表

满文意译	太和殿	保和殿	中和殿	观德殿	慈宁宫
	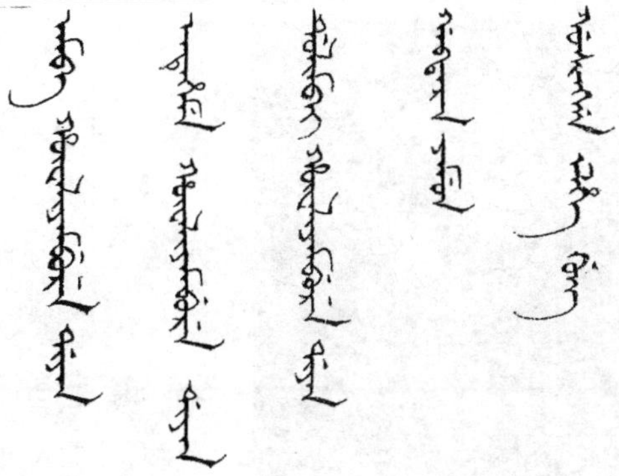				
满文音译	懋勤殿	弘德殿	武英殿	瀛台	坤宁宫
	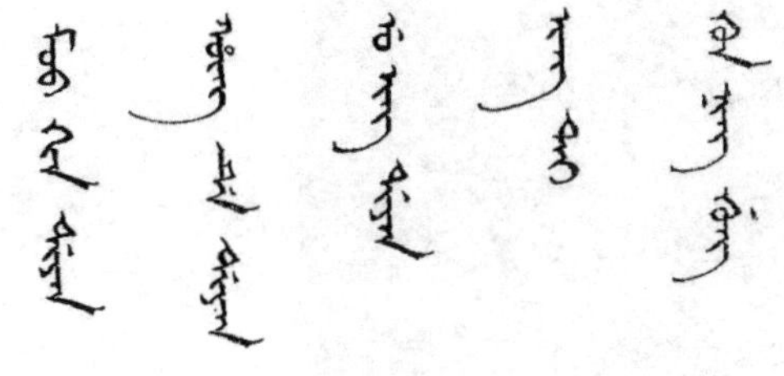				

简表是按照满文意译与满文音译分别列举，其中以满文字义译出的宫殿包括：太和殿（amba hūwaliyambure diyan）、保和殿（enteheme hūwaliyambure diyan）、中和殿（dulimbai hūwaliyambure diyan）、观德殿（gabtara yamun）、慈宁宫（gosingga elhe gung）等。骑射娴熟是满族才德可观的表现，“观德殿”，满文译作“gabtara yamun”，名副其实。除满文意译宫殿名称外，有些宫殿是以满文读音对译的，例如：懋勤殿（moo kin diyan）、弘德殿（hūng de diyan）、武英殿（u ing diyan）、瀛台（ing tai）、坤宁宫（kun ning gung）等。清朝宫殿有哪些是按照满文字义对译，又有哪些是按照满文读音对译？探讨清朝宫廷历史，不能忽视满文部分的宫殿名称。例如：隆宗门是紫禁城乾清门广场西侧进入内廷的大门，可将隆宗门匾额影印如下（图2）。

图2 隆宗门匾额

隆宗门，满文读如“lung dzung men”，是汉字满文音译。按照清语习惯，满文音译当作“lung dzung men duka”。对照崇政殿匾额和隆宗门匾额，发现“wesihun dasan i diyan”满文在左，“ung dzung men”满文在右。崇政殿匾额的满文在左，隆宗门匾额满文在右，探讨宫廷历史同样不能忽视各种匾额的问题。

清朝宫门的满文名称，或按汉字读音译出满文，或按汉文字义译成满文，可举例列表如下（表3）。

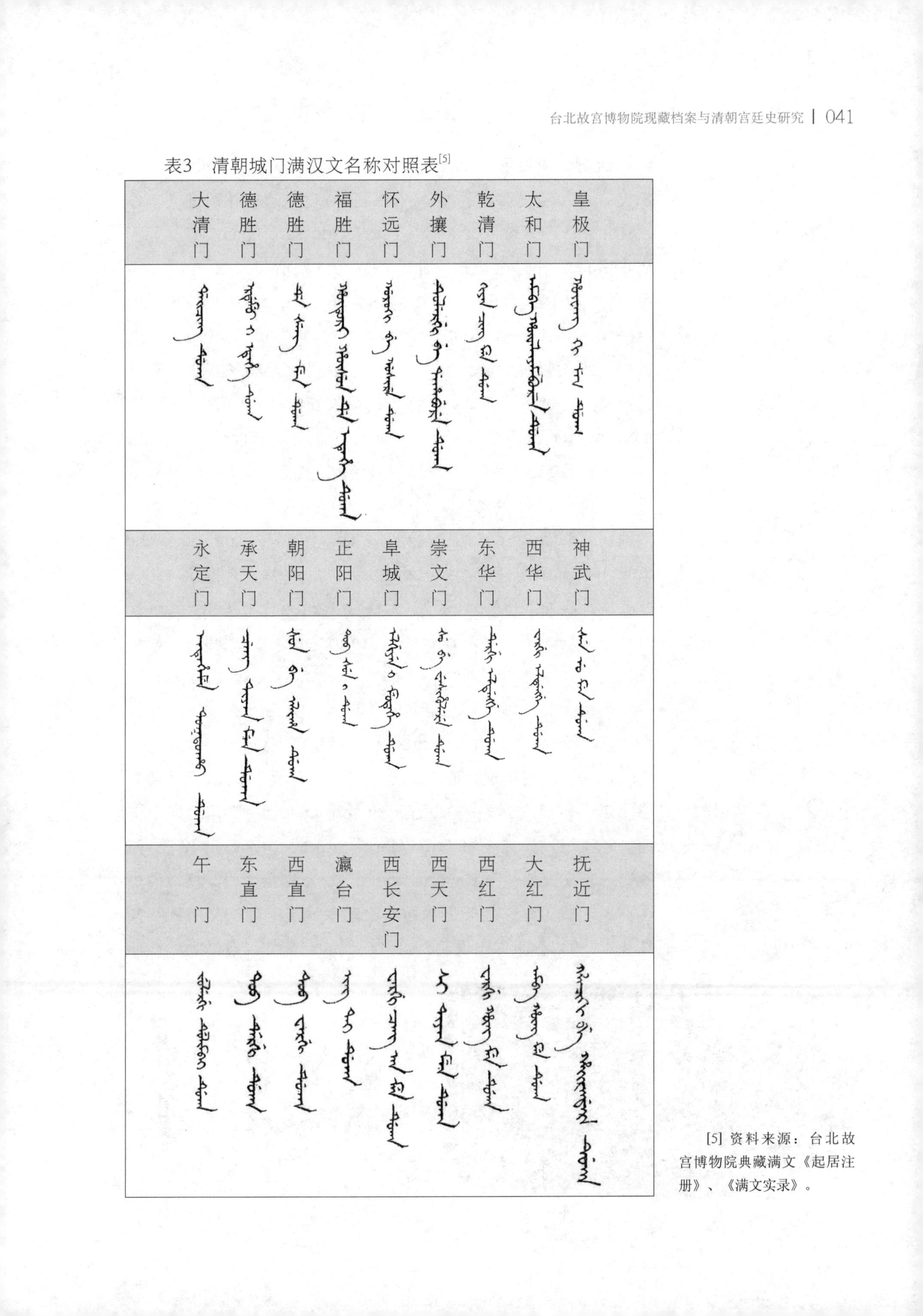

表3 清朝城门满汉文名称对照表[5]

大清门	德胜门	德胜门	福胜门	怀远门	外攘门	乾清门	太和门	皇极门
[illegible]	[illegible]	[illegible]	[illegible]	[illegible]	[illegible]	[illegible]	[illegible]	[illegible]
永定门	承天门	朝阳门	正阳门	阜城门	崇文门	东华门	西华门	神武门
[illegible]	[illegible]	[illegible]	[illegible]	[illegible]	[illegible]	[illegible]	[illegible]	[illegible]
午门	东直门	西直门	瀛台门	西长安门	西天门	西红门	大红门	抚近门
[illegible]	[illegible]	[illegible]	[illegible]	[illegible]	[illegible]	[illegible]	[illegible]	[illegible]

[5] 资料来源：台北故宫博物院典藏满文《起居注册》、《满文实录》。

由前列简表可知，各宫殿城门的满文名称，大致可以分成满文音译和满文意译两类，例如：德胜门，起居注册满文本作“erdemu i etehe duka”；实录作“de šeng men duka”。表中音译的各门除德胜门外，还包括：乾清门（kiyan cing men duka）、皇极门（hūwang gi men duka）、承天门（ceng tiyan men duka）、神武门（šen u men duka）、西天门（si tiyan men duka）等，其满文名称俱按汉字读音译出满文，并增译 “duka”字样。西长安门（wargi cang an men duka）、西红门（wargi hūng men duka）、大红门（amba hūng men duka）等，按汉字读音译出满文，并增译“wargi”（西）、“amba”（大）等满文。其余各门如：大清门（daicing duka）、福胜门（hūturi hūsun de etehe duka）、怀远门（goroki be gosire duka）、外攘门（tulergi be dahabure duka）、太和门（amba hūwaliyambure duka）、永定门（enteheme toktoho duka）、朝阳门（šun be aliha duka）、正阳门（tob šun i duka）、阜城门（elgiyen i mutehe duka）、崇文门（šu be wesihulere duka）、东华门（dergi eldengge duka）、西华门（wargi eldengge duka）等，俱按汉文词义译出满文，可从满文匾额了解其含意。午门，满文读如“julergi dulimbai duka”，意即南中门。东直门，满文读如“tob dergi duka”，意即正东门。西直门，满文读如“tob wargi duka”，意即正西门。据《清史图典》记载，辽宁辽阳博物馆典藏东京城抚近门满文门额及其拓片（图3）。原书附说明云：“门额的老满文，意译为‘抚近

图3　东京城抚近门满文门额及其拓片

门'，边款阳刻汉文'大金天命壬戌年仲夏吉旦'，依稀可见，印证此门额刻于天命壬戌年，即明天启二年（1622年，天命七年）。当时的东京城每一门的内外各镶嵌一面门额，朝内向为汉文，朝外向为满文。后来都城沈阳城门门额也仿照此例。"[1]可将抚近门老满文门额转写罗马拼音"hancikibe hairandara duka"。台北故宫博物院典藏《满文原档》崇德元年（1636年）七月十五日所载抚近门以加圈点新满文书译作"hanciki be hairandara duka"，记载相合，"抚近门"满文的含义为"爱惜邻近的门"。考察清朝宫殿及城门名称的满文，是属于一种还原的工作，也是探讨清朝宫廷历史的重要课题。

三 琅嬛福地——从上谕档看清宫文物的陈设

清朝大内陈设的文物，琳琅满目，令人叹为观止，充分反映了清朝宫廷文化的特色。探讨清朝宫廷历史，认识宫廷陈设的过程，也是重要的课题。雍正八年（1730年）六月二十二日，雍正皇帝谕内阁云：

> 我皇考圣祖皇帝临御六十余年，富有四海，而躬行俭德，撙节爱养，以为保惠万民之本，此中外臣民所共知者。从来宫中服御之具，质朴无华，至于古玩器皿之属，皆寻常极平等之物，竟无一件为人所罕见可珍奇者。此等事朕向来且不深知，外廷臣工，又何从而知之，即有据实以告者，不但令人难信，朕亦至于生疑也。朕即位后偶令内监将大内所有玩器稽查检点，并将避暑山庄等处历年陈设之物，其中可观者，皆取回宫中，看来较朕藩邸所藏尚属不逮，朕实切责于己，抱愧于心，益钦服我皇考之至德，即此一节，已超越前古矣。当日二阿哥在东宫时，留心珍玩，广收博采，遂至蓄积丰盈，其精古可赏者，数倍于皇考宫中之所有，观览之际，实启朕以二阿哥为戒，以皇考为法之坚志也。今宫中所有稍可贵重之物，有来自朕

> 藩邸及数年以来，内外诸臣进献，而朕酌留一、二件者。又二阿哥旧物及年羹尧入官之物，亦在其中，并非皇考宫中之所留遗也。偶因闲暇忆及，实不忍令皇考盛德，异日湮没不彰，特书此以留示子孙，俾知皇考之节用爱人，戒奢崇约。[6]

康熙皇帝节用爱人、戒奢崇约的具体事实，可从宫中大内玩器及避暑山庄陈设加以观察。康熙年间（1662～1722年），宫中大内及避暑山庄，并无罕见珍奇的古玩器皿，其可观者远不及雍亲王府邸。皇太子二阿哥胤礽（ing ceng）在东宫时，蓄积充栋，其珍玩精古可赏者数倍于宫中大内。雍正年间（1723～1735年），宫中大内珍玩器皿等文物，颇多贵重罕见者，其来源主要包括：从避暑山庄取回的陈设，来自雍亲王府的收藏，内外诸臣的进献，籍没年羹尧家产时入官的文物。其实，最大的来源应该是养心殿造办处各作成做的活计，此外就是景德镇等处烧造的精美陶瓷。除养心殿造办处外，圆明园也有活计处。例如，《活计文件·自鸣钟》记载雍正五年（1727年）十月十四日，太监王太平交出福建巡抚常赉进呈乐钟、大日晷各一件，奉旨着收拾，俟明年随往圆明园陈设。《活计文件·木作》记载雍正五年（1727年）九月初二日，太监刘希文传旨："着照万字房内用的楠木图塞尔根桌样再做一张，安在莲花馆。"[7]句中"图塞尔根"，满文读如"tusergen"，意即筵席上摆放盅碟的高桌。雍正六年（1728年）二月初七日，《活计文件·玉作》记载，郎中海望持出白玉鱼磬一件，随象牙茜红架。奉旨着安在莲花馆书格上。雍正九年（1731年）五月初四日，《活计文件·玉作》记载，内务府总管海望将做得烫胎合牌玉石《金刚经》样一件呈览。奉旨照样准做，字着戴临写。雍正十年（1732年）九月初五日，玉作做得碧玉《金刚经》52片，一石匣盛。由催领周维德持去，安在昌运宫。

探讨清朝宫殿陈设，除活计档、陈设档外，谕旨档也是一种重要原始史料。依照谕旨的性质，可以分为明发上谕档、寄

[6]《雍正朝起居注册》第五册，第3689页，中华书局，1993年。

[7] 朱家溍选编：《养心殿造办处史料辑览》第一辑，雍正朝，第111页，紫禁城出版社，2008年。

信上谕档、译汉上谕档等等。依照档册的形式，可以分为长本上谕档、方本上谕档等等。其中兼载各类谕旨的方本上谕档，是军机处的重要档册。档册中除兼载各类谕旨外，还抄录军机大臣奏片、清单、供词等数据。中国第一历史档案馆整理出版的上谕档，数量可观。台北故宫博物院现藏各类上谕档，册数亦夥，对探讨清朝宫廷历史可以提供不少珍贵史料。

乾隆年间，林爽文之役，是因分类械斗扩大酿成天地会起事案件。清军进剿林爽文期间，会党所使用的器械，受到清军的注意，福康安曾将所获会党兵器挑选解送军机处。乾隆五十三年（1788年）七月初十日上谕文件记载一道谕旨云：

> 奉旨，所有福康安委员解到贼匪所有盔甲、刀矛等件，除竹盔、纸甲交学艺处外，其铁尖竹弓二张，撒袋连箭二付，半截刀二把，挞刀二枝，钩镰刀二枝，牛角叉二枝，三角叉二枝，竹篙矛二枝，竹篙枪二枝，鸟枪二杆，炮二个，着于紫光阁及热河万壑松风每样各贮一件。又木石伪印二个，着分刻林爽文、庄大田名字及竹藤牌一面，俱贮紫光阁，其皮藤牌一面，贮万壑松风，钦此。[8]

由谕旨内容可知，乾隆年间台湾天地会所用兵器包括：竹盔、纸甲、铁尖竹弓、撒袋连箭、半截刀、挞刀、钩镰刀、牛角叉、三角叉、竹篙矛、竹篙枪、鸟枪、炮、竹藤牌、皮藤牌等，分贮于紫光阁、万壑松风等处。检查上谕档可知清朝八旗兵丁所用腰刀撒袋、梅针箭，收贮端门楼，八旗各营用时领取，用完时，仍交回端门楼收贮。

乾隆五十八年（1793年），因英国正使马戛尔尼、副使斯当东等来华，到避暑山庄等地觐见。是年六月三十日，军机大臣和珅等面奉谕旨，京城宫内及圆明园陈设仪器钟表内有应行送至热河之件，开列清单派，钟上首领太监带同上好匠役押送热河。上谕文件记载，养心殿东暖阁南案上陈设铜浑天仪器二件，奉三无私北窗西边案上陈设之仪器表一座（系汪达洪

[8]《上谕档》，乾隆五十三年七月初十日，奉旨，方本，台北故宫博物院。

做的），宁寿宫内景福宫明殿东边陈设之大仪器表一座，万方安和现设玻璃架子钟一座，淳化轩现设写四样字钟一座。是年七月二十五日，据和珅称景福宫陈设仪器较之英国使臣所进天球、地球做法更为细致，面奉谕旨，令将景福宫陈设仪器于马戛尔尼等未到之先送到热河。同年八月初三日，上谕文件记载到热河的西洋人索德超、巴茂正等人对景福宫仪器“仍不能谙悉转动之法”。是年七月初八日，上谕文件记载英国使臣所进天文地理表等八件，谕令在正大光明殿安放四件，长春园澹怀堂大殿安放四件，并派好手匠人数名帮同英国匠役即在殿内安装，以便匠人等留心学习，将来可以仿照装卸。

《石渠宝笈》，凡44卷，乾隆九年（1744年）敕撰。所录都是内府贮藏的书画名迹，按次编辑，依照书画的装潢分为九类，其笺素尺寸款识印记题咏跋尾，与奉有御题、御玺者，悉载无遗。乾隆五十八年（1793年）二月初六日，上谕文件记载谕旨云：

> 奉中堂谕，本月初二日面奉谕旨，石渠宝笈续编将次纂成，着缮写正本五分，分贮乾清宫、宁寿宫、圆明园、避暑山庄、盛京五处，于翰林、中书各官内挑派字迹端楷者二十员赶紧缮办，统于年内完竣。其缮出之本，着派八阿哥、十一阿哥、十五阿哥、刘墉、纪昀各分一分，详细校阅，交武英殿装潢，由懋勤殿呈览。所有阿哥应校书本，俱由军机处转送，缮出正本后，照四库馆之例，将校缮各官衔名逐本列入，如有看出错讹草率之处，惟校缮各员是问，钦此。[9]

由谕旨内容可知，《石渠宝笈续编》于乾隆五十八年（1793年）内缮办完竣，缮写正本五份，分贮乾清宫、宁寿宫、圆明园、避暑山庄、盛京五处。由八阿哥永璇、十一阿哥永瑆、十五阿哥永琰、刘墉、纪昀各分一份校阅。原文件清单记载其书底本由懋勤殿领出由军机处分交派出之翰林、中书周

[9]《乾隆朝上谕档》第十七册，第214页，档案出版社，1991年。

兴岱、秦潮等二十员领缮，缮竣后仍交军机处送交阿哥永璇等人校对，校毕后陆续交回懋勤殿转交武英殿装潢，上谕文件记载颇详。

清宫藏书丰富，反映清朝宫廷文化的特色。查阅上谕档，可以发现宫中藏书概况。乾隆五十八年（1793年）正月十六日，上谕文件记载重华宫所安各书内，《朔漠方略》只有满文本，武英殿存有汉字刻本《朔漠方略》50本。嘉庆元年（1796年）十月初一日，上谕文件记载钦天监送到乾隆六十二年（1797年）时宪书100本。原文件又记载上年奉旨交乾清宫、宁寿宫、圆明园、清漪园、静宜园、静明园、瀛台、汤山、盘山、热河及南苑四宫陈设各一本。嘉庆三年（1798年）十一月十二日，上谕文件记载昭仁殿陈设书籍奏片云：

> 遵旨询问彭元瑞，据称现在昭仁殿陈设书籍内成安家书籍约有十分之三，每本均有谦牧堂图记；其七分皆御花园旧藏之书，尚有康熙年间南书房认片在内。查前次宋版书共贮七架，今装十一架，既属较多，而宋版内如春秋经传集解、资治通鉴、通鉴纪事本末、杜氏通典，又如影宋抄算书各种，尤为稀世之宝，实较从前更为美备。至御花园书籍，除宋元旧版拣出外，所存书籍甚多等语，谨奏。[10]

嘉庆二年（1797年）十月二十一日，乾清宫交泰殿火灾，延及昭仁殿，嫏嬛秘册，多付一炬。嘉庆三年（1798年）十月初八日，重建乾清宫、交泰殿、昭仁殿竣工。由上谕档所载奏片可知昭仁殿藏书情形。

咨文是各平行机关往来的一种文书，札文则为上对下行文时所使用的文书。军机处上谕档抄录颇多咨文、札文等类文书。嘉庆元年（1796年）十一月二十四日，上谕文件记载军机处移知盛京将军的文书是一种咨文，内称新刊御制诗五集，共八套，奉旨盛京陈设一部。同日，军机处札知热河总管内称新刊御制诗五集，奉旨热河陈设二部，热河总管或便员祗领，或

[10]《嘉庆道光两朝上谕档》第三册，第144页，广西师范大学出版社，2000年。

年班入京亲赍敬谨陈设。

《万年国宝册》的内容包括通宝制钱及其绘样图说，并经装裱册页陈设。探讨《万年国宝册》的陈设过程，对于研究清朝宫廷历史也可以提供珍贵的史料。其中，嘉庆朝上谕档对清朝《万年国宝册》的陈设，记载颇详。上谕档中，除了寄信上谕、内阁奉上谕及奉旨事件外还抄录了军机处大臣奏片。譬如，嘉庆七年（1802年）十二月初二日上谕档所载军机处大臣奏片内容云：

> 臣等前在热河面奉谕旨，令将陈设之万年国宝册一分增入嘉庆通宝钱图说，臣等当即请出。回京后复蒙谕旨，令于乾清宫陈设册匣内一并添入。兹将户、工二局暨各省钱样绘出，并查明户部增减炉座鼓铸卯期各缘由拟缮说帖粘贴进呈，恭候钦定发下后，臣等当先将热河一分照式缮就装裱册页呈览，以便俟热河年班总管进京时交令带回。其乾清宫陈设册内系有样钱陈设，今亦已交宝泉局铸出各省样钱，统容再行装潢进呈。惟西藏银钱查户部及钱局，并未有呈进样钱，现已行文咨取，复到尚需时日，是以臣等于样本内留出空白，俟西藏银钱送到时绘出样本进呈，再将原钱补入乾清宫陈设册内。其热河陈设册内亦另行绘样寄交该处总管补粘于空白处所，谨奏。[11]

由引文内容可知，《万年国宝册》分别陈设于北京乾清宫及热河避暑山庄，除户、工二局及各省钱样外，还含有西藏银钱的钱样。在乾清宫陈设的《万年国宝册》内含有样钱。嘉庆八年（1803年）正月初五日，军机处已将热河陈设《万年国宝册》摹绘增入嘉庆通宝各省制钱装裱入册，进呈御览。同年正月十三日，军机处于乾清宫陈设《万年国宝册》内将嘉庆通宝各省钱文，并摹绘一份一并增入装潢进呈御览。至于西藏银钱则需俟送到时再行补绘增入。同年五月初一日，因户部将西藏送到银钱交出，军机大臣请旨将乾清宫陈设的《万年国宝册》

[11]《上谕档》，方本，嘉庆七年十二月初九日，奏片，台北故宫博物院。

原册发下，以便绘样补装。五月初三日，军机处将西藏银钱二种及绘样补入贴说进呈御览。八月十七日，军机大臣于热河避暑山庄陈设《万年国宝册》内将西藏银钱补绘，并添缮说帖进呈御览。乾清宫和热河避暑山庄陈设的《万年国宝册》对研究清朝通宝制钱或货币问题提供了重要的参考数据。

办理军机处，简称军机处，成立于雍正年间。嘉庆六年（1801年）五月二十九日，上谕档抄录军机处大臣奏片云：

> 臣等将军机处恭悬世宗宪皇帝御书“一堂和气”匾额敬谨双钩，另行选工镌刻，仍于军机处悬挂，所有原奉御笔，恭缴进呈，请饬下懋勤殿转交乾清宫尊藏，谨奏。[12]

由引文可知，雍正年间军机处设置后所悬挂的“一堂和气”匾额，是雍正皇帝的御笔。嘉庆六年（1801年）以后，军机处所悬挂的“一堂和气”匾额则是将雍正皇帝御书双钩镌刻的，其原奉御笔则存放在乾清宫。同年五月二十八日，上谕档抄录“内阁奉上谕”云：

> 前因满汉文职各衙门堂官圆明园向无公寓，特赏给弘雅园屋宇，作为各该堂官等公所。因思园名系圣祖仁皇帝御题，是以彼时弘字未经缺笔，今既赏作公寓，自应敬避。着将原奉御书匾额缴进恭瞻后交寿皇殿敬谨尊藏，朕亲书“集贤院”匾额，颁给悬挂，以昭恩赉。[13]

引文中的“堂官”，是清朝对中央各部院等衙门满汉文职长官的通称，因各衙门长官都在各衙署大堂上办事，故称堂官。各堂官在圆明园向无公寓。康熙皇帝特赏给屋宇作为各堂官公所，并御题“弘雅园”匾额。为避乾隆皇帝弘历御名讳，“弘”字缺笔作“弘”。嘉庆皇帝改书“集贤院”匾额，而将“弘雅园”匾额存放在寿皇殿。研究清朝宫廷历史不能忽视上谕文件的史料价值。

[12]《上谕档》，嘉庆六年五月二十九日，奏片。

[13]《上谕档》，嘉庆六年五月二十八日，内阁奉上谕。

四 宫里宫外——朱批奏折的史料价值

奏折是由奏本因革损益派生出来属于体制外的一种新文书，其起源时间，最早只能追溯到康熙朝前期[14]。中国第一历史档案馆保存的康熙二十八年（1689年）二月二十七日大学士伊桑阿《奏谢温谕赐问平安折》，虽然是目前所知较早的一件朱批奏折。但是查阅康熙朝《起居注册》的记载，可以知道在康熙二十年（1681）前后已有奏折文书的记载[15]。譬如，康熙二十年（1681年）十月初二日，《起居注册》记载是日早康熙皇帝御乾清门听政，大学士、学士等会同户部并仓场为漕运事宜具折请旨，康熙皇帝谕阁臣云："此折着户部领去具本来奏。"[16]

康熙皇帝为欲周知施政得失、地方利弊，以及民情风俗等等，于是在传统本章外，另外实行密奏制度，无论公私问题，凡涉及机密事件，或多所顾忌，或有改弦更张之请，或有不便显言之处，或虑获风闻不实之咎等等，都在折奏之列。臣工奏折赍递入京后，径至宫门密达御前，不经通政司转呈，皇帝亲自启封披览，亲手批谕，或批于尾幅，或批于字里行间，一字不假手于人。康熙年间实行的奏折，就是皇帝和相关文武大臣之间所建立的单线书面联系，皇帝和京外臣工可以直接秘密沟通。

台北故宫博物院现藏康熙朝汉文奏折共约3000件，满文奏折共约800余件；雍正朝汉文奏折共约22000余件，满文奏折共约800余件；乾隆朝汉文奏折共约59000余件，满文奏折共约70余件；嘉庆朝汉文奏折共约19000余件；道光朝汉文奏折共约12000余件，满文奏折共约100余件；咸丰朝汉文奏折共约17000余件，满文奏折共约400余件；同治朝汉文奏折共约170余件；光绪朝汉文奏折共约18000余件；宣统朝汉文奏折共约90余件；同治、光绪、宣统三朝满文奏折共约400余件。其中嘉庆、道光、咸丰、同治、宣统等朝满、汉文奏折，尚未正式出版。

历朝满、汉文朱批奏折，奏报范围很广，内容详尽，史料

[14] 朱先华：《朱批奏折之由来及其他》，《故宫博物院院刊》1985年第一期，紫禁城出版社，1985年。

[15] 朱金甫：《清代奏折制度考源及其他》，《故宫博物院院刊》1985年第二期，紫禁城出版社，1986年。

[16]《康熙起居注》第一册，第758页，康熙二十年十月初二日，谕旨，中华书局，1984年。

价值颇高，对研究清朝宫廷历史可提供珍贵的第一手史料。例如：松桂补授热河正总管后，于道光十八年（1838年）十二月初三日将查验钱粮、陈设、铺垫、器皿数目循例具折奏闻。原折指出芳园居存贮备赏陈设古玩、香扇、荷包、如意等件；临芳墅库贮木器、铺垫；永佑寺后库房收贮大小蒙古包、筵宴铜盘桌张金银器皿；梨花伴月收贮瓷器；坦坦荡荡收贮卤簿大驾；清音阁收贮衣靠盔头切末等项[17]。其中古玩、瓷器、如意、金银器皿等，有些是贮库备赏的文物，有些是陈设。

在道光朝朱批奏折中，含有热河运送北京绸缎、银锞、玉玩等项数目清单。其中，玉玩、香器、荷包等项共计929件。例如：烟波致爽南柜所盛器物包括紫檀嵌玉如意四柄，北柜内所盛器物包括镀金套表四个、银套表六个、广珐琅带瓦九副、玛瑙带瓦六副、金珀朝珠三盘、银双鱼佩十个、银大吉佩十个、玉鼻烟壶三个、铜珐琅嵌米珠表盒一对、铜玛瑙表盖鼻烟壶一对、六道木念珠一盘、铜镶玛瑙鼻烟盒二件、铜镶绿玉圆盒二件、青玉双喜佩五件、玉佩四件、草香大十八罗汉十盘、草香小十八罗汉十盘、锭子念珠十串、锭子手珠十盘、绿玉带钩二件、青玉扳指九个。在乐寿堂大柜内盛有雍正款五彩磁盘二件、豆青釉大碗一件等等。以上器物奉朱批呈览后交给圆明园总管。[18]

历任热河总管、副都统等人的奏折，对研究热河避暑山庄的建筑、庭园，都提供了珍贵的史料。热河副都统庆杰抵任后即传述谕旨，嘉庆皇帝将于嘉庆七年（1802年）巡幸木兰，所有热河园庭各处殿宇及清音阁等处房间，务须收拾整齐洁净。穆腾额等人具折奏闻遵旨履勘各处情形，原折指出前宫中路正殿配殿书房围房共31座，计177间。游廊净房共28座，计155间。清音阁戏台1座，看戏正楼5间，东西群楼32间，俱已陈旧，油画爆裂不齐。烟波致爽院内殿宇房间，亦俱破旧，头停瓦片不齐，地面砖块酥碱，每逢下雨，多有渗漏。[19]

探讨热河各处殿宇，园内园外的整修，都不能忽视。道光二十一年（1841年）九月，热河正总管松桂等具折指出，热河

[17]《道光朝朱批奏折》，2289号。道光十八年十二月初三日，松桂奏折。

[18]《道光朝朱批奏折》，1455号，总管内务府奏折所附烟波致爽等处存贮玉玩等项清单。

[19]《嘉庆朝朱批奏折》，7495号。嘉庆七年二月二十八日，穆腾额等奏折。

园庭外围，城墙坍倒，其西北两面城墙，多与外围山场毗连，夜间狼畜窜入，伤毙鹿只。松桂等认为此种野兽由墙缺处黑夜往来，除一面派委精壮弁兵昼夜提防寻打外，同时将倒通城墙共计20段，凑长71.9丈，暂用荆笆严密遮挡，以绝其来路。原折于同年十月初三日奉夹批："自东北正东以至西南必无狼出入，无非正北西北正西三面寻踪伺捕，必可获也。"热河副总管恩吉在未奉朱批谕旨前即逐日进园督率官兵各带善使火枪者二、三人分路抄寻，并咨会热河都统桂轮派委驻防弁兵在外围墙缺伺捕。九月二十六日，在西面山场追打母狼一只，因未中要害，窜出外围，随后由驻房弁兵接枪打获。九月二十八日，又在园内流云在亭迤西用枪打获牡狼一只。十月初八日，在梨花伴月沟西边打获母狼一只[20]。通过朱批奏折的描述，有助于了解热河园里园外的情形，园内水流云在亭、梨花伴月沟附近，都有野狼出没。

整修宫殿，维护园庭，所需经费，数目颇多。因此，探讨清朝宫廷历史，不能忽略经费的支出，及其来源。据热河总管松桂等奏报，常年经费用过银两，必须循例造册呈报总管内务府大臣查核。据松桂等奏报，道光十九年（1839年）分热河园内园外各处动用经费用存银336两2钱5分8厘。热河副将阿克敦保等交纳道光二十年（1840年）分房铺地基租银593两7钱4分，旧管新收通共存银929两9钱9分8厘。道光二十年正月至十二月热河园内园外年例各庙香灯供献口分及围场敦仁镇远协义昭灵神祠香灯更烛等项，一年共享过银370两7钱1厘。园庭及南北两路等处殿宇房间随时零星添补勾滴拘抿灰缝抹饰灰片等项一年共享过银291两。以上通共享过银661两7钱1厘。除用存银268两2钱9分7厘入于道光二十一年（1841年）应用外，所有道光二十年（1840年）分用过银两细数，俱缮清单进呈御览[21]。至于园庭外围倒通城墙长71.9丈所用遮挡荆芭，核计工料共银156两3钱4分2厘，则由热河总管衙门生息项下开销。

探讨清朝宫廷历史，不能忽视时代背景及中外关系。清朝宫殿内部陈设固然含有西洋玩意，也有中西融合的文化结晶，

[20]《道光朝朱批奏折》，4315号。道光二十一年十月十三日，恩吉奏折。

[21]《道光朝朱批奏折》，4207号。道光二十一年九月二十四日，松桂等奏折。

圆明园的建筑，西洋人看了，它不像西洋建筑；中国人看了，它不像中国建筑，却充满了异国情调。圆明园内部的陈设，琳琅满目，令人叹为观止。可是，它遭到帝国主义外力的破坏，更令世人同声谴责。咸丰十年（1860）八月二十二日，法国军队进占圆明园，大肆抢掠，焚毁殿宇，总管内务府大臣文丰自尽。八月二十三日，英国军队进入圆明园，加入抢掠。清漪园等处陈设，多遭英、法军队洗劫。八月二十四日，英军和法军抢掠静明园。九月初三日，英使额尔金（Earl of Elgin and Kincardine James Bruce Elgin,1811～1863年）及英军统领格兰特（General Sir James Hope Grant,1808～1875）下令焚毁圆明园宫殿。九月初五日，英军第一师奉额尔金之命，焚烧圆明园。清漪、静明、静宜三园大火，三日始熄。圆明园在熊熊烈火下，化为灰烬。圆明园陈设的书画器物及批折档册，尽为英军所有。据郭廷以编著的《近代中国史事日志》记载，英军统领格兰特在圆明园抢掠物品拍卖，其售价及抢掠现金约93000银元，以三分之二归士兵，三分之一归将领。[22]清漪园等处殿宇房间陈设被焚抢后，总理衙门大臣侍郎宝鋆等曾亲往查看，并派内务府郎中文照等会同清漪园郎中文明等前往各园按照内务府印册详细清查。咸丰十年（1860年）十月二十五日，宝鋆具折奏明清查陈设数目。台北故宫博物院典藏咸丰朝朱批奏折含有宝鋆奏折，原折内容如下：

为清查现存完整陈设数目并归并处所收存仰祈圣鉴事。窃奴才恭查清漪园等处殿宇房间陈设等件，前被焚抢，当经奴才亲往敬谨查看，先将大概情形奏闻在案。惟彼时头绪纷繁，未能将各园所存陈设等件，逐款清查。奴才续即派委内务府郎中文照、纶增会同该园革职留任郎中文明等前往各园按照内务府印册详细清查去后。兹据该司员等禀称，遵即调取印册按款查得清漪园等处原存陈设八万七千七百八十一件内失去陈设七万五千六百九十二件，现存完整陈设九千五百九十六件，破坏不全陈设

[22] 郭廷以：《近代中国史事日志》，第353页，台北“中央研究院”近代史研究所，1963年。

二千四百九十三件，分缮清单禀复前来。奴才复行亲往查看，均属无异。[23]

由引文内容可知，清漪园等处原存陈设87781件内，失去陈设9596件。三园殿宇陈设文物，大量损失，文物浩劫，令人遗憾。

满族的饮食文化，有其特色，日常肉食，除野味外，蘑菇、木耳、松子、山里红、榛子、苹果、沙果、葡萄、李子、枣、梨等等，都是满族喜爱的鲜果。台北故宫博物院典藏光绪朝朱批奏折含有多件钟粹宫、长春宫等处传用的各式果品。其中光绪元年（1875年）三月分钟粹宫传用的果品，统计苹果共1860个，红梨480个，黄梨890个，葡萄120斤，片枣80斤，红枣325斤，白枣40斤，蜜枣80斤，山里红115斤，桃仁105斤，秋梨40斤，杏仁100斤，榛仁60斤，花生豆60斤，青梅100斤，瓜条60斤，松仁40斤，佛手梅80斤，大瓜子100斤，桂圆50斤，南荠100斤，荔枝50斤，盆糖150斤。平均一天吃用苹果60个以上，红黄梨40余个，可以反映钟粹宫吃用果品的人数一定不是少数。同年七月分钟粹宫传用的果品，朱批奏折所附清单逐日记载，暂以七月初一日至七月十五日的记载为例，据首领太监张进喜传七月十二日万寿果桌四桌，十五日三桌，二十六日七桌，用杏仁90斤，榛仁90斤，青梅90斤，花生豆90斤，蜜枣100斤，松仁80斤，桂圆70斤，荔枝70斤，佛手梅100斤，南荠100斤，白枣80斤，瓜条100斤，红棉100张。又传十六日杏仁100斤，榛仁100斤，花生豆100斤，青梅100斤，蜜枣100斤，荔枝100斤，瓜条100斤，佛手梅100斤，桂圆100斤，松仁100斤，白枣100斤，大春橘600个，南荠100斤，红棉100张。茶房掌局太监赵玉才另传六月二十九日桃150个，红黄李子各100个，桃仁15斤，片枣30斤，山里红15斤。七月初一日头号干鲜各26桌，桃红黄李子各50个，桃仁10斤，片枣30斤，山里红五斤。初四日，桃李子各50个，沙果100个，桃仁10斤，桃50个，沙果黄李子各100个。初五日桃红黄李子各50个，沙果50个。初六日，桃红黄李子各100个，沙果200个。初七日，桃红黄李子沙果各150

[23]《咸丰朝朱批奏折》，13350号。咸丰十年十月二十五日，宝鋆奏折。

个，桃仁15斤，片枣20斤，山里红五斤。初九日桃红黄李子沙果各50个。初十日桃红黄李子沙果各50个。头号干鲜各七桌，上用五分，酒膳五分，果桌五分，桃仁片枣各50斤，山里红30斤，底枣100斤。十一日平果65个，虎槟50个，桃仁15斤，片枣20斤，底枣30斤，山里红10斤。十三日桃50个，李子沙果各100个，桃仁山里红各五斤，片枣10斤，上用一分，桃50个。十四日平果桃李子各50个，沙果100个，酒膳二分。十五日头号干鲜各26桌，红李子沙果各50个，桃50个，沙果100个。[24]

清朝内务府奏折把苹果写作"平果"，山裡红写作"山里红"。宫中常吃的果品，主要是苹果、沙果、槟子、榛子、山里红、枣、梨、桃、李等等。其中沙果比苹果略小，又名花红，味甘而带酸。槟子比沙果略大，其中有红色斑斓的槟子，原名虎拉槟，内务府奏折写作"虎槟"，其味略酸。榛子也是一种贡品，辽东地方产在山阳经过荒火烧落的榛子，最为珍贵，味道近似胡桃。山里红是山楂的别名，可以生着吃，极酸之中挂一丁点儿甜头。它也可以煮熟了吃，捣烂了作成"糊楂膏"，加上糖水，在甜酸之间另有一种滋味。此外，各式的桃、梨、李、枣、葡萄、荔枝、桂圆、瓜条等等，都是美味爽口，可谓甜酸甘苦色味俱全。

宫卫森严，各门进出，管理极严。光绪朝朱批奏折中含有营造司、掌仪司、掌关防管理内管领事务处因修缮各宫官员带领匠役进入各门人数记录，暂以营造司匠役进门人数为例，列举简表如下（表4）。

[24]《宫中档光绪朝奏折》第一辑，第75页，台北故宫博物院，1973年。

[25] 资料来源：《宫中档光绪朝奏折》第一辑，第201～212页，台北故宫博物院，1973年。

表4　同治十三年九月初一日至三十日营造司匠役进门人数表[25]

日期	宫殿	门别	事由	官员	匠役
初一日	御缮房	内右门	拆盖御膳房房间	3	10
初一日	毓庆宫	内左门	修理毓庆宫房间	2	9
初一日	长春宫	中正殿角门	修理长春宫活计	2	21
初一日	昭仁殿	内左门	拆卸昭仁殿凉棚	3	80

续表

日期	宫殿	门别	事由	官员	匠役
初一日	静怡轩	中正殿角门	拆卸静怡轩凉棚	3	200
初一日	昭仁殿	内右门	糊饰昭仁殿等处暖屉窗	2	30
初二日	御膳房	内右门	拆盖御膳房房间	3	10
初二日	毓庆宫	内左门	修理毓庆宫房间	2	9
初二日	长春宫	中正殿角门	修理长春宫活计	2	21
初二日	乾清宫	内右门	踏勘乾清宫等处岁修	4	10
初二日	尚书房	内右门	糊饰尚书房暖屉窗	2	30
初三日	御膳房	内右门	拆盖御膳房房间	3	12
初三日	毓庆宫	内左门	修理毓庆宫房间	2	9
初三日	长春宫	中正殿角门	修理长春宫活计	2	21
初三日	钟粹宫	内右门	糊饰钟粹宫暖屉窗	2	30
初四日	御膳房	内右门	拆盖御膳房房间	3	12
初四日	毓庆宫	内左门	修理毓庆宫房间	2	9
初四日	长春宫	中正殿角门	修理长春宫活计	2	21
初四日	斋宫	内右门	糊饰斋宫暖屉窗	2	30
初五日	御膳房	内右门	拆盖御膳房房间	3	13
初五日	毓庆宫	内左门	修理毓庆宫房间	2	9
初五日	长春宫	中正殿角门	修理长春宫活计	2	21
初六日	御膳房	内右门	拆盖御膳房房间	3	12
初六日	毓庆宫	内左门	修理毓庆宫房间	2	9
初六日	长春宫	中正殿角门	修理长春宫活计	2	28
初七日	御膳房	内右门	拆盖御膳房房间	3	12
初七日	毓庆宫	内左门	修理毓庆宫房间	2	9
初七日	长春宫	中正殿角门	修理长春宫活计	3	28
初七日	长春宫	中正殿角门	拆卸长春宫等处凉棚	3	500
初八日	御膳房	内右门	拆盖御膳房房间	3	12
初八日	毓庆宫	内左门	修理毓庆宫房间	2	9
初八日	长春宫	中正殿角门	修理长春宫活计	2	28

续表

日期	宫殿	门别	事由	官员	匠役
初九日	御膳房	内右门	拆盖御膳房房间	3	12
初九日	毓庆宫	内左门	修理毓庆宫房间	2	9
初九日	长春宫	中正殿角门	修理长春宫活计	2	28
初十日	御膳房	内右门	拆盖御膳房房间	3	12
初十日	毓庆宫	内左门	修理毓庆宫房间	2	9
初十日	长春宫	中正殿角门	修理长春宫活计	2	28
十一日	御膳房	内右门	拆盖御膳房房间	3	12
十一日	毓庆宫	内左门	修理毓庆宫房间	2	9
十一日	长春宫	中正殿角门	修理长春宫活计	2	28
十一日	景仁宫	内右门	糊饰景仁宫暖屉窗	2	20
十二日	御膳房	内右门	拆盖御膳房房间	3	7
十二日	毓庆宫	内左门	修理毓庆宫房间	2	8
十二日	长春宫	中正殿角门	修理长春宫活计	2	28
十三日	御膳房	内右门	拆盖御膳房房间	3	7
十三日	毓庆宫	内左门	修理毓庆宫房间	2	8
十三日	长春宫	中正殿角门	修理长春宫活计	2	28
十三日	绛雪轩	内右门	糊饰绛雪轩暖屉窗	2	20
十四日	御膳房	内右门	拆盖御膳房房间	3	7
十四日	毓庆宫	内左门	修理毓庆宫房间	2	8
十四日	长春宫	中正殿角门	修理长春宫活计	2	28
十六日	御膳房	内右门	拆盖御膳房房间	3	7
十六日	毓庆宫	内左门	修理毓庆宫房间	2	8
十六日	长春宫	中正殿角门	修理长春宫活计	2	28
十七日	御膳房	内右门	拆盖御膳房房间	3	7
十七日	毓庆宫	内左门	修理毓庆宫房间	2	8
十七日	长春宫	中正殿角门	修理长春宫活计	2	28
十七日	长春宫	中正殿角门	糊饰长春宫暖屉窗	2	40
二十日	御膳房	内右门	拆盖御膳房房间	3	5

续表

日期	宫殿	门别	事由	官员	匠役
二十日	毓庆宫	内左门	修理毓庆宫房间	2	6
二十日	长春宫	中正殿角门	修理长春宫活计	2	28
二十日	长春宫	中正殿角门	糊饰长春宫暖屉窗	2	40
二十一日	御膳房	内右门	拆盖御膳房房间	3	5
二十一日	毓庆宫	内左门	修理毓庆宫房间	2	6
二十一日	长春宫	中正殿角门	修理长春宫活计	2	28
二十一日	长春宫	中正殿角门	糊饰长春宫暖屉窗	2	40
二十二日	御膳房	内右门	拆盖御膳房房间	3	5
二十二日	毓庆宫	内左门	修理毓庆宫房间	2	6
二十二日	长春宫	中正殿角门	修理长春宫活计	2	67
二十二日	长春宫	中正殿角门	糊饰长春宫暖屉窗	2	20
二十三日	御膳房	内右门	拆盖御膳房房间	2	6
二十三日	毓庆宫	内左门	修理毓庆宫房间	2	6
二十三日	长春宫	中正殿角门	修理长春宫活计	2	67
二十三日	长春宫	中正殿角门	糊饰长春宫暖屉窗	2	20
二十四日	御膳房	内右门	拆盖御膳房房间	3	13
二十四日	毓庆宫	内左门	修理毓庆宫房间	2	6
二十四日	长春宫	中正殿角门	修理长春宫活计	2	67
二十五日	御膳房	内右门	拆盖御膳房房间	3	13
二十五日	毓庆宫	内左门	修理毓庆宫房间	2	6
二十五日	长春宫	中正殿角门	修理长春宫活计	2	87
二十五日	长春宫	中正殿角门	搭盖长春宫彩台	4	65
二十六日	御膳房	内右门	拆盖御膳房房间	3	13
二十六日	毓庆宫	内左门	修理毓庆宫房间	2	6
二十六日	长春宫	中正殿角门	修理长春宫活计	2	87
二十六日	长春宫	中正殿角门	搭盖长春宫彩台	4	65
二十七日	御膳房	内右门	拆盖御膳房房间	3	13
二十七日	毓庆宫	内左门	修理毓庆宫房间	2	6

续表

日期	宫殿	门别	事由	官员	匠役
二十七日	长春宫	中正殿角门	修理长春宫活计	2	87
二十七日	长春宫	中正殿角门	搭盖长春宫彩台	4	65
二十八日	御膳房	内右门	拆盖御膳房房间	3	13
二十八日	毓庆宫	内左门	修理毓庆宫房间	2	6
二十八日	长春宫	中正殿角门	修理长春宫活计	2	87
二十九日	御膳房	内右门	拆盖御膳房房间	3	42
二十九日	毓庆宫	内左门	修理毓庆宫房间	2	6
二十九日	长春宫	中正殿角门	修理长春宫活计	2	87
三十日	御膳房	内右门	拆盖御膳房房间	3	18
三十日	毓庆宫	内左门	修理毓庆宫房间	2	6
三十日	长春宫	中正殿角门	修理长春宫活计	2	87
小计				234	3012

匠役进入各宫门，必须由官员带领进入，总管内务府则应将进入各门官员、匠役人数及修缮事由逐日缮写清单循例按月具奏进呈御览。由前列简表可知，进门官员共计234人次，匠役共计3012人次。所进各门分别由内右门进入御膳房、昭仁殿、乾清宫、尚书房、钟粹宫、斋宫、景仁宫、绛雪轩等处；由内左门进入毓庆宫、昭仁殿等处；由中正殿角门进入长春宫、静怡轩等处。各匠役入宫事由包括拆盖御膳房房间，修理毓庆宫房间，修理长春宫活计，拆卸昭仁殿凉棚，拆卸静怡轩凉棚，糊饰昭仁殿等处暖屉窗，踏勘乾清宫等处岁修，糊饰尚书房暖屉窗，糊饰钟粹宫等处暖屉窗，糊饰斋宫等处暖屉窗，拆卸长春宫等处凉棚，糊饰景仁宫暖屉窗等。有助于了解宫门的管理，各宫殿的修缮维护，对研究清朝宫廷历史提供珍贵的史料。

五　美轮美奂——军机处月折包中的宫廷建筑史料

从雍正朝后期起，直省臣工奏折奉朱批后，除谢恩、陛见、请安等奏折外，皆由军机处抄录副本存查，称为奏折录副。因奏折录副是按月分包储存的，所以称为月折包，简称折包。在京各部院衙门大臣奏折虽未奉朱批，亦将原折归入月折包内储存。月折包内的文书种类，除奏折及奏折录副外，还有咨文、略节、火票、札文、知会、禀文、书信、照会、国书、檄谕、条约、章程、清单、地图等。月折包内的各类地图，原为朱批奏折的附件，因留中不发，所以归入月折包里。在各类地图中含有盛京宫殿图、北京宫殿图、陵园地形图、东陵图、太妃园寝城图、园寝宝城红桩木图、清宁宫地图、盘山地形图、盛京围场图、布达拉庙大红台门罩图、泰东陵明楼修缮图、紫禁城图、正阳门箭楼悬挂结彩牌楼图、东直门角楼图、佛楼上层天花板图、佛楼下层天花板图、孝陵陵园地形图、西陵图、妃衙门图、陵园地形图等等，其中宫殿图对研究清朝宫廷建筑提供了珍贵的史料。

乾隆三十八年（1773年）五月，盛京将军增海卒后，调固山贝子允禔第十三子奉恩将军弘晌为盛京将军。据弘晌奏折录副记载，盛京正殿后建有敬典、崇谟二阁，作为留都金匮石室之储。敬典、崇谟、颐和、迪光等殿阁工程，都在乾隆十一年（1746年）三月十一日兴工启建。十三年（1748年）三月内告竣完成。玉牒在敬典阁陈贮，实录藏于凤凰阁，崇谟阁则空闲，与建阁命名之义，并未相称。乾隆四十三年（1778年）四月十一日，大学士阿桂等遵旨字寄弘晌，将崇谟阁悉心相度，如制尚宽广可容书橱排列，即将凤凰阁所贮五朝实录移藏于崇谟阁。玉牒每十年修葺一次，告成后即续送盛京，积久愈多，敬典阁不敷存贮时，即于凤凰阁均匀收藏。弘晌奉到寄信上谕后，即查明凤凰楼上层安列金柜15顶内11顶存贮五朝圣训、实录，尚空闲四顶。中层安列金柜15顶，俱系空闲。崇谟阁上安列金柜22顶，亦俱空闲。弘晌遵旨将五朝圣训、实录俱移于崇谟阁存贮。敬典阁上所安金柜，也是22顶，其中16顶贮放玉牒，尚有空余六顶。原折将楼阁三处安列金柜式样绘图进呈御览后留中未发还弘晌，而随弘晌奏折录副移入月折包。[26]可将三处楼阁式样示意图影印如后。其中，崇谟阁式样示意图（图4）标明“崇谟阁上金柜22顶各高九尺九寸六分，面宽五尺零五分，进深二尺六寸”。敬典阁式样示意图（图5）标明，“敬典阁上金柜22顶，各高九尺九寸六分，面宽五尺零五分，进深

[26]《军机处档·月折包》，19513号，乾隆四十三年四月二十二日，弘晌奏折录副，台北故宫博物院。

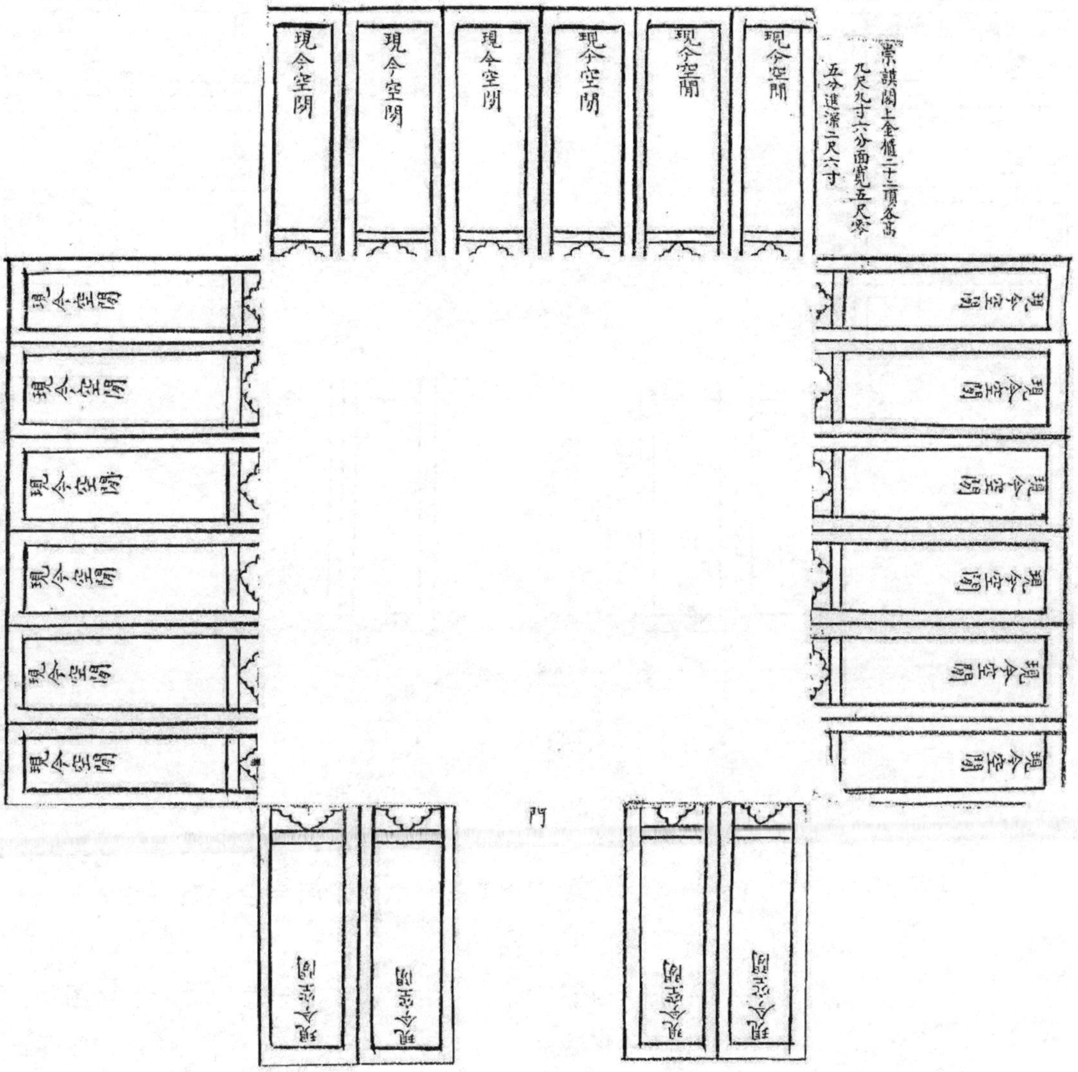

图4　盛京崇谟阁金柜式样示意图

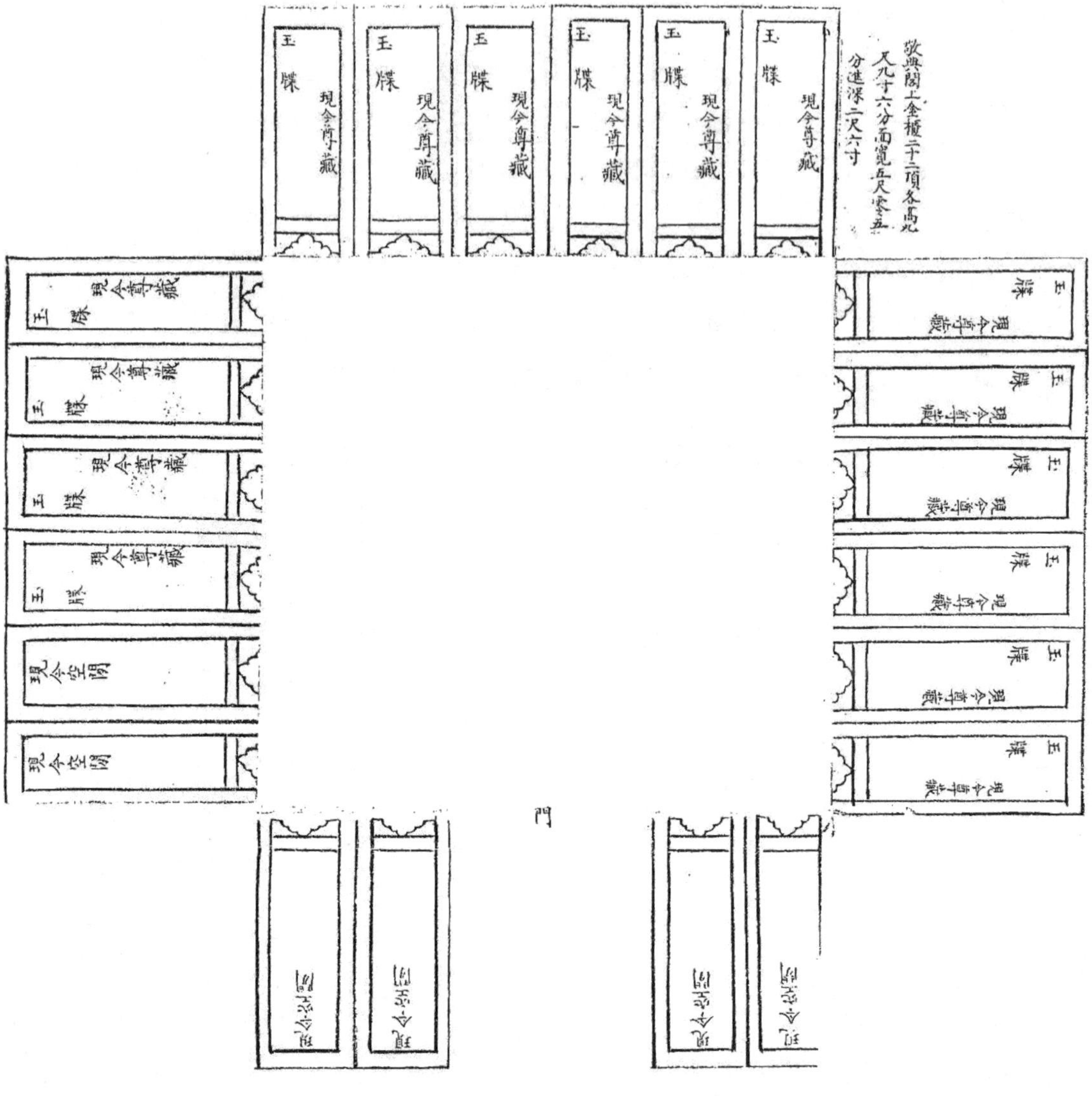

图5　敬典阁金柜式样示意图

二尺六寸”。凤凰楼金柜式样示意图（图6）标明，凤凰楼上层正面金柜五顶，各高七尺七寸，面宽五尺二寸五分，进深一尺九寸。凤凰楼上层东西金柜各五顶，各高七尺一寸，宽五尺三寸，进深一尺八寸。凤凰楼中层正面金柜五顶，各高七尺七寸，面宽五尺二寸五分，进深一尺九寸。

《军机处档·月折包》中含有“清宁宫地盘样示意图”，是乾隆年间估修盛京清宁宫等处的示意图（图7～8）。原图详绘盛京各宫殿位置，并粘签标明原估及新估修理情形。由南至

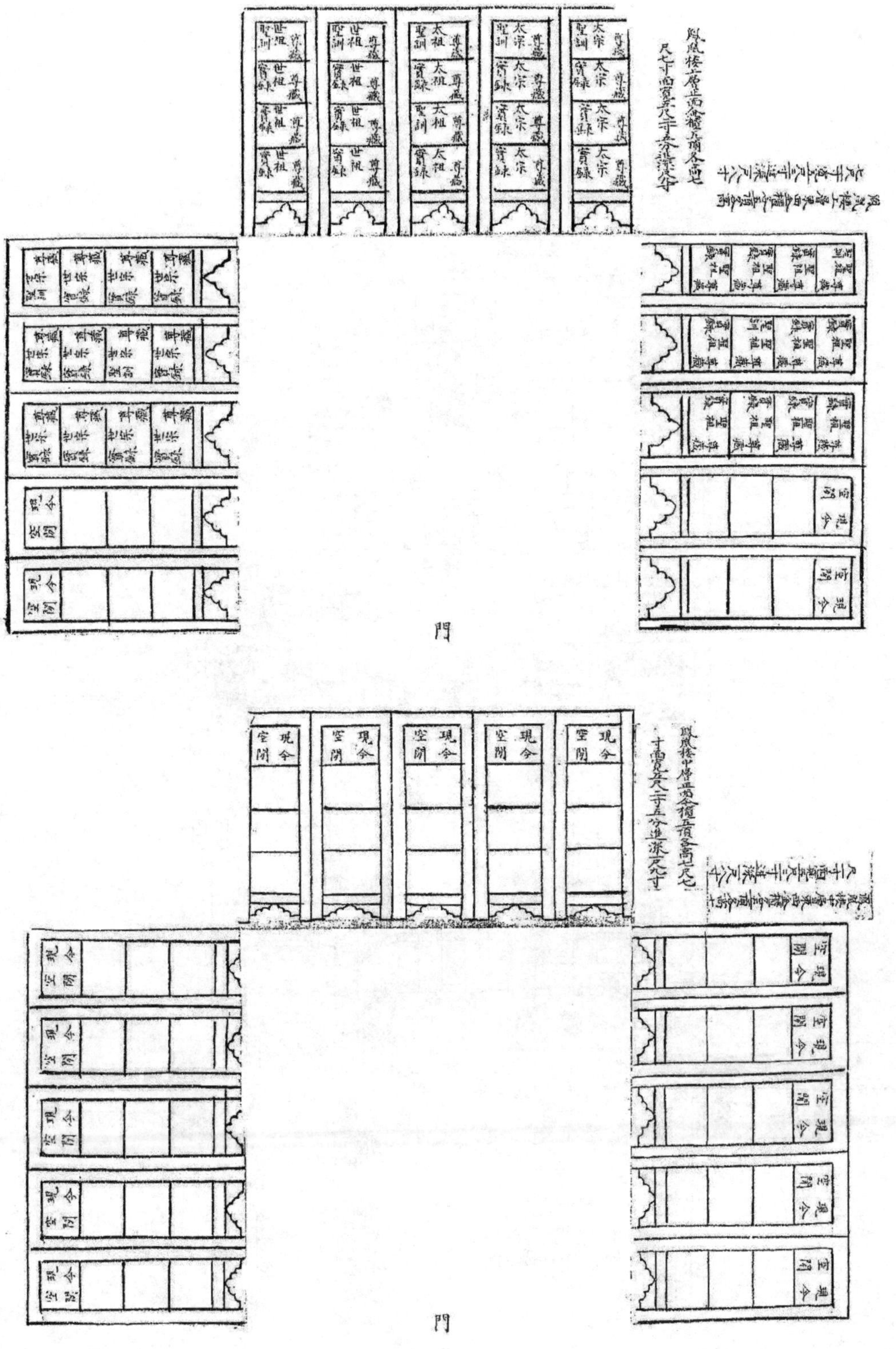

图6　凤凰楼金柜式样示意图

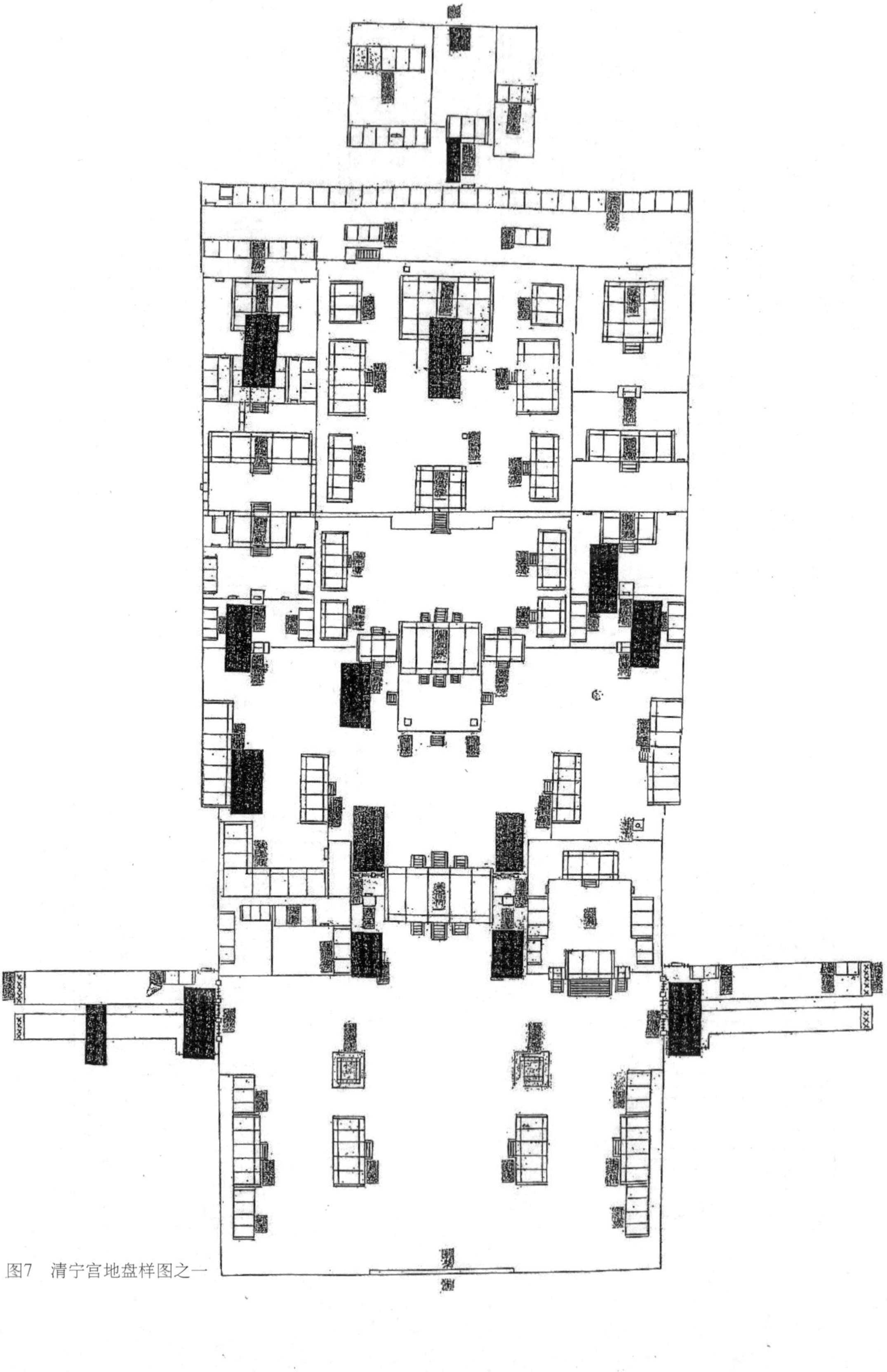

图7　清宁宫地盘样图之一

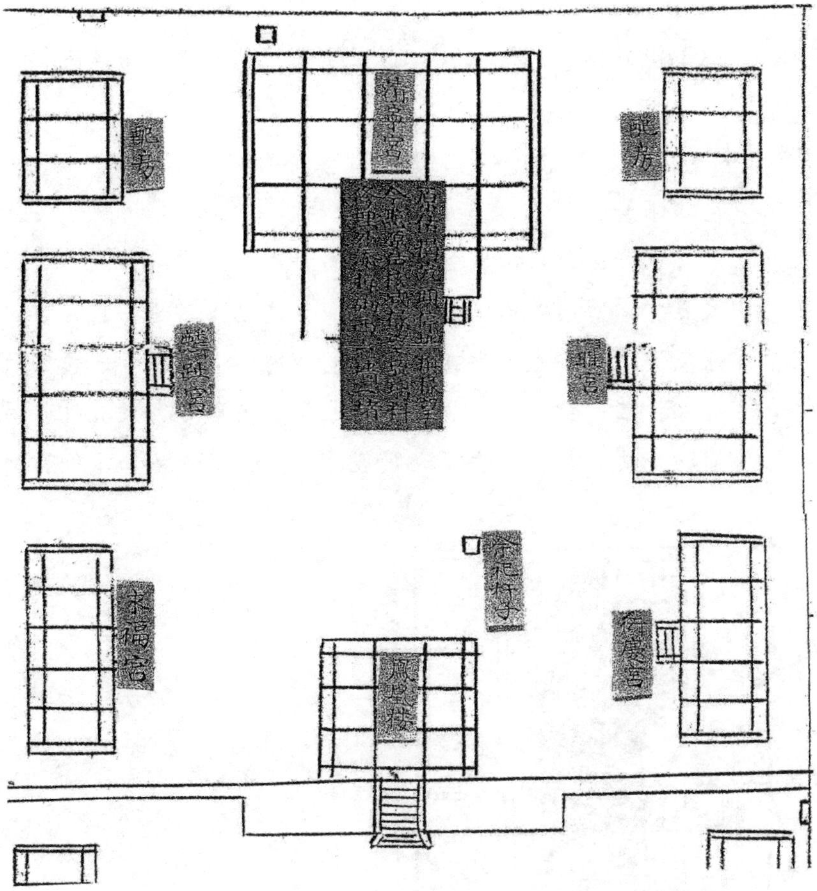

图8　清宁宫地盘样图之二

北，经左右两侧朝房、奏乐亭至大清门。大清门前左右两侧门罩粘签标明“原估加陇捉节照旧式光油，今照原估修理”[27]。由大清门至崇政殿，殿前右侧为嘉量，左侧为日晷。崇政殿之后为凤凰楼，凤凰楼之左为衍庆宫，衍庆宫左前为颐和殿，左后为介祉宫。颐和殿粘签标明，“原估揭瓦头停、挑换椽望，今照原估核减椽望、琉璃料砖块修理”。凤凰楼之右为永福宫，永福宫右前为迪光殿，右侧为保极宫。凤凰楼左后为祭祀杆子处。由凤凰楼进入清宁宫，清宁宫左前为关雎宫，右前为麟趾宫。清宁宫粘签标明，“原估揭瓦头停、挑换椽望、琉璃料修理外，添拆砌西土墙一堵”。麟趾宫右侧保极殿之后为崇谟阁，粘签标明，“原估揭瓦头停、挑换椽望，今照原估核减飞檐等椽琉璃料修理”。原图长64厘米，宽45厘米，缩小影印如

[27]《军机处档 · 月折包》，乾隆年间，46227号。

后（图9）。

《军机处档·月折包》含有光绪末年“东直门角楼图”，原图附有图说，其内容如下：

> 东直门城台上重檐角楼一座，共计二十六间，内正座计十一间，内二间各面阔一丈六尺，四间各面阔一丈四尺五寸，四间各面阔一丈三尺，一间见方二丈四尺，俱进深二丈四尺。上檐后接雨搭八间，内四间各面阔一丈四尺五寸，二间各面阔一丈三尺，二间各前面阔九尺五寸，后面阔一丈六尺，上进深六尺五寸。下檐后接庑座七间，内

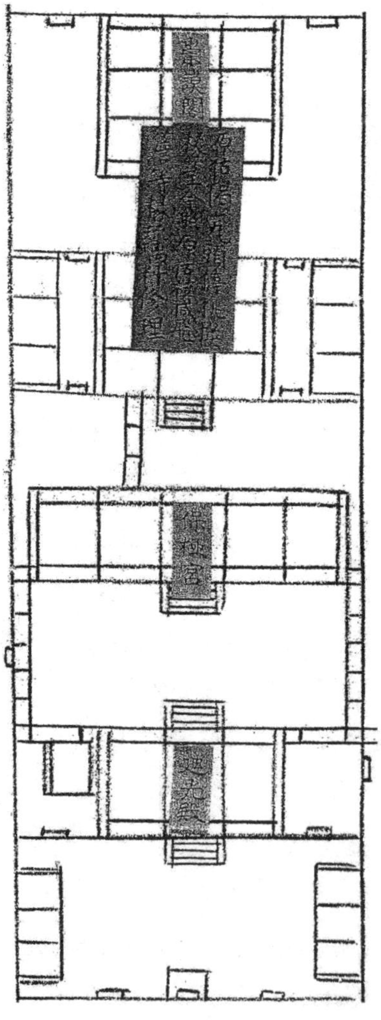

图9　崇谟阁地盘样图

四间各面阔一丈四尺五寸，二间各面阔一丈三尺，一间下见方一丈六尺，上见方九尺五寸。下檐柱高二丈六尺，径一尺四寸。上檐柱高三丈八尺三寸，径二尺四寸。七架梁下中柱高四丈三尺一寸，径二尺五寸。正座九檩，雨搭二檩，庑座三檩。歇山上檐摆安单翘单昂斗科，下檐采放做一斗三升斗科，炮眼四层，内里楼板、庑座、库门、墙窗、头停瓦五样绿色琉璃，脊兽宝顶沟头滴水减边，中心随式澄浆布筒，板瓦成造。[28]

原图所附图说内容详细。原图长67厘米，宽92厘米，将角楼正东面、正北面原图影印如后（图10～12）。

《军机处档·月折包》除含有各种示意图外，还含有原北平图书馆典藏明清时期的各种地图，其中宫殿图多幅，都是巨幅彩图。其中，明嘉靖、隆庆间绢本彩绘《北京宫殿图》，长169厘米，宽156厘米；明代绢本彩绘《大明宫殿图》，长209厘米，宽173厘米；清代绢本彩绘《皇城宫殿衙署图》，长238厘米，宽179厘米；清代纸本彩绘《热河避暑山庄图》，共两幅，其中一幅长212厘米，宽387厘米，另一幅长134厘米，宽355厘米；清代纸本墨绘《热河避暑山庄》，长164厘米，宽342厘米；另存王府图三幅，也是清代纸本墨绘。探讨清朝宫廷历史，各种宫殿式样图就是最直接的图说史料。

六　书香故宫——还原宫廷藏书的历史意义

还原宫廷藏书是探讨宫廷历史的重要课题。向斯先生著《书香故宫》一书已指出，“清宫遗留下来的书籍，除了各朝皇帝御纂、御制作品和内府本子之外，大多是先朝皇宫的旧有古书。这些皇宫珍藏，许多系海内外孤本，非常珍贵。其中珍品中的珍品就是：宋、元善本，皇帝御笔写经，臣工精抄写经，宫廷内府本。”[29]1924年，清室善后委员会接收清点各宫殿所贮图书文物，填造点查报告。1925年，故宫博物院正

[28]《军机处档·月折包》，光绪年间，152088号。

[29] 向斯：《书香故宫》，第114页，台北实学社出版公司，2004年。

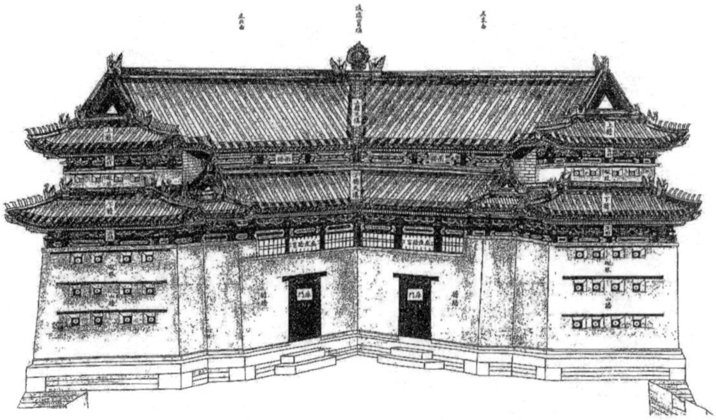

图10　东直门角楼示意图之一

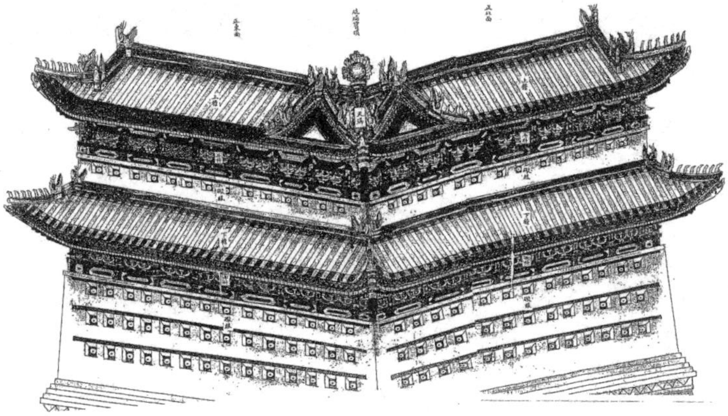

图11　东直门角楼示意图之二

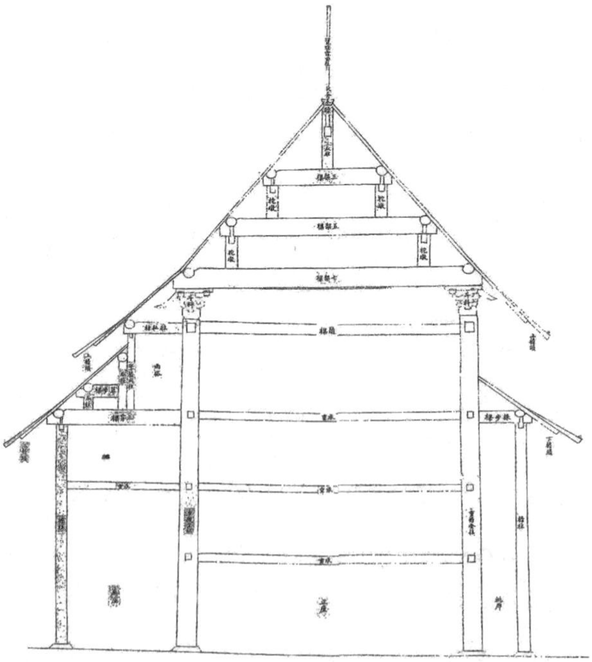

图12　东直门角楼示意图之三

式成立，下设图书馆，以典掌图书，馆址在寿安宫。除文渊阁、摛藻堂藏书仍保持原状外，其散处各宫殿的藏书，则集中于寿安宫，置库贮存，整理核对，编制书卡。《书香故宫》指出："提取的宫殿主要是皇帝和后妃们处理政务和生活起居的地方，包括养心殿、懋勤殿、弘德殿、乾清宫、昭仁殿、景阳宫、位育斋、上书房、南书房、景福宫、毓庆宫、宁寿宫、斋宫等。"查阅《故宫物品点查报告》，可以了解各宫殿陈设的图书文物品类。

1931年，九一八事变后，宫廷图书文物南迁，其中有一部分图书文物分批运往台湾。台北故宫博物院藏书，其来源除清朝内府藏书及宜都杨氏观海堂旧藏外，还有北平图书馆甲库珍籍。其中，内府藏书譬如：历朝满汉文圣训、御制诗文集、方略、奏议等等，颇为完备，包括武英殿刊本、武英殿刊袖珍本、朱丝栏写本、朱丝栏写袖珍本、乌丝栏写本、朱墨套印本等等。各种佛经除名家写本外，还有黑线绛丝本、线绣袖珍本、蓝丝线绣本、黑丝线绣本等等，琳琅满目，尤为难得。《书香故宫》已经指出："故宫博物院南迁的珍贵图书，几乎所有都运往了台湾。"[30]台北故宫博物院现藏清朝宫廷善本古籍，仍多保存清室善后委员会点查标签、书卡及寿安宫图书馆核对书卡。其中，清室善后委员会点查标签样式如图13。

标签中的"腾"是清室善后委员会于1925年3月点查缎库的编号代字。检查《故宫物品点查报告·缎库》，可知"腾九六号33"，就是《太祖皇帝大破明师于萨尔浒山之战书事文》一书的点查编号[31]，也可以说它是每一种善本古籍的"身份证"。除点查标签外，还有点查书卡及核对书卡。以《御制盛京赋》为例，影印其样式如图14～15。

点查书卡标明清文《御制盛京赋》原存于景阳宫，其点查号数为：律一二二四·80；核对书卡标明旧藏地点在景阳宫，彼此吻合。然后再检查《故宫物品点查报告》，可以确定现藏清文《御制盛京赋》的原存地点是在景阳宫，这是图书文物的还原工程。为了更清楚地说明，可就现藏清朝御制诗文集汉文

[30] 向斯：《书香故宫》，第124页，台北实学社出版公司，2004年。

[31]《故宫物品点查报告》第二编，第六册，第19页，清室善后委员会，1925年。

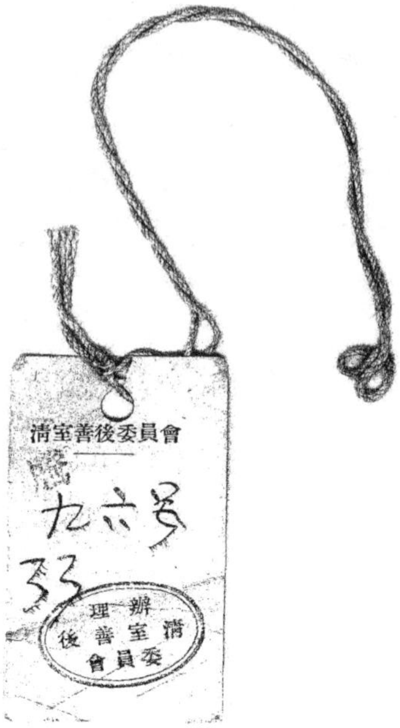

图13　清室善后委员会点查标签样式

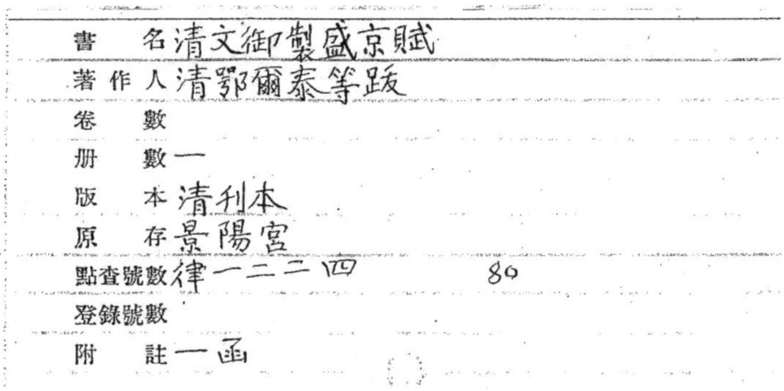

书　名清文御製盛京賦
著作人清鄂爾泰等跋
卷　數
册　數一
版　本清刊本
原　存景陽宮
點查號數律一二二四　80
登錄號數
附　註一函

图14　清室善后委员会点查书卡

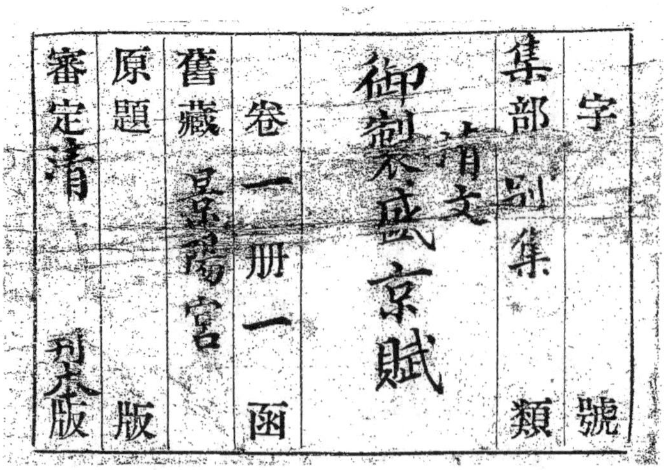

字號
集部別集類
御製清文盛京賦
卷一册一函
舊藏景陽宮
原題　版
審定清刊本版

图15　图书馆核对书卡

本列表如下（表5）：

表5　台北故宫博物院典藏清朝诸帝御制诗文集原存地点分布表[32]

书名	卷数	册数	版本	原存地点	点查号数	备注
万寿诗	1	1	内府刊本	景阳宫		顺治十三年
圣祖御制文初集	40	22	内府写本	景阳宫	律240・12	
圣祖御制文二集	50	28	内府写本	景阳宫	律806・39	
圣祖御制文三集	50	20	内府写本	景阳宫	律806・21	
圣祖御制文初集	40	6	武英殿刊本	寿皇殿	咸445	康熙五十年
圣祖御制文二集	50	8	武英殿刊本	寿皇殿	咸420	康熙五十年
圣祖御制文三集	50	8	武英殿刊本	寿皇殿	咸446	康熙五十年
圣祖御制文四集	36	10	武英殿刊本	景阳宫	律1221・14	雍正十一年
世宗御制文集	30	17	武英殿刊本	寿皇殿	咸393	乾隆三年
乐善堂全集	40	24	武英殿刊本	毓庆宫	余218	乾隆二年
御制避暑山庄诗	2	2	武英殿刊本	懋勤殿		乾隆六年
高宗御制文初集	30	16	内府乌丝栏写本	养心殿	吕1145	乾隆二十八年
高宗御制文初集	30	16	内府朱丝栏写本	缎　库	腾96・11	袖珍本
高宗御制文二集	44	22	内府乌丝栏写本	养心殿		乾隆间
高宗御制文二集	44	16	内府朱丝栏写本	缎　库	腾96・12・79	袖珍本
高宗御制文三集	16	8	内府乌丝栏写本	养心殿	吕1141	嘉庆间
乐善堂全集定本	30	18	武英殿刊本	懋勤殿	洪621・19	乾隆二十三年
高宗御制文初集	30	16	武英殿刊本	景阳宫	律1221・33	乾隆间
高宗御制文二集	44	24	武英殿刊本	昭仁殿		乾隆五十一年
高宗御制文余集	2	2	内府乌丝栏写本	养心殿	吕1148	嘉庆五年
高宗御制文余集	2	2	武英殿刊本	景阳宫	律1221・24	嘉庆五年
高宗御制文三集	16	8	武英殿刊本	昭仁殿	日145	嘉庆间
定武敷文不分卷		1	武英殿刊本	位育斋	收263	乾隆间
御制古稀说	1	1	武英殿刊本	懋勤殿	洪593・49	乾隆间
御制盛京赋不分卷		1	武英殿刊本	景阳宫	律192・17	乾隆八年

[32] 资料来源：台北故宫博物院典藏善本古籍别集类。

续表

书名	卷数	册数	版本	原存地点	点查号数	备注
高宗御制诗初集	44	26	内府朱丝栏写本	养心殿		乾隆间
高宗御制诗二集	90	55	内府乌丝栏写本	养心殿		乾隆间
高宗御制诗三集	100	62	内府乌丝栏写本	养心殿	吕62	乾隆间
高宗御制诗四集	100	62	内府乌丝栏写本	养心殿	吕1142	乾隆间
高宗御制诗五集	100	56	内府乌丝栏写本	养心殿	吕1143	乾隆间
高宗御制诗初集	44	48	内府写袖珍本	萃赏楼	菜549	乾隆十四年
高宗御制诗二集	90	100	内府写袖珍本	萃赏楼	菜550	乾隆二十四年
高宗御制诗三集	100	112	内府写袖珍本	萃赏楼	菜551	乾隆三十六年
味余书室全集定本	42	32	武英殿刊袖珍本	毓庆宫		嘉庆五年
味余书室全集定本	42	32	内府乌丝栏写本	养心殿		嘉庆间
味余书室全集定本	40	28	内府朱丝栏写本	毓庆宫	余202	嘉庆间
味余书室全集定本	40	32	武英殿刊本	古董房	丽142	嘉庆五年
高宗御制几余诗	180	180	内府乌丝栏写本	宁寿宫	号38	嘉庆间
仁宗御制文初集	10	8	武英殿刊袖珍本	昭仁殿	日90·9	嘉庆十年
仁宗御制文初集	10	11	内府乌丝栏写本	养心殿		嘉庆间
仁宗御制文	2	2	武英殿刊本	永寿宫		嘉庆间
仁宗御制文二集	14	12	武英殿刊本	景阳宫		嘉庆二十年
仁宗御制文二集	14	12	内府乌丝栏写本	养心殿	吕1146	嘉庆二十年
养正书屋全集定本	40	24	武英殿刊本	惇本殿	余964·21	道光二年
养正书屋全集定本	40	24	内府乌丝栏写本	懋勤殿	洪35	道光二年
宣宗御制文初集	10	10	武英殿刊本	景阳宫	律1221·22	道光十年
宣宗御制文余集	6	4	武英殿刊本	景阳宫		咸丰间
文宗御制文集	2	2	武英殿刊本	景阳宫	余562	同治间
文宗御制诗集	8	4	武英殿刊本	惇本殿	余526	同治间
穆宗御制文集	10	6	武英殿刊本	永寿宫	金388·6	光绪间
穆宗御制诗集	6	2	武英殿刊本	永寿宫	金388·3	光绪间

由前列简表可知，台北故宫博物院现藏清朝诸帝御制诗文集包括武英殿刊本、内府朱丝栏写本、内府乌丝栏写本、武英殿刊袖珍本、内府写袖珍本等，其原存地点，主要分布于景阳宫、寿皇殿、毓庆宫、懋勤殿、养心殿、缎库、昭仁殿、位育斋、萃赏楼、古董房、宁寿宫、永寿宫、敦（惇）本殿等宫殿。

景阳宫位于东二长街北头端凝、昌祺两门之间。1925年3月17日下午起开始点查，至同年5月22日上午点查结束，共计点查89次，每次点查，皆编号登录。其点查号数代字为“律”字号。点查图书，皆逐一填写点查书卡，标明书名、著作人、卷数、册数、版本、原存、点查号数、登录号数、附注等项目，并编制点查统计表，然后汇编成《故宫物品点查报告》。表中《万寿诗》一册，顺治十三年（1656年）内府刊本，原存景阳宫，因原书未附点查书卡，所以点查号数不详。查阅《故宫物品点查报告》后，其点查号数应为“律七二九”。原藏景阳宫的《仁宗御制文二集》，其点查号数应为“律一二二一·25”；《宣宗御制文余集》，其点查号数应为“一二二一·28”；台北《故宫博物院善本旧籍总目》记载《圣祖仁皇帝御制文初集》40卷，《二集》50卷，《三集》50卷，清圣祖撰，清内府写本，70册。查阅《故宫物品点查报告》“律二四〇·12”的记录为《圣祖御制文集》22册，“律八〇六·39”的记录为《圣祖御制文二集》28册，写本开化纸。“律八〇六·21”的记录为《圣祖御制文三集》20册，写本开化纸。初集、二集、三集合计70册，彼此符合。

寿皇殿在景山后，自1926年12月14日起至1929年1月30日止点查完毕，点查编号代字为“咸”。检查《故宫物品点查报告·寿皇殿》，其中“咸四四五”《御制文集》6册，“咸四二〇”《御制文二集》8册，“咸四四六”《御制文三集》8册，记录简单。查阅台北故宫博物院典藏原书所附点查书卡、核对书卡，俱系康熙五十年（1711年）武英殿刊本，分别是《圣祖御制文初集》6册、《圣祖御制文二集》8册、《圣祖御制文三集》8册，记录较详。

毓庆宫位于斋宫之东，奉先殿之西，系康熙年间建造为皇太子胤礽所居之宫。乾隆皇帝亦曾居毓庆宫，嘉庆皇帝颙琰五岁时即赐居此宫，至15岁始移住东二所。后殿为继德堂，堂内西间悬挂“宛委别藏”匾额。东间为味余书室，内屋为知不足斋[33]。溥仪在《我的前半生》说：“宣统三年旧历七月十八日辰刻，我开始读书了。读书的书房先是在中南海瀛台补桐书屋，后来移到紫禁城斋宫右侧的毓庆宫——这是光绪小时念书的地方，再早，则是乾隆的皇子颙琰（即后来的嘉庆皇帝）的寝宫。毓庆宫的院子很小，房子也不大，是一座工字形的宫殿，紧紧地夹在两排又矮又小的配房之间。里面隔成许多小房间，只有西边较大的两敞间用做书房，其余的都空着。”[34]台北故宫博物院现藏武英殿刊本《乐善堂全集》24册，武英殿刊袖珍本《味余书室全集定本》32册，内府朱丝栏写本《味余书室全集定本》28册，俱原存毓庆宫，其点查代号为“余”字。现藏武英殿刊本《养正书屋全集定本》24册，武英殿刊本《文宗御制诗集》4册，俱原存惇本殿，其点查代号为“余”字。检查《故宫物品点查报告》“余二〇二”《味余书室全集》10册，内一函写本，“余五二六”《御制诗文集》6册，“余九六四·21”《养正书屋全集定本》24册，俱属惇本殿藏品，点查书卡与点查报告记录略有出入。其中武英殿刊袖珍本《味余书室全集定本》32册因未附点查书卡，其点查号数不详，检查惇本殿点查记录可知其点查号数为“余五二四”。

懋勤殿位于乾清宫西庑，自1925年1月22日开始点查，至同年3月3日点查完毕。台北故宫博物院典藏《御制避暑山庄诗》2册，是乾隆六年（1741年）武英殿刊本，原存懋勤殿，原书未附点查书卡，点查号数不详，检查《故宫物品点查报告》可知“洪五九二·30”《御制避暑山庄诗》8册中的2册现藏于台北故宫博物院。“洪六二一·19”《乐善堂全集写本》18册，台北《故宫博物院善本旧籍总目》作《乐善堂全集定本》30卷，清高宗撰，清乾隆二十三年武英殿刊本，18册，记录略有出入。“洪五九三·49”《御制古稀说》一册，系乾隆间武

[33]《旧都文物略》，第9页，台北文海出版社，1972年。

[34] 溥仪：《我的前半生》第一集，第5页，香港交通书店，1964年。

英殿刊本。“洪三五”《养正书室》24册，就是台北故宫博物院现藏道光二年（1822年）内府乌丝栏写本《养正书屋全集定本》，详略不同。

宁寿宫位于外东路皇极殿之后，其建筑制度一如中路坤宁宫，而规模略小。宫内及两庑陈设各款瓷器。1925年7月31日开始点查，至1927年12月29日竣事。查阅点查报告可知，其中“号三八”白纸写本《御制几余诗》180册，就是台北故宫博物院现藏内府乌丝栏写本《高宗御制几余诗》180册。

宁寿宫东一路北端为景福宫，中一路景祺阁西毗符望阁，符望阁之南为萃赏楼。1926年3月点查萃赏楼物品，点查代号为“菜”字。《故宫物品点查报告·萃赏楼》“菜五四九”《御制诗初集》48册，“菜五五〇”《御制诗二集》100册，“菜五五一”《御制诗三集》112册，现藏台北故宫博物院，俱系乾隆年间内府写袖珍本。

钟粹宫、景阳宫两宫之后为北五所，其东为古董房。1925年6月4日起开始点查古董房，其点查代号为“丽”字，其中“丽一四二”《味余书室全集定本》32册，现藏台北故宫博物院，系嘉庆五年（1800年）武英殿刊本。

永寿宫在内右门内，养心殿之北，翊坤宫之南。1925年5月25日起开始点查永寿宫物品，至1926年2月11日点毕，其点查代号为“金”字。台北故宫博物院现藏武英殿刊本《仁宗御制文》2册，“金三八八·6”《穆宗御制文集》6册，“金三八八·3”《穆宗御制诗集》2册，俱原存永寿宫。其中《仁宗御制文》2册，点查号数不详。查阅《故宫物品点查报告·永寿宫》可知，其点查号数为“金三八八·4”，记录清楚。

昭仁殿位于乾清宫之东，明思宗殉国前曾手刃其长公主于此。乾隆皇帝于昭仁殿庋藏旧版书籍，御书匾额“天禄琳琅”。1925年2月13日起开始点查昭仁殿物品，至同年3月3日点毕，其点查代号为“日”字。其中“日一四一”《高宗御制文二集》24册，即台北故宫博物院现藏乾隆五十一年（1786年）武英殿刊本《高宗御制文二集》24册，册数相合。“日一四五”《高宗御制文二集》8册，当系嘉庆间武英殿刊本《高宗御制文三集》8册，点查记录作“二集”，疑误。“日九〇·9”《御制文初集》八册，即台北故宫博物院现藏嘉庆十年（1805年）武英殿刊袖珍本《仁宗御制文初集》八册，点查记录较简略。

1925年3月4日，清室善后委员会开始点查御花园各处物品。同年3月5日起开始点查延晖阁、位育斋等处物品，至3月7日点毕。位育斋点查代号为“收”字。其中“收二六三”《平定回部告成太学碑文》一册，现存台北故宫博物院，系武英殿刊本，书名作《定武敷文》，计一册。

钦昊门在东小长街之东，缎库位于钦昊门之南。1925年4月16日起开始点查缎库物品，至5月15日点毕。缎库点查代号为“腾”字。其中“腾九六·79”《御制文二集》，“腾九八·12”《御制文初集》20册袖珍抄本中的16册，现存台北故宫博物院，系朱丝栏写本。

台北故宫博物院现藏满文古籍，按照经、史、子、集四部分类，例如：乾隆三十年（1765年）武英殿刊汉满合璧本《御制翻译周易》4卷，4册；康熙二十二年（1683年）内府刊满文本《日讲易经解义》，18卷，18册，都是属于经部易类。顺治十一年（1654年）刊满文本《诗经》20卷，12册；乾隆三十三年（1768年）武英殿满汉合璧本《御制翻译诗经》8卷，4册，都是属于经部诗类。为了便于说明满文古籍原存地点的分布，暂以院藏清朝圣训等书为例，列表如下：

[35] 资料来源：台北故宫博物院典藏善本古籍。

表6　台北故宫博物院现藏清宫满文古籍原存地点分布表[35]

书名	卷数	册数	版本	原存地点	点查号数	备注
太祖大破明师于萨尔浒山之战书事文 Taidzu hūwangdi ming gurun i cooha be sargū alin de ambarame efulehe baita be tucibume araha bithe	1	1	武英殿刊本	缎库	腾96·33	嘉庆间刊本

续表

书名	卷数	册数	版本	原存地点	点查号数	备注
太宗皇帝大破明师于松山之战书事文 taidzung hūwangdi ming gurun i cooha be sung šan de ambarame efulehe afaha baita be ejeme araha bithe	1	1	武英殿刊本	寿皇殿	咸400	嘉庆间刊本
平定金川方略 gin cuwan i ba be necihiyeme toktobuha bodogon i bithe	26	28	武英殿刊本	景阳宫	满130	乾隆十七年
平定两金川方略 dzanla cucin i ba be necihiyeme toktobuha bodogon i bithe	136	120	武英殿刊本	懋勤殿	洪594	乾隆四十五年
太祖高皇帝圣训 daicing gurun i taidzu dergi hūwangdi i enduringge tacihiyan	4	4	武英殿刊本	景阳宫	满152·3	乾隆四年
太宗文皇帝圣训 daicing gurun i taidzung genggiyen šu hūwangdi i enduringge tacihiyan	6	6	武英殿刊本			乾隆四年
世祖章皇帝圣训 daicing gurun i šidzu eldembuhe hūwangdi i enduringge tacihiyan	6	6	武英殿刊本			乾隆四年
圣祖仁皇帝圣训 daicing gurun i šengdzu gosin hūwangdi i enduringge tacihiyan	60	60	武英殿刊本	景阳宫	满158·3	乾隆六年
世宗宪皇帝圣训 daicing gurun i šidzung temgetulehe hūwangdi i enduringge tacihiyan	36	36	武英殿刊本	景阳宫	满160·3	乾隆五年
高宗纯皇帝圣训 daicing gurun i g'aodzung yongkiyangga hūwangdi i enduringge tacihiyan	300	300	武英殿刊本	宁寿宫	满162	嘉庆十二年
仁宗睿皇帝圣训 daicing gurun i zingdzung sunggiyen hūwangdi i enduringge tacihiyan	110	110	武英殿刊本	方略馆	满167	道光四年

续表

书名	卷数	册数	版本	原存地点	点查号数	备注
宣宗成皇帝圣训 daicing gurun i siowandzung šangga hūwangdi i enduringge tacihiyan	130	130	武英殿刊本	寿安宫	满169・1	咸丰六年
文宗显皇帝圣训 daicing gurun i wendzung iletu hūwangdi i enduringge tacihiyan	110	110	武英殿刊本	乾清宫	满173・1	同治五年
穆宗毅皇帝圣训 daicing gurun i mudzung filingga hūwangdi i enduringge tacihiyan	160	160	武英殿刊本	昭仁殿	满178・1	光绪五年
御纂性理精义 han i banjiha sing li jing i bithe	12	8	武英殿刊本	景阳宫	满276 满277・1 满276・2	康熙五十六年
小学合解 ajige tacikū be acabufi suhe bithe	6	4	武英殿刊本	景阳宫		雍正五年
御制盛京赋 han i araha mukden i fujurun bithe	1	1	武英殿刊本	景阳宫	律1224・80	乾隆八年
御制劝善要言 han i araha sain behuwekiyebure i oyonggo gisun		1	内府刊本	景阳宫	律498	满汉合璧顺治十二年
内政辑要 dorgi dasan i oyonggo bithe	2	2	内府刊本	景阳宫	满251・1	顺治十二年
内政辑要 dorgi dasan i oyonggo bithe	2	2	内府刊本	慈宁宫	满253・2	顺治十二年
御制资政要览 han i araha dasan de tusangga oyonggo tuwakū bithe	3	3	内府刊本	景阳宫	律1219・33	顺治十二年
御制资政要览 han i araha dasan de tusangga oyonggo tuwakū bithe	3	4	内府刊本	景阳宫		顺治十二年
圣谕广训 enduringge tacihiyan be neileme badarambuha bithe	1	2	武英殿刊本	景阳宫	律1259・16	雍正二年

续表

书名	卷数	册数	版本	原存地点	点查号数	备注
圣祖庭训格言 šengdzu gosin hūwangdi i booi tacihiyan i ten i gisun	2	2	武英殿刊本	景阳宫	满275・1	雍正八年
圣祖庭训格言 šengdzu gosin hūwangdi i booi tacihiyan i ten i gisun	2	2	武英殿刊本	寿皇殿	满274・1	雍正八年
菜根谭 ts'ai gen tan bithe		2	武英殿刊本		满258・2	康熙四十七年

查阅《故宫物品点查报告》可知，景阳宫点查代字为“律”字号。前列表中《御制盛京赋》的点查号数为“律1224・80”，《御制劝善要言》的点查号数为“律498”，《御制资政要览》的点查号数为“律1219・33”，《圣谕广训》的点查号数为“律1259・16”，都可以凭借点查号数查阅《故宫物品点查报告》进行还原工作。《太祖大破明师于萨尔浒山之战书事文》的点查号数为“腾96・33”，其原存地点在缎库。《太宗皇帝大破明师于松山之战书事文》的点查号数为“咸400”，其原存地点在寿皇殿，与《故宫物品点查报告》的记录彼此吻合。前列表中如《平定金川方略》原存地点在景阳宫，但现存核对书卡改书“满130”，《太祖高皇帝圣训》改书“满152・3”，《圣祖仁皇帝圣训》改书“满158・3”，《世宗宪皇帝圣训》改书“满160・3”，《圣祖庭训格言》改书“满275・1”，因未见清室善后委员会点查卡，点查号数，不得其详，还原工作较为困难。为了正确掌握清宫文物的存轶，或现藏地点，应以《故宫物品点查报告》为原始记录，填注现藏单位。譬如，《故宫物品点查报告》第六编，第一册“寿皇殿物品目录”，页39，咸393，《世宗御制文集》；咸420，《御制文第二集》；页41，咸445，《御制文集》；咸446，《御制文第三集》等书下增加字段，填注“现存台北故宫博物院”等字样，其样式如后（图16）。这种还原工作，具有时代意义，也是研究清朝宫廷历史的重要文化工程。

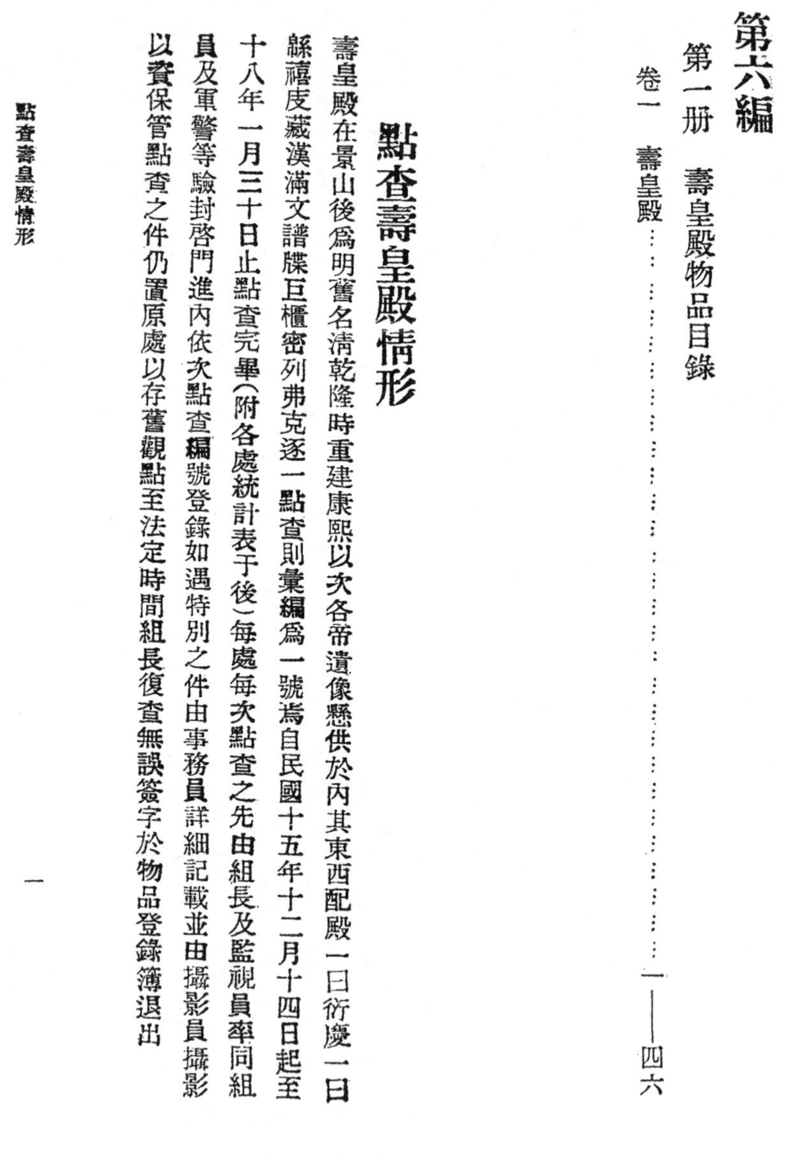

第六編

第一册　壽皇殿物品目錄

點查壽皇殿情形

壽皇殿在景山後爲明舊名清乾隆時重建康熙以次各帝遺像懸供於內其東西配殿一曰衍慶一日緜禧庋藏漢滿文譜牒巨櫃密列弗克逐一點查則彙編爲一號焉自民國十五年十二月十四日起至十八年一月三十日止點查完畢（附各處統計表于後）每處每次點查之先由組長及監視員率同組員及軍警等驗封啓門進內依次點查編號登錄如遇特別之件由事務員詳細記載並由攝影員攝影以資保管點查之件仍置原處以存舊觀點至法定時間組長復查無誤簽字於物品登錄簿退出

點查壽皇殿情形　一

图16-1

卷一 壽皇殿

號數	品名	件數
鹹字一	硬木雕龍大立櫃	一個
1	高宗純皇帝落雁圖 (帶碧玉軸帶錦套)	一軸
2	高宗純皇帝聖容挾矢圖 (帶碧玉軸帶錦套)	一軸
3	高宗純皇帝聖容採芝圖 (帶青玉軸帶錦套)	一軸
4	高宗朝冠服像 (帶青玉軸帶錦套)	一軸
5	高宗純皇帝聖容弋鳧圖 (帶碧玉軸帶錦套)	一軸
6	高宗純皇帝聖容弋飛圖 (帶碧玉軸帶錦套)	一軸
7	宣宗成皇帝聖容觀象會心 (帶碧玉軸帶綢套)	一軸
8	高宗純皇帝聖容松陰清夏圖	一軸

故宮物品點查報告　壽皇殿

號數	品名	件數
	(帶木軸帶綢套)	
9	高宗純皇帝穿盔甲御容	一軸
10	宣宗成皇帝秋澄攬轡御容	一軸
11	康熙御容	一軸
12	孝昭皇后素服御容	一軸
13	宣宗成皇帝聖容喜溢秋庭	一軸
14	高宗純皇帝聖容擊鹿圖	一軸
15	高宗純皇帝補象圖	一軸
16	高宗純皇帝聖容射鹿圖 (另附二撘)	一軸
17	高宗純皇帝聖容擊鹿圖	一軸
18	宣宗成皇帝鵠正威申聖容	一軸
19	宣宗成皇帝聖容 (醬色衫涼帶)	一軸
20	平安春信圖	一軸
21	聖祖仁皇帝半身相	一張

一

图16—2

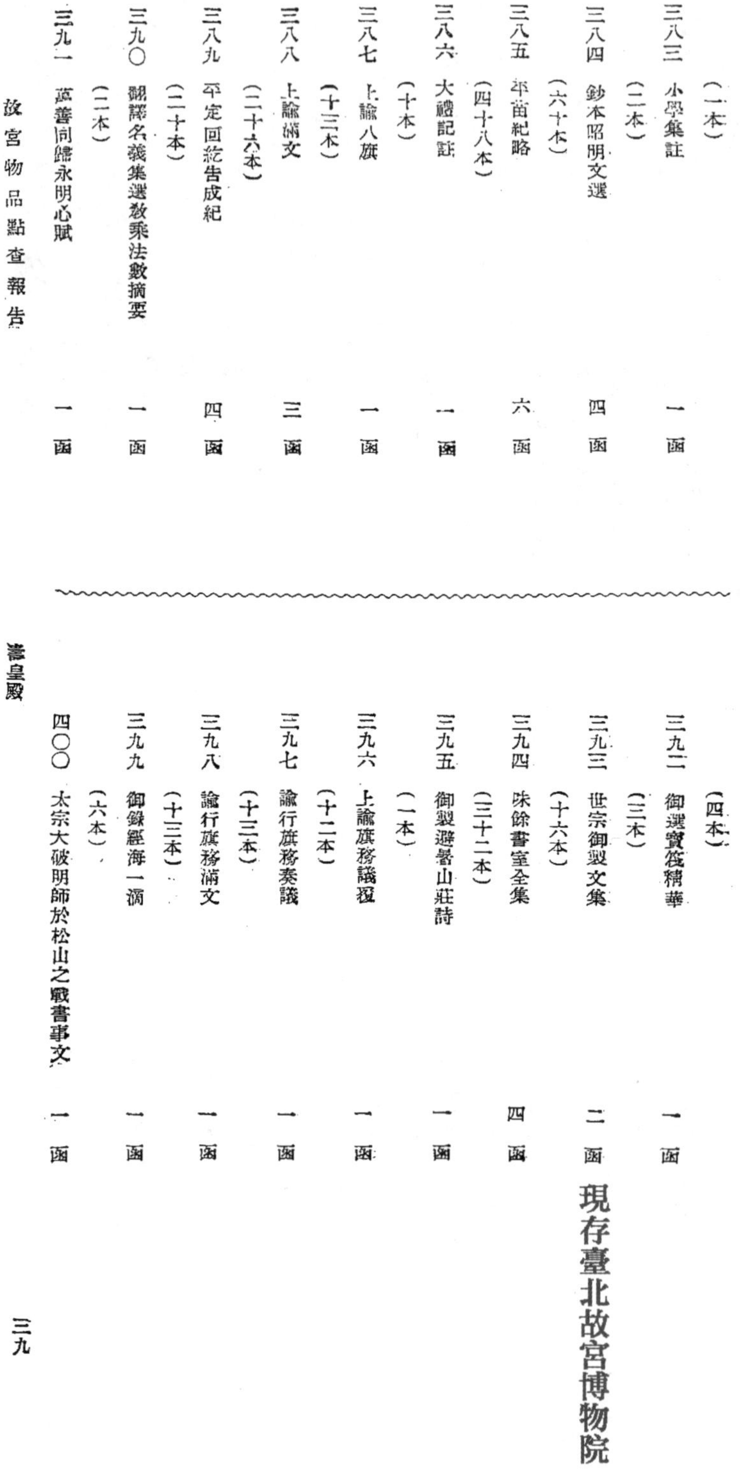

（一本）

三八三　小學集註　一函

（二本）

三八四　鈔本昭明文選　四函

（六十本）

三八五　平苗紀略　六函

（四十八本）

三八六　大禮記註　一函

（十本）

三八七　上諭八旗　一函

（十三本）

三八八　上諭滿文　三函

（二十六本）

三八九　平定回紇告成紀　四函

（二十本）

三九〇　翻譯名義集選教乘法數摘要　一函

（二本）

三九一　萬善同歸永明心賦　一函

故宮物品點查報告

（四本）

三九二　御選寶笈精華　一函

（三本）

三九三　世宗御製文集　二函

（十六本）

三九四　味餘書室全集　四函

（三十二本）

三九五　御製避暑山莊詩　一函

（一本）

三九六　上諭旗務議覆　一函

（十二本）

三九七　諭行旗務奏議　一函

（十三本）

三九八　諭行旗務滿文　一函

（十三本）

三九九　御錄經海一滴　一函

（六本）

四〇〇　太宗大破明師於松山之戰書事文　一函

壽皇殿　三九

現存臺北故宮博物院

图16-3

故宮物品點查報告

號數	品名	件數
	(一本)	
四〇一	御錄宗鏡大綱	一函
	(四本)	
四〇二	御製數理精蘊	一函
	(八本下函)	
四〇三	首楞嚴義疏注經	五夾
四〇四	萬行首楞嚴經	一冊
四〇五	御製麗日和風被萬方	十八冊
四〇六	御選悟後必讀	一本
四〇七	上諭	三本
四〇八	聖諭廣訓	一本
四〇九	妙圓正修智覺永明壽禪師心賦選註	三本
四一〇	滿文聖諭廣訓	二本
四一一	滿漢文方略表	一冊
四一二	白塔信砲章程	一函
	(一本)	
四一三	萬壽盛典初集	四函

壽皇殿

號數	品名	件數
	(各十本)	
四一四	上諭	四函
	(三十四本)	
四一五	欽定平定回疆勦擒逆裔方略	十函
	(八十六本)	
四一六	欽定春秋左傳讀本	四函
	(三十本)	
四一七	皇朝詞林典故	四函
	(三十四本)	
四一八	御製詩三集	二函
	(十八本)	
四一九	御製詩四集	二函
	(十四本)	
四二〇	御製文第二集	一函
	(八本)	

(四二〇號以下因登錄員卽接寫四三一號之誤中缺四二一號至四三〇號事後不及更正特此注明)

現存臺北故宮博物院

图16-4

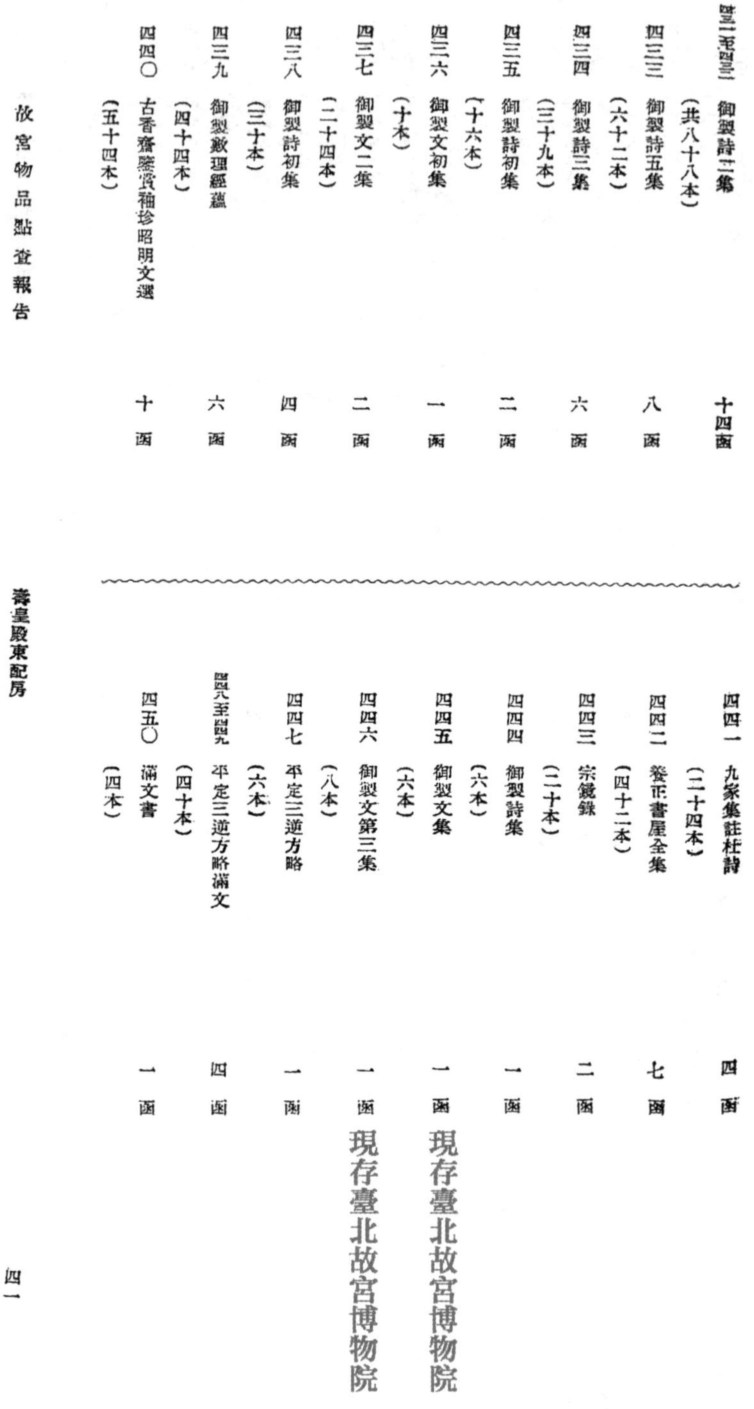

四二一至四二三 御製詩三集 十四函
（共八十八本）
四二三 御製詩五集 八函
（六十二本）
四二四 御製詩三集 六函
（三十九本）
四二五 御製詩初集 二函
（十六本）
四二六 御製文初集 一函
（十本）
四二七 御製文二集 二函
（二十四本）
四二八 御製詩初集 四函
（三十本）
四二九 御製數理經蘊 六函
（四十四本）
四四〇 古香齋鑒賞袖珍昭明文選 十函
（五十四本）

四四一 九家集註杜詩 四函
（二十四本）
四四二 餐正書屋全集 七函
（四十二本）
四四三 宗鏡錄 二函
（二十本）
四四四 御製詩集 一函
（六本）
四四五 御製文集 一函 現存臺北故宮博物院
（六本）
四四六 御製文第三集 一函 現存臺北故宮博物院
（八本）
四四七 平定三逆方略 一函
（六本）
四四八至四四九 平定三逆方略滿文 四函
（四十本）
四五〇 滿文書 一函
（四本）

故宮物品點查報告 壽皇殿東配房 四一

图16-5

七　结语

研究清史，不能忽略满文史料。充分利用《满文原文件》的记录，探讨盛京宫殿满文名称及城门满文匾额是还原清朝宫廷历史记忆的重要工作。例如，崇德五宫中“永福宫”的满文名称，《满文原档》作“hū turingga boo”，意即“福房”，“enteheme hū turingga gurung”（永福宫）不是原始名称。辽阳博物馆典藏东京城“抚近门”的满文门额，以无圈点老满文阳刻镶嵌。崇德元年（1636年）七月十五日，《满文原档》以加圈点满文写作“hanciki be hairandara duka”，记载相合。对照崇政殿和隆宗门匾额，满汉文的位置不同，崇政殿匾额的满文在左，汉字在右；隆宗门匾额的满文在右，汉字在左。其差异有待进一步探讨。

北京宫中大内、避暑山庄、圆明园等处各殿宇的文物陈设，琳琅满目，充分反映了清朝宫廷文化的特色。充分利用上谕档，有助于了解各宫殿文物陈设过程。譬如，林爽文起事后，天地会所使用的冷兵器也受到官方的注意，除竹盔、纸甲交学艺处外，其余铁尖竹弓、半截刀、挞刀、勾镰刀等奉旨于紫光阁、热河万壑松风每样各贮一件。《石渠宝笈续编》奉旨缮写五份，分贮乾清宫、宁寿宫、圆明园、避暑山庄、盛京五处。掌握各种文物入宫存贮的过程，也是属于还原历史真相的范畴。查阅上谕档可以知道，雍正年间军机处设立后所悬挂的“一堂和气”匾额是雍正皇帝的御笔，嘉庆年间以来所悬挂的“一堂和气”匾额则是将雍正皇帝御书双钩镌刻的，其原奉御笔匾额则存放乾清宫。圆明园的集贤院是各部堂官的公所，康熙年间称为弘雅园，嘉庆皇帝为避乾隆皇帝御名讳而改书“集贤院”匾额，并将“弘雅园”匾额存放于寿皇殿。由此可以说明还原清宫历史的重要性。

现藏宫中档案中含有颇多内务府总管、热河总管、热河副都统、盛京将军等人员的奏折，都是探讨清朝宫廷历史不可忽视的直接史料。热河整修宫殿，维护庭园，其常年经费用过银两，热河总管必须循例造册呈报总管内务府大臣查核。探讨清朝宫廷历史，不可忽视朱批奏折的重要性，宫里宫外经费的支出及其来源，也是重要的课题。宫中饮食文化，有其特色，满汉文朱批奏折涉及皇帝、皇子、后妃等饮食内容者，数量可观，肉食鲜果，色味俱全。宫卫森严，各门进出，管理严格。匠役进入宫门必须由官员带领进入。总管内务府大臣须将进入各门官员、匠役人数及修缮等缘由缮写清单进呈御览。有清一代，中外关系，交涉频繁，探讨清朝宫廷历史，不能漠视外力的影响。英法联军之役，圆明园被毁，陈设文物的损失，朱批奏折充分反映了列强的不文明行为。综合朱批奏折的零散记载，可以还原历史真相。

直省臣工奏折奉朱批后，多由军机处抄录副本存查，称为奏折录副。奏折录副按月分包储存，称为月折包。朱批奏折留中不发的地图如清宁宫地盘样图、盛京崇谟阁式样图、北京东直门角楼图等，多以原图移入月折包，都是研究清朝宫殿建筑史最具体的图片数据。

台北故宫博物院典藏南迁珍贵善本古籍，仍多保存清室善后委员会点查标签、书卡。譬如，满文本《御制盛京赋》一册，原书所附点查书卡标明原存于景阳宫，点查号数为“律一二二四·80”。检查《故宫物品点查报告》，其册数、原存地点、点查号数，都彼此符合，可以确定台北故宫博物院现藏满文本《御制盛京赋》的原存地点是在景阳宫，可以找到它的家。还原清朝宫殿藏书，是一种善后工作，也是一种寻根任务，更是具有历史意义的文化工程。

历史档案是属于直接史料，实录等官书是属于间接史料，掌握直接史料，辅以间接史料，互相印证，可以使记载的历史，或历史研究的结论更接近客观的事实。《清圣祖仁皇帝实录》记载康熙皇帝谈论明季太监的一段话说：“明季所行，多迂阔可笑，建极殿后阶石，高厚数丈，方整一块，其费不赀。采买搬运至京，不能舁入午门。运石太监参奏此石不肯入午门，乃命将石捆打六十御棍。”[36]石头无知，太监拿石头出

[36]《清圣祖仁皇帝实录》卷二四〇，第10页。康熙四十八年十一月癸未，上谕。

气，捆打六十御棍，令人发噱。然而搜集宫廷历史故事，也无伤大雅。《清高宗纯皇帝实录》记载一段谕旨说："昨于养心殿存贮各书内，检有《明朝宫史》一书，其中分段叙述宫殿楼台，及四时服食宴乐，并内监职掌，宫闱琐屑之事。"[37]由此可知，养心殿存有《明朝宫史》一书，书中分段记载明朝宫殿楼台，以及服食宴乐等，对研究明朝宫廷历史具有参考价值。乾隆皇帝命四库馆总裁等照依《明朝宫史》原本，抄入四库全书，以便考镜得失。

域外汉籍中如朝鲜实录等对研究明清宫廷历史也提供了珍贵的史料。譬如嘉庆三年（1798年）正月初十日，朝鲜、琉球正副使奉命前往圆明园。正月十一日，太上皇帝、嘉庆皇帝在山高水长赐宴。《起居注册》有一段记载云：

> 十一日丙子，太上皇帝同皇帝御山高水长幄次，赐王公大臣蒙古王公贝勒、驸马台吉等，朝鲜国正使判中枢府事金文淳、副使礼曹判书申耆，琉球国正使王舅东邦鼎、副使正议大夫毛廷桂，回部四品伯克玛穆特、五品伯克谟门聂咱尔阿部都里体等宴，并赏赍有差。[38]

《起居注册》的记载，有很高的可信度，但记载简略。查阅朝鲜《正宗大王实录》，内容较详。朝鲜正使金文淳等人的描述如下：

> 十一日，通官引臣等入就班次，太上皇帝乘黄屋小轿而出，臣等祗迎后，太上皇帝入御蒙古大幕，皇帝西向侍坐，动乐设杂戏。亲王及蒙古王以下，俱赐宴桌。臣等两人共一桌，馈酪茶一巡。礼部尚书德明引臣等诣御坐前跪，太上皇帝手举御桌上酒盏，使近侍赐臣等，宴讫。太上皇帝乘轿还内，皇帝跟后步还。内务府预设赏赐桌于帐前左右，颁赐亲王以下及各国使臣，文淳锦三疋，漳绒三疋，大卷八丝缎四疋，大卷五丝缎四疋，大荷包一对，小

[37]《清高宗纯皇帝实录》卷一一五五，第5页。乾隆四十七年四月癸未，谕旨。

[38]《起居注册》，乾隆六十三年正月十一日丙子，记事，台北故宫博物院。

> 荷包四个。臣耆锦二疋，漳绒二疋，大卷八丝缎三疋，大卷五丝缎三疋，大荷包一对，小荷包四个。岁初设宴于紫光阁，例有此赏赐，而今年则不设紫光阁宴，故移给于蒙古幕宴。而琉球使臣赏赐亦如臣等。通官以太上皇帝特旨引臣等进诣正大光明殿内，俾观左右鳌山。行中译员之黑团领者，俱为随入。琉球使臣亦许观光，此则近年未有之事。自殿内至槛外，皆铺花纹玉石。鳌山制样：则正大光明殿内东西壁，俱有层桌，桌上作五采蓬莱山之形，岩壑高阔，楼阁层迭，珍奇异兽，琪树瑶花，杂沓焜煌，不可名状。内设机关，而外牵绳索，则仙官姹女，自谷而出，绣幢宝盖，从天而降。扃户自开，人在其中，急滩如泻，帆樯齐动。桌下围以小帐，帐内设乐器，而机栝乍摇，止作如法，其声则俱是笙管丝钟。臣等退出后，自礼部知会，撰进观灯诗，而以上元赐宴观灯为题，故臣等各制七言律诗一首以进。[39]

由引文内容所述日期及太上皇帝御山高水长幄赐宴，与《起居注册》的记载，彼此相合。对照《上谕档》加赏朝鲜、琉球使臣对象清单，可知金文淳所得到的是赏给正使的物件，申耆所得到的是赏给副使的物件，都与《上谕文件》的记录相合。最值得重视的是金文淳等人对正大光明殿内左右鳌山的描述，具有高度的史料价值。鳌山是元宵节夜晚的花灯，因堆栈彩灯如山形，故称为鳌山。鳌山设计，新奇美丽，如入仙界，外人罕见。朝鲜实录对正大光明殿的描述，对研究清朝宫廷历史，确实提供了珍贵的参考价值。

探讨清朝宫廷历史，固然应该重视历史档案，然而也不应该忽视官书典籍或域外汉籍的史料价值。为了扩大明清宫廷历史的研究领域，初步可结合海峡两岸现存朱批奏折、军机处档案、内阁大库档案、内务府档案、起居注册、清朝实录、朝鲜实录等等为基本史料，按照编年体排比，再比较私家著作，进行考异，将涉及明清宫廷历史的直接或间接史料，作成明清宫

[39]《朝鲜王朝实录》第四十七册，第20页，《正宗大王实录》卷四八，汉城国史编纂委员会。

廷史通鉴长编，以备纂修明清宫廷史，或提供研究明清宫廷历史者参考利用。这一部明清宫廷史通鉴长编，也可以单独刊印成书，仿宋朝《资治通鉴长编》，以保存明清宫廷历史的史料。

清代宫廷史数据库的建立与运用

台北"中央研究院"近代史研究所　赖惠敏

一　前言

从汉朝以来"山泽陂池之税，及关市之资"，为天子私奉养的做法一直持续到清代。内务府掌管清朝皇室的各种生活事务，广储司则系管理庋藏及出纳的机构，如同皇帝私人荷包、金银财宝都聚积于此。内务府广储司的六库分别是银库、皮库、瓷库、缎库、衣库、茶库。月折档是六库内务府堂每月对各库物品所做的库藏报告，分成旧存、新收、用过、实在四项的统计，也称为四柱清折。六库藏的金、银、铜、锡、大制钱、珊瑚、玛瑙、琥珀、水晶、玉石、毛皮、绸缎、沉香等琳琅满目，令人目不暇给。

银库藏的金子分成赤金和各种成色的金子数千万两。银库中积贮的银两占大宗。根据《内务府广储司六库月折档》统计，可知乾隆年间银库每年收入和用度数目相当惊人。自乾隆十年至六十年（1745～1795年）总收入为68803253两，这些银两偶尔拨入户部，多数作为修建园林经费，支出银两为67705043两。其次，广储司收入的银两还不包括圆明园银库的部分，像税关盈余《内务府奏销文件》记载，官员呈报税关盈余后，都"奉旨"交圆明园若干。此外，乾隆皇帝在养心殿也设置银库，养心殿每年编列《养心殿造办处收贮清册》，分旧存、新进、实用、下存四柱清册，新进银两在乾隆元年至六十年（1736～1795年）间有二十四年份缺资料，其余年份的总收入为5489331两。实用银两有二十一年份缺资料，其余年份总支出为6514140两。[1]乾隆在位期间，内务府的进项应该超过8000万两，当时清朝一年的税收为4000万两。皇帝一年的收入约占全国税收的百分之三以上，18世纪的各国皇室都无法比拟。有关银库收支的问题已撰写过几篇论文。[2]

瓷库主要记载红铜、黄铜、高锡、铅等，存量达数万斤。这些铜矿可能来自日本或者云南地区。刘序枫教授研究日本输入的铜矿，称为洋铜。又根据邱澎生教授的研究，云南一年所产铜矿大约1000万斤，有一部分拨入内务府。从《内务府奏销档》中可以看到，乾隆皇帝喜欢修建寺庙、铸造佛像，所需的铜、锡、铅等金属的数量亦多。在清人史料笔记与官书中有记载，如《广东新语》、《海国四说》、《庸闲斋笔记》、《扬州画舫录》、《啸亭杂录》、《大清会典事例》等。这些史料在"中研院"汉籍数据库网站上都可以做搜寻，很方便。

本文拟以瓷库记载红铜、黄铜作为对象，讨论清朝政府管制黄铜的用途，表面上是为了铸造铜钱的民生用途，实际却是维持社会的等级，一品官以上王公大臣及皇室家族才能使用黄铜的器物。从清宫档案中找到乾隆年间每月各种铜的记录，有"红铜"、"黄铜"、"白铜"、"响铜"等。这与传统印象"青铜"的名词，究竟铜的成分有哪些不同，又为何出现这些铜呢？（表1）

根据明末清初的宋应星《天工开物》载："凡铜供世用，出山与出炉，止有赤铜。以炉甘石或倭铅掺和，转色为黄铜。以砒霜等药制炼为白铜。矾、硝等药制炼为青铜。广锡掺和为响铜，倭铅或泻为铸铜。初质一味红铜而已。"[3]

明末清初铜和其他金属的合金，已有自然科学史的学者做研究。梅建军、柯俊撰写的《中国古代镍白铜冶炼技术的研究》，提到明代镍白铜的记载渐多，清代则更多且详细。他们也利用四川会理镍矿地质调查报告，讨论清乾隆时代在青矿山、海溪山采炼白铜的事情。[4]赵匡华撰写的《中国历代"黄

[1] 中国第一历史档案馆、香港中文大学文物馆合编：《清宫内务府造办处档案总汇》，第1～55册，人民出版社，2005年。

[2] 参见拙作：《乾隆朝内务府的当铺与发商生息（1736～1795年）》，《"中央研究院"近代史研究所集刊》1997年第28期；《从高朴案看乾隆朝的内务府与商人》，《新史学》2002年第13期；《清乾隆朝的税关与皇室财政》，《"中央研究院"近代史研究所集刊》2004年第46期；《清乾隆年间的盐商与皇室财政》，《明清档案与历史研究国际学术研讨会论文集》，第918～938页，新华出版社，2008年。

[3] 潘吉星：《天工开物校注及研究》，第359页，巴蜀书社，1989年。

[4] 梅建军：《中国古代镍白铜冶炼技术的研究》，《自然科学史研究》1989年第8卷第1期。

表1　广储司银库和养心殿造办处的收支（1745～1795年）[5]

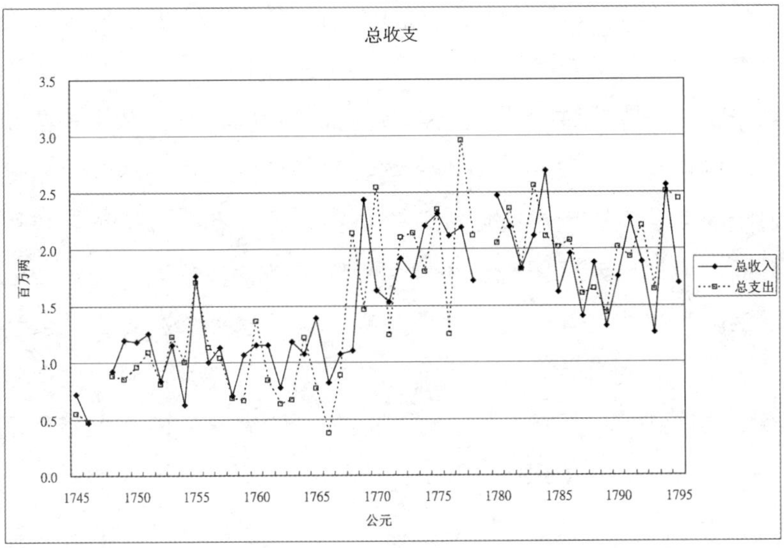

铜”考释》，讨论明代曾冶炼金属锌，称金属锌为倭铅或白铅。倭铅产于福建，色白如银，成本低，所以“南人多用此掺入锡中，以充广锡”。[6]周卫荣撰写的《中国古代钱币合金成分研究》，提到明嘉靖年间用黄铜和水锡（锡）铸造。天启年间，金属锌（倭铅）以单质形态用于铸钱，天启通宝的成分基本上是铜七、倭铅三。[7]铜钱中含有锌的成分，但是内务府使用的却是红铜。对这些疑问，首先我就过去对洋铜的认识，猜想红铜和日本贸易有关。刘序枫研究乾隆至咸丰年间中日贸易，统计乾隆年间中国船输入日本铜的数量约在100～200万斤。[8]至于黄铜等则与明清的科学技术有关。

这些陈宏谋提及：“广铜、洋铜官收居大半，每年打造铜器，需铜无算。”[9]本文拟讨论《内务府银库月折档》红铜、熟黄铜、黄铜的贮存量。然而，阅读《内务府奏销档》发现，宫廷用铜也来自户部宝泉局。

二　内务府银库库存铜及其提炼

根据刘序枫的研究，乾隆二十年至六十年（1755～1795

[5] 资料来源：《内务府广储司六库月折档》、《清宫内务府造办处档案总汇》。

[6] 赵匡华：《中国历代“黄铜”考释》，《自然科学史研究》1987年第6卷第4期。

[7] 周卫荣：《中国古代钱币合金成分研究》，第13页，中华书局，2004年。

[8] 刘序枫：《清代的乍浦港与中日贸易》，《中国海洋发展史论文集》第五辑。

[9] 清·陈宏谋：《申铜禁酌鼓铸疏》，《皇朝经世文编》卷五三《户政二八》，第9～10页，台北文海出版社，1979年。

年），中国船输入日本铜的数量约在100～200万斤。[10]邱澎生认为，18世纪滇铜产量增加，清政府铸币铜材改由滇铜取代洋铜，由乾隆五年（1740年）至嘉庆十五年（1810年），滇铜每年产量皆在1000万斤以上，多时则达1400万斤。[11]由于滇铜平均成色比不上洋铜，所以清宫制作佛像等均使用洋铜。根据内阁大库档案，大学士阿桂、李侍尧奏称，各省鼓铸铜斤俱用紫板，为京局专用蟹壳。还提到板铜成色，如蟹壳均在八四五以上。[12]运往北京的铜称为蟹壳铜，据《永宪录》载："云南矿铜名曰蟹壳铜。"[13]然而，《乾隆朝内务府奏销档》成做铜器，则提到"洋红铜条"、"红铜条"的字眼，由此可知是采用日本的洋铜。（表2）

表2　乾隆年间日本进口的洋铜数量[14]

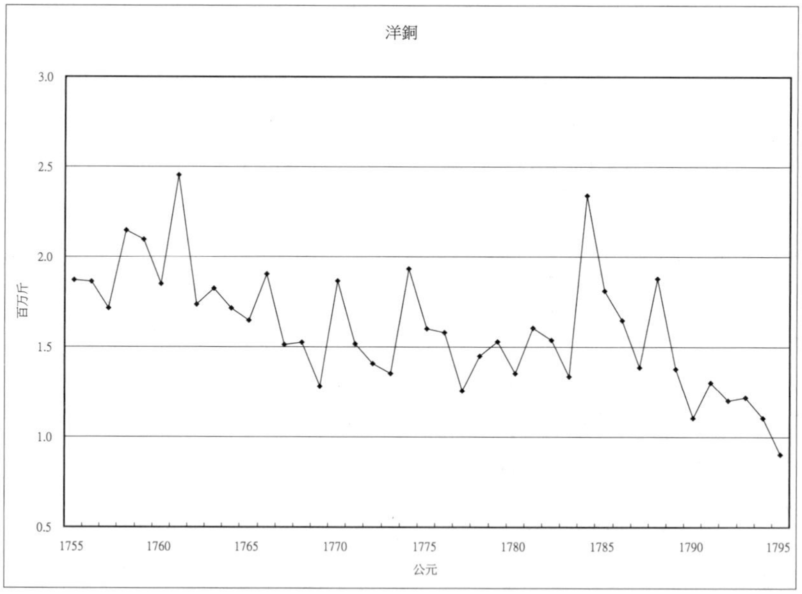

其次，琉球的贡单上亦有红铜一项。康熙元年（1662年）准琉球三年一贡，三年（1664年）进贡红铜。六年（1667年）加红铜500斤，八年（1669年）进贡红铜千斤。[15]乾隆二十二年（1757年），琉球进贡品：黑漆靶鞘镀金铜结束腰刀20把、黑漆靶鞘镀金铜结束枪10杆、黑漆靶鞘镀金铜结束衮刀10把，红铜500斤。[16]乾隆三十二年（1767年），礼部送到琉球国王

[10] 刘序枫：《清代的乍浦港与中日贸易》，《中国海洋发展史论文集》第五辑。

[11] 邱澎生：《十八世纪滇铜市场中的官商关系与利益观念》，《"中央研究院"历史语言研究所集刊》2001年第72本第1分。

[12] 台北"中央研究院"历史语言研究所现存清代内阁大库原藏明清档案，登录号058785～001，乾隆四十二年七月七日。另一则档案记载云南省宁台铜厂每年办蟹壳铜200万斤、紫板铜90万斤。该厂铜质较低，煎炼后方成紫板，又将紫板煎成蟹壳方可配搭鼓铸。登录号188806～001，嘉庆十年七月二十五日。

[13] 清·萧奭：《永宪录》卷二，第142页。中华书局，1959年。

[14] 资料来源：刘序枫：《清代的乍浦港与中日贸易》，收入《中国海洋发展史论文集》第五辑，第187～244页。

[15] 李鸿章奉敕纂修：《大清会典事例》，《续修四库全书》卷五〇三，第802册，第820～821页，上海古籍出版社，1995～2002年。

[16] 中国第一历史档案馆藏《乾隆朝内务府奏销档》第239册，第14～20页，乾隆二十二年九月二十九日，中国第一历史档案馆藏。

尚穆遣耳目官阿必振赍到，进贡红铜3000斤、白锡1000斤，照数查收贮库。《乾隆朝内务府奏销文件》记载，乾隆三十二年（1767年）、乾隆三十八年（1773年）、乾隆四十年（1775年）、乾隆四十五年（1780年）、乾隆四十九年（1784年）琉球进贡红铜3000斤、白锡1000斤。[17]

朝鲜进贡红铜出现时间很晚，咸丰七年（1857）奏准："朝鲜带来红铜四千余斤，援附载方物至京贸易之例，听其在会同四译馆交易。"[18]内务府银库藏的红铜和熟铜大约在五万斤左右（见表1），红铜的硬度较差，多是用来提炼黄铜。熟铜是经过锻炼，铜成分更高。凡是铸造西洋炮、红衣炮都用熟铜。[19]（表3）

表3　乾隆年间内务府银库贮藏红铜数量[20]

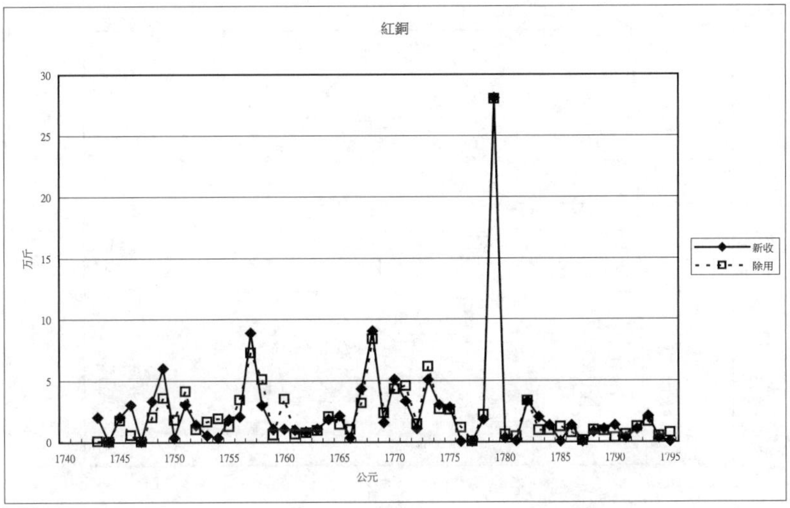

黄铜是红铜加了倭元、倭铅，两者应该都指"锌"，据周卫荣研究，自明嘉靖年间用黄铜和水锡（锡）铸造，天启年间，金属锌（倭铅）以单质形态用于铸钱，天启通宝的成分基本上是铜七、倭铅三。[21]

在乾隆朝《内务府银库月折档》中也有每年的收支记录。宋应星《天工开物》提到每红铜六斤，入倭铅四斤，先后入罐熔化，冷定取出，即成黄铜。乾隆三十八年（1773年）铸造宁寿宫铜缸，所用的红铜和倭元（倭铅）的比例为红铜五斤、入

[17]《乾隆朝内务府奏销档》第290册，第43～44页，乾隆三十二年十二月二十六日；第324册，第205页，乾隆四十年十一月二十九日；第338册，第162页，乾隆三十八年十二月二十六日；第359册，第28页，乾隆四十五年三月二十七日；第382册，第64～66页，乾隆四十九年闰三月一日。

[18] 李鸿章奉敕纂修：《大清会典事例》，《续修四库全书》卷五一〇，第802册，第913页，上海古籍出版社，1995～2002年。

[19]《天工开物·火器》载："西洋炮，熟铜铸就。"参见潘吉星：《天工开物校注及研究》，第513页。

[20] 资料来源：《内务府广储司六库月折文件》（以下资料来源皆同）。

[21] 周卫荣：《我国古代黄铜铸钱考略》，《文物春期》1991年第2期。

倭铅五斤。据乾隆朝《内务府奏销档》记载，各寺庙废钟鼎铜斤内动用外，其余剩铜斤30669斤，此项铜斤俱系二八黄铜。铸造宁寿宫铜缸24口，奏请领户部宝泉局倭元18600斤，统计按五成合化。按五成对化，共得黄铜49600斤。[22]《耶稣会士中国书简集》一书提到，帝国拥有各种金属矿：金、银、铜、铁、铅、锡。白铜看起来简直像银。日本人把黄色的铜运到中国，它是锭块状出售的，看上去像金锭，中国人用来做各种日用品。人们认为这种铜不会生锈。[23]由日本进口成锭块黄铜，目前在档案上并无发现。

表4为内务府银库贮藏黄铜数量，其中还包括少量的熟黄铜。

表4　乾隆年间内务府银库贮藏黄铜数量

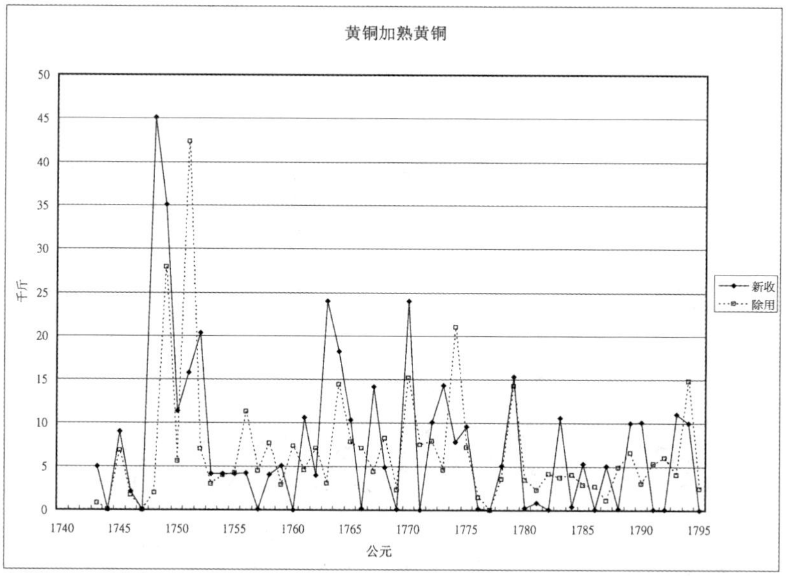

《天工开物》一书载：“凡倭铅古书本无之，乃近世所立名色。其质用炉甘石熬炼而成。繁产山西太行山一带，而荆（湖北）衡（湖南）为次之。每炉甘石十斤，装载入一泥罐，封里泥固以渐砑干，勿令见火拆裂。然后逐层用煤炭饼垫盛，其底铺薪，发火煅红，罐中炉甘石熔化成团。冷定，毁罐取出。每十耗其二，即倭铅也。此物无铜收伏，入火即烟飞去。以其似铅而性猛，故名之倭铅云。”[24]倭铅的成分是甘石，提

[22]《乾隆朝内务府奏销档》第321册，第65～66页，乾隆三十八年八月二十二日。

[23] 法·杜赫德编，郑德弟、吕一民等译：《耶稣会士中国书简集》第2卷，第117页，大象出版社，1995年。

[24] 潘吉星：《天工开物校注及研究》，第364页。

炼过程中耗损两成，倭铅和铜所组成的合金称为黄铜。（表5）

表5　乾隆年间内务府银库贮藏倭铅与倭元的数量

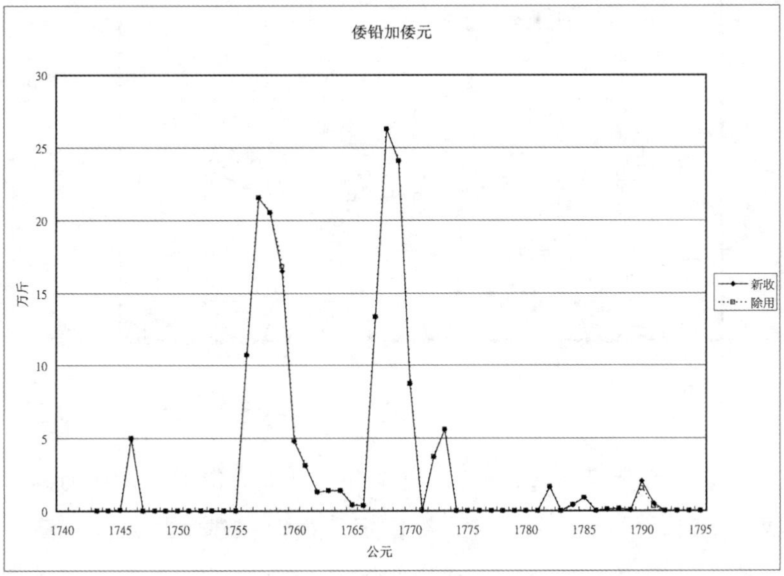

《天工开物》载："凡用铜造响器，用出山广锡无铅者入内。钲、镯之类，皆红铜八斤，入广锡二斤。铙、钹，铜与锡更加精炼。凡铸器，低者红铜、倭铅均平分两，甚至铅六铜四。高者名三火黄铜、四火熟铜，则铜七而铅三也。"[25]制作响器用红铜和广锡合金。铸器低质者红铜、倭铅各半，甚至倭铅占60%，铜40%。高质量的加30%黄铜、40%熟铜、倭铅30%。

《广阳杂记》载："广锡式如门坎者曰门坎锡，每块约重五六十觔。廉隅方正，凿之印记。"[26]广东巡抚奏："粤东每年额解户工二部广锡十五万觔，现在市价昂贵，照部定价值，不能采买。查惠州等府属，原有锡山，请令办铜各商，自备工本，酌开三四处。得锡一百觔，照例二八抽收，以二十觔交官起解，以八十觔归商作本。每年所抽之数，除额解十五万觔外。如有盈余，尽数解部存贮。"[27]高锡也来自广东，乾隆四十年（1775年）议准："广东省额解高锡，通盘计算存储无多。令广东以四十一年为始，于旧额岁解宝源局七万五百七十一斤外，每年添办高锡九千四百二十九斤。"[28]（表6）

[25] 潘吉星：《天工开物校注及研究》，第363页。

[26]《广阳杂记》卷三，第135页，中华书局，1987年。

[27] 觉罗勒德洪等奉敕修：《大清高宗纯皇帝实录》卷一二五，第835页，乾隆五年八月下，台北华联书局，1964年。

[28] 李鸿章奉敕纂修：《大清会典事例》卷八九二，第3081页。《工部杂料价值》载："高锡每斤银二钱。碗锡每斤银一钱八分。"卷九〇〇，第396页。

表6　乾隆年间内务府银库贮藏响铜数量

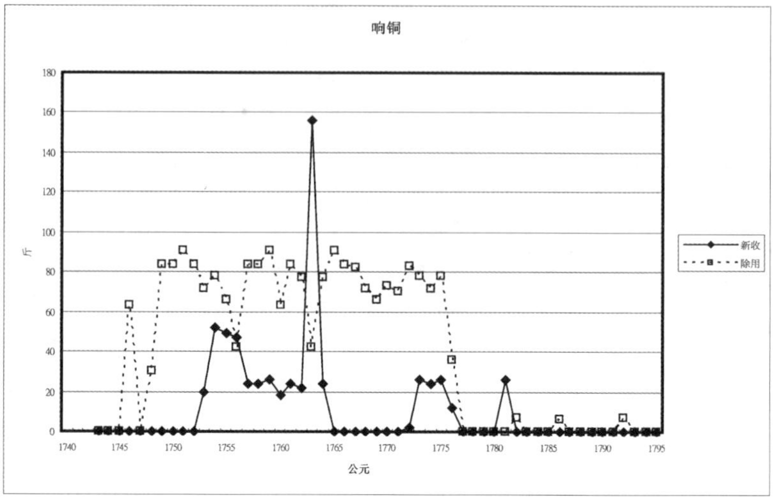

《天工开物》载：“以砒霜等药制炼为白铜”，称为砷白铜。不过，清代的白铜属于镍白铜。根据梅建军的研究，清代雍乾之世，白铜矿冶业极盛，会理县为白铜重要产地，有立马河、九道沟、清水河、黎溪等矿场，其中黎溪厂在乾隆十七年（1752年）为官营，有炼炉216座，年产白铜37吨。[29]内务府藏的白铜数量仅数百斤，数量不多。内务府利用白铜成做器物较少，仅用来制作士兵盔甲的纽扣。（表7）

表7　乾隆年间内务府银库贮藏白铜数量

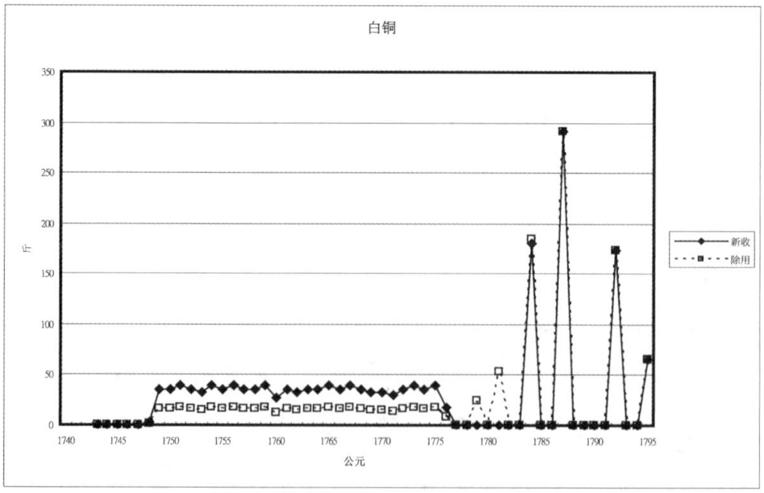

[29] 梅建军：《中国古代镍白铜冶炼技术的研究》，《自然科学史研究》1989年第8卷第1期。

三　铜的用途

清代黄铜之禁，“一品官员之家，器皿许用黄铜，其余概行禁止。如有藏匿私用不肯交官者，以违禁论。”[30]清朝规定一品官员之家才能使用黄铜器皿，而清宫黄铜用于建筑、器皿则不计其数。雍正六年（1728年）奏准，宝泉局收现存黄铜器皿100余万斤。[31]在乾隆时代使用的“废铜钟鼎”，是将废器皿重新熔铸。

（一）建筑器材

乾隆二十一年（1766年），皇帝交代苏州织造安宁：“照新做来清晖阁铜丝竹窗一样，成做铜丝竹窗两扇送来”，安装在瀛台春耦斋。[32]

宁寿宫位于皇极殿后，建于清康熙年间，二十八年（1689年）宁寿宫建成，初为宁寿宫后殿。[33]乾隆三十六年（1771年）重加修葺，至四十一年（1776年）竣工。乾隆皇帝将前殿建为皇极殿，原匾额移至后殿，遂改称后殿为宁寿宫。

宁寿宫内安设铜缸28口，估铸造口径5尺、高3.9尺、厚1.4寸的铜缸8口。口径4尺、高3.28尺、厚1.2寸的铜缸20口，共约用工料银9117.34两，用铸炉处存贮废铜118062斤，又按例用铁丝996斤，渣煤227270斤，黑炭22727斤，此内工料银两请向广储司银库领用。造铜缸28件系用钟锅毁铜30669斤，领过倭元30000斤，按五成对化铸造。[34]宁寿宫宫门前安设铜狮子一对，共需用工料银1059.94两，洋条红铜6435斤，用头等镀金叶46.91两。[35]

新建皇极殿安设铜龟、鹤各一对，鼎炉两对。并颐和轩改造铜鹿一对，又收拾见新鼎炉两对。估计铸造鼎炉两对，共约用黄铜3935斤。收搂攒焊重檐楼子四座，约用红铜条627斤，工价物料银555.84两。铜龟一对，约用黄铜3976斤，工价物料银755.99两。铜鹤一对，约用黄铜2184斤，工价物料银412.16两。铜鹿一对，约用黄铜1335斤，工价物料银365.89两。收拾

[30] 李鸿章奉敕纂修：《大清会典事例》卷二一四，第495页。

[31] 李鸿章奉敕纂修：《大清会典事例》卷二一四，第495页。

[32]《养心殿造办处各作成做活计清档》，微卷第101盒，乾隆二十一年十一月行文。

[33] 李鸿章奉敕纂修：《大清会典事例》卷三一二，第687页，中国第一历史档案馆发行微卷，2000年。

[34]《乾隆朝内务府奏销档》第300册，第53～58页，乾隆三十六年正月二十三日；第321册，65～66页，乾隆三十八年八月二十二日。

[35]《乾隆朝内务府奏销档》第300册，第58～62页，乾隆三十六年正月二十三日。

见新鼎炉两对，配造红铜台撒楼子四座，约用红铜条627斤，工价物料银229.81两。以上铸造鼎炉两对、龟鹤各一对、收拾见新鼎炉两对，共约用黄铜11430斤、红铜条1255斤，工价物料银2319.68两。所需红铜条请向广储司瓷器库领用，工料银两在广储司银库动用。皇极殿安设铜鼎炉四座，各通高4.95尺，共重3935斤。[36]

奏销铜斤工料银两事，遵旨成造宁寿宫各座安设铜烧古龟、鹤、鹿、鼎炉计七对，并收拾见新添配鼎楼鼎炉两对，连座各通高2.12尺。铜鹤一对，连座各通高5.65尺。俱已烧古完竣，陆续运往安设。今据铸炉处官员等报销成造铜烧古龟两对，共享黄铜7657斤，工价物料银1521.8两。铜烧古鹤两对，共享黄铜4613斤，工价物料银953.07两。铜烧古鹿一对，共享黄铜2826斤，工价物料银565.32两。铜烧古鼎炉两对，共享黄铜6174斤、红铜648斤，工价物料银1020.81两。收拾见新铜鼎炉两对，并添配鼎楼四件、铜鷉一对，共享黄铜17斤、红铜648斤，工价物料银320.68两。以上共享黄铜21287斤，红铜1297斤，匠夫工价银3902.6两，买办物料银487.08两。[37]

宁寿宫口径5尺的铜缸4口，每口约重5683斤。口径4尺的铜缸20口，每口约重3630斤，二共约用铜95331斤。置办物料及匠夫工价，约用银7446两。此项工程用废铜钟鼎29件，原约重38200余斤。现铸造铜缸24口，除用毁钟鼎铜斤外，仍需黄铜75158斤。请照前例，行文广储司转行户部宝泉局领取红铜37579斤、倭元37579斤。[38]

宁寿宫后所各殿宇院内安设烧古铜缸28件，内口径5尺的铜缸8件，口径4尺的铜缸20件。共享铸鏨刮磨光出亮烧古等匠夫工价银9705.41两，买办物料银1055.9两，用过铸炉处各处交来杂项废铜126825斤。[39]

乾隆四十年（1775年）成做宁寿宫皇极殿前添安烧古铜缸2件，口径5尺。共约用黄铜10714斤，买办物料及匠夫工价银两共估用银两858.98两。[40]乾隆四十七年（1782年），乾清门等处添安铜缸10口、铁缸58口，成做石座木盖等项领工价银

[36]《乾隆朝内务府奏销档》第319册，第96～108页，乾隆三十八年四月十七日。

[37]“查铸炉处现存铜四千余斤不敷铸造，前经奏准淘澄铜土，俟镕化得铜时，请即在此铜内动用，毋庸另请铜斤。”《乾隆朝内务府奏销档》第325册，第105～110页，乾隆三十九年正月十五日；第333册，第247～261页，乾隆四十年四月二十日。

[38]《乾隆朝内务府奏销档》第320册，第37～41页，乾隆三十八年五月初四日。

[39]《乾隆朝内务府奏销档》第324册，第38～26页，乾隆三十八年十二月初四日。

[40]《乾隆朝内务府奏销档》第332册，第132～133页，乾隆四十年二月二十八日。

10109.09两。铜缸10口，镀饰领头等赤金1387.8两。[41]

成造宁寿宫宫门前安设铜镀金大狮子一对，通高4.5尺，所有铜活俱已竣。共享过铜11707斤，工价银1292.83两，买办物料银233.32两。其镀金尺寸，花活共折见方寸4105寸，每寸用金5厘，计用金20.53两。素活共折见方寸6597寸，每寸用金4厘，计用金26.39两，二共享金46.91两。[42]

钦安殿旗杆上四方重檐铜亭一座，初得安设，因亭身窄小，奉旨着收拾好以备供佛应用，另造放大八方圆亭安设。钦此。向广储司请领过银330两零，红铜条420斤，镀金叶34两零。取过营造司白炭2087斤、黑炭315斤、渣煤1069斤。[43]

雨花阁无上层成造台钣铜塔、铜龙及铸料瓦片脊料，系乾隆十四年（1749年）兴修，原监督杨作心、哲库纳、傅严、额尔金等4人，又查报销折开：铜塔一座高9.4尺，铜龙4条，各长1.3丈。锁子4条、勾滴通面云龙276件、套兽4件、脊料272件、筒瓦964件、勾头140件、滴水136件、板瓦2066件、帽钉132个等项，共实用过红铜14555斤、黄铜8663斤、赤金463两，工料银4231.08两。因于乾隆四十年二月初六日具奏，奉旨不合。除哲库讷、傅严业经病故，郎中额尔金、主事杨作新各罚俸一年。[44]

（二）室内装潢

乾隆三年（1738年），司库刘山久将做得铜边画西洋景扇面玻璃插屏一件，交太监胡世杰呈进讫。[45]

（三）骑射用品

乾隆十年（1745年），赏蒙古王公红铜镀金錾花鞍二副、嵌松石珊瑚红铜镀金雕镶骨头鞍一副、嵌烧红石红铜镀金镶玳瑁玲珑鞍一副、红铜镀金镶玳瑁凹面玲珑鞍一副、红铜镀金玲珑顺刀一把。[46]

江宁织造永泰奏称，阅兵所需锭钉盔甲，钦奉谕旨交三处织造成做。江宁实办3760副，动拨关税盈余银两办造，分三

[41]《内务府银库用项月折档》，乾隆四十七年十二月、四十八年二月。

[42]《乾隆朝内务府奏销档》第337册，第112～114页，乾隆四十年闰十月五日。

[43]《乾隆朝内务府奏销档》第314册，第54～55页，乾隆三十七年十月十五日。

[44]《乾隆朝内务府奏销档》第332册，第125～126页，乾隆四十年二月二十八日。

[45]《养心殿造办处各作成做活计清档》，微卷第76盒，第254页，乾隆三年四月织造处。

[46]《乾隆朝内务府奏销档》第213册，第247～253页，乾隆十年七月十八日。

年成做。江宁第一次应解锭钉盔甲1250副，计用料工库纹银19749.72两，又装盛用库纹银2164.36两，又运脚盘费用库纹银598.33两，共销用库纹银22612.4两。改用白铜钉面，黄铜钉脚每副原估银16.49两，实销银15.79两零，较之原估节省银6.9钱零。杭州第一次造成锭钉盔甲1870副，用过料工库纹银30095.66两，又装盛皮包箱袱库纹银3387.47两，共实用库纹银33483.14两，又运解船车盘费等项库纹银826.55两。苏州织造萨载呈报已办得护军校盔甲80副、骁骑兵盔甲1600副、鹿角兵盔甲320副，共计2000副。装盛箱只解送进京交武备院查收，照例用过料工银32329两，又装盛皮包箱袱等项银3702两，又运解船车盘费等项银849两零，共享银36882两零。需工料价值较之原估共节省银1137.1两。[47]

乾隆十四年（1749年），武备院奏准做红铜玲珑鞦袋式件43份、腰刀式件45份、玲珑鞍辔式件50份、苍龙秋辔式件10份、麦粒秋辔式件14份、泡子秋辔式件63份，镀金用头等赤金188两零。[48]

（四）宗教用品

和硕庄亲王奏办造各坛庙铜祭器登、铏、簠、簋、豆、尊等器共2168件，为数甚多。请照领用库贮铜觔，其所需工价约估银25650余两。爵558件、登18件、铏196六件、簠183件、簋183件、豆810件、牺尊38件、象尊38件、山尊23件、鼠尊45件、壶尊38件、著尊38件。[49]

先师孔子庙照阙里春秋祭礼增设少牢12案，两庑请照帝王庙分献之例各增香帛1案。应添铜爵24只，共享工价银97两。用红铜30斤、黄铜50斤。[50]

安佑宫所用镀金黄铜大供碗2个、中碟43个、匙1张，粘补镀金用头等赤金2.2两。[51]寿皇殿安佑宫所用黄铜大供碗6个、中碟129个、匙3张，粘补镀金用头等赤金6.6两。[52]寿皇殿安佑宫饽饽桌上所用镀金黄铜大碗8个、中碟172个、匙4把，粘补镀金用头等赤金20.53两。[53]

[47]《乾隆朝内务府奏销档》第278册，第36～43页，乾隆三十一年正月九日。

[48]《内务府银库用项月折档》，乾隆十四年八月。

[49]《乾隆朝内务府奏销档》第200册，第303～310页，乾隆十三年五月十二日。

[50]《乾隆朝内务府奏销档》第228册，第205～206页，乾隆十八年十二月一日。

[51]《内务府银库用项月折档》，乾隆十八年十月。

[52]《内务府银库用项月折档》，乾隆十八年十二月。

[53]《内务府银库用项月折档》，乾隆二十四年十二月。

乾隆十九年（1754年），成做跳步踏所用五佛冠天女套头护法面衣服等项68份，璎珞上镀金红铜结子等项6330件，给杵21份，杵10个，镀金用头等赤金45.73两。[54]雍和宫等处跳步踏所用步踏、衣上璎珞16份，每分大小红铜轮花等项40件、小钟57个、铃铛24个，每1份镀金用头等赤金1.4两，计16份，共享头等赤金22.35两。[55]雍和宫喇嘛念经应用红铜宝瓶3个、撒油盘1个、杓1把，镀金用头等赤金6.8钱。又武备院换做黄罗直柄伞1柄、黄罗伞2柄、有络黄罗伞1柄上红铜金顶4个，用头等赤金7.82钱，共享头等赤金1.46两。[56]

弘仁寺东边新建无量寿佛殿内成造花纹五供9份，各通高1.6尺。每份实约用工料银177.34两，共享工料银1590余两。红铜2000斤，倭元1000斤，所需银两铜铅向广储司领取。[57]

工布查布《造像量度经》出版，内务府成做大量佛像。[58]佛像按照量度规定和既定的图像模式塑造，可以看出乾隆时代发展规格化佛像。乾隆二十六年（1761年），制作铜无量寿佛900尊，每尊除铜铅实用工料银11.73两，共应用工料银10554.48两，向广储司领取应用外，其所需红铜3000斤、倭元2000斤亦请向广储司领取。[59]同年，雨花阁之普明圆觉造瑜伽品佛5尊，均高2尺，每尊按例约用工料银41.98两。仙楼造德行品佛9尊、智珠心印造功行品佛9尊，均高1尺6寸，每尊按例约用工料银34.98两，共佛23尊，需用工料银839.43两。红铜1800斤、倭元1200斤。铸炉处存贮红铜5600斤，所需红铜毋庸（向广储司）行取。[60]

佛像规格化，计算银两有成例可循。乾隆三十四年（1769年），中正殿供奉金佛样式成造铜镀金释迦佛一尊、文殊菩萨一尊、观音菩萨一尊，共享铜761觔6两。查铜佛三尊系按造过上乐王铜佛之例，每高一尺用工料银139.6两之例，减三成报销，合银98.99两。[61]

乾隆十一年（1746年），于北海兴建阐福寺，用银141795两。《御制阐福寺碑文》：“先蚕坛于太液池东北隅，（与五龙亭北之闲馆）相距甚迩。圣母皇太后以茧馆盛仪，宜至蠲

[54]《内务府银库用项月折档》，乾隆十九年九月、十二月。

[55]《内务府银库用项月折档》，乾隆三十二年六月。

[56]《内务府银库用项月折档》，乾隆三十八年九月。

[57]《乾隆朝内务府奏销档》第251册，第295页，乾隆二十五年三月十三日。

[58] 清·工布查布：《造像量度经》，台湾印经处，1956年。

[59]《乾隆朝内务府奏销档》第255册，第341～343页，乾隆二十六年一月十七日。

[60]《乾隆朝内务府奏销档》第256册，第149～152页，乾隆二十六年四月十六日。

[61]《乾隆朝内务府奏销档》第293册，第284～316页，乾隆三十四年三月四日。

洁，命改建佛宇。朕遵懿旨，爰出内帑，敕将作葺其旧址，略微崇饰。上为慈圣祝厘，下为海宇苍生祈佑。”[62]二十八年（1763年）以后，又用修缮银40350余两。[63]“阐福寺入门为天王殿。再后为大佛殿，再规制宏敞，仿正定隆兴寺。重宇三层，其上层曰‘大雄宝殿’，中曰‘极乐世界’，下曰‘福田花雨’”，后有殿曰‘真实般若’。寺西有方殿，广七楹，榜曰极乐世界。四隅各有亭，池流环抱。四面跨白石桥，桥外有琉璃坊。办造胎钑铜佛银7354.35两。[64]

弘仁寺在太液池西南岸，为明代清馥殿旧址。康熙四年（1665年）改建为寺，有御制碑记。寺中有天王殿、慈仁宝殿、大雄宝殿。该年，移鹫峰寺旃檀佛像于寺之正殿。因康熙有御制《旃檀佛历代传（祝）〔祀〕记》，故又称旃檀寺。乾隆二十五年（1760年），发帑重修旃檀寺，并新建仁寿寺。《内务府银库用项月折档》载，弘仁寺庙宇房屋添建楼座、拆盖御座房，东边新建仁寿寺庙宇僧房等项，办买物料匠役等工价银408434两。乾隆皇帝曾撰《重修弘仁寺碑文》。[65]乾隆二十六年（1761年），造仁寿寺供奉无量寿佛10000尊，《内务府银库用项月折档》载，新修理弘仁寺等处庙宇房间，并新建仁寿寺庙宇房间成塑佛像雕做龛案等项工程办买物料，并给匠夫工价领银8433.59两。[66]弘仁寺大殿前丹陛上安铁鼎处，照雍和宫钦安殿铜鼎样式铸鼎一座安设，雍和宫钦安殿现安铜鼎均系照广育宫鼎式成造，每一分实用过工料银2140余两，铜18700余斤。铸造此鼎应需铜斤，除将昆明湖前铸卧牛并现交毁用海灯等铜共重4700余斤。不敷应用外，核计尚需红铜8000斤、倭元6000斤，其工料银2140余两。[67]

乾隆三十三年（1768年），建极乐世界。极乐世界面积1246平方米，高26.9米，四隅各有亭，池流环抱。四面跨白石桥，桥外有琉璃坊。[68]六月总管内务府大臣三和等奏准，领极乐世界工程物料工价222778.44两。殿内山上，应供释迦佛1尊、阿蓝迦舍2尊、八大菩萨8尊，各通高3尺9寸6分，俱用铜铸造。按成造过铜佛之例，共享工料银1561.51两，约用红铜条

[62] 清·于敏中等：《钦定日下旧闻考》卷二八，第398～399页，北京古籍出版社，1983年。

[63]《内务府银库用项月折档》，乾隆十一年十一月至四十五年二月。

[64]《乾隆朝内务府奏销档》第223册，第195～200页，乾隆十五年十二月十三日。

[65]《内务府银库用项月折档》，乾隆二十五年元月至二十六年七月；《重修弘仁寺碑文》，收入张羽新辑注：《清代喇嘛教碑文》第三册，第173～174页，天津古籍出版社，1987年。

[66]《乾隆朝内务府银库用项月折档》，乾隆二十六年七月。

[67]《乾隆朝内务府奏销档》第254册，第15～23页，乾隆二十五年十一月三十日。

[68] 清·庆桂等编纂，左步青校点：《国朝宫史续编》卷六八，第623～627页。北京出版社，1994年。大陆学者称极乐世界为“小西天”或“观音殿”，认为最高层为观音菩萨。但档案上写着“释迦佛”。参见师向东：《北海“小西天”建筑风格与修缮》，《中国园林》1987年第4期。

15200觔。[69]殿上安设红铜镀金大宝顶，高8尺、上径7尺、座径5.5尺。乾隆三十五年（1770年），成造极乐世界红铜胎钑镀金宝顶一座，估计花活共折见方寸1176寸，每寸用金5厘，计5.88两。其素活除顶上圆径5尺不镀外，仍折见方寸13690.7寸，每寸用金4厘，计54.76两，二共按例计用金叶60.64两，实际用银121.28两。工价买办物料银939.39两，水槽红铜条2279斤，水银53斤等。工程银两项下动用镀金叶，向广储司行取应用，水槽红铜条交广储司转行户部宝泉局领用。[70]极乐世界有瀑布，朴趾源描述："屋中以沉香旃檀为五岳名山……数仞飞瀑沤疼沫跳，雪翻鹭滚，令人滋惑，哄言镂冰也，又哄言激水也，盖熔琉璃为之也。"[71]建瀑布时，内务府官员三和、英廉、四格以"水法形式不合"被罚银两。[72]

成造钦安殿旗杆顶铜胎钑镀金四方重檐亭随莲花托一座通高4.75尺，共需行取广储司磁器库水槽红铜条420斤，按每寸4厘镀饰，需头等镀金叶18.36两、白炭1101斤、黑炭315斤、渣煤1069斤。[73]

乾隆三十三年（1768年）六月，总管内务府大臣三和等奏准，领极乐世界工程物料工价222778.44两。三十五年（1770年），新建万佛楼工程共需物料工价银264249两零，此内造大佛36尊，无量寿佛11118尊。[74]约用银140749两零。[75]以上用银约75万余两。万佛楼为庆祝崇庆皇太后60岁寿辰，王公大臣纷纷铸佛祝寿，统以万计，故名万佛楼。《乾隆三十五年御制万佛楼成是日瞻礼得句》载："六旬庆诞沐慈恩，发帑范成两足尊。数计万因资众举，层看三此建楼骞。香花卜日瞻礼始，福德被民愿力存。设日遐龄祈寿算，肫诚还以祝徽萱。"[76]

乾隆三十六年（1771年），普陀宗乘之庙建造四方亭、六方亭、八方亭鱼鳞铜瓦等项，镀金用金6980.11两、红铜条115896斤，办买杂料及匠夫工价用银58179.95两，自京城运送铜亭三座至热河，雇觅抬夫共银4988.78两。[77]从乾隆三十一至三十六年（1766～1771年），修建普陀宗乘之庙用银1412,766.1两。热河布达拉庙南楼紫檀木塔内供奉铜胎钑无量

[69]《乾隆朝内务府奏销档》第293册，第276～282页，乾隆三十四年三月六日。

[70]《乾隆朝内务府奏销档》第294册，第240～248页，乾隆三十四年七月三日。

[71] 朴趾源著，朱瑞平校点：《热河日记》，第332～333页。

[72]《乾隆朝内务府奏销档》第298册，第170～171页，乾隆三十五年七月二十九日。

[73]《乾隆朝内务府奏销档》第296册，第197～204页，乾隆三十五年四月十日。

[74]《乾隆朝内务府奏销档》第296册，第282～299页，乾隆三十五年四月四日。

[75]《乾隆朝内务府奏销档》第296册，第282～299页，乾隆三十五年四月四日。万寿圣节铜胎钑镀金小无量寿佛连背光座高6寸6分，每尊用过工料银9.68两，内除买办金叶1.82钱，核银2.75两，红铜2斤11两，核银4.8钱，二项用银3.22两，外净用工料银6.45两。

[76] 清·于敏中等：《钦定日下旧闻考》卷二八，第401页，北京古籍出版社，1983年。

[77] 中国第一历史档案馆、承德市文物局编：《清宫热河档案》第二册，第490～491页。

寿佛2.160尊，各通高3.76寸、面宽2.3寸、进深1.3寸，每尊按例用红铜条13.85两、工料银2.23两、头等镀金叶6.16分。共约需工价买办物料银4,844.11两，头等镀金叶133.06两、洋条红铜1870斤两。[78]布达拉庙供奉骡子天王一尊，通高5.66尺；呀吗达嘎一尊，通高4.76尺；文殊菩萨一尊，通高2.66尺，按例奏明请领过镀金叶104.15两、红铜条2058斤，工价物料焊药银2248.4两、白炭6247斤、黑炭10066斤、渣煤5210斤、铁油丝67斤等。[79]章嘉国师传记中提到他只要用手触摸一下，就能查知佛像等物品制作的好坏，区别出是印度的还是用西藏的新旧铜料制作的。[80]

七月二十二日，库掌四德、五德将为广育宫欢门旛三堂应用大铃铛9个、小铃铛432个，并将办黄铜铃铛、红铜铃铛价值单一件持进，交太监胡世杰呈览。奉旨：不必买办，着做黄铜镀金铃铛。钦此。[81]

太监厄鲁里交铜胎股镀金莲瓣花纹烧古奔巴壶一件，传旨："着照奔巴壶样款，长高放大画奔巴瓶纸样，其瓶口并腰围底足上不要莲瓣花纹，另画如意云花纹样呈览。钦此。"[82]

朴趾源描述乾隆皇帝80岁生日："四方贡献幅凑并集，车马橐驼昼夜不绝，殷殷轰轰，势如风雨"，"北出长城，昼夜兼行，道见四方贡献车可万辆。又人担驼负轿驾而去，势如风雨。其扛而担者，物之尤精软，云每车引马骡六七头，轿或联扛驾四骡，上插小黄旗，皆书'进贡'字。"[83]《清宫热河档案》有外八庙陈设档案，具体情况如下（表8）。

[78]《乾隆朝内务府奏销档》第342册，第38～42页，乾隆四十一年八月六日；第346册，第11页，乾隆四十二年六月十五日。

[79]《乾隆朝内务府奏销档》第314册，第67～68页，乾隆三十七年十月十五日。

[80] 土观·洛桑却吉尼玛著，陈庆英、马连龙译：《章嘉国师若必多吉传》，第186页，中国藏学出版社，2007年。

[81]《养心殿造办处各作成做活计清档》，微卷第122盒，第306页，乾隆三年四月织造处。

[82]《养心殿造办处各作成做活计清档》，微卷第76盒，第254页，乾隆三年四月织造处。

[83] 朝·朴趾源著，朱瑞平点校：《热河日记》，第123、249页，上海书店出版社，1997年。

表8 《清宫热河档案》中有关外八庙的陈设情况

名称	时间	内容	数量	出处	编号	页码
热河普陀宗乘之庙	乾隆五十四年十二月(1789年)	铜珐琅炉瓶盒	1份	清宫热河档案6	118	337
		上设铜镀金搭	8座			337
		铜佛	5尊			337
		铜镀金八宝	1份			337
		铜珐琅五供	1份			338

续表

名称	时间	内容	数量	出处	编号	页码
		上设铜镀金塔	8座			338
		铜佛	5尊			338
		右设铜铃杵	1份			338
		铜镀金五供	1份			338
		前设铜七珍	1份			338
		铜八宝	1份			338
		铜珐琅五供	2份			338
		上设铜珐琅炉瓶盒	1份			339
		上设铜佛	9尊			339
		中设铜镀金塔	1座			339
		铜镀金吗呢	1座			339
		铜铃杵	1份			339
		铜珐琅米碟	1件			339
		上设铜塔	8座			339
		铜镀金八宝	1份			339
		铜珐琅小五供	1份			340
		中设古铜文王鼎	1件			340
		铜珐琅兽耳双环瓶	1件			340

四 结论

18世纪中国宫廷进口的西方物资不少，《内务府广储司六库月折档》提供清代盛世宫廷的财务状况，每个月的报告非常详细，相信是研究18世纪中国物质文明和皇室资本的重要档案。近年来，我探讨中外贸易影响清宫生活，包括毛皮、莳绘、毛织品、玻璃等[84]。主要利用《内务府奏销档》、《内务府广储司六库用项月折档》、台北“中央研究院”历史语言研究所现存《清代内阁大库原藏明清档案》、《清宫内务府造办

[84] 参见拙作：《清乾隆朝内务府的皮货买卖与京城时尚》，《故宫学术季刊》第21卷第1期，2003年；《寡人好货：乾隆帝与姑苏繁华》，《“中央研究院”近代史研究所集刊》2005年第50期；《北京的洋货与旗人日常生活(1736～1795)》，台北“中央研究院”近代史研究所主办“从城市看中国的现代性”国际学术研讨会论文，2007年6月。

处档案总汇》。目前有些档案都已经数字化，查询容易，但就内务府200万件档案来说，数字化的数据仍然偏少，期待学者们相互合作，建立完整的数据库，便于利用。

明太祖之祭祖活动与追慕先祖情感之宣泄

南开大学历史系　南炳文

一　对祭祀先祖的高度重视

明太祖对祭祀很重视，曾说“国之大事，莫重于祭祀”[1]。在其为“开导后人”而亲自作序的《祖训录》中，更将“严祭祀”列作十三目中的一目。[2]明人黄景昉在其所著《国史唯疑》中说，“太祖最重祠敬祭，所赡给神乐观道士甚优，钱粮不刷卷，曰：‘要他事神明底人，不要与他计较。’常膳外，复予肉若干，曰：‘毋使饥寒乱性。’”[3]而对祖先特别是对父母祭祀的重视，就是其中突出的表现之一。

早在明太祖于元至正二十四年（1364年）登上吴王宝座之时，史籍中已可见到其人祭祀父母的记载：元至正二十四年四月乙未，中书省臣进宗庙祭享及月朔荐新礼仪，明太祖览毕，“命并录皇考妣忌日，岁时享祀以为常”[4]。从这一记载可知，此后其对父母的祭祀甚至已经是制度化、经常化的了。元至正二十六年（1367年）四月，他专门往濠州省诣其父之陵墓。[5]第二年又在南京的宫城东南专门建成了祭祀祖先的太庙[6]，以祭祀其父、祖父、曾祖父和高祖父，不久并规定以四时孟月及岁除凡五祀，孟春之时各祖分别祭祀（即特祭），孟夏、孟秋、孟冬及岁除在一起合祭[7]。洪武元年（1368年）二月，对宗庙月朔荐新仪物的名单还做了规定，令“著之常典，俾子孙世承之”[8]。洪武三年十二月，明太祖念及对其祖宗虽已岁时致享于

[1]《明太祖实录》，第3233页，台北“中央研究院”历史语言研究所校印本。

[2]《明太祖实录》，第1470～1472页。

[3] 黄景昉：《国史唯疑》，第17页，上海古籍出版社，2002年。

[4]《明太祖实录》，第190页。

[5]《明太祖实录》，第282～284页。

[6]《明太祖实录》，第361页。

[7]《明太祖实录》，第507～514页。

[8]《明太祖实录》，第524～525页。

太庙，但晨昏谒见、节序告奠尚无其所，遂决定于乾清宫左，另建奉先殿以奉之，每日焚香，朔望荐新，节序及生辰皆于此祭祀。洪武四年（1371年）正月，更于家乡中都临濠建太庙[9]。此外，对家乡凤阳的皇陵（其父亲之陵）、盱眙的祖陵（其祖父之陵），除设有专门的祭祀机构外，还经常派人特地前往祭奠，遇有重大活动之前，也要特别告祭太庙。明太祖规定的国家祭祀按重要性分为数等，其中宗庙之祭被列进了皇帝应亲祀的最高等级之中，是为数甚少的上祀之一。如此等等，充分说明明太祖对祖先祭祀是非常重视的。

二　对先祖追慕情感的宣泄

明太祖为什么非常重视对祖先的祭祀呢？中国古代历朝统治者都通过祭祖而提倡孝道，其重要目的当是出于相信“君子之事亲孝，故忠可移于君”[10]之古训。明太祖之热心进行宗庙祭祀，自然不会不出于这一普遍存在的目的，他必然自觉不自觉地受到历朝统治者前辈的影响。关于此，目前的学术界应该是看法一致的。而在这里，笔者要特别指出，其实明太祖之非常重视对祖先的祭祀，还有另外一个极为重要的原因。

尊祖敬宗、孝敬父母是中国古代的一项好传统，也是其时主流意识形态所提倡者。在这种环境中长大的明太祖很易于重视孝道，而其17岁遭遇旱蝗之灾，疾疠大起，父母与长兄三人在十几天中先后死去，这更使之痛惜父母的悲惨离去，在思念先人上尤过常人。这使其自然而然地重视对父母等先人的祭奠，换言之，宣泄对先祖的追慕情感成为其进行祭祀活动的又一个重要推动力。

明太祖曾写过一首诗，名为“思亲歌”，其中说：“苑中高树枝叶云，上有慈乌乳雏勤。雏翎少乾呼教飞，腾翔哑哑朝与昏。有时力及随飞去，有时不及枝内存。呼来呼去羽翎硬，万里长风两翼振。父母双飞紧相随，雏知反哺天性真。歔欷慈乌恸恻仁，人而不如乌将何伸，将何伸！吾思昔日微庶民，

[9]《明太祖实录》，第1229页。

[10] 阮元校刻：《十三经注疏》，第2558页，中华书局，1982年。

苦哉憔悴堂上亲。有似不如乌之至孝精，歔欷歔欷梦寐心不泯。”[11]此诗真挚地抒发了其对亡故父母的强烈思念之情，反映了其虽贵为天子而不能反哺父母所造成的梦寐悲伤情景。由于人之生日，实母亲受难父亲奔忙之时，因而太祖遇到此日，每每倍感思念其父母，而且常不许臣下祝贺。洪武二年（1369年）九月己酉，为明太祖生日，朝罢，他退御便殿，“谓侍臣曰：‘朕昔丧亲，适值艰难之际，今富有天下，不能为一朝之养，此终身之痛也。’”[12]洪武五年（1372年）八月庚辰，其生日将到，他又对侍臣说：“生辰，父母劬劳之日，朕皇考皇妣早逝，每于是日不胜悲悼，况忍受天下贺乎？”因“命罢天下进贺圣节”表笺。此年之后，“每岁圣节之日”，明太祖皆“斋居素食，不受朝贺”。直至洪武十三年七月，他才因朝臣固请，而答应朝贺，但仍下令“尚从中制，惟礼当而已”[13]。由于明太祖本人有真诚的孝敬先人之心，当其遇到他人的有关事宜，总是推己及人，予以帮助。元至正二十七年十二月戊辰，蒲台民有供刍藁违令者，大将军徐达欲斩之，其子乞以身代，徐达送其至建康，明太祖以其孝，并其父宥之[14]。洪武二年八月庚寅，临川守御千户胡朝宗受赂，法当死。明太祖出至三山门，朝宗父母涕泣哀诉：“唯有此子，死则老无所依。”明太祖“悯之，俾减死论，终养其父母”[15]。洪武三年二月壬戌，明太祖行至后苑，见巢鹊卵翼之劳，喟然叹曰：“禽鸟劬劳若是，况人母子之恩乎！”于是下令：群臣有亲老者，许归养。[16]洪武四年正月壬辰，河南府知府徐麟以母老居蕲州府之广济，请终养，明太祖改徐麟为蕲州府知府，俾就近养母[17]。洪武四年十二月壬寅，临濠人张纶任河南右卫百户，自陈父母年皆八十余，家远不可迎至，乞解职归养，明太祖喜其有孝心，即提拔其为濠梁卫副千户，使就近照料父母[18]。洪武八年七月戊辰，他下诏：“百官闻父母丧者”，不待上报批准，即可离职，以免影响其尽送终之心[19]。此外，表彰孝子的命令，屡屡颁布，而臣下有不孝表现者，则往往受其批评而丢官，其例甚多，不一一列举。明太祖对他人孝行的帮助和鼓励，当是

[11]《全明诗》编纂委员会编：《全明诗》，第16页，上海古籍出版社，1990年。

[12]《明太祖实录》，第884页。

[13]《明太祖实录》，第1390、1397、2105、2106页；参见王圻：《续文献通考》，《续修四库全书》第764册，第266页下，据万历三十年松江府刻本影印本。

[14]《明太祖实录》，第472页。

[15]《明太祖实录》，第875页。

[16]《明太祖实录》，第962页。

[17]《明太祖实录》，第1174页。

[18]《明太祖实录》，第1310页。

[19]《明太祖实录》，第1700页。

由于他人的孝敬感情，在他那里引起了共鸣，这进一步说明他的确是一个重视孝敬先人的大孝子。

明太祖遇与祭祀祖先有关的事宜，总会引发其大动感情。例如，元至正二十四年四月乙未，中书省臣进宗庙祭享及月朔荐新礼仪，明太祖在白虎殿审看，审毕出殿，行至戟门东，忽悲怆流涕，对大臣宋濂等说："吾昔遭世艰苦，饥馑相仍，当时二亲俱在，吾欲养，其力不给。今赖祖宗之佑，化家为国，而二亲不及养，追念至此，痛何可言！"[20]元至正二十七年四月辛亥为明太祖父亲之忌日，明太祖诣庙祭毕，退登便殿，"泣下不止"，称"往者吾父以是月六日亡，兄以九日亡，母以二十二日亡，一月之间，三丧相继，人生值此，其何以堪！终天之痛，念之罔极"。时因其呜咽不胜，"左右皆不能仰视"[21]。同年同月丁卯为明太祖母亲之忌日，明太祖祭毕对侍臣朱升说："吾母终时，吾年甫十七，侍母病昼夜不离侧，吾次兄经营家事，母遣吾呼与偕来，嘱曰：'我今病度不起，汝兄弟善相扶持，以立家业。'言讫而终。今大业垂成，母不及见，语犹在耳，痛不能堪也。"又悲咽泣下，使"群臣莫不感恻"。[22]洪武元年二月壬子，太常又进宗庙月朔荐新礼，明太祖审查毕，对群臣说："祭之于后，不若养之于先，朕今不及矣。尝闻为人子者愿为人兄，其意谓为兄侍膝下之日早，于养之日多也。朕于子为人弟，亲存而幼，不能以养，及长而富有天下，则亲没矣，虽欲以天下养，其可得乎！"说毕，"悲叹久之"[23]。洪武三十一年四月己丑，明太祖祭太庙，祭毕步出庙门，"徘徊，指桐梓谓太常寺臣曰：'往年种此，今不觉成林。凤阳陵（指其父母之陵——引者注）树当亦似此。'因感怆泣下。"明太祖无数次地如此大动感情，一方面再一次说明他是真孝子，另一方面也令人不得不强烈地感受到，他之所以进行祭祀，在其祖先祭祀部分，当肯定与其对祖先的深笃亲情有关，是其宣泄追慕祖先情感的一种方式。洪武二年正月丁未，明太祖享太庙，其祝文中有"以伸追慕之情"[24]一语，洪武十九年八月甲辰，明太祖命皇太子至泗州盱眙县修缮祖陵，

[20]《明太祖实录》，第190页。

[21]《明太祖实录》，第329页；王圻：《续文献通考》，第487页上。

[22]《明太祖实录》，第335～336页。

[23]《明太祖实录》，第524～525页。

[24]《明太祖实录》，第762页。

葬衣冠，其祝文中有“以伸孝思”[25]一语。此为上述结论提供了有力的证据。

三　消极与积极作用共存

明太祖通过重视祭祀先祖，提倡了孝道，其影响、作用如何呢？

首先，在当时的历史条件下，由于统治者的引导，会发生强调忠君的影响。一般说来，忠君思想的强调，对于巩固封建专制制度有利，起着保守现状、阻碍变革的负面作用，得利的是统治集团。但是，它也有稳定社会秩序的效果。而在古代农业社会中，社会生产力的发展处于非跳跃式的状态中，利用和平环境以缓慢积累财富、缓慢积累经验，是其发展的重要方式和途径。由此看来，明太祖之重视祭祀先祖以提倡孝道，从而强调了忠君思想，虽有保守现状、阻碍变革的负面作用，而其稳定社会秩序的效果却可为社会生产力的缓慢发展提供和平环境的条件，不是绝对乏善可陈。特别是在明太祖建国后的一段时期内，社会生产关系得到了调整，土地集中程度有所缓和，农民与土地的结合状况相对良好，生产力有较快发展的可能，其稳定社会秩序效果的这种积极作用尤其不可忽视。

其次，由于明太祖非常重视祭祀祖先的另一个重要原因是不忘祖先、追慕先人这一自然的血缘情感，这一点使这一活动的正面作用大为增强。人们由此而得到的影响，更多地当是对父母长辈应有深切真挚的爱，要不忘他们的抚育之劳和报答不尽的深恩，要在他们在世之时悉心照料其衣食住行和精神感受，这无疑对弘扬感恩知报的好风气、形成老有所养的好环境、促进社会的和谐安定等，大有裨益。

综上所言，明太祖之通过重视祭祀先祖而提倡孝道，其影响当是消极和积极作用同时并存，在一定时期内甚至是以积极作用为主。

[25]《明太祖实录》，第2707页；王圻：《续文献通考》，第487页下。

明代诏令文书的整理与研究刍议
——兼及诏令与宫廷关系的考察

中国社会科学院历史研究所 万明

诏令文书，指以皇帝名义颁发的下行文书，是皇帝专用的公布各项政令的公文形式——诏敕类文书的统称。在中国古代君主专制体制下，皇帝发布的命令即“王言”，是王朝的最高决策。“皇帝御宇，其言也神。渊嘿黼扆，而响盈四表，唯诏策乎。”[1]国家的最高意志以皇帝的诏令显示出来，国家的重大决策以皇帝诏令的形式发布全国，皇帝不仅以诏令的形式处理国家庶政，即治理国家，也通常以颁布诏令的形式来立法，“因事立制，乘时创法”，而百官臣僚的职责就在于执行皇帝的各项诏令，以此维持帝国的惯性运行。

宫廷，是古代帝王居住的地方。皇家至高无上的地位和统治天下的威严，不仅体现在宫廷建筑的雄伟和华丽，而且更明确地表现在宫廷作为权力中心的所在，是皇帝处理朝政的地方，也就是诏令的颁发地。

故宫是明代的皇宫，是皇帝御门听政的地方，也是明代诏令文书的发源地。故宫博物院现藏文物中，有着明代皇帝的御笔诏令；故宫的奉天门（今太和门），是明代皇帝曾经颁布诏书的地方；明代内阁官员，即阁臣们，也曾在宫廷内侍从皇帝、奏事、议事和进呈敕稿。[2]正是由于诏令与宫廷密切相关，因此，收集、整理和研究明代诏令文书，理应成为故宫学的一个重要内容，形成故宫学的重要组成部分。这预示着故宫学新的增长点，成为宫廷史的延伸，也将成为对明代现存档案的重

[1] 刘勰：《文心雕龙》卷四《诏策第十九》，《文心雕龙注》上册，第358页，人民文学出版社，1958年。

[2] 杨士奇：《三朝圣谕录》，《国朝典故》中册，卷四五～四七，第1075～1109页，北京大学出版社，1993年。

要补充，推动明代宫廷史和故宫学的进一步发展。

一

在中国古代，诏令文书的起源很早。《尚书》表明，根据不同的功用，古代文书的形式有誓、诰、祝、命等。秦统一六国之后，君主专制体制建立，“命为‘制’，令为‘诏’，天子自称曰‘朕’”[3]，“制”和“诏”遂成为皇帝下行命令文书的专称。汉代的诏令文书进一步发展完善，东汉蔡邕的《独断》和南朝梁时刘勰的《文心雕龙·诏策》里，均对诏令的名称特点有所论述，对于名目的划分，蔡邕云：“其命令，一曰‘策书’，二曰‘制书’，三曰‘诏书’，四曰‘戒书’。”[4]刘勰则云：“汉初定仪则，则命有四品：一曰‘策书’，二曰‘制书’，三曰‘诏书’，四曰‘戒敕’。”[5]也就是说，二者均将汉朝的诏令文书分为策书、制书、诏书、戒敕四类。此后，皇帝下行文书的文体历代相沿，出现各种名目。唐朝有册书、制书、慰劳制书、发日敕、敕旨、论事敕书、敕牒七种形式。[6]《宋大诏令集》收集有宋代的诏、制、赦、德音、册文、敕书、御札、批答等类别。[7]北方民族建立的金朝，皇帝颁发的诏令文书有诏、制、册、敕、谕、诰、令、旨、口宣、祝文、祭文、铁券文等多种名目，[8]形成更为复杂的分类。元朝的版图辽阔，适应多民族国家的统治需要，颁发的诏敕不仅有蒙文，也有汉文，并有诏书、圣旨、玺书、册文、宣命、制书、敕书等多种名目。主要的有四种：诏书、圣旨（玺书）、册文和宣敕（或制敕）。其中，诏书与圣旨是比较重要的两种形式。[9]发展到明代，诏令文书在继承历代的基础上，又有自身的发展特点。

众所周知，20世纪明清档案和殷墟甲骨、居延汉简、敦煌文书一起，被称为古文献的四大发现。明清档案的发现，至今已近百年。然而，明代档案文书留存于世已经不多，这是一个事实。根据不完全统计，存世明清档案约2000多万件，其中

[3]《史记》卷六《秦始皇本纪》，第236页，中华书局，1959年。

[4] 蔡邕：《独断》上，《四库全书》第850册，第76页，上海古籍出版社影印文渊阁本，1989年。

[5]《文心雕龙》卷四《诏策第十九》。

[6]《唐六典》卷九《中书省·中书令》，第274页，中华书局，1992年。

[7] 参见《宋大诏令集》，中华书局，1962年。

[8] 参见董克昌主编：《大金诏令释注》，黑龙江人民出版社，1993年。

[9] 张帆：《元代诏敕》，《国学研究》第10卷，北京大学出版社，2002年。

明代档案与清代档案的留存在数量上无法比拟。“大内档案”现在保存下来的明代档案只有3000多件，而清代档案，在中国第一历史档案馆就收藏有1000多万件[10]，在台北还有几百万件。保存在内地档案馆中的明代档案文书，近年已出版了《中国明朝档案总汇》[11]，只有101册，其中的门类很不齐全，诏令类寥寥无几，阙失相当严重。

古代对诏令文书的整理，宋代是一个高潮期。这一时期出现了著名的诏令文书汇编《两汉诏令》、诏令总集《唐大诏令集》和《宋大诏令集》，现均保存于世。现代对于诏令文书的整理，主要集中于对后两部大型诏令集的补辑上。关于唐代诏令的整理，中日学者已有丰硕成果，重要的有池田温先生编《唐代诏敕目录》[12]和近年中国社会科学院历史所与天一阁博物馆合作整理的《天一阁藏明抄本天圣令校证》[13]。其他断代诏令文书的整理方面，董克昌先生主编的《大金诏令释注》一书，是断代史的又一部大诏令集，由黑龙江人民出版社于1993年9月出版。由于清代档案的大量存世，使得清代诏令集的编辑明显不那么必要，而对档案存留已不多的明代诏令文书的收集、整理和编辑，在以前却从未提上日程，与其他断代来比较，可以说是相对滞后的。明朝人编辑的当代诏令文书总集，主要有《皇明诏令》和《皇明诏制》两种，都属于明代诏令选集的性质[14]，大量多种类型的诏令文书没有被收入。而在现存明代史籍与文物中，有着大量散在的诏令文书，亟待系统收集、整理与研究。

二

明代诏令文书是明王朝276年间，各代帝王处理政治、经济、文化、法律、军事、外交等有关国家大政的原始政务文书，内容涉及有明一代重大史事和典章制度，也是宫廷史研究弥足珍贵的第一手资料。宫廷是皇帝所在地，是国家权力的核心，是诸多政治文化现象产生的源泉。帝制中国的中央决策过

[10] 全国明清档案资料目录中心编：《明清档案通览》，第129页《编辑说明》，中国档案出版社，2000年。

[11] 中国第一历史档案馆、辽宁省档案馆编：《中国明朝档案总汇》，广西师范大学出版社，2001年。

[12] 日·池田温编：《唐代诏敕目录》，三秦出版社，1991年。

[13] 天一阁博物馆、中国社会科学院历史研究所天圣令整理课题组：《天一阁藏明抄本天圣令校证》，中华书局，2006年。

[14] 例如：《皇明诏令》（《四库存目丛刊》本）仅收录明太祖诏令89通；《皇明诏制》（《四库存目丛刊》本）仅收录明太祖诏令58通，实际上二者仅收录了重要诏敕，因此既不够全面，也不够系统，不能反映明代诏令文书的全貌。再以洪武朝外交诏令为例，《皇明诏令》中仅收录外交诏令3通；《皇明诏制》中也只收录外交诏令9通，根据笔者已有研究，包括诏令敕诰等各类外交文书，现已收集到170通。

程是在宫廷完成的，作为命令文书，它的诞生无疑是宫廷政治运作的结果。概言之，诏令文书与宫廷的关系，主要表现在诏令的性质、诏令的形式、诏令的制作、诏令的颁发和诏令的特点五个方面，下面分别简略述之。

（一）诏令的性质

明代诏令文书从性质来说，是皇帝的“王言”，皇权至高无上权威的具体体现之一。“王言”产生在宫廷，以此我们应该把对诏令文书的研究放到宫廷总背景中去理解和分析。以往学界的研究主要聚焦在国家机构的设置与皇帝、宦官、内阁之间权力斗争和相互制约关系上，却极大地忽略了权力中枢形成的命令文书在建构与运行整个帝国中的作用。我们说宫廷是封闭的，一般皇帝是足不出户治理国家的；而我们说宫廷又是开放的，皇帝生活在宫廷里，每天接受来自全国各地的信息，例如：明太祖废相以后，根据给事中张文辅统计，在洪武十七年（1384年）九月十四日至二十一日的八天之内，内外诸司的奏札1660份，计有3391事。[15]皇帝在臣僚的帮助下日理万机，形成大量的诏令文书，再由宫廷下达并传递到全国各地。国家各项决策是如何作出的，国家权力又如何使得全国运转起来，其中的一个关键就是诏令文书的产生与传递。诏令文书在古代国家体制中有着不可替代的重要性，就在于是皇帝处理政务时形成的原始文书，具有档案的性质。在这一点上，《明实录》与之无法比拟。《明实录》系由史官编纂而成，是经过了加工乃至篡改的作品。

（二）诏令的形式

诏令文书是皇帝的命令文书，按照功能划分，可以分为通令型和专门型两大类别。一般而言，作为通令，是布告天下的法令性的诏书和赦书；作为专门诏敕，是给予一地或处理一事的日常事务性的敕谕。诏令文书反映有明一代的治绩与兴衰，更重要的是，由于是“王言”，也反映一位位皇帝的个性和各

[15]《明太祖实录》卷一六五，洪武十七年九月己未，第2544～2545页，台北“中央研究院”史语所影印校勘本，1962年。

个统治时期的特色。

东汉蔡邕《独断》概括了汉代诏书的三种形式：

诏书者，诏诰也。有三品：其文曰“告某官官”，如故事，是为诏书。群臣有所奏请，“尚书令奏”之下有“制曰”，天子答之曰“可”，若“下某官”云云，亦曰诏书。群臣有所奏请，无“尚书令奏”、“制”之字，则答曰“已奏，如书”，本官下所当至，亦曰诏。[16]

日本学者大庭修在对汉代制诏进行研究时，依据内容划分了三种形式：一是“皇帝凭自己的意志下达命令”，二是“官僚在被委任的权限内为执行自己的职务而提议和献策，皇帝加以认可，作为皇帝的命令而发布”，三是“皇帝表明立法意志”与“官僚的答申采取奏请的形式得到认可”相结合的复合体。[17]

明朝的情形由《正德大明会典·凡例》表述出来：

事例出朝廷所降，则书曰诏，曰敕。臣下所奏，则书曰奏准，曰议准，曰奏定，曰议定。或总书曰令。[18]

这里将朝廷的下行文书做了归纳，从中我们大致可以区分诏令文书的三种形式：第一，是诏和敕，这是皇帝直接下达的旨意；第二，由臣下上奏的事宜，得到皇帝批准的称奏准，也叫奏定；第三，大臣的建议与皇帝的旨意相和，称为议准，也叫议定；重要的是，这里说明以皇帝名义下行的诏令文书可以统称为令。

将汉代与明代的诏令制度两相比较，可知明代诏令文书的三种形式基本上与汉代是相同的。明朝继承汉代诏令制度由此可见一斑。从汉代到明代经历了一千多年，皇帝从宫廷里发布的诏令从中央到地方，贯彻到全国，大一统帝国依靠诏令文书的下达和传递来正常运转，一脉相承。

[16] 蔡邕：《独断》上，《四库全书》第850册，第78页。

[17] 日·大庭修著，林剑鸣等译：《秦汉法制史研究》，第170～176页，上海人民出版社，1991年。

[18] 李东阳等：《正德大明会典·凡例》，第14页，东京汲古书院，1989年。

（三）诏令的制作

自明太祖洪武朝起，诏令就有亲撰和词臣以皇帝名义代笔两种。明人认为，太祖《文集》是太祖亲自撰写的。叶盛曾云：

> 太祖皇帝《御制文集》若干卷，奇古简质，悉出圣制，非词臣代言者可及。今世所传刻赐刘伯温书诰等文，及尝见赐孔祭酒书真迹，皆是也。[19]

《高皇帝御制文集》万历十年（1582年）姚士观刻本，姚氏在《识记》中云：

> 右《御制文集》二十卷，我太祖高皇帝万几之暇躬洒翰墨而笔之汗青者，当时操觚之士如刘基、宋濂、陶安、王祎诸君云集阙下，而诏、诰、表、敕以洎祀奠乐章，咸御笔亲裁之，即诸臣非无作者，皆莫之能及也。[20]

一般来说，《明太祖御制文集》（以下简称《御制文集》）中保存的是太祖亲撰的诏令，明人已有评论，在现代学者的研究中也得到了确认。[21]其中的诏令是否是本来的面貌，这还可以考察，而至今保存在台北故宫博物院的《明太祖御笔》，是明太祖诏令的初稿面貌，从中也可证实。如《明太祖御笔》下册第九、十幅《谕安南国王》，就是重要的例证。经笔者比对，这一诏令与《御制文集》卷二《谕安南国王》是同一诏令。虽《御制文集》中的诏经过了润饰，但只是文笔上的修饰，如口语体转换为文言体而已，内容没有大的出入。这就印证了《御制文集》中的诏令确实是出自明太祖的亲撰。

代笔的情况约有两种：其一，是由太祖口授，臣子代笔。张哲郎先生研究明朝皇帝的即位诏和遗诏，指出明太祖个性不喜亲自书写，多半由大臣在旁笔录的特点。[22]

解缙曾经：

[19] 叶盛：《水东日记》卷一《太祖御制文集》，第7页，中华书局，1980年。

[20] 崔建英辑：《明别集版本志》，第254页，中华书局，2006年。

[21] 参见包遵彭：《明太祖及其文章——为太祖御制文集影印出版作》，《明太祖御制文集》，台湾学生书局影印本，1965年；陈高华：《说朱元璋的诏令》，《商鸿逵教授逝世十周年纪念论文集》，北京大学出版社，1995年。

[22] 张哲郎：《从明代皇帝之即位诏及遗诏论明代政权之转移》（上），《台北政治大学历史学报》1997年第14期。

谓高皇帝睿思英发，顷刻数百千言，臣缙载笔从，辄草书连幅不及停。比进，财点定数字而已。[23]

宋濂别记：

帝为文，性或不喜书，诏濂坐榻下操觚授词，食顷滚滚千余言，出经入史，与解缙说同。[24]

两人都生动地描绘出了明太祖口授诏谕的实际场景。其二，是大臣起草的诏令文稿，经过皇帝御览批准后颁发。明人黄佐云：

国朝始犹设中书省丞相，政事由之以出纳，其后革去，分任五军、九卿衙门。中外奏章，皆上彻睿览。每断大事，决大疑，臣下惟面奏取旨，有可否则命翰林儒臣折衷今古而后行之，故洪武中批答与御前传旨为一事，当笔者所书即天语也。[25]

凡王言例先具稿进呈，谓之视草，待上允而后行诸般播告。两制皆然。洪武中有大政令，词臣录圣语不敢增损，故凡诏令多"尔每好生"等字者，皆圣（太）祖所面授也。其后始令本院官为之，渐至骈俪。[26]

这里说明，自明初起，翰林侍臣是重要的诏令代笔人。史载，翰林院"职专制诰、史册、文翰等事"[27]，学士之职"凡赞翊皇猷，敷扬人文，论思献纳，修纂制诰、书翰等事，无所不掌"[28]，即负责起草以皇帝名义颁发的诏令文书。在明初任翰林官的宋濂、王祎等人的文集中，均收录有代皇帝草拟的诏令。永乐初，"选翰林文学之臣六七人值文渊阁，参典机务，诏册、制诰皆属之"[29]。这是明代内阁形成以后的情形。

还有，书写诰敕、册符、铁券，是中书舍人的职掌：

[23] 黄景昉：《国史唯疑》卷一《洪武、建文》，第9页，上海古籍出版社，2002年。

[24]《国史唯疑》卷一《洪武、建文》，第10页，上海古籍出版社，2002年。

[25] 黄佐：《翰林记》卷二《传旨条旨》，《四库全书》第596册，第874页。

[26]《翰林记》卷一一《视草》，《四库全书》第596册，第974页。

[27]《大明会典》卷二二一《翰林院》，第1096页，中华书局影印本，1989年。

[28]《翰林记》卷一《职掌》，《四库全书》第596册，第862页。

[29] 孙承泽：《春明梦余录》卷二八《中书科·诰敕》，第432页，北京古籍出版社，1992年。

国初，中书省设直省舍人，从八品。洪武九年，改中书舍人，正七品。后中书省革，更定为从七品，职专书写诰敕、册符、铁券等事。共额设二十员。无正副，例推年深者一人掌印。[30]

（四）诏令的颁发

一般来说，举凡王朝的重大事件发生，都要诏告天下。孔贞运《皇明诏制·序》云：

我国家稽古考文，谕百官曰诏、曰诰、曰制、曰敕、曰册、曰谕、曰书，皆审署其体，循事而用，昭大制也。而其诞扬休命，敷告万邦，以昭一代之章程，垂万年之成宪，则无如诏。[31]

诏书作为皇帝布告天下的文书形式，大一统王朝举凡重大事件发生，以诏书布告天下。例如：《即位诏》、《封建诸王诏》、《平沙漠诏》等诏令，不仅布告全国，而且曾发布到外国。同时，明代颁诏有仪式。仪式的象征性不言而喻，就是象征皇帝的权威。关于诏令的开读，明太祖制定了明确的制度，洪武二十六年（1393年）《诸司职掌》规定了诏书开读的全过程，现胪列如下：

前期一日，尚宝司设御座于奉天殿，设宝案于殿东，锦衣卫设云盖于奉天门，教坊司陈中和韶乐于殿内。礼部设宣读案于承天门上，西南向。

其日清晨，陈设如常仪，教坊司设大乐于午门外……皇帝服皮弁服，导驾官前导，中和乐作，升座，乐止，鸣鞭卷帘。礼部官奉诏书，诣宝案前用宝讫，捧至云盖中。校尉擎执云盖由殿东门出，大乐作，自东陛降，由奉天门至金水桥南。午门外乐作，公侯前导，迎至承天门上。鸣赞唱排班，引礼引文武官就拜位，唱班齐鞠躬，乐作。赞

[30]《大明会典》卷二一二《中书舍人》，第1059页。

[31] 孔贞运：《皇明诏制序》，《皇明诏制》，第384页，《四库禁毁书丛刊》史部第56册，北京出版社，2000年。

> 四拜，乐止。宣读、展读官升案，称“有制”，赞，众官皆跪。礼部官捧诏书授宣读官，宣读官受诏书，唱宣读。宣读官宣讫，礼部官捧诏置云盖中……跪唱山呼，百官拱手加额曰“万岁”……序班即报仪礼司跪奏礼毕，礼部官捧诏书分授使者毕，驾兴……百官以次退。[32]

根据《明会典·开读仪》所记：

> 朝廷颁命四方，有诏书，有赦书，有敕符、丹符，有制谕、手诏。诏赦先于阙廷宣读，然后颁行。敕符等项，则使者赍付所授官员，秘不敢发。开读、迎接仪各不同。[33]

这里涉及皇帝的诏令文书名目有诏书、赦书、敕符、丹符、制谕、手诏，其中的诏书和赦书要在朝廷上当众宣读，然后颁行全国，由礼部差人到各地开读；而敕符、丹符、制谕、手诏等都是由使臣传达到具体衙门或人员，所谓“秘不敢发”，就是并不公开宣读，只是当事的衙门或人员知道并实行。

概括而言，诏令的运行方式不外是直接和间接两种，具体的主要有以下几种：一是皇帝的诏书或赦书在承天门公开颁布，然后派遣使臣携带诏敕前往全国各地与外国传达；二是皇帝直接颁给各级部门和官员的具体指导性的诏谕；三是皇帝直接下达旨意给中书省或六部等，由中书省或六部等负责将圣旨传达到全国。而命令中书省或六部等衙门，或其他各地官员移咨的文书，属于皇帝授权，其中不少诏敕明白宣布“奉皇帝圣旨”云云。

（五）诏令的特点

从时间上讲，明代诏令文书包括有明一代皇帝颁布的以命令文书为主的“王言”。概括而言，明代诏令文书沿袭前代，但也有创新之处，为后世所传承，有着深远影响。例如，在诏

[32]《诸司职掌》卷四《礼部职掌·颁诰》，第285～286页，《皇明制书》上卷，日本古典研究会，1966年。

[33]《大明会典》卷七四《礼部·开读仪》，第435页，中华书局，1989年。

令用语上，明太祖对前朝诏令用语有所更改，最突出的一例，就是诏令的起始语“奉天承运皇帝诏曰”的启用。元朝诏书的起始语，用的是“上天眷命”，而明太祖改为“奉天承运”。明太祖对于诏令起始句的改革，是诏令程式的一大变革，具有重要意义，不仅在明朝一直使用，而且为清朝所沿用，直至帝制在中国灭亡，在历史上行用了500多年。

《明太祖实录》载：

> 上以元时诏书首语必曰“上天眷命”，其意谓天之眷佑人君，故能若此，未尽谦卑奉顺之意。命易为“奉天承运”，庶见人主奉天命，言动皆奉天而行，非敢自专也。[34]

《尚书》称“敕天之命”，也就是奉天而行的意思。明太祖正是仿古而用此意。明人余继登也曾指出“奉天而行”，是“非敢自专也”，[35]揭示出明太祖更改诏令起始文字的真实用意。诏令起首文字的重要更改，似乎把明太祖尽心奉顺天命、不敢自专的心理充分表达了出来。

无独有偶，与诏令起始句一致的变化，也出现在宫廷建筑上。明初宫殿门命名为“奉天门”，正殿命名为“奉天殿”，可以推知，这是出于同样的心理。明后期沈德符曾评述说：

> 按太祖“奉天”二字，实千古独见，万世不可易。以故《祖训》中云：皇帝所执大圭，上镂“奉天法祖”四字，遇亲王尊行者，必手秉此圭，始受其拜。以至臣下诰敕命中，必首云“奉天承运皇帝”。太宗继之。[36]

值得注意的是，对于这一改动，虽说明人的评价是更“尽谦卑奉顺之意”，但是，我们却也可以认为是加入了人的主动因素，不再仅仅是被动的受体。就此而言，是明显有别于元朝的。

明代诏书的最后，一般是以套语“故兹诏示，想宜知悉”

[34]《明太祖实录》卷二九，洪武元年正月丙子。

[35] 余继登：《典故纪闻》卷一，第18页，中华书局，1981年。

[36] 明·沈德符：《万历野获编》卷二《列朝·更正殿名》，第46页，中华书局，1959年。

结束，而敕谕的最后，也以“故兹敕谕，想宜知悉”为典型结束语。还可更简略，用“故兹敕谕”、“故敕”作为程式，也有的完全不用这些套语结束。也就是说，并不是所有诏令都要采用程式语，可以采用，也可以不采用。明代诏令文书长短不一，没有统一的规范。有的长达数千字，有的短至几十字，甚至十几字。

明代诏令文书还有一个特点，即诏、制、敕、谕等各种形式，混合应用的情形多见。明代通过制定法律来维护诏令文书的权威性，如《大明律》规定：“凡奉制书有所施行而违者，杖一百。”“凡弃毁制书及起马御宝圣旨、起船符验，若各衙门印信及夜巡铜牌者，斩。”[37]“凡诈为制书及增减者，皆斩。未施行者，绞。传写失错者，杖一百。”“凡诈传诏旨者，斩。”[38]规定中的“制书”、“圣旨”、“诏旨”均可视为朝廷诏令类文书的统称。

三

明代诏令文书的整理与研究，是一个既广博又艰深的、有待开拓的新领域。自2007年，中国社会科学院历史所明史研究室由笔者主持，开始启动院重点课题《明大诏令集》（洪武朝卷）的整理与研究工作。洪武朝是明朝开国创制的时期，这一时期自洪武元年至三十一年（1368～1398年），诏令文书一类原始政务文书数量相当繁富。

我们首先面对的是收集工作，由于数量庞大，又颇为散在，所以收集工作颇具难度。主要分为文献和文物两大类，文献方面包括散见于繁多的明代文集、政书、碑刻、方志、笔记、家谱等各种史籍，以及外国文献中的诏令文书。文物方面则包括收藏在博物馆中以及各地存在的御笔、圣旨碑等。目前尚在进行。下面仅以现存最早的明内府刻本《明太祖御制文集》为例[39]，以见明太祖亲撰诏令文书之一斑。

明太祖的文集中收入了大量诏令文书，其中将诏令分为

[37] 怀效锋点校：《大明律》卷三《吏律·公式》，第37页，法律出版社，1999年。

[38]《大明律》卷二四《刑律·诈伪》，第191～192页。

[39]《明太祖御制文集》，台北学生书局影印本，1965年。

诏、制、诰、敕等类，分类编次。《明太祖御制文集》卷数为20卷，诏令占了10卷之多。收有太祖自撰诏41通，制2通，诰53通（包括颁发给个人的有姓名的诰与官职分类的诰命）；书敕6通，敕135通，敕命18通，共收诏令文书255通（未计入祭文）。明太祖在位期间发布了大量的诏令文书，收入《明太祖御笔》的太祖亲笔诏令，有不少没有收入文集，更多的例证体现在朝鲜《高丽史》和《李朝实录》中，其中的明太祖诏令，许多是白话的，这种口语体显示出原始的面貌，应该是太祖亲自口述发表的，也就是口谕，而这些诏令的漏载说明文集所收的太祖诏令是不完全的。

皇帝的“王言”，其中最重要的是诏与敕。文集中首列《诏》，即诏书，一般指皇帝公开颁发的文告，意义重大。实际上，明代诏令文书最常用的诏，有广义和狭义之分。在狭义上说，一般诏书是布告天下的，具有公告的性质；而在广义上，有着诏谕、诏敕、诏制、诏旨之意，在专门颁发某个地方或某一特定机构部门，乃至颁给个人情形下，也具有专门文书的性质。例如：《谕山东承宣布政使吴印诏》，就是颁给山东布政使吴印个人的。[40]这样的例子很多，说明不能仅以公告的意义上来简单理解“诏”。事实上，明初的诏有不少是诏与谕的复合体，就此而言，诏书也可以理解为下行文书常用的一种统称。

文集中所收的《制》仅2通，说明此种形式在明初虽然存在，但不是常用的诏令文书形式。值得注意的是，从上述《诸司职掌》颁诏过程和《大明律》条文说明，所谓“制书”，已经成为诏令文书的统称了。

敕，是皇帝对下训诫的文书，也叫做敕谕。一般是针对具体事务的处理，对中央和地方官员训示时使用，由有关衙门遵行办理。也有针对全国事务的，如《谕天下有司》[41]。内容颇为繁杂，可谓包罗广泛。如果给予简单分类的话，大致可分为如下几类：[42]第一，政事类。例如：政务方面，有《谕太师李善长江夏侯周德兴江阴侯吴良等》、《谕元丞相驴儿》、《废

[40]《明太祖御制文集》卷二，第63～64页。

[41]《明太祖御制文集》卷七，第246～248页。

[42] 以下各类所引敕，见《明太祖御制文集》卷五至卷九，第170～317页。

丞相汪广洋》；军务方面，有《谕岐宁卫经历熊鼎知事杜寅西凉卫经历蔡秉彝甘肃经历张讷等》、《敕征虏将军曹国公李文忠副将军济宁侯顾时及诸侯》等。第二，慰劳类。例如：给予各地武臣的慰劳文书《劳大同都尉指挥》、《劳海南卫指挥》等。有带有慰劳性质的赐敕，如《赐诚意伯刘基还乡》、《赐文学赵晋致仕》、《谕年幼承敕郎曹仪及给事中等省亲》。也有命官慰劳的敕书，如《命中书劳袭封衍圣公孔希学》。第三，训诫类。例如：《谕群臣务公去私》、《谕天下有司》、《谕太学生》。第四，祭祀类。例如：《命功臣祀岳镇海渎敕》、《命道士祭岳镇海渎》、《命使赍帛祭历代先圣》。第五，任命类。例如：《命桂彦良职王傅》、《命太医院官代职》、《召前按察副使刘崧职礼部侍郎》。第六，外交类。例如：《谕安南使臣阮士谔》、《谕占城国王阿答阿者》、《谕辽东都司发回高丽百姓敕》。

明朝规定，一品至五品官员的任命文书，称为诰命；六品至九品官员的任命文书，称为敕命。二者统称诰敕，也用于封赠。文集中的《诰》，可分为两个部分：第一部分是以大臣个人为对象的，如《信国公汤和诰》、《西平侯沐英诰》[43]；第二部分是以官员分类颁发的《诰命》，其中既包括中央官员，也包括地方官员，从官员名称来看，收录的颁发时间，是在洪武十三年（1380年）废丞相和中书省、御史台和析分大都督府之权为五之前，如《中书左右丞相诰》（左右丞同）[44]等。文集中的《敕命》也是以分类颁发的，如《考功监令敕》（丞同）[45]等。

凡《御制文集》中的诏令文书，属于太祖亲撰，因此明太祖本人所最为关注的事务范围和关注的程度，由此凸显了出来。

保存至今最为珍贵的明太祖诏令文书，是台北故宫博物院收藏的《明太祖御笔》，是最重要的明太祖诏令文书实物，可惜未得亲见，在此暂不多说了。

早在公元前，秦王嬴政"振长策而御宇内"，建立中央集权的君主专制政体，由皇帝总揽一切大权，这种政体一直沿袭

[43]《明太祖御制文集》卷三，第100～103页。

[44]《明太祖御制文集》卷四，第127～128页。

[45]《明太祖御制文集》卷一〇，第319～320页。

了2000多年，直至1911年辛亥革命推翻清王朝，才寿终正寝。2000多年间，诏令文书，即皇帝的“王言”，产生自宫廷，也颁布自宫廷，宫廷是诏令文书诞生的生态环境。因此，诏令文书与宫廷史密不可分，对诏令文书的整理与研究，理应形成宫廷史的延伸。然而，在以往的宫廷史中，诏令文书的研究基本上是阙如的。这种情况亟待改善。

纳入宫廷史的范围，明朝有16位皇帝，长达近300年时间，明代诏令文书的整理与研究任重而道远，仅以此短文抛砖引玉，期待有更多的学者参与合作。

明初南京宫室变迁考略

故宫博物院古建部　杨新成

明代以儒家正统社会自居，国家制定制度往往上溯周代，下法汉唐。其制度包含唐、宋、元制度的许多因素，宫室制度也是如此。但是明初制度并不是旧制度的简单重建或者复活，它既有自己的脉络，也有创新。明初宫室制度的建立与都城的选址是分不开的，从都城选址到宫室营造，都表示明代试图摆脱过去的俗套，建立一套属于明代的宫室制度。[1]

明初南京宫室的创建并不是一次建成的，大致经历了三个阶段。吴元年（1367年）创建新宫，其“制皆朴素不为雕饰”[2]。洪武十年（1377年）南京宫殿扩建完成，“制度皆如旧，而稍加增益，规模益闳壮矣”[3]。再到洪武二十五（1392年）年改建大内金水桥，增建端门、承天门门楼和长安东、西二门，至此形成完整的南京宫殿格局。其间有凤阳中都宫殿的营建，以及后来建文朝对宫殿制度改易，都对南京宫殿格局的形成，或者说是对永乐朝北京宫殿的创立产生了重要影响。

一　洪武初年南京宫室的初步确立

元至正十六年（1356年）三月，明太祖攻占集庆路，改集庆路为应天府。至正二十四年（1364年）正月，即吴王位。至正二十六年（1366年）八月，拓建康城，“命刘基等卜地，定做新宫于钟山之阳”[4]。至正二十七年（1367年）正月，建国号

[1] 参见赵轶峰：《明代的变迁》，生活、读书、新知三联书店，2008年。

[2]《明太祖实录》卷二五，吴元年九月癸卯。

[3]《明太祖实录》卷一一五，洪武十年十月甲戌。

[4]《明太祖实录》卷二一，丙午年八月庚戌。

为吴。吴元年九月，新宫落成。十二月，迁入新宫。《明太祖实录》和万历《大明会典》都记载了此次新宫的宫殿布局：

> 吴元年九月癸卯，新内成。正殿曰奉天殿，前为奉天门，殿之后曰华盖殿，华盖殿之后曰谨身殿，皆翼以廊庑。奉天殿之左右各建楼，左曰文楼，右曰武楼。谨身殿之后为宫，前曰乾清宫，后曰坤宁宫，六宫以次序列焉。周以皇城，城之门南曰午门，东曰东华，西曰西华，北曰玄武，制皆朴素不为雕饰。[5]

从上述记载可知，此时皇城仅建一重宫墙，这里所说的皇城实为宫城[6]。此为南京宫殿的初创时期，宫城规模较小，正殿之前仅有奉天门和午门两重宫阙。然宫城内位于中轴线的主要建筑，包括外朝三殿、二楼与内朝的二宫、六宫都已具备，且宫殿额名至嘉靖改制前一直沿用。可以说，南京宫城初建时即是稽古定制，遵照《周礼·考工记》中的前朝后寝等制度建造的。这一时期，吴世子朱标于洪武元年（1368年）被册立为皇太子，其时太子宫殿当已建造完成。《明实录》中未见明确记载，然从以下文字中可以看出此阶段宫城内东宫太子殿宇的情况：

> 洪武元年十一月辛丑，宴东宫官及儒士各赐冠服。先是上建大本堂，取古今图书充其中，延四方名儒教太子诸王，分番夜值，选才俊之士充伴读。[7]
>
> 洪武二年八月己巳，上命吏部定内侍诸司官制。谕之曰：……又置门官。午门、东华门、西华门、玄武门、奉天门、左右顺门、左右红门、皇宫门、坤宁门、宫左门、宫右门各设门正一人，副一人。东宫门官：春和门、东宫后门、宫左门、宫右门各设门正一人，副一人。[8]
>
> 洪武二十五年四月丙子，皇太子薨，命礼部议丧礼。侍郎张智等议曰：丧礼，父为长子服齐衰期年。文云：

[5]《明太祖实录》卷二五，吴元年九月癸卯；万历《大明会典》卷一八一。

[6] 明初营建南京、中都和北京宫阙时，都是专称宫城为“皇城”，明万历时，始把原来称作皇城的里城，改叫“宫城”或“紫禁城”。本文中依照万历以后的称谓，“皇城”和“紫禁城”特指东华、西华、玄武、午门四门之内的范围。见王剑英：《明中都》，第45页，中华书局，1992年。

[7]《明太祖实录》卷三六上，洪武元年十一月辛丑。

[8]《明太祖实录》卷四四，洪武二年八月己巳。

期之丧达乎大夫。今斟酌其宜，皇帝当以日易月，服齐衰十二日，祭毕释之，在内文武百官即日于公署斋宿。翌日，素服入临文华殿，给衰麻服。越三日，成服诣春和门会哭，明日素服行奉慰礼。[9]

综上可知，以春和门和春和殿[10]为中心，包括东宫门、宫左门和宫右门在内的一区建筑，应是东宫太子的居所和视政之地。太子读书讲学则在大本堂。至洪武十年（1377年）南京大内扩建后，始以文华殿为太子受教观政之所。

洪武二年（1369年）九月，诏建中都宫殿，然南京宫殿的营建活动并未因此而停止。大内奉先殿的创建和改建就是这一阶段重要的营建工程。《明太祖实录》中详细记载了奉先殿的创建原因及建筑的形制和方位：

洪武三年十二月，命建奉先殿。上谓礼部尚书陶凯曰：事死如事生。朕祖考陟遐已久，不能致其生事之诚，然于追远之道岂敢怠。忽复感叹曰：养亲之乐不足于生前，思亲之苦徒切于身后。今岁时致享则于太庙，至于晨昏谒见节序告奠，古必有其所，尔考论以闻。于是凯奏：宋太庙一岁五享，宫中自有奉先天章阁、钦先孝思殿奉神御画像，天子日焚香时节朔望帝后生辰皆祭，用常馔，行家人礼。古者宗庙之制前殿后寝。尔雅曰：室有东西厢曰庙，无东西厢有室曰寝。庙是栖神之处故在前，寝是藏衣冠之处故在后。自汉以来，庙在宫城外已非一日，故宋建钦先孝思殿于宫中崇政之东，以奉神御。今太庙祭祀已有定制，请于乾清宫左别建奉先殿以奉神御，每日焚香朔望荐新，节序及生辰皆于此，祭祀用常馔，行家人礼。上从之。[11]

洪武四年二月，奉先殿成。殿建于宫门内之东，南向。正殿五间，深二丈五尺，前为轩五间，深一丈二尺五寸。[12]

洪武七年十一月乙丑，改建奉先殿。[13]

[9]《明太祖实录》卷二一七，洪武二十五年四月丙子。

[10]《明实录》中不见春和殿的记载。撰于洪武朝的《明洪武京城图志》记载了南京大内宫阙的宫殿名称，其中有春和殿。春和门与春和殿当为同一宫殿区。

[11]《明太祖实录》卷五九，洪武三年十二月甲子。

[12]《明太祖实录》卷六一，洪武四年二月己巳。

[13]《明太祖实录》卷九四，洪武七年十一月乙丑。

洪武八年四月庚寅朔，改建奉先殿成。行祭享礼。祝文云：四时之礼皆于太庙，以未足尽事生之意，乃建奉先殿于内，以伸朝夕罔极之思，而旧制狭隘，爰命更创，今工告成，奉安神位，永严祀礼。[14]

洪武三十五年六月丁丑，新作奉先殿，盖旧殿为建文所焚，至是改作於奉天殿之西。[15]

洪武三十五年十一月丙戌，新作奉先殿成，享五庙太皇太后。[16]

自此，明代宫城内设奉先殿成为祖制。《明太祖实录》中对初建的奉先殿间数、尺寸作了详细的记载。其后，南京奉先殿又经过洪武九年（1376年）的再次扩建和永乐初年的重建。此外，这一阶段南京大内还设有后苑和养学士、备顾问的弘文馆等建筑，这在以后创建北京宫殿时，皆被奉为祖制而有所继承。

二　凤阳中都宫殿的兴造与罢建

洪武二年（1369年）九月，欲仿周汉营建两京之制，诏以临濠为中都，命有司建制城池宫阙如京师之制[17]。至洪武八年四月，以劳费罢中都役作。从洪武二年（1369年）到洪武八年（1375年）营建凤阳都城和皇宫，历时六年有余。宫城内宫殿建筑虽史无详载，从今日遗址可以考证者有文华殿、武英殿、四座角楼和宫城四门[18]。从其宫城遗址范围看（图1），其规模已经超过南京。而《明实录》记载的皇城（即宫城）的城墙高度超过了现存北京紫禁城的城墙高度：

洪武六年六月辛巳，中都皇城成。高三丈九尺五寸，女墙高五尺九寸五分，共高四丈五尺四寸五分。午门、东华门、西华门城楼台基俱高五尺九分，午门东南、西南角楼台基与城楼台基同。玄武门城楼台基高五尺九寸五分，其东北、西北角楼台基亦与城楼台基同。[19]

[14]《明太祖实录》卷九九，洪武八年四月庚寅。

[15]《明太宗实录》卷九下，奉天靖难事迹十一，洪武三十五年六月丁丑。该文称奉先殿建于奉天殿之西，此与洪武朝初建奉先殿于乾清宫之左不同。但至永乐朝建北京宫殿时，奉先殿仍建造于乾清宫之左，这一点是可以确认的。不知此条是《明太宗实录》中出现的笔误，还是确实如此？由于南京皇宫的宫殿详细位置目前已难以考证，且尚未发现明确的文献记载，暂存疑。

[16]《明太宗实录》卷一四，洪武三十五年十一月丙戌。

[17]《明太祖实录》卷四五，洪武二年九月癸卯。

[18] 王剑英：《明中都》，第80页，中华书局，1992年。

[19]《明太祖实录》卷八三，洪武六年六月辛巳。

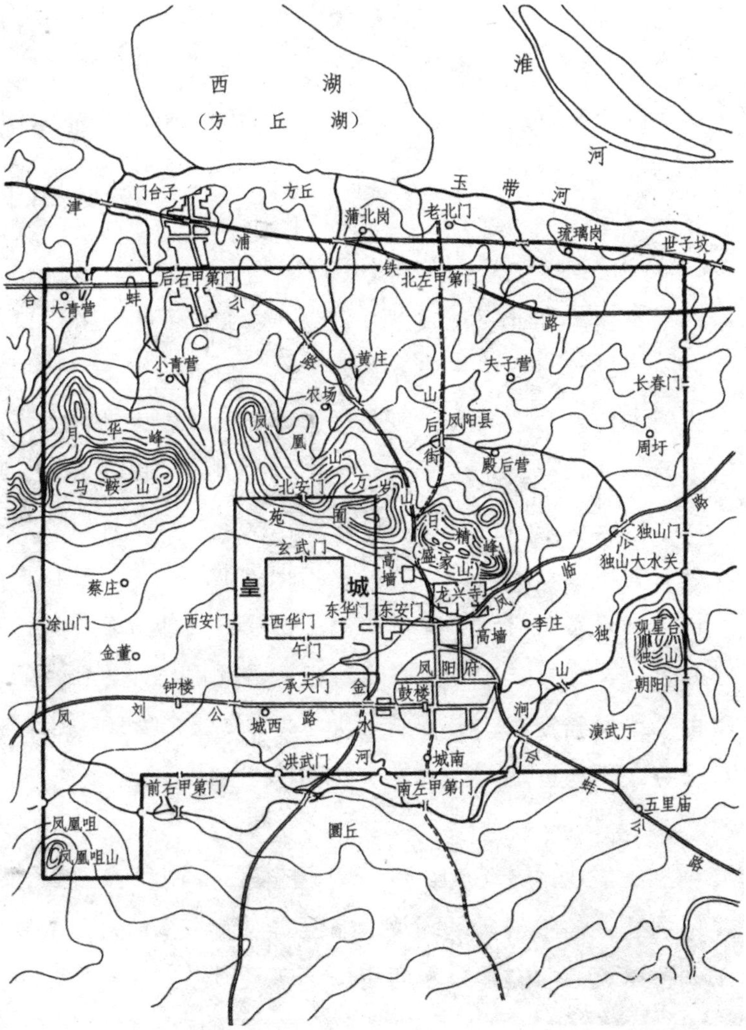

图1 凤阳明中都遗址示意图（引自王剑英《明中都》）

中都宫殿的建造未能最终完成。依靠今日的遗址考察和文献考证，也无法探知朱元璋所说“功将告成”[20]的中都宫阙的完成程度。但有一点是可以肯定的，中都的营造为南京宫室的进一步扩建提供了宝贵经验和样本。可以说，洪武八年（1375年）南京宫城的扩建参照了中都的规划和设计，同时也为永乐朝北京紫禁城的创建奠定了基础。[21]

三 南京大内宫室的扩建

洪武八年（1375年）九月，明太祖下诏“罢中都役作”，

[20]《明太祖实录》卷九九，洪武八年四月甲辰。

[21] 参见王剑英：《明中都》，第80页，中华书局，1992年。

以南京为京师。当月即“诏改建大内宫殿”[22]。改建宫城“但求安固，不事华丽，凡雕饰奇巧一切不用，惟朴素坚壮”[23]。但扩建后的南京宫城规模，绝非《明实录》中所记载的“制度皆如旧，而稍加增益，规模益宏壮矣”所能形容。《明太祖实录》卷一一五载：

> 洪武十年十月，是月，改作大内宫殿成。阙门曰午门，翼以两观，中三门，东西为左、右掖门。午门内曰奉天门，门之左右为东、西角门，内正殿曰奉天殿，上御之以受朝贺。殿之左右有门，左曰中左门，右曰中右门，两庑之间左曰文楼，右曰武楼，奉天殿之后曰华盖殿，华盖殿之后曰谨身殿，殿后则后宫之正门也。奉天门外两庑之门，左曰左顺门，右曰右顺门。左顺门之外为东华门，内有殿曰文华殿，东宫视事之所也。右顺门之外为西华门，内有殿曰武英殿，上斋戒时所居也。制度皆如旧，而稍加增益，规模益闳壮矣。[24]

可见，至洪武十年（1377年）扩建后的南京宫殿首先加强了门的建设，午门翼以两观，东西增左、右掖门，形成阙门的形制。奉天门左右建东、西角门，奉天殿左右建中左、中右门。同时增建文华、武英二殿，且有了明确的功能定位。

这一阶段宫殿规模的扩大，还体现在对宫殿建筑规制的调整上。有明确记载的是洪武九年（1376年）奉先殿的再次重建与新太庙的重新建成。洪武九年六月己亥，“重建奉先殿成。初上以奉先殿弗称，命更造之，至是始成，奉安四庙主以牲醴祭告。”[25]洪武九年十月己未，“新太庙成，奉安神主”[26]。此次重建后的奉先殿，并没有规制变化的详细记录。故奉先殿是否在此次改造后成为九间的形制，还有待进一步考证。关于太庙的具体形制，万历《大明会典》载：“洪武九年，始改建太庙。其制前为正殿，后为寝殿，俱翼以两庑。寝殿九间，以一间为一室。”[27]可知太庙已由初始的五间殿宇扩建为前殿后寝

[22]《明太祖实录》卷一〇一，洪武八年九月辛酉。

[23]《明太祖实录》卷一〇一，洪武八年九月辛酉。

[24]《明太祖实录》卷一一五，洪武十年十月甲戌。

[25]《明太祖实录》卷一〇六，洪武九年六月己亥。

[26]《明太祖实录》卷一一〇，洪武九年十月己未。

[27] 万历《大明会典》卷八六。

皆为九间的大殿。

之后，南京宫城又经过了洪武二十五年（1392年）大内金水桥的改建和端门、承天门门楼的增建，最后完成了南京宫城的布局。洪武年间王俊华[28]纂修的《明洪武京城图志》[29]中皇城图（图2）描绘了这一阶段宫城建筑情况，并记载了宫城内的部分宫殿门楼名称[30]（表1）。

> 洪武二十五年十一月戊子，改建大内金水桥成。[31]
>
> 洪武二十五年十二月，是岁，建端门、承天门楼，各五间。复于承天门外建长安东、西二门。[32]

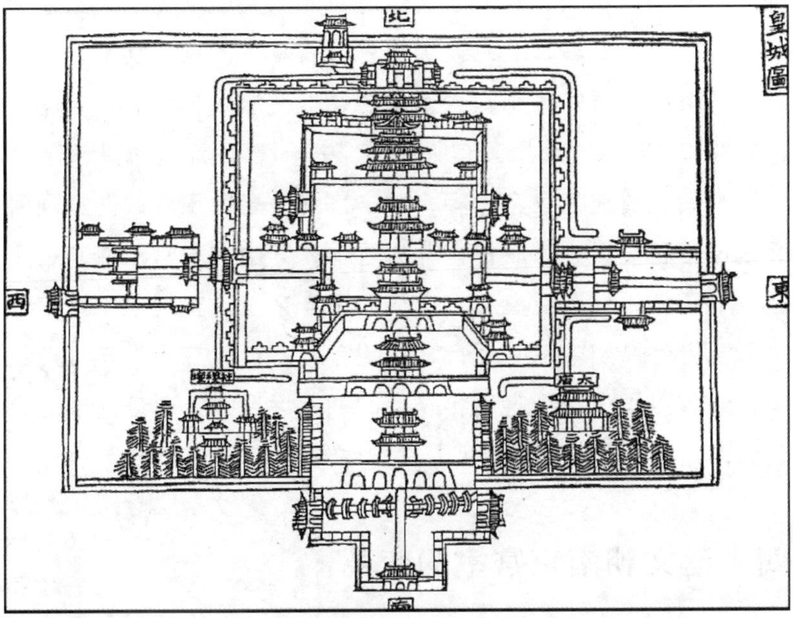

图2《明洪武京城图志》中的皇城图

表1 《明洪武京城图志》所载皇宫内宫阙名称列表

殿	奉天殿、华盖殿、谨身殿、文华殿、武英殿、乾清宫、坤宁宫、柔仪殿、春和殿、文楼、武楼、文渊阁、东角门楼、西角门楼
门	奉天门、东西角门、中左门、中右门、后左门、左顺门、右顺门、文华门、武英门、春和门、午门、左右掖门、左右阙门

[28] 王俊华，原绍兴府儒学教授，洪武二十九年以善文辞称旨，擢为右春坊右赞善。见《明太祖实录》卷二四六。据此推知，《洪武京城图志》当撰于洪武二十九年之后。

[29] 明·王俊华：《明洪武京城图志》，《北京图书馆古籍珍本丛刊》第24册。

[30] 显然，《洪武京城图志》中缺载了奉先殿这一重要建筑，王剑英《明中都》第80页也提到这一点。

[31]《明太祖实录》卷二二二，洪武二十五年十一月戊子。

[32]《明太祖实录》卷二二三，洪武二十五年十二月丙午。

据《明太祖实录》所载，奉天殿主要用途是举行大朝会。例如：皇帝登基，向全国颁布政令和诏书，皇帝万寿节、元旦、冬至节都在此接受朝臣的祝贺。此外，册封皇子藩王、颁历、殿试、郊祀等活动亦御此殿。华盖殿作为奉天殿的附属建筑，其用途似无具体规定。洪武朝多是在此殿宴请功臣和五府六部官员，有时也作为讲学听政的地方。谨身殿见于记载则多为宴请百官之用。至于文楼和武楼，则是皇帝临时听政的便殿所在。御文楼则与儒官谈论经史，御武楼则与武臣谈论边事。至洪武朝后期，这种功能的区分变得模糊了。

此外，外朝宫殿中使用频率较高的还有文华殿和武英殿。文华殿在洪武朝是东宫太子视朝之所，武英殿则为皇帝致斋所在。永乐迁都之后，北京武英殿在以后基本沿袭此功能，而南京武英殿成为奉安太祖、太宗御容之地。永乐朝以后，各朝对文华殿和武英殿的使用又有所变更，由于篇章所限，暂从略。

内朝乾清宫为皇帝正寝，坤宁宫则为皇后正寝，两宫同时又是皇帝和皇后去世后梓宫存放之地。其中坤宁宫还兼有在正旦、冬至和千秋节时皇后接受皇太子、亲王、皇妃以下皇室成员以及内外命妇朝贺并举行宴会的宫殿。洪武二十四年（1391年），曾以柔仪殿为皇后接受命妇朝贺之所[33]。永乐迁都北京之前，此殿还用做皇后接见命妇的地方。[34]

四 建文朝南京宫室的变革

洪武三十一年（1398年）闰五月，太祖朱元璋去世，建文帝继位。次年，即开始改作南京宫殿。先有内朝省躬殿的建成，后有各殿门名称的更改。《国朝典汇》卷一八六记载：

> 建文元年十二月，省躬殿成。殿在乾清、坤宁二宫间，为退朝燕息之所。置古经圣训其中，以尚父丹书之旨，夏书声色宫室之戒，命方孝孺为铭。二年八月，改谨身殿为正心殿。九月，承天门成，改为皋门。遂改午门为

[33]《明太祖实录》卷二一四：“洪武二十四年十二月癸丑朔，礼部奏：正旦、冬至及皇太子妃诞日，公侯伯夫人文官四品以上，武官五品以上命妇及未受封正妻各具服赴柔仪殿行贺礼。仍定仪注以进，上命武官六品正妻亦与其列余并从之。”又见《明太宗实录》卷三四，永乐二年九月庚申，以及余继登：《典故纪闻》卷六，第112页，中华书局，1981年。

[34]《明太宗实录》卷三四，永乐二年九月庚申。

端门，端门为应门，前门为路门。[35]

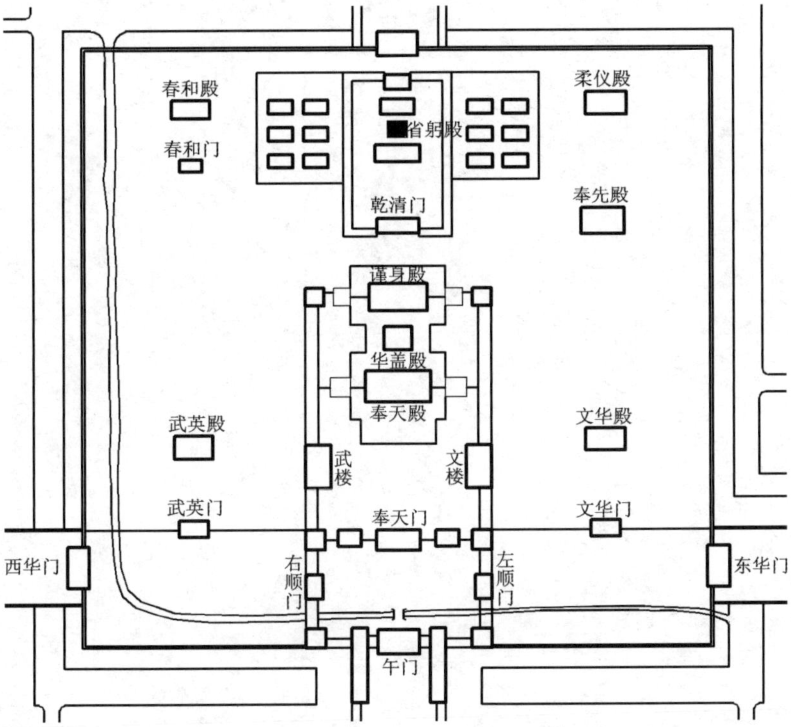

图3　明南京宫城复原图（引自潘谷西主编《中国古代建筑史》第四卷）

建文朝对南京宫城的改造，除更改了宫城内部分殿门的名称外，还在位于宫城内乾清宫和坤宁宫之间增建了一座省躬殿（图3）。由于缺乏明确记载，对建文帝这一有违祖制之嫌的做法难以作出合理解释。至嘉靖朝，北京紫禁城的乾清、坤宁两宫之间的位置上出现了一座宫殿，名为交泰殿。交泰殿的建造是否沿袭了建文时的省躬殿而建于永乐时期，还是嘉靖朝所增建，目前尚无定论[36]。至于建文时所改门殿名称，并未被北京宫殿所承袭，而是悉仿洪武旧制。

综上所述，明初南京皇宫的营建，经过了多次修改。但其制度一直承袭，并不断有所增益。从吴元年吴王宫的规划，就确立了中轴线上三殿两宫的格局。直至洪武二十五年（1392年）改造工程接近尾声，南京皇宫的宫殿布局才最后完成建设。随着永乐朝迁都北京，南京皇宫的布局又在北京宫殿中得以继承和发展。

[35] 明·徐学聚：《国朝典汇》卷一八六，《四库全书存目丛书》，齐鲁书社，1995年。

[36] 单士元先生认为交泰殿的始建应在嘉靖朝。参见《故宫史话》，新世界出版社，2004年。胡汉生先生则认为永乐建紫禁城时交泰殿已经存在。文见《北京故宫交泰殿创建年代考》，《中国紫禁城学会论文集》第一辑，紫禁城出版社，1997年。

微旨阴寓
——明十三陵的历史意涵

台湾师范大学历史学系　朱鸿

一　前言

所谓“十三陵”，指的是位于北京北郊昌平境内之明代帝后陵区，以天寿山为陵区主峰，明朝称天寿山陵区。因葬明代永乐以下以迄崇祯（景泰除外）十三位帝后，清代以后遂有明十三陵之称。十三陵依序为：长陵（成祖）、献陵（仁宗）、景陵（宣宗）、裕陵（英宗）、茂陵（宪宗）、泰陵（孝宗）、康陵（武宗）、永陵（世宗）、昭陵（穆宗）、定陵（神宗）、庆陵（光宗）、德陵（熹宗）、思陵（思宗）。陵区所葬除帝后外，还有皇妃、太子和太监坟。其中以万贵妃、郑贵妃坟，及太监王承恩墓最著名。

陵寝是不说话的重要史迹，明代陵寝尤其是十三陵，更是蕴涵了重要的历史意涵，明末黄景昉（1596～1662年，1625年进士）论永乐迁都，谓：“永乐七年驾巡北京，八年十月南还，然已营山陵于天寿山，微旨阴（隐）寓。”[1]意谓营建长陵已经阴寓迁都微旨，本文“微旨阴寓”正是借用自黄景昉。惟十三陵所阴寓的微旨又岂止于迁都而已，且既言“阴寓”又谓“微旨”，其中当然有隐晦难显者，必须加以阐明，是文之作立意于此，就教于方家，敬请指教。

[1] 明·黄景昉：《国史唯疑》卷二，第97页，正中书局据“中央图书馆”藏纪菊轩抄本影印，1962年。微旨阴寓又有作“微旨隐寓”者，见明·黄景昉著，陈士楷、熊德基点校：《国史唯疑》，第42页，上海古籍出版社，2002年。

二　阴寓迁都之旨——营建长陵

明朝永乐年间将国都由南京迁往北京，是明朝历史的重大事件，然而国都北迁直接挑动了最敏感的政治神经，朱棣以建文变乱旧制兴兵“靖难”，即位后却要放弃太祖的建都之地，而以燕王府所在的北平为国都，相较于建文，朱棣迁都之举何止是变乱，简直是背离。永乐朝不以正大光明的态度处理迁都事宜，令外界扑朔迷离。《实录》阙载的情况颇为严重，清朝康熙皇帝想藉由阅览《明太宗文皇帝实录》了解北京之营建与迁都始末，都有文献失载的感叹。近代学者从吴晗以降，探讨永乐国都北迁者，多由国防形胜，重视龙兴之地，或“靖难”后的屠杀在南京如坐针毡的原因立论。综观前人的论著，不管持论如何，都少有将迁都与营建陵寝结合在一起立论。[2]

历来论永乐迁都者，最足以发人深省者应就是之前提及的黄景昉。黄氏论此事之全文为：“永乐七年驾巡北京，八年十月南还，然已营山陵于天寿山，微旨阴寓。十一年再北巡，皇太孙从。十四年九月南还。十五年复北巡，始诏兴宫殿工，至十八年成。诏皇太子、皇太孙北来，以十九年正月朔受朝贺。是年四月三殿灾，群臣争言迁都非便状，不听，自是定两都制。”[3]这段文字最值得注意的是，黄氏认为北京宫殿之建始于永乐十五年（1417年），然因徐皇后之崩，营建陵寝于天寿山，知永乐已有迁都之意。

黄景昉能由长陵的营建，谓迁都“微旨阴寓”，应是深切了解明代陵寝制度，其中的关键是帝后合葬。明代之前，帝后是否合葬并无定制，朱元璋立了明朝帝后必须合葬的家法祖制。

明代营建的首座陵寝是位于凤阳的皇陵，始建于元顺帝至正二十六年（1366年，韩林儿宋龙凤十二年）四月，时朱元璋称吴王。洪武二年（1369年）二月立皇陵碑，定陵名为英陵。五月，改英陵为皇陵。皇陵是朱元璋父母的陵寝，规制有明显的唐宋帝陵制度遗风。然却未采唐朝帝后可以分葬，或北宋以

[2] 有关永乐迁都之研究，可参阅朱鸿：《从南京到北京——明初定都问题的讨论》，《台湾师范大学学报》1988年第33期；朱鸿：《朱棣——身兼“祖”、“宗”的皇帝》，《鸿禧文物》1996年创刊号。

[3] 明·黄景昉：《国史唯疑》卷二，第97页。

上下宫各葬帝后的做法，而是帝后合葬的方式。皇陵帝后合葬，或许是因朱元璋父母遭遇饥荒而死，元璋贫不能葬，将父母草草土埋。后营建陵寝，只在原来埋葬之处堆土为陵成覆斗型陵台。[4]惟此种帝后合葬的方式，开启了明朝一代极为重要之陵制。

洪武十四年（1381年），朱元璋选择南京钟山之阳独龙阜玩珠峰下营建陵寝，翌年八月马皇后崩逝，九月葬，命所葬山陵曰孝陵。[5]孝陵为朱元璋百年后葬身的陵寝，之所以于洪武十四年就营建，应是因为马皇后身体状况出现问题，迨其崩逝后先行入葬。此种处理方式，已可知朱元璋有帝后合葬之意。洪武三十一年（1398年）闰五月，朱元璋崩逝，七天后葬于孝陵。朱元璋与马皇后合葬于孝陵，正式确立了明朝帝后合葬的一代定制。

饶有意义的还有洪武十八年（1385年）祖陵的兴建，位于现今江苏盱眙的祖陵是朱元璋高、曾、祖三代的陵寝，此陵为追念先人而盖。先是，朱元璋已于洪武元年（1368年）追尊高祖朱百六为德祖玄皇帝、妻胡氏为玄皇后，曾祖朱四九为懿祖恒皇帝、妻侯氏为恒皇后，祖父朱初一为熙祖裕皇帝、妻王氏为裕皇后，并将三代祖考妣神主安于太庙。祖陵之建承此，建三座玄宫，安放祖考妣衣冠，故而祖陵的规制也是帝后合葬。[6]

洪武年间三陵都采帝后合葬一处的方式，成为明朝不可撼动的祖制。永乐五年（1407年）七月，皇后徐氏崩逝，朱棣必须像他的父亲朱元璋一样，要为先其崩逝的皇后营建陵寝，因为帝后合葬之故，所建者就是朱棣的陵寝。永乐五年，明朝的国都位于南京，朱棣是在南京的大内统治帝国，这里还有父亲的陵寝。打着维护父亲旧制大旗而“靖难”的朱棣，对陵寝的地点应该没有考虑的余地，就是在南京钟山之麓孝陵旁。然而朱棣只在北京附近勘察陵址，最后选定黄土山，也就是今日昌平的天寿山。朱棣将自己的陵寝选在北京近郊，意向十分明显，就是准备舍南京而定都北京，盖陵寝一定位于都城附近，便于祭祀谒陵。且一为阳宅一为阴宅，两者在选址规制上甚至

[4] 何宝善：《论明代帝陵的更制与嬗变》，《第七届明史国际学术讨论会论文集》，东北师范大学出版社，1999年；胡汉生：《试论明代帝陵制度的传承与演进》，《首届明帝王陵寝研讨会·首届居庸关长城文化研讨会论文集》，科学出版社，2000年；周致元：《明代凤阳的皇陵》，《东南文化》1997年第1期；陈怀仁、夏玉润：《试析明皇陵的特点》，《首届明帝王陵寝研讨会·首届居庸关长城文化研讨会论文集》，科学出版社，2000年。

[5]《明太祖高皇帝实录》卷一四八，洪武十五年九月庚子，第7页下，台北“中央研究院”历史语言研究所据国立北平图书馆藏蓝格旧抄本校印，1962年。

[6] 陈琳：《明祖陵的营建及其特色》，《第七届明史国际学术讨论会论文集》，东北师范大学出版社，1999年。

相互影响，要一体规划，凤阳的中都与皇陵[7]，南京的都城与孝陵皆然[8]。明乎此，可知朱棣早有迁都之意，永乐五年徐皇后崩逝，陵寝的选址使其无法再遮掩，黄景昉所谓“微旨阴寓”真是极具识见，一语中的。长陵之建，开启了十三陵的序幕，天寿山陵寝首先阴寓的微旨就是国都的北迁。陵寝建在北京近郊，迁都势在必行，只准成功不许失败。

三　阴寓正统之旨——神路功臣石人像与长陵神功圣德碑亭的设置

长陵正式兴建于永乐七年（1409年），十一年（1413年）玄宫成，葬徐皇后。十四年（1415年）享殿（嘉靖时易名为祾恩殿）成。二十二年（1424年）七月永乐崩，十二月葬长陵。翌年五月，在位仅十月的仁宗崩，九月宣宗葬仁宗于长陵之西，号献陵。《明宣宗章皇帝实录》称宣德二年（1427年）长陵享殿成，或以为是“陵园殿宇工程大体告竣”[9]，应是合理的看法。值得注意的是，宣宗是永乐一手调教的“好圣孙”，且在位十年，对陵寝建置却丝毫不热衷。个中原委，应与北京地位未定有关。

永乐十九年（1421年）朱棣正式将明朝国都迁至北京，北京称京师。然仁宗即位后有还都南京之意，洪熙元年（1425年）复以南京为京师，北京称行在。仁宗更将还都南京写入遗诏，宣宗面临祖父与父亲截然不同的态度，采取搁置不积极处理的作法，仍称北京为行在，南京为京师，但却不曾前往南京，在位期间都在北京。宣宗对国都地点的处理方式，使其对都城陵寝的营建修筑都呈现几乎停罢的状况。这种情形，直到宣德十年（1435年）正月宣宗崩逝之后才有所转变。

宣宗崩，英宗年仅九岁，冲龄即位，无法亲政。由张太皇太后（仁宗后）委政内阁三杨（杨士奇、杨荣、杨溥），以“正统”为年号。正统年号之定究竟出自何人，史无明文，应是当时的共识，也可以说是政治上当务之急。所谓正统，意

[7] 孙祥宽：《凤杨明皇陵慕向研究》，《第十届明史国际学术讨论会论文集》，人民日报出版社，2005年。

[8] 夏玉润：《明孝陵的布局及其文化内涵——兼析明南京城的布局》，《第十届明史国际学术讨论会论文集》，人民日报出版社，2005年。

[9] 胡汉生：《明朝帝王陵》，第61页，燕山出版社，2001年。

味着政权的统未正，明以武功开国，得国最正，岂有正统的问题？英宗以正统为年号，应是要正“靖难”之统。朱棣以篡弑夺国，统治期间拳拳在意者就是致力于政权的合法性，[10]陵寝之建与国都北迁正是其中关系最大者，仁宗的还都南京，宣宗对都城陵寝采取消极的态度，都使永乐期间的正统工作有逆转的危机。正统初掌政者太皇太后张氏早为朱棣所赏识，其政治倾向与其夫仁宗有不相侔者，或言仁宗之立与未被废储，得力于张氏。[11]宣德五年（1430年），她就藉谒陵之举强化天寿山陵区的重要地位。[12]内阁三杨更是受知于永乐，为“靖难”的受益者，此时年岁已大，应深切意识到正统工作的迫不及待，遂以此为年号，表示要完成正统大业。

英宗朝的正统工作是从陵寝开始的，宣德十年正月宣宗崩，在尚未选定宣宗陵址时就着手修葺长陵献陵，更重要的是始置石人、石马等于御道东西。[13]天寿山陵区始于长陵之建，长陵选址于天寿山主峰之下，为陵域最佳的地点，明朝遗民梁份描述说：

> 地脉接居庸，而拔起三峰，中峰正干，蜿蜒奇秀，而广厚尊严。土山带石，入脉之势如骏马驰阪，如游龙翔空，方东倏西，矫腾中下，而趋入于寿宫。其正大端庄居然，垂裳以临万国，北之主山环列为障，如玉屏，如玉衾。左右翼之龙砂，重迭盘绕回抱。内明堂之广大，案之玉几，水之朝宗，无一非献灵效顺，无一非三百年之发祥流庆也。[14]

长陵享殿为一座面阔九间、进深五间、重檐庑殿覆黄色琉璃瓦的建筑，规制与孝陵等，为明代宫殿建筑的最高等级。朱棣之意就是以长陵为主陵，甚至是祖陵。天寿山陵寝建置仿南京孝陵之制，宣宗时应设置神路，直通长陵，以突显长陵为主的地位，但宣宗在位十年未动工。此时设置，既仿孝陵又做了重要的改变。天寿山陵寝的神路因山势而建，成弯曲“S”

[10] 朱鸿：《明成祖与永乐政治》，台北师范大学历史研究所，1988年。

[11] 林延清：《仁宗张皇后与明初政治》，《史学月刊》2008年第8期。

[12]“宣德五年宣宗谒陵是奉母后而行”，见朱鸿：《以展思为名——明代皇帝的谒陵活动》，《近世中国的社会与文化（960～1800）》，第172～177页，台北师范大学历史学系，2007年。

[13]《大明英宗睿皇帝实录》卷四，宣德十年夏四月辛酉，第4页，台北“中央研究院”历史语言研究所据国立北平图书馆藏蓝格旧抄本校印，1962年。

[14] 梁份：《帝陵图说》卷二《长陵》，第319页，《稀见明史史籍辑存》第30册，线装书局国家图书馆藏本，2003年。

状，且将石望柱由石兽、石人间，移至神路的前端，更具有标示引导的作用。再者，孝陵石人之设有将军、品官，天寿山陵区则添置功臣石像[15]，代表的是“靖难”功臣，具有极重大的意义，正是强调功臣与长陵主人同生共死取得政权，有感念之意，也表示政权的维系要靠功臣的护卫，设置功臣就是肯定“靖难”，具有正统的意义。

神路设置后，十月建长陵神功圣德碑亭[16]，为具有礼制意义的建筑物。亭中矗立仁宗所撰盛赞永乐帝功业的碑文，一如孝陵神功圣德碑亭置于陵寝正门与神路之间，所异者长陵神功圣德碑亭四隅树立华表，此为前所未有的创制[17]，其用意是以特殊的建置突显永乐帝不世的功业，自然有正统的意涵。

宣德十年，尚未改元正统的这一年，已经开启了正统的重要工作，陵寝神路及陵主神功圣德碑亭原是陵寝建筑中应有的建置，惟藉由立功臣石人像及碑亭四隅立华表来表达正“靖难”之统的用意，正统之微旨阴寓于陵寝特殊的建置。

宣德十年在天寿山陵寝的正统工作告一段落后，于正统元年（1436年）就开始了北京城的修缮，三殿（奉天、华盖、谨身）、二宫（乾清、坤宁）既成，正统六年（1441年）十一月初一甲午朔，正式以北京为京师。以宫殿成，改给两京文武衙门印。北京去“行在”，南京增“南京”二字。从永乐以来国都北迁造成的国都未定，至此定案[18]，宣告正统大业的完成。然而这些正统的工作都是在英宗亲政前完成的。

在兴建陵寝礼制建筑以及修建北京城的过程中，英宗日见成长，当能完全体会祖母与阁老推动的正统大业的高度政治意义。因而当正式以北京为京师后，年已十六的英宗启动了谒陵的念头。正统七年（1442年）二月，首次谒长、献、景三陵。颇似行封禅之举，有告成功的意味。其后，于十年、十一年、十二年、十三年，又连续四年谒陵。[19]英宗这种不寻常的谒陵之举，正是突显天寿山陵区在正统意义上的重要性。永乐朝的另立统绪由兴建长陵开始，英宗朝的正统大业也由宣德十年的陵寝建置启其端，又以谒陵象征正统工作的大功告成。

[15] 石像生并无统一的称谓，此处采用胡汉生的用法。胡汉生：《明十三陵》，第110页，中国青年出版社，1998年。

[16]《大明英宗睿皇帝实录》卷一〇，宣德十年冬十月己酉，第4页下。

[17] 何宝善：《“陵制与山水相称”的艺术杰作——吴中规划设计明长、献、景三陵》，《明人文集与明代研究》，第308页，中国明代研究学会，2001年。

[18]《大明英宗睿皇帝实录》卷八五，正统六年十一月甲午朔，第6页下。

[19] 英宗的谒陵活动，参阅朱鸿：《以展思为名——明代皇帝的谒陵活动》，第177～183页。

四　阴寓朱棣为祖之旨——十三陵的昭穆格局

宣德十年在天寿山陵区默默进行的正统工作，还有一项至关重要者就是宣宗陵址的选择，它的意义不仅在正统而已，事关朱棣的“祖梦”，希望有朝一日能得到“祖”的名号与地位，这是天寿山陵寝阴寓最不能明言的微旨。

长陵之建就选址与规制而言，毫无疑问朱棣要以自己的陵寝为天寿山陵区的主陵，取名“长陵”与汉高祖陵同名，或已流露祖意。朱棣的意向宣宗应知之甚稔，然宣宗在处理陵寝事宜上除了漠然搁置应有建置之营建外，更有令人费解者，此即葬仁宗于长陵之右（西），而非东边（左）左昭的位置。宣宗此举，以及明十三陵并非以长陵为祖，左右分葬，故而学者认为不具昭穆格局。胡汉生谓天寿山陵寝不受左昭右穆的羁绊，或按右昭左穆之势布葬，或按子居父侧的方式一代一代一字排开。或完全不考虑上述情形，完全从择吉而葬的角度出发追逐风水，出现了布葬方式无一定规律、极不统一的局面。[20]刘毅则以为明代陵寝择址，受地理、政治、风水、礼制等因素制约。礼制因素对于明代帝王陵墓卜选的影响，主要表现在陵区制的限制。具体来说，一方面，在一片兆域之内，风水上佳之地毕竟有限；另一方面，则是先祖陵寝的排列位次也限制了后世皇帝选陵的范围。[21]

若从洪武时期陵制的发展来看，可知明代陵寝之制应有昭穆格局，太祖葬懿文太子于孝陵之东，左昭一的位置，懿文太子陵明代亦称东陵[22]。祖陵玄宫三圹，德祖居中，懿祖居左，熙祖居右，正是标准的昭穆格局。昭穆格局的意义，在于突显居中之祖无可取代的至尊地位。洪熙元年（1425年）仁宗崩逝，宣宗亲选陵址于长陵之右，或以为是基于风水的考虑，[23]此说应有相当的道理，唯若如此，则宣宗崩后葬于长陵之左，就是完全不考虑风水，甚至可说故意将宣宗葬于风水不佳之地。个人以为，宣宗葬仁宗于长陵之右，或有风水的考虑，然不欲以长陵为祖形成左昭右穆的格局应是很明显的。宣宗之意，或

[20] 胡汉生：《明十三陵探秘160问》，第13页，燕山出版社，2004年。

[21] 刘毅：《明代帝王陵墓制度研究》，第367～384页，人民出版社，2006年。

[22] 明《南京太常寺志》谓：“东陵，懿文太子寝庙也。”万历二十四年九月，南京太常寺卿杨时乔、少卿詹沂上疏，谓：“孝陵之东有懿文陵，旧称东陵。”见徐乾学：《读礼通考》卷九三，第7页下～第8页上，《文渊阁本四库全书》。

[23] 胡汉生：《明十三陵探秘160问》，第12～13页，燕山出版社，2004年。

是希望其百年之后葬于献陵之西，以后皇帝依序西葬，一如此后英、宪、孝、武四宗之情形，如此长陵仍为主陵，但非昭穆格局的祖陵，不致上逼太祖，符合庙号太宗应有之地位。

然而宣宗崩后，未被葬在仁宗献陵之右，而是葬在长陵之东（左）（景陵），陵址的选择应有深意，虽然昭穆左右错置，但“三陵若鼎峙”[24]，形成了最基本的昭穆格局，或可姑且名之为“倒昭穆”。天寿山陵区以长陵为祖，一右一左依序而葬，应为此后的皇位继承者所遵循，“土木堡之变”后继位的景帝的陵址，就在仁宗献陵之西（日后被称为“景泰洼”），后因“夺门之变”另葬西山陵园，复辟后的英宗（裕陵）依然葬在献陵之西。至此，长陵居中，献陵在西一（右一），景陵在东一（左一），裕陵在西二（右二），完全符合昭穆格局，庙号太宗的朱棣已经成为明朝的另一位“祖”，天寿山陵区阴寓朱棣为祖之旨。

由于天寿山陵区在长陵之左，也就是景陵所在地以东的地区缺乏适合建陵之处，英宗以降，宪、孝、武宗都葬在陵域的西区，自英宗裕陵以西依序而葬。墓葬受到地势影响，几乎不可能向在宗庙之中一左一右的排列，但西向依序而葬，表现的是强烈严谨的伦理观念，宜乎万历年间通政司选择黄山岭一带为神宗陵址，大臣直言该地位于献、裕两陵之间，位次非宜。[25]神宗亦曾中意宝山，因位于裕、泰两陵间，不敢僭分。[26]十三陵蕴涵的不可逾越的伦理观念，应是源自于陵寝昭穆格局的讲求，神宗若葬于黄山领或宝山，则严重紊乱昭穆格局。

明十三陵具有昭穆格局，也可从嘉靖朝世宗为自己及其父选择陵址获得进一步的了解。嘉靖十五年（1536年）世宗以谒陵展思为名前往天寿山，择定十八道岭（后易名阳翠岭）预营寿宫，给工部及张孚敬的敕谕，都强调幽宫在长陵左。[27]并谕诸臣说：“适观吉地，咸可为陵。朕惟祖宗所遗此，本诸天赐，既越列圣之地，恐朕未可当。今日既定，宜勿他适。”[28]十八年（1539年）又亲自勘定大峪山为父亲陵地，准备将父亲梓宫由湖北钟祥迁葬至天寿山，《实录》记其事说：“朕周览

[24] 倪谦：《倪文禧集》卷二《陪祀山林唱和诗·入山用林字》，第7页，《文渊阁本四库全书》。

[25]《大明神宗显皇帝实录》卷一四〇，万历十一年八月甲戌，第9页下，台北“中央研究院”历史语言研究所据国立北平图书馆藏蓝格旧抄本校印，1962年。

[26]《大明神宗显皇帝实录》卷一六六，万历十三年闰九月丙午，第2页上。

[27] 梁份：《帝陵图说》卷二《永陵》，第343页，《稀见明史史籍辑存》第30册，线装书局国家图书馆藏本，2003年。

[28]《大明世宗肃皇帝实录》卷一八五，嘉靖十五年三月己卯，第7页下。

川原，于我成祖长陵之西南得一支山曰‘大峪’，林茂草郁，冈阜丰衍，别在诸陵之次，实为吉壤，朕心惬焉。兹欲启迎皇考梓宫迁祔于此，爰以事体重大，卜告于皇祖高皇帝，既得吉占，谋之二三勋辅近臣，咸赞曰允宜。”[29]世宗选择陵址，都想远离“列圣”，要“别在诸陵之次”，以突显特殊尊崇的地位。且以长陵为基准，分在东西。就此点而言，符合父子不同昭穆的原则，不仅此也，父亲在长陵西南，自己在长陵东南，完全符合昭穆顺序。试将仁宗至武宗陵寝位置作一西一东理想化的安排：仁宗西一，宣宗东一；英宗西二，宪宗东二；孝宗西三，武宗东三。世宗父（睿宗）居于长陵之西，世宗在长陵之东，是正确的选择，位在西四与东四。西东可更换为右左，呈现的是倒反的昭穆格局，左（东）昭右（西）穆变成了右（西）昭左（东）穆。

从前引《实录》记载，可知世宗对大峪山陵址的地点风水都非常满意，迁葬之事甚至问卜于太祖也得到吉祥的结果，却在数月之后有180度的大转变，竟以峪地空凄不如纯德山（湖北钟祥显陵）完美为由放弃迁葬于大峪山[30]，全盘否定了先前的选择与决定，其中应有特殊的因素。再者，大峪山幽宫日后成为穆宗陵寝所在，时人认为被废弃的玄宫，是“紫光焕发，和气郁蒸，门堂干洁，宛若暖室”的上吉之地。[31]同一个地点，有如此天壤之别的认定，更可知世宗放弃大峪山，空凄绝非真正的理由。世宗放弃大峪山，应可由陵寝的昭穆格局来解释，在天寿山倒反的昭穆格局中，世宗父亲位在西昭四，位次在武宗的东穆三之下，陵寝不似宗庙中的神主牌位可以任情更置，这不是拟将父亲称宗入庙跻于武宗之上的世宗所能接受的结果，于是以空凄为由，不将父亲迁葬于正统意义上的天寿陵区，应是合理的解释。

世宗弃大峪山不用，结果祖陵为孙所用；营建永陵，规制远远超过献陵以下诸陵，上逼长陵，破坏的不仅是昭穆格局，也是宣告陵寝的营建不再遵守伦理礼制。神宗虽不敢在献裕与裕茂间建陵，但最终选定其父穆宗昭陵之北的小峪山为陵址，

[29]《大明世宗肃皇帝实录》卷二一九，嘉靖十七年十二月乙巳，第4页。

[30]《大明世宗肃皇帝实录》卷二二三，嘉靖十八年四月乙丑，第7页上。

[31]《大明神宗显皇帝实录》卷三，隆庆六年七月丙午，第22页上。

却“讳小，乃统大小峪通称为大矣”，“小峪冒名大峪，凡称大裕皆小峪也。”对父亲穆宗没有丝毫的应有尊重。[32]光宗骤崩，葬于献陵、裕陵之间，此时无人以“位次非宜”为言，天寿山陵寝的昭穆与伦理都已荡然无存。

自从长陵之建，明代的皇帝都了解：“我天寿山，圣子神孙千秋万岁皆当归葬此山”[33]，或葬长陵两侧，或依序而葬。入清以后，遗民梁份对天寿山陵区有深刻的论述：

> 周礼冢人掌公墓之地，辨其兆域而为之图。先王之葬居中，以昭穆为左右。东晋郭璞青囊书，必无风以散之，有水以界之。成祖则兼用其说，此墓地所以难于择也。夫同一墓地，昭穆必序，风水必佳，可子孙百世者，尽海内九州岛地不能得也。天寿一撮土，为昭为穆之鼎湖无限，一丘一壑之风水悬殊，此中叶所以置葬书而惟周礼是从矣。郭璞书即不用，而周人相阴阳而观流泉者，未可尽非。且周礼何常有文昭也武穆也，不祔于王季太王之左右也，虽成康不尔也，则何以周礼为也。[34]

梁份一眼就看出天寿山陵区呈现的是昭穆格局，昭穆必有祖，长陵不仅是主陵更是祖陵，朱棣为太祖之外另一祖的微旨阴寓于陵寝的布局，在此朱棣的祖梦已经实现了[35]，其历史地位不可撼动。

五　结论

明代天寿山陵区的营建与“靖难”夺国有绝对的关系，朱棣兴兵以篡弑取天下，却不愿背负篡弑恶名，反要销心中垒块，积极从事政权合法性的工作，必欲使自己的历史地位获得肯定。永乐年间政权合法化的工作，就以国都北迁最为重要，然此事也最背离太祖，营建北京与迁都是“国之大计，有不得也”[36]，但不能正大光明去做，以致后世论永乐帝迁都面临文

[32] 梁份：《帝陵图说》卷二《定陵》，第364～379页，《稀见明史史籍辑存》第30册，线装书局国家图书馆藏本，2003年。

[33] 梁份：《帝陵图说》卷二《定陵》，第370页，《稀见明史史籍辑存》第30册，线装书局国家图书馆藏本，2003年。

[34] 梁份：《帝陵图说》卷二《天寿山》，第312～313页，《稀见明史史籍辑存》第30册，线装书局国家图书馆藏本，2003年。

[35] 有关朱棣的祖梦，参阅朱鸿：《朱棣——身兼“祖”、“宗”的皇帝》，《鸿禧文物》1996年创刊号。

[36]《大明太宗文皇帝实录》卷八〇，永乐六年六月庚辰，第1页上，台北“中央研究院”历史语言研究所据国立北平图书馆藏蓝格旧抄本校印，1962年。

献不足的困难。

黄景昉“微旨阴寓”振聋发聩，考察永乐帝迁都应从营建陵寝入手，两者关系密不可分。永乐五年徐皇后崩逝，选定北京近郊天寿山为陵址，就意味着将离开南京以北京为国都，明代天寿山陵寝的兴造确实是阴寓迁都之旨。永乐帝迁都真正的用意是确立其历史地位，甚至可实现“祖梦”，陵寝阴寓的正是朱棣心中不能明讲的政治企图。陵寝阴寓的不仅是迁都之旨，更有正统之旨与朱棣为祖之旨，三者一体，陵寝迁都、正统的微旨，最终都归结到以朱棣为祖的深意。

永乐帝首建长陵于天寿山主峰之下，规制与孝陵同，已透露为主为祖之意向。惟长陵能否成为祖陵，端视继任皇帝陵寝的建置与布局，宣德十年是实现阴寓的微旨最关键的一年。宣德十年正月宣宗骤崩，首先就在长陵之东选定陵址，此一地点的选择极为重要，天寿山三陵（长陵、献陵、景陵）鼎峙而立，献、景二陵规制远不及长陵，已初具昭穆格局并突出长陵为祖陵的至尊地位。随后又建神路，直指长陵，既是长陵神路，也是天寿山陵寝的总神路，如此建置当然是突显长陵，且增置功臣石像，更是肯定“靖难”，具有正统的意涵。在神路之前矗立长陵神功圣德碑亭，以四隅立华表的创制再为长陵锦上添花，长陵已不仅是主陵而是祖陵。

由英宗以降陵址的选择，可知朱棣的圣子神孙对陵寝阴寓的微旨都很了解，天寿山陵区呈现的是昭穆格局，朱棣为祖的地位不断加强，嘉靖十七年（1538年）易庙号太宗为成祖，不过是化暗为明，在太庙中朱棣的神主牌位虽非居中而是在左昭一的位置，但也是百世不迁，朱棣生前的祖梦至此完全实现。

孟庙修建中皇帝与社会的互动
——兼及孟子地位的变迁

故宫博物院宫廷部　孙召华

关于明清宫廷史的研究内容和方法，学术界有一个较为普遍的观点，即宫廷事件发生在宫廷内，但也会波及社会底层和帝国边陲，须突破以前局限于紫禁城内的狭隘眼光，将宫廷史的研究纳入整体历史之中，进行全方位探讨。笔者对此深表赞同，也认为要有清晰的问题意识，要有宏观的视野，即时间上"前瞻后顾"，向上追溯前代宫廷史，向下延伸后代宫廷史，在历史的长河中考察渊源流变；空间上"左顾右盼"，在社会的广阔舞台中进行考察和定位。

孟庙的修建，虽远在山东邹县，但既关乎孟子及理学，关乎朝廷的统治思想和文化政策，便与宫廷史的研究难以分开了。孟庙是为尊奉、祭祀孟子而建的，自然与孟子的命运息息相关；孟子的命运又与理学息息相关，因为理学的兴起、发展是与宋代诸子对《孟子》的重视和阐释分不开的，理学家的吹捧抬升了孟子的地位[1]。因此，通过深入考察孟庙历代历次的修建情况——主事者、资金来源、营建规模、动机及对孟子思想的认知等，并展开前后比较，分析历代皇帝和朝廷在修庙中扮演的角色、对孟子思想的认知及其演变，可以探讨宋以降孟子及理学真实地位的变迁历程，更可从对孟子的"造神运动"中发现至上皇权是如何与其他社会力量互动的。

关于孟子地位的历史变迁，前贤时哲已展开了较为深入的研究，可谓成就斐然[2]。周予同先生最早提出"孟子升格运

[1] 参见董洪利：《孟子研究》，第194～203页，江苏古籍出版社，1997年。

[2] 杨志玖：《王安石与孟子》，《社会科学战线》1979年第3期；夏长朴：《尊孟与非孟》，《中国哲学》第20辑；徐洪兴：《唐宋间孟子的升格运动》，《中国社会科学》1993年第5期；杨泽波：《孟子评传》，第460～474页，南京大学出版社，1999年；李传印：《孟子在唐宋时期社会和文化地位的变化》，《中国文化研究》2001年秋之卷（总第33期）；徐国荣：《名士精神与汉魏之际孟子地位的沉浮》，《孔子研究》2002年第5期；孙召华：《自孟庙修建看孟子地位的变迁》，《管子学刊》2006年第3期；周淑平：《宋代孟子升格运动中的四种关键力量》，《史学理论研究》2006年第4期；周淑平：《宋代孟子升格运动与宋代理学转型》，《史学月刊》2007年第8期。

动”，并为学界认同、发扬，一般认为唐以前孟子其人其书地位不高，处于一种不著不察状态，唐宋间出现了一个“孟子升格运动”：滥觞于中唐，初兴于北宋庆历前后，神宗熙、丰年间达到高峰，宋室南渡后接近尾声，南宋末年完成并巩固下来。然而，这个结论是主要就思想学术领域而言的，但若考虑到孟子的真实地位，尤其孟子对基层官吏和下层民众的影响，就会发现元以来的孟子地位绝不仅仅是“锦上添花之类的事”了。关于孟庙历代营建兴废的史实以及庙制升格的历程，以刘培桂为代表的地方学者已进行了较为细致的考述[3]。本文将带着上述问题意识，对孟庙的营建过程重新进行梳理和解读，得出新的结论。

一

古代土木建筑易于损坏，须勤加修缮。在长达800多年的时间里，孟庙修建的次数多且频繁。为简明起见，根据《三迁志》和《重纂三迁志》所记载的历次修庙情况和孟庙现存修庙碑记，整理、列表如下[4]。事实胜于雄辩，列表是下文展开讨论的基础和起点（表1）。

[3] 刘培桂：《孔道辅和孟子祭祀之始》，《孔子研究》1994年第1期；《孟庙建制沿革考》，载《孟子与孟子故里》，中国文史出版社，2001年。

[4] 孟庙坐落在邹县境内，明以来隶山东行省兖州府，除特别指出外，巡抚指山东巡抚，知府指兖州知府，县令指邹县知县。“博士”系孟氏宗子世职“世袭翰林院五经博士”简称。

表1 历代孟庙修建情况一览表

朝代	时间	主事者	资金及来源	营建规模	补注
北宋	景佑四年(1037年)	知兖州军州事孔子四十五代孙孔道辅	自谋之	始创建，七间	道辅派人多方查访，方寻获孟子墓
	元丰七年(1084年)	权发遣兖州军州事李梃	朝廷准予修文宣庙余资内支钱三百贯	迁庙于东郭，十四间	六年封孟子为邹国公，七年始配享孔庙
	政和四年(1114年)	提举京东西路学事程振	赐钱三百万	新之，列一品戈于门	
	宣和三年(1121年)	县令朱缶、邑士徐韨	徐韨私钱二百万、又乡人集资数十万	总四十二楹……重门夹庑，壮丽宏伟	因“庙濒水亟坏”，迁建城南门外道左

续表

朝代	时间	主事者	资金及来源	营建规模	补注
金代	泰和八年(1208年)	县令王瑀	乡人富者相与出其资	增其宏丽，又东北别立其室，以尊考妣	贞佑二年，毁于战火，仅存门垣
元代	至元九年(1272年)	族人德昌、邑士刘廷	前儒学教授邵景、族人惟允四处劝募	复建正殿	
	元贞元年(1295年)	县尹司居敬、达鲁花赤木忽难	建学余资	崇两庑与堂称凡十四间，新其阶庭级道	
	泰定四年(1327年)	诏监县贴哥、县尹杨钦、族长惟恭、邑人毛冀	出赡庙之资与民，不期年而收子钞七千余贯	扩建郝国公祠堂至五间，规格宏伟	延祐三年，封孟子父为邾国公，母为邾国宣献夫人
	至顺二年(1331年)	五十二代孙惟恭、乡先生李俨、马享	钱二千五百缗，邑大夫、乡之善士捐资	增建致严堂，包括燕堂三间、斋室五间	泰定五年，拨赐祭田三十顷。至顺元年，加封孟子邹国亚圣公
	至元二年(1335年)	县尹张铨	庙帑羡资三千三百缗有奇	重修两庑等二十余间，为棂星门起宇以遮雨，立石通衢	
明代	洪武元年(1368年)	县令桂孟、僚属	捐俸	仅成正殿，未完而离任而去	元末战争频仍，孟庙毁颓芜荒
	洪武十年(1377年)	县丞胡景升、僚属	捐俸	重建致严堂	
	洪武二十三年(1390年)	县令马骢、僚属	捐俸	重修庙垣	霖雨频降，庙垣墙什毁八九，坊门亦摧蔽
	洪武二十七年(1394年)	县令赵允升	捐俸	重修庙垣	
	永乐元年(1403年)	县令朱琉	僚属及就校庠生各捐己资	重修两庑、寝殿及倒毁的墙垣	
	洪熙元年(1425年)	县令房岳、僚属	捐俸	重修正殿、两庑、致严堂	
	正统七年(1442年)	县令房岩、僚属	捐俸	饰旧增新，两庑、仪门悉为宏建	

续表

朝代	时间	主事者	资金及来源	营建规模	补注
明代	成化四年(1468年)	巡按御史吴达、知府宋玺、县丞傅弼	官府拨钱	重修两庑、仪门	景泰三年，授五十六代宗子希文为世袭翰林院五经博士，拨田六顷。六年，赐庙田五十顷。 成化元年、十八年，拨孟庙洒扫户、庙户三十二户
	弘治十年(1497年)	巡抚熊翀、知府龚弘、同知余浚	诏下有司修之	正殿、两庑从五间扩为七间，祭田仓由三间扩为五间，新创牌楼二、致敬门等十二间、别庙后殿三间	
	嘉靖四十一年(1562年)	县令章时鸾	开荒所获、公廪余羡	重加整修，“焕然改观”	
	万历九年(1581年)	县令许守恩、族人	县令出俸金，不足者族人补足	历三年，“焕然一新”	
	万历二十四年(1596年)	巡按姚思仁、县令王一桢	官钱	丰丽歙绝，霞骄云霨，巍然肖阙里之宫焉	
	万历三十七年(1609年)	巡按黄克缵、县令胡继先	六百余金	修损补残	
	天启三年(1623年)	巡抚赵彦、僚属、知府孙朝肃、县令毛芬等	各捐己俸，并于府属二十七州县劝募，不三旬而得三千金	一切焕然旧观，并将邾国公前后殿由三间扩为五间	天启二年，遭白莲闻香教匪之乱，“煌煌庙貌，鞠为茂草”
	崇祯六年(1633年)	巡抚王道纯、兖东道赵建极等	捐赀重修	小规模整修	元年，县令黄应祥置祭田一顷一十五亩
清代	康熙十二年(1673年)	巡抚刘芳躅、学使杨毓兰、博士贞仁等	刘杨二人各捐百金，又于省内六府劝募，得二百四十金	正殿两庑岿焉，与阙里之堂遥相辉映	明末清初数遭兵燹，康熙七年又遭大地震，倾圮滋甚

续表

朝代	时间	主事者	资金及来源	营建规模	补注
清代	康熙二十四年(1685年)	巡抚张鹏翮	诏发帑金	规制闳丽，峻宇苞基，丹楹碧瓦，阙里而外，罕有媲美	二十六年，康熙亲书《御制孟子庙碑文》，遣官立碑庙中
	康熙五十八年(1719年)	县令娄一均、僚属、博士尚桂	知府金一凤捐百金，各僚属共相捐助	重修正殿、寝殿、两庑，“大殿焕然矣”	先是，娄一均捐养廉银，修建启圣殿等
	乾隆元年(1736年)	巡抚及下属府县官	特发帑金九千三百七十两有奇	历两年又四个月，“聿新庙貌，规制宏丽，度越千古”	雍正三年，皇帝御书孟庙、孟府匾额。乾隆十五年，诏颁亚圣庙祭器。二十二年乾隆帝亲谒孟庙，御书大殿联额
	乾隆二十六年(1761年)	县令庞元澄	族众莫不欣然乐输	凡十阅月告竣，完旧益新，增建乾隆碑亭	
	乾隆四十八年(1783年)	知府王禄朋、县令张彬、邑士徐九贡	请于大吏，发项重修，计二千九百两有奇	三月而整饬一新	
	嘉庆元年(1796年)	布政使康基田、知府陈韵涛	分廉俸	不数月而工成	
	嘉庆十年(1805年)	巡抚铁保、博士传梿	铁保捐银四千三百两，募捐三千两，博士自出二千八百两	阅五年工竣，整饬一新	
	道光十六年(1836年)	东河总督栗毓美等	捐廉银近五千两	修损补残	
	同治十二年(1873年)	巡抚丁宝桢等、邑绅董炳等	一万七千余两	依制重建，增建天震井、焚帛池等	咸丰间，教捻股匪扰乱东境，毁坏严重

二

作为奉祀孟子、传承孟学的最佳载体，孟庙的命运自然可折射出孟子地位的沉浮升降。本节旨在通过上表纵观孟庙的营建历程，考察历代皇帝在修庙中扮演的角色及其演变，进而探讨孟子地位的变迁。

孟庙的最初创建，是孔道辅出于报恩，自主多方查访方寻获孟子墓之后，于墓旁而建的墓祭建筑。尽管还十分简陋，却是漫漫千余年来从无到有的巨变。孔道辅这一实际的尊孟之举，在尊孟的“庆历思潮”初兴的背景下相当重要。元丰六年（1083年），神宗《封孟子为邹国公诏》中就说：“厥惟旧邦，实有祠宇。”[5]近50年后神宗朝以来，孟庙的修建进入第一个高峰期：短短40年内，三次增建、两次搬迁，而且两次由朝廷赐钱；庙制急剧升格，由最初简陋的7间，变为壮丽宏伟的42间。与之同时，孟庙正式为朝廷承认，诏以乐正子配享，公孙丑以下从祀[6]。其背景是神宗朝“孟子升格运动”的迅猛发展，《孟子》“兼经”而立于官学，成为科举考试的科目，孟子随之获封邹国公并配享文庙。早已为世人和朝廷遗忘的孟子墓，重新被发现，重新为朝廷和皇帝所青睐，显然是孟子地位的一个巨大的转变。

金灭北宋，孟庙沦入金辖区内。在有金一朝长达一个多世纪的时期内，孟庙仅在晚期的金章宗朝得到一次修建，而且仅有的这次也只是乡人集资、县令主持的自主修缮而已。显然，孟庙已长期失修，并且实际上为朝廷和官府所冷落，因为金的统治早已稳定下来，社会经济得以恢复发展，并非有心无力。由此可知，北宋的“孟子升格运动”并未真正深入社会；南宋上自皇帝、下至朱熹等学者轰轰烈烈的尊孟运动，对北方中国影响不大。边疆民族入主中原，为适应内地的社会发展水平，注定要采取原有的社会经济制度和尊孔重儒的教化传统。然而，认识及此需要一个过程。金朝廷和贵族内一直存在着墨守旧制的保守派和主张采取汉制、重用汉人的改革派的纷争。这

[5] 孟广均撰、孙葆田续撰：《重纂三迁志》卷七《艺文志二·诏令》，光绪十三年刻本。

[6]《宋史》卷一〇五《礼志八》，第2551页，中华书局，1985年。

一过程始于熙宗，中经反复，章宗时才真正巩固下来。金朝教育的大发展是在世宗、章宗朝，科举制的完备也是在章宗朝，史称“世宗、章宗之世，儒风丕变，庠序日盛，士繇科第位宰辅者接踵”[7]。也只有在这种环境下，才可能出现修建孟庙之举。

孟庙在这次修建后仅6年，便毁于金元更替的战火，80余年后方得恢复，显然又长期失修；而元仁宗以来，短短10年内扩建3次，庙制基本完备，规格明显升高，并得朝廷赐祭田30顷，可谓否极泰来。孟庙和孟子地位的突然抬升也绝非偶然。同样是游牧民族建立的蒙元政权，有着比金更激烈的守旧派与改革派的纷争和治国方略的转变。蒙古军队初征中原，大肆杀掠，儒生亦在被屠杀奴役之列。元太宗一度采取尊孔、传播理学、选拔儒生从政等措施，但人死政灭，元世祖即位稍恢复，至元仁宗朝方发生根本转折。仁宗为皇子时既已体悟到“所重乎儒者，为其握持纲常，如此其固也”[8]，即位改元的第二年（1313年）便行科举诏颁布天下，以朱熹《四书集注》为据，正式恢复科举制度，将周程张邵等理学家从祀孔庙，理学由此正式取得官学地位。元文宗更以崇儒出名，于至顺元年（1330年）加封孔子父齐国公叔梁纥为启圣王、母鲁国太夫人颜氏为启圣王夫人、颜子为兖国复圣公、曾子为郕国宗圣公、子思为沂国述圣公、孟子为邹国亚圣公、河南伯程颢为豫国公、伊阳伯程颐为洛国公[9]，将封号提高到空前高度。孟子和程朱理学自此站稳脚跟，并借助国家权威的强大力量向社会渗透。

明代，孟庙修建也有一个戏剧性转折点。以成化四年（1468年）为界，此前主事者多为县令及僚属，自掏腰包，规模很小，多是前后相继的部分重建和简单修葺；此后则巡抚之类代表中央朝廷的要员和地方大员成为发起者和指挥者，更有一次皇帝下诏重修，官府出钱占多数且数额很大，营建规模大的多且庙制又有升格，尤以弘治十年（1497年）那次正殿和两庑升格为七间并新建数十间为最。同时，孟氏后裔的待遇也有明显提升。至景泰朝，祭田得以恢复，并新增26顷；宗子希文

[7]《金史》卷一二五《文艺传上》，第2713页，中华书局，1975年。

[8]《元史》卷一七五《李孟传》，第4085页，中华书局，1976年。

[9]《元史》卷七六《祭祀志五》，第1893页，中华书局，1976年。

被授为世袭翰林院五经博士，始拥有世职；皇帝幸太学释奠时钦取孟氏子孙入京配祀观礼、赏赐有加也成为定例[10]。嘉靖九年（1530年），“奉孟子为亚圣孟子，罢公爵”，所以取消公爵、直称亚圣，乃是因为“人以圣人为至，圣人以孔子为至”[11]，加爵号于圣人之上对圣贤不尊重。由此，孟子更为尊崇甚至神化了。当然，这一转折并非全由孟子地位的变化引起。毕竟随着科举制度的日益深入，孟子在思想、政治和社会中的影响已不易动摇。原因出于开国皇帝朱元璋身上。他一切以强化君主专制为旨归，无法容忍主张“汤武放伐”、“民贵君轻”等限制君权的孟子学说，一度下诏罢孟子配享并以大不敬罪阻止臣下劝谏，更命刘三吾作《孟子节文》，节删《孟子》88篇，占原书的1/3还多[12]。这种恨不得杀孟子而后快、胆敢删改圣贤书的态度和做法，不但如蚍蜉撼树无法真正动摇孟子的地位，而且结果适得其反，只能证明了孟子的权威。但作为重家法传世的开国之君，他的影响亦不容低估，直接结果就是明前期修庙中，朝廷和地方大员的缺席，基层官吏修庙的频繁和艰辛。

入清朝，明后期修庙的格局被沿袭下来，而且规格更有提高。巡抚等地方大员仍发挥主导作用，并有两次皇帝主动下诏发帑金、遣要员前去修庙，孟庙更加齐备壮观，形成今日七进院落的宏伟规制。象征性赏赐更加频繁、更为尊崇：皇帝亲自御制孟子庙文，勒石庙中；御书孟庙、孟府联额，摩写悬挂；乾隆帝更亲谒孟庙，亲自拈香，以至上天子身份对孟子行一跪三叩大礼[13]。所有这些均前所未有，无以复加。与前代相比，孟子的偶像地位更为神圣。

三

由前表可见，皇帝、巡抚、基层官吏、地方士绅、孟氏族人，乃至一般民众，不同社会等级的人们都积极投身于孟庙的修建中。本节旨在通过深入分析他们的动机及其互动关系，探讨孟子的真实地位，尤其是在基层官吏和普通民众中的影响。

[10] 吕元善撰，吕兆祥、吕逢时续撰：《三迁志》卷三《恩赉》，天启七年刻本（以下简称明刊本）。

[11] 孟广均撰、孙葆田续撰：《重纂三迁志》卷四《爵享》，光绪十三年刻本。

[12] 参见秦燕：《〈孟子节文〉与朱元璋的专制思想》，《陕西师范大学学报》1995年第2期。

[13] 孟广均撰、孙葆田续撰：《重纂三迁志》卷四《爵享》。光绪十三年刻本。

皇帝修庙自是为了树立孟子权威，稳固统治。而皇帝下诏的修庙行为，既受社会尊孟修庙的影响，更因天下至尊地位而对社会有着莫大的示范和推动力量，对各级官吏致力于修庙尤其显著。在不同历史阶段，皇帝的动机又各有特殊，与社会的互动情形也不完全一样。北宋“孟子升格运动”初兴，孟子地位尚不稳定，先有了仁宗朝尊孟的“庆历思潮”和孔道辅私自的兴建孟庙行为，才有了神宗加封孟子爵号、两次敕建并正式承认孟庙等。而神宗的这些举措，应看做是皇权针对同步兴盛的非孟思潮作出的姿态。入金元，游牧民族的皇帝们最初根本无视孟庙的存在，不为族众乡民和县令自主修庙的艰辛所动。但一旦体悟到孔孟儒学的精妙功用，他们就非常真诚地尊奉孔孟和理学，于是才有了县令顺承皇权意志接连扩建孟庙的行为。再入明清，在孟子和理学的权威已树立起来的背景下，多了层自觉利用之以笼络人心、夺取天下的功利性意味。明、清之初的皇帝和谋臣们尊孔崇儒的急切心情和姿态，让人觉得颇为滑稽[14]。清初，同是经济和社会形态落后的北方民族的满族统治者，却与金、元截然相反，采取了尊崇儒学、笼络士心的政策。所有明朝赐予孟庙和孟氏后裔的权益悉加承认，皇帝一再直接关注孟庙的修建并务求壮观宏丽，无非亦是为此。因之，皇权对引导社会力量修建孟庙的影响就不言自明了。

自封疆大吏至基层官吏的动机，相对复杂，然概言之不外三种：一是思想感情上真正信仰、尊崇孟子；二是行政一方，修颓起废、推行教化的职责；三是顺承皇帝旨意，捞取升官资本和流芳百世等个人私利，也可以说是皇权的直接延伸。这三种成分事实上往往交汇在一起，难以完全分开，但会因时代和个人的不同而各有侧重。宋元时期官吏们修庙主要出于第二、三种动机，看不出对孟子的深厚感情。元丰七年修庙是因原庙“制度极陋，栋宇已坏，仅存其名”[15]，已难称邹国公的尊号。宣和间修庙和金代那次修庙也是因庙宇破落不堪，不得不整修。而元后期三次县官主持扩建，更明显属于第三种动机，在皇帝尊孟重道的诱导下，修庙以换得升官资本。转入明

[14] 参见赵荣光：《明清两代的曲阜衍圣公府》，《齐鲁学刊》1990年第2期。

[15] 李梃：《增修孟庙疏》，明刊本《三迁志》卷四《祠庙》。

清，第一种动机明显上升而成为主要动机。尤其明初，朱元璋仇恨和大肆贬低孟子，但前后数任县令及僚属仍捐出自己并不丰厚的俸禄，甚至冒着丢官的危险，一腔热血投身孟庙的复建中。若非出于对孟子由衷的敬仰和感激，显然不会出现这种感人局面。初受教就诵读《孟子》、“文章事业”俱从《孟子》中出的基层官吏，同专制皇权意志之间的不一致性，于此表露无遗。明清碑记中洋溢着对孟子的真挚感情，许多县令为能到孟子故里做官感到莫大荣幸，下车伊始就是敬谒孟庙。如永乐时县令朱琏，“自临政之日谒庙曰：‘吾在闽中仰圣贤道德之光，慕圣贤所居之地，况欲亲炙其余风不可得也。今幸守滋邑，敢不竭心力以就前人之功乎？’”[16]万历时县令胡继先自述到：“居常读其书，想见其为人。而后乃今入庙，而喜可知也。”[17]胡继先得选邹县令另有佳话：“余乡人广汉胡君继先，以进士上铨曹。梦儿坐盂中，愚谓之曰：‘儿，子也；盂，皿也。子在皿上，卜此当与孟氏遇。’越次日，果选得邹令。异哉，非精神意气有默感召者乎？”[18]而这些情真意切的话语在宋元碑记中是很少见到的。这反映出孟子学说渗透到普通士人心中、孟子地位在社会中真正稳固下来经历了一个长期的过程，直到元、明之际才完成。

在历代修庙中，邹县士民或主动出资、或谋划、或献技、或出力，发挥着重要作用。皇帝和朝廷不断抬升孟子，激发了他们尊崇孟子、修建孟庙的热情。他们把故里圣贤——孟子视为地方文化资源，并力图加以巩固和提升。宣和三年修庙，邑士徐铖主动请缨，捐出私财200万，乡人又集资数十万，“已自备材木工办，迁建庙宇于宽平显明之地，比旧增修三倍”[19]，壮丽宏伟，规模远迈旧庙。后代若要表示尊孟，只能恢复或在此基础上扩建。金代那次也是“不待劝率而富者相与出其赀，巧者相与献其技，辩者以言，壮者以力，咸乐经营”[20]。元代至元和泰定年间两次修庙和扩建致严堂，亦主要出于邹县士绅之手。而元代孟庙30顷祭田之设，则得力于同乡士人、时任大司农司都事郭毅的主动上疏[21]。他们从中得以展示自己的风

[16] 乐恽：《重修两庑之记》，孟庙刻石拓片，存邹城博物馆。

[17] 胡继先：《重修孟墓置田记》，《重纂三迁志》卷八《艺文志三 · 碑记》。

[18] 戴章甫：《重修孟庙记》，《重纂三迁志》卷八《艺文志三 · 碑记》。

[19] 徐铖：《乞诸人不许居占奏状》，明刊本《三迁志》卷四《林庙》。

[20] 赵伯成：《重修孟子庙记》，《重纂三迁志》卷七《艺文志二 · 碑记》。

[21] 明刊本《三迁志》卷三上《恩赉》。

采，获得现实社会中的个人权威和流芳百世的历史美名，宋代徐铍就是典型。孟庙之形成今日七进院落的宏伟格局，故里士民贡献很大，并以此反作用于后代的皇帝和官吏。

当朝廷和官吏忽视孟庙或朝廷虽有心却无力之时，劝募就不可避免了。至元间修庙，“俾前邹县儒学教授邵景，同孟氏族人惟允周游四方，乃得资以具材命匠”[22]，但劝募所得资金有限，结果仅复建正殿。明代天启间闻香教乱后重建孟庙，因朝廷公帑告竭，于是“郡属州邑二十有七，乃各置劝募一册，使相告勉捐助。自邑长吏、台使者、监司、守相，迨乡大夫士与凡民之好义者，竞相乐输，不踰三月，鸠钱三百万”[23]。康熙十二年（1673年）修建，“又置募簿，分传六郡”，在全省劝募了。从劝募范围的扩大和捐钱人们的多等级性，尤其是一般民众积极参与可以看出，孟子的影响已经渗透到下层民众中了。

四

修庙立碑自然会表露对孟子思想、形象的认知和评价，或有意提倡的认知。深入解读碑记并加以前后比较可知，皇帝、各级官吏等对孟子思想的认知有着明显的历时性变迁和不同阶层间共时性互动，孟子的神圣权威是由不同侧面的合力共同塑造起来的。而对孟子的认知又最终决定着孟子地位的升降。

孟子思想博大精深，然而却被埋没上千年之久，其“微言大义”只有到宋代诸子那里才被发掘出来。孟子不仅继承孔子、捍卫儒学，更重要的是对儒学的阐释和发挥，尤其是他的心性学说：性善论、“养浩然之气”、“大丈夫”人格等。然而长期以来，人们所看重的只是孟子的辟杨墨异端，韩愈“功不在禹下”一语也因之长期传颂。这一点后世深得理学精义的学者在碑记中言之凿凿。元代孔颜孟三氏学教授张需批评道：“读墓旁之庙记，举辟杨墨之一事；南门庙记，举称尧舜之大纲。顾皆有孟子之一体，而未能得其具体者。孟子学足以继往

[22] 司居敬：《邹孟子庙碑阴记》，明刊本《三迁志》卷四《林庙》。

[23] 文震孟：《重修孟夫子庙碑记》，《重纂三迁志》卷八《艺文志三·碑记》。

圣之正传，才足以立百王之大法。岂惟千余载之后莫能知之，虽当时及门者已未能窥其奥……时君昏庸，谓迂阔于事情，宜矣！后世英明之主，亦指君臣一二语以为言，岂能探其学、观其志而知其才哉？”[24]而张需，从金华王柏受业得朱熹三传之学，“自六经、语、孟传注，以及周、程、张氏之微言，朱子所尝论定者，靡不潜心玩索，究极根柢。用功既专，久而不懈，所学益弘深微密，南北之士，鲜能及之。……中州士大夫欲私淑子弟以朱子四书者，皆遣从需游，或辟私塾迎之。其在维扬，来学者尤众，远近翕然，尊为硕师，不敢字呼，而称曰导江先生。大臣荐诸朝，特命为孔、颜、孟三氏学教授。”[25]明文渊阁大学士、内阁首辅刘健则说：“历千有余年知子者尚鲜，在汉仅有杨雄氏，在唐仅有韩愈氏。二子之言曰‘古者杨墨塞路，孟子辞而辟之，扩如也’，曰‘孟子之功不在禹下’。其言亦可谓明也，然但语其事功而未尽其蕴奥，故闻之者或未即喻，而犹有异论矣。至宋大儒程朱二子者出，推其性善之称，王霸之辨，知言养气之论，以为扩前圣所未发，有功于圣门；以为见道极分明，得孔子之心，由是孟子之道大明于天下，而其书遂与孔门之言并列为四，垂之万世而复异论也。”[26]明代学者朱彝尊也说：“其气塞天地之间而毋馁。于滕世子道以性善，于齐王先攻其邪心，于梁去利而先仁义。《春秋》，弟子不能赞而孟子发其微；性与天道，弟子不得闻，而孟子畅其旨。”[27]他们的言论揭示了两点：第一，孟子思想的真正价值经由宋代理学家的阐发才得以大白于天下；第二，精通理学的学者更看重的是思想家孟子而不是卫道士孟子，是孟子对儒学的发挥而不是对儒学的捍卫。

事实正如他们所言。宋初孔道辅之所以查寻孟子墓、创建孟庙，是因他“常谓诸儒有大功于圣门者，无先于孟子。……孟子可谓能御大灾，能捍大患者也。”著名的宋初三先生之一——“泰山先生”孙复也只是赞同韩愈“孟子之功不在禹下”的观点，并加以阐释：“泽水横流，大禹不作则天下之民鱼鳖矣；杨墨暴行，孟子不作则天下之民禽兽也。”[28]显然，

[24] 张需：《重修孟子庙记》，《重纂三迁志》卷七《艺文志二·碑记》。

[25]《元史》卷一八九《儒学传一》，第4315页，中华书局点校本，1976年。

[26] 刘健：《敕修孟庙记》，《重纂三迁志》卷八《艺文志三·碑记》。

[27] 朱彝尊：《邹县重修亚圣孟子庙碑》，《重纂三迁志》卷八《艺文志三·碑记》。

[28] 孙复：《新建孟子庙记》，《重纂三迁志》卷七《艺文志二·碑记》。

孔、孙二人所以尊奉孟子是出于孟子对孔子儒学的捍卫。在随后宋金元的历次修庙碑记中，除张需《重修孟子庙记》外，也都以不同的言语沿袭这一说法，片面突出孟子儒学卫道士的面貌，对其思想没有深刻领会。随程朱理学官学地位的巩固，明清碑记中的孟子当然更像理学家塑造的孟子，此外也充斥着排斥异端的道统观念和对孟子权威的高度服膺。碑记大多为邹县及邻近府县的士人、致仕官员和邹县县令等基层官吏所撰写，反映的是一般儒生眼中的孟子形象。与上面的学者相比，他们更多一层崇拜的意味。

作为至上皇权体现者的皇帝，自然也受程朱理学的发展和地位变动，而对孟子学说的认识也有一个深化和转变的过程。宋神宗朝尊孟形成高潮，但理学方兴未艾，尚未立于官学，神宗评价孟子："自孔子没，先王之道不明，发挥微言以绍三圣，功归孟氏，万世所宗。"[29]神宗同样只是突出继承先圣。元文宗则说："观夫七篇之书，惓惓乎致君泽民之心，懔懔乎拔本塞源之论。黜霸功而行王道，距诐行而放淫辞，可谓有功圣门，追配神禹者矣。"[30]他已将孟子对儒学的发挥置于对儒学的卫道之上，可谓已登堂，但尚未入室。再到明清，皇帝们则已完全为理学所化而深得孟子思想的精髓："（孟子）阐性善养气之精，扩圣人之所未发；述唐虞三代之治，为奕世之所由。卫正学而辟异端，功岂在禹下；尊王纲而贱霸术，教实秉于孔门。"[31]乾隆帝这一段话可谓后代皇帝眼中孟子思想肖像的典型。而孟子"民贵君轻"的民本主义，尤其是"大丈夫"理想人格则一直没有提及到，显然被他们故意回避、掩盖了。奉行专制的皇帝们需要的是忠心耿耿的臣子，而不是高扬个性人格、批判专制皇权的民主斗士。

在孟氏族众眼中，孟子除了是儒学圣人外，更是恩泽深厚的祖先。他们在尊孟的社会环境中得到了实际的利益和荣誉，对先祖感恩戴德，更想将孟庙修得壮丽以邀取更大的尊崇。他们感激孟子，力图神化孟子："孟子生时，母梦神人乘云自泰山来，将止于峄，母凝视久之，忽片云坠而寤。时闾巷皆见

[29] 宋神宗：《封孟子为邹国公诏》，明刊本《三迁志》卷六《艺文志·诏令》。

[30] 元文宗：《加赠孟子为邹国亚圣公制》，明刊本《三迁志》卷六《艺文志·诏令》。

[31] 乾隆二十三年《御祭孟子庙文》，《重纂三迁志》卷六《艺文志·祭文》。

五色云覆孟氏之居焉。”[32]这个关于孟子出生的神话虽记载很早，但它的最初传开、在孟子故土一直广泛流传至今，孟氏后裔肯定与有力焉。就连庙中一口井的形成，也要加以神秘色彩而名之曰“天震井”：“康熙十一年春日中，忽有声如雷，闻者皆惊愕，不知所起。移时，见庙中阶前地陷，有瓮圈痕，探之乃古井也。”[33]因之，民间又形成了一个神奇的传说。

邹县及临近诸县的普通民众，虽参与了修庙，但未能留下文字记载。不过从邹县“孟子卒于冬至之日，邹人因哭孟子而废贺冬之礼，遂以成俗”[34]这一独特风俗和“孟母三迁”、“断机教子”、“孟子休妻”[35]等广泛流传的传说中可知，尽管他们对孟子深邃的思想所知甚少，但他们非常敬仰孟子，更主要的是将孟母和孟子作为道德楷模看待的。这些为民众所共享的传说，却没有为士人学者所认同。我们很少能从士人的著述中碰到孟子降生的神话，就连《重纂三迁志》的编者、孟子第七十五代嫡孙孟广均也说“不知何据”，对此存怀疑态度；更直接否定“孟子休妻”的传说，“此盖后人之所附会，必非孟子之事”。孟子形象在士人和普通民众眼中之不同，由此可见一斑。

结论

综上所述，皇帝、朝廷与封疆大吏、基层官吏、地方士绅、孟氏族人，乃至一般民众等不同社会等级一道参与到孟庙的修建之中，他们修庙的动机和对孟子思想的认知各有不同，在共时互动中向前滚动，共同塑造了孟庙和孟子的神圣地位。孟庙从无到有，时荣时枯，屡败屡修，规格不断升高，而形成七进院落、宏伟壮丽仅次于孔庙的格局，经历了一个曲折中上升的过程。孟庙的命运折射出孟子的地位也经历了一个曲折中上升的历程，其权威地位初步形成于宋，正式确立于元，至明清方彻底巩固下来。皇帝和朝廷的修庙尊孟，既受社会尤其理学家崇孟的影响，又反过来以皇权的至上权威对社会形成莫大

[32] 孟广均撰、孙葆田续撰：《重纂三迁志》卷十《杂志》。

[33] 孟广均撰、孙葆田续撰：《重纂三迁志》卷十《杂志》。

[34] 孟广均撰、孙葆田续撰：《重纂三迁志》卷十《杂志》。

[35] 大意：孟子妻独居而踞，孟子入户视之，以之无礼，请休去，孟母反以“将入门，问孰存；将上堂，声必扬；将入户，视必下，不掩人不备也。今汝往燕私之处，入户不有声，令人踞而视之，是汝无礼也。”批评孟子，于是孟子自责，不敢去妇。参见《重纂三迁志》卷十《杂志》。

的推动力，在孟子成为全民所尊的神圣中扮演着主要角色。与之同时，孟子思想形像也有着历时性流变，理学兴盛之前片面突出孟子为儒学卫道，元代以来更看重孟子对儒学的阐发。

明世宗与宫中太后及皇后关系述略

黑龙江大学中国北部边疆民族历史文化研究中心　胡凡

一　刻意抬高蒋太后地位

明世宗嘉靖皇帝的生母蒋太后祖籍徐州，后来迁居大兴，其父蒋敩“初授兵马指挥使，嘉靖间追赠玉田伯”[1]。蒋氏弘治五年（1492年）被册为兴王妃，在皇宫里生活了两年，弘治七年（1494年）与兴王之藩安陆。正德十六年（1521年）四月二十五日，世宗“即位三日，遣使诣安陆奉迎”[2]，十月初四日，蒋太后从大明门中门进入皇宫，在宫内住了下来。蒋太后和张太后是妯娌，蒋氏入宫为兴王妃时，张太后正是当朝中宫皇后，因此每逢正旦、冬至、生日等节庆之日，兴王和蒋氏都要按等级礼制的规定向张后朝贺，那拜跪叩头的礼节是少不了的。及至蒋氏随兴王之国安陆，屈指算来两人已有27年没有见面了。

从明世宗即位到蒋太后入宫的半年时间里，明廷内部发生了“大礼议之争”。嘉靖皇帝在“议礼之争”中为自己的父母争得了“兴献帝、兴献后”的称号，祖母邵氏也尊为“太皇太后”，最终又用皇太后的仪驾把母亲接进了宫中。虽然嘉靖帝和其母蒋太后是从藩服入承大统，但是当他们进入皇宫以后，实际的地位则是当朝的皇帝和太后，对于这一点张太后显然认识不足，因此当蒋氏进宫后前来见她时，张太后仍然端起了当年中宫皇后的架子，蒋氏也只好屈尊行先拜、再跪叩的大礼。[3]可

[1]《胜朝彤史拾遗记》，《香艳丛书》第一集，第1155页，人民文学出版社，1992年。

[2]《明史》卷一一五《列传第三·睿宗献皇帝献皇后》，中华书局，1974年。

[3]《大明会典》卷四三《中宫正旦冬至命妇朝贺仪》、《中宫千秋节命妇朝贺仪》，中华书局，1989年。

是，当蒋氏行礼之时，站在一旁的嘉靖皇帝却感到一种屈辱袭上心头，他由衷地升起一股不可名状的恼恨[4]。正因为嘉靖帝那颗受到伤害之心的固执，才使得他在以后的宫廷礼仪中，处处刻意抬高自己生母蒋太后的地位，用来和张太后相抗衡。

首先，在封号和宫廷礼仪方面抬高蒋太后。

在大礼之争中，蒋太后是明世宗的有力支持者，嘉靖帝也利用手中的权力一步一步地抬高蒋太后的地位。嘉靖元年（1522年），蒋氏从兴献后改称“兴国太后”。嘉靖三年（1524年）四月，嘉靖帝用给两太后同时上尊号的办法来抬高母亲的地位，给张太后上尊号为“昭圣康惠慈寿皇太后”；给蒋太后上尊号为“本生圣母章圣皇太后”，到七月“左顺门事件”时，又改为“章圣慈仁皇太后”，去掉了“本生”二字。嘉靖七年（1528年）七月，由于“大礼议”的成功，追尊兴献帝生母孝惠皇太后为“太皇太后”；恭穆献皇帝为“恭睿渊仁宽穆纯圣献皇帝”；尊奉章圣皇太后为“章圣慈仁皇太后”，在封号上蒋太后和张太后持平了。

嘉靖三年（1524年）正月，世宗母亲蒋太后过生日，嘉靖帝传旨，让有诰命的皇亲国戚以及文武百官的夫人们都进宫“朝贺燕赉”，而当三月里昭圣皇太后过生日时，嘉靖帝竟传旨“免命妇朝贺”[5]，这是刻意贬抑张太后、抬高蒋太后地位的明显举措。

嘉靖五年（1526年）九月，紫禁城内专门供奉兴献帝的世庙建成，嘉靖帝敕谕百官：“章圣皇太后欲谒见世庙，其考求典礼以闻。”世宗之所以让礼臣们考求典礼，是因为《会典》所载的皇后谒庙之仪乃是朱元璋为大婚册后所制定的礼仪，自永乐以后，谒庙礼就改为拜谒奉先殿，不再举行后妃谒太庙的礼仪了，此后历朝将此遵为家法，谁也不敢破坏。所以，当嘉靖帝要礼臣们拿出意见时，礼部侍郎刘龙表示：“臣等愚昧，不敢擅拟。”[6]后来几经争执，嘉靖帝终于在张璁、桂萼、席书等“议礼派”的支持下，举行了章圣蒋太后拜谒世庙的典礼。在以男性为主的封建宗法制度下，“母后谒庙”确实是“事出

[4]《明史》卷一一五《列传第二·后妃二·孝宗孝康张皇后》载：“初，兴国太后以藩妃入，太后犹以故事遇之，帝颇不悦。”

[5] 明·朱国祯：《大政记》，《皇明史概》（上册）第397页，江苏广陵古籍刻印社本。

[6]《明世宗实录》卷六八，第2页。

创见”，嘉靖帝敢于冲破传统，足见他抬高母亲地位、贬抑张太后的心情。

其次，颁行蒋太后所著的《女训》于天下。

蒋太后本人通晓诗书，著有《女训》12篇，兴献王在世时曾经亲为作序，蒋氏又写了一篇自序，这在明代后妃中是难能可贵的。在蒋太后之前，只有成祖仁孝徐皇后著有《内训》和《女诫》。嘉靖九年（1530年）十月，为了继续抬高母亲的地位，世宗命刊行《女训》于天下。据明人沈德符记载：“世宗以章圣太后所著《女训》一卷示辅臣，其首即献帝为之序，次即太后自序，为目十有二。已，复以慈孝高皇（后）传及仁孝（徐）皇后《内训》同示，欲与《女训》并刊行，辅臣张璁赞美，请上御制跋语于后。”[7]嘉靖帝不但命令刊行《女训》，而且还让礼部制定了定期在宫中讲授《女训》的制度，即由翰林院官每月撰成《直解》各三章，“初六日，皇后率妃、夫人诣圣母前听讲；十六日、二十六日皇后率妃、夫人于坤宁宫令女官进讲，仍起立拱听，讲毕，女官仍歌翰林院新撰诗一章。”[8]章圣蒋太后俨然成了宫中后妃和女官们的教授，《女训》则成了后妃们必读的教科书，嘉靖帝刻意尊崇、抬高母亲地位的形象跃然纸上。

最后，谒陵和修建宫殿。

嘉靖十五年（1536年）三月，世宗要举行中断了120年的谒陵祭祀大典，按理应该让两宫太后全都前往参加，可是嘉靖帝只和章圣皇太后、皇后在辅臣陪同下去了天寿山，昭圣皇太后张氏则被撇在宫内不能前去参加。实际上，这时的昭圣张太后正为嘉靖帝要杀她的两个弟弟之事搞得焦头烂额。而世宗在谒陵大典之后不久，就又给自己的母亲上尊号为“章圣慈仁康静贞寿皇太后”。为了不给世人留下话柄，嘉靖帝也给张太后加上“昭圣恭安康惠慈寿”的尊号，但这对张太后已经没有实际意义。

嘉靖十五年（1536年），世宗为了让蒋太后有一所像样的宫殿，于是在五月将紫禁城内元代所建的大善殿拆毁，并焚毁

[7] 明·沈德符：《万历野获编·宫闱·颁行女训》卷三，第87页，中华书局，1959年。

[8]《明世宗实录》卷一一八，第1~2页。

金银佛像及佛骨、佛牙等物达13000斤，造成佛教在宫廷中的一大厄运。其后，在大善殿的旧址上经过两年多的施工，到十七年七月建成慈宁宫，世宗为此对主持营建的武定侯郭勋，大学士李时、夏言，太监高忠，兵部尚书张瓒，工部尚书温仁和等大加赏赐[9]。可是蒋太后这时已病入膏肓，慈宁宫建成后几个月，她就在年底去世了。

二　打压张太后及张氏家族

自从正德十六年（1521年）十月蒋太后入宫开始，明世宗嘉靖帝就对张太后产生了不解的怨恨，一直到张太后死去，这种怨恨也没有消除。于是在刻意抬高蒋太后地位的同时，嘉靖帝极力打击和压制张太后，由此导致了张氏家族在嘉靖朝无可解脱的厄运。

首先，在宫廷礼仪及宫殿建置方面的压制。

如前所述，嘉靖三年（1524年）时同是皇太后寿诞之日，却给予两样待遇，这一举措引起了御史朱溛、马明衡的不满，他们上书说：兴国太后生日命妇朝贺，昭圣太后就传免，有失体面，在平时则可，在议礼纷更时则不可，“万一因礼文末节，稍成嫌隙，此非细故”[10]。嘉靖帝十分恼怒，非要杀了二人，经过大学士蒋冕的劝谏，最后将二人各杖八十，除名为民[11]。

嘉靖四年（1525年）的三月，“大礼议之争”世宗得胜之后不久，二十三日夜，“仁寿宫灾，玉德、安喜、景福诸殿俱烬”[12]。仁寿宫是昭圣张太后居住的寝宫，它被火灾焚毁之后，张太后没有了自己的住所，只好暂居仁智殿。后来仁寿宫的重建工程虽然开始了，但恰好赶上嘉靖帝赶修世庙，工程正紧，再加上世宗此时已对昭圣张太后怀恨在心，因此他便以岁灾民困为由，暂停了仁寿宫的兴建。大学士费宏为此劝谏说：“昭圣太后久处仁智殿，意或未安。请以渐修复，庶足彰陛下之孝。”嘉靖帝回答：“皇伯母孝奉不可缺，小民亦当爱念。”[13]这真是一条堂而皇之的理由。

[9]《明世宗实录》卷二一四，第3～4页。

[10]《明世宗实录》卷三六，第10页。

[11] 夏燮：《明通鉴》（三）卷五一，第1898页，中华书局，1959年。

[12]《明史·五行志》卷二九，第465页，中华书局，1974年。

[13] 夏燮：《明通鉴》（三）卷五二，第1945页，中华书局，1959年。

其次，对二张的惩处。

当初，昭圣张太后在定策迎立嘉靖皇帝时，为了要保护张氏家族的利益，她将自己的弟弟寿宁侯张鹤龄派作奉迎使，前往安陆迎立嘉靖帝，其目的就是要让张鹤龄以定策国老的身份在新朝仍能得势。嘉靖帝在即位之初虽对张太后产生了怨恨之心，但那也只是一时的不快，还没有发展到用惩治外戚的办法来打击张太后。所以，在嘉靖二年八月，张鹤龄仍以定策功被进爵为昌国公，张延龄也进爵为建昌侯。

但是，在宫廷生活中，嘉靖帝作为晚辈，每逢节庆之日，总得按礼制的规定去朝见张太后。张太后见弟弟已经封公进侯，觉得新皇帝对张氏家族也不敢怎么样，每次嘉靖帝朝见时，她仍然是那副居尊自重、傲慢无礼的样子，这就越发惹恼了嘉靖帝，使他对张太后的怨恨逐渐加深，史载：

> 初，兴国太后以藩妃入，太后犹以故事遇之，帝颇不悦。及帝朝，太后待之又倨。会太后弟延龄为人所告，帝坐延龄谋逆论死，太后窘迫无所出。哀冲太子生，请入贺，帝谢不见。使人请，不许。奸人刘东山者告变，并逮鹤龄下诏狱。太后至衣敝襦席藁为请，亦不听。久之，鹤龄瘐死。及太后崩，帝竟杀延龄。[14]

事情发生在嘉靖十二年（1533年）十月，张延龄被人告发有罪，逮入刑部大狱，经过审讯，“得其擅买违制田宅及杖杀僧、婢、司聪事有证”[15]，刑部尚书聂贤提出张延龄是国舅，当援引议亲之条减罪。嘉靖帝十分不满，生气地说：“夫谋逆者，只论谋与不谋，岂论成否耶？”他斥责聂贤徇私党比、义存欺罔，“令戴罪会法司及锦衣卫镇抚司从公究诘”。嘉靖帝是想把张延龄问成谋反罪，然后“族其家”，把二张一网打尽。对此大学士张孚敬力为劝谏，最后将张延龄以违制杀人罪论处绞刑，将张鹤龄革除爵位，谪为南京锦衣卫指挥同知。当刑部正在审案之时，昭圣张太后感觉到了问题的严重，她想向

[14]《明史》卷一一四《列传第二·后妃二·孝宗孝康张皇后》。

[15]《明世宗实录》卷一五五，第3页。

嘉靖帝求情。恰好这时嘉靖帝的第一个儿子哀冲太子刚满月不久，有人建议张太后以贺哀冲太子出生的名义，到乾清宫和嘉靖帝谈谈。嘉靖帝心知昭圣太后是为张延龄事要入宫，便称谢不见。昭圣太后一计不成，只好再派身边宦官直接致意求情，不料又被嘉靖帝一口回绝，张太后顿时感到束手无策，于是便屈尊去求嘉靖帝的第二位皇后张氏。张皇后经不起昭圣太后的请求，答应了替张延龄求情，张皇后没有料到，她这一张嘴，竟使自己落得个被废、幽死的下场。

嘉靖十六年（1537年）冬天，有两个叫班明、于云鹤的京城无赖上章告变，“奏鹤龄私通庄王，造符咒魇帝星”。这一告讦牵连到宫中的宦官、张家的亲戚、邻里，连昭圣太后也被牵了进去。嘉靖帝得报大怒，下令将张鹤龄从南京逮回京师，打入诏狱。接着京城人刘东山也上疏告变，“诬鹤龄兄弟与其诸子宗说、宗俭为推背压皇图魇镇圣母皇上，图凡五十余，向年班明言皆是；延龄家人往来仁寿宫，盗内藏，伺上动静”[16]。嘉靖帝为此将张延龄死罪加等，改为斩。案子越闹越大，昭圣张太后这时也不得不穿起破烂的短衣，在宫中地上铺起草席，坐在上面为张延龄和诸公侯们请求宽恕。尽管张太后这样求情，可嘉靖帝却丝毫不想宽恕这些人。后来御史陈让上疏，他在奏疏中写道：“陛下有帝尧九族既睦之德，而东山乃敢对陛下倡言汉武巫蛊之祸；陛下有帝舜克谐底豫之孝，而东山乃敢对陛下公言暴秦迁母之事；宜亟正典刑，以安宗社。”[17]嘉靖帝看了陈让的奏疏，才知道刘东山是诬告。这时，受命办理案件的锦衣卫指挥王佐侦得刘东山诬告的实情后，连同其生平各种罪状一起上奏给嘉靖帝，嘉靖帝乃“命复官崔元等如故，没东山产，廷杖荷校死”[18]。刘东山诬告案审结时，已是嘉靖十七年正月，这时张鹤龄已经瘐死狱中，张延龄仍被长系狱中，既不释放，也不处决，令昭圣张太后着实难堪。这年年底，章圣蒋太后去世，嘉靖帝真个动起了疑心，怀疑母亲的死是“昭圣肆毒”，是其“潜行巫蛊”所致，以致要对张太后下手，幸得大学士李时从中斡旋，才使昭圣张太后得以无事。嘉

[16] 明·查继佐：《罪惟录》卷二《张皇后》，第1166页，浙江古籍出版社，1986年。

[17] 明·焦竑：《献征录》卷六五《陈让传》，上海书店出版社，1987年。

[18] 明·谈迁：《国榷》卷五六，中华书局，1958年。

靖二十年（1541年）八月，昭圣张太后去世了，世宗却仍对她耿耿于怀，“厚薄任情，其于丧礼最减杀者则昭圣太后”[19]。又过了五年，张延龄终于被斩西市。

再次，我们不妨考察一下世宗打击张太后家族的更深层的动因，那就是对张太后不是武宗生母所产生的憎恨。

事情要追溯到弘治初年。张太后和孝宗成婚后感情甚好，“宫中同卧起”，其他六宫妃嫔都不能沾孝宗的一点恩泽。可是结婚都四年了，张后竟一直没有怀孕，这不能不使孝宗的祖母太皇太后周氏着急。于是，周氏在自己身边安排了两个美人郑氏、赵氏，明确地告诉孝宗是为了让他能有儿子而特意选的。孝宗对周太后的美意不能推托，“不得已，幸郑，有娠雄，上不知也”。周太后对此很高兴，可孝宗却很惭愧，觉得对不起张皇后。周太后说：“‘后诚以为子，诏天下世嫡，良善。’后从之，是为武宗。”[20]明人沈德符也记载这事说：

> 孝康皇后张氏擅宠，六宫俱不得进御。且自武宗生后，正位东宫，再举蔚悼王薨后，更无支子。京师遂有浮言：太子非真中宫出者。时有武城尉军余郑旺，有女入高通政家进内，因结内侍刘山宣言：其女今名郑金莲，现在圣慈仁寿太皇太后周氏宫中，实东宫生母也。[21]

这件事在弘治年间可能流传甚广，嘉靖帝当是了解得很清楚，不管此事是否真实，他由此而对张太后产生了更深一层的怨恨却是实情。沈德符称：“以此世宗尤追恨张太后，并及鹤龄、延龄兄弟，决欲族之。”历史事实证明：沈德符的话绝非谎言。

三　三位皇后未得善终

明世宗的三位皇后是孝洁皇后陈氏、废后张氏、孝烈皇后方氏，由于世宗那种偏狭、乖戾的性格，遂使三位皇后皆未得

[19] 明·沈德符：《万历野获编·宫闱·嘉靖两后丧礼》，第92页，中华书局，1959年。

[20] 明·查继佐：《罪惟录》卷二《张皇后》，第1165页，浙江古籍出版社，1986年。

[21] 明·沈德符：《万历野获编·宫闱·郑旺妖言》卷三，第86页，中华书局，1959年。

其死。

嘉靖帝入承大统时15岁，转年就是16岁，按照明宫的习惯，他该结婚了，于是由昭圣张太后主持，为嘉靖帝进行了选婚。

嘉靖帝的大婚典礼，是在他刚刚入宫不久，一切都还没有头绪的情况下举行的。这时候的皇宫大内，一切都是昭圣慈寿皇太后说了算，嘉靖帝的选婚自然是由她来主持，章圣蒋太后在名分上还不够资格。正德十六年年底，

> 慈寿皇太后诰谕礼部：皇帝年及婚期，宜简贤淑以为之配。尔礼部其榜谕北京、直隶、南京、凤阳、淮安、徐州、河南、山东，于大小官员民庶善良之家，预先用心选求，务择其父母行止端庄、家法齐整女子，年十四、十五，容貌端洁、性资纯美、言动温恭、咸中礼度者，报名在官，待差去官员再行访选堪中者，有司以礼令其父母送至京。[22]

随着大礼争执的进展和张太后对蒋太后的裁抑，嘉靖帝开始对由慈寿皇太后为他选婚表示不满。嘉靖元年（1522年）八月，预选的女子都已到京，就要入宫进行最后的简选时，司礼监宦官到内阁传达嘉靖帝的旨意，要求改传祖母寿安皇太后懿旨，大学士杨廷和认为不可，说：“传旨改从寿安，事不归一，礼不由正，何以昭示中外？”[23]嘉靖帝没办法，只好一直由昭圣慈寿皇太后来主持大婚选后事宜。在张太后定选之前，钦天监官员奏报说：“大名有佳气。”[24]于是，张太后就把那选后用的青纱手帕、金玉跳脱等系到了陈氏的手臂之上，陪同陈氏中选的二位贵人，一为文氏，一为张氏。

嘉靖元年（1522年）九月二十八日，由成国公朱辅为正使，大学士杨廷和、毛纪为副使，持节、奉册宝行奉迎礼，将陈氏迎入宫中，立为皇后。十月十六日，按照一后以二贵人陪升的规矩，又“遣武定侯郭勋、惠安伯张伟充正使，大学士

[22]《明世宗实录》卷九，第14页。

[23]《明世宗实录》卷一七，第1页。

[24] 夏燮：《明通鉴》卷五〇，第1865页，中华书局，1959年。

杨廷和、蒋冕充副使，册封文氏为恭妃，张氏为顺妃。”[25]陈皇后与嘉靖帝一起生活了七年，她的父亲一开始被授为都督同知，后来又赐第西安门外，极其壮丽，再以后陈万言又被封为泰和伯，给予世券，颇得世宗照顾。但是，随着嘉靖帝对昭圣张太后怨恨的加深，也影响到他和陈皇后的感情。

嘉靖七年（1528年）十月，陈皇后已经怀孕几个月了。嘉靖帝虽然对张太后不满，但见陈皇后有了身孕，心中也是很高兴的，所以他下朝无事时经常和陈皇后一起坐一坐。史载：“一日，与后同坐，张、方二妃进茗，帝循视其手。后恚，投杯起，帝大怒。”原来是陈皇后一时妒上心头，结果引起嘉靖帝一顿大怒，那当然是将陈皇后严厉斥责了一番。陈皇后被嘉靖帝的怒斥所惊吓，当天夜里就小产了，既而血崩不止，没过几天就去世了。当陈皇后病危之时，很想见母亲冀氏一面，陈万言为此上奏嘉靖帝，请求批准。但此时嘉靖帝怒气未消，不但不准冀氏入宫探望女儿，反而还将陈万言的奏疏宣示辅臣，说成是外戚想借探病为由窥视朝廷，可怜陈皇后因惊悸而堕胎，临死之前连亲人的面也见不上。更让人感到绝情的是，嘉靖帝还裁减陈皇后丧礼的规格，“帝素服御西角门十日，即玄冠玄裳御奉天门，谥曰悼录，葬袄儿峪。葬之日，梓宫出王门，百官一日临。”[26]到了嘉靖十五年（1536年），世宗怒气早已消释了，才在夏言的建议下，改陈皇后谥号为孝洁，隆庆元年（1567年）迁葬永陵。

从嘉靖帝本身来看，正是他对昭圣张太后的怨恨愈益加深，才导致了他对陈皇后这不近情理的暴怒，这从他对张璁的谈话中即可看出。陈皇后去世两个月后，章圣蒋太后和辅臣们都敦促嘉靖帝早立皇后，嘉靖帝对张璁说：“前者初婚之期，皆是宫中久恶之妇所专主而为，日夜言（之）圣母，圣母未之察耳。今若又使与此事，则不如不必继立也。”[27]嘉靖帝所说的“宫中久恶之妇”，就是指的慈寿张太后，他明确表示如再选后，则不许张太后参与，可见他对张太后怨恨之深。

但是，尽管嘉靖帝不想让张太后参与，在名义上还是不能

[25]《明世宗实录》卷一九，第4页。

[26]《明史·后妃·孝洁皇后陈氏》卷一一四，第3530页，中华书局，1874年。

[27]《明世宗实录》卷九四，第17页。

撇开张太后，他在给礼部的敕谕中还得说："累奉皇伯母昭圣康惠慈寿皇太后、圣母章圣慈仁皇太后面谕……皇帝宜亟自择其可者册立之。"于是，嘉靖帝一方面仰遵两宫皇太后之命，另一方面俯纳群臣之忠，选定了顺妃张氏作为他的第二位皇后。因为这"顺妃张氏往奉圣母所简，册以为妃"，这当是张氏以贵人陪升时，由蒋太后给她系上青纱手帕和金玉跳脱等物的，所以嘉靖帝才对他情有独钟。而张氏也能"克尽礼道，性资端慎，淑德允谐"[28]，因而得到嘉靖帝的欢心，终至被立为皇后。这是嘉靖帝的第二位皇后。

张氏做了不到六年皇后，这期间正是嘉靖帝锐意更定祀典、抬高母亲地位的时期。嘉靖九年（1530年），世宗确定了两项大的兴革，一是举行皇后亲蚕礼，一是颁行蒋太后所作《女训》，对于世宗这些兴革，张皇后无不予以支持。史称：

> 张皇后在御数年，上方追古礼文之事，每岁皇后率从上分献宗庙，率诸嫔御行出郊亲蚕礼。九年，颁章圣太后《女训》于天下，上命诵习，自宫中始，翰林院更撰内则新书合歌二南，以兴天下之妇教。是时，皇后日率妃夫人听讲太后前。

这是一个多么好的贤内助啊！可是到嘉靖十三年（1534年）正月初六，张皇后突然被废，那圣旨中说道：

> 朕元配早失，以助祀不可无人，列御不可无统，进封张氏为皇后，礼遇特隆。乃多不顺不敬不逊，朕屡恩待。昨又侮肆不悛，曷克承乾！今收其册宝，逮闲别所，其停天下笺贺如敕。[29]

是什么原因使嘉靖帝突然废掉张皇后，并且说她"不顺、不敬、不逊，侮肆不悛"呢？正史无文，当朝大臣们也无一人劝谏。原来，根源还在于昭圣张太后那里，明人朱国祯和沈德

[28]《明世宗实录》卷九五，第4页。

[29] 明·查继佐：《罪惟录》卷二《张皇后》，第1170页，浙江古籍出版社，1986年。

符在其所著的野史笔记中道出了原委。朱国祯在天启年间曾官至礼部尚书、文渊阁大学士、太子太保，有多种史著流传，在其笔记《涌幢小品》中载道：

> 余童子时，一老儒为言：张后之废，实由张延龄兄弟。世宗方以昭圣初年裁抑章圣愤甚，而延龄故多怨家，为人所讦下狱。昭圣急，因上生子，谕来见致贺，上辞之。再谕再辞之。益惶急，托张后为言。后方有盛宠，乘夜宴，述太后意。而太后亦先遣人传上云：延龄事，将就罢。上已怒，谕阁臣谓太后云云，然尚未有以发。及闻后言，大怒，即褫冠服与杖，明日下令废黜。延龄竟坐死。

朱国祯对此事进行了考证，认为日月正相合，他为此感叹说："世宗以母后不顾燕婉之好，诚刚诚孝，而张后之不幸已甚。昭圣此时，其又何以为情？"[30]在皇权专制的条件下，一旦皇帝发起怒来，谁也不敢说话，而张后此时就只好成为牺牲品，她被幽系别宫之后，于嘉靖十五年（1536年）闰十二月初三日悲惨地死去。

废掉张后刚刚两天，嘉靖帝又敕谕礼部："昨已闻于圣母，以德嫔方氏性资端慎，名冠九良，允副朕怀，未尝少怠，宜立为皇后。"同时宣布进僖嫔沈氏为宸妃，丽嫔阎氏为丽妃。正月十五日，举行了隆重的册封礼、谒庙礼，并颁诏天下，这就是嘉靖帝的第三位皇后——孝烈皇后方氏。

方皇后是江宁人，嘉靖九年（1530年）被选入宫。当时世宗即位快十年了，可后宫却一直没有儿子，大学士张璁为此建议说："古者天子立后，并建六宫、三夫人、九嫔、二十七世妇、八十一御妻，所以广嗣也。陛下春秋鼎盛，宜博求淑女，为子嗣计。"嘉靖帝听从了这个建议，于是在南北直隶、河南、山东等地广选秀女以充后宫，经过严格的挑选，有30名女子被选进宫中。到嘉靖十年（1531年）三月，从新选秀女中挑选了九名册封为九嫔，其中方氏在九人中居首，封为德嫔。当

[30] 明·朱国祯：《涌幢小品》卷一《中宫废立》，第15页，中华书局，1959年。

嘉靖帝废掉张后，想立方氏为皇后时，事先曾经征求礼部尚书夏言的意见，夏言已经明白世宗属意方氏，便趋奉说：“臣请为陛下贺，夫天圆而地方者也。”[31]嘉靖帝闻言大喜，于是德嫔方氏成了新的皇后。

方氏被立为皇后以后，身上的担子并不轻松，在其后的几年中，宫中礼仪繁多，建筑频兴，谒陵谒庙，事情也是不少。嘉靖十七年（1538年）蒋太后去世，料理丧事，安放蒋太后木主等一应祭祀着实忙乱了一阵。方皇后以精练的才干处理了这诸多复杂的事务，很得嘉靖帝的信任。但是，她在一件事情上没有处理好，那就是嘉靖二十一年（1542年）发生壬寅宫变时，她趁嘉靖帝受伤不能说话的机会，把皇帝宠爱的曹端妃给处死了，由此而招致嘉靖帝的不满。

从以上叙述中我们看到，嘉靖帝是个性情偏狭、乖戾、刚愎自用的人，他经常因为暴怒而责打人，特别是在内廷宫中，皇后及嫔妃侍御们经常因为一点小事而受到嘉靖帝的责罚，尤以那些侍奉皇帝起居的宫女们痛苦最深。史称：“世宗性卞，待宫人多不测，宫人惧。”[32]朝鲜使臣以旁观者的身份也在记载中写道：“皇帝虽宠宫人，若有微过，多不容恕，辄加箠楚，因此殒命者，多至二百余人。”为嘉靖帝服务的宫女近千人，可是因细故而被箠楚而死者竟占五分之一，可见宫女们所受的深重压迫，生命毫无保障。正是这种深重的压迫使宫女们喘不过气来，蓄怨积苦，必然导致反抗。再加上“皇帝好道术，炼丹服食，性寝躁急，喜怒无常，宫人等不胜怨惧，同谋构乱”[33]，终于在嘉靖二十一年（1542年）十月发生了“壬寅宫变”。

宫变发生后，方皇后及时赶来救下了嘉靖帝，但此时嘉靖帝已经昏死过去。为了抢救嘉靖帝，方皇后命赶快召集御医会诊，御医们面面相觑，谁也不敢冒这个风险。方皇后心急如焚，她要以工部尚书衔掌太医院事的许绅务必设法救活皇帝。许绅把了半天脉，使出平生本事，“急调峻药下之，辰时（上午7～9时）下药，未时（下午1～3时）忽作声，去紫血数升，

[31]《胜朝彤史拾遗记》，《香艳丛书》第一集，第1161页，人民文学出版社，1992年。

[32] 清 · 程章：《明宫词一百首》，载《明宫词》，第145页，“卞”为急躁之意。北京古籍出版社，1987年。

[33]《李朝中宗实录》卷九九。

遂能言，又数剂而愈”[34]。许绅把嘉靖帝救活了，自己却因惊悸而去世。

当嘉靖帝刚从昏迷中苏醒后，方皇后便开始了对杨金英等人的审讯。经过太监张佐、高忠的严刑拷问，审得结果是“（杨）金英与苏川药、杨玉香、邢翠莲、姚淑翠、杨翠英、关梅秀、刘妙莲、陈菊花、王秀兰亲行弑逆。宁嫔王氏首谋。端妃曹氏时虽不与，然始亦有谋。张金莲事露方告，徐秋花、邓金香、张春景、黄玉莲皆同谋者。”司礼监将这一结果上报嘉靖帝，嘉靖帝这时惊魂未定，于是全由皇后处置。方皇后传旨：

> 不分首从，悉磔之于市，仍剉尸枭示，并收斩其族属十人，给付功臣家为奴二十人，财产籍入。[35]

第二天，在西安门外四牌坊的西市和宫中一个秘密地点同时施行极刑。西市被处决的“宫婢犯人一十六名”[36]，在宫内秘密地点被处决的是曹端妃和王宁嫔。据说在行刑时大雾弥漫，连续三四天不开，“时谓有冤，盖指曹妃诸人”。沈德符根据京师故老的传言说：“曹妃为上所嬖，孝烈妒而窜入之，实不与逆谋。”嘉靖帝清醒之后也对端妃之死发生怀疑，说：“端妃我所爱，宜无此心。”[37]正是这一怀疑，导致了嘉靖二十六年（1547年）方皇后之死。

那是嘉靖二十六年（1547年）冬十一月五日夜，由于世宗从初一以来连续举行斋醮于大高玄殿，到了第五天，正是人人困乏之际，终致发生火灾。这次大火肯定很猛烈，以致嘉靖帝在露台祈祷时竟至产生幻觉，史称：

> 壬午夜，宫中火，诏释御史杨爵狱。爵长系七年，至是建醮高玄殿，火时，上恍闻呼杨爵及工部员外郎刘魁、吏科给事中周怡名，次日皆释为编氓。[38]

[34]《明史》卷二九九《方伎·许绅传》，第7650页，中华书局，1974年。

[35]《明世宗实录》卷二六七，第5页。

[36] 明·沈德符：《万历野获编·宫婢肆逆》卷一八，第470页，中华书局，1959年。

[37]《胜朝彤史拾遗记》，《香艳丛书》第一集，第1162页，人民文学出版社，1992年。

[38] 明·谈迁：《国榷》卷五九，第3708页，中华书局，1958年。

杨爵是御史，嘉靖二十年（1541年）因谏止祥瑞而被逮下诏狱；刘魁是工部员外郎，因谏止建造“祐国康民雷殿”于二十一年（1542年）秋被逮下诏狱；周怡是给事中，因言事于二十二年（1543年）六月被逮下诏狱。三人皆备受折磨，系狱多年，幸逢宫内大火，才被释放回家。杨爵等三人因火得福，脱离了牢狱之灾，可是世宗的第三位皇后方氏却在这次火灾中丧生。当大火正熊熊燃烧之时，“中官请救后，上不应，方后遂崩”。嘉靖帝之所以不想救方皇后，其根子就在壬寅宫变时，方后传帝命将端妃曹氏处以磔刑，及至嘉靖帝康复之后，颇疑端妃是含冤而死，正因为世宗因端妃之事迁怒于方皇后，所以就眼看着方皇后被困于火海而不救，致使方皇后被烧成重伤，几天后死去。清人对此咏道：“无端事变起宫闱，全仗长秋息祸机。岂料顿忘宗社恨，翻然病已忆端妃。”又咏道：“西宫烈焰照天明，内使惊喧奏紫宸。何事沉吟无一语，可怜玉体尽成尘。”[39]

陈皇后的死，有因嘉靖帝怨恨张太后而迁怒于她的因素；张皇后的被废，直接就是由怨恨张太后引起的。当方皇后挣扎于烈火之中时，嘉靖帝从内心深处体会到一丝替曹端妃报仇的快感。但是当面对方皇后的遗体，需要处理丧事时，他又感到深深地懊悔，觉得皇后救了他的命，可他却不救皇后的命，心中不忍，便敕谕礼部说：“皇后比救朕危，奉天济难，冀同膺洪眷，相朕始终。不意遽游，痛切朕情，其以元后礼丧之。”[40]

从世宗对待自己三位皇后的行为之中，凛凛让人感到嘉靖皇帝那种刚愎、偏狭、乖戾的性格。

[39] 清·程章：《明宫词一百首》，载《明宫词》第145～146页，北京古籍出版社，1987年。

[40]《明世宗实录》卷三三〇，第2页。

上之所好，下必甚焉？
——从明熹宗坐像看晚明宫闱内外间的交流

中国文化大学美术学系　吴美凤

前言

目前所知，明熹宗（1621～1627年在位）坐像有两幅，原收藏于景神殿，改朝换代后与其他明代列祖列宗坐像一样，收入清廷内府的南薰殿。乾隆十三年（1748年），南薰殿内所有画像重加装池，每岁定期晒晾，并于嘉庆二十年（1815年）编入《石渠宝笈》三编，参与编制的胡敬（1769～1845年）还撰有《南薰殿图像考》，逐一详载殿中收藏的历代帝王功臣画像。1949年后两岸故宫博物院各收藏一幅，可谓流传有绪，也是入清之前最后一位留有坐像的明代皇帝。

此二幅明熹宗坐像，与之前在位仅一个月的皇父明光宗（1620年8月），或在位48年之久的皇祖明神宗（1573～1620年）坐像，表现方式截然不同，而后二者却如出一辙。进一步观察明代各帝的坐像，纵或有异，或各自有差，但明熹宗坐像所呈现的竟是前无古人，独一无二的景象。因此，格外引人注目，也令人好奇。本文拟就明熹宗坐像的构图、内容、陈设等方面进行探讨，比较其与前朝诸帝坐像之差异，并尝试拉高视线，将触角涉及宫墙之外的官宦与士庶间，以期窥究其与历朝列祖列宗坐像不同之原因。

一 黼扆、瓶几陈设俱全的明熹宗坐像

胡敬在其《南薰殿图像考》中对明熹宗坐像的记载是：

> 明熹宗像二轴，绢本，一纵六尺四寸，横四尺九寸，设色画，坐像高三尺六寸，黼扆，冠服同上，旁二几，陈设瓶炉书策。一纵三尺四寸，横一尺三寸五分，设色画，坐像高一尺九寸，黼扆冠服陈设并同。[1]

胡敬有关“明熹宗坐像”之记载，仅尺寸详载差异，并未涉及内容。目前海峡两岸分别各藏一幅，台北故宫博物院所藏的“明熹宗坐像”（图1）与故宫博物院的“明熹宗坐像”（图2），皆与胡敬所述符合，坐像身后都负“黼扆”，左右各一

[1] 胡敬：《南薰殿图像考》，第338页，收入《胡氏书画考三种》，汉华文化事业，1971年。

图1 明熹宗坐像（轴，绢本，设色，纵203.6厘米，横156.9厘米，台北故宫博物院藏）

图2 明熹宗坐像（轴，绢本，设色，纵112.2厘米，横75.7厘米，故宫博物院藏）

几，上设“瓶炉书策”，尽管两幅尺寸差距不小，但两者的容貌神情、宝座、屏风和陈设什物等都极为相似。

两幅均为一大二小独板组合成的“山”字形宝座，所有的线角施金，背板略高出两边的扶手，扶手前端与坐沿间雕饰简约的云纹，上嵌杂宝。椅盘厚实，亦嵌杂宝，下为方整的须弥座，再接带托泥框架式直柱腿足，角牙饰张口龙首，足端雕外扩卷云，其下复接一须弥座，框架式的台座下又以须弥座为底，前有同制的须弥座束腰脚踏，皆绿漆描金，间亦镶嵌杂宝。左右扶手板上各施一面向前方的行龙，鼻环下衔瓔珞帨带。背板上二行龙相对，昂首之际正好衬出熹宗衮服十二章之首的日、月肩章，顺势而上到其首服翼善冠。左右扶手板与背板皆满饰云龙纹，描金的框线分别髹以翠绿与宝蓝，与黄花蓝地相间的坐垫相互辉映。熹宗双手笼袖胸前，身后左右各露一鼓几，四面开光，几面覆袱，垂挂瓔珞，与铺首衔环相间为饰。

宝座两旁各置一朱漆高几，其上满布陈设。从露出的抹头约略可辨为云纹大理石几面。下为高束腰须弥座，上下分别为仰莲与朵云雕饰，往下再接鼓腿彭牙三弯足，腿足中段、足端与鼓腿俱雕饰云纹。腿足下复设须弥座为整器之底座，下施覆莲纹。上下两组须弥座束腰间的绦环板开光，并饰与几面、底座面相同的云纹大理石。

宝座右方高几上有炉、鼎与觚形花器，上插折枝牡丹兰竹等，炉鼎间各夹陈书策，共有陈设五件。左方高几上依序有青铜器中的簋，簋的腿足间可见其后有一青铜狮尊，狮尊上似设一龙蜿蜒而升、再俯首下衔一炷香，白烟并缭绕向上。与升龙相对的另一边似为青铜器中带提梁的卣，其后为尊形花插，上插折枝牡丹。花插旁有一青瓷有盖尊，后为高迭的书策，共有陈设约六件。

宝座与二高几后设一独板大座屏，也就是胡敬所言的“黼扆”。屏心以祥云为地，绘双龙戏珠，袅袅上升的腾云若仙山缥缈，将熹宗的头首护住。屏顶朝外的二行龙背道而走，张口衔住瓔珞垂帨，正中高挂火焰明珠，二龙相对抢珠。宽阔的朱红边框镶嵌杂宝，左右亦饰雕龙。整组坐像由两侧髹红高几向上延展至朱红屏框，连接成视觉上的大“ㄇ”字形，从而坚实紧密的圈住宝座与熹宗，与护住熹宗头首的“山”字形缥缈祥云似里应外合。

海峡两岸所藏的“明熹宗坐像”，就画面所示，应系出自同一粉本，乍看宛如同一幅，然仔细观察，却是同中有小异。最大的差别除尺寸外，台北故宫博物院的“明熹宗坐像”，宝座两侧的案几腿足较为挑高瘦长，故宫博物院的则略显矮壮，然故宫博物院的瓶中花卉，如绽开的粉红牡丹，晕染细腻，较为生动自然。最明显的相异处为宝座前的氍毹，也就是毛织成的地毯，故宫博物院的为蓝地满绘绿色缠枝牡丹，蓝绿相间，与宝座的蓝绿浑然一体。台北故宫博物院的为似锦繁花，五色杂陈，并见数尊游龙围绕宝座。此外，前者的氍毹向后展延直越过大座屏，后者所见则仅铺陈至高几尽处的座屏之前。

二　明熹宗坐像与明代历朝皇帝坐像有何不同

胡敬所谓明熹宗坐像“冠服同上”，就其为文之序，所指应为熹宗之前在位仅一个月的皇父“明光宗坐像”（图3），或皇祖“明神宗坐像”（图4）。两者均服龙衮翼善冠，与明熹宗所服是一致的，唯两者的坐具都是圈背交椅，上覆厚重几至垂地的椅帔。只有神宗之前的穆宗（1567～1572年）与世宗（1522～1566年）坐像（图5），身后有“黼扆”，不过这“黼扆”是三山式折屏，与熹宗背后所负还是有别，而这三折式围屏首次出现于孝宗（1488～1505年）坐像上，世宗、穆宗仅因袭前制而已。若再向前追溯，其余列祖列宗的坐像，不是与光宗、神宗坐像一样的踞坐圈椅，或同英宗（正统1436～1449年、天顺1457～1464年）般的跨于宝座上（图6），身后既无三折“黼扆”，也无熹宗的独板座屏，更遑论宝座与黼扆间的“旁二几，陈设瓶炉书策”。换言之，明代皇帝的坐像，除开国的明太祖有迥异的“真容”与“疑像”之别，坐具各自有差，将另文讨论外，明熹宗坐像与其他列祖列宗的坐像相去甚多。这位明代倒数第二位皇帝，也是明代宫廷所留最后一幅皇帝的坐像[2]为何如此大张旗鼓地与众不同？

图3 明光宗坐像（轴，绢本，设色，纵203.3厘米，横131厘米，台北故宫博物院藏）

图4 明神宗坐像（轴，绢本，设色，纵110.7厘米，横76厘米，台北故宫博物院藏）

图5 明世宗坐像（绢本，设色，纵209.7厘米，横155.2厘米，台北故宫博物院藏）

图6 明英宗坐像（轴，绢本，设色，纵210厘米，横171.8厘米，台北故宫博物院藏）

[2] 明思宗崇祯皇帝是明代最后一位皇帝，并未留下坐像。紫禁城出版社编《清史图典》第二册（顺治朝）第8页的《崇祯帝像》，据故宫博物院专家考证为近人所绘。

三　明熹宗其人其事

明熹宗朱由校生于万历三十三年（1605年）十一月十四日，生母出身低微，与其皇父光宗的生母一样，均为侍候起居的宫女，也就是神宗口中的“都人”。虽然神宗生母李太后亦为“都人”，但神宗对待同为“都人子”的皇长子朱常洛与皇长孙朱由校却相当冷淡。依明代制度，“大抵皇子生十岁而入学”[3]，也就是十岁开始念书，但神宗却迟至万历二十三年（1595年），朱常洛已13岁时，才勉强同意其出阁讲学，此后断断续续，仅复讲几次[4]，以致朱常洛一生总共只读过几次书。皇太子为“储君”，朱常洛身为皇长子，神宗未依“册立皇子不过数龄”之传统[5]，百般推迟“储君”之立，一再拖延至万历二十九年（1601年）十月，朱常洛19岁时才在内外廷臣的交章固请与李太后的命令下，勉强册封其为皇太子。[6]皇太孙为“储贰”，神宗直到万历四十八年（1620年）七月驾崩前，一直未立朱由校为“皇太孙”[7]，出阁讲学更只字不提。因此，16岁的朱由校在同年八、九月内，由皇孙变成皇子，也来不及册封为“皇太子”，就遽然登上大宝，在“名位未正”之下登基，也是明朝历史上唯一目不识丁的皇帝。

无独有偶，明熹宗在位七年之间宠信不断的内臣魏忠贤也是一丁不识的文盲。魏忠贤本市井无赖，外貌“形质丰伟，言辞佞利”，其人“尝从武弁习骑射”、“性多疑狡诈，然有胆气……若其歌曲弦索，弹棋蹴踘，事事胜人”，意即玩乐耍戏之属，样样高人一等。万历十七年（1589年）入宫为太监，因缘际会，得以随侍年当冲幼的熹宗，其“服劳善事，小心翼翼……曲意逢迎，巧会旨趣”[8]，加上一身玩乐的本事，使得“生性好动”的朱由校如鱼得水。登极之后，魏忠贤一跃龙门，成为大权在握的司礼监秉笔太监，兼掌东厂，与熹宗的乳母客氏，两人表里为奸，“挟天子以令百官”，无论内廷或外朝，“附之者升之九天，一月三迁，蟒玉峥嵘；忤之者坠之九渊，褫衣夺职，禁锢沉埋”。[9]熹宗这边则斗鸡走马，拉弓射

[3]《明神宗实录》卷二六七，万历二十一年闰十一月辛巳条，台北“中央研究院”历史语言研究所，1966年。

[4]《明神宗实录》卷五四八，万历四十四年八月壬寅条，台北“中央研究院”历史语言研究所，1966年。

[5]《明神宗实录》卷二六七，万历二十一年闰十一月辛巳条，台北“中央研究院”历史语言研究所，1966年。

[6] 清·张廷玉等：《明史》卷二一《本纪第二十一·光宗》，第293页，中华书局，1995年。

[7]《明光宗实录》卷五，泰昌元年八月戊午条，台北“中央研究院”历史语言研究所，1966年。

[8] 明·朱长祚：《玉镜新谭》，第2～4页，中华书局，1997年。

[9] 明·朱长祚：《玉镜新谭》，第123页，中华书局，1997年。

箭，无一遗漏，还与近侍和宫人群聚蹴踘、斗蟋蟀、荡秋千、捉迷藏等等，玩乐不尽。明人所撰的《天启宫词》就有“玉兰干畔赌迷藏，虎洞阴深背月光，捉得御衣旋放手，名花飞出袖中香”等描写，所言的老虎洞就在乾清宫丹陛下。[10]熹宗也常舞刀弄剑，往往在乾清宫玩到半夜还不歇息。又“好挟弹放鸟铳”，连近侍“在宫中亦皆习之”。一名叫王进的近侍在御前放铳，铳不慎炸开，将自己的左手打得无影无踪，也差点伤及熹宗。[11]魏忠贤还“导上以武，每月怂恿御操”，遂有“内操之制”，直把大内当操兵演练之所，简选精兵数百名，操刀劫刃，金鼓震天，使得整个内廷“绣桷金铺天上头，飒风笳鼓似边州”[12]，每操还试红衣大炮，使“宫阙悉为震动”。[13]

明人的宫词里说熹宗“不好女色”，宫内有历代珍藏书画，将李伯时（李公麟，1049～1106年，北宋画家）画的昭君出塞大幅与赵子昂（赵孟頫，1254～1322年，元画家）画的鬼子母揭钵手卷两种并陈御览，结果“君王不爱倾城色，只看狰狞揭钵图”[14]，数据显示，熹宗最感兴趣的，可能就是“自操斧锯凿削”[15]的创作。

被开国的明太祖朱元璋赶到漠北的元顺帝妥欢帖木儿，史载他“尝手制龙船样式，命工依样而为……又自制宫漏……又自削木构宫，高尺余，栋梁楹榱，宛转皆具。”[16]熹宗似乎也不让这前代亡君专美于前，如将宫中的大铜缸凿孔设机关，“挑动后可令水势逆飞，或泻如瀑布，或散若雪霰，最后则亭亭玉立直上如柱”，此时缸底预置如核桃大的镀金木球“忽上玉柱之尖，盘旋上下，久而不坠”，宫词中说这是熹宗的创意[17]，这光景犹如400年后的今日，美国赌城拉斯韦加斯著名大酒店前的成排水舞。事实上，熹宗诸如此类的创意还有一种“水傀儡”戏，将长宽三丈的方铜池贮水，浮竹板，上承傀儡，池侧设帐，由几名钟鼓司官藏在帐后，操纵机关，使傀儡转动，宣演“东方朔偷桃”、“三宝太监下西洋”等戏码等。[18]

《天启宫词》说熹宗：“帝性喜土木，日夕躬自营缮小房，雕镂刻画，工师莫能及”[19]，所谓“罢朝常是运斤时”，

[10] 明·秦兰征：《天启宫词》，收入王德毅主编：《丛书集成续编》第279册，史地类，台北新文丰出版社，1989年。

[11] 明·蒋之翘：《天启宫词》蓝格抄本，台北“国家图书馆”藏微卷，编号13129。

[12] 明·蒋之翘：《天启宫词》蓝格抄本，台北“国家图书馆”藏微卷，编号13129。

[13] 明·蒋之翘：《天启宫词》蓝格抄本，台北“国家图书馆”藏微卷，编号13129。

[14] 明·秦兰征：《天启宫词》，收入王德毅主编：《丛书集成续编》第279册，史地类，台北新文丰出版社，1989年。

[15] 明·刘若愚：《长安客话·酌中志》，第72页，北京古籍出版社，2001年。

[16]《中国营造学社汇刊》第三卷第二期，第158页。

[17] 明·秦兰征：《天启宫词》，收入王德毅主编：《丛书集成续编》第279册，史地类，台北新文丰出版社，1989年。

[18] 明·秦兰征：《天启宫词》，收入王德毅主编：《丛书集成续编》第279册，史地类，台北新文丰出版社，1989年。

[19] 明·蒋之翘：《天启宫词》蓝格抄本，台北“国家图书馆”藏微卷，编号13129。

就是外廷朝退后通常就是他手操斧锯，大展身手之时："圣性好营建回廊、曲室……宫中旧有蹴圆亭，上又手造蹴圆堂三间"，蹴圆就是专供蹴踘（踢毽子）之处。《天启宫词》也记道："上好雕镂木器护灯小屏八幅，手刻寒雀争梅"，这八幅的小屏完工后戏说要近侍拿去卖，还"谕以御制之物，价须一万"，第二天近侍竟然如数将银子奏进，使得熹宗"大喜"。[20]宫内营建或器用之造本有御用监、内官监等专司其职，但熹宗对于木器工艺，不但创作、雕镂，也包含漆作，而且无论大小件，几乎无所不包："上好手作漆器、砚床梳匣之属，皆饰以五彩，工巧妙丽，出人意表"，尤其砍削正当得意之时，"或有急切章疏奏请定夺，命识字女官朗诵官职、姓名、朱语，诵毕，玉音辄谕王体乾辈曰：'我都知道了，你们用心行去。'"王体乾是与魏忠贤狼狈为奸的同党，一得圣旨，诸奸当下自然是"狥其爱憎，恣意批红"。[21]整个天启朝七年，看起来好像魏忠贤等辈在外廷忙着扰乱朝政，陷害忠良，熹宗在宫内则恣情快意，玩得不亦乐乎。

据晚明太监刘若愚《酌中志》所述，熹宗"操斧锯凿削"时，还是"解服盘礴"，意即是脱了衣服"干活儿"的，大有专业木作师傅的架势。而完成后高兴一阵就毁掉重来，显然对操弄釜锯与髹漆之事相当乐在其中，并非偶发的即兴之作。因此，合理的推测，"明熹宗坐像"中出现的雕朱案几，甚至所踞的宝座，都可能经过他的一番检视或修缮，甚至有些还是他的得意之作。然而，坐像上宝座与屏风的组合，若说自孝宗首创，世宗与穆宗承之，但熹宗坐像跳隔数代因袭之余，所见的一对高几与"瓶炉书策"之陈设，却是祖宗所无，独一无二的编排，这也是熹宗的创意吗？一墙之隔的宫闱之外，官宦与庶民的坐像画为何？

[20] 明·秦兰征：《天启宫词》，收入王德毅主编：《丛书集成续编》第279册，史地类，台北新文丰出版社，1989年。

[21] 明·秦兰征：《天启宫词》，收入王德毅主编：《丛书集成续编》第279册，史地类，台北新文丰出版社，1989年。

四 明熹宗的创意？宫闱之外坐像画的演变为何？

（一）开国初期的微侧坐像

明代的开国功臣李文忠（1339～1384年）之父李贞，是朱元璋姐夫，在元朝末年的兵荒马乱中，带着李文忠投效朱元璋转战各地，居功厥伟，开国后封曹国公，谥陇西王[22]，留有一幅坐像（图7），画中的李贞身穿紫色五爪龙袍，金革带，其面桷容、目光与身躯均微侧向左，右手扶带，左手抚膝，饰金构件的圈背交椅上，圈背上覆椅帔。开国初期，书法极受永乐皇帝喜爱的翰林修撰沈度（1357～1434年），其坐像（图8）整体略朝向右，变成右手抚膝，左手扶带，坐的也是饰金构件的圈背交椅，上覆椅帔。观察明初的太祖诸坐像以及成祖（图9）、宣宗的坐像（图10），均为此式身躯整体朝左或朝右的坐姿。因此，此式坐姿应为明代初期，不论宫内宫外，一体通行。所不同者，仅圈椅与宝座的差异而已，应为开国以来第一种坐像文本。

图7 明李贞像（纸本，设色，纵170厘米，横89厘米，南京博物院藏）

图8 明沈度像（绢本，设色，纵142.7厘米，横92.4厘米，南京博物院藏）

[22] 有关李贞、李文忠，参见张廷玉等：《明史》卷一二一《列传九·公主》，第3671页，中华书局，1995年。

图9　明成祖坐像（轴，绢本，设色，纵220厘米，横150厘米，台北故宫博物院藏）

图10　明宣宗坐像（绢本，设色，纵252.2厘米，横124.8厘米，台北故宫博物院藏）

（二）宣德时期以后像主面向正前方

以目前所见，美国维吉尼亚美术馆收藏一幅时代注明为宣德时期（1426～1435年）的“妇人像”（图11），画中妇人正向前方，笼住的双袖俱绣四爪行龙，显系身份非亲王即贵戚，坐具也是圈背交椅，上覆椅帔。而同馆的另一幅“大明宣德公主像真迹”（图12），画中宣德公主亦整体转正，面向正前方，类如明英宗坐像，但双手笼袖胸前，所踞亦为圈背交椅，上覆椅帔。南京博物院的肖像画收藏中，有“南京刑部尚书顾璘”（图13）与“顾璘夫人像”（图14），后者的上诗堂题有“嘉靖二十三年五月十五日”之款识，安徽省博物馆收藏一幅“汪儒人像”（图15），像主所着命妇朝服之补子类如公、侯、伯、驸马等合用的麒麟，在上诗堂的赞词有“万历二年”（1574年）的款署，三幅除像主不同外，在背景、构图、服制、用色等几乎相同，俱正向前方，坐具皆为圈背交椅，上覆椅帔，与明初“宣德时期妇人像”或成化初年的宣德公主像中所见是一致的。[23]顾璘（1476～1545年）为弘治九年（1496年）进士，后官至南京刑部尚书。依制诰所署的嘉靖二十三年（1544年），似乎夫人比其本人早走一年，无论如何，其活动

[23] 据《明史》公主传，宣德有二女，一为顺德公主，正统二年下嫁石璟，薨年不详。另为常德公主，章皇后生，正统五年下嫁薛桓，成化六年薨。若后者在下嫁时为15岁，则薨年应约为45岁，接近此“真迹”中的中年妇人样貌，按此时间距宣德时期约三四十年。参见张廷玉等撰：《明史》卷一二一《列传九·公主》，第3671页，中华书局，1995年。

年代为明代中期之末。而“汪儒人像”则晚了30年，已是明代中晚期。因此，若维吉尼亚美术馆所藏该幅的时间断代为宣德

图11　明宣德时期妇人像（绢本，设色，纵166.3厘米，横92.7厘米，美国维吉尼亚美术馆藏）

图12　大明宣德公主像（绢本，设色，纵282.1厘米，横91.4 厘米，美国维吉尼亚美术馆藏）

图13　明南京刑部尚书顾璘像（轴，纸本，设色，纵209厘米，横106厘米，南京博物院藏）

图14　明南京刑部尚书顾璘夫人像（轴，纸本，设色，纵209厘米，横106厘米，南京博物院藏）

图15　明汪儒人像（轴，绢本，设色，纵150.6厘米，横97.1厘米，安徽省博物馆藏）

时期，则为入明以来坐像画的首度变革，并且至少持续至明代中晚期，而此式坐像，应为明代坐像画的第二种文本。

（三）弘治晚期至嘉靖初期又一变

2008年秋天，美国旧金山亚洲美术馆举办中国明代宫廷文物的展览，展品中有一件来自故宫博物院，题名为“宫廷贵妇着红云凤袍像轴”（Portrait of a court lady in a red phoenix gown）（图16），时间断代为15～16世纪间，也就是弘治晚期至嘉靖初期。画中红衣凤袍的“宫廷贵妇”正向前方，头戴五翟冠，左右两侧并“金翟二个口衔珠结二个”，其身份应系世子之下的长子夫人或镇国夫人[24]，画中除了传统的圈背交椅，上覆椅帔外，身后还多了一只高几，须弥座高束腰，彭牙三弯带云纹饰腿足。几上陈设炉瓶、香盒与莳花，看似贴金点缀的香炉上有一坐兽，口吐丝丝的香烟正袅袅上升，一金漆走兽环抱瓶身盘旋而上。另一侧有一名侍女，装扮齐整，手捧奁盒。与此同时，美国维吉尼亚美术馆的收藏中，还有数幅时代标为十五六世纪的明代坐像画，如“官员与其妃像”（图17）、“仕女像”（图18）、“武乡县主簿尚忠君像”（图19）等，都与前述“宫廷贵妇”的坐像一样，正向前方，圈背交椅上覆椅帔，身后俱设一高几，几上陈设炉瓶、香盒与莳花，旁立一侍女，只是女像的侍女双手多捧奁盒，男像的侍女则手奉书策或小箱。至于身份，“官员与其妃像”中的官员，胸前补子所绣为仙鹤，属一二品。“仕女”的补子看似亦为一二品的锦鸡。“主簿”画像上款有“敕授侍仕郎武乡县主簿讳尚忠府君像”，以明代的职官制度，“主簿”仅为八品，但其补子似为三四品孔雀，是否身故后敕授为“侍仕郎”后所赐，尚待确认。不过，仅就此推测，似乎在“宣德时期妇人像”与“大明宣德公主像真迹”之文本后，至弘治晚期，贵族与品官间的坐像图出现的第三种坐像画文本，即像主后增设一几，几上点缀莳花瓶炉陈设，旁侍一平头整脸的侍女。

[24] 洪武二十六年制衮冕十二章，定帝后、命夫命妇与士庶百姓的服制，参见明太祖敕撰：《礼制集要》，明嘉靖间宁藩朱宸洪刊本，台北“国家图书馆”藏微卷。

图16 明宫廷贵妇着红云凤袍像（轴，绢本，设色，纵162厘米，横99.8厘米，故宫博物院藏）

图17 明官员与其妃像（官员部分）（轴，纸本，设色，纵144厘米，横92.7厘米，美国维吉尼亚美术馆藏）

图18 明仕女像（轴，绢本，设色，纵160厘米，横104.1厘米，美国维吉尼亚美术馆藏）

（四）明代坐像画二种文本并行不悖

同为十六七世纪的坐像画，中国历史博物馆所藏的“歧阳王世家文物”中，有一幅明代临淮侯李言恭及其夫人袁氏像（图20），“歧阳王”是开国功臣李文忠于洪武十七年（1384年）卒后追封，其子李景隆在“靖难之役”中，与谷王朱橞一起打开南京城的金川门，迎降燕王朱棣的靖难之师，三传后封“临淮侯”，卒后以无子由其叔袭封，再三传至李言恭，于万历三年（1575年）袭封，后加少傅、少保，万历二十七年（1599年）卒。[25]因此，其成画年代亦为明代晚期，画中的李言恭与其夫人均正向前方，跨坐圈背交椅，外覆椅帔。

图19 明武乡县主簿尚忠君像（轴，绢本，设色，纵167厘米，横99厘米，美国维吉尼亚美术馆藏）

此外，安徽博物馆的馆藏中，有一幅尢款的“女容像”（图21），像主手捻佛珠，脚跨圈背交椅，左身后有执巾侍女，右侧为一束腰高几，上置札牍、莳花炉瓶，隐约可见袅袅升烟，上方诗堂题款曰：

生享遐龄，殁享哀荣，陶母之贤，孟母之贞，截

[25] 张廷玉等：《明史》卷一五〇《表六·功臣世系表一》，第3008~3011页，中华书局，1995年。

图20 明武乡县主簿尚忠君像（轴，绢本，设色，纵167厘米，横99厘米，美国维吉尼亚美术馆藏）

图21 明女容像（轴，绢本，设色，纵119厘米，横65.1厘米， 安徽省博物馆藏）

> 发断机，义方训明，有桂斯芳，有兰司馨，蛰蛰绳绳，和蔼于庭，若此淑嘉，坤范通称。行年济九秩，吊祷于灵，宜乎遐荫，百世昌京，正统四年己未岁，会阳二月大雪，节后五日，实殁后六日，眷生胡逻再拜敬撰。[26]

以上叙述像主有“陶母之贤，孟母之贞”，为“坤范通称”，就是今日所称家庭主妇中的模范母亲，由其服饰可知像主之夫或子并未居官，系普通庶民身份，于正统四年（1439年）以九秩高龄过世。此坐像和李言恭及其夫人坐像，以目前所知之资料，具有关键性的指标意义。因为，后者反映，“宣德时期妇人像”、“大明宣德公主像真迹”中正向前方、圈背交椅上覆椅帔的第二种坐像文本，至明晚期仍持续在贵族间流通，并未因续起的第三种文本之出现而消退。前者则显示，在弘治晚期高官显宦间兴起第三种坐像文本，其实早在五六十年前的正统初期，就已在民间出现。

[26] 安徽省博物馆编：《安徽省博物馆藏画》，第75页，文物出版社，2004年。

（五）明熹宗坐像的踵事增华

据所见资料，除了美国纳尔逊美术馆（Nelson Gallery of Art）所藏的“仕女像”外，其余均为维吉尼亚美术馆所收藏，该批坐像在1980年由Brig.General John S.Letcher 捐赠，可能系在华搜集所得。捐赠品中另有一幅时代定为16世纪晚期、17世纪早期的“老妇人像”（图22），内容与上述诸幅相较又有一些变化。像中老妇人高踞的交椅并非圈背，而是牛头形搭脑出头的扶手椅，扶手出头下之鹅脖曲折内缩，座后是横陈的束腰大桌，腿柱下带托泥，桌上的陈列琳琅满目，炉瓶香盒莳花，卷轴书策、文房四宝等一应俱全，在妇人身后两侧对称地铺展开来，不见侍女，但桌后正中耸立一架山水画大插屏，所露出山水画的裱边俱将屏框遮蔽。老妇人胸前补子的朵朵祥云中隐约可见仙鹤，亦为一品之高眷或夫人。画中所见的插屏、桌具和桌上陈设等，品类与数量都比第三种文本繁伙丰富，堪称第四种文本。也就是说，此“老妇人像”的年代，约当万历晚期至明熹宗之时，明熹宗（1621～1627年）在位仅七年，不管“明熹宗坐像”是生前或猝崩后所制，时间都不会相差太远，都是17世纪上半叶。如果此幅坐像的断代无误，其成画时间就先于“明熹宗坐像”，而随后的“明熹宗坐像”，则是“踵其事而增华，变其本而加厉”。

图22　明老妇人像（轴，纸本，设色，纵214.9厘米，横120.1厘米，美国维吉尼亚美术馆藏）

为求更清楚呈现明代坐像画之演变，现将以上所举诸例，包括“明熹宗坐像”及部分列举的其他明代皇帝坐像，依其时间、构图及其身份试列简表（表1）于后，并暂以A、B、C、D 分别代表四种文本。

表1　明代坐像画的演变[27]

时代	款署或画作题名	构图	文本	身份	收藏地
明早期	李贞像	微侧向、一手扶带，一手抚膝，圈背交椅、椅帔	A	曹国公	南京博物院
明早期	明成祖坐像	微侧向、一手扶带，一手抚膝，跨于宝座上	A	皇帝	台北故宫博物院
明早期	沈度像	微侧向、一手扶带，一手抚膝，圈背交椅、椅帔	A	一二品	南京博物院
宣德时期	妇人像	正向、双手笼袖胸前，圈背交椅、椅帔	B	王、侯高眷	美国维吉尼亚美术馆
明早期	明宣宗坐像	微侧向、一手扶带，一手抚膝，跨于宝座上	A	皇帝	台北故宫博物院
明早期	宣德公主像	正向、双手笼袖胸前，圈背交椅、椅帔	B	公主	美国维吉尼亚美术馆
正统四年	女容像	正向、双手握捻念珠，圈背交椅、椅帔，高几、莳花、瓶炉、书策、侍女	C	庶民	安徽省博物馆
明	仕女像	正向、双手笼袖胸前，圈背交椅、椅帔高几、瓶炉、莳花、侍女	C	一二品夫人	美国纳尔逊美术馆
嘉靖二十三年	南京刑部尚书顾璘夫人像	正向、双手笼袖胸前，圈背交椅、椅帔	B	一二品夫人	南京博物院
明中晚期	宫廷贵妇着红云凤袍像	正向、双手笼袖胸前，圈背交椅、椅帔，高几、瓶炉、莳花、侍女	C	一二品夫人	故宫博物院
明	“敕授侍仕郎武乡县主簿讳尚忠府君像”	正向、双手笼袖胸前，圈背交椅、椅帔，高几、瓶炉、莳花、侍女、盝顶小箱	C	三四品官员	美国维吉尼亚美术馆
万历二年	汪儒人像	正向、双手笼袖胸前，圈背交椅、椅帔	B	有爵的高眷	安徽省博物馆
万历二十七年	歧阳王世家三世临淮侯李言恭及夫人袁氏像	正向、双手笼袖胸前，圈背交椅、椅帔	B	临淮侯	中国历史博物馆
明	明神宗坐像	正向、双手笼袖胸前，圈背交椅、椅帔	B	皇帝	台北故宫博物院

[27] 吴美凤制表。

续表

时代	款署或 画作题名	构图	文本	身份	收藏地
明	明光宗坐像	正向、双手笼袖胸前，圈背交椅、椅帔	B	皇帝	台北故宫博物院
明	官员与其妃像(官员像)	正向、双手笼袖胸前，圈背交椅、椅帔，高几、瓶炉、书策、侍女	C	一二品官员	美国维吉尼亚美术馆
明	老妇人像	正向、双手笼袖胸前，四出头扶手椅，桌几、瓶炉、书策、文房四宝、果物，背有山水画插屏	D	一二品夫人或高眷	美国维吉尼亚美术馆
17世纪上半叶	明熹宗坐像	正向、双手笼袖胸前，四出头扶手椅，桌几、瓶炉、书策、文房四宝、果物，背有山水画插屏	D	皇帝	台北故宫博物院、故宫博物院

虽然上述所列数据仍然不足以作量化的分析，但从时代的排比进行交叉比对可知，以李贞、沈度等侧向坐姿为第一种文本（A）在宣德以后似全然销声匿迹。宣德时期的妇人像与宣德公主真迹等，坐像正向前方，双手笼袖胸前，跨坐于圈背交椅上，上覆椅帔，是明代贵族显宦间祭祀坐像画第二种文本（B）之嚆矢，并以皇家与官家为主，如临淮侯李言恭或明神宗、明光宗的坐像等，终明一代未曾消退。弘治晚期兴起的第三种文本（C），在像主身侧增设高几，上陈书策与炉瓶、香盒与莳花，另一侧出现执巾侍女，与第二种文本并行不悖的各自流通。明代晚期出现了更为繁复的第四种文本（D），以坐具为主的“身外之物”不断扩大衍生，背景“道具”琳琅满目，像主宛如置身自家厅堂，仿佛将生前所拥有的玩好、什器，尽其可能的在往生后的另一个世界全部重现，此种演变正符合文物的发展由简入繁的轨迹。而15世纪上半叶出现的第三种文本，虽然庶民的坐像所见不多，但仅以资料丰富的“女容像”为例，应可推测弘治晚期贵族显宦间坐像编排的趋于繁复，似与民间同步而行，至若是否民间流风之所及，仍有待搜集更多的资料进行探讨。

五　“明熹宗坐像”的因袭与创意

“明熹宗坐像”的构图、陈设与编排，除象征天子的宝座、龙纹雕饰、与髹朱高几外，其余的物件如几上的书策、香盒、觚与瓶的花插，甚至牡丹等，均与16、17世纪兴起的第四种文本——“老妇人像”似乎大同小异。惟“老妇人像”的像主身后为一张束腰大桌，熹宗坐像则显然是后来居上的将之一分为二，成为左右高束腰高几各一，仿佛力求左右对称外，也为了容纳更多或更大的陈设，如左侧的青瓷盖碗带铜座与方鼎，右侧的圆簋器、卣与青瓷尊等。

观察第三种文本以降，像主以外的瓶炉书策之陈设，若有青铜器亦仅为作为花插的觚、香炉或加上香盒等，未见鼎、簋之器。从明初的画作观察，明宣宗（1426～1435年）曾有一幅赐太监莫庆的《御笔戏写嘉禾图》[28]，盛装禾穗的是一只高古的瓶器，似乎是有明一代画作中使用高古青铜器的滥觞。一直到明末，有关莳花岁景的描写，或仿古意主题的画作，常会以上古的青铜觚器或罍器作为花插，如陈淳（1483～1544年）的《瓶荷写生图年》[29]、陶成（江苏宝应人，活动于成化、弘治年间）的《岁朝图》（图23）[30]，以及唐寅（1470～1523年）画的“韩熙载夜宴图”（图24）[31]等。而正统二年（1437年）宫廷画家谢环（活动于正统年间）描写三杨等人在杨荣的杏园聚会的《杏园雅集图》，树荫之下的高桌上，隐约可见壶、尊等两三种青铜器（图25）作为摆饰。[32]

尔后描写文人雅聚的画作，如正德年间谢时臣（1487～1567年）的“文会图”[33]、晚明变形画家陈洪绶（1598～1652）等描绘北宋四大家苏东坡、黄鲁直、米元章、蔡天启与驸马王晋卿诸人聚会的“西园雅集”图卷，也是在长长的大案边摆设尊彝之器，按其构图的位置与编排，仍以作诗、绘画、论道为主，青铜彝器形同点缀。不过，与此同时，在明中期以后的其他画作，也可见到青铜器在种类与数量上渐增，甚至专以品古为主题，将鼎、彝、爵、觚等各式青铜器陈

[28] 明宣宗《御笔戏写嘉禾图》，轴，绢本，设色，纵38.4厘米，横30.3厘米，台北故宫博物院编《故宫书画图录》（六），第143页，1991年。

[29] 陈淳《瓶荷写生》，轴，纸本，墨画，纵107.7厘米，横43.8厘米，台北故宫博物院编《故宫书画图录》（七），第222页，1991年。

[30] 陶成《岁朝图》，轴，纸本，设色，纵109厘米，横48厘米，台北故宫博物院编《故宫书画图录》（六），第291页，1991年。

[31] 唐寅《韩熙载夜宴图》，轴，绢本，设色，纵146.4厘米，横72.6厘米，台北故宫博物院编《故宫书画图录》（七），第13页，1991年。

[32] 谢环，字廷循，永嘉人，生卒年未详。三杨为杨士奇、杨溥、杨荣。谢环的同名画作目前知有两幅，尺寸与内容的编排略有不同，分别收藏于江苏省镇江市博物馆与美国大都会博物馆。另，美国国会图书馆藏有嘉靖三十九年的《杏园雅集图》版画，参见吴诵芬：《镇江本“杏园雅集”的疑问》，台北《故宫学术季刊》2009年第一期。

[33] 谢时臣《文会图》，轴，绢本，设色，纵28.9厘米，横121.6厘米，上海博物馆藏。

图23　明岁朝图（陶成绘，轴，纸本，设色，纵109厘米，横48厘米，台北故宫博物院藏）

图24　明韩熙载夜宴图（唐寅绘，轴，绢本，设色，纵146厘米，横72.6厘米，台北故宫博物院藏）

图25　明杏园雅集图（谢环绘，卷，绢本，设色，纵37厘米，横401厘米，镇江市博物馆藏）

列满桌，再逐一品古，如杜堇（成化时人）的《玩古图》（图26）或仇英（？～1552年）人物故事册页中的《竹院品古图》（图27）。换言之，明代画作中高古青铜器的出现是在正统（1436～1449年）以后，明代中期兴发的第三种坐像画文本，即像主身侧伴随炉瓶香盒等事，或许与此艺坛的风潮有关。而成化（1465～1487年）到仇英的年代文士们所盛行的青铜玩古，正好解释了"明熹宗坐像"中出现诸多青铜彝器的缘由与时代背景。也就是说，"明熹宗坐像"上繁伙的青铜器，是来自民间的风潮。然则，诸多品古图中的彝尊或鼎壶，终究只是旁观者的赏古、品古、论古，或鉴古；若将之置入坐像画中，作为像主背景之陪衬，其意义显然不同，尤其"明熹宗坐像"左边的方鼎，与右边的圆簋。

中国传统所谓的"问鼎中原"，意指对天下至尊的皇位有觊觎之心，"鼎"是上古青铜器时代最重要的炊器（图28），也是"藏礼于器"的青铜礼器之首。西周时期的列鼎制度中，天子用九鼎，诸侯用七鼎，卿大夫用五鼎等，以次则依序递减其数，诸侯若僭用九鼎，就有"问鼎"之嫌。作为食物容器的"簋"（图29），则配合鼎数，天子用九鼎配八簋，诸侯七鼎

图26　明玩古图（杜堇绘，轴，绢本，重设色，纵126.1厘米，横187厘米，台北故博物院藏）

图27　明竹院品古人物故事图册（之二）（仇英绘，绢本，重设色，纵41.1厘米，横33.8厘米，故宫博物院藏）

图28　司母戊方鼎（商代后期，通高133厘米，口长79.2厘米，中国历史博物馆藏）

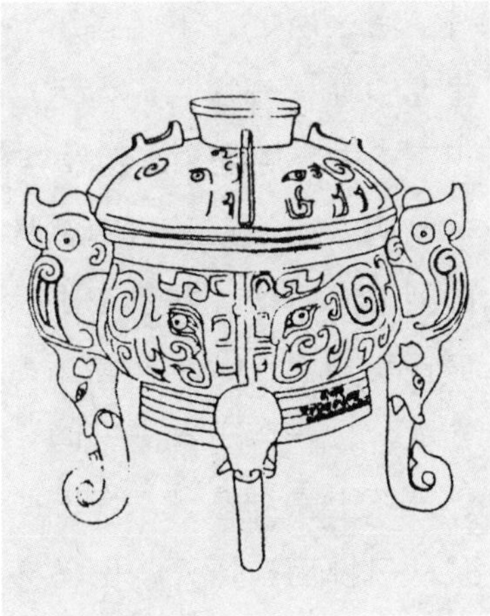

图29　乙公簋（西周早期，北京房山琉璃河出土）

配六簋等。是则“明熹宗坐像”中左侧的方鼎与右侧的圆簋，正是象征着天圆地方之中，像主为天下之子。

小结

明代开国初期，人物坐像画以身躯偏左或偏右为主，一手抚膝，一手扶带，除皇帝踞坐宝座外，坐具皆为圈背交椅，上覆椅帔，是为第一种文本。到了宣德时期，虽然宣宗坐像仍因袭前朝，但皇亲贵戚或显宦间的坐姿似乎开始有所变化，像主身躯转正，双手笼袖胸前，面向正前方，坐具仍是前期的圈背交椅，是为第二种文本，包括后来的明英宗坐像。而明英宗正统初期，第三种文本在士庶间兴起，即像主身侧增设高几，上陈书策与炉瓶、香盒与莳花，另一侧出现执巾侍女，并与第二种文本并行不悖的各自流通。至明代晚期达官之家出现了更为繁复的第四种文本，像主的“身外之物”琳琅满目，宛若置身自家厅堂。而“明熹宗坐像”不因袭光宗或神宗之第二种文本，径自撷取宫闱之外繁复的第四种文本，更进而“踵其事而增华，变其本而加厉”，以一为二，添加诸多青铜礼器。因此，“明熹宗坐像”是由下而上，从宫闱之外进入掖庭，与传统“上之所好，下必甚焉”之社会风潮背道而行，在明代皇帝坐像中独树一帜，成为另类的创意。而此是否与熹宗本人目不识丁、未具传统的宫廷教养有关，颇值得研究。

明人的笔记多写魏忠贤在外如何总揽威权、节制文武，在内则盈满骄横、翻覆在手。每岁生日时，于乾清宫西南角的值房接受拜贺：“奉觞春昼锦如云，白玉阑西曙色分，二十四衙齐跪拜，一声千岁满宫闻”——其“千岁，千千岁，九千岁”之声还上辙御座[34]，好不威风。然而，《天启宫词》也有道：“秋风拂面猎场开，匹马横飞去复来，玉腕控弦亲射杀，山呼未毕厂公回”，说的是魏忠贤驰马飞过熹宗面前，毫无顾忌，熹宗“恶而射之，马中颊立毙，诸内侍叩头山呼万岁，忠贤怏怏称病先归”。[35]熹宗此举不啻让诸内侍明白，魏忠贤的生死，只在他的弹指之间，而“明熹宗坐像”中，在左右醒目地增设象征天子的方鼎和圆簋，也仿佛在昭告天下，谁才是真正的天子。不过，明熹宗这“前无古人”的坐像，却也是“后无来者”，改朝换代之后所有清朝皇帝的坐像，竟然都一致采用了如“明英宗坐像”的第二种文本，个中原因，或许亦值得作进一步探讨。而“明熹宗坐像”也因此成了中国历代帝王坐像中独一无二的绝响。

[34] 明·秦兰征：《天启宫词》，收入王德毅主编：《丛书集成续编》第279册，史地类，台北新文丰出版社，1989年。

[35] 明·秦兰征：《天启宫词》，收入王德毅主编：《丛书集成续编》第279册，史地类，台北新文丰出版社，1989年。

明代常熟医学与宫廷医学
——以明代常熟医学训科李原墓志为线索[1]

故宫博物院研究室　任昉

我国古代医学源远流长，博大精深。关于我国古代医学史的研究，一直都是较为热门的课题。学者根据的资料，主要为传世文献。其中，利用传世墓志进行研究者，可以说不乏其人，譬如台北"中央研究院"历史语言研究所的邱仲麟先生[2]。但根据出土文献，特别是利用出土墓志进行研究者，则似乎较为少见。近年由中国文物研究所与常熟博物馆合编、文物出版社出版的《新中国出土墓志·江苏（壹）》（常熟）卷[3]，以其丰富的内容，受到学术界的关注[4]。本书收有常熟新出明代墓志233方，其中有不少关于常熟医学的记载。特别是永乐十七年（1419年）二月二十七日《明常熟医学训科李先生（原）墓志铭》（图1），从一个侧面反映出常熟医学与宫廷医学应该存在某种关系，值得研究我国古代医学史学者的重视。

一

这里先将永乐十七年二月二十七日《明常熟医学训科李先生（原）墓志铭》的志、铭部分按原格式逐录如下：

常熟医学训科李先生墓志铭

海虞后学吴讷撰文

张衡书丹

[1] 本文为作者"常熟新出明清墓志系列研究"课题成果的一部分，得到故宫博物院2006年度科研课题经费资助。

[2] 邱仲麟研究明代世医与府州县医学，曾引解缙《文毅集》卷一三《刘君允中墓志铭》；罗洪先《念庵文集》卷一六《明故萧象夔墓志铭》；李维桢《大泌山房集》卷九〇《太医院吏目鲁君墓志铭》；杨荣《文敏集》卷二四《故盘州李处士墓志铭》；孙继皋《宗伯集》卷八《粤始兴医学训科岩山谭公暨配李孺人合葬墓志铭》等等。见邱仲麟：《明代世医与府州县医学》，《汉学研究》2004年第22卷第2期，但均属传世墓志。

[3] 中国文物研究所、常熟博物馆：《新中国出土墓志·江苏(壹)》（常熟），文物出版社，2006年。

[4] 参见钱浚、周公太《前言》，前引《新中国出土墓志·江苏(壹)》（常熟）上册，第1～18页；任昉：《地灵人杰，物华天祐——〈新中国出土墓志·江苏（壹）〉（常熟）述评》，《中国文物报》2007年4月25日第4版；周公太：《常熟馆藏明代墓志研究举要》，《常熟理工学院学报》2008年第1期。

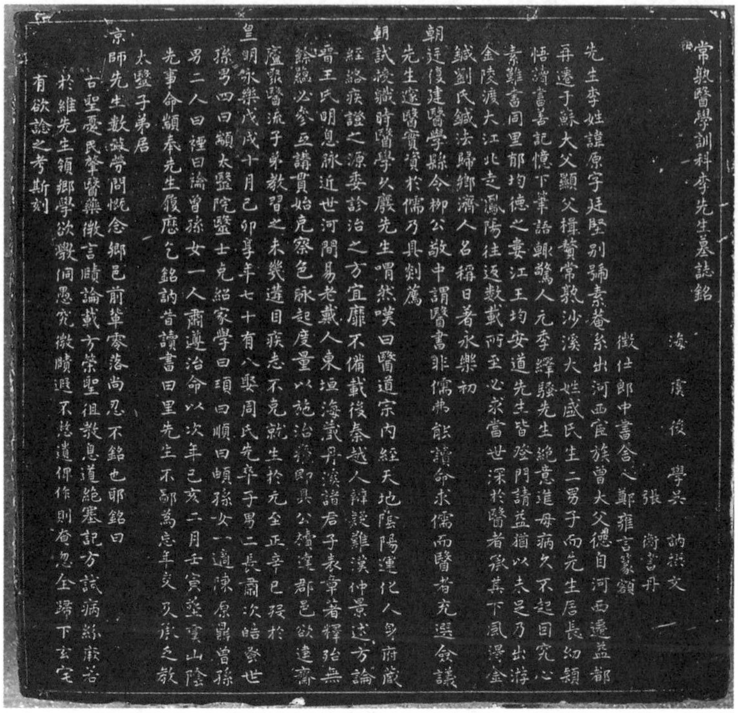

图1 明常熟医学训科李先生（原）墓志铭

征仕郎中书舍人郑雍言篆额

先生李姓，讳原，字廷坚，别号素菴，系出河西宦族。曾大父德，自河西迁益都，再迁于苏。大父显。父楫，赘常熟沙溪大姓盛氏。生二男子，而先生居长。幼颖悟，读书善记忆，下笔语辄惊人。元季绎骚，先生绝意进。母病久不起，因究心素难书，同里郁均德之、娄江王均安道，先生皆登门请益。犹以未足，乃出游金陵，渡大江北走凤阳，往返数载。所至必求当世深于医者，承其下风，得金针刘氏针法。归乡济人，名称日著。永乐初，朝廷复建医学，县令柳公敬中谓医书非儒弗能读，命求儒而医者充选。佥议先生邃医实资于儒，乃具剡荐，朝试授职。时医学久废，先生喟然叹曰："医道宗《内经》，天地阴阳运化，人身腑藏经络，疾证之源委，诊治之方宜，靡不备载。后秦越人辨疑难，汉仲景述方论，晋王氏明息脉，近世河间、易老、戴人、东垣、海藏、丹溪诸君子，表章著释，殆无余蕴。必参互讲贯，始克察色脉、起度量以施治疗。”即具公椟达郡邑，欲建斋庐，聚医流子弟教习之。未几，遘目疾，志不克就。生于元至正辛巳，殁于皇明永乐戊戌十月己卯，享年七十有八。娶周氏，先卒。子男二：长肃。次皓，蚤世。孙男四：曰颛，太医院医士，克绍家学。曰项、曰顺、曰颇。孙女一，适陈原鼎。曾孙男二人：曰禋、曰禴。曾孙女一人。肃遵治命，以次年己亥二月壬寅葬虞山阴。先事命颛奉先生履历乞铭。讷昔读书田里，先生不鄙，为忘年交，及承乏教太医子弟，居京师，先生数致劳问。慨念乡邑前辈零落，尚忍不铭也耶！铭曰：

古圣忧民肇医药，微言赜论载方策，圣徂教息道绝塞。记方试病纷厥若，于维先生领乡学，欲敩侗愚究微赜。遐不慭遗俾作则，奄忽全归下玄宅，有欲谂之考斯刻。[5]

按：该墓志间有脱字，譬如“绝意进”下可能脱一“取”字，但这与本文关系不大，可以不论。关于本墓志及李原其人，除《新中国出土墓志》外，仅新出《重修常昭合志》有记载，全文如下：“李原，字廷坚，因母病，究心医药，后得刘氏金针法。永乐初，邑令柳敬中，举典医学。吴讷志墓。”[6]显然太过简略。本墓志涉及医官、医学人物、医学典籍较多。为了能够深入了解本墓志内容，这里先将本墓志提到的医官、医学人物、医学典籍简注如下：

（一）关于本朝医官

1．常熟医学训科：常熟县的医官

《明史·职官志四》医学条云：“府，正科一人（从九品）。州，典科一人。县，训科一人。洪武十七年置，设官不给禄。”可见当时府、州、县设立医官，府名医学正科，州名医学典科，县名医学训科。其中，仅府医学正科属流内官，有

[5] 中国文物研究所、常熟博物馆：《新中国出土墓志·江苏(壹)》（常熟），上册第46页图，下册第26～27页文，文物出版社，2006年。

[6] 常熟市地方志编纂委员会办公室标校：《重修常昭合志》卷二〇《人物志·辛四（医家）》，第1230～1232页，上海社会科学院出版社，2002年。下引同书，均出此传，不再注明。

品秩、俸禄；州医学典科、县医学训科均属流外官，无品秩、俸禄。关于明代府、州、县医学的详细情况，邱仲麟先生已有研究[7]，梁其姿先生亦曾涉及[8]，可以参阅，这里不赘。

2．太医院医士：太医院的专科医官

据正德《明会典》记载：

> 国初置医学提举司，后改太医监，又改太医院。……洪武十四年……始依文职授散官。……（主要官员有）院使……院判。……分十三科，自御医以下与医士、医生各专一科。[9]
>
> 凡太医院官不由常选，院使、院判、御医多奉特旨升用，御医有缺，或行本院于医士内选补，各王府良医俱于医士内选用。[10]
>
> 凡医家子弟，旧例选入本院（太医院）教习医术。弘治五年，奏复行之。……通晓本科者收充医士，食粮当差。未通晓者，听令学习一年再试，三试不中者黜之。[11]

这三条记载，第一条记太医院沿革与主要官员及主要僚属，主要官员为院使、院判，主要僚属为御医、医士、医生等。第二条记太医院主要官员及主要僚属的任用均须特旨，尤其御医有缺，须“于医士内选补”，最为重要。第三条记医家子弟按旧例均须选入太医院教习医术，成绩不错的将收充医士[12]，也非常重要。关于明代包括中央太医院在内的整个医疗体系情况，刘伯骥、梁其姿等先生已有概述及评估[13]，张金奎先生亦曾涉及[14]，可以参阅，这里不赘。

（二）关于本地医学人物

1．海虞后学吴讷

海虞为常熟别称。吴讷，《明史》卷一五八有传，称：“吴讷，字敏德，常熟人。父遵，任沅陵簿，坐事系京师。讷上书乞身代，事未白而父殁。讷感奋力学，永乐中，以医荐至京。仁宗监国，闻其名，命教功臣子弟。”后弃医入仕，官至

[7] 前引邱仲麟：《明代世医与府州县医学》。

[8] 梁其姿：《宋元明的地方医疗资源初探》，《中国社会历史评论》2001年第3卷。

[9]《明会典》卷一七六《太医院》。

[10]《明会典》卷二《吏部一·官制》。

[11]《明会典》卷一七六《太医院》。

[12] 关于明代医学考试，参见王凯旋：《明代科举制度考论》，第82～84页，沈阳出版社，2005年。

[13] 刘伯骥：《中国医学史》下册，第397～412页，台北中国文化大学华冈出版部，1974年；Angela Ki Che Leung（梁其姿），Organized Medicine in Ming～Qing China：State and Private Medical Institutions in the Lower Yang Zi Region，*Late Imperial China* 8.1，(1987：139−142)．前引梁其姿：《宋元明的地方医疗资源初探》，《中国社会历史评论》2001年第3卷。

[14] 张金奎：《明代卫所医疗保障浅析》，《第十一届明史国际学术讨论会论文集》，第175～180页，天津古籍出版社，2007年。

左副都御史。关于吴讷"以医荐至京"，明朝李贤等《明一统志》卷八苏州府条吴讷小传作"初为太医院医士"。关于吴讷"教功臣子弟"，明朝王鏊《姑苏志》卷五二本传同，均与本墓志所云"教太医子弟"不合。据前述太医院医官一般均从医家子弟中选择培养来看，本墓志的记载似乎更为可信。

2．常熟沙溪大姓盛氏

常熟盛氏，本书所收墓志屡见，属于本地大姓固无疑问。这里作为本地医学人物特别提出，是怀疑此常熟大姓盛氏，与同属苏州府的吴江世医盛氏，可能同出一族。据邱仲麟先生研究：吴江大姓盛氏原本不以医名。自盛寅字启东者（《明史》卷二二九《方伎传》有传），始医名大振。永乐初，寅为苏州府医学正科。俄召入京为御医，因"医效奇绝"，留侍左右，极受成祖宠幸，呼为"医中状元"。及卒，两京太医院皆祀之。其弟盛宏字叔大者，与之齐名，也被征入太医院。盛寅生十子，长子俨，任太医院医士；次子侃，继任苏州府医学正科。盛寅孙偁，后来亦任苏州府医学正科。[15]

3．同里"郁均德之"

据接称"娄江王均安道"，疑此处"均"为"君"之通假。明朝凌廸知《万姓统谱》卷一一二记明代有郁继善者，深于医术，为时所重，子孙皆以医仕。此郁继善即郁性。前引《重修常昭合志》云："郁性，字继善。祖德之，父伯昭，世以医名。性承季父克明家学。……子震、巽，世其学。震，字鼎文，尝被简使西洋，异域皆重之，授苏州府医学正科，赐三品服。巽，字鼎制，为县医学训科。……震子蒙贞。……曾孙宗，字弘本，亦以医名。"郁性之祖德之，即本墓志所记"郁均德之"。可见常熟郁氏亦属世医。常熟郁氏家族以郁震最为有名。前引《万姓统谱》又记郁震"为太医院官，三使西番有功"。日本丹波元胤《中国医籍考》卷五六引徐春甫曰："郁震，字鼎文，苏州常熟人。累世业医，至震尤读书尚气节。初以名医征至京，复以才武从偏师经略西域诸国者三，以功赐三品服，世授苏州府医学正科，著《医书纂要集》等。"[16]

[15] 邱仲麟：《绵绵瓜瓞——关于明代江苏世医的初步考察》，《中国史学》2003年第13卷。

[16] 按，邱仲麟据嘉靖《常熟县志》称："苏州常熟世医郁性，在明初被'简使南洋，异域皆重之'，后来授苏州府医学正科；其孙郁蒙贞，出任苏州府常熟县医学训科；曾孙郁宗亦有医名，曾任苏州府阴阳学正术。"见前引《明代世医与府州县医学》，人名、世系、事迹，与本文所引不尽相同，待考。

4．孙女一，适陈原鼎

常熟陈氏，本书所收墓志更是出现频繁，自然亦属本地大姓。前引《重修常昭合志》云："陈廷赞，字襟宇，孝子贞之裔，推官璨之元孙。为小儿科。二子：启元、调元，俱列贤书矣。……启元子镜，字叔明，少业儒，以孝友闻。长得其祖之传，以幼科行世，尤精痘疹，应手立效，历经道、府、县额嘉奖之。"知常熟陈氏亦属世医，以小儿科或幼科闻名于世。又，此常熟世医陈氏，与同属苏州府的吴县世医陈氏，可能同出一族。据研究：苏州吴县世医陈氏， 自明初陈彦斌被征入太医院后，永乐年间其子仲和袭父职为太医院医士。仲和生二子：长子陈钟，亦袭父职为太医院医士；次子陈庆，则以名医被荐入太医院，不久选入御药房，成化二十二年晋升太医院院判。庆生三子，次子宠被征召进入御药房，后仕至太医院院使。其后，钟之子乾，亦承袭父业，虽未出仕，但"医名冠吴中"，生四子：长子志，为辽王府良医；次子恩，为楚王府良医；三子惠，为苏州府医学正科；四子慈，为常熟县医学训科。

（三）关于前朝医学人物和典籍

1．究心素难书

钻研古医书《素问》和《难经》（全名见下）。明朝何良俊《四友斋丛说》史部卷一云："故六经如医家素难，而诸史则其药案也。"

2．金针刘氏针法

疑指刘党之针法。刘党为北宋末年名医，曾撰《琼瑶发明神书》，为针灸专著，后世《金针赋》、《针灸大全》等书均源出此著。

3．医道宗《内经》

医道崇尚古医书《黄帝内经》。西晋皇甫谧《甲乙经序》称分为《针经》九卷、《素问》九卷。故该书全名为《黄帝内经素问》。

4. 秦越人辨疑难

战国名医秦越人曾著《难经》。相传秦越人即神医扁鹊，《难经》全名为《黄帝八十一难经》。

5. 汉仲景述方论

东汉名医张仲景曾著《金匮要略》，后经编校，改名《金匮要略方论》。张仲景本名机，以字行，代表作为《伤寒论》。

6. 晋王氏明息脉

西晋名医王叔和曾著《脉经》、《脉诀》、《脉赋》。王叔和的另一成就，是为张仲景编次《伤寒论》。

7. 近世河间、易老、戴人、东垣、海藏、丹溪诸君子

指金元时期刘完素（河间）、张元素（易老）、张从正（戴人）、李杲（东垣）、王好古（海藏）、朱震亨（丹溪）六大名医。其中，刘完素属“寒凉派”，张从正属“攻下派”，李杲属“补土派”，朱震亨属“滋阴派”，合称“金元四大家”。张元素为“易水学派”创始人。王好古则为张元素高徒，属医治伤寒大家。

纵观本墓志及上述简注，可以看出：志主李原，身为本县医官，精通医史及医学，交往、婚姻多属名医、世医，长孙亦克绍家学为太医院医士，本身及本家族亦为名医、世医固无疑问。更重要的是，如前所说，宫廷御医皆“于医士内选补”。李原的长孙颙即为太医院医士。李原的“忘年交”吴讷，也曾为“太医院医士”，在京师“承乏教太医子弟”时，李原还曾“数致劳问”。加上交往、婚姻的家族中还有不少人也曾为太医院医士甚至宫廷御医，如郁震也曾“为太医院（医）官”。据此推测，明代常熟医学与宫廷医学，毫无疑问应该存在某种关系。

二

当然，常熟新出明代墓志关于常熟医学的记载，实际上并不仅此。另外，关于明代常熟医学的情况，传世文献自然也有

不少记载。但在接着介绍这些记载之前，先得说明两个问题：

一个是“世医”出现的时代问题。关于“世医”出现的时代，虽然不少学者都曾进行过考证，但结论似乎都还不太明确。如范家伟先生谈到世医，曾举东海徐氏、武康姚氏、丹阳陶氏、陈郡殷氏、阳翟褚氏、高阳许氏、清河崔氏、平阳李氏等为例，说明中古时期已有世医。[17]又如邱仲麟先生谈到明代世医，先说“世医很早就已存在，自非明代才出现”，后进行追溯，却仅到宋元为止[18]。我的见解与此不同。虽然《左传》定公十三年云：“三折肱，知为良医。”意思与“久病成良医”意思相同。但黄庭坚《寄黄几复》诗云：“持家但有四立壁，治病不蕲三折肱。”是将“三折肱”作为世医理解的。更重要的是《礼记·曲礼下》云：“医不三世，不服其药。”[19]这是一种惟世医才值得信任的观念。《礼记》相传为先秦旧籍。据此，可以认为：“世医”的出现，至迟可以追溯到先秦。

另一个是“儒医”形成的时代问题。关于“儒医”形成的时代，英国学者Robert P.Hymes与台湾学者陈元朋先生在就宋元士大夫行医与医者地位上升等问题进行讨论时曾经涉及。二者的最大不同是：Robert P.Hymes认为“儒医”形成于元[20]，陈元朋先生则认为“儒医”在两宋就已形成[21]。据宋洪迈《夷坚甲志》谢与权医条所云：“有蕲人谢与权，世为儒医。”陈元朋先生的见解自应能够成立。但如前面提到的“金元四大家”之一的张从正，所著医书名为《儒门事亲》，明朝邵辅为之作序称：“医家奥旨，非儒不能明。”又如前引李原墓志云：“县令柳公敬中谓医书非儒弗能读。”这种认为惟儒者才能明医理的观念，自非一朝一夕能够形成。《晋书》卷七二《葛洪传》称洪早年“以儒学知名”，后又“兼综练医术”。《魏书》卷八四《儒林·李同轨传》称同轨“学综诸经，多所治诵，兼读释氏，又好医术”。此二人虽无“儒医”之名，却有“儒医”之实。据此，可以认为：“儒医”的形成，至迟可以追溯到东晋、北魏。

至于常熟“世医”出现的时代和“儒医”形成的时代，

[17] 范家伟：《六朝隋唐医学之传承与整合》，第96～105页，香港中文大学出版社，2004年。

[18] 前引邱仲麟：《绵绵瓜瓞——关于明代江苏世医的初步考察》、《明代世医与府州县医学》。

[19] 按，孔颖达疏谓此语凡有三说：第一，“父子相承，至三世也。”第二，“三世者：一曰《黄帝针灸》，二曰《神农本草》，三曰《素女脉诀》。”第三，“夫子脉诀，若不习此三世之书，不得服食其药。”但接引郑云“慎物齐也”后按云：“非谓《本草》、《针经》、《脉诀》，于理不当，其义非也。”故本文取第一说。

[20] Robert P.Hymes（韩明士），Not Quite Gentlemen? Doctors in Sung and Yuan，*Chinese Science* 8，(1987)：9–66.

[21] 陈元朋：《宋代的儒医——兼评Robert P.Hymes有关宋元医者地位的论点》，《新史学》1995年第6卷第1期；同氏：《两宋的“尚医士人”与“儒医”——兼论其在金元的流变》，第32页，台湾大学文学院，1997年。

虽然未见有学者进行专门研究，但也不是完全没有学者涉及。如熊秉真先生认为：从中国医学发展史看，北宋以前，名医多在黄河流域；到了南宋、元代，江南名医渐多，有与北方平分秋色之势；迄至明代，江南名医辈出，超过北方，江南成为医学的重镇。[22]又如邱仲麟先生认为：明代许多世医的祖辈，都是儒医，并在元代担任过地方医学的医官。这些儒医担任元代医官，与其家族成为世医，并在明代继续担任地方或中央医职，有着密切的关系。以江苏为例，无锡世医潘氏，吴县世医韩氏，长洲世医沈氏、张氏，都是自宋开始行医，至明仍守旧业。而自元开始行医，至明仍守旧业者更多。其中，苏州为其重镇。[23]我们知道：谈到江南，不能不包括苏州。而谈到苏州，不能不包括下辖州县。明代苏州为府，下辖一州（太仓州）、七县（吴、长洲、吴江、昆山、常熟、嘉定、崇明）。前面提到的吴县、长洲属苏州，本文谈到的常熟亦属苏州。据此，按照学者的见解，在北宋灭亡、南宋草创、北方人民大量南渡避难的历史背景下，常熟“世医”的出现和“儒医”的形成，其时代也不会早于南宋或元代。但这可能是一种割裂历史的见解。因为根据常熟新出唐代墓志，其志主已经多是从北方迁徙过来的了。从历史上看，凡是中原动乱，都会有大量北方人民南渡避难。他们南渡的同时，也将北方的科学技术带到了南方。南方的科学技术不是土生土长的，大多都是从北方传来的。如果常熟某氏在南宋或元代已是“世医”和“儒医”，那么他们在唐代或北宋可能也是“世医”和“儒医”，只不过那时他们还在北方某地，尚未南渡，传世文献缺乏记载罢了。但传世文献缺乏记载，不等于说出土文献也缺乏记载。

先接着介绍常熟新出明代墓志关于常熟医学的记载。如正统十二年（1447年）四月二十九日（卒）《明故悦义施公（訚）墓志》（图2）云：“先考讳訚，字叔和，施姓，悦义为别号，世汴人。曾祖恭，号敬斋，宋南渡时徙居常熟。祖考讳文，字均质。皆世医业。”[24]可见此常熟施氏，北宋时期原居北方汴京，南宋时期始避难南渡迁于常熟，其“皆世医业”，显然不

[22] 熊秉真：《清代中国儿科医学之区域性初探》，《近代中国区域史研讨会论文集》，第25～26页，台北“中央研究院”近代史研究所，1986年。

[23] 前引邱仲麟：《绵绵瓜瓞——关于明代江苏世医的初步考察》、《明代世医与府州县医学》。

[24] 中国文物研究所、常熟博物馆：《新中国出土墓志·江苏(壹)》（常熟），上册第91页图，下册第62页文，文物出版社，2006年。

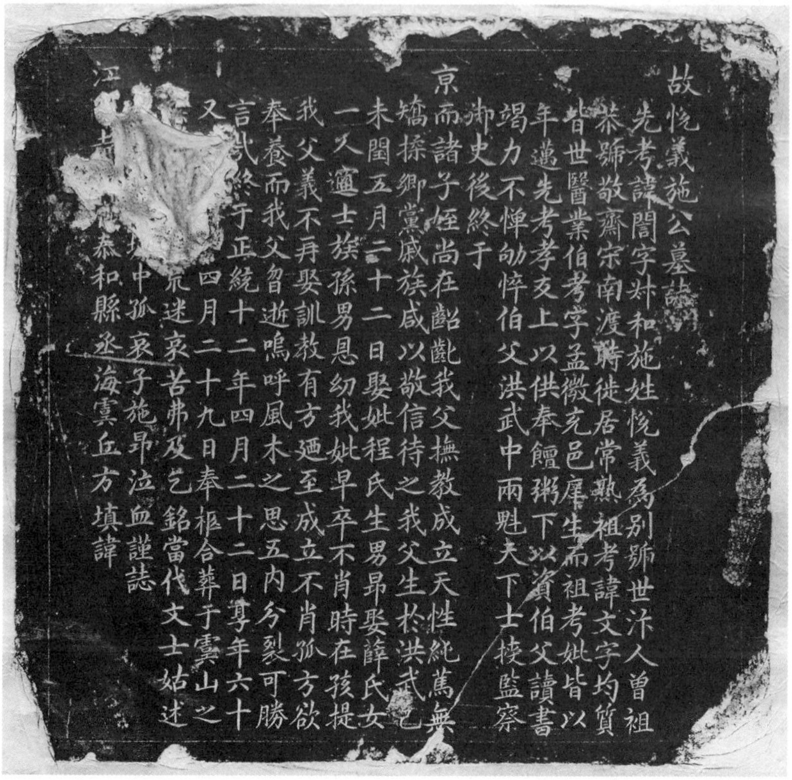

图2　明故悦义施公（訚）墓志

仅包括南宋，也包括北宋。这应该可以作为常熟“世医”的出现和“儒医”的形成，其时代早于南宋或元代的证据。又如景泰四年（1453年）十二月三日《明故乐善处士黄公（让）墓志铭》（图3）云：

> 处士……殁……其孤子鼎……泣血而来乞铭，曰：“亡父……尝诲不肖孤曰：‘吾祖宗以来，素业医。不以贫富为轻重，悉与善药，积德已久，而未有所发，汝必读书以□地□。’……”余闻：黄氏为吴中著姓，世为常熟璜溪人。处士之大父仲和，潜德弗耀。父彦立，攻岐黄之术，永乐间，邑以其名上于春官。试中，擢授本县之医学训科。□生起死，声名籍籍，寿耋而考终。妣郎氏，名医东生之女也。生子三，处士其季也。处士……闻见广，艺术精，求医者无虚日。克振家声，有引弗替。诚可谓善继人之志、善述人之事者也。[25]

[25] 中国文物研究所、常熟博物馆：《新中国出土墓志·江苏(壹)》（常熟），上册第108页图，下册第75～76页文，文物出版社，2006年。

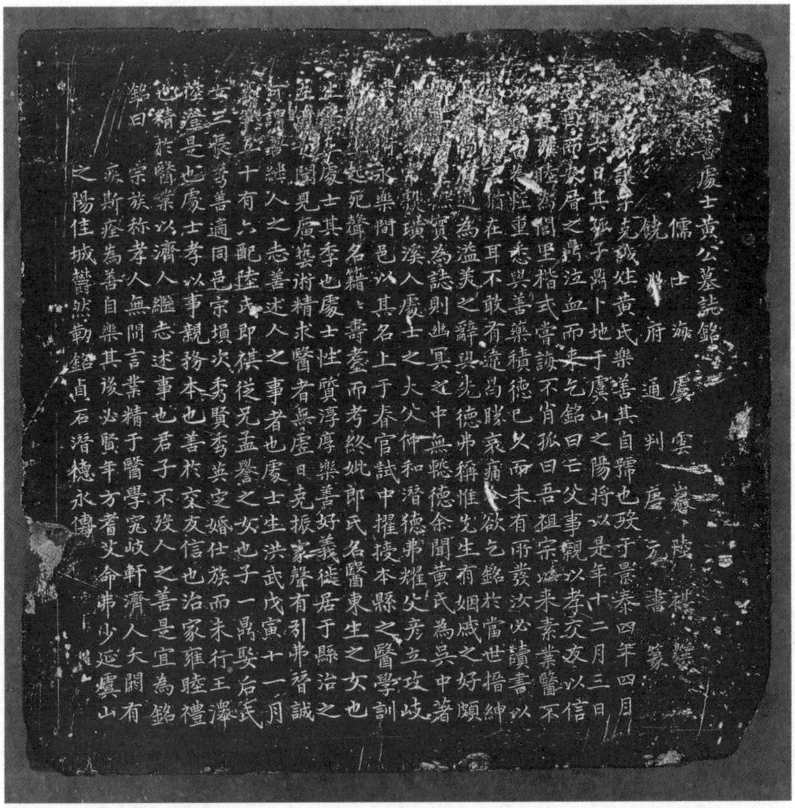

图3　明故乐善处士黄公（让）墓志铭

其中，“岐黄”又作“轩岐”(见下文)，指中国医药始祖黄帝轩辕氏与其臣岐伯，亦为医学的代称。可见常熟黄氏与其姻亲郎氏，亦均为世医。还有正德七年（1512年）十二月十五日《明故橘乐瞿先生（逊）圹志》（图4）云：

> 中岁，久困场屋，而力学不衰。遭大母丧，哀毁瘠立，浸成羸疾。重之奉少多病，遂颇移志轩岐之业，遍读东垣、丹溪等书，而会其意，既效自摄，疗人复验。乃叹曰：“尝闻穷为良医，今宦达非吾分，将不得为良医乎？”因尽弃举子业，益攻其术。至漫游吴、楚，就正有道，历久资深，医名隐然起琴水。行之二十余年，益萃诸家方书，纪其灼然神效者，持著一编，名《医书备用》。又患世之针灸，多承讹袭舛，手正《童人四图》，寿梓传行，且授诸子，以克世其家。[26]

[26] 中国文物研究所、常熟博物馆：《新中国出土墓志·江苏(壹)》（常熟），上册第188页图，下册第144～145页文，文物出版社，2006年。

图4　明故橘乐瞿先生（逊）圹志

其中提到的“东垣”、“丹溪”，已见前述，此处不赘。可见常熟瞿氏亦为世医。此外，还有一些零散记载[27]，这里就不介绍了。

按：前引《重修常昭合志》记明代医家，无施、黄及郎三姓，新出施闾、黄让二志可补史阙，弥足珍贵。同书记明代医家，云：“瞿奉，字希董，以针灸称。”据前引《瞿逊圹志》，此瞿奉即为瞿逊之嫡长子。

再简单介绍传世文献关于常熟医学的记载。前引《重修常昭合志》记明代常熟名医40余人，其中被征荐入京师，或在太医院任职者，就有葛元之、赵璧、卢志、郁震、桑彝、顾颙、王沐、陶士奇及匡忠、匡愚父子等多人，此外均在本地行医，如缪希雍等，可惜事迹都很简略。这里仅举匡愚、缪希雍为例：

关于匡愚，明朝凌迪知《万姓统谱》卷五一曾有简单介绍，为：“匡愚，字希颜，善医术，征随中贵郑和三使外夷，其道大鸣。”前引《重修常昭合志》亦仅云：“愚字希颜，亦

[27] 如嘉靖六年（1527年）十二月二十九日《明故处士一讷王君（琥）墓志铭》云：“以力学病益不能堪，遂绝意仕进。究竟轩岐诸书，为卫生计。”《新中国出土墓志·江苏(壹)》（常熟），上册第209页图，下册第167～168页文，文物出版社，2009年。此王琥本人虽非出身世医，但明常熟王氏原多医家。如前引《重修常昭合志》云：“王沐，字春泉，通《太素》……荒疫施药，全活甚众。部使者上其事，授太医院吏目。旌其门曰‘义医’。”

以能医征，从中使郑和三使海外，归老于乡。”另据张耀宗先生介绍：匡愚，字希贤，常熟人。先世居山东兖州之济阴。元初有讳某、号复斋者，以医术游吴，爱海虞山水之胜，遂定居焉。曾祖讳文昌，号拙斋；祖讳友闻，号恬斋。皆克绍先志，以家学相承。父讳忠，字体道，号仁斋。夙受严训，读儒医诸书，悉克研究旨趣。里人有抱疾求治，率以诚心起其危殆，未尝计其报，人多德之。愚自幼从父传授医学，并从儒医吴讷学习经典。稍长代父出任常熟惠民药局医士，医名甚盛。永乐三年（1405年）被征，随郑和第一次出使西洋。其后又随郑和第二、三次出使西洋。其间绘行经山川岛概貌，成《华夷胜览》一书（今佚）。享年八十有余，卒于故里。[28]

关于缪希雍，《明史》卷二九九《方伎·李时珍附缪希雍传》曾有简单介绍，为：“又吴县张颐、祁门汪机、杞县李可大、常熟缪希雍皆精通医术，治病多奇中。而希雍常谓《本草》出于神农，朱氏譬之《五经》，其后又复增补别录，譬之注疏，惜硃墨错互。乃沈研剖析，以本经为经，别录为纬，著《本草单方》一书，行于世。”前引《重修常昭合志》亦仅云：“缪希雍，字仲醇。贯穿医书，而尤精本草之学。尝谓《神农本经》，譬之六经也，名医增补别录，譬之注疏也。本经以经之，别录以纬之，乃钻研理解，作《本草经疏》、《本草单方》等书。为人电目戟髯，好谈古今，国事成败如指掌，实奇士也。”新中国成立后，常熟虞山地区出土了多方缪希雍先世的墓志，其中包括缪希雍的曾祖和曾祖母的墓志，即正德七年（1512年）三月二十七日《明故爱菊处士缪君（谔）墓志铭》和嘉靖十三（1534年）年三月四日《明故缪爱菊（谔）室杨孺人墓志铭》，使我们对缪希雍家族的历史也有了了解。[29]另据张耀宗先生介绍：缪希雍，字仲淳，号慕台，常熟人。先世有讳谚者，随宋南迁，封护驾金华大将军。生四子：寿、福、祝、荣，为四大支，始家于琴川。曾祖讳谔，祖讳应坤，均不仕。父讳尚志，字行达，号虞台。举正德十四年（1519年）乡荐，任汉阳府通判，早殁。母周氏。希雍幼孤苦。稍

[28] 张耀宗：《琴川名人录：明代医士匡愚》，《常熟日报》2009年2月27日第A06版。另见颜夏梅、董孝厚：《有关郑和船队医疗保健的史料记载》，《中华航海医学杂志》1995年第2卷第1期；马一平：《苏州地区对外医学交流史钩沉》，《中医药文化》第2卷第5期，2007年。

[29] 张耀宗：《发现缪仲淳祖辈墓志记》，《常熟文博》2003年第1期。按：这些墓志，前引《新中国出土墓志·江苏（壹）》（常熟）均有收录。

长，患疟疾，自阅医书，得方治愈，遂立志从医。搜求医方，研究药道，博涉各种医书，尤精本草之学。常言："业作医师，为人司命，见诸苦恼，当兴悲悯。"平生医人无数。又言："神农本经，譬之六经，名医增补别录，譬之注疏，本经为经，别录为纬。"更钻研其理。天启七年（1627年）卒。[30]主要著作有《本草单方》十九卷、《神农本草经经疏》三十卷、《先醒斋医学广笔记》四卷等。[31]

这两位常熟名医：匡愚生长于明初，缪希雍生长于明末。可以作为有明一代常熟医学的代表。尤其是缪希雍，有医学著作传世，对苏州医学乃至宫廷医学，自应都有某种影响。

三

邱仲麟先生曾经指出："明代具有长远历史的世医，主要以南直隶、浙江、江西为最多；特别是江南各府，其世医又最繁夥且具有全国性或全省性知名度，与太医院的关系也极为深厚。这些大的世医，因为在明初被吸纳入太医院体系，尔后藉由医丁制度，累世有成员进入太医院担任医职。"[32]所谓南直隶，也就是江苏。而如前所说，江苏的医学，苏州为第一重镇。苏州世医众多，又从明初起就被吸纳进入太医院体系，其对宫廷医学的影响，应该是不言而喻的。

如明朝顾清《东江家藏集》卷二九《慎庵钱君配徐孺人合葬墓表》曾泛泛云：

> 吴中自宋来多名医，至国朝尤盛，凡今京师以医名者，大半皆吴人也。

此处"吴中"乃指苏州。当时京师的医者，大半都是苏州人。据此可知，苏州医者在京师供职者之多。然则他们在京师哪儿供职呢？

又如明朝徐有贞《武功集》卷三《赠医士盛文继序》云：

[30] 张耀宗：《关于〈常熟市志〉所列缪希雍传记的修正意见》，《中国地方志》2004年第8期。

[31] 任春荣编：《缪希雍医学全书》，中国中医药出版社，1999年。关于缪希雍的医学成就，另见南炳文、何孝荣：《明代文化研究》，第79页，人民出版社，2006年。

[32] 前引邱仲麟：《明代世医与府州县医学》。

吴中之医多于天下，籍太医者常百数十人，其为使判、御医及诸药局之官者，累累有焉。其术多出东垣、丹溪之传，或得之师，或得之家，盛氏之医，盖世业也。

此处“吴中”亦指苏州。医士盛文继，据本序后文，即前面提到的苏州吴江世医盛寅、盛宏兄弟之子侄。据此可知，苏州医者是在太医院供职，不仅在太医院任长官院使和次官院判，还深入宫廷任御医及诸药局官吏。

再如明朝吴宽《家藏集》卷七四《明故太医院判陈君公尚墓表》云：

太医之职，自前代已设，至国朝尤重其选。盖既置院署以处众医，又特置御药房于禁中，惟其人术业之精、行检之谨者，得预于兹。其亦可谓难矣。而吾苏独未尝乏人。盖今世言医之盛者，必及吾苏，宜其有人，而皆表然以见于时也。世远者不及知，而未仕者不暇论。自永乐以来，若韩氏曰公达、公茂，盛氏曰叔大、启东，刘氏曰原博、宗序，至沈以潜、张致和、钱伯常、刘德美、周原已，相继而出，多以儒医称，非寻常俗工可比，信乎其为盛也。

本墓表作者吴宽，苏州长洲人，故中称“吾苏”，亦指苏州。太医院判陈公尚，即前面提到的苏州吴县世医陈仲和之次子陈庆。据此亦知，苏州医者在太医院供职和深入宫廷任御医及诸药局官吏人数之众多。

以上属于总论。以下再谈个案。

其一，明朝林弼《林登州集》卷一二《赠林子方序》云：

国子助教高君达善谓弼曰：“林君子方，其医之良者欤？察病必知其源，用药必知其要，不屑屑于古人之陈言，而惟以意求之。或攻病而取速效，或磨病以图后功，惟求其愈而已，迟速则随其宜，而不爽焉。故能上被圣眷（指太祖），下慰人望。子方亦可谓不负其业者矣。”……君（林子方）居姑苏，今为太医院御医云。

中间省略数百字，为林弼记自己出使安南，中暑危殆，赖林子方医救事。此姑苏林子方，传世文献少见，是否出身世医不详，而医术已然如此高超，且任宫廷御医，可见苏州医者群体真是藏龙卧虎。

其二，明朝杨荣《文敏集》卷二《广寿堂诗序》云：

前太医院使韩氏公茂，居姑苏时，尝名其堂曰“广寿”，盖取其医术以济人之意也。及事今上（指成祖）于潜邸，谨厚小心，甚见知遇，由是名益著而术益显。永乐初，遂擢前职。尝慨然以为人之寿虽禀于天，然而不知戒谨，或为七情之所感，六气之所伤，往往致疾，以夭阏其天年者，不可胜数。惟吾医之道，可以济之，而使皆得以臻其寿。又尝恐其所施者狭，而世之抱疾疢者多不能以广爱而兼济之，乃于南京复筑堂，仍揭其旧扁，思有以溥其惠泽焉。呜呼！公之心亦仁矣哉！公既殁，其子伯永承先荫为御医。

此处所说的前太医院院使韩公茂，乃前面提到的苏州吴县世医韩氏家族中的杰出代表。公茂以宫廷御医起家，官至太医院院使。其子伯永继承先业，亦为宫廷御医。韩氏医术高超，在明代宫廷医学史上应有一席之地。

其三，明朝杨士奇《东里续集》卷三六《太医院御医沈君墓志铭》云：

仁宗皇帝在东宫二十年，太医惟院判蒋用文最见亲厚，药非用文制不进。一日用文病且殆，上亲御宝翰，遣中使即其家问之，且问："脱不起，医士谁可任者？"用文书"沈以潜"氏名，附中使以进。用文卒。逾月，上即大位，擢以潜太医院御医。后数月，士奇亲闻圣语："用文真知人。以潜真不负用文举。"士奇自是始识以潜，而与之往还。沈之先世，皆以医仕。宋南渡，由汴徙苏之长洲。思陵（南宋高宗）尝书"良惠"二字赐其家，谓其医之良，有以惠民也。至今乡称"良惠沈氏"。元为医学提领讳瑛者，以潜高祖也。曾祖讳彦才，平江路医学录。祖讳德辉，江浙行省医学提举。考讳纲，妣李氏。以潜讳玄，蚤丧父，能自刻励于学。及冠，尽究其先世之传，进而明于素难、仲景之书，及洁古（张元素字洁古）、东垣诸家之旨，不执古方。每审求病源，随证用药，用之必效。有为庸医所误而殆者，往往求以潜而安。而能报与否，一不计也。一时乡之老于医者多服之。而求者日接踵户外矣。郡太守举医学正科，以母老辞。礼部以名医征至，隶太医院，即见重于上官。有所疑，恒就讲论。暨擢御医，为上所信用，屡奉命往视总兵官疾，而京师士大夫尤多德之。

此处所说的太医院御医沈以潜，乃前面提到的苏州长洲世医沈氏家族中的杰出代表。以潜任宫廷御医，医术高超，在明代宫廷医学史上也应有一席之地。

其四，明朝吴宽《家藏集》卷三六《慈幼堂记》云：

吴中业医者百余家，其间以良名者数人耳，陈君公尚以小儿医预焉。予尝以吴特一郡，故陈氏得专其良，使居京师，未可知也。于是公尚以医士征至，则京师业医者数倍于吴中，其间以良名者亦数倍，而公尚复以小儿医预焉。夫术业所聚，多则难为名，非特医家为然，而医家之等第尤有甚焉者。今公尚之医，于一郡，于京师，无不以良名，吾固知其术业矣。国朝设太医院以处众医，御药房

> 则在禁密中，深密之地，每选医之尤良者处之。公尚既在选中，屡入用药，辄奏其效。初授御医，寻擢院判。今上（宪宗）即位，以例仍初官，然其名固不以官得者，是以以病求治者自若也。公尚之先曰良炳，在元即以医仕。其孙本道为同县孟景旸赘婿，景旸善小儿医，而没于国初之法。既而本道亦卒，有子彦斌，受其医于母，盖尝得文信公（即文天祥）旧书“慈幼堂”三大字揭于药室，而金华王文忠公记之。彦斌生仲和，能世其业。而庐山陈检讨先生复为之记。公尚则仲和之子也。既世其业益盛，而饬其堂益完。于是感其医者多为之诗。

此处所说的太医院御医、院判陈公尚，乃前面提到的苏州吴县世医陈氏家族中的杰出代表。公尚以太医院医士起家，继任宫廷御医，再任太医院院判，其“小儿医”医术高超，在明代宫廷医学史上也应有一席之地。本文前引《重修常昭合志》记陈廷赞、陈镜祖孙以小儿科或幼科闻名于世，并推测此常熟世医陈氏，与同属苏州府的吴县世医陈氏，可能同出一族，看来不错。

综上所述，可以断定：在明代宫廷医学中，苏州医学确实占有很重的分量。而本文谈到的常熟医学，既有世医李、郁、匡、施、黄、郎、瞿诸氏，又有郁震、吴讷、李颛等人在中央太医院任医士，甚至参加“承乏教太医子弟”，不仅应该在苏州医学中占有一定的比重，在明代宫廷医学中毫无疑问也应占有一定的位置。本文认为明代常熟医学与宫廷医学应该存在某种关系，意义正在于此。

故宫博物院藏明代皇室玺印述论

故宫博物院宫廷部　恽丽梅

印章是我国特有的用以凭信和行使权力的产物，根据文献记载和出土实物分析，“古玺印的真正出现是在春秋时期，而广泛应用则始于战国”[1]。自秦统一六国后，皇帝印章称“玺”或“宝”，凡是皇帝发布诏书或文告时所用印章称“宝玺”。秦始皇始行“六玺”制度，汉遵秦制不变，隋代增加二玺，共八玺，北宋增加到十四宝，金代有十五宝，元代御宝名称和数量大体沿袭隋唐的八宝制度，元八宝中今仅见有《集存》著录的“皇帝之宝”一方，是迄今最长的一方八思巴字印。此印用三种文字，左为八思巴文“皇帝”二字，右为汉文“之宝”，中行是梵文，意为吉祥、隆盛。[2]明代国宝有二十四宝，以后未曾改变。同时历朝皇帝也使用玩赏性的闲章，现在根据钤盖在法书名画上的印记判断最早是唐太宗李世民，年号为“贞观”联珠文印。有关资料显示，明代以前宋代皇帝闲章最多，但各朝皇帝宝玺存世寥寥无几，只有明清两代皇帝宝玺有较多遗存，除一部分由于战乱散失民间或海外，大部分均收藏在故宫博物院。故宫博物院现藏明代玺印近600方，本文仅对明代皇帝、皇后、皇子、室名玺、收藏封印进行论述，而道教诸玺、佛菩萨图形印等另撰文论述。本文通过皇帝诸玺反映的明代政治、经济、文化等现象作出分析，对明代诸玺与一些重大历史事件的联系，以及所折射出的明代各别皇帝的特殊思维方式等进行初步研究和探讨。

[1] 叶其峰：《古玺印通论》，第2页，紫禁城出版社，2003年。

[2] 照那思图：《八思巴字篆书官印辑存》，《文物资料丛书》第一辑，1972年。

一　明代皇室玺印的分类

明代沿袭宋元王朝宝玺制度，但内容更加丰富。从宋辽的十四玺，增加到二十四玺，用途更具体化了。但明代二十四玺现无存。故宫博物院现存有明代印数百方，御名玺有“大明皇帝之宝”、“大明成化之宝”等，这些名玺虽不是当时的二十四宝，但可见当时用玺之一斑。故宫博物院藏明代帝后印玺质地多样，印文有阴有阳，形式各异，用途不一。本文据此将其分为以下四类：

（一）皇帝玺印

现存实物与明二十四宝印文相同的印有13方：“天子之宝”，“制诰之宝”各1方，“皇帝尊亲之宝”2方，“皇帝之宝”2方，“钦文之玺”2方，“御前之宝”2方，“广运之宝”3方。（表1）

表1　明代二十四宝与现存印文相同的印玺对照表

明代二十四宝	现存印文相同的印玺	备注
皇帝奉天之宝		
皇帝之宝	皇帝之宝	2方
皇帝行宝		
皇帝信宝		
天子之宝	天子之宝	1方
天子行宝		
天子信宝		
皇帝尊亲之宝	皇帝尊亲之宝	2方
皇帝亲亲之宝		
制诰之宝	制诰之宝	1方
敕命之宝		
广运之宝	广运之宝	3方

续表

明代二十四宝	现存印文相同的印玺	备注
敬天勤民之宝		
御前之宝	御前之宝	2方
表章经史之宝		
钦文之玺	钦文之玺	2方
丹符出验四方		
奉天承运大明天子宝		
大明受命之宝		
巡狩天下之宝		
垂训之宝		
命德之宝		
讨罪安民之宝		
敕正万民之宝		

印文有“大明”两字的印2方：“大明皇帝之宝”，“大明天子之宝”。

宗室、尊亲宝4方：“宗室亲亲”2方、“尊亲之宝”2方。

吉语印14方：“勤民之玺”、“中和之宝”2方，“文德武功之宝”，“弘敷仁义之宝”，“奉天勤民之宝”，“奉天守道之宝”，“敬天守道之宝”2方，“协和万邦”，“亲贤保国”，“万国来朝”，“主静制动道德日新”，“天潢演派”。

皇帝年号印4方：“御前之宝、文华殿宝、道德之宝、广运之宝、成化之宝、中和之宝”（六面印），“大明成化之宝”，“成化皇帝之宝”，“成化之宝”。

皇帝御名印5方：“皇帝密旨”，“文德武功”，“九五飞龙在天”、“天子”，“御前之记”。

“雍熙”印5方：“雍熙之宝”，“雍熙太和之宝”2方，“雍熙”，“雍熙恭和”。

押文6方（其中一方押文左侧阴刻“八土来王”）。

以上皇帝玺印共53方，与明二十四宝同印文的有7种，共13方，其中“天子之宝”，“制诰之宝”各1方；“皇帝之宝”，“钦文之玺”，“御前之宝”，“皇帝尊亲之宝”，均为2方；“广运之宝”3方。这些玺印均为阳文篆书，二行各二字或者三行各二字，钮式雕工各有不同。印文重复的每方尺寸、钮式雕工又有所不同，说明在明朝不是一个时期制造的。如：“御前之宝”2方： 一方寿山石盘螭纽，头呈扁平形，四足作半蹲状，两耳、有角，通体脊背，三爪。另一方寿山石螭纽，四足作半蹲状，通体脊背，闭嘴、圆眼、有角。另外，还有一方“御前之记”，为明晚期制造。青田石螭纽，阳文篆书，二行各二字。头扁、一角、脊有沟，四足、蛇尾。

明代皇帝为突出个人的皇权地位，除刻镌了与二十四宝相同印文的印玺，还刻镌了自己年号的宝玺，如“大明成化之宝”、“成化皇帝之宝”、“成化之宝”等，有的与二十四宝同名。它们虽然不是明代皇帝沿用的传世宝玺，但仍然有皇帝宝玺的性质和作用。明代的官印统一由礼部铸印局铸造，对官印的尺寸、质地、钮制甚至印文书体都有明文规定。

（二）后妃、皇子印

按文献记载主要有三类，即册纳宝、尊号徽号宝及闲章。后妃印记载始于汉代，宋代形成制度。《明会要》载：“上皇太后尊号，自宣宗登极始。”[3]“妃嫔无宝，止用镀金银册。”[4]册封印及尊号印故宫现已不存，明代后妃印存世较少，只有几方闲章。

檀香木“寿安皇太后宝”，寿安皇太后，原为宪宗妃。《明会要》载：“邵太后，宪宗妃，兴献帝母也。成化十二年，封宸妃，寻进封贵妃。世宗入继大统，尊为皇太后。嘉靖元年，上尊号曰：‘寿安’。十一月崩。”[5]

铜龟纽“章圣王妃之宝”，应是嘉靖皇帝生母之印。“世宗母献皇后蒋氏，兴献王妃也。弘治五年，册为兴王妃。”[6]檀

[3] 清·龙文彬：《明会要》，第209页，中华书局，1956年。

[4] 清·龙文彬：《明会要》，第28页，中华书局，1956年。

[5] 清·龙文彬：《明会要》，第23页，中华书局，1956年。

[6] 清·龙文彬：《明会要》，第23页，中华书局，1956年。

香木“章圣皇太后宝”，这是著名的“大礼议”事件的产物。因世宗嘉靖帝为武宗堂弟、兴献王之子，即位后廷臣议推尊礼，称其父为“皇叔父”、生母为“皇叔母”。“嘉靖元年改称兴国太后。三年，上尊号曰本生‘章圣皇太后’。是年秋，用张璁等言，尊为圣母章圣皇太后。七年，上尊号曰：‘慈仁’。十五年，加上尊号曰：‘康静贞寿’。十七年十二月崩。”[7]但从“上徽号致词，上尊号则止进册宝”[8]的规定看，此印只是一般闲章。

另外，还有一方寿山石盘龙纽“圣母图书”印，为寿山石海水盘龙纽，阳文篆书。虽然嘉靖三年七月更定“本生圣母章圣皇太后”为“圣母章圣皇太后”，但明代皇帝之母皆称为圣母，而非某人之特有之称谓。孝宗张皇后曾封为圣母，“孝宗张皇后，成化十三年，选为太子妃。孝宗即位，册立为皇后。武宗立为皇太后。正德元年，上尊号曰‘慈寿皇太后’。世宗入，继称为‘圣母’。加上尊号曰‘昭圣慈寿’。”[9]所以，“圣母图书”印，难以推断该“圣母图书”是某皇太后之印。

《明太祖实录》记载洪武二年（1369年）五月制造“奉天执中”玉玺，洪武四年（1371年）制造“广运之记”及“厚载之记”，并将“厚载之记”赐予皇后，因此我们得知“厚载之记”是皇后用宝。“皇贵妃图书”为皇贵妃用印，在明代得皇贵妃称号的不到10人。明代宪宗封万贵妃，始称“皇”。万历十三年（1585年），册郑氏为皇贵妃。三十四年（1606年），进封恭妃为皇贵妃。崇祯元年（1628年），封田氏为皇贵妃。[10]宣德元年以前皇贵妃有册无宝，虽然宣德元年以后开始授皇贵妃宝，但对于宝之形制也无记载。这方“皇贵妃图书”成为我们参考的重要依据。

明制：“皇子封亲王，授金册、金宝。亲王嫡长子，年及十岁，则授金册、金宝，立为王世子；长孙立为世孙。诸子年十岁，则授镀金银册、银宝，封为郡王。”[11]皇子居东宫，“嘉靖二十四年，穆宗在东宫，方十岁，欲行冠礼。礼重冠、婚，皇帝前在东宫……”[12]故宫博物院藏有“东宫图书、中

[7] 清·龙文彬：《明会要》，第23页，中华书局，1956年。

[8] 清·龙文彬：《明会要》，第209页，中华书局，1956年。

[9] 清·龙文彬：《明会要》，第24页，中华书局，1956年。

[10] 清·龙文彬：《明会要》，第28页，中华书局，1956年。

[11] 清·龙文彬：《明会要》，第47页，中华书局，1956年。

[12] 清·龙文彬：《明会要》，第233～234页，中华书局，1956年。

和、兰台信符、敬斋、完密”五面刻印一方，“东宫图书”与“敬斋”等为皇太子用印。“东宫”为皇太子宫，“兰台”在唐代高宗时，曾将秘书省称为“兰台”。

皇帝在即位前为皇太子时使用的印还有“大本堂记”。洪武元年十月，建大本堂。命魏观侍太子说书及授诸王经。又选国子生十余人侍太子读书禁中。太祖命大学士宋濂授皇太子诸王经于大本堂，后于文华后殿，世宗改为便殿，遂移殿东厢。[13]洪武四年正月制造“大本堂记”，并赐予皇太子。可知大本堂为皇太子读书之所，现故宫博物院藏“大本之玺”，印为滑石云头纽，阳文篆书；印方9.5厘米，通高9厘米，纽高5厘米。此印是后来制造时将“记”改为“玺”字了，有一定深意。

虽然洪武初于上元县建大本堂，置四方图书于其中，并将其作为太子、亲王学经之所，伴读者则为功臣子弟。永乐迁都后，未见北京建有大本堂的记录，宣德以后太子则于文华殿读书，伴读者则为民间子弟。故大本堂为宣德以前太子读书之所，而与大本堂有关的玺印也应为宣德以前之物。

故宫博物院现存还有“大明后嗣太祖玄孙宪宗之子兴王图书”，兴王为成化四子祐杬。成化十二年七月生，其母为宸妃邵氏，后进为贵妃、皇太后，即“寿安皇太后”。祐杬二十三年封兴王。弘治七年（1494年）之藩安陆，正德十四年（1519年）去世，谥为“献王”。两年后，他的儿子被迎立为皇帝，即明世宗。此印为寿山石异兽纽，阳文篆书。印文方10厘米。兴王之印不仅大，还能藏于宫中，这是特例。

明代有朱姓子孙出生，就会被登录在《天潢玉牒》中。无论是亲王、郡王，还是各类将军，借着“天潢”的名头四处活动。朱元璋对待自己的子孙，实行的是“亲亲之道”。永乐以后，诸王反叛的事例不少。这些天潢子孙都想过过皇帝瘾。仁宗死后，宣宗时为皇太子，监国南京，汉王朱高煦谋反。正德年间，又有两次重大的宗室叛乱。“天潢演派”印，寿山石蹲龙纽方形玺，方9.8厘米，也是现存明代较大的一方玺印。意为皇族脉脉相袭，绵延不尽。

[13] 清·龙文彬：《明会要》，第229页，中华书局，1956年。

以上后妃及皇子印，反映出他们当年不平凡的岁月。尽管我们现在看不到他们的册封印，但从仅存的几方闲章中，我们了解了明代后妃及皇子印质地、尺寸、纽式、篆书等形制，为我们鉴定明代印提供了重要的实物参考资料。

（三）室名印及御书印

室名印有“文华殿宝”、“乾清宫封记”、“清宁宫图书”等。

文华殿明初为皇帝常御便殿，后来用作经筵进讲之所；“文华殿在奉天门之东，比诸殿制稍减而特精准，用绿色琉璃瓦，左右为两春坊，上之便殿所常御者也。”[14]天顺、成化间，皇太子未践祚前，摄事于文华殿；嘉靖十五年（1536年）改易黄瓦 。

乾清宫为明代皇帝的寝宫及处理政务之所，《明史》载：明光宗、熹宗召见臣工于乾清宫。“正德九年正月，乾清宫火。正德十六年十一月，乾清宫成，世宗自文华殿入居之。万历二十四年丙申三月，乾清、坤宁灾，二十五年二月重建。”[15]

明代的清宁宫位于现东华门内南三所，为太子所居。据《实录》及清修《明史》，清宁宫弘治十一年（1498年）十月火灾，次年九月重建完成，嘉靖元年（1522年）正月初二清宁宫后殿“三小宫”再次罹火。清宁宫最后一次出现在《实录》中，是在嘉靖十六年（1537年）五月。天启末张皇后在此居住称慈庆宫，崇祯十五年（1642年）改为端本殿。

还有其他斋堂印：宝文斋图书、慎德斋图书、衣云阁、志怀轩、介如斋、景霞堂、千赋堂、听松阁、遵宪阁、乾坤草亭、古心琴室。这些印有的只是亭台楼阁的一个匾名，是否是皇帝印，为何藏于宫中，至今尚未清楚。

御书印有：成化御书之宝（2方），成化御书，中和图书，天子御书，天子御书，御书之宝，御笔图书（3方），宸翰天章之宝（2方），御翰，御书，御府图书（10方），御前密封之宝（2方），御笔，云翰天章，（上）天子御宝，三教宗主，道德

[14] 于敏中等：《日下旧闻考》卷三四，北京古籍出版社，1981年。

[15] 于敏中等：《日下旧闻考》卷三四，北京古籍出版社，1981年。

天下，雍熙之宝，钦文之玺、金丹之宝（六面）。

以上御书印29方，有年号的“成化御书之宝”2方，六面印1方，“御府图书”10方，“御笔图书”3方，其他印各一两方。另外，还有“乐天道人竹石轩之图书”、“新宁图书”、“石井正府”各1方，但是否是皇帝印，还有待考证。

（四）收藏、封验印

“文房珍玩”，“天宫珍玩”，“谨具密封”，“宝藏”，“御前谨密封完之宝”，“封完”（2方），“谨密封完”，“合缝封记、秘密关防”（两面），“收藏物件密封”，“玉音谨密”，“密完”，“收藏物件、御前封完、宝藏谨封”（三面），“收藏物件、御前封完、宝藏谨封、封记钥锁、合同之记、秘密关防”（六面），“御前图书、御前谨封、天宫仙乐、御前封完、闲中封完、封物之记（六面）”，“密旨收记”，“虎符验记”，“日收物记”，“御药之记、谨密封记”（两面），“天宫合同符信”，“敬谨”押文（两面），“密记”，“丹符验记”（2方），“护封”（3方），“护”，“谨封”（3方），“密封固完”，“敬缄”，“密缄”，“缄完”，“合同”。

收藏、封验印共37方。其特点是：一印多面刻，表明一印多用。如六面刻：“图书、御前谨封、天宫仙乐、御前封完、闲中封完、封物之记”，或“收藏物件、御前封完、宝藏谨封、封记钥锁、合同之记、秘密关防”等。

以上有的印文尽管已经残缺，字迹不全，但能为我们研究分析明代皇帝的心态及其生活状况。这些印有以下特点：第一，印大多4～6厘米之间，主要为石质，纽多为瑞兽纽，但做工较粗糙；第二，两面刻或者多面刻较多，字体篆书多样，如“文德武功”六面印用悬针篆、蝌蚪篆、倒薤篆、垂露篆、小篆、雕虫篆，颂扬帝王之功业；第三，内容丰富，文意与纽式相契合；第四，真实地表现了皇帝的兴趣爱好。

二 明代皇室印的使用

（一）皇帝印的使用

明代宗室大多对诗词、书画有极大的兴趣，皇帝中不乏游戏翰墨者，成祖曾“援笔肆书”。他对书法爱之甚深，临御之初，就励精文翰，因此一些书学名家在永乐朝相继受到重用。宣宗在几务之余，时常留心载籍。他遍观古人翰墨，于此自然有契于怀。当时日侍宣宗之侧的是书家程南云。宣宗为答谢他日侍之劳，在宣德十年（1435年）二月十五日赋《草书歌》一首，“书以赐之”， 其中多所寓意。宣宗以善画著称。他绘有《五花马》、《白燕》两幅，上面均亲题“赐太监袁琦”，四季景色变化的刻画堪称细致入微。景泰帝虽不称善画，但也有绘画作品。宪宗宸翰也极工致，曾画《文昌帝君像》。此画题“成化十九年御笔”，押以“广运之宝”，显为宪宗御笔。他的作品大多是金瓶、牡丹、兰菊、梅竹之类的作品。神宗善书，既是家学的渊源，也是受张居正等辅臣的教育和影响。张居正等人认为他“笔力遒劲，体格庄严”。神宗之子光宗，对书法也很有兴趣。在每月讲学之暇，他就挥洒大书匾额、对联，“以赐青宫左右，虽祁寒大暑，未之少懈”。在这些书法作品上，他常常钤上“东宫亲御”的图章。崇祯帝在书法上的造诣较深，在历史上也以善书见称。他的“松风”二字，每至书成，就“钤以玉玺”，印文有时是“崇祯御笔”，有时则是“大明崇祯皇帝万几余暇之笔”，有时又是“崇祯建极之宝”。

自弘治以后，士大夫逐渐形成一股讲学风气，各地广建书院，作为讲学的场所。宗室中也形成造建书院之风。他们建好书院后，请皇帝御赐匾额，或请有名的文人士大夫题匾。弘治十七年（1504年）八月，因晋府庆成王之请，皇帝赐奇洊书院额为“尚贤”；弘治十八年（1505年）九月，唐王建一书院，教授其府中军校子弟，上奏请赐额，获赐名“养正”；正德元年（1506年）五月，皇帝赐隰州王所建书院额为“崇礼”；同年八月，赐灵川王书院额，名“养性”；正德二年（1507年）

闰正月，赐怀仁王书院额，名“遵道”；赐山阴王书院额，名“进德”；正德三年（1508年）八月，赐楚王书院额，名“正心”；万历九年（1581年）正月，山阴王所建书院获赐，名“乐善”；万历二十二年（1594年），上蔡王奏书讨书籍并书院额，获赐书赐额为“学文”；万历二十三年（1595年）六月，赐书院额为“宝善”。[16]

宣宗在明代皇帝中书画存世最多，在韩昂《图绘宝鉴续编》中载：“宣庙御笔有山水、有人物、有花果翎毛、有草虫，上有年月及赐臣名。宝用不一，有广运之宝、武英殿宝等宝，‘雍熙世人’等图书……”因此，现存“雍熙恭和”、“雍熙之宝”等玺，据此推断应为宣宗皇帝印。故宫博物院现藏成化款印相对多一些，如成化六面印，分别为“御前之宝、文华殿宝、道德之宝、广运之宝、成化之宝　、中和之宝”，其中“文华殿宝”在宪宗御笔《冬至阳生图》上钤有。另外还有“成化御书”、“成化之宝”，用于御笔书画上。现在可以见到皇帝用宝有：明永乐八年敕谕，钤“敕命之宝”；明永乐刻本《诗传大全》，“钦文之玺”；钤明宣宗《武侯高卧图》卷，钤“广运之宝”；明宣宗《万年松图》，钤“皇帝尊亲之宝”。

明代二十四宝与历朝宝玺一样，每方均规定有具体用途，如：“天子之宝”，以祀山川、鬼神；若诏与赦，用“皇帝之宝”；“皇帝尊亲之宝”，则用谕亲王，则用；“制诰之宝”，诰用；“钦文之玺”，“御前之宝”则图书文史等用之；“广运之宝”，用于奖励臣工。[17]明二十四宝之一是“大明受命之宝”，而非故宫博物院现存的“大明皇帝之宝”；明二十四宝中有“奉天承运大明天子宝”，而非故宫博物院现存的“大明天子之宝”；此印缺“奉天承运”四字。

通过以上对比，笔者认为：故宫博物院现存的明代皇帝玺印均不是明代二十四宝。其原因：第一，明代二十四宝多为玉或金质，而这些印均为石质。第二，清康熙时期的二十九宝与明代二十四宝中的二十二种宝文完全相同，“大清受命之

[16] 陈宝良：《明代社会生活史》，中国社会科学出版社，2004年。

[17]《明史·职官志三》。

宝”，就是将“明”字换成了“清”字，并且使用标注也基本一样，明代二十四宝尺寸较清代御玺要小。第三，明代御玺尺寸比故宫博物院现藏的明代皇帝印要大，故宫博物院藏成化十九年诰命上有印文“制诰之宝”，尺寸方13厘米，应是明代二十四宝的尺寸参考标准。

明代皇帝的吉语印有的是警句箴言，为皇帝对自己的行为提出的道德准则；有的是对太平盛世的赞颂。但是，这类印章基本不用。

（二）收藏、封验印

宫中收藏明代印较多为收藏、封验印，从印文上我们能看出明代机构的庞大和管理制度的无序。另外，明代宦官专权严重，这些印有的应是宦官与皇帝来往信件的封验印。“藏宝”为皇帝收藏印。下面仅以“御药之记、谨密封记”两面刻印举例。

明代有御药房、东宫典药局、内廷安乐堂、月子房等。明朝建立后始建尚药局，洪武六年（1373年）改为御药局，嘉靖十五年改御药局为御药房。在文华殿后建圣济殿，圣济殿为供奉三皇历代名医及御用药饵之处，以祀先医（清乾隆三十九年在此建文渊阁，现圣济殿无存）。圣济殿殿后为御药库。御药房一般秩为六品，设有尚奉御、直长、御医、药童等吏目。其主要任务是：第一，收贮药材，辨别其品种产地优劣，并进行炮制加工。在明代凡岁办药材都在出产地方派纳，每年各地解于御药房之药材都很多。凡解纳来的药材都贮藏在太医院生药库。第二，负责御用药饵的制造、供奉。当皇帝有病时，御药房要专门委派医官会同内臣在局选药，连名封记药剂，并具本开写药性和证治法。熬药时，由太医院与内臣监视；熬成后，由御医和内臣先尝，然后进御。同时，记明日期与病因。明代御药房是直接管理药物的机构。明代对帝王大小疾病的诊治过程皆记录在案，凡轮值供事者、诊事者、处方者、调制药饵者、试尝药物者都在“历簿”上详列无误。

《明会典》记载，御药房系要害部门，每日须由太医院院使、院判、御医，分两班轮直，负责收受四方进贡及储蓄上用药品，并准备随时诊视和修制御用药饵。凡帝王染疾，无分大小轻重，规定应由太医院官诊视御脉，御医参看校同。明代御药房的特点是：内廷医药机构的首席长官由内侍内臣即太监担任，太医院院使不能充当，御医虽然是诊治疾病的主要人物，却只有极尽合药、医治之责。[18]据《明宫史》："御药、谨封，则牙刻者也，御药房用之"。"御药之记"、"谨密封记"就是值供御药房的御医为皇室就医用药时使用的印章。

目前对明代后妃、皇子印，很少见到在其他地方有使用。

三　余论

明代印玺的内容除名号外，基本上是抒发个人情感和表达文人志尚的。它是明代流行于社会的文化艺术形式在宫廷中的体现。它表达了皇帝治国的思想，以及皇帝重佛崇道，以使儒、道、释三教合一的思想。[19]明代帝后宝玺具有皇家宫廷特色，是明代政治、经济、思想文化等方面的反映。从这些宝玺中，我们可以了解皇帝集权痕迹和思想意识的变化，深入地认识明代印玺制度和文化艺术。这对我们研究明代政治、经济、文化、艺术、宗教、宫廷有着重要的意义。

明朝有16位皇帝，明太祖强调改善农村社会的条件和加强地方政府的规范化。以后的皇帝开始设置内廷各机构，使其能摆脱枯燥乏味的日常生活。为翰林院选拔最优秀的进士为翰林学士，同时使宦官起着很大作用。因为有些皇帝严重地不履行或抵制各方面的准则，产生了不同后果。但每隔10年就有新一批能干的、急于在为政府的服务中谋求个人前途的人。明王朝允许那些生计稍微充裕而有余资的中国人自行其是地利用其资财，向人民征收的税项是很少的，这使所创造的大部分财富留了下来。[20]王府宗室纷纷建书院，奏请赐书、赐额，是受当时社会上讲学风气的影响，同时也是为了迎合皇帝的旨意，以表明自己崇儒右文。有的印与匾额相呼应，吟风弄月，风流雅

[18] 恽丽梅：《试论明清医疗机构的变迁》，《紫禁城学会论文集》第五辑，第914页，紫禁城出版社，2007年。

[19] 徐启宪：《明代宝玺》，《明清帝后宝玺》图录，紫禁城出版社，1996年。

[20] 美·牟复礼、英·崔瑞德：《剑桥中国明代史》，第6～9页，中国社会科学出版社，1992年。

致。明代印玺也表明了皇帝的心态及其对风流好文的雅致生活的追求。

由于明代儒家士大夫通过经筵与正常的言行系统，对皇帝的行为不断进行制约，再加之明代诸帝性格各异，必然导致他们的生活内容也各不相同。一类是恪守儒家传统的礼仪准则，勤俭治国，崇儒重道，一生勤于政事，以朱元璋为代表，相类似者有成祖、仁宗、宣宗等；另一类对礼教多少有点背道而驰，甚至带有反叛精神，厌倦于宫廷生活，或醉心于道教，或嬉戏成癖，以武宗、熹宗为代表，类似者有世宗、神宗等。明朝“仁宣之治”，君臣融洽，生活稳定，是明朝的太平之世。明天顺以后，一些天潢王宗，日以溺佛，求其肉体长生，于是四方佛、道、方士、丹客，纷纷投入王府。[21]

故宫学者将明代宫廷史分为三个阶段，分别为洪武至宣德朝、正统至正德朝、嘉靖至崇祯朝，并且概述了其特点。这里我们谈到的明代皇室玺印从工艺和印文内容分析，笔者认为这些印多为明中期成化时期的。

成化皇帝17岁即位，距明朝开国已过去近百年。永乐、宣德之际的盛世辉煌，已失去昔日光彩。刚刚即位的成化皇帝一度雄心勃勃，决心刷新朝政。但他的“善政”没有坚持多久，就厌烦了。他起用宦官汪直，国事日非。在他在位的23年中，正是明朝的多事之秋。复杂的环境和各种矛盾，造就了其心态和品格的特殊性。[22]成化皇帝崇佛信道，宠幸方士。成化十七年（1481年）以前，京城内外敕赐寺观639所；成化二十年（1483年），颁发空名度牒一万道；成化二十一年（1485年），道官真人以下达130余人。李孜省靠符箓之法得宠，升为通政司右通政，受赐金冠、法剑各一，图书二，其印文为“忠贞和直”、“妙悟道玄”。

明代印中“成化”名号印为最，共7方，分别为“大明成化之宝”、“成化皇帝之宝”、“成化之宝”、“成化御书”、“成化御书之宝”2方、“御前之宝、文华殿宝、道德之宝、广运之宝、成化之宝、中和之宝”（六面印），通过六面印的

[21] 陈宝良：《明代社会生活史》，中国社会科学出版社，2004年。

[22] 刁书仁、赵兴元：《明帝列传·成化帝》，吉林文史出版社，1996年。

印文及镌刻工艺，我们可推断其他的“御前之宝”、“文华殿宝”、“广运之宝”、“中和之宝”，也应是成化时期制造的。故宫博物院现存的明代600余方印中有近一半为成化时期的，成化时期正是明代的中期，对比清中期的乾隆皇帝的1800余方印章，虽远远不如，但能够保留下来，非常不易。它是我们研究明代印章的重要实物。

释“中和”
——故宫匾联发微

故宫博物院　朱诚如

走进故宫午门内，迎面就是太和门，东庑是协和门，西庑是熙和门。进入太和门就是三大殿：太和殿、中和殿、保和殿。此外还有体和殿、永和宫、颐和轩等含“和”字的宫殿名称。进入殿阁大堂，多有含“和”的匾额，代表性的有养心殿正殿的“中正仁和”、颐和轩正殿的“太和充满”、乐寿堂前厅的“与和气游”、畅音阁的“导和怡泰”、内阁公署正衙的“调和元气”等等。至于宫中殿阁楹联中含“和”字，更是比比皆是。据对上述的殿阁匾额题字考察，几乎都是康乾盛世时期帝王的手笔，而其中绝大部分又出自乾隆皇帝。本文对盛世求和这一现象略作解读。

“和”或者“中和”是一个大概念，是人与自然，人与社会的一种混一状态，意即和谐、和合、平和状态。人与自然的和合状态，就是人类要尊重自然、顺应自然，但并不排斥人与自然的矛盾，所以人要经过征服自然和自然作斗争，让自然来为人服务，最终也达到和合状态，即所谓的“天人合一”状态。而人类社会的和合，则是更为复杂的话题。一般地说，一个民族文化精神存在和运行，都有一个内核，由它来贯彻民族文化有机整体的内在精髓和运行机制。而这种文化精神，正是一个民族对世界的大体一致的认识，它对一个民族的共同心理与意志起着整合、陶铸的作用。“和”（或称“中和”）正是中国古代理想家和统治者在社会实践中总结出来的规范民族心理结构、思想模式的一种民族文化精神。它的核心内容就是：强调矛盾双方的一致性，不强调矛盾双方的相互斗争，相互否定，回避冲突，谋求统一状态。

首先，我们要追溯“中和”思想的源流。春秋末年，儒家学派的创始人孔子继承了前人的一些“中和”观念，述古而又开新，确立了中国古代的思维方式，在政治、思想诸多领域做出了切合现实人生的表述。在政治上，他强调“和为贵”（《论语·学而》），认为礼仪规范的价值就在于协调统治阶级内部和不同阶级之间关系。在个人修养和学术思想上，他提出“和而不同”的原则。所谓“君子和而不同”，就是吸纳不同意见；所谓“小人同而不和”《论语·子路》，就是固执己见，排斥他人的不同思想。更有意义的是孔子在道德论上提出了“中庸”标准。他说：“中庸之为德也，其至矣乎！”（《论语·雍也》）联系他对弟子的评论，所谓“中”，就是无过，无不及，恰到好处；所谓“庸”，就是运用。过和不及既是主观意向的两种偏向，又是客观事物的两个极端。所谓“中庸”，就是防止两种偏向，避免两个极端，遵从正道而行，谋求恰到好处。后世儒者总结为“执两用中”，是符合孔子原意的。孔子的中庸思想，在哲学上具有承认矛盾对立，强调对立双方的协调统一，避免任何一种极端的方法论意义，简言之，就是求中、求和。这种求中求和的思维方法，符合客观辩证法矛盾统一的一面，因而有认识意义和实践意义。孔子的求中求和以其自身价值和孔子在封建时代的圣人地位，在中华文化的发展过程中发生着巨大的、不可估量的深远影响。它既是民族心理的提升，又规范着民族的思维方向、思维内容和思维程序。

到了西汉初年，中和得到了最精要的概括：“中也者，天下之大本；和也者，天下之达道；致中和，天地位焉，万物育焉。”在这里，“中”具有本原意义，是一切礼乐政教所由产生的根源。“和”具有方法论意义，是谋求整体（包括自然、社会、个人）和谐的最高原则。汉唐以后，古代哲学家、思想家无不以“致中和”为其旨归。汉儒董仲舒以阴阳思想为根本，把宇宙万物镶嵌在五行的框框里，是一种粗鄙的“中和”说，即使是在古代思想家中向以锋芒凌厉称著的柳宗元，虽然在评论《国语》时肯定了自然界的“自斗”（《非国语》），但在社会政治实践中却又一再申明自己遵循孔子的“大中”之道。北宋中期的改革家王安石，思想上颇有异端倾向，其思维方式不囿于儒家，认为矛盾关系有三种类型：相生、相克和相成。这对古代辩证思维是一次深化。但他还是主张以“无对”来消除“有对”，依然没有超出孔子消解矛盾的怪圈。

整个宋儒穷究物理、深体心性，其宗旨是达到中和理想，或称“太和”状态。开宋学学风的张载就说：“两不立则一不可见，一不可见则两之用息。”（《正蒙·太和》）这就把矛盾的统一关系强调到几乎绝对的地步。其后的二程、朱熹主要概括为：“万物莫不有对”（二程）和“一个包两个”（朱熹）。“物”和“一”就是统一体；“对”和“两”就是对立面，或称矛盾着的双方。大体上重复着张载“两不立则一不可见”的道理，遵循着强调矛盾统一的思路，很少接触矛盾斗争性原理。明代的方以智大讲“一必有二，二本于一”和“合必有分，分无不合”（《东西均·反因》），同样是阐述对立双方互不分离、相互渗透、相互作用的道理，侧重的是对立双方的统一。明末王夫之是中国古典哲学的终结者，他深入地分析了矛盾的对立关系，提出“分一为二”和“合二而一”，系统地揭示了矛盾的斗争性和统一性的原理。但他在《张子正蒙注·太和篇》中又说阴阳双方“互以相成，无终相敌之理”。综观中国古代思维方式的各种理论表述，始终没有脱离强调统一的中和思维轨道。

这种传统的求和思想，到了清代，善于学习、勇于创新的满族统治者，毫无保留地接过并吸纳了这一思想。他们知道，只有“和”，把自己融化其中，才能让他们在汉文化的汪洋大海中求得生存，才能巩固其统治地位，显然“和”既是其所想达到的目的，也是其掩盖社会矛盾，彰显自己的手段。

清朝取代明朝，一个以少数民族满族为统治民族的清政权要想真正成为中原的统治者，并不是一件容易的事情。问题在于当时的满族是奴隶制特性尚未完全褪尽，只占据东北一隅之地的落后的少数民族，由它来统治一个已有近2000年历史的封建制的中原大国，实在是勉为其难了。尽管满族是一个善于学习、勇于创新的民族，尽管明王朝腐朽，不堪一击，尽管农民起义有许多局限性，可是这一历史重任仍然是满族统治者不堪重负的。令人惊叹的是，满族统治者不仅一统中原，而且又在入关不长的时间内，创造了一个奇迹，在病入膏肓的封建制已经穷途末路的时候，竟然创造出一个康乾盛世，尽管只是夕阳下的辉煌，垂死的封建制的回光返照，但毕竟使古老的中华文明为之一振，让整个世界为之惊叹。

奇迹为什么会出现？求“和”是关键。几千年中华文化的无穷魅力，其植根于中国社会的每一根血管，影响着社会生活的方方面面。从秦汉开始的北方异民族匈奴、突厥，仗着金戈铁马，逐鹿中原，但最终或远遁天涯或融化于中原。至于辽金、西夏、蒙古等北方少数民族，一次次侵扰中原，最终就像滚雪球一样，成为中华民族的一分子。满族统治者也不例外，从入关开始就落入了中华文化的罗网。满族是我国境内的少数民族，长期以来一直与汉族文化不断地进行交流和融合，互相适应的共性已经成为主流，所以清入关以后很快就能融入汉文化大潮，康雍乾三帝都是有着极高中华传统文化素养的帝王，他们本身都已是中华文化的杰出代表。他们熟谙中华文化经典，其精到程度甚至令一般汉族知识分子汗颜。康熙帝对音乐数学的造诣，雍正帝的书法、乾隆帝的诗词都达到当时很高的水准。

康乾时期，在汉文化的影响下，在经济领域也发生了根本性的转型，即迅速摆脱游牧经济的羁绊，转而崇尚发展农耕经济，并实现最终的融合。中国封建时代的最高统治者一直奉行以农为本、重农抑商的国策。农业生产是实际的，一分耕作，一分收获；奇技淫巧在农业生产中没有实效，在社会生活中也被轻蔑，遭排斥。重视民生日用，着眼于现实和人事，漠视人事以外的自然界，不作超越现实人生的幻想。长时期的农业经济铸成了中华民族依赖土地，即安土乐天的生活情趣。人们渴望安定，厌弃战争，向往太平，反对暴力。男耕女织，丰衣足食，老守田园是广大农民的普遍心理。此外，农业经济是自然经济，农业生产要与自然规律、自然节候相和谐。在自然科学不发达的古代，人类了解自然，控制自然的能力很有限，因此，因时、因地制宜非常重要，即人类要尽力适应自然界的变化，并在实践中掌握其运行规律，这样就能使农业经济不断地取得丰硕的成果。中国传统文化中的二十四节气就是中国人民在长期实践中，总结出来的科学的节令规律，为指导农民适时耕种提供了科学的依据。古代的农业生产还要求农民，日出而作，日入而息；春耕，夏耘，秋收，冬藏。这种农事节律就产生了以循环论为核心的变易观和恒常观。一日有朝有夕，是为变易；而次日又日出东方，日落西方，可谓不易。一年有春夏秋冬，是为变易；次年又冬去春来，一元复始，万象更新。如此循环往复，可谓恒常。农业生产和自然界的有节律的运行，使人们获得变易和恒常是相辅相成的观念，个中奥秘就是循环。因此，循环论并不是凭空产生的，于是出现了分久必合，合久必分的历史观；沧海变为桑田，桑田复为沧海的自然观。满族统治者尽管长期生活在游牧经济区域，但是入关前不断地与汉区贸易交往，特别是后来对辽东汉区20多年的统治，已经使他们比较适应汉区的农业经济。入关之后，面对汉族地区农业经济的汪洋大海，满族统治者从没有想过再回到东北原始森林中重过落后的游牧生活，他们只强调保持满族的骑射习俗，从不提保持游牧经济形式。即使后来因为旗人生计问题，曾经强制一批旗人回东北老家，最终亦以失败而告终。历史不会倒退，人类社会更不会倒退。农业经济的优越性是显而易见的。因此，入关以后，特别是康熙开始，十分重视劝课农桑，重视农业经济的发展。对与农业经济相关的治河以及蠲免、赋税政策十分重视，因此康熙、雍正、乾隆时期中国的农业经济的发展出现了一个新的高潮。特别是我国江南地区，由于高产水稻的栽培，单位面积产量的提高，使得江南成为封建国家的粮仓，成为封建国家的财赋重地。在农业经济发展的同时，也刺激了手工业的发展，特别是手工制造业的发展。众所周知，明代隆庆年间开放海禁，海外贸易不断发展，中国的瓷器、丝绸、茶叶是中国出口贸易的主要货物。瓷器和丝绸、茶叶都是生活用品，如果说瓷器、丝绸是欧洲上层贵族的屠侈品，那么茶叶已成为普通欧洲人餐桌上的主要饮品。当时专供出口的外销瓷，以及外销丝绸已经占海外贸易的很大份额。中国的这些手工业产品，实际上都是农业经济发展的结果。瓷器离不开瓷土，丝绸离不开植桑养蚕，茶叶更是江南农业经济中的一部分，离开农业经济，手工制造业势必失去发展的基础。康熙、雍正、乾隆时期的手工制造业和发达的农业经济，使这一时期的中国成为当时世界上另一个经济中心，即东方的农业手工制造业中心。充斥欧洲市场的中国手工业产品既满足了欧洲人生活用品的必需，提升人类生活水平的档次，同时也促进了东西方的交流。

除了文化和经济上的以“和”为基础的融和以外，在统治政策上，也极力打着“和”的旗号，追求其统治的稳定。但其手段却是极力强化集权，以高压政策来求“和”。

众所周知，中国历史从秦始皇统一全国建立封建专制主义中央集权国家开始，历代帝王们一直在处心积虑地集中手中的权力，秦皇、汉武、唐宗、宋祖，一代天骄成吉思汗，布衣提三尺剑取天下的朱洪武，创造夕阳下的辉煌盛世的康、雍、乾，一个个都是中国历史上的精英人物，权杖在他们手中，成为开拓进取的动力。到了明清两代，皇权达到了巅峰。朱元璋这个由布衣登上皇位的皇帝，同样没有跳出小农狭隘的视野，把权杖死死地握在自己手中，而且别出心裁地废除了从皇帝制度诞生那天起，就被历代皇帝认可的宰相制度，连帮他办事的宰相都不要，自己直接管理六部，这个农民皇帝嗜权如命到出奇的地步。到了清代，刚从关外原始森林中出来的少数民族满族成了中原大地的统治者。这个奴隶制胎毛尚未褪尽的民族，连做饭的铁锅、缝衣的铁针都依靠汉区的民族，虽然落后，但是又是一个善于学习，勇于创新的民族，不乏英明统治者。他们面对汉民族的汪洋大海，连朱元璋小农意识都没有的满族统治者，竟然要把汉族地区的君臣关系，倒退到主奴关系，把汉人变成奴才。这样畸形的集权，实际上是愚蠢的奴隶制的残余。当康熙精通汉文，熟读史书以后，终于明白，皇帝的权杖是何等的重要，要统治汉人，不仅要强化对汉人的统治权，也要集中对满人的统治权。于是从康熙开始，把决策中心移到了南书房，议政王大臣会议的权力也逐渐地流于形式，而到雍正朝，设立了军机处，满汉大臣的决策权力都集中到皇帝一人手中，军机大臣们只是个封建国家的大办事员而已。至此清王朝的集权已达到了极致，极权之下创造了表面上的“和”，即社会表面上的稳定，实际上社会矛盾没有解决，也不可能从根本上解决。但这种极权之下的“和”，即暂时稳定的政治局面，创造出了康乾盛世，并促进了国家的大一统。

中国封建社会长达两千多年之久，究其深层原因当是整体思维制约着君民上下，各个阶级共同求“和”，即谋求和谐，谋求稳定。这就给中国古代文化造成了相当的惰性。使社会成员在任何境遇中都可以发现精神寄托的对象，求得“和”的境界。大体说来，有两类求“和”的途径。一类是向大自然求“和”。柳宗元在“永贞革新”失败以后，谪贬永州，名列囚籍，困顿穷厄，满怀悲愤。他却在山水自然中寻求到和合之点。他的《永州八记》就是表现他“心凝形释，与万化冥合”（《始得西山宴游记》）的心境的。另一类是向民众求“和”。苏东坡因反对王安石变法遭到小人构陷，惨遭“乌台诗案”之厄，一生坎坷。谪居惠州时，因“和”于当地民众，欣然自慰，吟出：“白头萧散满霜风，小阁藤床寄病容。报道先生春睡美，道人轻打五更钟。”正是这种中和思想的文化精神调整着人们的心理，减缓着社会的矛盾。我们这样说，并没有对中华文化的中和思想予以否定评价的意图。客观世界辩证法本来就包含着两方面的内容，一是矛盾的斗争性，二是矛盾的统一性，两者交替，推动着客观世界的发展。看来过去那种矛盾的斗争性是绝对的说法有失于片面。在人类社会和思维领域里，同样决不允许单单标榜片面的斗争。可见，中和思想强调了宇宙根本规律的一个侧面是有意义的。也正是因此，在中国古代文化里，缺乏那种深刻对立、激烈冲突的斗争精神。与任何具体事物一样，中国古代文化的优长和缺欠是一体两面。中和思想的文化精神也有其优长之处和价值所在。这就是，它使得中华文化具有坚毅的耐力和同化能力。每当异质文化（如印度佛教文化和欧洲基督教文化）传入本土，中华民族自觉不自觉地采取一种兼容并包的态度，在冲撞中相容，在相容中同化，一直保持着中华文化的传统风范，历久弥新。

清宫遗事摭拾

中国社会科学院历史研究所　杨珍

紫禁城作为清朝皇权的象征，历时268年。这里是皇帝与家庭成员及其众多服侍人员的聚居地，也是王公大臣、文武百官频繁出入，觐见当值之所。它的每一座殿宇，每一个角落，每一寸空间，无不具有丰富的历史内涵，承载着十余代人的生死分合、荣辱沉浮、喜怒哀乐。

半个多世纪前章乃炜、王蔼人两先生参酌数百种史志、杂记、年谱、诗文集等编撰的《清宫述闻》，[1]详述清禁垣内宫殿旧制遗事，言之有据，叙事清晰，至今仍是清宫史研究者的必读书之一。我从此书获益良多，对紫禁城遗迹遗事饶有兴趣。每次步入紫禁城，总能感受到沉重而又鲜活的历史氛围，数百年前的人物仿佛在我身边走过。

近年来研读满文档案、汉文史籍时，了解到紫禁城内发生的若干事情，在学习前辈论著基础上，选出数则，析述如下。

一　武英门

西华门内，熙和门西为武英殿，殿门制与文华门同。[2]门前御河环绕，石桥三。殿广五楹，丹墀东西阶九级。武英殿，清袭明旧，同治八年（1869年）毁于火灾，同年重修。

崇祯十七年（1644年），明末帝朱由检吊死煤山，李自成御极于武英殿。顺治初年，这里是摄政王多尔衮办事之所及顺

[1]《清宫述闻》初、续编合编本（以下简称《述闻》），《初编》：章乃炜、王蔼人，《续编》：章乃炜，紫禁城出版社，1990年。

[2]《清宫述闻》第264页："东华门内协和门东为文华殿。深广五楹，南向。殿前曰文华门，门三楹，崇阶九级，丹陛与露台相值。台左右各二陛，陛各十一级。"

治帝听政并宴请王公大臣之地。康熙十九年（1680年），武英殿设立修书处，殿前后二重，皆贮书籍。此制沿至清末。[3]

康熙年间，武英门前发生过一件对清初历史产生重要影响之事，即康熙帝玄烨曾在这里审问权臣鳌拜。

鳌拜，瓜尔佳氏，满洲镶黄旗人，三等轻骑都尉，曾任留守盛京八门提督伟齐（谥端勤）第三子。天聪八年（1634年），鳌拜受骑都尉世职，任参领。若以时年25岁计，他大约生于1610年（明万历三十八年）。鳌拜勇武善战，崇德二年（1637年）赐号巴图鲁。

顺治十八年（1661年）正月，帝福临病逝。遗诏命以第三子玄烨继位，索尼、苏克萨哈、遏必隆、鳌拜辅政。康熙六年（1667年）六月，索尼病逝。七月，康熙帝亲政。是月，鳌拜强行处死苏克萨哈。遏必隆性软弱，凡事依从鳌拜。鳌拜愈益跋扈，霸持辅政，对康熙帝构成威胁。[4]

八年（1669年）正月十四日，康熙帝谕工部："奉太皇太后懿旨：'皇帝现居清宁宫，即保和殿也。以殿为宫，于心不安。可将乾清宫、交泰殿修理，皇帝移居彼处。'朕谨遵懿旨移居，尔部即选取吉日，修理朴质坚固，以仰副太皇太后慈爱朕躬至意。"[5]二十二日，以本月二十六日修理太和殿兴工，康熙帝从清宁宫（保和殿）移居武英殿。

五月初某日[6]，众侍卫奉命以欺君擅权、结党营私罪将鳌拜执拿，随即带至武英门，康熙帝早已等候于此。鳌拜身上被缚以铁链，跪在康熙帝面前。康熙帝问道："先前尔为斩杀苏克萨哈，攘臂强奏云，'嗣后若我等犯有同罪，主子亦应下令，俱予正法。'尔今尚有何言？"鳌拜只是叩头，称已年老，乞求饶过一命。[7]又撩起朝袍，露出当年为救康熙帝祖父、清太宗皇太极留下的伤疤以及象征着累累战功的多处刀痕。[8]康熙帝遂命松开铁链，免死圈禁。后，鳌拜死于禁所。[9]

[3] 本文凡述及紫禁城内殿宇所在位置、沿革情况等，主要依照《清宫述闻》、《日下旧闻考》(北京古籍出版社，1983年)，并参考《国朝宫史续编》(北京古籍出版社，1994年)，陈宗蕃：《燕都丛考》(北京古籍出版社，1991年)，万依主编：《故宫辞典》(文汇出版社，1996年)等。

[4] 有关鳌拜擅权情况，参见拙文《清朝权臣与皇权的关系及其特点》，载2004年《清史论丛》。

[5] 《清圣祖实录》卷二八，康熙八年正月戊申。

[6] 按，《清圣祖实录》卷二九，康熙八年五月十六日戊申条："命议政王等拿问辅臣公鳌拜等。"台北故宫博物院《宫中档康熙朝奏折》第八辑（《满文谕折》第一辑）有记述康熙帝口谕鳌拜罪款12条，时间为康熙八年五月十二日，故鳌拜被执最迟不应晚于康熙八年五月十一日。

[7] 中国第一历史档案馆：康熙朝满文档案，无年月。

[8] 白晋：《康熙帝传》，《清史资料》第一辑，第198页，中华书局，1980年。

[9] 中国第一历史档案馆：康熙朝满文档案，无年月。按，康熙八年五月二十八日和硕康亲王杰书等遵旨勘问鳌拜欺君擅权等罪三十款，旨令革职，籍没拘禁。参见《清圣祖实录》卷二九，康熙八年五月庚申。

关于康熙帝捉拿鳌拜的经过，向有多种说法。[10]上述满文档案的记载表明，康熙帝本人不在捉拿现场，鳌拜很可能是在进入紫禁城赴康熙帝临时居所武英殿的中途，被早已奉有密令的侍卫突然擒捕，押至武英门，由康熙帝亲自审讯，当场做出裁决。看来，康熙帝是在移居武英殿期间（康熙八年正月下旬至五月初），密谋、策划并成功地实施了这一重要举措。

是年十一月二十三日，以修造太和殿、乾清宫告成，遣官祇告天地、太庙、社稷。二十四日，康熙帝由武英殿移居乾清宫。

清除鳌拜集团，是清朝皇权发展历程中一个重要转折点。以此为标志，康熙帝成为清朝历史上第一位真正独揽乾纲的皇帝。清朝皇权的高度集中与统治的愈益稳固，从政治层面为康乾盛世的出现奠定了基础。

康熙帝在武英殿制定捉拿权臣鳌拜的方案，并于武英门亲自审问鳌拜等情，史籍无征，却为这座古老殿宇又增加几许传奇色彩。

二　翊坤宫[11]

翊坤宫是紫禁城西六宫之一。[12]

康熙三十六年（1697年）三月初四日，帝亲征噶尔丹途中驻跸陕西神木。是日，派人送回宫中一些当地土产，并附有谕旨一道："朕在神木得土物、点心二种，送到延禧宫、翊坤宫去，看看笑笑。恭进神木白面一匣，请安。"[13]大约也是此次征途中，在康熙帝交付总管太监办理宫中事物的谕旨内，有这样一条："给翊坤宫书一封，若有回书即带来。"[14]

康熙帝好以宫殿之名，称呼居住此宫的妃子，而"神木白面"则是送与他的嫡母、皇太后博尔济吉特氏（谥孝惠章皇后）。

康乾时期人萧奭《永宪录》载：

> 康熙六十一年十二月甲寅（初三日），逮侍奉翊坤宫

[10] 如《清史稿》卷六，中华书局标点本第一册，第177页：康熙八年五月戊申，"诏逮辅臣鳌拜廷鞫。上久悉鳌拜专横乱政，特虑其多力难制，乃选侍卫、拜唐阿年少有力者为扑击之戏。是日，鳌拜入见，即令侍卫等掊而絷之。"又如李伯元《南亭笔记》卷一："……诛鳌日，康熙帝在南书房，召鳌拜进讲。鳌入，内侍以椅之折足者令其坐，而以一内侍持其后。命赐茗。先以碗煮于水，令极热，持之炙手，砰然坠地。持椅之内侍乘其势而推之，乃仆于地。康熙帝呼曰：'鳌拜大不敬！'健童悉起擒之。交部论如律。"

[11] 参见杨珍：《三百年前的翊坤宫主人》，载《紫禁城》2009年第6期。

[12] 紫禁城东六宫为钟粹宫、承乾宫、景仁宫、景阳宫、永和宫、延禧宫，西六宫为储秀宫、翊坤宫、永寿宫、咸福宫、长春宫、启祥宫（后改称太极殿）。东西六宫为是明清两代妃嫔居住之所。

[13]《宫中档·康熙谕旨》，转引自章乃炜等编：《清宫述闻》，第753页。

[14]《宫中档·康熙北征谕旨》，转引自章乃炜等编：《清宫述闻》，第753页。

太监张起用等十二人，发遣边地，籍没其家。（雍正帝）上谕："张起用买卖生理甚多，恐伊指称宜妃母之业。宜妃母居深宫之内，断无在外置产之理，令内务府大臣逐一查明入官。"复降谕：张起用与高王卿、四公主（生母为宜妃之妹、贵人郭络罗氏）之太监王士凤等四人发往土儿番（吐鲁番）耕种；太监殷觉、田成禄、九贝子（宜妃次子允禟）之太监李尽忠、二公主（生母为荣妃马佳氏）之太监赵太平发往云南极边当苦差；九贝子之太监何玉柱发往三姓与穷披甲人为奴。俱籍没其家。又降谕："伊等俱系极恶，尽皆富饶。如不肯远去，即令自尽。护送人员报明所在地方官员验看烧竣，仍将骨头送至遣发之处。"[15]

上述史料披露，康熙年间翊坤宫的主人是宜妃郭络罗氏，即康熙帝第五子和硕恒亲王允祺、第九子固山贝子允禟、第十一子允禌（12岁卒）的生母。[16]

康熙三十五年至三十六年（1696～1697年）康熙帝亲征噶尔丹期间，还曾分别给钟粹宫妃、永和宫妃、延禧宫妃写信，告知征途情况。[17]时，两位皇后（孝仁后赫舍里氏、孝昭后钮祜禄氏）、一位贵妃（温僖贵妃钮祜禄氏）均早逝，宫中品位最高的主位，是康熙二十年（1681年）同时册封的四位妃子，即惠妃那拉氏、荣妃马佳氏、宜妃郭络罗氏、德妃乌雅氏。康熙帝信中所称"翊坤宫"、"钟粹宫"、"永和宫"和"延禧宫"，分别指代她们四人。我们已知德妃乌雅氏居住永和宫[18]，宜妃郭络罗氏居住翊坤宫。"延禧宫"与"钟粹宫"各指惠妃那拉氏和荣妃马佳氏中哪一位，待考。

郭络罗氏，满洲镶黄旗人，佐领三官保之女。她的生年与入宫时间均未详。康熙十六年（1677年）受封宜嫔，二十年（1681年）晋宜妃，是康熙朝首批得到封号的妃嫔之一。册封宜嫔，是这位满族少女成为翊坤宫主人之始。如果她与康熙帝（生于1654年）的年龄相仿，此时大约20岁上下。

郭络罗氏还有一妹选入宫中，封为贵人，生康熙帝第六

[15] 萧奭：《永宪录》卷一，第62～63页，中华书局，1959年。

[16] 康熙帝序齿之子以"胤"字排行。康熙帝第四子胤禛（雍正帝）继位，诸兄弟名字上一字改胤为允，以避帝讳。

[17] 章乃炜等编：《清宫述闻》，第697、714、717页。

[18] 参见中国第一历史档案馆编：《雍正朝起居注册》第一册，第27页，中华书局，1993年；萧奭：《永宪录》卷一，第55页。

女，即雍正帝谕旨所称四公主（固伦恪靖公主）。

二十一年（1682年）、三十七年（1698年），康熙帝第二次、第三次东巡，都曾住在岳丈三官保家[19]；康熙帝离京期间曾与宜妃通信并派人驰送地方特产等等情况，均对《永宪录》称康熙帝对宜妃"眷顾最深"[20]做了注脚。

与康熙帝其他生有子嗣的妃嫔有所不同，宜妃郭络罗氏既享其头生子允祺之福，也受次子允禟之累。

允祺幼为孝惠皇太后抚养，性情平和淳厚。康熙三十七（1698年）年封多罗贝勒，四十八年（1709年）晋封和硕恒亲王，雍正十年（1732年）病故，终年54岁，谥温。

允禟性聪敏，好读书，擅结交。康熙四十七年（1708年）秋第一次废黜皇太子允礽事件中，允禟因袒护皇八子允禩，受到康熙帝的严责。四十八年（1709年）春，受封固山贝子。五十九年（1720年）二月，经康熙帝指婚，宜妃的孙女、允禟第三女（妾完颜氏所生）下嫁原任大学士明珠次子揆叙之子、侍卫永福。这使允禟乘机从女婿家攫取万贯钱财，一跃成为康熙朝皇子中的首富。[21]

六十一年（1722年）十一月十三日，康熙帝猝死，第四子胤禛继位，是为雍正帝。允禟原与胤禛要好，后因储位之争结怨。此时，宜妃郭络罗氏仍住在翊坤宫内，但境遇陡变。是月二十九日，新帝点名指责"宜妃母妃"为先帝举哀时"坐四人软榻，在皇太后（胤禛的生母德妃乌雅氏，谥孝恭仁皇后）前与众母妃先后搀杂行走，甚属僭越，于国礼不合……见朕时，气度竟与皇太后相似，全然不知国体。"[22]四天后，翊坤宫太监张起用等十余人一并受到重惩。先帝尸骨未寒，未亡人即被新帝点名指斥，这种情况为清宫史上所仅见。雍正帝通过打击"宜妃母"而发泄私愤，矛头所指则是郭络罗氏之子、被他视为主要政敌之一的允禟。

康熙帝生前写有遗旨，明令在他百年后，有子妃嫔各归亲子府邸奉养。新帝胤禛继位，予以遵行。[23]雍正元年（1723年），当允禟被发配西大通（今甘肃永登西南）之际，宜妃由

[19] 参见铁玉钦主审、王佩环主编：《清帝东巡》，第22页，辽宁大学出版社，1991年。

[20] 萧奭：《永宪录》卷二上，第87页。

[21] 参见《清世宗实录》卷四五，雍正四年六月甲子。

[22] 鄂尔泰等编纂：《国朝宫史》卷三，《训谕》三，北京古籍出版社，1987年。

[23] 台北故宫博物院：《宫中档·雍正朝奏折》第二十八辑（《满文谕折》第一辑），第374页。

允祺迎至恒王府怡养。四年（1726年），允禟被改名、黜除宗室（乾隆四十三年复名收入宗籍），死于保定拘所。十一年（1733年），郭络罗氏在恒王府内去世，终年70余岁。

自顺治十三年（1656年）年翊坤宫被修缮一新，顺治帝妃嫔入住此宫，至1911年清朝灭亡，历时255年。在此期间，相继有众多女子住在这里。不过，清朝封有妃嫔位号的主位中，宜妃郭络罗氏应是居住翊坤宫最为长久者。若以康熙十六年（1677年）封为宜嫔为起始，至雍正元年（1723年）移居恒王府，她在这里住了46年，约占翊坤宫作为清朝妃嫔居所全部历程的五分之一。

宜妃郭络罗氏之后，翊坤宫多次更换新的主人，然而近半个世纪中这位满族女子留下的痕迹和气息，至今似仍存留在翊坤宫的历史空间。

三　南薰殿

单士元先生《故宫札记》称："武英门南斜对面偏西有五间小殿，和东西配殿自成一区，名叫南薰殿……此地应为紫禁城中纳凉之所。全国解放后，维修这一区殿座时，发现庭院当中地下芦根满布。估计明代殿前是一小池沼，种植荷苇，可以证明这一小殿群的用途。"[24]

据满文档案载，康熙二十五年五月二十三日，总管太监顾问行等奏称："南薰殿小阿哥跟前用之小玉、圭兽、金匙子、银盒子，拟由库中领取。"[25]时值盛夏，小阿哥或为避暑暂居此处？[26]

《义门先生集》中有何焯从京师写给友人的信，其一曰："圣驾出口后，邸中移住南薰殿。弟日夜随侍。酷暑逼仄，视在西苑，苦乃倍之，复何暇近笔墨耶。"[27]

何焯，字屺瞻，长洲（今杭州）人。"其先有某者，元元统间以义行旌门，先生取其事名书塾，学者因称义门先生……四十一年冬，圣祖南巡，驻涿州，召直隶巡抚李光地语，询草

[24] 单士元：《故宫札记》，第242页，紫禁城出版社，1990年。

[25] 辽宁社会科学院历史研究所等译编：《清代内阁大库散佚满文档案选编》，第196页，天津古籍出版社，1992年。

[26] 按，康雍年间，南薰殿、西长房等曾是皇子就学地及皇子师居处。参见章乃炜、王蔼人编：《清宫述闻》，第481页；吴振棫：《养吉斋丛录》卷四，第49页，北京古籍出版社，1983年。

[27] 吴云等辑：《义门先生集》卷四，道光刊本；参见《清宫述闻》第396页。

泽遗才，李公以先生荐，遂召值南书房。明年赐举人，试礼部，下第，复赐进士，仍值南书房。寻命侍读皇八子贝勒府，兼武英殿纂修。及散馆，得旨再教习三年。明年丁外艰归。服阕，丁后母艰。”[28]

“皇八子”即康熙帝第八子允禩，生于康熙二十年（1681年），生母是良妃卫氏（康熙三十九年封良嫔，晋良妃）。三十七年封多罗贝勒。允禩的嫡福晋为安郡王岳乐女孙、和硕额驸明尚之女郭络罗氏。八贝勒府位于安定门内柏林寺附近，与时为四贝勒的胤禛（四十八年晋封和硕雍亲王）府邸毗邻。[29]

四十二年（1703年）五月，康熙帝以“结党议论国事”等罪名执拿领侍卫内大臣索额图。索额图是皇太子允礽的外祖父，他的被执同皇帝与储君之间的纠葛直接相连。皇储矛盾的发展促使康熙帝进一步沿用满族旧制，倚重年长皇子，让他们值守京城，参与朝政，以此牵制皇太子允礽。现存满文档案显示，自四十二年始，每年四月至九十月间康熙帝出巡塞外时，必选派数位皇子值守京城，而诸皇子中首膺此任者是多罗贝勒皇三子允祉（四十八年晋和硕诚亲王）与皇八子允禩。[30]大约四十二年或稍后，何焯奉命为允禩之师，侍读八贝勒府。

上引何焯信未署日期，然信中有“雒生分侍九阿哥邸中，亦有恩礼，但弟在西苑时，止临行往其寓所一见，不及数语即行，当作札致尊意也”数语。雒生，即秦道然，无锡人。四十二年（1703年）康熙帝南巡时途经无锡，见到秦道然，将他带回京城。约44年前后，秦道然奉旨任皇九子（九阿哥）允禟的师傅。[31]何焯“丁外艰归”，似在康熙四十六年（1707年）。四十七年一废太子期间，允禩因与张明德谋刺皇太子允礽案有涉，遭到重责，革去贝勒（旋即复封）。其后，允禩虽然仍偕其他皇子值守京城，但同康熙帝的关系与前不可同日而语。

综合上述情况，可以判断何焯写此信的时间，最早不超过康熙四十二年（1703年），最迟不晚于四十六年，这一时期正是八贝勒允禩备受倚重之时。所谓“圣驾出口后，邸中移住南薰殿”，当指允禩值守京城时，值宿地在紫禁城内南薰殿，由

[28] 沈彤：《翰林院编修何先生焯行状》，载《清代碑传全集》上册，第248～249页，上海古籍出版社，1987年。按，何焯逝于康熙六十一年。

[29] 萧奭：《永宪录》卷三，第188页。按，康熙六十一年十一月允禩晋封廉亲王，任总理事务大臣。雍正四年革爵、黜宗室、改名阿其那，九月死于禁所。乾隆四十三年复原名，收入玉牒。

[30] 中国第一历史档案馆：满文朱批奏折4件，胤祉、胤禩奏，康熙四十二年七月十八日、二十一日；四十四年六月十五日、四十五年二月十二日。

[31] 参见杨珍：《允禟：品性、遭际、时代》，《清史论丛》2009年。

师傅何焯陪侍身边。如果这一推断不谬，那么值守京城的其他皇子如允祉等，也应是在紫禁城内某处值宿，并有师傅随同。

继皇三子允祉、皇八子允禩之后，皇四子胤禛等也被赋予值守京城之任。四十九年（1710年）夏，康熙帝旨令皇十四子允禵以上皇子分为两班（后经诸皇子奏请分为三班），分别于紫禁城内、外值守。诸皇子遂遵旨分班值宿紫禁城与畅春园两处。[32]

康熙帝赴塞外期间，大批妃嫔留住内廷。南薰殿地处外朝，临近西华门，出入方便，于内廷无扰，又是夏日纳凉之所，应是皇子们值宿紫禁城时宜选之处。不过，关于康熙朝皇子在紫禁城内的值宿地，我们尚未见到其他记述。另据载，康熙年间，南薰殿为翰詹诸臣纂书之地。[33]此与上述何焯信中所言似有出入。不同季节南薰殿或有不同用途，还是允禩居此乃偶然为之，紫禁城内另有皇子值宿地？待考。

乾隆十四年（1749年），诏以内府所藏历代帝后图像藏于南薰殿。这是后话了。

四　咸安宫

本文所说咸安宫，即寿安宫，位于隆宗门西、寿康宫北，今故宫博物院图书馆所在地。

寿安宫所在地，是明代咸安宫旧址，康熙年间仍称咸安宫。雍正七年（1729年）设立咸安宫官学。乾隆十六年（1751年）改建咸安宫，称为寿安宫，咸安宫官学移至西华门内、武英殿西旧尚衣监。

康熙十四年（1675年），康熙帝采用嫡长子皇位继承制，册立不满两岁的嫡子允礽（生母为孝诚仁皇后）为皇太子。数十年后，又以“不仁不孝”等由先后两次废黜允礽，幽禁咸安宫内。[34]四十七年（1708年）允礽第一次被废黜后，仅仅半载即获复立。五十一年（1712年）第二次废黜时，允礽39岁，直至雍正二年（1724年）十二月病逝于禁所[35]，终年51岁。追封和硕理亲王，谥密。

[32] 中国第一历史档案馆：满文朱批奏折，胤祉奏，康熙四十九年五月二十八日。

[33] 参见《清宫述闻》第396、400页。

[34] 按，《清宫述闻》第382页称“（西华门内、武英殿西）咸安宫为康熙时废太子允礽禁锢之所”，有误。

[35] 奕赓《佳梦轩丛著·管见所及补遗》称：“雍正二年十二月，废太子允礽薨于景山禁所”。参见该书第114页，北京古籍出版社，1994年。允礽是否于雍正帝继位后由咸安宫移居此处，待考。

关于允礽第二次被黜后幽禁咸安宫的情况，满文档案中有所披露。[36]

五十一年（1712年）十月内务府奉旨：不得再以“毓庆宫（允礽为皇储时所居）”指称允礽；凡涉及废太子事，以“二阿哥看守处”相称（按，允礽排行皇二子）。由康熙帝精心挑选的“二阿哥看守处”成员，以宗人府宗令、和硕简亲王雅尔江阿居首，包括多罗郡王、多罗贝勒、镇国公、辅国公以及满、蒙、汉三旗都统等十余人。这些钦定王公大臣率领护军，轮班日夜值守咸安门外。

平日，咸安门紧闭，任何人不能自由出入。内务府人员为废太子允礽及其家人（妻妾儿女、服侍太监等）送入饭食，均由专门通道递入。遇有特殊情况，进入之人必须手持凭证，在值守大臣看视下，共同开启宫门。废太子允礽若有急事，必须按照相关约定，敲响云板，值守大臣闻声打开专门通道之门，双方才能通话。

第二次废黜皇太子后，康熙帝对大臣们说：“朕于二阿哥并无间隔，即拘禁处，朕常遣内监往视，赐物赐食”，并认为“此皆为父子私情，不能自已，所谓姑息之爱也。”[37]康熙帝所言与实情基本相符。废太子允礽虽无人身自由，依然享有比较优厚的生活待遇。例如，每至夏季，内务府依旧往咸安宫内运送冰块，供废太子允礽及其家人消暑之用。

允礽的嫡福晋、侧福晋、妾等，以及部分年幼子女，均与他同住。康熙晚期，嫡福晋瓜尔佳氏和允礽身边数位女子先后病逝于咸安宫。两位侍妾故后，康熙帝命内务府仍按允礽在储位之旧例，以“答应”品级为逝者治丧。

允礽第二次被废黜直至病逝前（39岁至51岁），相继生育了13个子女（6子、7女），占其子女总数26人的一半。他的最后一个孩子、第十二子弘晥，生于雍正二年（1724年）九月，即允礽病逝前三个月，是其唯一一位生在雍正朝的子女。也就是说，允礽第二次被废黜后生育的13个子女中，至少有12人（5子、7女）是出生在咸安宫内，即允礽第二次被废黜（五十一年

[36] 中国第一历史档案馆：满文朱批奏折8件，雅尔江阿奏，康熙四十年六月初八日至八月二十五日；奏折2件，雅尔江阿奏，无年月；满文杂件1件，董殿邦奏，康熙五十六年五月十七日；康熙朝满文朱谕1件，无年月。

[37]《清圣祖实录》卷二七七，康熙五十七年正月庚午；卷二九一，康熙六十年三月丙子。

十月）至康熙帝病逝（六十一年十一月）前的十年期间。在这十年中，他平均每年生育子女1.2人。由此也可证明，废太子允礽及其家人被幽禁咸安宫期间，虽无人身自由，生活依然安适。

咸安宫有南北三进院落，又有东西跨院。但是，与允礽同住一处的妻妾、子女众多，加之太监、嬷嬷等服侍人员甚众，所以咸安宫对允礽一家而言仍显狭小，在盛夏之日尤为突出。例如，五十六年（1717年）五月中旬，允礽让身边太监转告咸安门外值守大臣：因宫内人多，天气炎热，如果仍照以往，每月淘粪一次，粪便溢出，臭气熏天。他请求看守大臣告知内务府总管，将淘粪次数暂由一月一次改为一月两次。

五十七年（1718年）十二月，康熙帝命内务府于昌平郑家庄建造行宫、王府，六十年（1721年）十月竣工。[38]将废太子允礽迁移郑家庄，[39]是康熙帝晚年实施的秘密建储计划中的一个步骤。六十一年十一月康熙帝猝死，秘密建储计划未能完成。雍正元年（1723年），新帝胤禛令允礽的长子理郡王弘皙率子弟迁居郑家庄。

咸安宫与废太子允礽一家有着不解之缘，这里既是康熙帝实施嫡长子皇位继承制以失败而告终的一个见证，也浓缩着清朝皇位继承制度变迁历程中的一段重要历史。

五　景运门

乾清门墀下东出者为景运门，西出者为隆宗门，皆五楹，门各三。景运门是内廷通往外朝东部的主要通道。门内值房，南向六楹是文武大臣奏事待漏之所，北向五楹是宗室王公奏事待漏之所，均为乾隆十二年（1747年）建。

雍正元年（1723年）某日，康熙帝第十七子、果郡王允礼（六年晋封果亲王）偕满洲正黄旗都统、议政大臣马尔萨前往养心殿奏事。两人进入景运门时，恰逢总理事务大臣、吏部尚书兼步军统领隆科多坐在此当值。隆科多坐于椅上，见到允礼，随即起立示意，允礼却继续前行，似未觉察。马尔萨见

[38] 台北故宫博物院：《宫中档·康熙朝奏折》第九辑（《满文谕折》第二辑），第775～779页，台北故宫博物院印行，1977年。

[39] 台北故宫博物院：《宫中档·雍正朝奏折》第二十八辑（《满文谕折》第一辑），第236页；另参见《清世宗实录》卷七，雍正元年五月乙酉。

状，在旁连声提醒：舅舅（隆科多）起立矣！舅舅（隆科多）起立矣！允礼于是放慢步子，欠身而过。[40]

此一瞬间，三位当事者的心态和举止均值玩味。

康熙时期，凡大臣与皇子相见，须跪一足问安。随着皇权日益加强与诸王权势逐步被削弱，至乾嘉时期，大小臣工见诸王屈一膝为礼，见皇子则双膝屈也。[41]果郡王（雍正元年四月封）允礼不是当朝皇子，却为新帝胤禛所倚重，而隆科多并未依照惯例跪一足问安，以当时的标准看或有不周。雍正三年（1725年）五月斥责隆科多、年羹尧的上谕中，述及此事，内称："圣祖时，隆科多与皇子相见，俱跪一足问安。诸王于圣祖为父子，而于朕则为兄弟。隆科多不照前恭敬，而反傲慢若此，其何所禀承而然耶？"[42]

隆科多，姓佟佳氏，满洲镶黄旗人，原领侍卫内大臣佟国维第三子。他机敏过人，很有干才，康熙后期任步军统领兼理藩院尚书时，又以办事勤谨而进一步为康熙帝所赏识。此次他在景运门的表现，绝非反映不及所致。

雍正帝登极第六日（康熙六十一年十一月二十五日）谕内阁：隆科多应称呼舅舅。嗣后启奏处。书写舅舅隆科多。[43]元年正月，署理大将军印务公延信、川陕总督年羹尧密折内奉朱批，内称隆科多"真圣祖皇考忠臣，朕之功臣，国家良臣，真正当代第一超群拔类之稀有大臣也。"[44]评价之高，超乎寻常，这似乎意味隆科多曾为雍正帝立有殊功。

下述一例，也反映出隆科多当时在朝中的特殊地位。雍正元年（1723年）十月，56岁的安庆府教授王懋竑膺特召至京，待命十余日，传至乾清门等候，"遇隆冢宰，或云例当跪"。王懋竑则以身在宫门，不当有私敬，不跪。遂受引见，授翰林院编修，命在三阿哥（雍正帝第三子弘时）书房行走。[45]

雍正初年，隆科多在乾清门接受人们的跪拜，几乎成为定例，所以，他在景运门与允礼相遇时，未像其他大臣那样，对允礼跪一足问安。这是隆科多居功之态的不自觉流露，所秉承者正是新帝的优宠。

[40] 参见萧奭：《永宪录》卷三，第190页。

[41] 吴振棫：《养吉斋丛录》卷二三，第247页。

[42] 萧奭：《永宪录》卷三，第190页。

[43]《清世宗实录》卷一，康熙六十一年十一月丙午。按，隆科多之姐佟佳氏是胤禛的嫡母，即孝懿后，胤禛幼时由佟佳氏抚养。胤禛称隆科多为舅舅，除去仿照成例（康熙帝并称其生母孝康后之兄弟佟国纲、佟国维为舅舅）外，或有酬功之意。

[44] 故宫博物院掌故部编：《掌故丛编》，第254页，中华书局影印本，1990年。

[45] 王箴听：《文林郎翰林院编修予中王公行状》，载《清代碑传全集》上册，第252页。

雍正五年（1727年）隆科多所以被治以重罪（翌年死于禁所），除去其他原因外，也与雍正初年他在居功心态下言行不慎，授人以柄有一定因果关系。[46]

马尔萨，姓瓜尔佳氏，满洲正黄旗人，原任奉天员外郎马尔达之子，曾任张家口牛羊群总管。康熙六十一年十二月，经隆科多保举，马尔萨由满洲正红旗副都统拔至正黄旗都统，署领侍卫内大臣事，任议政大臣。[47]他陪同果郡王允礼进入景运门时，见到隆科多起立，遂对允礼连声提醒，这一举止后被雍正帝斥之为“不知报朕擢用之恩，而但感激隆科多荐引之私。”[48]实际上，马尔萨畏于权臣，故趋势讨好，所谓报恩还在其次。由此例可见当朝大臣处于权臣与亲贵之间，为迎合双方而顾此失彼的尴尬处境。

果郡王允礼对隆科多的起立视而未见，径直前行，因为在他眼中，隆科多虽有权势，其身份、地位远在宗室之下。马尔萨不知趣而提醒再三，允礼以欠身作为回应，已是屈尊还礼的最大限度。雍正帝对允礼这种做法大为赞赏，直至六年二月晋封允礼为亲王时，仍提及此事：“果郡王为人甚属直朴谨慎，品行卓然……且从前待隆科多并不屈让，甚属可嘉，较之诚亲王（允祉）之待隆科多、年羹尧越礼致敬，作谄媚卑污之举动，相去奚啻天渊。”[49]十三年（1735年）八月雍正帝去世，遗诏命以果亲王允礼辅政，内称允礼“至性忠直，才识俱优，实国家有用之材……”[50]雍正帝对允礼的良好印象中，也应包括上述景运门之事。

雍正帝继位后，采取一系列举措清除朋党，打击以允禩、允禟等人为首的反对派，对宗室王公、满汉文武大臣加强控制。景运门临近内廷，大臣们在这里的一举一动，被既为皇帝耳目、自己也受他人监视者随时密报，因而未在现场的雍正帝对隆科多等人的言行了解甚详。无论是炙手可热的权臣，还是宗室王公，均处于皇帝的严密监控下，这是雍正皇权集中、强化程度仍在逐步上升的一个有力说明。

[46]《清世宗实录》卷六二，雍正五年十月丁亥。

[47] 按，雍正三年马尔萨革职，七年起复，任察哈尔总管、护军统领、内大臣参赞军务等，九年与准噶尔军作战阵亡，赐世职。

[48] 萧奭：《永宪录》卷三，第190页。

[49] 中国第一历史档案馆编：《雍正朝汉文谕旨汇编》第九册，第129页，广西师范大学出版社，1999年。

[50]《清世宗实录》卷一五九，雍正十三年八月己丑。按，允礼逝于乾隆三年，谥毅。允祉是康熙帝第三子，雍正八年革爵，十年死于禁所，乾隆二年追谥隐。

六　乾清门

清代，乾清门是紫禁城内廷与外朝的分界线。它位于保和殿北，正中，南向。门广五楹，中三阶，各九级。周以石栏，列金狮二。康熙帝在乾清门创立“御门听政”之制，并为其后清帝所遵循。与乾清门有关的史实，《清宫述闻》所述颇详，兹补充两例。

第一，四十六年（1707年）二月初，康熙帝第六次南巡途中，发现随行的第十六子允禄（13岁）等三个小阿哥念书生疏，不明文义，遂怪罪于小阿哥的师傅徐元梦，认为是徐元梦未尽心教授所致。康熙帝写给留京皇子的朱批中写道：“将徐元梦革职，在全体阿哥看视下，由乾清门侍卫杖笞三十板。喝令徐元梦在朕外出期间，勤勉教授在京阿哥，如履旧辙，复加杖笞，断不宽宥。”[51]二月十一日，允祉接到朱批，立即传旨内务府总管凌普，将徐元梦革职。并将徐元梦召至乾清门阶下，宣谕毕，在允祉等8位皇子共同看视下，由乾清门侍卫杖笞三十板。允祉等又对徐元梦厉声训斥：“皇父外出期间，尔须尽己所能，勤勉效力，教授在家小阿哥念书写字。”徐元梦连声认罪，请求皇子们代为转奏，遭到拒绝。[52]

徐元梦，姓舒穆禄氏，满洲正白旗人，生于顺治十二年（1655年）。19岁中进士，任日讲起居注官、翰林院侍讲，33岁始任皇子之师。旋遭诬陷，罚入内务府辛者库罪籍。康熙三十二年（1693年）复入上书房教授皇子，四十一年（1702年）授内务府会计司员外郎。五十二年奉特旨，出辛者库复旗籍。其后，继续受到康熙帝倚重，在雍乾两朝仍为皇子师。逝于乾隆六年（1741年），享年87岁。

由皇帝授意，多位皇子监督乾清门侍卫杖笞时年53岁的皇子之师，堪称乾清宫数百年历史上罕见的一幕。这不仅由于徐元梦此时身隶罪籍，也源于八旗制度下，清帝与旗员之间既是君臣关系，更是主奴关系。徐元梦隶属于由清帝自将的正白旗，是清帝的近臣世仆。他在学生主子的看视下遭受辱打以及

[51] 中国第一历史档案馆：满文朱批奏折，胤祉等奏，康熙四十六年二月初五日。

[52] 中国第一历史档案馆：满文朱批奏折，胤祉等奏，康熙四十六年二月十一日。

其后重受倚用，均反映出清朝政治中所富有的满族习俗特色。

第二，雍正二年（1724年）三月初六日，雍正帝起程赴遵化谒陵。初九日，接抚远大将军、川陕总督年羹尧奏报，得知清军平定青海罗卜藏丹津叛乱。这是雍正帝继位后首次在军事方面取得的重大胜利。此时，被他视为政敌的廉亲王允禩等在朝中尚有不少同情支持者，关于他得位不正之说仍在流传。[53]青海大捷对于提高他在朝野的威信、巩固他的统治极为必要，使他思绪万千，激动不已。[54]

据《清世宗实录》载，雍正二年三月初十日“上诣暂安奉殿、孝陵、孝东陵行礼，躬奠举哀。遂谒景陵，遥望恸哭，入隆恩门，至宝城前，行礼奠献，哀泣不止。诸王以下及亲近大臣俱命至明楼前，上伏地恸哭，近侍大臣敦劝再四，上乃还。至隆恩门外，犹瞻望流涕不已。”

当日，雍正帝返回马兰峪驻地，在给总理事务大臣隆科多的密折上写下朱批：

> 此喜信（指青海大捷）期盼已久。边疆之事告成，朕拟于十一日回銮。今所有事宜皆顺乎心意。朕思念皇父，忧伤郁闷，此前虽数次往寿皇殿行礼，仍无法排解。今至陵寝放声痛哭，十余月来忧郁之情大为缓解。朕躬甚佳。所有跟随前来之人无不平安。[55]

是日又谕总理事务王大臣等：

> 青海逆贼罗卜藏丹津之事，大将军年羹尧、奋威将军岳钟琪以及兵丁皆奋勇杀贼，于十五日内即能逆贼剿灭平定，殊为可嘉。年羹尧着授为一等公，再赏一精奇尼哈番。岳钟琪着授为三等公。凡效力官兵俱加优恩策励外，着户部动用钱粮二十万两，送至大将军年羹尧处，分别官兵效力等次赏给，以示格外加恩之意。”同时，封大将军年羹尧之父年遐龄为一等公，加太傅衔，赐缎九十疋。[56]

[53]《大义觉迷录》卷三，《清史资料》第四辑，中华书局，1983年，第121、122页；英·斯当东：《英使谒见乾隆纪实》，叶笃义译，第363页，上海书店出版社，1997年。

[54]《清世宗实录》卷一七，雍正二年三月甲申。

[55] 中国第一历史档案馆：满文朱批奏折，隆科多奏，无年月。

[56]《清世宗实录》卷一七，雍正二年三月甲申。

三月十一日，隆科多遵旨召年羹尧之父年遐龄至乾清门宣旨。先令年遐龄亲阅朱批谕旨（按，指此前隆科多另一密折内所称“圣主交付之朱批谕旨”，其内容当有令对年遐龄加衔赏赐等事），又让年遐龄亲阅其子年羹尧所奏捷报。接着，隆科多等在旁看视，将各种绸缎九十疋赏赐年遐龄。

年遐龄近前，望阙叩头谢恩。他说：“我等全家蒙主子隆恩甚重，何能回报。这绝非我儿年羹尧小人之所能，乃恃圣主指教之恩，方成此大功。”隆科多遂将上述情形奏报。此时，雍正帝正在返京途中，阅折后写下朱批：“老来造化。除去高兴外，他还说了什么？”[57]

年遐龄、年羹尧父子是雍正帝胤禛做皇子时的藩邸旧人。三十七年（1698年）胤禛封为多罗贝勒，入封镶白旗，年氏父子即隶属于镶白旗汉军。[58]清人传记称年遐龄父子是汉军镶黄旗人，应指雍正初年羹尧以功抬旗之后。

康熙年间，年遐龄官至湖广巡抚，四十三年（1704年）以病乞休，获准。雍正元年（1723年）。以次子年羹尧平西藏功，加尚书衔。二年（1724年）夏，复以年羹尧平青海功，加太傅、一等公，赐双眼孔雀翎。此次年遐龄被召至乾清门聆旨、阅朱批、阅捷报、受赏，皆属殊遇。他在乾清门前言行得体，并将次子所建大功一并归之于皇帝，表现出内敛、谨慎的处事特点。

雍正帝抵京前特召年遐龄至乾清门聆旨受赏，是恩威并施的一种手腕。然而年羹尧恃功而骄，不及两载（雍正三年十二月），即被冠以大逆、欺罔、僭越等罪九十二款，奉旨自裁。雍正帝认为，年遐龄及其长子、年羹尧之兄工部右侍郎年希尧“皆属忠厚安分之人”，故革职，宽免其罪，一应赏赉御笔、衣服等物俱缴回。[59]

七　小结

上述紫禁城六处地方，两处位于外朝（武英门、南薰

[57] 中国第一历史档案馆：满文朱批奏折，隆科多奏，无年月。按，是年三月十三日雍正帝回宫。

[58] 参见杜家骥：《雍正继位前的封旗及相关问题考析》，《中国史研究》1990年第4期。

[59]《清世宗实录》卷三九，雍正三年十二月甲戌。按，年遐龄逝于雍正五年；年希尧后起复，任内务府总管、管理淮关事务，十三年革职，逝于乾隆三年。

殿），四处地处内廷（翊坤宫、咸安宫、景运门、乾清门），七桩事均发生在康雍年间，始尾迄止55年（康熙八年至雍正二年），距今已近三个世纪。作为清史、清代宫廷史的零散片断，它们从不同角度反映了清前期紫禁城内若干情况。

清代紫禁城的演进历程，始终处于动态与变化之中。以清宫室而言，有的地点、名称均有改变（如咸安宫），有的宫室用途史籍记载未详，或存歧义（如南薰殿），有待进一步考察。

与明代紫禁城相比，满族习俗的遗存与影响，构成清代紫禁城的特色之一。如留守京城的皇子值宿南薰殿、乾清门前众皇子看视侍卫辱打皇子之师等事例，有悖于惟重嫡长、维护师道尊严等汉族王朝传统观念，只有置之于具有鲜明满族习俗特色的清代宫廷中，才能予以理解。

清朝从未废止汉语，但满文始终是官方文字，凡奏报宫闱事务、机密事务，均以满文书写。所以，我们发掘紫禁城遗事，需要兼用满汉史料，并考察有关殿宇、遗迹、文物，在补充、比较、分析、鉴别的基础上，以求逐步接近历史的真实。

康熙帝南书房的日常活动与探求治道

南开大学中国社会史研究中心　常建华

“南书房”是清代皇帝的文学侍从，即内廷翰林的值班办事之处。《康熙起居注》与《南书房记注》[1]记载了康熙时期南书房的基本情形，有关南书房的探讨已经相当深入。[2]但是，以往的研究多是从制度史着手的，对于康熙帝在南书房的读书等日常宫廷生活以及治理国家的理论探讨语焉不详，笔者此文意在弥补这一缺憾，以揭示宫廷政治生活的丰富面相，进一步理解康熙帝的治国奥秘。

一　南书房的设立与入值人员

康熙帝自幼勤奋好学，亲政后迫切希望学习掌握儒家学说以及治国经验，康熙十年（1671年）任命一批通熟儒家经典和历史知识的官员担任经筵讲官，又从翰林院选出10人充当日讲官员。当年二月首开经筵，四月初行日讲。八月设立起居注官，命日讲官兼摄。身边常有文人学者。十二年二月康熙帝又改隔日进讲为每日进讲，以满足求知欲。康熙帝谕学士傅达礼等：“人主未有不以讲学明理为先务，朕听政之暇，即于宫中披阅典籍，殊觉义理无穷，乐此不疲。向来隔日进讲，朕心犹然未惬。嗣后尔等须日侍讲读，阐发书旨。为学之功，亦可无间。”[3]康熙帝希望通过日讲增强自己的学问功力。四月，康熙帝外出南苑，仍关心学问，他谕学士傅达礼：“南苑乃人君练

[1]《南书房记注》为中国第一历史档案馆所藏清内阁全宗内的档册，起自康熙十六年十一月十七日，止于康熙二十一年正月二十日，即自南书房翰林张英入值南书房起，至其告假归里葬父之日止。因此，《南书房记注》似为张英所手记。中国第一历史档案馆所编《历史档案》杂志，从1995年起到1997年止，分6期陆续公布了康熙十六年十二月十七日到康熙十九年十一月初五日部分的《南书房记注》，由王澈整理。具体情况如下：康熙十六年十二月，2001年第1期，第24～27页；康熙十七年，1995年第3期，第5～21页；康熙十八年，1996年第2期，第 4～20页；康熙十九年，1996年第3期，第3～10页；康熙十九年，1996年第4期，第5～9页；康熙十九年，1997年第1期 ，第3～8页。文中引用已经公布的《南书房记注》，不再赘注出处。

[2] 代表性的研究成果主要如下。陈金陵：《南书房》，《清史研究通讯》1985年第2期；孟昭信：《康熙大帝全传》第二章《书房师友》，吉林文史出版社，1987年；朱金甫《论康熙时期的南书房》，《故宫博物院院刊》1990年第2期；李娜：《清初南书房述论》，《清史论丛》2008年。

[3]《清圣祖实录》卷四一，康熙十二年二月丁未。

武之地，迩来朕体不快，暂来此地静摄。扈从讲官史鹤龄、张英俱系词臣，着作诗赋进呈。”[4]当时张英为“扈从讲官”，受到康熙帝的信任。七月翰林院编修张英又充日讲起居注官，工作在皇帝周围。

在经史文学上不断进取的康熙帝，产生了身边常有内廷翰林侍值的想法，导致了康熙十六年（1677年）南书房的设立。据《康熙起居注》记载，康熙十六年十月二十日，康熙帝谕大学士勒德洪、明珠说：“朕不时观书写字，近侍内并无博学善书者，以致讲论不能应对。今欲于翰林内选择博学善书者二员，常侍左右，讲究文义。但伊等各供其职，若令仍住城外，则不时宣召，难以即至。今着于城内拨给房屋，停其升转，在内侍从几年之后，酌量优用。再如高士奇等善书者，亦选择一二人，同伊等在内侍从。尔衙门满汉大臣会议具奏。”内阁大学士、学士随即遵旨会议后奏称：“皇上勤书写，甚盛事，皆应钦奉上谕遵行。选择翰林，寻取善书之人，相应交与翰林院。”康熙帝随即表示同意。[5]

同年十一月十八日，大学士等遵旨选择内廷翰林侍值，列名请旨。康熙帝“命侍讲学士张英、加食正四品俸，供奉内廷。其书写之事，一人已足，止令高士奇在内供奉，加内阁中书衔，食正六品俸。伊等居住房屋，交内务府拨给。又令大学士传谕张英、高士奇，选伊等在内供奉，当谨慎勤劳，后必优用。勿得干预外事，其恪遵朕谕。”[6]这样确定了内廷翰林侍值的人员、品级。

《南书房记注》记载：“康熙十六年十二月十七日，上命日讲官、起居注、翰林院侍讲学士支正四品俸臣张英，内阁撰文中书、支正六品俸臣高士奇，于南书房侍从。”进一步确定了入值地点。同一天，张英、高士奇以南书房侍从身份入侍内廷，《南书房记注》从这一天开始记载，标志着南书房作为一个内廷机构的正式设立。[7]

张英、高士奇二人入侍内廷，并赐第于瀛台之西的西安门内。此前清朝文学儒臣无居住皇城内之例。高士奇在入南书房

[4]《清圣祖实录》卷四二，康熙十二年四月乙卯。

[5]《康熙起居注》第一册，第331页，中华书局，1984年。

[6]《清圣祖实录》卷七〇，康熙十六年十一月辛卯。又，《康熙起居注》亦记载此事。

[7]李娜《清初南书房述论》也认为，康熙十六年十二月十七日“南书房作为一个非正式机构正式运行”，见《清史论丛》2008年号，第106页，中国广播电视出版社，2008年。

前，亦早因擅长书法而由监生充书写序班，供奉内廷。因无定制，不是专职，只是临时性的应召入内，事毕即退出。赐第禁城之内，这是南书房翰林的一种特殊待遇，一旦被解除南书房翰林之职，就要迁出禁城。

南书房在紫禁城内乾清宫南庑的最西端，亦称南斋，属内廷范围。室宽三楹，因是康熙帝及雍正帝旧日读书及活动场所，室内设有御座。张英、高士奇应召入内后，每日即于此处等候康熙帝召见或处理其交办的事宜。

凡被召入南书房，时称“入值南书房”，或称“入侍内廷”。其入值者，不论官职崇卑，概称“南书房翰林”、“南书房供奉”、“内廷供奉”[8]。康熙十七年七月二十八日，召翰林院掌院学士陈廷敬、侍读学士叶方蔼、侍读王士祯入侍内廷，赐御笔大字各一幅，行草唐人五、七言诗各一幅。又谕：“朕万几余暇，怡情翰墨。因汝等在内侍从，特以颁赐。”廷敬等于南书房北向谢恩。[9]《南书房记注》十七年八月初五日记载，西洋贡狮至，陈廷敬、叶方蔼奉旨在内编纂，因同张英、高士奇、杜讷[10]各赋“西洋贡狮子歌”进呈。这时杜讷也已经入值南书房。张英、高士奇、杜讷以及陈廷敬、叶方蔼、王士祯是南书房设立初期的主要入值人员。从《南书房记注》来看，南书房翰林一般是保持两名左右，康熙帝经常召见的有张英、高士奇以及杜讷，张英、高士奇二人赐居禁城之内，朝夕供奉，过着“辰入暮出，退或复宣召，辍食趋宫门，慎密恪勤”[11]的天子侍臣生活。陈廷敬、叶方蔼、王士祯并不经常被召见入值南书房。在南书房入值者，至总数约有七人左右。根据陈元龙的回顾，他于康熙二十五年拔充讲官，在内廷南书房行走，得记注起居，[12]入值南书房时间较早。

另如《香祖笔记》内载，康熙四十一年（1702年）十一月，康熙帝赏赐“内直”陈廷敬、励杜讷、查升各松花石小砚一方，大学士张玉书及工部尚书王鸿绪等也得此赏，因为“偶召张及王入南书房编次御书得赐”[13]。则张，王二人当时也属于临时性入召之例，只不过王鸿绪以前曾任过南书房翰林，康

[8] 徐珂：《清稗类钞》第三册，第1298页，《爵秩类·南书房供奉》，中华书局，1984年。

[9]《康熙起居注》第一册，第36页，中华书局，1984年。又，《清圣祖实录》卷七五，康熙十七年七月丙寅条记载为：“召翰林院掌院学士陈廷敬、侍读学士叶方蔼入值南书房。”漏掉王士祯。

[10] 杜讷，即励杜讷。《清圣祖实录》卷一〇二，康熙二十一年五月甲戌条记载：“吏部题：编修杜讷呈请复励姓。允之。”此后以励杜讷姓名行世。

[11] 赵尔巽等主编：《清史稿》卷二六七《张英传》，第33册，第9965页，中华书局，1977年。

[12] 中国第一历史档案馆编：《康熙朝汉文朱批奏折汇编》第2420号，康熙五十六年五月二十日具奏，第七册，第912～913页。

[13] 清·王士祯：《香祖笔记》卷一，上海古籍出版社，1982年。

熙三十八年授工部尚书后，经常在内编纂，后来似乎仍值南书房。此外，除了经常性和临时性的入值官员外，在康熙中叶以后，南书房还有一些入内轮值的翰詹官员。如康熙三十三年（1694年）五月，康熙帝谕礼部尚书兼管翰林院掌院学士张英："翰林系文学亲近之臣，向因日讲，时时进见，可以察其言语举止。近日进见稀少，讲官侍班，不过顷刻，岂能深悉。着将翰林院、詹事府、国子监官员每日轮四员，入值南书房，朕不时咨询，可以知其人之能否，以备擢用。"[14]当时对于轮值南书房者，皆试以五七言律，悉加品藻，并颁赉御书，儒臣夸为荣遇。康熙四十七年停止轮值，康熙五十三年又恢复四人轮值，与南书房翰林一处行走，五日一更换。[15]

凡入值南书房的官员，均是文学儒臣，以翰詹官员为主。据已知的34名康熙朝入值南书房的官员[16]中，原任翰林院编修、检讨及詹事府官职者有23人。即：张英、陈廷敬、叶方蔼、沈荃、朱彝尊、徐乾学、王鸿绪、陈元龙、彭廷训、励廷仪、张廷玉、陆棻、杨名时、汪灏、杜诏、何国宗、梅瑴成、张廷璐、胡煦、窦克勤、戴梓、沈敬宗、法海等。

南书房翰林通常在南书房候召，奉旨侍从的地点有懋勤殿、养心殿、乾清宫、瀛台便殿、东便殿等处，有时随驾巡幸。皇帝偶尔会来南书房，入值者屋外候旨入内。

二　康熙帝南书房的日常活动

康熙十六年（1677年）十二月十七日，南书房成立，辰时康熙帝召见张英、高士奇至懋勤殿，开宗明义，对二人说："朕于《书经》、《四书》讲读已久，常于宫中复诵，大义皆能晓畅。但圣贤义理无穷，今更欲细加讨论。"接着康熙帝亲讲《大学》圣经至右传之六章。未时，召张英，说《通鉴》备古今法戒，朕向已览过。今讲阅《通鉴》，必始于五帝，方有源委。于是阅读《通鉴·前编》自《伏羲帝纪》至《黄帝纪》共三十三条。酉时，又召高士奇，康熙帝正翻阅唐诗，对高

[14]《清圣祖实录》卷一六三，康熙三十三年五月甲辰。

[15] 清·吴振棫：《养吉斋丛录》卷四，北京古籍出版社，1983年。

[16] 引自朱金甫：《论康熙时期的南书房》，《故宫博物院院刊》1990年第2期。

说："杜诗对仗精严，李诗风致流丽，诚为唐诗绝调。"高士奇回答："诚如圣谕。"当天于常餐外，赏赐御前肴馔果品各一次、鲜凫三只。

十八日辰时，召张英至懋勤殿，康熙帝复诵昨日所讲《大学》圣经至右传之六章。复亲讲"修身"章起至右传之九章止。巳时，召高士奇，皇帝正临摹草书，士奇侍观宸翰，奏曰："皇上运笔圆劲纵横，深得古人之意。"皇帝说："朕朝夕临摹，常恐未合古法耳。"未时，召张英，皇帝阅《通鉴・前编・黄帝纪》三条。时懋勤殿有古干梅花，发红白二种，张英、高士奇各赋七言律诗一章进呈。是日，赏赐御用毫笔三十枝，并赏赐食品。

这两天康熙帝所说所做的讨论经史、研习唐诗实际上构成了南书房的基本活动，讨论经史的方法是，先由皇帝亲自讲说儒学著作，次日皇帝复诵前一天内容，开讲新的部分，并阅读史书《通鉴》。配合讲经读史，还有诗词欣赏与创作以及书法练习。

《历史档案》公布的《南书房记注》起自康熙十六年十二月十七日南书房成立之日，迄于康熙十九年十一月初五日"因圣躬违和，暂停讲诵。"在这大约三年的时间里，《南书房记注》记载的康熙帝君臣南书房读书活动主要情形如下：

《大学》从康熙十六年十二月十七日讲诵至二十日"平天下"，总计十章完毕。二十一日康熙帝复诵《大学》全部，据张英等说"一字不忘"。同日，皇帝又亲讲《中庸》。二十七日诵毕《中庸》三十三章。二十八日康熙帝复诵《中庸》全部，自首至尾一字不遗。

《通鉴纲目》读至康熙十六年十二月二十三日暂停，半年后的十七年六月初一日恢复阅读，从《通鉴・前编・商纪》开始，读至六月初十日停止。十二月初十日，开始阅读《通鉴・前编・周纪》，一直读到十八年正月二十三日。此后读史活动停顿，九月恢复，改读《明实录》。十八日阅读明仁宗、武宗《实录》，二十日读《明宣宗实录》，二十日读《明英宗实录》，十月初三日阅《明宪宗实录》，二十九日阅《明孝宗实录》，十一月初三日至初六日检阅内府书籍，十四日读《明世宗实录》。此后读史又暂停，十九年四月初八日皇帝说："外廷讲官每日进讲《书经》。故而《通鉴》暂停。今朕欲于宫中午后讲阅《通鉴》，乃为经史并进之学。"五月初九日，康熙帝开始亲讲《通鉴》"燕人立太子平为君"一章，"秦甘茂伐韩宜阳"一章，《通鉴》一直讲到九月十七日。

《中庸》诵毕，康熙帝十七年正月二十八日起讲诵《书经》，直到十九年正月初七日，《书经》讲毕，历时将近两年。二月二十七日，开始讲诵《易经》，同时温诵《书经》至六月初七日。直到十一月初五日，不断讲诵《易经》。

十七年四月初一日又开始阅读古文，当天阅读了《论守令》等，初二日有《论慎刑》，初四日有《论纳谏》等文。六月十二日康熙帝论唐宋文："欧阳修憎苍蝇，赋题虽小，喻谗人乱国，意极深长，朕故喜读之，遂复诵终篇。"十四日阅汉诏十六篇，古文九篇。古文阅读持续至七月初六日。此后，十二月二十六、二十八日分别阅古文三篇，十八年正月初八日、十二日、十八日曾读古文。

康熙帝君臣的研习诗词活动长期坚持。十六年十二月二十二日，康熙帝阅唐诗十首，二十五、二十六、二十八日分别阅唐诗五、六、七首。张英、高士奇也每于侍宴作诗，如十六年十二月三十日，二人在养心殿侍宴，纪七言律诗一章，进呈御览。次日为十七年元旦，同样在养心殿侍宴，十五日赐宴南书房均纪诗应制。十六日观鳌山灯于养心殿，张英、高士奇各赋诗二章进呈。二十三日，帝以御制诗十章赐观，二十三日，又以御制诗十章赐观，张英、高士奇奏称："臣等恭睹皇上圣制，命意高超，修词宏丽，有包罗八荒、函盖一世之象，不独诗法精工，度越今古也"。二人也各恭纪七言诗四首进呈御览。二十九日帝阅唐诗。二月初八日，帝制《喜雨》诗，陈廷敬、张英、王士祯、高士奇各依韵恭和一首。当天康熙帝因张英、高士奇在内侍从，许于紫禁城内乘马出入，二人赋纪恩诗进呈御览。十九日，君臣讨论唐诗，康熙帝说："朕观唐人诗，命意高远，用事清新，吟咏再三，意味不穷。晋代人诗虽工，然英华外露，终乏唐人深厚雄浑之气。"高士奇对话："唐人集中，气格神采多有兼备者，近代如何景明、李梦阳诸人，俱有诗名，读其全集，终觉易于窥测。皇上鉴别精确。诚笃论也。"二十六、二十八日，康熙帝赏赐张英、高士奇珍茗、人参，二人每次都有纪恩诗进呈御览。五月初十日，张英等欣赏御制诗四章，各依韵敬和，进呈御览。五月十五日至二十二日，康熙帝外出香山、石景山、南苑，张英、高士奇随行，期间君臣唱和不断。六月初二日，康熙帝阅唐诗，并说：诗以吟咏性灵，如唐太宗诸篇，未有不以天下黎民为念者。十二日至二十三日每日阅唐诗数首。七月十八日至八月十六日恢复阅读唐诗。七月十八日，康熙帝阅唐诗二首，复诵唐人五言律诗六十七首，姓名、诗题一字不遗。高士奇吹捧说："皇上一日万几，广搜博览，偶一翻阅，皆能成诵，从来实所未见。"康熙帝解释道："朕自幼读书，凡一字未明，必加寻绎。期无自欺。不特读书为然，治天下国家亦不外是。"八月十八日，陈廷敬、王士祯进呈诗稿，康熙帝命陈廷敬、叶方蔼、王士祯于御前各赋《经筵诗》一章，随命高士奇观看御制诗集，康熙帝让人传话给高士奇："朕万几之暇，偶有吟咏，未能深造古人。因尔等在内编纂，屡次请观，故出以示尔等。中有宜改定处，明言之，毋隐。"不过陈廷敬等人读迄说：圣制尽善尽美，实无可更易字句。未能进行真正的诗歌创作讨论。二十日，陈廷敬、叶方蔼、张英、王士祯、高士奇、杜讷各赋《恭睹御制诗集》五言诗十六韵进呈御览。康熙帝就诗文创作发表议论："朕尝观古人诗文，造语精微，才学兼到，阅之似易，效之甚难，故云读书万卷方能下笔。有神更须善运古人于笔底，化腐朽为清新，斯为尽善。"九月初一、初二、初七、初八每天各阅唐诗三四首。十八年正月因克复岳州、二十九日张英转成侍读学士、二月初六日为太皇太后万寿，张英、高士奇等人都有纪诗进呈御览。二月二十九日，皇帝在西苑赐宴泛舟，张英等各纪诗四章进呈。三月初一日，康熙帝以《璇玑玉衡赋》、《省耕诗》五言二十韵，亲试荐举诸臣，因命张英、高士奇、杜讷同作。十八日为康熙帝万寿节，张英等纪诗进呈。十九日，张英、高士奇、杜讷因扈从时随谒孝陵、温泉，各赋谒陵诗、温泉诗进呈。十九年正月二十七日，因全蜀底定，张英等各纪诗二章进呈。五月初十日，张英、高士奇、杜讷因迁除之命，各撰纪恩诗进呈。总之，康熙皇帝阅读唐诗主要是在十六年底与十七年年中，此外君臣多在节庆创作诗歌，进行交流。

由上可知，诗赋唱和是南书房翰林们的经常课题。或是皇帝几暇之作，要词臣们颂扬唱和，或因有事，或因节日，皇帝要他们作诗应制以言盛记胜，或皇帝披阅古人诗赋，与他们讲论心得。作诗或品评诗赋，亦是康熙帝的一大爱好，他个人作品甚多，因此在当时的南书房翰林中，因擅长诗赋而应选者也颇不乏人。如王士祯、查慎行、钱名世、杜诏、贾国维等皆是。

康熙君臣的研习书法活动也较频繁。康熙帝自称："朕万几余暇，怡情翰墨。"[17]"十七八岁时读书过劳，至咯血不肯休。几余游艺，临摹名大家手卷，多至万余。手写寺庙匾榜，多至千余。"[18]所以康熙帝在退朝之后，常召南书房翰林或精于书画的朝臣陪侍，以便于研讨观摩。十六年十二月二十一日午时，康熙帝赐观内府珍藏王羲之真迹三轴、怀素真迹二轴、颜真卿真迹二轴、苏轼真迹二轴、蔡襄真迹一轴、黄庭坚真迹一轴、米芾真迹一轴、朱熹真迹一轴、赵孟頫真迹二轴、周文矩画董其昌字共一轴、宋初拓《淳化阁帖》全部。这些都是书法极品，张英等说是千载奇遇。二十三日午时，康熙帝临摹王羲之《乐毅论》小楷，高士奇奏曰："昔人论书，谓右军《乐毅论》有端人正士之慨。今皇上临摹，备得其神采，非寻常摹仿形似者所可及也。"二十四日，康熙帝命高士奇侍观《御制元旦进衣太皇太后前表文》，高士奇赞扬说："皇上楷书深得《乐毅论》兼黄庭坚笔法。"康熙帝则说："朕向来作书，必

[17]《康熙起居注》第一册，第360页，中华书局，1984年。

[18] 清·陈康祺：《郎潜纪闻三笔》卷九《圣祖垂念沈文恪》，第803页，中华书局，1984年。

连书数十字，然后取古人法帖证之，豁然有会。”高士奇继续称赞：“皇上读书作字，惟常自见不足，所以益造精神，正古人日新不已之意也。”十七年五月初十日申时，康熙帝召士奇至懋勤殿，侍帝书“五台圣境”四大字。高士奇称赞“落笔苍劲，结构严密，真足藏之名山，昭垂不朽”。八月二十一日，康熙帝赏赐内大臣俄启，命南书房诸臣依韵和诗一章，各书一幅进呈。十九年正月二十七日，康熙帝赐张英、高士奇、杜讷御笔字各一轴。由于康熙帝喜好书法，以书法知名而进入南书房者除高士奇外，还有沈荃、沈宗敬父子，励杜讷、陈元龙、何焯、蒋廷锡等皆是。尤其是沈荃，久值南书房，康熙帝多次召入内殿，讨论古今书法，凡御制碑版及殿廷屏障，常让其书写。他“每侍圣祖书，下笔即指其弊，兼析其由，上愈嘉其忠益”。[19]沈荃死后，其子沈宗敬入值南书房时，康熙帝仍对大学士李光地说：“朕初学书，宗敬父荃指陈得失。至今作字，未尝不思其勤也”[20]。可见陪侍皇帝作书练字，亦是南书房翰林的主要任务之一。

南书房翰林为皇帝编纂书籍。《南书房记注》十七年五月初十日记载，康熙帝手谕高士奇：“尔在内办事有年，凡密谕及朕所览讲章、诗文等件，纂辑书写甚多，实为可嘉。特赐表里十疋，银百两以旌尔之勤劳。特谕。”可知士奇有纂辑工作。八月十八日又记载，康熙帝让高士奇带给在南书房的陈廷敬、叶方蔼、王士祯等观看御制诗，并说：“因尔等在内编纂，屡次请观，故出示尔等。”陈、叶、王也从事编纂事情。十八年二月初二日，叶方蔼进翰林院官编纂《皇舆表》十六卷，康熙帝命传谕方蔼：“尔衙门官所进《皇舆表》，朕已翻阅大概。考注精详，殊为可嘉。书留览。”叶方蔼身兼翰林院与南书房，所任总裁官编《皇舆表》也就具有了在南书房活动的性质。四月初六日，张英进呈《易经参解》六卷，初七日，康熙帝召张英于懋勤殿，对他说：“朕览尔所进《易经参解》，纂辑古说，于易理可谓明晰。”张英回奏：“臣因质性愚鲁，故纂辑《易经大全》及《直解》诸书，藉以自备遗忘。

[19] 清·陈康祺：《郎潜纪闻三笔》卷九《圣祖垂念沈文恪》，第803页，中华书局，1984年。

[20] 赵尔巽等主编：《清史稿》卷二六六《沈荃》，第33册，第9946页，中华书局，1977年。

又因在内廷修辑之书，不敢不上呈皇上御览，恭承天语优奖，不胜惶悚之至。”当时康熙帝正讲诵《易经》，张英所修之书是以备在内廷讲授使用，在皇帝面前不敢为师，谦称“自备遗忘”。徐乾学二十四年入值南书房，擢内阁学士，充《大清会典》、《一统志》的副总裁，据说乾学与张英日侍皇帝左右，“凡著作之任，皆以属之”[21]。何焯入值南书房时仍兼武英殿编修。所谓清圣祖御撰的《律吕正义》，实际上是南书房翰林王兰生、戴梓帮助编纂的，而同是清圣祖御纂或御撰的《历象考成》及《数理精蕴》等书，也是南书房翰林梅瑴成帮助编成的。康熙帝常在内廷之蒙养斋设局修书，其地与南书房相近，有些南书房翰林往往兼充书局之编纂各职。故当时的起居注官对此有：“又时召儒臣入南书房，凡古人文辞，有关治理者，编纂成帙，充溢几案。从来右文向学之盛，至斯而极矣”[22]的感叹。

上述纂辑不仅是编纂书籍，包括为皇帝整理、誊抄甚至代写一些文字资料或撰拟一些特颁谕旨等，野史所载有关高士奇为康熙帝代拟翰墨之类不乏其例。如康熙二十三年（1684年）九月皇帝首次南巡，当在京口龙祥寺游览时，寺僧求赐题匾，康熙帝一时未能思及所题内容，时高士奇在侧，及时送上一纸，上书“江天一览”四字，帝遂照此挥毫。后至苏州游狮子林并赐题匾额，康熙帝原拟题“真有趣”，士奇建议改为“真趣”。康熙二十八年第二次南巡，至杭州游灵隐寺，寺僧跪求赐题匾额，康熙帝挥毫时将灵隐寺的“灵（靈）”字之雨字头书写过大，下半部难以书写对称，解任回籍的士奇陪侍在侧，即于掌中书“林’二字暗示，康熙帝遂照书之，故灵隐寺亦称云林寺。[23]康熙帝的御制诗文集，经过了南书房翰林的校对后，而由江宁织造李煦刊刻。

三　康熙帝在南书房探求治道

康熙帝与南书房翰林讲解经史，除了加深学术性修养外，

[21] 赵尔巽等主编：《清史稿》卷二七一《徐乾学传》，第10008页，中华书局，1977年。

[22]《康熙起居注》第一册，第394页，中华书局，1984年。

[23] 均见《清朝野史大观》卷五《记高士奇之随銮》。

重要的目的在于探讨治道。

研学儒家经典，自然在于探讨帝王之术。十六年十二月十九日，康熙帝背诵完《大学》“平天下”后说：“《大学》一书，言明德新民，诚修己治人之要道。”张英也说：“内圣外王不出于此书”，并说“细观全书，大约归重好恶”。帝又问曰：“经权之义若何？”张英对曰：“古人有言反经合道谓之权。”皇帝说：“此言昔人已有论其非者，天下止有一经常不易之理，权衡轻重，随时斟酌，而不失乎经常之理。此即所谓权也。岂有反经而可以行权者乎？”张英回答：“皇上此言真千古不易之论也。”这一段具有思辨性的权经讨论，反映出康熙帝悟出的治国之道追求稳定，不赞成善变。

十七年四月二十六日复诵《尚书·甘誓》一篇，亲讲《五子之歌》“太康尸位”五节。康熙帝谈了对于“民为邦本”思想的认识：“古人所谓民可近，不可下者，即孟子所谓民为贵之意，盖天视自我民视，天听自我民听，斯岂非邦本之谓乎？”次日，康熙帝继续阐发他的想法：“临民以主敬为本，昔人有官一念不敬或贻四海之忧，一日不敬或以致千百年之患。《礼记》首言毋不敬，《五子之歌》始终皆言敬慎。大抵诚与敬，千圣相传之学，不越乎此。”张英对曰：“诚与敬相因，而诚又为敬之本。此心纯然不杂，则常能主敬，稍有二三，则怠忽乘之。圣言真得其要领矣。”康熙帝因论峻宇雕墙曰：“古人谏象箸、玉杯，亦是此意。萧何治未央宫，以壮丽为威重，先儒讥之当矣。”张英对曰：“大凡嗜好，当防其渐，恐启人窥伺之端。所以象箸必谅，虑其渐也。萧何反以宫室壮丽启之，难语于大臣之识矣。”康熙帝因论人材器使之道，张英对曰：“材有所长，则必有所短。古人云：取人不求备，但当于各取所长之中，又观其本末轻重耳。”康熙帝说：“今人沿于明季陋习，积渐日深，情操洁己难言之矣。职守亦多至旷怠，罕能恪勤。朝廷良法美意，往往施行未久，即为丛弊之地。朕常欲化导转移，每患积习难去。”张英对曰：“人心风俗乃国家根本，但习染既非一朝，则转移亦自不易，惟在我皇上事事常用鼓舞之法，以潜移默化之，则人心自能丕变。臣尝闻古人有言：人君之心与斗杓相似。东指，则天下煦然而春；西指，则天下肃然而秋。发之者只在几微，应之者捷于影响。今使天下之人，皆晓然于皇上意指之所在，争趋而应之，予以转移天下，如风行海流，虽积习不足为虑也。”上述讨论的修身治德、民为邦本、移风易俗都是治国的重大问题。

十七年七月初九日，复诵《书经·盘庚迁殷》，因论“无总于货宝”句，康熙帝说：“世风浇漓，人皆不能洁己自爱，故今日求操守廉介之士甚难，或仅能自守，而其才不克有为。当理繁治剧之时，又苦于不能肆应，二者难兼，而守为尤要。若操守不足而小有才，更足为百姓累。”对于使用官员的德才关系，强调德的重要性。次日，因讲“朝夕纳悔”，康熙帝说：“端人正士，当与之日亲，自有启沃开陈之益，此古人之所以重朝夕之纳谏也。若小人日近，则不觉其损而自损矣。”讲出了近君子远小人的道理。二十二日，康熙帝讲《洪范》，并表示要细加研论，必期有益。张英说：“帝王治世之大经大法，备于此篇，皇上所宜深加穷究。”九月初六日，讲《书经》“修征”节毕，康熙帝说：“人君惟敬修其德以与天意相感孚，不必指何事为何德之应。总之，和气致祥，乖风致戾，乃古今不易之恒理。遇灾知儆，乃人君应天之实事，亦无时不致其谨凛而已。”论述天人关系，强调君主敬天修德。十九年正月初七日，当《书经》讲毕，张英对康熙帝说：“皇上万几之暇，讲贯是书，治统、道统之要兼备无遗矣。”说出了问题的实质，皇帝掌握了儒家经典特别是治国理论，代表了道统，从而也就具备治统，具有文化与政治的合法性。

阅读《通鉴》使得康熙帝总结治国经验。康熙皇帝说自幼就阅读《通鉴》，但他还是很重视不断学习《通鉴》。十六年十二月十九日，康熙帝读《通鉴·前编》“颛顼帝纪”至“唐尧帝纪”共二十一条，至“庆都感赤龙之祥，孕十有四月生尧。”康熙帝说：“此等事，先儒常疑之。正孟子所谓‘尽信书不如无书’之义也。盖圣人不语怪，以垂戒于世，而后人犹有矫诬上天、侈言祥瑞之事，况敢从而启之乎？”不相信也不屑祥瑞之事。二十一日阅读“唐尧帝纪”七条，读至“鲧治水”一节，说道：“前代治河，皆以为疏决而放之海，则永无河患。但今运道自淮以北，比由黄河一百八十里而后达于运河，与古形势不同，则古说亦何可尽行也。”阅至“程子论四凶”一条，又说：“论才，则必以德为本。故德胜才，谓之君子；才胜德，谓之小人。司马光曾有此语。”十七年十二月十三日，康熙帝谈到《左传》纪黄帝鼎湖乘龙及周穆王宴于瑶池之事，文章华藻而不足信，张英答道：“臣愚窃以为读史有三，一则观其所纪之事，次则观古人论断其事之事非，三则观其文字之古雅，其不必留意者稍略之，则纲举目张矣。”

十八年正月十三日，阅毕《通鉴》四十七条，因论经史之学。康熙帝指出：“经学在于切实通明，折衷诸说；史学在于始末淹贯，论定是非。二者皆确有证据，难于支离其说，故必由积累之功，涵泳之久，较之词章之学，其难易固各不同。”对于史学有了切实的体会。

十九年三月二十九日，康熙帝评价司马光《通鉴》，千古治乱不能出其范围。六月初二日，康熙帝评论汉朝对待功臣的政策，说：“汉高祖之待韩信，不能如汉光武、宋太祖之待功臣者，亦时势不同也。”认为高祖收之，亦非得已。身为皇帝，自然立场站在高祖一边。初六日，读《通鉴》后说：“上古人心淳朴，故乡举、里选之法尚可以得真才。后世人心日漓，奔竞日多，若行古法于后世，恐滋其伪势，不得不以科举为重耳。”谈了对科举制的看法。初七日，康熙帝又为汉高祖过故乡沛县之际免除服役是敦笃根本之处。闰八月初二日，康熙皇帝亲讲《通鉴》中“吴王濞”一章，认为当时晁错的看法审时度势“七论本确，后世不得而议之也。”联想到清朝的三藩之乱，显然汉清两朝采取削藩很类似，或许康熙帝就从汉代吸收了历史经验。

特别是康熙帝阅读《明实录》后，对明代政治多有议论，总结历史经验教训。十八年九月十九日，康熙帝说：“偶阅

《明武宗实录》，见其废弛游佚非复人君之体，真足以贻笑后世。明神宗时之废弛，亦争相类。”二十日，康熙帝说：“朕阅《明仁宗实录》，其君臣问答之言，皆有可观，文亦醇雅有体，较别朝者为胜。正德年间，章疏有极痛切而简当者，往往付之不报，良可惜也。”二十二日，说明宣宗：“其奉事母后和敬有礼，至今览之，犹足令人感慕。朕常思先王以孝治天下，故夫子称‘至德要道，莫加于此。’自唐宋以来，人君往往疏于定省，有经年不一见者，独不思朝夕承欢乃家庭之常礼，且天伦至性，何尝以贵贱殊也。”张英对曰：“臣历观前代克尽孝道者难，而求之于帝王家尤难，惟本朝家法，超轶前古。我皇上孝养两宫，问安视膳，必躬必亲，克诚克敬。寝门之外，或日一至焉，或日数至焉，先意承志，孺慕纯笃。臣侍从起居以来，备见其详，寸心感悦，莫罄赓扬，真从古帝王不多见盛事也。”康熙帝说他“常思汉孝治天下”，以孝为家法，对两宫太皇太后尽孝，都是事实。二十四日，康熙帝又说：“朕观明仁宗、宣宗时，用法皆极宽平。每思人君承天子民，时育万物，自当以宽厚为根本，始可成敦俗之治，但不可过于纵弛，所贵乎宽而有制耳。”张英对答：“圣论深当治体。明仁宗、宣宗处太祖、成祖之后，当日洪武、永乐间法度往往伤于严切，故仁宗、宣宗以宽济之。从来宽严相济，乃致治之要道也。”康熙帝治国的确尚宽，后来雍正帝尚严，乾隆帝宽严相济，康熙帝君臣的讨论成为重要的治国经验。十月初四日，康熙帝说：“朕阅《明宪宗实录》中，章疏有剀切详明者，亦有征引冗泛者。又如言官所劾正一真人张元吉罪甚当，彼既凶恶显著，当时何不因此而停其世袭封号乎？”张英回答：“元吉稔恶，能于此时停其封号甚善，当时宠信其术，亦失刑之大者也。”这样的讨论有助于制定对道教的政策。初六日，康熙帝到东便殿，对随侍的高士奇说：“国家财赋出于民，民力有限，当思撙节爱养，则国家常见其有余。朕见明季诸君，奢侈无度，宫中服食，及创造寺观，动至数十万。我朝崇尚朴质，较之当时，仅百之一、二耳。”十二日，又对张英谈到明武宗："其行事已不逮于仁宗、宣宗，且当日赏赉修建，浮费甚多，而国用何以不匮。"张英对答："当由承平日久、蓄积充裕故也。"康熙帝又说："明季征敛于百姓者，正赋而外，如练饷及临清烧造、四川采木诸费，名项甚多，我世祖章皇帝入关以来，尽行革除，所以宫中经费务从简约，诚不欲轻取民力而縻之于无用之地也。"张英回答："此祖宗仁民首政，所以为承天子民之本，乃万世子孙之法宪也。"有鉴于明代加派重赋，康熙君臣认识到轻徭薄赋的重要性，将之归结于儒家仁政以及清朝家法。十一月初三日，康熙帝谈到阅读《明孝宗实录》对诸臣相争有伤于亲亲之谊，章疏所言失之太过。初五日，又言明宫闱食御浩繁以及对明代章疏的看法。特别是十一月初八日，君臣言及宫闱制度，康熙皇帝比较明清两朝宫中服用，说清入关以来三十六年间，尚不及明朝一年所用之数。张英称赞目睹本朝宫闱经费简约情形。康熙帝说："自祖宗以来，累代相传，家法如此，朕惟恪遵之耳。即如巡幸所至，尤以劳费为虑。"张英对答："此实万世子孙之法。"康熙帝君臣又将经费俭约为清朝家法。十日，康熙帝批评明孝宗每岁御膳进素一百余日，殊非人君正大之体。十一日又批评孝宗对于大臣当然建议口头答应而不实行的做法。十六日君臣讨论了对世宗朝议大礼的看法。总而言之，在约两个月的时间里，因康熙帝阅读《明实录》引起的君臣对明朝政治以及明清对比的讨论中，我们看到康熙帝以明朝历史为借鉴，避免重蹈覆辙，有助于自己施政，并且将清朝的经验上升为家法的认识，以使清朝统治长治久安。

康熙帝君臣偶尔也谈论现实政治。如二十年二月十一日，康熙帝召张英至懋勤殿。康熙帝复诵《大壮》全篇毕说："塘报至，知正月间大兵从黔中进者，已渡铁索桥，去滇省仅六百里。从广西进者，道里亦如之。此两路兵皆无贼兵抗拒，盖贼众皆在四川边界。此时蜀中大兵临压，势必不能反顾。诸路军捣虚直入，此真腹背受敌，首尾交困之时也。"张英对答："逆贼大势已溃，地险全失，断难支吾旦夕。大兵仰仗天威，真如摧枯拉朽，荡平捷音，即在指日间矣。”[24]

四　结语

康熙帝退朝之后陪侍他讲读经史，论古谈今，或从事文字翰墨和其他文娱活动方面研讨和消遣的，主要是作为内廷文学供奉的南书房翰林。平时能面见康熙帝的主要为张英、高士奇二人，偶逢观赏景物或节日朝贺，颁发赏赐时，才有较多的南书房翰林在场，日常一般只有一人或二人随从。在南书房，君臣关系融洽，人称康熙帝“与诸文士赏花钓鱼，剖晰经义，无异同堂师友”[25]。或曰：“辰巳前讲经书，午后讲史，或代拟谕旨，或咨询庶政，或访问民隐，或讲求学业，或赏花钓鱼、剖析经义。虽为君臣，无异师友。”[26]概括了康熙帝君臣在南书房的日常活动。

康熙帝在南书房讲论经史的活动十分频繁。在南书房设立的最初四五年内，除特殊情况外，几乎每天都要进行（辰时或巳时），而且有时每日两次（辰时，未时），其活动地点，基本上是在乾清宫懋勤殿内。

南书房翰林作为皇帝的经史、文学、书法侍从，君臣是一种比较亲近的特殊关系。为人宽容重视人情的康熙帝善待南书房翰林，他们君臣关系亲密，南书房翰林也容易成为宠臣。康熙时个别南书房翰林为皇帝监视京中官民动静，提供秘密情报，使得南书房具有了一定的特殊性与神秘色彩。

南书房既在内廷，其侍值之翰林，又经常陪侍在皇帝左右，君臣相知相近，皇帝对他们的宠信和优遇自非一般朝臣可比。赏赉之丰厚，与御前王公大臣相同，而官职之晋升超擢也异于常规。当时朝臣，皆以入值南书房为荣。

世人每谓康熙时期设立的南书房对当时的政治起了重要的作用，其主要依据是认为当时的南书房曾参与议政及诏旨的起草。康熙时期高士奇等确实参加过一些谕旨的撰拟，但不能由此推论整个南书房具有此等职掌。因此，南书房的地位与作用

[24] 转引自朱金甫：《论康熙时期的南书房》，《故宫博物院院刊》1990年第2期。

[25] 清·昭梿：《啸亭续录》卷一《南书房》，第398页，中华书局，1980年。

[26] 徐珂：《清稗类钞》第三册，第1298页，《爵秩类·南书房供奉》，中华书局，1984年；又，关于康熙帝君臣的关系，可参阅孟昭信：《康熙大帝全传》第二章《书房师友》，第55～67页，吉林文史出版社，1987年。

不能夸大，南书房中绝大多数翰林主要是起文学侍从的作用。

康熙帝作为满族贵族的代表，但是他广泛接受汉族文化，赏识儒家学说，他通过设立南书房学习汉族的儒家文化，探求治国方略，为建立稳定的清朝统治，在南书房进行了文化上、政治上的准备，从而为形成治国理念奠定了基础。

论雍正帝与怡亲王之手足至情

复旦大学中文系　夏宁

作为帝王，雍正皇帝可以称得上是有为之君，正如他对于自己作出的评价，他说："朕反躬内省，虽不敢媲美三代以上圣君哲后，若汉唐宋明之主，实对之不愧。"[1]他脚踏实地、精明果决、刚毅坚忍。论文治，改革赋役，整顿吏治；论武功，平定青藏，改土归流。虽未曾开疆拓土，但作为守成之君更为难得，他的励精图治，为后世盛传的康乾盛世奠定了坚实的基础，因此，作为帝王来说，他称得上是英明之主。但同时，他也是历史上最具争议的人物，人们往往忽视他对历史作出的巨大贡献，反而津津乐道于他的得位不正，他残害手足等细节问题。其实，从雍正帝继位开始，流言蜚语便一直相伴。有人说他得位不正，坊间流传的活灵活现，仿佛亲眼所见，可惜直到目前为止，仍没有确凿证据，只能如斧声烛影，成为千古谜案。退一步说，就算雍正真的用不正当手段夺取了帝位，也算不得名不正言不顺，都是龙子凤孙天潢贵胄，当然也都有资格继承大统，关键还是要看他做这个皇帝是否有利于国计民生，雍正在位13年，算得上好皇帝，更何况康雍能和平传位，实乃国家之幸。

至于他残害兄弟，关于这一点，似乎无可辩驳，因为铁证如山，无怪《清史稿·世宗本纪》末尾，忍不住评论道："圣祖政尚宽仁，世宗以严明继之。论者比于汉之文、景。独孔怀之谊，疑于未笃。"[2]即言作为皇帝，雍正政绩堪比文景之

[1]《清世宗朱批谕旨》第九函，中华书局，1985年。

[2] 赵尔巽等主编：《清史稿》卷九《世宗本纪》，第341页，中华书局，1977年。

治，但是对于兄弟却刻薄寡恩。但大行不顾细谨，先不论唐太宗亦有玄武门之变，只说若雍正优柔寡断，放任允禩一党上蹿下跳，那么朝局必将大乱，他这皇帝之位，只怕还没坐热，就要被人篡夺，到时候，他的下场只怕比允禩等人还要不如，就更不用提他想付诸实践的诸多改革计划了，铲除异党实在是题中应有之意，更何况，雍正并非是孤家寡人，他有真正贴心换命的手足兄弟，那就是十三弟胤祥，观他与十三弟胤祥之间的真挚情谊，让人禁不住想到苏轼《狱中寄子由》中的一句诗："与君世世为兄弟，更结人间未了因。"可惜，其中真情往往为人所忽略。

一　为历史尘封的14年

皇十三子胤祥，一生命运坎坷，大起大落，《清皇室四谱》称："皇十三子怡贤亲王允祥，其初行次为第二十二，康熙二十五年丙寅十月初一日辰时生，庶妃章佳氏，即敬敏皇贵妃出。六十一年十一月与受末命，旋世宗命总理事务，封怡亲王……"[3]而《清史稿》则这样记载："怡贤亲王允祥，圣祖第十三子。康熙三十七年，从上谒陵。自是有巡幸，辄从，六十一年，世宗即位，封怡亲王。"[4]两书之中有一共同点，即记录皇十三子事迹，跳跃性极大，似乎当中有什么被刻意隐瞒，不错，翻阅清朝各类官修史书，在1708至1722年这14年间，皇十三子行踪成谜，因此给人讳莫如深之感，《清史稿》如此，《清圣祖仁皇帝实录》如此，《皇朝文献通考》亦是如此，正应了唐邦治在为《清皇室四谱》写的序言中的一句："而后之为之者乃一披寻（《皇朝文献通考》），其记述之间或故为谬悠之词，或悍作盖阙之语，推其用心，毋亦曰为尊亲讳，礼在则然，然究其所讳，皆汉唐往史之所尝有，且并无如汉唐往史之甚者，是本自无庸讳矣，乃讳之于此，而他书复纷纭错见，不能一概灭迹，于是不必讳而讳，而挟忮心、逞仇吻者转以为一切皆讳，遂致污蔑无人伦之言得抵隙蹈瑕而

[3] 唐邦治：《清皇室四谱》卷三，第143页，明文书局，1986年。

[4] 赵尔巽等主编：《清史稿》卷二二〇《列传七》，第9077页，中华书局，1977年。

入。”[5]这句话虽指《皇朝文献通考》而言，其实可适用于一切清朝官修史书，正因为官史中许多事情语焉不详，才更能引发人们寻幽探奇之心，诸多离奇猜测便由此而生，何况其中还有有心者刻意推波助澜。正是因为官修史书中记载的怡亲王事迹留下了一段空白，因此，人们有理由相信，他的人生起落与一人息息相关，那人便是他的四哥，后来的世宗皇帝。

二　一生福祸系于一人

皇十三子胤祥原为康熙爱子，前引《清史稿》中所谓“康熙三十七年，从上谒陵。自是有巡幸，辄从”并非一句空洞虚言，据《大清圣祖仁皇帝实录》：“（康熙三十七年戊寅秋七月）辛丑，上奉皇太后诣盛京谒陵，命皇长子多罗直郡王允禔、皇三子多罗诚郡王允祉、皇五子多罗贝勒允祺、皇七子多罗贝勒允祐、皇九子允禟、皇十子允䄉、皇十三子胤祥随驾。”[6]这一年皇十三子胤祥13岁，由本年开始，至1708年10月，康熙帝带着他谒见祖陵，视察河工，巡幸塞外江南，十年间出巡达30次，足迹遍布大江南北，其他皇子间或随驾，唯独他次次不落，如果这还不足以说明圣祖对其宠爱有加的话，那么1702年11月，康熙和群臣的一次互动就足够说明一切，皇帝在向臣僚述说自己如何喜欢临帖，如何坚持不断，并亲书大字联以示诸臣，之后“又令内侍引诸臣至行宫左厢，恭视皇四子、皇十三子书联，诸臣环立谛视，无不欢跃钦服”[7]。此时的圣祖皇帝，也只不过是一个迫不及待向别人展示自己儿子才华的普通父亲，只有在听到别人的赞扬后才能够满足其自豪的心理，人同此心，为人父母者，当能体会康熙帝的这种心态。雍正年间所修《八旗通志初集》中，称允祥为“圣祖钟爱甚笃，省方巡幸，恒命扈从，恩宠优渥”[8]。正是此时的写照。因为皇帝的如此眷顾宠爱，以至于1704年前后，皇八子允禩的老师何焯在给家人的信中，称“十三殿下（指皇十三子胤祥）”乃康熙帝所“钟爱者”。当时虽未废太子，皇十三子也已经成

[5] 唐邦治：《清皇室四谱》，第6页，明文书局，1986年。

[6] 张廷玉等：《大清圣祖仁皇帝实录》卷一八九，第2540页，台北华文书局。

[7] 张廷玉等：《大清圣祖仁皇帝实录》卷二〇〇，第2816页，台北华文书局。

[8]《八旗通志初集》卷一三四《和硕怡贤亲王胤祥》，东北师大图书馆，1982年。

为太子的威胁。然而1708年8月的那次随驾出巡却彻底改变了皇十三子的命运。“（康熙四十七年戊子秋七月）壬辰，上行围，命皇太子允礽、皇长子多罗直郡王允禔、皇十三子胤祥、皇十四子允禵、皇十五子允禑、皇十六子允禄、皇十七子允礼、皇十八子允祄随驾。”[9]这一次的出巡使原本激流暗涌的储位之争浮现在世人眼前，揭开了皇子们此后围绕皇位长达十余年的激烈争斗，从此，皇十三子以一种奇特的方式淡出了历史舞台，世人不知他所犯何罪，受到何种惩罚，因何而失爱于皇父，《实录》与《起居注》等官史中竟然找不到任何线索，只有允禩之子弘旺在其所撰《皇清通志纲要》中写道：“（康熙四十七年）九月，皇太子、皇长子、皇十三子圈禁。……十一月，上违和，皇三子同世宗皇帝、五皇子、八皇子、皇太子开释。”[10]因此人们才知道，皇十三子卷入了储位的争斗，曾经被康熙帝圈禁，但他显然并未被一直圈禁，却又实在找不出他何时被开释的证据，问题是，如果他真的犯了什么十恶不赦的大罪，应该像皇长子一样永远圈禁，不被赦免。可事实上，他应该不久就被放出，据史书记载，翌年（1709年）五月康熙帝巡幸塞外，他在随行皇子之列。此后在《万寿盛典初集》中记载：“康熙五十二年，恭遇皇上六旬万寿，普天同庆。皇子诚亲王胤祉等十三人率皇孙弘升等二十六人谨择吉日，于万寿节前预祝遐龄，恭进万寿之觞。”[11]皇十三子尚在十三位皇子之列。康熙六十一年（1722年），他也曾“与受末命”，据载“（康熙六十一年壬寅十一月）至甲午丑刻，圣祖疾大渐，遣官驰召上于斋所，且令速至，随召诚亲王允祉、淳郡王允祐、多罗贝勒允禩、固山贝子允禟、敦郡王允䄉、固山贝子允祹、皇十三子允祥、尚书隆科多至御榻前，宣谕曰……”[12]也就是说，最后时刻，他和除皇长子、前皇太子之外的所有成年皇子一道听宣遗诏。那么，他到底做了何事让康熙帝厌憎，却又不算是罪无可恕的事呢？为何康熙帝刚刚晏驾，他骤迁亲王？对此，《永宪录》一笔带过，只说“胤祥戊子九月以旧东宫事波及”[13]。然而，这并不能为人们解惑，反而引起更多猜测，所

[9] 张廷玉等：《大清圣祖仁皇帝实录》卷二一〇，第2816页，华文书局。

[10] 弘旺：《皇清通志纲要》，北京大学图书馆抄本。

[11]《万寿盛典初集》卷五四，《文渊阁四库全书·政书类》，台北商务印书馆。

[12]《大清世宗宪皇帝实录》卷一，第3页，台北华文书局。

[13] 萧奭：《永宪录》卷一，第57页，中华书局，1959年。

有的猜测都指向了皇四子胤禛。本来皇四子即后来的世宗并未随驾出行，照理事件不会波及他，但据弘旺《通志》可知，皇四子亦被禁锢，联系皇十三子自1708年开始事迹成迷，显然嗣皇帝在命人撰修史书时，有所删节，以及后来雍正即位后骤升亲王，被视为股肱，倚为腹心，人们不免猜测，是否当时皇四子胤禛远在京城，遥控胤祥，做出某件令康熙帝极其厌恶，又涉及宫闱秘密难以宣诸于口之事，而胤祥顾念兄弟之情，自己将事情扛了下来，因此才失爱于父皇，又或者此事若秉笔直书，必将累及雍正帝，因此在修《实录》等书时，雍正帝下令将其掩盖，以至于今日我们在看史书时完全找不到线索。若非如此，皇十三子胤祥哪怕是犯谋逆大罪，也没有必要遮遮掩掩。总之有一点可以肯定，自1708年后，皇十三子胤祥将自己一生祸福与其四哥紧密地联系在了一起，并且终其一生，追随始终。论起皇十三子胤祥与雍正皇帝的兄弟之情，可以以胤祥一生为线索，分为四个阶段，第一阶段是1708年第一次废太子之前；第二阶段为1708年至1722年，胤祥由康熙帝爱子沦为“并非勤学忠孝之人”[14]，备受冷落；第三阶段为1722年12月康熙帝驾崩之后至1730年六月怡亲王薨；第四阶段为怡亲王逝世后。

三　生死兄弟，魂命相依

（一）兄友弟恭，天伦至乐

清世宗“讳胤禛，圣祖第四子，其初次序实为第十一，康熙十七年戊午十月三十日寅时生，母乌雅氏。”[15]也就是说，雍正帝比皇十三子胤祥年长八岁，与胤禛年龄相仿佛的皇子，有皇三子允祉，生于1677年，只比胤禛年长一岁；皇五子允祺，生于康熙十八年；皇七子允祐，生于1680年；皇八子允禩生于康熙二十年，相差均不超过三岁，论理应该都有共同语言，为什么胤禛偏偏与小自己八岁的十三弟十分亲近？何况胤禛自己还有一个血缘上更为亲近的同母兄弟允禵，而这个兄弟

[14]《八旗通志初集》卷一三四《和硕怡贤亲王胤祥》，东北师范大学图书馆，1982年。

[15] 唐邦治：《清皇室四谱》卷一，第23页，明文书局，1986年。

却不亲近自己而亲近八哥，其中宫闱琐事的细节已不可考，这大概只能用“龙生九子，各有不同”来解释了。康熙皇帝儿子多了，性格不一，胤禛偏偏与这个小自己八岁的十三弟十分投缘。

他们兄弟二人幼年相处的情形是可以从雍正帝为怡亲王所写的《和硕怡贤亲王祭文》[16]中找到只言片语的线索，所谓“忆昔幼龄，趋侍廷闱，晨夕聚处”，这段朝夕相处的时间应该是在皇四子成年后搬出宫之前，根据《钦定宗人府则例二种》：“凡皇子生十五岁，由府请封其爵，级出自钦定。”[17]这也就意味着清朝皇子年满15岁就算是成人，成年的皇子是不能在宫内居住的，那么至少在1693年之前，胤禛尚可以住在宫里。《清史稿·列传一》中“世宗孝敬宪皇后”条说：“皇后自垂髫之年，奉皇考命，作配朕躬。结缡以来，四十余载……”[18]那拉氏薨于1731年，推算一下，胤禛娶嫡福晋亦当在1691年出头，两下一印证，大概可以知道，至少在皇十三子胤祥七岁之前，他们是有机会朝夕相处的，深厚的兄弟之情便建立在那时。

《祭文》中说“比长，尊奉皇考之命，受弟算学，日事讨论”[19]，也就是等到皇十三子年龄稍长，为了更好地教导他，康熙皇帝派皇四子去教导幼弟演算之学。其实皇子们是另有专业的老师的，康熙帝之所以让皇四子去教胤祥算学，大概原因有二，一是皇十三子与四哥感情好，兄弟切磋，一方面可加深情感，一方面可使学业精进；二是胤禛是康熙帝曾亲自教导的皇子[20]，把皇十三子交给他，皇帝十分放心。

“每岁塞外扈从，形影相依”[21]，1698年8月开始，至1708年9月，十年时间里，皇十三子开始了“自是有巡幸，辄从”的生涯，在胤祥30次的随驾经历中，倒有一半的时间是和四哥一同伴驾，前文引用《圣祖实录》康熙四十一年冬十月壬午的那次写对联的经历，只不过是他们伴随皇帝出行的一个小插曲，从中不难看出，他们兄弟二人是真的形影相依、片刻不离的，他们曾经一同踏过千山万水，指点江山，一同赋诗练字，共同经历的那么多美好，哪怕日后身份有别，都将成为不可磨灭的回忆。

在年少岁月中所建立的深厚的手足之情，是不会掺杂任何

[16] 爱新觉罗·胤禛：《世宗宪皇帝御制文集》卷二〇，第158页，吉林出版集团，2005年。

[17] 故宫博物院：《钦定宗人府则例二种》卷一六，第177页，海南出版社，2000年。

[18] 赵尔巽等主编：《清史稿》卷八《列传一》，第8913页，中华书局，1977年。

[19] 爱新觉罗·胤禛：《世宗宪皇帝御制文集》卷二〇，第158页，吉林出版集团，2005年。

[20] 张廷玉等：《大清圣祖仁皇帝实录》卷二三〇，第274页，台北华文书局。

[21] 爱新觉罗·胤禛：《世宗宪皇帝御制文集》卷二〇，第158页，吉林出版集团，2005年。

利害算计的，惟其如此，这种感情才是最为真挚纯洁的，何况这种真挚的情感还是建立在皇家兄弟之间，这才是最为难能可贵的，在帝垣之内，宫闱之中，能拥有如此宝贵的情感，他们兄弟二人何其有幸！

（二）不离不弃，患难情真

无论禁宫内，抑或朝堂上，都只是个名利场。所谓权门如市，市兴，人皆聚之；市衰，人皆散之。个中冷暖滋味，皇十三子胤祥当能深切体味。当他是皇帝爱子，政治前景大好时，想必逢迎讨好之人随处可见，当他失势时，人不来落井下石，已经算是厚道了。从1708年第一次废太子，一直到康熙帝驾崩，这14年并不好熬。1709年的时候，康熙帝又一次给皇子们分封爵位，“册封皇三子胤祉诚亲王，皇四子胤禛雍亲王，皇五子胤祺恒亲王，皇七子胤祐淳郡王，皇十子胤䄉敦郡王，皇九子胤禟、皇十二子胤祹、皇十四子允禵俱为贝勒”[22]。这一次，只要是成年的皇子，无论是康熙喜爱的还是讨厌的，都封了爵位，比他小两岁的允禵也封了贝勒，只有胤祥还是皇阿哥身份，之后的两次皇子封赏银两，也没有胤祥的份，他这个曾经为父皇所宠爱，从小受到悉心调教的皇子，被彻底的边缘化了。这期间，他忍受了多少屈辱，也只有自己知道。1710年7月，康熙帝在允祉、允祥和允禵3人的请安折上朱批：“胤祥并非勤学忠孝之人。尔等若不行约束，必将生事，不可不防。”[23]这比当众挨了一巴掌还令人感到羞辱。康熙五十二年，康熙皇帝的60大寿，登记在《万寿盛典初集》中，各皇子所送礼物都有详细清单，他的兄弟们为了讨好父皇，均投其所好，送上古董字画，唯独他的礼物最寒酸，因为他除了皇阿哥的进项外，别无所入，其他兄弟再不济也是贝勒爵位，除了每年俸禄外，还有皇庄等各类收入。在这种窘迫而屈辱的生活里煎熬，被磨掉的，是曾经的意气风发、少年锐气，在这种心境下，他写下了《月夜》：“虚廊宴坐夜沉沉，偶得新诗喜独吟。万籁无声风不动，一轮明月印波心。”[24]诗中流露的是如

[22] 赵尔巽等主编：《清史稿》卷八《圣祖本纪三》，第276页，中华书局，1977年。

[23]《八旗通志初集》卷一三四《和硕怡贤亲王胤祥》，东北师范大学图书馆，1982年。

[24] 爱新觉罗·胤祥：《清世宗御制文集》附《交辉园遗稿》，海南出版社，2000年。

夜色般浓重的孤独寂寞，心如止水，平静无波。而此时，他正当壮年，风华正茂，心态却已然沧桑迟暮，令人不忍卒读。在这样不堪的境遇下，这种被亲人离弃的痛苦中，只有四哥始终如一，不离不弃。因此，他只有向四哥倾诉衷肠。在失意的时候，他经常与胤禛相唱和，这是他仅剩苍白的人生中唯一的一抹亮色，一点牵挂。而此时已晋为雍亲王的胤禛，对于这个弟弟寄给自己的每一首诗都十分珍视，将它们珍藏了起来，在《和硕怡贤亲王遗稿题辞》中，雍正皇帝这样写道："因忆昔年兄弟聚首时，燕集唱和。王每以所作就正于朕。朕扈从塞垣，王亦间有寄怀之句。片楮寸缣，朕皆爱而藏之，不令弃置。"[25]雍正皇帝在怡亲王薨逝后，将当年他寄给自己的所有诗稿检点出来，集成了《交辉园遗稿》，并将《遗稿》附在自己的《文集》之后，使之共同传世。世人锦上添花易，雪中送炭难，后人论及雍正帝待怡亲王，只会说其心机深沉，如何利用兄弟，至于怡亲王待雍正帝，亦只说其甘为走狗，以供驱使，却看不到两人之间最为单纯挚诚的兄弟之情，其实历史事件有时很简单，只是后来研究的人想得太复杂。

（三）良弼懿亲，一心一德

1722年12月21日，康熙帝晏驾，雍正帝登基，皇十三子胤祥迎来了人生的巅峰。雍正皇帝继位后，接连颁发几道诏旨，先是"命贝勒允禩，十三阿哥允祥、大学士马奇、尚书隆科多总理事务"[26]，继而"谕内阁：'贝勒允禩、十三阿哥允祥俱封为亲王。'"[27]亲王尚且不够，在亲王之外复加封郡王，之后又加俸禄，加仪仗，直至世袭罔替，短短几年之中，皇十三子从无爵的皇阿哥骤迁亲王，又从亲王直至世袭罔替，得到了一个臣子所能得到的最高爵禄，雍正帝似乎想把胤祥在康熙年间所没有得到的加倍补偿给他。而怡亲王也并没有恃宠而骄，14年的磨砺，使他变得更加低调谨慎，他拿出十二万分的忠诚来回报皇帝对他的厚爱，以至于雍正四年（1726年）七月，得到了雍正帝"忠敬诚直勤慎廉明"的评价，雍正在谕旨

[25] 爱新觉罗·胤禛：《清世宗御制文集》卷一一，第98页，吉林出版集团，2005年。

[26] 《大清世宗宪皇帝实录》卷一，第4页，台北华文书局。

[27] 《大清世宗宪皇帝实录》卷一，第5页，台北华文书局。

中是这样说的："怡亲王事朕，克殚忠诚，职掌有九，而公尔忘私，视国如家，朕深知王德，觉此八字无一毫过量之词。"其实，在雍正帝心中，这八字并不足以概括怡亲王之贤，还有"遗美"[28]，能够得到一个皇帝如此高的评价，怡亲王到底是如何"视国如家"、"公尔忘私"的呢？在廉亲王等人积极串联，阴谋篡位的时候，雍正帝与怡亲王兄弟已经开始脚踏实地的为国计民生而奔忙筹划，只看其中一事便可知怡亲王事必躬亲、公忠体国的工作态度了。据《皇朝文献通考》记载，1725年的时候，雍正帝派怡亲王勘察直隶水利，"四年，谕九卿曰：'怡亲王陈奏畿辅西南水利情形，披览甚为明晰，着交于九卿会议具奏。怡亲王等于去冬今春奉命察看水利，前后往返三月余，而直隶地方东西南三面数千里之广，俱身履其地，不惮烦劳，凡巨川细流莫不穷源竟委，且因地制宜，准今酌古，曲尽筹划，以期有益民生，公忠为国，甚属可嘉。'"[29]怡亲王并不因为自己的亲王身份偷懒躲闲，将艰辛烦劳之事推给属下，而是亲自勘察，不辞辛劳，不畏繁琐，甚至三个月间来回奔波于数千里之地，怡亲王的这种认真的工作态度并不仅仅体现在一件两件差事上，而是从1723年至他薨逝的那一年，整整八年时间，日日如此，事事如此，怡亲王的这种勤劳王事，不惮劳苦的工作态度使得他每每出色完成雍正帝交给的任务，因为他才能出众，办事认真，因此被雍正帝倚为股肱，也因此"益加委任"，以至于政务繁忙，"理军队之机宜，管度支之出纳，督领周庐之环卫，兴修几甸之营田"[30]。几乎宫中府中一应大小事务，雍正帝都放心交给胤祥打理，而胤祥也不负众望，事事做得力求完美，他已经从当年那个需要四哥爱护的幼弟，成长为了国家的柱石，皇帝的股肱，完全担得起雍正帝对他的八字评语，作为君臣来说，他们堪为楷模。怡亲王对雍正帝推心置腹，从不藏私，雍正帝作为雄猜之主，疑心极重，只有对这个弟弟，亦是完全信赖毫无猜嫌的，交给胤祥的诸多差事中，有一项就是宫中禁卫，这意味着皇帝将自己的安危全全权托付给了胤祥。不仅如此，雍正帝还对他处处维护，1725

[28] 爱新觉罗·胤禛：《清世宗御制文集》卷二〇《和硕怡亲王诔并序》，第159页，吉林出版集团，2005年。

[29]《皇朝文献通考》卷六《文渊阁四库全书·政书类》，台北商务印书馆。

[30] 爱新觉罗·胤禛：《清世宗御制文集》卷二〇《和硕怡亲王初次祭文》，第156页，吉林出版集团，2005年。

年4月，雍正帝在斥责曾跟随允禵出征，并被保举为将军的宗札布时说："如今尔言怡王（指允祥）为平常之人，无所知识，却将国事交付伊办理，何能治理好？尔之此言，是否言及于今？是否诅咒国家？若言怡王，自幼强健聪慧，人才优良，皇父优加恩宠，此事举国皆知。怡王并非胆大妄为之人，从无非分之念。怡王对皇父尽以子道，对二阿哥尽以臣道。由于与二阿哥好，横遭大阿哥妒忌、陷害，因而株连于二阿哥。自被株连后，多年来惟感激皇父之恩，而对允禵等人胡闹之事，从不过问，亦不敢越雷池一步。怡王从不使皇父担忧，此事众人亦皆知。"[31]就中可见一片拳拳维护之意，年羹尧骄纵跋扈，竟然说怡亲王府外表宏大，内里粗疏，此话竟引得雍正帝大加申斥。雍正帝对怡亲王的种种回护，与其说是皇帝对宠臣的回护，毋宁说是哥哥对弟弟的爱护。作为兄弟，他们彼此信赖，彼此为对方着想，在胤祥身患重病时，雍正帝时刻挂念于心，多方为其求医问药，甚至为其祈祷上苍，而怡亲王胤祥，虽然病重，但为了让四哥安心，不时时挂念自己，总是拖着病体坚持追随，让四哥经常可以见到自己，免其牵挂，直到最后时刻到来，怡亲王仍然不肯令其伤心。"去岁冬，闻王有疾，心焉忧之，选医视药，祝祷神祇，日夕彷徨，迨冀痊可，乃王则时觐廷轩，时移远墅，恐病状之宣露，致心绪之牵萦，力疾上言，多方安慰，迨王言旋京邸，朕以祈雨还宫，闻王疾笃，命驾临视，王知之，脱然仙逝，盖不以永诀伤朕怀焉？"[32]在序言中，雍正帝对此事做了详细的描述，当胤祥病重时，自己的那种彷徨焦急的心情恍如昨日，仍然记忆犹新，回到京中，闻知弟弟病重，着急赶去，期望能见最后一面，以及未能见到最后一面，心中憾恨，都仿佛在眼前一般清晰。即使彼此身份变化，那份兄弟之情却始终未变。

[31]《大清世宗宪皇帝实录》卷一，第4页，台北华文书局。

[32] 爱新觉罗·胤禛：《清世宗御制文集》卷二〇《和硕怡亲王诔并序》，第159页，吉林出版集团，2005年。

（四）生死之难忘者，情也

1730年6月，一生命运多舛，遭际坎坷的怡亲王走到了生命的尽头，他的离世给雍正皇帝情感上以沉重的打击，他甚至认为自己的德行不够，上天才收去了他最为倚仗的兄弟，《清史稿·世宗本纪》这样写道：“五月辛未，怡亲王胤祥薨，上痛悼之，亲临其丧，谥曰贤，配享太庙。……壬午，上再临怡贤亲王丧。诏曰：‘朕诸兄弟之名，皆皇考所赐。即位之初，胤祉援例陈请更改上一字，奏明母后，勉强行之。今怡亲王薨逝，王名仍书原字，志朕思念。’……（六月）壬寅，赐怡贤亲王‘忠敬诚直勤慎廉明’八字加于谥上。……（八月）辛亥，命怡贤亲王子弘晓袭封亲王，弘皎封郡王，均世袭。”[33]一系列前所未有的特典倾泻而出，他甚至痴心地认为胤祥走在他的前面，对于他本人固然是一件至悲至痛的事情，而对于胤祥来说，是一件全福之事，因为如果胤祥走在他的后面，即使他的子孙懂得他的心思，也不可能做到他这样周详，他对于十三弟的身后事，已经做到了全无遗憾，一个皇帝所能赐予臣子的一切荣誉，雍正帝都毫不吝惜的赐给了怡亲王[34]。在胤祥去世的当年，他写了祭、诔、悼亡诗寄托哀思，胤祥一周年时，他不禁潸然涕下，援笔赋诗；两周年时，他回思伤怀，作五言志感；胤祥最后下葬时，他亲率所有宫眷子侄，以家人之礼送其最后一程，并赋诗写怀且亲写祭文。其实观雍正帝诗文，可知其情感内敛，并不轻易泄漏感情，但是那一篇《和硕怡贤亲王祭文》却发自内腑，真情流露，一世兄弟，做到这种程度，足矣！正所谓“修短之不齐者，数也；生死之难忘者，情也。”

四　小结

兄弟间的情感是相互的，若论允禩之辈，本来就是乱臣贼子，放在哪朝哪代，都是不能被容忍的，对于雍正来说，这些人只是政敌而已。而看雍正与怡亲王之间君臣兄弟之情，有始有终，这种手足至情，就连平常百姓家也是非常少见，何况是出现在帝垣，在这种真挚情感面前，谁谓雍正孔怀之情未笃？

[33] 赵尔巽等主编：《清史稿》卷九《世宗本纪》，第328页，中华书局，1977年。

[34] 爱新觉罗·胤禛：《清世宗御制文集》卷二〇，第159页，吉林出版集团，2005年。

乾隆帝和北京的三海工程

中国人民大学清史研究所　戴逸

北京作为中国封建王朝的历代古都，长期以来投入了巨大的人力、物力，修缮营造，其建筑之精良、工程之宏大、规制之严整、景点之繁多，蜚声全球，而清朝的乾隆皇帝在其60年的统治期间，对北京的城市建设耗资最巨、兴作最多、贡献最大。他在元代、明代及清代早期数百年建设的基础上，大加拓建，重新修葺，别出心裁，精益求精，使北京的面貌焕然一新。其建设的规模、工程的质量、技术的精巧，均突破前朝的水平，在建筑史上开辟了新境界，进入了新阶段，北京城内外的许多名胜古迹、园林景观、宫室殿宇，或始建，或扩大，或改造，或修葺，没有一个封建统治者能像乾隆帝那样，在北京的许多著名建筑上留下了自己的印记。如果没有乾隆帝长达60年之久的经营努力，那么，我们今天所熟知、所游览、所赞赏的许多景观，将在大地上消失，北京的灿烂光辉也将黯然失色。

乾隆帝性喜园林，耽好山水景色。紫禁城内宫殿虽多，但布局凝重肃穆而显得沉滞单调。他初即帝位，为父皇居丧27个月期间，住在养心殿内，为夏天找不到一处清凉幽静之地而感到不快。乾隆五年（1740年），即改造宫内西四、五所，造建福宫，亦称西花园。建福宫在抚辰殿后，“其间幽邃静丽，各极其胜，花竹树石，布列远近，其规制与内容殊不同也”[1]。这是乾隆改造宫廷建筑风格的初次尝试。

[1] 清 · 吴振棫：《养吉斋丛录》卷一七。

此后，他兴建土木的重点转移到郊外圆明园与城内的三海。三海指紫禁城西与西北的南海、中海和北海，这是皇家宫廷的组成部分，亦称西苑。入西苑门，“即太液池，源引西山玉泉，从德胜门水关达后湖，入苑汇为巨池，周广数里，上跨长桥，修数百步，树坊楔二，东曰玉蛛，西曰金鳌，桥北为北海，南为中海，又南为南海”[2]。

西苑地处平旷，池水清澈，原有元明旧建筑，清代加以修葺、新建，至乾隆帝时大加营造，宏规开辟，面貌一新，成为紫禁城旁的一座巨大的皇家苑囿。

中南海与北海有前朝所遗的旧建筑，但景点稀疏，不成规模。中南海有明代的瀛台及康熙时建造的勤政殿、丰泽园、补桐书屋、淑清院等。其中瀛台为南海胜景，“北通一堤，其三面皆临太液，故自下视之，宫室殿宇杂于山林之间，如图画所谓海中蓬莱者”[3]。康熙所建丰泽园为每年行耦耕礼前的演习之处。乾隆帝说：“园规制朴素，环以桑径稻畦。皇祖时建，为几暇劝课农桑之所。该地麦高稻下，左右区分，蚕屋桑畴，后先相望。”[4]乾隆少年时常随父雍正帝来此处演习耦耕。他回忆当年情形，曾写诗云：“太液东风送画船，到来京兆奉丝鞭。盛仪略较农坛谷，汉典由来有弄田。农衣农具错综陈，意在毋忘农苦辛。瞥眼回思成隔岁，昨年江国为观民。”[5]丰泽园内有春耦斋，意为春季耦耕，重视农业生产。春耦斋内藏有唐代韩滉的《五牛图》以及项圣谟、蒋廷锡的两个摹本。“古今名迹一时会合，良称艺苑胜事。夫服畴力穑，牛之资用最巨，并贮斋中，每一展观，如见洪麋缥轭，驯扰膏壤间，然予知依务本之意，所为在此不在彼耳。”[6]这体现了封建统治者重农务本的指导思想。

以上是对旧有建筑加以修葺改建，此外乾隆帝在中南海内新建者有同豫轩、宝月楼、紫光阁、武成殿等。同豫轩和宝月楼都在太液池的南岸。同豫轩建造稍早。宝月楼建于乾隆二十三年（1758年），今已改作西长安街上中南海的南大门。民国早期，北洋政府临时大总统尚未建总统府，在中南海办公，但中南海仅有狭小的西苑门，不便出入，而位于中南海南

[2] 清·庆桂：《国朝宫史续编》卷六二《西苑一》。

[3]《国朝宫史续编》卷二一《国朝宫室·御制瀛台记》。

[4]《清高宗御制诗三集》卷六四《丰泽园》。

[5]《国朝宫史续编》卷二三《国朝宫室·御制丰泽园演耕诗》，乾隆十七年。

[6]《高宗御制文初集》卷七《春耦斋记》。

端的宝月楼，打通南墙后，即面临长安街北侧，且该楼建构宏大精美，富丽堂皇，甚为壮观，故当年的宝月楼被改造成一座门楼，成为出入中南海的主要通道。

有这样的传说，宝月楼是特别为乾隆帝的妃子香妃建造的。因香妃是维吾尔族，深得乾隆帝宠爱。入宫后思念故乡和亲人，乾隆帝将其一部分族人迁居北京，于西长安街路南辟“回子营”，造清真寺。香妃登宝月楼即可望见故乡族人和居处房舍，也能见到维族的街市习俗，以慰乡思。这一传说并不确实。乾隆帝宫中并无香妃其人，由此演绎的香妃故事皆子虚乌有。但乾隆时确有一位维吾尔族妃子，为和卓家族的后裔，后封容妃。乾隆时，回部叛乱，困清将兆惠于黑水营。容妃之叔额色尹及兄图尔都亲附清廷，反对叛乱的回部大小和卓，发兵支援清军，立有功勋。乾隆二十四年（1759年），额色尹举族迁居北京，容妃则于乾隆二十五年（1760年）初入宫。该年二月初四日的档案中记有新封和贵人（后封容妃）并赏赐珍珠首饰、金银缎裘等物一事。容妃深受皇帝宠爱，经常陪侍乾隆帝巡游盛京、江南及避暑山庄。她死于乾隆五十三年（1788年），葬于遵化东陵。按容妃入宫在乾隆二十五年初，宝月楼建于乾隆二十三年，建筑宝月楼时，容妃尚远在新疆。乾隆帝岂能知两年后得一维吾尔嫔妃而预先建金屋以待之？故宝月楼并非为维族妃子建造。

此楼虽非为容妃所建，但其南墙外确有回子营，是从新疆迁徙来的维吾尔族聚居之所。前因居士作诗：“靴皮连底帽尖祟，鹘眼拳须鼻准穹，宝月楼南依禁苑，一营回族居羌戎。”诗注云：“西苑南墙之外即回子营，正当宝月楼下，衡宇相望，为西域回部聚居之所。其人鹘眼穹鼻，状貌人率相类，皮靴尖帽乃其服式也。”[7]

中南海内尚有一特殊景区淑清院，内有“千尺雪”，系人造瀑布。乾隆南巡时，在苏州寒山游览，见“千尺雪”，甚为爱赏，回京后在中南海与盘山、避暑山庄模仿建造“千尺雪”。他深为爱重，多次观览，写了无数诗篇，自己画了一幅

[7] 前因居士：《日下新讴》。

《盘山千尺雪》，命画家张宗苍画《寒山千尺雪》，董邦达画《西苑千尺雪》，钱维城画《避暑山庄千尺雪》，各摹四本，分贮四处。每游一处，则展视其他三图，四景皆在眼前，甚得其乐。乾隆说："昨岁巡幸江南，观民问俗之暇，流览江山胜概……独爱吴之寒山千尺雪。创于明隐士赵宧光，今范氏搆园其地者……归而肖其处于西苑之淑清院……有明时所作假山乔木……而乏自然。及秋而驻避暑山庄……作室其侧，天然之趣足矣，而尚未得松石古意。今春来盘山……爰相面势，结庐三间……乃叹寒山千尺雪固在是间，而劳劳往返营营规写者，不几为流水寒潭笑，未能免俗哉！"[8]乾隆帝异常欣赏吴中之千尺雪，故在三处仿造，并摹写其图，作下许多诗文，可见对此景极为倾倒，他写的一首诗说："吴下寒山爱佳名，热河田盘率仿作。松涛泉籁或仿佛，路遥岂得常凭托。咫尺西苑传春明，结构颇具林涧乐。四百余年树石古，峭茜信佳究穿凿。"[9]他认为：吴中、热河、盘山均有"千尺雪"，但路途遥远，不能常去游览，只有中南海（西苑）中的"千尺雪"，虽仿造穿凿，不很自然，但毕竟路很近，咫尺可通，可经常观赏，得林涧之乐。

此外，中南海的建筑尚有勤政殿、涵元殿、韵古堂、补桐书屋等，均属旧构。乾隆帝加以修理补葺，其中补桐书屋为乾隆帝幼年读书处，本有桐树两株，其一早死，已命补种；另一复枯死，乾隆将枯死桐木，制成四琴，藏于屋内。韵古堂旧名"蓬瀛在望"，乾隆二十四年（1759年），江西临江掘地得周代镈钟十一枚，献于朝廷，视为稀世之珍，藏于此堂，改名韵古堂，乾隆帝作诗称："堂以贮古钟，因之名韵古。问钟何由来，出自西江土。剥蚀岁月深，无复辨徵羽。偶存中郎思，步兵犹可睹。复古不易哉，欲言意先怃。"[10]此处改建是为珍藏出土之文物。

乾隆帝幼年，皇家园林尚少。除畅春园远在西郊，为康熙帝旧居。雍正帝的皇子读书即在中南海南部。此处殿宇稍多。乾隆帝读书之暇，即在此处游玩戏耍，他回忆14岁时的情形，写诗一首，显示了一个天真孩童快步腾跃于假山流水之间的情

[8] 清·英廉等编：《钦定日下旧闻考》卷一一五《国朝宫室·御制盘山千尺雪记》，乾隆十八年。

[9] 《钦定日下旧闻考》卷二二《国朝宫室·御制千尺雪诗》，乾隆十八年。

[10] 《钦定日下旧闻考》卷二二《国朝宫室·御制韵古堂诗》，乾隆四十二年。

形："雍正二年夏，承恩闻讲幕，避暑供游息，胜迹频探索，谌谌芳草青，泼泼游鱼跃，葱葱梧桐枝，烂烂莲花萼，或宴水云榭，佳景开芳酌，或赋迎薰亭，妙句随兴落，师友得从容，昆弟善笑谑……攀缘径绝处，深涧戏腾踔，时我径过之，我童犹畏却。"[11]

乾隆帝还在中南海新建了紫光阁、武成殿，专为夸耀武功、纪念战绩而设。紫光阁原为明代的平台。乾隆帝因平定准噶尔、回部，庆功祝捷，于二十六年（1761年）新建此阁。壁上画功臣图像傅恒、兆惠等100人。乾隆亲写赞诗。以后多次战争得胜，又把战将图壁纪功。乾隆帝为了团结边疆各少数民族，常年在此聚宴各民族首领，乾隆三十九年（1774年）在此宴会各民族领袖时，乾隆帝即席成诗"层阁紫光太液滨，外藩曲宴钖昌宸。礼非元会朝仪肃，情洽联茵燕语申。儒雅还同笳吹奏，承筐别继列觞陈。上正三节宜行庆，抚序垂衣别敬寅。"[12]诗中表达了乾隆帝团结各民族的意愿和宴会上融洽欢乐的气氛。

中南海中前朝遗留的建筑较多，乾隆一朝加以整修、新建者较少。而北海前朝遗址较少，乾隆时新建增多。因北海内遗址年久失修，倾圮破损，满园荒芜，所以乾隆的诗中说："琼华遗迹惜就圮，况近紫禁城西隈。爰葺爰筑命匠人，事殊经始攻灵台。"[13]工程开始于乾隆六年（1741年），历30年。据乾隆说："予自辛酉、壬戌（乾隆六年、七年）之间，始稍稍有所葺建，至于今凡三十年，而四面之景，始毕成而为之记。"[14]大体上，白塔山以南多修葺，白塔山以北多新建，"因旧置而修饰之谓之沿，易新建而创为之谓之革。山之南，沿者多而建者少；山之北，革者多而置者稀。"[15]实际上，北海白塔以南，地甚旷阔，景点繁多。故乾隆在北海新造的建筑极多，连续30年间大兴土木，今存景点大部分完成于此时。

北海南面的团城是古建筑，乾隆初修葺一新，并建承光殿。北海旧有一玉瓮，直径四尺五寸，高二尺，上刻鱼龙怪兽出没于波涛之中，为元世祖所造。后来流落民间，在西华门外

[11]《钦定日下旧闻考》卷二二《国朝宫室·御制过曲涧花香游流杯亭日知阁诸胜诗》。

[12]《钦定日下旧闻考》卷二四《国朝宫室·御制紫光阁曲宴外藩即席成什》，乾隆三十九年。

[13]《钦定日下旧闻考》卷二五《国朝宫室·御制承光殿古栝行》，乾隆十一年。

[14]《钦定日下旧闻考》卷二六《国朝宫室·御制塔山东面记》。

[15]《钦定日下旧闻考》卷二六《国朝宫室·御制塔山东面记》。

真武庙中，道人把它当做腌菜缸。乾隆帝出资千金赎回，置于承光殿前的石亭中，并作《玉瓮歌》咏其事，还题写如下的诗句："几年萧寺伴寒齑，仍置承光焕彩霓。梦觉金源成故迹，声腾玉署艳新题。若为巧合延津畔，竟得天全露掌西。松杪照来千载月，夜凉依旧景凄凄。"[16]北海入门，有"积翠堆云"牌坊在桥之南北，桥南与团城轴线对中，但桥北则偏离琼华岛轴线。乾隆八年（1743年），改建新桥，桥北的堆云牌坊亦移位，使桥之南北，分别与团城、琼岛对中。

过"积翠堆云"桥，白塔山前有法轮殿、正觉殿、普安殿等宗教建筑。登石阶数十步，上有平台，东西碑亭内镌有乾隆帝御笔《白塔山总记》与《塔山四面记》，详细记载北海的历史与园内景区、建筑。山顶白塔，建于顺治八年（1651年），并有白塔寺，乾隆重修后改名永安寺。山的西面有庆宵楼、悦心殿。每到冬季，八旗兵在北海演习冰嬉，皇帝常奉皇太后坐冰床来此观赏，所谓"皑皑玉巘画中列，辘辘冰床镜里行"[17]。其西有揖山亭、琳光殿、阅古楼。乾隆十二年（1747年），以内府所藏魏晋以下名人书法，钩摹刻石，成《三希堂法帖》，共刻石495块，因建阅古楼，将刻石嵌入墙壁，此工程完成于乾隆十八年（1753年）。《三希堂法帖》收罗广博、镌刻精妙，对以后的书法艺术很有影响。乾隆帝题阅古堂诗称："壁勒千年字，架藏四部书。每因暇来憩，欣与古相于。翰墨漱芳润，云烟幻卷舒。欲询陆司马，所阅竟何如。"[18]由此转北，至分凉阁、漪澜堂、道宁斋、远帆阁等建筑，此处依山临水，玉栏朱甍，系仿照镇江金山寺而建。乾隆帝南巡时甚爱金山寺风景，以后在北海、避暑山庄分别仿建。乾隆帝说："在琼岛之北麓，略仿金山规制为之，俯液池，瞻穹塔，觉水态云容来参几席，更不与江天别同异矣。"[19]又说："盖山之北以堂与斋为主室，而围堂与斋北临太液，延楼六十楹，东尽倚晴楼，西尽分凉阁……南瞻窣堵，北頫沧波，颇具金山江天之概。"[20]塔山东北，有乾隆帝御题"琼岛春阴"碑，这是著名的燕京八景之一。白塔山上，奇石峥嵘，其中有艮岳遗物，

[16]《钦定日下旧闻考》卷二五《国朝宫室·御制玉瓮为金元旧物嗣沦没古刹中以贮菜齑后购得仍于承光殿前为起一小亭置之并命内廷翰林等各赋一诗即刻于楹柱偶幸承光殿复成是篇》，乾隆十四年。

[17]《钦定日下旧闻考》卷二六《国朝宫室·御制腊日悦心殿侍皇太后膳叠去岁诗韵》，乾隆二十九年。

[18]《钦定日下旧闻考》卷二六《国朝宫室·御制题阅古楼诗》，乾隆二十五年。

[19]《钦定日下旧闻考》卷二七《国朝宫室·御制题漪澜堂》，乾隆十八年。

[20]《钦定日下旧闻考》卷二六《国朝宫室·御制塔山北面记》。

金代辇送北京。堆石手法巧妙，或为峰峦，或为洞谷，玲珑刻峭、各极其致。又有树木蓊郁，流水潺湲，以及形状各异的亭台楼阁，依山顺势，配置错落，极有匠心。

过桥，为太液池之东，有“濠濮间”，曲折流水，亭阁清幽，自成一优美景区，建于乾隆二十二年（1757年）。稍北画舫斋，取周砥诗：“邀我醉眠书画舫。”而乾隆帝则反其意而用之：“冰床用异冬夏，画舫名自古今。爰仿欧阳室趣，不学周砥醉吟。”[21]画舫斋侧有古槐一株，构亭其间，名“古柯亭”。古槐传为唐代所植，但乾隆帝诗称：“古槐五百年，几度荆凡阅。”[22]则此槐500岁，应为金元所遗。再往北为先蚕坛，为皇后祭祀嫘祖、举行养蚕采桑仪式之所，乾隆七年（1742年）自北郊移建于此。

其西、太液池北侧，清初多荒芜，为内廷瘗坎，乾隆帝大加辟治。五龙亭为明代所建，乾隆十年（1745年），在五龙亭北建阐福寺，系仿照正定隆兴寺之形制，工程浩大，“珠网璇题，金碧照耀，冠于京城诸刹”[23]。又有镜清斋（今名静心斋），系乾隆二十三年（1763年）建，该处附近原建有报恩塔，被火烧毁，因而改建江南庭院式的花园。面积甚小，东西不过100米，南北不过70米，而景点密集，布置精巧，主建筑“镜清斋”五间，前有长方形水池。斋后“沁泉廊”将花园分隔成若干空间，有“抱素书屋”、“韵琴斋”、“焙茶坞”、“罨画轩”、“叠翠楼”、“枕峦亭”等许多建筑，其中花木辉映、泉石清奇。假山、池塘、石桥、回廊与亭台斋室，错综配置，移步换形，极态尽妍，于咫尺空间中演出无限景观，为别具风格之胜境。其西“天王殿”即“西天梵境”，内有用楠木建造的大慈真如宝殿。天王殿之西有一座七彩琉璃制成的双面九龙壁，建于乾隆二十一年（1756年），这是我国建筑雕刻和琉璃制造的珍品。另一座形制相同的九龙壁则置于大内。澄观堂和浴兰轩为乾隆帝游憩的别馆。后院名为快雪堂，两廊墙壁嵌有赵孟頫墨迹石刻。五龙亭之西为小西天、万佛楼。小西天是一方形大殿，匾题“极乐世界”，殿内原有木制的仿南海

[21]《钦定日下旧闻考》卷二七《国朝宫室·御制画舫斋诗》，乾隆三十三年。

[22]《钦定日下旧闻考》卷二七《国朝宫室·御制古柯庭诗》，乾隆二十五年。

[23]《清高宗御制文初集》卷一六《阐福寺碑文》。

普陀山的八百罗汉山，此处可能建于乾隆晚年。万佛楼则为乾隆三十五年（1770年），皇帝60寿诞，王公大臣铸金质佛像万尊祝厘，因建此楼。大佛重599两8钱，小佛重58两，分别供奉在万佛楼的三层阁楼上。130年后，即光绪二十六年（1900年）八国联军侵华，这些金佛被侵略军洗劫一空。

由上所述可见，乾隆帝对北海的营建工程规模巨大，时间亦长，大部分景点都在此时建成。乾隆帝自称：在北海兴作达30年之久。从乾隆三十五年（1770年）后，“四面之景毕备”，似乎以后就没有大的兴作。实际则不然，后来还有大的工程仍在进行。乾隆四十五年（1785年）四月，朝鲜使者黄仁点记载：“宫城内紫禁城之间有太液池，环池左右前后，寺院佛塔，横亘联络，殆至眩目。而五龙亭后又营一大刹，工役之费不啻累百万，而皆出内帑云。领赏归路，逶迤作行，欲见其基址，而门者禁不得深入。只见五龙亭挟宫墙数里之间，左右堆积者，无非太湖石，石皆奇石，而玲珑嵌空，大小不一，一块非一车所可运。问诸彼人，则皆是新造寺观所装点之物，而趁皇帝五月初九日圆明园回銮之前，当完讫云。”[24]可见，乾隆晚年，北海之营建仍未停息。

清朝乾隆一代，其皇家苑囿建设，包括北京城内的三海、郊区的圆明园、清漪园以及京外承德的避暑山庄，宏规大起，形成持续的建设高潮。其时间之久、规模之大、水平之高、耗资之巨，为历朝所不及，究其原因，有以下几点：

第一，清乾隆时正值全盛时期，国内秩序稳定，经济发展，库藏充盈，财政富裕，不像其他许多王朝拮据穷困。乾隆帝考虑的是怎样把国库中的余钱消费出去，谕令各省修缮。谕旨中说：“现在军需已罢，各省多报有收，正府库充盈之际。而朕所念者，府中所有者多，则外间所用者少，即当动拨官帑，俾得流通，而城工藉以整齐。”[25]财力富裕是进行大规模土木兴作的前提，故乾隆帝兴建宫殿园林，往往不惜工本，只要求质量的精好与坚固。

第二，乾隆朝政治统一，版图巩固，他常常夸耀自己的

[24] 吴晗编：《朝鲜李朝实录中的中国史料》，第4688页，中华书局，1980年。

[25]《清高宗纯皇帝实录》卷七四八，乾隆三十年十一月上，丁丑。

北京是首都所在。京城体貌观瞻所系，是显示社会安定和经济繁荣的标志。乾隆帝对此十分重视。他赞赏北京城："阅今千年峨天阊，地灵信比长安长。玉帛奔走来梯航，贮胥红朽余太仓。天衢十二九轨容，八旗居处按界疆。朱楼甲第多侯王，槐市陆海无不藏。富乎盛矣日中央，是予所惧心彷徨。"[26]在乾隆帝看来，北京作为清朝中枢之地，财富堆积，内外拱抱，嘉宾来集，一切建筑自然应有宏伟的气魄、精良的造型，表现出泱泱大国的风度。乾隆帝大力营建北京的园林，具有天朝上国抚远怀来、壮肃观瞻的政治作用。

第三，乾隆帝性喜游乐田猎，又有很高的文化修养和艺术鉴赏力，对建筑艺术甚有见地。他善于借景移形，设计景观，博采众长，熔铸一炉。他喜爱江南景色，南巡时命随行画师摹绘江南胜景，大量移植到北京来仿造，如中南海的"千尺雪"即模仿吴中"千尺雪"，北海漪澜堂即模仿镇江金山寺。又广泛采择蒙古、西藏、伊斯兰以及欧洲的建筑风格，使其在北京园林中再现。他荟萃各种风格，但非单纯的模仿，强调变化创新，强调自然天成，把自然美和人工美和谐地结合起来。

第四，乾隆帝又很重视建筑的实用性，例如：中南海紫光阁用以图画功臣、扬威纪功，韵古堂用以收藏出土古钟，丰泽园用以观耕劝农，阅古楼用以珍藏法帖。

第五，乾隆时，我国的生产力和建筑技术发展到高峰。政府有专营建筑的机构，即工部营缮司（掌管外工）和内务府营缮司（掌管内工），颁行了《工程做法》，总结了宫殿楼阁的各种做法，分别石作、瓦作、木作、油漆、彩画、装饰等各种活计。工程技能成熟，已趋规范化，物料构件品种繁多，精巧坚固。一大批能工巧匠，以精湛的建筑技术供奉内廷，如"样子雷"世家，从康熙时开始，世传七代。承办宫廷活计如雷发达、雷金玉、雷家玮等，都是宫廷的建筑大师。

由于上述原因，故18世纪乾隆一朝完成了北京多处宏大美奂的宫殿园林，城内的中南海与北海即为其中重要的建筑群。

[26]《清高宗御制诗二集》卷四一《帝都篇》。

乾隆帝与法国传教士蒋友仁

中国社会科学院历史研究所　吴伯娅

乾隆时期，紫禁城里活跃着一批西方传教士。蒋友仁（P.Michael Benoist）就是其中之一。他在华30年，与乾隆帝关系密切，为中西文化交流作出了贡献，值得我们认真研究。然而，迄今为止，学术界对他的研究还不够。方豪所著包罗宏富的《中国天主教史人物传》中也没有他的传。这与他的历史地位是不相符的。有感于此，本文根据中外双方的记载，对蒋友仁的生平及其在华的科技活动进行考察。

一　一专多能的西洋远臣

蒋友仁，字德翊，西名P.Michael Benoist，生于1715年。当时正是欧洲资产阶级切望扩大世界市场、宗教组织不断向东方派遣传教士的时代。大批的欧洲传教士来到中国，他们既传播了天主教，又介绍了西方的科学技术。与此同时，他们也向西方介绍中国，形成了中学西传。欧洲一度出现了“罗可可风”和“中国热”。在这种社会环境影响下，少年时期，蒋友仁便产生了加入会社、赴外国传教的愿望。

1737年3月，蒋友仁进入南西城（Nancy）的耶稣会院学习。三年之后，被批准赴中国传教。他来到巴黎，置办行装，作起程的准备。当时，耶稣会组织早已确定了学术传教的策略。为了帮助蒋友仁在中国顺利地进行传教，巴黎的宗教组织为他拟定了周密的计划。他们看到中国很重视数学和天文学，于是便请里勒（Jisle）、拉加叶（Lacaille）、勒孟黎（Lemonier）等学者专门辅导蒋友仁的天文学。这些学者不仅认真指导蒋友仁的学业，而且公开表示今后也常与他通信联系。这就为蒋友仁此后在中国的科技事业打下了良好的基础。

此时，中国正值乾隆帝统治的时期。乾隆帝继承了康熙末年的禁教政策，禁止天主教在中国的传播。但是，他又无法抵御西洋技艺的诱惑，只得让传教士作为西洋技艺的载体进入中国。对于来华传教士，他的宗旨是“收其人必尽其用，安其俗不存其教”。因此，他保持了与传教士的密切关系，利用传教士的知识和才干为封建王朝服务。

乾隆九年（1744年），蒋友仁抵达澳门。九月，在京传教士向乾隆帝奏报：“西洋船上来有修士特来效力。蒋友仁、吴直方通晓天文，艾启蒙能画，那永福能知律吕。以上四人现在澳门，应否来京，臣等不敢擅便。理合请旨，以便遵行。”乾隆帝批示：“准其来京。”[1]翌年，两广总督派巡检项素恒，“将西洋人蒋友仁等四名送交内务府”[2]。从此蒋友仁开始了长达30年的在华传教的生涯，成为乾隆帝身边一位一专多能的西洋远臣。

乾隆十二年（1747年），乾隆帝偶然从西洋画册中看到喷泉，便要意大利传教士郎世宁（F.Josephus Castiglione）为之解说。听了郎世宁的解说之后，乾隆帝的西洋兴趣大发，要郎世宁推荐能工巧匠进行仿制。由于蒋友仁在欧洲学习物理时，曾模拟过各种引水机器，因此，在郎世宁的推荐下，他承担了制造喷泉的任务。

为了投皇帝所好，谋求自身及天主教在中国的发展，蒋友仁愉快地接受了任务，从天文学家一变而为水力机械师。他努力工作，当年秋天就制造出第一台喷水机。乾隆帝见后十分喜欢，但并未满足。他认为在中国式的宫殿之前设西洋式的喷泉，虽说好看，但不协调。因此，他决定建筑一组欧式宫殿，殿内殿外均安装喷泉。这组欧式建筑位于圆明园中的长春园，

[1] 中国第一历史档案馆编：《清中前期西洋天主教在华活动档案史料》第一册，第78页，中国社会科学出版社，2003年。

[2] 刘芳辑：《清代澳门中文档案汇编》下册，第532页，澳门基金会，1999年。

俗称西洋楼。宫殿由郎世宁绘图设计，喷泉则全部由蒋友仁设计督造。

为了完成这项工程，蒋友仁作了极大的努力。在设计方面，他充分发挥自己的聪明才智，巧妙地进行安排，既突出西洋建筑的特点，又符合中国人的审美情趣。在督造方面，他一丝不苟，每日必赴工地，亲自指导施工。作为整个工程的设计和督造者，其工作之繁巨，劳作之艰辛是可想而知的。一位与蒋友仁共事过的传教士记载道："每天，他一会在这个车间，一会又在那个车间，一会又要急急忙忙赶赴工地迎候皇上。酷暑、烈日、寒冬、雨天都不能使他有丝毫的松懈。斋日，他常常是以干饭和咸菜充饥，晚上他要匆匆赶回宿地，夜里还要审查计算，准备图纸和下一步的试验。"[3]

经过蒋友仁和中国工匠长达12年的努力，长春园中的喷泉终于全部完工。它像一串串明珠一般把长春园装扮得更加美丽。

在谐奇趣，有两组喷泉。南面的一组是一个巨大的海棠式喷水池，池中间有一条翻尾大石鱼，口中喷水高达5丈。环池有18只铜鹅，每只都喷水成抛物线形落到池里。池边的4只铜羊也向池中喷水。各色各样的喷头，喷出一束束光彩夺目的水柱。北面的一组喷泉，水柱壮丽，水池四周的铺地精巧美丽。

在海晏堂，两个楼梯之间，有两只海豚喷射水柱。在楼梯栏杆的外面，有两只狮子喷射水柱。水池中央的喷泉，共有54个喷水口，同时喷水。在喷泉的边缘上有一个精巧的漏壶，是蒋友仁模仿中国古代用水计时的器具而制作的。水池两边依八字形排列着12座石台，每座石台上都坐着一个人体兽头青铜塑像。这些雕像的兽头分别是鼠、牛、虎、兔、龙、蛇、马、羊、猴、鸡、狗、猪。它们分别代表一天中的12个时辰，是中国传统的12生肖。每个时辰（相当于现在的两个小时），都有代表这个时辰的兽头喷水。12生肖依次按时喷水，形成一个妙趣横生的喷水时钟。中午时分，12生肖同时喷水，蔚为壮观。这个水力时辰钟，利用西方的喷水机械，采用中国形式的雕塑，把中国固有的传统文化融汇于西式园林之中，是东西方文

[3] 转引自曹增友：《传教士与中国科学》，第173页，宗教文化出版社，1999年。

化相结合的典型。

大水法由喷水池、壁龛屏风和一对水塔组成，是西洋楼中最为壮观的一组喷泉。北边的壁龛屏风是喷水池的背景建筑，本身也有喷水装置。那是一个喷水狮头，位于壁龛屏风正中，喷出的水成瀑布下泻。壁龛屏风的前面有一座半圆形7级水盘，层层喷水。再前面是半圆形海棠式喷水池，瀑布和水盘的落水直流到池岸，然后通过左右两条翻尾石鱼之口，泻入喷水池。池中也有两条翻尾石鱼，它们张口承受上面石鱼的吐水，再反射出去。

喷水池中央有一只铜鹿，作向南奔跑状，鹿角向外喷水。四面有10只铜犬相围，它们都口喷水柱，射向铜鹿，名为“猎犬逐鹿”。喷水池东西两边各有一个海兽，口中喷水，可射出三丈远。

喷水池以南东西两侧，各有一个圆形水池，池中耸立着一座方形喷水塔。塔高13级，由汉白玉雕成，层层溢水，注入池中，塔顶喷出的水成多条曲线，洒向四周。塔的四周围有两圈喷水管，内圈是8根大喷水管，外圈是26根小喷水管，喷水高两米。

当大水法内所有喷泉一齐喷射时，发出的水声可以传到几里之外。它们吐射的水，有的细如珍珠，有的急流成瀑，有的冲天直射，有的轻飘飞洒，有的好似珠帘，有的如同玉树，阳光一照，呈现出道道彩虹，美丽壮观，如梦如幻。

长春园中的喷泉是当时中国园林建筑中的创举，使圆明园锦上添花。对此乾隆帝十分满意。他在《观谐奇趣水法》一诗中写道：“连延楼阁仿西洋，信是熙朝声教彰。激水引泉流荡漾，范铜伏地制精良。惊潮翻石千夫御，白雨跳珠万斛量。巧擅人工思远服，版图式廓巩金汤。”[4]

乾隆二十一年（1756年）、二十四年（1759年），平定准噶尔和回部之后，清政府两次派何国宗等人及外国传教士到伊犁和南疆进行测量，绘制地图。蒋友仁根据他们所绘的地图，结合自己来华时带来的世界地图，决定画一幅《增补坤舆全图》。

[4]《圆明园资料集》，第349页，书目文献出版社，1984年。

这是一幅大型的世界地图，需要付出相当大的劳动。当时，蒋友仁的身体已很衰弱。修建圆明园喷泉时的过度劳累损伤了他的健康。乾隆帝特派御医为他治病，并派中国学者何国宗协助工作，令中国学者钱大昕为他润色地图的说明文字。

《增补坤舆全图》于乾隆二十五年（1760年）完成。它长12尺半，宽6尺半，东西两半球直径各5尺，比以前利玛窦及南怀仁所制“尤为精当”。[5]图的四周有说明文字和精美的附图。这幅图之所以名为《增补坤舆全图》，就是增补南怀仁所绘的《坤舆全图》。不过，他所增补的多属天文部分，说明文字的内容绝大部分属于天文学，附图则完全是天文图。

在这幅图的解说中，蒋友仁明确宣布哥白尼的日心地动说是唯一正确的，并介绍了开普勒三定律以及欧洲天文学的一些最新发展，如地球为椭圆形等。这对于我国天文学的发展具有相当大的意义。不过，蒋友仁还没有介绍牛顿的万有引力定律和布拉德雷关于光行差的发现。

为了便于人们接受哥白尼的日心地动说，在《增补坤舆全图》的说明中，蒋友仁作了通俗易懂的解译。他说，人们初闻日心地动说，往往惊为异说，原因在于只恃目证，而目证有时并非真理。例如，人们在地球上看太阳和月亮，以为它们两径相等，其差大不过五六寸。然而根据推算，太阳之径比地球之径大百倍，而月亮之径止为地球之径的四分之一。人在地球上看太阳，似乎是太阳动而地球静，“今设地球动而太阳静，于推算既密合，而于理亦属无碍。”[6]

然而令人遗憾的是，《增补坤舆全图》是作为寿礼献给乾隆帝的，乾隆帝虽然高兴地夸奖了蒋友仁，赏赐他几匹绸缎，但并不懂得这幅图的价值。乾隆帝曾令朝臣及学者就这幅图及其说明进行讨论，许多人都认为蒋友仁的说明是“标新立异”，不可信。结果，这幅图被锁进了皇宫内院，无人能识。30多年之后，钱大昕虽然把他的润色稿定名为《地球图说》刻印了，但是阮元却在序言中劝读者对于哥白尼学说“不必喜其新而宗之”[7]，因为它“上下易位，动静倒置，离经叛道，不可

[5] 徐宗泽：《明清间耶稣会士译著提要》，第414页，中华书局，1949年。

[6] 蒋友仁：《地球图说》，阮元：《地球图说序》。

[7] 蒋友仁：《地球图说》，阮元：《地球图说序》。

为训。”[8]阮元是当时的著名学者，达官贵人，在学术界举足轻重。他对哥白尼学说的态度在社会上很有影响。因此，长期以来，蒋友仁的介绍没有起到应有的作用。

印刷术被誉为“文明之母”，是中国的四大发明之一，大大推进了人类文明的进程。乾隆年间，中国人最常用的是木版印刷。蒋友仁却遵旨制作了铜版地图。这就是著名的《乾隆十三排地图》，亦称《乾隆内府地图》。此铜版至今仍保存在故宫博物院，是18世纪中西文化交流的历史见证。

乾隆三十八年（1773年），蒋友仁向乾隆帝引见新来的传教士潘廷璋（Pansi）和李俊贤（Mericourt）。觐见时的贡品有望远镜和抽气机等。为了向乾隆帝奏明这些贡品的价值和使用方法，蒋友仁曾操作抽气机数月之久，用中文写出了此机的科学原理和使用方法，并选择了20多种奇巧的用法绘制成说明图样。他还向乾隆帝进行操作表演、分解组装、当场解说，引起了乾隆帝的极大兴趣。乾隆帝叫来后妃，一起观赏西洋科学奇观。并令4名太监向蒋友仁学习抽气机的使用方法。起初，蒋友仁根据抽气机是“实验空气之筒”的意思，将它直译为“验气筒”。乾隆帝饶有兴趣地将它改名为“候气筒”。

二　国际形势的咨询顾问

乾隆帝曾自豪地说过：“前代所以亡国者，曰强藩、曰外患、曰权臣……今皆一无仿佛者。”[9]这反映了他缺少忧患意识，虚骄自大的心态。然而，树欲静而风不止。国际风云的变幻，西学东渐的狂潮巨浪，还是隐隐约约地传到了紫禁城中。三十八年（1773年），乾隆帝曾与蒋友仁作过一次长时间的谈话，内容涉及法国王位继承法、俄国的对外战争、欧洲在南洋等地的殖民扩张、传教士的东来、北京耶稣会士的情况、日本禁止天主教等问题。从中我们可以体会到乾隆帝对国际形势的关注，对国家安全的担忧，和禁教的实质所在。

乾隆时期，西欧资本主义处在从原始积累到工业革命的转

[8] 阮元：《畴人传》卷四六《蒋友仁》。

[9]《清高宗实录》卷一一一二，乾隆四十五年八月己未。

折时期。欧洲各国的海外殖民活动进一步发展，英国以其发达的资本主义经济和雄厚的海上实力确立了称霸世界的地位。中国与东南亚南海贸易的航路，这时已控制在西方殖民者手中。许多亚洲国家沦为殖民地，如英国占据印度，西班牙占据菲律宾，荷兰占据印度尼西亚。中国同这些亚洲国家的关系，也带有中西关系的性质。

中国与爪哇的关系源远流长，来使进贡，史书不绝。清朝初年，爪哇已逐步成为荷兰殖民统治者在亚洲的大本营，巴达维亚是荷兰人勾通欧亚的商品集散地和欧洲商船整修地。乾隆五年（1740年），荷兰殖民者在巴达维亚大肆屠杀华侨，制造了骇人听闻的“红溪惨案”。消息传来，朝野震惊，清朝统治阶级内部出现了争议。以福建督抚为代表的一派认为，被杀的华侨久居巴城，“自弃化外，皆干严宪”，虽被杀多人，其事堪伤，“而实则自作之孽”，对于番人杀人这一点可以不加问罪。但番性叵测，不知向化，应照康熙五十六年禁南洋之例予以惩戒。以广东监察御史李清芳为代表的一派认为，只应暂停与爪哇的贸易，不宜全禁南洋。因为禁南洋一损国库，二困海商。最后，经过反复讨论，清廷决定南洋照旧贸易。

乾隆三十八年（1773年），“红溪惨案”已过去了30多年，乾隆帝对此记忆犹新。他敌视华侨，不同情惨案中的无辜受害者。他曾明确说过：“我对于这些贪图发财远离祖国、舍弃自己祖宗坟墓的不肖臣民并无丝毫的关怀。”[10]但是，他对欧人在爪哇等地的殖民扩张颇为关注。他向蒋友仁问道：“统治巴达维亚的欧洲人，到底是哪一个国家的人？”蒋友仁回答：“是荷兰人。”乾隆帝又问：“两地相距如此之远，荷兰人最初是怎样占领巴达维亚的呢？”蒋友仁回答：“巴达维亚是被欧洲人称为‘爪哇’的一个岛。这个岛上原来完全住着南洋土人，他们每天在森林里过着近于原始人的生活。可是到了距今约150余年前，荷兰人坐船来到了这个岛，他们登陆后建立都了市取名为巴达维亚。今日巴达维亚之繁荣不逊于欧洲第一流的大都市，它已成为今日荷兰人经营世界性贸易的货物集散

[10] 英·斯当东著，叶笃义译：《英使谒见乾隆纪实》，第143页，上海书店出版社，1997年。

中心地了，然而岛上的土人仍旧住在岛上的残余部分，过着昔日的半原始生活。”

从爪哇联想到吕宋，乾隆帝向蒋友仁问道：“吕宋现在也是由欧洲人统治着吗？他们也是像和荷兰人那样占领吕宋的吗？”蒋友仁回答：“距今约250年前，西班牙人来到了吕宋岛，在最大的一个岛上建立了一个都市叫马尼拉。那时这里也全是住着南洋土人，后来这里就变成了西班牙的贸易和航海的中心地。”

乾隆帝又进一步问道：“我从地图上看到，在距欧洲很远很远的地方有所谓‘新西班牙’、‘新法兰西’、‘新荷兰’，这是什么意思？”蒋友仁回答：“当欧洲人的探险船发现了一块不知名的土地时，就把船上所载来的欧洲人留在这块新土地上，叫他们去开发。而这些新的土地上虽然具有一切生活所需的天然物质，但是除了住着少数土人之外好像是个无人世界，因而他们就往这些土地上移民而建立起殖民地来。从此土人也就渐渐开化了，同时也分享了欧洲人的开发利益，于是土人就和欧洲人共同努力开发，这样殖民地也就一天天地繁荣起来了。而开发这些土地建立殖民地的人的国名，也就自然而然地变成了新殖民地的国名了。例如开发‘新西班牙’并建立殖民地的人就是西班牙人，所以才把这块殖民地叫做‘新西班牙’的。其他‘新法兰西’、‘新荷兰’也是和‘新西班牙’一个道理。”[11]

蒋友仁的解释无疑有美化殖民扩张之处，但也增加了乾隆帝对国际形势的了解。乾隆帝详细询问周边国家沦为殖民地的过程，探讨“新西班牙”等地名的来历，表明他对席卷全球的殖民狂潮有所警觉，对国家的安全不无忧虑。

乾隆帝还向蒋友仁打听西方传教士在世界各地的传教活动，在北京的耶稣会士的人数、国籍等情况，并就日本禁止天主教的问题表明了自己的看法。

他向蒋友仁问道：“为什么现在日本不准传教士入境呢？”蒋友仁回答：“因为一个掌权者对我们是否愿意施恩，

[11] 冯作民：《清康乾两帝与天主教传教史》，第175～176页，台北光启出版社，1966年。

是有他们自己的自由的。日本的诸侯以前允许传教士入境时，传教士曾全力去侍奉他们；后来他们又不允许传教士入境了，而传教士也是绝对服从的。然而假如现在日本诸侯再能允许传教士入境，传教士也绝对会像以前那样去侍奉他们的。”

蒋友仁的回答避开了乾隆帝的核心问题，站在传教士的立场上进行解说。乾隆帝却一针见血地指出：“我想这未必是日本人不信任传教士，很可能是因为他们根本不信任天主教吧！”

乾隆帝的这句话是值得我们注意的，从中我们可以感受到乾隆帝对天主教的态度。作为一个封建君主，他对日本禁止传教士入境的实质看得十分清楚，可以说是心有灵犀。他认为传教士的西学可资利用，天主教则具有危害。不许传教士入境不是由于传教士个人的原因，而是禁止天主教的传播，抵御西方的政治势力。联系到以上所述，乾隆帝对国际形势的警觉，我们可以清楚地看出，乾隆帝的禁教主要是出于政治上的考虑，是为了维护清朝的统治。

关于这一点，在华传教士深有体会。法国耶稣会士汪达洪（Jean · Mathieu de Ventavon）就曾指出：“皇帝和大臣们认为我们的教会是好的。如果说他们反对公开传教，不愿忍受传教士四处活动传教，那只是出于政治的原因，他们担心我们在传教的借口下隐伏了其他的意图。他们粗略地知道欧洲人征服印度的历史，他们担心中国也会遭到同样的征服。”[12]

三　中学西传的媒介

来华多年，蒋友仁在向中国介绍西方科学技术的同时，也向西方介绍过中国文化。他不仅熟读中国古籍，而且将《尚书》译作拉丁文，传至国外。他向欧洲寄去了大量的书信、报告等文字材料，增进了西方人对中国的了解。他还送中国教徒去法国留学，使他们有机会与法国的学者、官员直接交往，向他们介绍中国文化，为中学西传作出了贡献。

从利玛窦开始，来华耶稣会士们不仅刻苦研读中国经籍，

[12] 朱静编译：《洋教士看中国朝廷》，第225页，上海人民出版社，1995年。

而且将中国经籍译成西文，寄往欧洲。16世纪末，利玛窦率先将中国的《四书》译成拉丁文，寄回意大利。17世纪初，金尼阁将《五经》译成拉丁文，在杭州刊印，成为中国经籍最早刊印的西文译本。此后，殷铎泽（Prosper Intercetta）、郭纳爵（Ignatius da Costa）合译《大学》为拉丁文，取名为《中国的智慧》，于1662年在建昌付梓。二人又合译《论语》。殷铎泽还将《中庸》译成西文，取名为《中国政治伦理学》，在广州和印度刊印。1681年，柏应理（Philippus Couplet）由中国返回欧洲。1687年，他在巴黎刊印《中国哲学家孔子》，中文标题为《西文四书解》。内容包括中国经籍导论、孔子传和殷铎泽与郭纳爵翻译的《大学》、《论语》、《中庸》。此后，卫方济（Franciscus Noel）以拉丁文译《四书》及《孝经》、《幼学》，并以拉丁文著《中国哲学》。这些研究中国经籍的作品，都于1711年由布达格大学图书馆刊印出版。

蒋友仁继承了这一传统。来华之后，他刻苦学习中文，认真研读中国经籍。为了增强记忆，他常常亲手抄录经书。经过一番努力，他不仅掌握了中文，熟悉了经籍，而且能与中国学者一起讨论。正如一位与他共事过的传教士所说："藉其敏捷之才能，彼能与中国之文人学子，讨论若辈之学说，指斥若辈哲学之虚伪与错误，且以群经之说，充实己见，以驳难若辈，因此等经籍典册，其国人向视为正宗，十分敬重者也。"[13]

他曾将《尚书》译为拉丁文。在翻译中，他精心刻意，力求准确。每字每句的意义，都根据中国权威的注释一一陈述。为了使西方读者分清经籍原文与注释文字，他在经籍原文的译文下面划上线，使其独立成义；注释及附论，则另外书写。他的译著准确详细，特色鲜明，受到西方读者的重视。据记载，在华传教士宋君荣"既阅读其中数段，即命其誊写工整，送至莫斯科文艺保护人拉素摩斯基（Rasumoski）处。"当时在华的传教士评价道："若以此书公之于世，赏鉴家定当钦慕不已。因其中具有深邃之学理，又原为汉文书写者，且思想正确，绝无自相矛盾之时。……（总之，蒋友仁的译著）选

[13] 国立北平图书馆馆刊》1933年第7卷，第3、4号，欧阳采微译：《西书所记圆明园中之西洋楼》(二)，《中国一位教士陈述教士蒋友仁逝世之函》。

择精当，文字清晰，且准确详细，故卓然具有特色，而为人所重视也。”[14]

他曾写下大量的书信、报告，寄往欧洲，介绍中国，增进了西方人对中国的了解。当他得知法国首相以政治家之眼光观察中国，愿得此巨大帝国之一切知识，以增益法国时，便号召传教士向法国传递消息。他本人更是多方收集材料，积极写作，提供了许多有关中国的图书目录和自己的所见所闻。他的这些作品以及其他传教士的作品，都寄回了欧洲，以《关于中国之纪事》刊行于世。

例如，在一封寄往欧洲的信中，他热情洋溢地赞美了圆明园。不仅对圆明园内的宫殿及其他建筑作了生动的描述，还将圆明园与西方园林进行比较，对中国造园家处理水、石、花木的高超技巧赞不绝口。[15]众所周知，圆明园是一所禁卫森严的皇家宫苑，一般人无法入内，无法看到其中的美妙景色。蒋友仁能进入其中，并将所见到的美景用文字记录下来，是很有意义的。正是凭借他和法国传教士王致诚等人的介绍，圆明园的盛名才远播海外，使18世纪欧洲的“中国园林热”更加高涨。

在中学西传方面蒋友仁的另一功绩是送中国教徒赴法留学。欧洲传教士进入中国之后，在积极发展教徒的同时，也注意培养华籍神职人员。蒋友仁就精心培养了两名中国青年。他们是高类思和杨德望，后在法国同被祝圣为司铎。高类思，本名高仁，雍正十年（1732年）生于北京。杨德望，雍正十一年（1733年）生于北京。他们的父母都是天主教教徒。他们两人在入教之后，“受业于蒋友仁门下，研习教义及拉丁文。”[16]无论事务多么繁忙，蒋友仁都要抽暇对他们亲自指导。在蒋友仁的指导下，高、杨二人学习了4年的教义和拉丁文。乾隆十六年（1751年），在蒋友仁的推荐下，他们随传教士卜纳爵（Ignatius Barborier）前往法国，留学深造。

高、杨二人在法国停留了14年之久。前13年都是学习神职人员必备的知识。最后一年，他们在法国国务大臣贝尔坦的安排下，在法国进行了参观、考察和学习，会见了许多法国的学

[14]《国立北平图书馆馆刊》1933年第7卷，第3、4号，欧阳采微译：《西书所记圆明园中之西洋楼》(二)，《中国一位教士陈述教士蒋友仁逝世之函》。

[15] 详见《国立北平图书馆馆刊》1933年第7卷，第3、4号，欧阳采微译：《西书所记圆明园中之西洋楼》(一)，《P.Benoist述圆明园事》。

[16] 方豪：《中国天主教史人物传》下册，第160页，中华书局，1988年。

者和官员，和他们进行过广泛讨论，增进了法国人对中国的了解。贝尔坦还给高、杨二人写了一封长信，列出一个详细的调查提纲。希望他们回到中国后，带着这些问题认真考察，多方请教，然后作答，以使他获得更多、更准确的有关中国的信息。

乾隆三十年（1765年），高、杨二人回到北京。尽管他们面临种种困难，但仍然努力完成贝尔坦的托付，陆续给他寄去了许多物品和信件，并针对当时法国人极感兴趣的中国历史问题，撰写论文，在法国发表。由此可见，高类思、杨德望是在18世纪为中学西传作出过贡献的中国人，而蒋友仁又在其中起到了一定的媒介作用。

乾隆三十九年（1774年），蒋友仁去世，乾隆帝特赐帑银百两助葬。至今，蒋友仁的墓碑还立在北京石刻艺术博物馆。碑的阳面刻着："耶稣会士蒋公之墓。耶稣会士蒋先生讳友仁，号德翊，泰西拂郎济亚国人，缘慕精修，弃家遗世，在会三十七年，于乾隆十年乙丑东来中华，传天主圣教，至乾隆三十九年甲午九月十九日卒于都城，年五十九岁。"碑的阴面刻着："奉上谕：赐帑银一佰两安葬。钦此。"这座墓碑既反映了乾隆帝与蒋友仁的关系，也是18世纪中西文化交流的历史见证。

和珅家产考实
——以辨伪宫中藏《和珅犯罪全案档》[1]为中心

中国社会科学院历史所　冯佐哲

关于和珅家产到底有多少？历来说法颇多，莫衷一是，野史、笔记与民间传说、口碑，甚至在中国第一历史档案馆中保存的个别清宫档案，均与正史、官书所记的数字相差悬殊。民间流传的口谚（即“顺口溜”）：“和珅跌倒，嘉庆吃饱”，果真如此吗？可以说这个问题是长期困扰史学界的一个老问题，尽管各种记载其异重重，矛盾百出，但迄今为止，大多数著述还是采取“八亿两白银”之说。因此，这个问题确有进一步澄清的必要，笔者不揣浅陋，试作考实，以就教于方家、读者。

一　关于和珅家产的各种说法

有关和珅家产到底有多少的问题，一直是个谜，到目前为止并没有解决。除正史的简单记载外，大多是小道消息，属于传说，而且随着时间的推移，简直是越传越奇，越传越多，以至到了让人们难以相信的地步。例如，在《清朝野史大观》一书中记载：“其家产先后抄出，值八百兆两（即八亿两白银——笔者注）有奇，甲午、庚子两次偿款（即指‘中日甲午战争’与‘八国联军战争’的赔款——笔者注）总额，仅和珅一人之家产足以当之。政府岁入七千万，而和珅以二十年之宰相，其所蓄当一国二十年岁入之半额而强。以法国路易第

[1] 中国第一历史档案馆藏：《和珅犯罪全案档》，全宗二·杂册·集号195。该档案原名为《录和珅犯罪全案》，现名为档案整理成册时编者后加。

十四，其私产以不过二千余万，四十倍之，犹不足以当大清国之宰相云。”[2]徐珂在《清稗类钞》中也有相同记载，认为是“八亿两”。其次，史梦兰在《止园笔谈》中记载：“乾隆末，和相当国……籍没之物见于邸抄者，银九千四百余万，金五千八百余万。玉器价七千万。外有玉马、珊瑚……作价百三十万。”无名氏在《殛珅纪略》中记载：“当铺十处，本银八十万两；赤金五万八千两；元宝五万六千六百个；京锞五百八十三万个；苏锞三百一十五万个；洋钱五万八千元；制钱一百五十万千文。总共值银五千四百余万两。”[3]

此外，尚有一些说法与谣传，由于与上述说法大致相同，因此这里就不一一罗列了。值得指出的是，在清末民初之际，一些文人、学者虽然也在自己的著述中抄录了一些有关查抄和珅家产“清单”的文字，但是他们一边抄写，一边产生怀疑，并不十分相信。例如，薛福成在《庸盦笔记》中记载说：“前令十一王爷、庆桂、盛柱等，查抄和珅家产，呈奉清单，朕已阅看，共计一百零九号。内有八十三号尚未估计，已估者二十六号，核算共计银二亿二千三百八十九万五千一百六十两，着存户部外库，以为川、陕、楚、豫抚恤归农之用。”[4]按此推算，和珅家产当在八亿两以上，但是对于这个数字，薛福成本人也产生了些怀疑。他说：“总之此单传抄已旧，余所见数本，大致相同，断非凭空捏造，而与《东华续录》又似不无抵牾之处，盖私家记载颇资耳食，难尽为凭，官书又外间所不能多见，事隔九十余年，见闻已歧若如此。兹特兼志于此，以待搜考。”[5]事实也确实如此，这些传抄的所谓“抄家清单”，最早的来源可能是邸报、小抄之类的东西。在辗转传抄过程中，难免好事者故弄玄虚、添枝加叶，任意夸张，因此愈传愈奇，愈传愈多，传到后来简直到了令人难以置信的地步了。

（一）有关私家传抄和珅的“家产清单”虽然很多，但都大同小异，最具代表性的是今天还保存在中国第一历史档案馆的所谓《和珅犯罪全案档》中的《御览抄产单》，与民间流传很广的《查抄和珅家产清单》，尽管有些财产数字有些差异，

[2]《清朝野史大观》卷六，第36页，上海书店出版社，1981年。

[3] 中国历史研究社：《明武宗外集》，《中国历史研究资料丛书》，上海书店出版社，1982年。

[4] 清·薛福成：《庸盦笔记》卷三《轶闻·查抄和珅住宅花园清单》。

[5] 清·薛福成：《庸盦笔记》卷三《轶闻·查抄和珅住宅花园清单》。

但形式却非常相似，两者可以相对比照，现在分别将全文抄录如下：

1.《和珅犯罪全案档》

正房一所十三层（进）共七十八间、东房一所七层（进）共三十八间、西房一所七层（进）共三十三间、东西侧房共五十二间、徽式房一所共六十二间、花园一座楼台四十二所、钦赐花园一座亭台六十四所、四角更楼十二座（更夫一百二十名）、堆子房七十二间（档子兵一百八十名）、杂房六十余间、汉铜鼎一座、古铜鼎十三座、玉鼎十三座、宋砚十方、端砚七百十余方、玉磬二十架、古剑二把、大自鸣钟十架、小自鸣钟三百余架、洋表二百八十余个、玉马一匹（高一尺二寸，长四尺）、珊瑚树八株（高三尺六寸）、大东珠六十余棵（每棵重二两）、珍珠手串二百三十六串（每串十八颗）、珍珠素珠十一盘、宝石素珠一千十盘、珊瑚素珠五十七盘、密镐（腊）素珠十三盘、小红宝石三百八十三块、大红宝石二百八十块、蓝宝石大小四十三块、白玉观音一尊（高一尺二寸）、汉玉寿星一尊（高一尺三寸）、玛瑙罗汉十八尊（高一尺二寸）、金罗汉十八尊（高一尺三寸）、白玉九如意三百七十八支、宝石珊瑚帽顶一百三十二个、嵌玉九如意一千九百八支、嵌玉如意一千六百十支、整玉如意二百三十支、白玉大冰盘十六个、碧玉茶碗九十九个、玉汤碗一百五十三个、金碗碟三十二桌（共四千二百八十八件）、银碗碟三十二桌（共四千二百八十八件）、白玉酒杯一百二十个、水晶杯一百二十个、金镶玉箸二百付、金镶象箸二百付、赤金吐盂二百二十个、白银吐盂二百余个、赤金面盆四十三个、白银面盆五十六个、白玉鼻烟壶三百七十四个、汉玉鼻烟壶二百七十六个、镂金八宝天屏十六架、镂金八宝床四架（单夹纱帐俱全）、镂金八宝炕屏三十六架、赤金镂丝床二顶、镂金八宝炕床二十四张、嵌玉炕桌二十四张、嵌玉炕屏十六张、金玉朱翠首饰（大小二万八千余件）、赤金元宝一百个（每重一千两，估银一百五十万两）、白银元宝一百个（每重一千两）、生金沙二万余两（估银十六万两）、赤金五百八十万两（估银八千七百万两）、元宝银九百四十万两、白银五百八十三万两、苏元银三百十五万四百六十余两、洋钱五万八千元（估银四万六百两）、制钱一千五百串（折银一千五百两）、人参六百八十余斤（估银二十七万两）。

当铺七十五座（本银三千万两）、银号四十二座（本银四十万两）、古玩铺十五座（本银三十万两）、玉器库二间（估银七千万两）、绸缎库四间（估银八十万两）、磁器库二间（估银一万两）、洋货库二间（五色大呢八百版、鸳鸯呢一百五十版、五色羽毛六百版、五色哔叽二百版）、皮张库二间（元狐十二张、色狐一千五百二十张、杂狐三万六千张、貂皮八百余张）、铜锡库六间（共二万六千九百三十七件）、珍馐库六间、铁犁紫檀（库）六间、玻璃器库一间（共八百余件）、貂皮男衣七百十三件、貂皮女衣六百五十余件、杂皮男衣八百六件、杂皮女衣四百三十七件、绵夹单纱男衣三千八百八件、绵夹单纱女衣三千一百十八件、貂帽五十四顶、貂蟒（袍）三十七件、貂褂短罩四十八件、貂靴一百二十四只（疑为双）、药材库二间（估银五千两）、地亩八千余顷（估银八百万两）。

刘马二人住房共一百八十三间、金银古玩估银三百六十万六千两、首饰器皿估银一百四十一万三千两、洋货皮张绸缎估银二万两、人参估银四万两、当铺四座估银四十万两、地亩六百余顷估银六十万两、房三十七所契价银二十五万五千两。

2.《查抄和珅家产清单》

钦赐花园一所，亭台二十座、新添十六座；正屋一所，十三进共七百十三间；东屋一所，七进共三百六十间；西屋一所，七进三百五十间；徽式新屋一所，七进共六百二十间；私设档子房一所，共七百十三间；花园一所，亭台共六十四座；田地八千顷；银号十处，本银六十四万两；当铺十处，本银八十万两，另件未计。

金库：赤金五万八千两。银库：元宝五万五千六百个、京锞五百八十三万个、苏锞三百一十五万个、洋钱五万八千元。钱库：制钱一百五十万千文。以上共约银五千四百余万两。

人参库：人参大小支数未计，共重六百斤零。

玉器库：玉鼎十三座（高二尺五寸）、玉磬二十块、玉如意一百三十柄、镶玉如意一千一百零六柄、玉鼻烟壶四十八个、玉带头一百三十件、玉屏二座二十四扇、玉碗一十三桌、玉瓶三十个、玉盆十八面、大小玉器，共九十三架未计件，以上作价七百万两。另又，玉寿佛一尊高三尺六寸、玉观音一尊高三尺八寸（均刻云贵总督献）、玉马一匹（长四尺三寸，高二尺八寸）。以上三件均未作价。

珠宝库：桂圆大东珠十粒、珍珠手串二百三十串、大映红宝石十块（计重二百八十斤）、小映红宝石八十块（未计斤重）、映蓝宝石四十块（未计斤重）红宝石帽顶九十颗、珊瑚帽顶八十颗、镂金八宝屏十架。

银器库：银碗七十二桌、金镶箸二百双、银镶箸五百双、金茶匙六十根、银茶匙三百八十根、银漱口盂一百零八个、金珐琅漱口盂四十个、银珐琅漱口盂八十个。

古玩器库：古铜瓶二十座、古铜鼎二十一座、古铜海三十三座、古剑二把、宋砚十方、端砚七百零六方，以上共作价八百万两。另又，珊瑚树七支，高三尺六寸，又四支高三尺四寸、金镶玉嵌钟一座，以上三件未作价。

绸缎库：绸缎纱罗共一万四千三百匹。

洋货库：大红呢八百板、五色呢四百五十板、羽毛六百板、五色哔叽二十五板。

皮张库：白狐皮五十二张、元狐皮五百张、白貂皮五十张、紫貂皮八百张、各种粗细皮共五万六千张，以上共作价银一百万两。

铜锡库：铜锡器共三十六万九百三十五件。

文房库：笔墨纸张、字画、法帖、书籍，未计件数。

珍馐库：海味杂物，未计斤数。

住屋内，镂金八宝床四架、镂金八宝炕二十座、大自鸣钟十座、小自鸣钟一百五十六座、桌钟三百座、时辰表八十个、紫檀玻璃水晶灯彩各物共九千八百五十七件、珠宝金银朝珠杂佩簪钏等物共二万零二十五件、皮衣服共一千三百件、绵夹单纱衣服共五千六百二十四件、帽盒三十五个、帽五十四顶、靴箱六十口、靴一百二十四双。上房内，大珠八粒，每粒重一两，金宝塔一座，重二十六斤，赤金二千五百两，大金元宝一百个，每个重一千两，大银元宝五百个，每个重一千两，以上均未计价。

夹墙内，藏匿赤金二万六千两。地窖内埋藏银一百万两。另又，家人六百零六名，妇女六百口。尚有钱店、古玩等铺，俱尚未抄。[6]

3．薛福成《庸盦笔记》中的《查抄和珅住宅花园清单》

正屋一所（十三进七十二间）、东屋一所（七进三十八间）、西屋一所（七进三十三间）、徽式屋一所（六十二间）、花园一所（楼台四十二座）、东屋侧室一所（五十二间）、钦赐花园一所（楼台六十四座、四角更楼十二座、更夫一百二十名）、杂房（一百二十余间）、古铜鼎（二十二座）、汉铜鼎（十一座）、端砚（七百余方）、玉鼎（十八座）、宋砚（十一方）、玉磬（二十八架）、古剑（十把）、大自鸣钟（十九座）、小自鸣钟（十九座）、洋表（一百余个）、大东珠（六十余颗，每

[6] 中国历史研究社：《明武宗外集》，《中国历史研究资料丛书》，上海书店出版社，1982年。

颗十两）、珍珠十八颗手串（共二百二十六串）、珍珠素珠（十八盘）、大红宝石（一百八十块）、小红宝石（九百八十余块）、蓝宝石（大小共四千零七十块）、宝石素珠（一千零八盘）、珊瑚素珠（三百七十三盘）、蜜蜡素珠（十三盘）、宝石珊瑚帽顶（二百三十六个）、玉马二匹（高一尺二寸，长四尺）、珊瑚树十棵（高三尺八寸）、白玉观音一尊、汉玉观音十八尊（长一尺二寸）、金罗汉十八尊（长一尺八寸）、白玉九如意（三百八十七个）、玭玺大燕碗（九十九个）、白玉汤碗（一百五十四个）、白玉酒杯（一百二十四个）、金碗碟（三十二桌，共计四千二百八十八件）、银碗碟（三十二件，共计四千二百八十八件）、嵌玉如意（一千六百零一个）、嵌玉九如意（一千零十八个）、水晶酒杯（一百二十三个）、金镶玉箸（五百副）、整玉如意（一百二十余个）、金镶象箸（五百副）、白玉大冰盘（二十五个）、玭玺大冰盘（十八个）、白玉烟壶（八百余个）、玭玺烟壶（三百余个）、玛瑙烟壶（一百余个）、汉玉烟壶（一百余个）、白玉唾盂（二百余个）、金唾盂（一百二十个）、银唾盂（六百余个）、金面盆（五十三个）、银面盆（一百五十个）、镶金八宝炕屏（四十架）、镂金八宝大屏（二十三架）、镶金炕床（二十四架）、镶金炕床（二十床）、四季夹单纱帐（全）、老金缕丝床帐（六顶）、镶金八宝炕床（一百二十床）、金镶玻璃炕床（三十二床）、金珠翠宝首饰（大小共计二万八千件）、金元宝（一千个，每个重一百两，计银一百五十万两）、银元宝一千个（每个重一百两）、赤金五百八十万两（估银一千七百万两）、生沙金（二百万两，估银一千八百万两）、元宝银（九百四十万两）、洋钱（五万八千元，估银四万零六百两）、制钱（一千零五十五串，估银一千五百两）、人参（六百八十余两，估银二十七万两）、当铺（七十五座，本银三千万两）、银号（四十二座，查本银四千万两）、古玩铺十三座（查本银二十万两）、玉器库两间（估银七十万两）、绸缎库两间（估银八十万两）、洋货库两间（五色大呢八百板）、鸳鸯呢（一百十板）、五色羽缎（六百余板）、皮张库一间（元狐十二张）、各色狐（一千五百张）、貂皮（八百余张）、杂皮（五万六千张）、瓷器库一间（估银一万两）、锡器库一间（共估银六万四千一百三十七两）、珍馐库十六间、铁黎紫檀库六间（八千六百余件）、玻璃器皿库一间（八百余件）、貂皮女衣（六百十一件）、貂皮男衣（八百零六件）、杂皮男衣（八百零六件）、杂皮女衣（四百三十七件）、棉夹单纱男衣（三千二百零八件）、棉夹单纱女衣（一千一百零八件）、貂帽（五十四顶）、貂蟒袍（三十七件）、貂褂（四十八件）、貂靴（一百二十双）、药材房（估银五千两）、地亩八千余顷（估银八百万两）……[7]

（二）可是在清史档案与正史中记录的和珅家产数字与以上数字迥然不同，二者相差悬殊，由此可见私人记载的数字是夸大的，并不可信。下面将官方有关和珅家产的史料归纳摘录如下：

1．清史档案中的有关记载

（1）绵恩、淳颖、缊布等人奏折

臣等奉旨查抄和珅及伊家人刘全等家产，所有查出和珅家：二两平金三万三千五百五十一两，银三百一万四千九十五两三钱三分。俱已交广储司收讫，并经奏文在案。续查出和珅借出本银钱所开当铺十二座，及家人刘全、刘印、刘陔、胡六自开、伙开当铺共八座，亦经奏闻在案。臣等自正月初八日起迄今查得和珅契置取租房计一千零一间半，取租地计一千二百六十六顷零，通计价银二十万三千三百两零，价钱六千一百吊零。此外，查

[7] 清·薛福成：《庸盦笔记》卷三《轶闻·查抄和珅住宅花园清单》。

出和珅借出应追本利银二万六千三百十五两，并自栓大车八十辆，每辆银一百二十两，共发出车价九千六百两，分给各户办。今已在各户名下追出二两平银三千九百六十两，尚有未经交出银五千六百四十两，逐一另缮写清单恭呈御览。臣等拟将房地、车价、银两分别交户部、内务府照例查办，其未经呈交之车价造具清册，移咨内务府就近着追。和珅家人经手管事之刘全、刘印、刘陔、方二、王平、胡六、太监呼什图各名下，现在查出金银、钱文及查出银钱，今已分析，另缮清单。

查出和珅家借出银两开后，计开：

陈偏儿借银二千两（陈偏儿系和珅取房租家人，所借银两并无利，此项银两于每月工食内坐扣）。除扣过银二十二两，尚欠一千九百七十八两，又欠房租五百五十八两。

傅明借银一千两（傅明系和珅已故家人，现有伊子花纱布还所借银两，每月八厘起利）。欠利银二百两，共欠一千二百两。

兴儿借银一千两（兴儿系和珅家人，所借银两每月一分起利，此项本利银于每月工食内坐扣）。除扣过本利银二百三十五两，尚欠一千一百五十九两。

明保借库平银一万五千两（明保系和珅母舅，所借银每月一分起利）。欠利银六千四百五十两。

四人共借出本银一万九千五百六两，共欠利银六千八百九两，通共本利银二万六千三百十五两。

查出和珅家取租房地开后，计开：

京城内外取租房三十五项。按契载共房一千零一间半，共价银四万九千四百八十六两，价钱二千三百二十五吊。每年共取租银一千二百六十八两三钱，取租钱四千四百九十二吊二百四十文。

安肃县等处地七十二项。按契载共地七百六十六顷七十一亩七分一厘，共价银十一万八千六十五两一钱二厘，价钱三千八百吊，每年共取租银二千五百四十六两，取租钱二万六千九百十六吊七百二十八文。

蓟州地十九项。按契载共地一百十七顷六十三亩七分三厘，共价银二万八千九百二十二两四钱，每年共取租钱三千五百十九吊。

古北口等处地三项。按契载共地三百八十三顷，共价银六千八百五十两，每年共取租银九百五十二两四钱。以上地亩九十四项，共地一千二百六十六顷三十五亩四分四厘，共价银十五万三千八百三十七两五钱二厘，价钱三千八百吊，每年共取租银三千四百九十八两四钱，取租钱三万四百三十五吊七百二十八文。统计取租房地共价银二十万三千三百二十三两五钱二厘，价钱六千一百二十五吊。每年通共取租银四千七百六十六两七钱，租钱三万四千九百二十七吊九百六十八文。[8]

（2）内务府奏折

总管内务府谨奏，为奏闻事，由提督衙门交到查抄和珅家产案内：二两平纹银九十六万两，杂色元宝六十八万两，色银一百三十七万四千九十五两三钱三分，以上共银三百一万四千九十五两三钱三分，随即令噶（广）储司银库官员弹兑查收。现据该库官呈所有前项钱两逐一弹兑数目俱属相符，已照例按库法弹兑，共得库平银二百八十三万三千二百四十九两六钱一分，理合奏明归入月折收贮，为此谨奏。嘉庆四年正月二十九日，具奏。奉旨，知道了，钦此。[9]

（3）内务府官房租库呈稿

京城内外取租房一千零一间半，涿州等处当铺取租房二百七十九间，有契典卖热河小南门等处房二百二十八

[8] 中国第一历史档案馆藏：《军机处录副奏折》，《法律·发遣》；又见故宫博物院编：《史料旬刊》第7期，《嘉庆诛和珅案》。

[9] 故宫博物院编：《史料旬刊》第14期，《嘉庆诛和珅案》。

间。赏给十公主住房六所，计九十八间。赏给庆郡王宅门口等处铺面房七十五间。会计司胡同等处房一百四十一间，正阳门外大栅栏等处铺面住房四百九十六间、马圈一所，房四十五间。和珅花园内，房一千零三间，游廊、楼亭共房三百五十七间。马圈一所，房四十五间。善缘庵寓所一处，房八十六间，游廊四十二间，共三千八百五十一间半。[10]

（4）永锡、绵懿、永来等人奏折

现查得和珅花园内房一千零三间，游廊楼台共三百五十七间，系奉旨恩赏。又看园内监十名，家人男妇二十八名。

又，和珅园内金银器皿房间清单：金小如意一对、金锞九个、金盆十三个、金镶松石盆二个、银盒二十件、银渣斗十五件、银烛阡一对、银茶盘六件、银茶碟四个。马圈一所（计房四十五间），善缘庵寓所一处，房八十六间，游廊四十二间。[11]

（5）《内务府来文》等档案

查抄和珅家产内，查出钱五万九千一百二十六吊七百十四文。曾经准奏将此项钱文动用给发抬运呈进物之苏拉、步甲等饭食，并买绳杠等项。今将用钱文逐一核实，共享出钱二万三千五百五十三吊五百八十文，现在实存钱三万五千五百七十三吊一百三十四文。又查出刘全等各家钱一千三百二吊二百文，追出欠刘全等二十名下钱四万八千五十吊，以上共实存钱七万七千七百二十五吊三百三十四文，应交广储司银库。[12]

热河总管查出和珅等人入官闲散房间，计开：

和珅名下：

[10] 中国第一历史档案馆藏：《内务府官房租库呈稿》，嘉庆四年十二月二十七日。

[11] 故宫博物院编：《史料旬刊》第14期，《嘉庆诛和珅案》。

[12] 中国第一历史档案馆藏：《内务府来文》卷号8，《刑罚》，第2178包。

附近房三处，马圈二处，计房一百六十五间半，内灰棚七间。座落宫门口红栅栏内，房一所计五十三间半。座落皮袄街北头胡同内，房一所计三十间。座落新街内，铺面房一所，现开德兴号，计房二十二间。座落皮袄街下坡，马圈七间、马棚五间。座落二道街，马圈房二十七间，马棚十八间。又零星大小房六十三间半，内灰棚十七间。座落小南门西口内租给民人堆货房五间，相连灰棚五间。座落北大门外西边，房九间，灰棚二间。座落东边，房二十六间半，灰棚五间。座落小南门，铺面房六间，灰棚三间。座落皮袄街下坡，马圈灰棚二间。

自两间房至阿穆呼朗图寓所八所，计房一百七十六间，内草房十七间。座落两间房下处，草瓦房二十五间。座落常山峪下处草瓦房二十三间。座落喀拉河屯下处，瓦房三十一间。座落中关下处，计房十四间。座落张三营下处，计房二十一间。座落济尔哈郎图下处，计房二十二间。[13]

呈报总管内务府行交各该处查办：

热河寓所一处，计房间、游廊三百八十六间。附近三处，马圈二处计房一百六十五间半，内灰房十七间。自两间房至阿穆呼朗图寓所八处，计房一百七十六间，内草房十七间。座落承德府地方墙子路口外，山平地三百五十顷。座落滦平县地方四泉庄山平地二十九顷九亩二分，贵口山平地八顷六十九亩，牧放马十六匹，家人三户，计男妇大小十名口。

和珅书五百零一套。交御书房一百五十套，东西陵行宫一百二十九套，赏二阿哥五十六套，三阿哥二十二套，交军机大人拟赏王公大臣一百四十四套。又，查出和珅等名下粮食数目清单：

容城县：粮食四千八百五十七石七斗三升六合。

新城县：粮食二千一百一十一石四斗十七升。

大城县：现报粮食二千七十石二斗一升四合。

天津县：粮食四十七石九斗。

[13] 中国第一历史档案馆藏：《内务府来文》卷号8，《刑罚》，第2179包。

静海县：粮食一百八十四石四斗。

交河县：粮食八十四石三斗。

青县：粮食一千二百零九石四斗。以上共粮一万一千六十五石四斗二升。系奏明赏借文安、大城二县被水村庄口粮、籽种之用。

又，青县尚有查处无名色杂粮五百一十余石，不在奏，请赏借文安、大城被水村庄。三河、通州、蓟县、宛平、昌平、顺义、密云等处，尚有查出粮食约一万余石。并查出三河等州县和兴当等当铺，现存银钱及存铺架货约二十余万两。

又，查出正珠手串二百余挂，其余珍宝、金银不可胜计。

又，有关和珅家奴、仆人数的部分数字：现已收到在京和珅家奴七十九户，共三百零八名，移送分卖。未经收到蓟州家人朱慧、热河家人喜尔（儿），并在逃亡连元等十八户家奴，俟收到之日，再行办理。[14]

2．《清实录》、《清史稿》、《清史列传》中的有关记载

（1）《清实录》

家内银两及衣服等件，数逾千万，其大罪十七。

且有夹墙藏金二万六千余两，私库藏金六千余两，地窖内并有埋藏银二百余万两，其大罪十八。

附近通州、蓟州地方，均有当铺、钱店，查计资本又不在十余万。以首辅大臣，下与小民争利，其大罪十九。[15]

伊家人刘全，不过下贱家奴，而资产竟至二十余万，并有大珠、珍珠手串，若非纵令需索，何得如此丰饶，其大罪二十。[16]

以上属于现金部分，此外，和珅家还藏有大量世间罕见的珍奇宝物，更是价值连城。因此，嘉庆帝也把它列入和珅罪状当中，“家内所藏珍宝，内珍珠手串竟有二百余串，较之大内多至数倍，并有大珠，较御用冠顶尤大，其

[14] 中国第一历史档案馆藏：《军机处录副奏折》，《法律》48，《发遣》；又见故宫博物院编：《史料旬刊》第7期《嘉庆诛和珅案》。

[15]《清仁宗实录》，嘉庆四年正月甲戌条。

[16]《清仁宗实录》，嘉庆四年正月甲戌条。

大罪十五。又，宝石顶并非伊应戴之物，所藏真宝石顶有数十余个。而整块大宝石不计其数，且有内府所无者，其大罪十六”[17]。

（2）《清史稿》

所藏珍珠手串二百余，多于大内数倍，大珠大于御用冠顶。大罪十五；宝石顶非所应用，乃有数十，整块大宝石不计其数，胜于大内，大罪十六；藏银、衣服数逾千万，大罪十七；夹墙藏金二万六千余两，私库藏金六千余两，地窖埋银三百万两，大罪十八；通州、蓟州当铺、钱店资本十余万，与民争利，大罪十九；家奴刘全家产至二十余万，并有大珍珠手串，大罪二十。[18]

（3）《清史列传》

家内所藏珍珠手串二百余，较之大内多至数倍，并有大珠较御用冠顶尤大，其大罪十五；又，宝石顶非伊应戴之物，伊所藏数十，而整块大宝石不计其数，且有内府所无者，其大罪十六；银两、衣服等件数逾千万，其大罪十七；且有夹墙藏金二万六千余两，而地窖内藏埋银三百余万，其大罪十八；附近通州、蓟州有当铺、钱店资本又不下十余万，以首辅大臣下与小民争利，其大罪十九；伊家人刘全不过下贱家奴，而查抄家产竟至二十余万，并有大珠及珍珠手串，若非纵令需索，何得如此丰饶，其大罪二十。[19]

以上诸史料，均采于档案、实录、正史，而且各种史料所载的和珅家产数字也大体相同，因此，一般说来是较为可信的。当然其中也免不了和珅家族中有人事先隐匿了一些家产；还可能有办案人员与监护人员贪污、侵吞或不如实上报等事。

[17]《清仁宗实录》，嘉庆四年正月甲戌条。

[18] 赵尔巽等主编：《清史稿》卷二一九《列传·和珅》。

[19]《清史列传》卷三五《和珅》。

但无论如何，以上所列数字是和珅家最主要的家产，隐匿和侵吞的数量不会与已抄出来的数目相差太多，太悬殊。

二 和珅家产考实

和珅家产被籍没后，抄出了大量动产与不动产。此事轰动了朝野上下，成为震惊中外的头号新闻，也成了街头巷尾议论的话题。和珅家财巨富，是清朝任何官吏所不能相比的。朝鲜使臣就曾说："阁老和珅权势隆盛。则天子亦不足贵。"[20]以致他家的财产使皇子与王公贵胄们都为之羡慕、倾倒和垂涎；甚至有的皇子（如皇十七子永璘）认为如果要能得到和珅家那么多财产的话，那他就心满意足了。因为他知道皇帝这个宝座，他无论如何是坐不上的，因此就把希望寄托在有朝一日，哪位兄长当了皇帝能把和珅的住宅赐给他。和珅家产被籍没后，民间就广为流传说其家财达八亿两白银，而且这些说法被民国以来的某些史家所承认。甚至有人说：和珅家财"凡109号。赤金580万两，生沙金200万两"，连同其他财产，"估计不少于8亿两黄金"（这里的"黄金"肯定是错的，而是"8亿两白银"——笔者注），果真如此吗？很值得认真考证一番。

八亿两白银相当于当时国库收入的10多倍，因为清朝在乾隆末年的国库收入在七千万两左右。难道在和珅当政的20多年中，他一人每年的贪污收入，竟能相当于当年国库收入的一半？再说，他家能有藏金780万两（约合244吨黄金），如果当时清朝全国生产的黄金全都落入和珅家，也需要年产10吨以上。当时黄金全靠手工生产，而当时其勘探、生产设备、机械，以及生产技术都是十分落后的，要年产10吨黄金是不大可能的。因为据新闻报道说，我国在1955年全国黄金的生产指标才不过100吨。再有，史载雍正帝统治后期，国库存银大约有2400万两，"积贮可供二十年之用"；但是这个数字只相当于和珅贪污总数"八亿两"的3%左右，这可能吗？！绝对不可能。

从《清实录》与其他正史、档案的记载来看，笔者认为和

[20]《朝鲜李朝实录中的中国史料》卷一一《正宗实录二》，正宗十九年（乾隆六十年）。

珅家除了珍藏大量稀世宝物、珠玉、古玩和字画（这部分财产是难于估价的）外，能够估价的现金、土地、房屋等，当在一两千万两之谱。因为在乾隆朝中后期时，一两黄金大约可兑换14～16两白银，[21]这样核算起来，和珅家所藏金银不会超过500万两白银，土地、房屋加起来核银也不会超过500万两，再加上他家住宅，以及其他家什，总和也不会超过二千万两白银。但仅就这个数字来看，那也是够惊人的了。这在清朝268年的历史中，已属罕见；同时他也是整个清朝被抄家的官吏中家产首屈一指者，鳌拜、明珠、年羹尧、隆科多与讷亲等人没有一个能与他相比。

说“和珅富比皇室”是并不过分的。据查，在“升平昌阜，财赋丰盈”的康熙六十一年（1722年）时，户部库存也不过800余万两，而和珅的家财竟比这个数字多至百倍，这又怎么可能呢？！还有，和珅的家业就是比起当时地位显赫的亲王、郡王们的家财也是有过之而无不及。例如，简仪亲王德沛（即德济斋），在乾隆十三年（1748年）嗣王位时，得知“邸库中存贮银数万两”，就吓得不得了，非常恐慌，赶忙对王府中管事的长史说：“此祸根也，不可不急消耗之，无贻祸后人也。”[22]不久，他决定把部分存银分给了府中一些人，其余的则用于建造别墅、亭榭楼台……迅速花费掉了。又如，在嘉庆朝以富有著称的成亲王永瑆，邸库中存银也不过80万两。由此可见，在嘉庆时期，一个王爷家中库存白银几万两、几十万两就算很大的豪富了。可这比起和珅来，真可谓小巫见大巫了。

应该指出，官书与清朝档案中有关和珅家产的记载大体上是一致的，可以相互印证。只有个别地方稍有不同。如前面提及的和珅家地窖藏银《清实录》中记载为200万两，而在《清史稿》与《清史列传》中为300万两。其他地方基本相同，只是语句和修辞稍有差异。笔者认为这是因为《清实录》记载只是“杂色银六十八万两，色银一百三十七万两”的和数，而没有加进“二两平纹银万两”的缘故。[23]这些官书的记载，又大体上都能与今天保存在中国第一档案馆的有关档案对上号，可见

[21] 据杨端六著《清代货币金融史稿》记载，乾隆中期一两黄金可兑换14到16两白银。另据《全案档》所记，和珅家藏有“赤金元宝一百个，每重一千两，估银一百五十万两”，计算，当时每两也核实白银15两左右。

[22] 清·昭梿：《啸亭杂录》卷六《德济斋建园亭》。

[23] 据故宫博物院编《史料旬刊》第14期，《嘉庆诛和珅案》记载，和珅家地窖藏银三百一万四千九十五两三钱三分。如按照当时库法弹兑，共得白银二百八十三万三千二百四十四两六钱一分来看，也许是因为两者采取的计算方法不同，故数字有些差异。

这些官书是来源于档案的，应该说是可信的，这是研究和珅家产数量的主要根据。比起官书和档案有很大差异的是野史、笔记等民间流传的记载，两者有关和珅家产的数目出入颇大，相差悬殊；就是相互传抄的各种所谓《查抄和珅家产清单》，彼此间也有一定差距，互不统一。因此，对于它们的真实性和可靠性必须作一番认真地考订。

首先应该指出，野史、笔记中所载《查抄和珅家产清单》，表面上彼此大致相像，但要仔细推敲，又很不相同。例如，房屋的数量、金银的数目、珠玉珍宝的数目都大不一样。在《查抄和珅家产清单》中记载和珅在海淀花园中的亭台一共是36座，而在薛福成《庸盦笔记》中记载为64座；《查抄和珅家产清单》中记载：宅第中，正屋一所（十三进，共七百三十间）、东屋一所（七进，共三百六十间）、西屋一所（七进，共三百五十间）、徽式房屋一所（七进，六百二十间）。而在《庸盦笔记》中却记载为：正屋一所（十三进，七十二间）、东屋一所（七进，三十八间）、西屋一所（七进，三十三间）、徽式屋一所（六进，六十二间）、东屋侧室一所（五十二间）、四角更楼十二座（更夫一百二十名）、杂房一百二十余间。又，在《查抄和珅家产清单》中记载：和珅家藏赤金五万八千两、银元宝五万五千六百个。而《庸盦笔记》中却记载为：赤金五百八十万两、元宝银九百四十万两。此外，有关和珅家的当铺、银号数目也不相同，《查抄和珅家产清单》记载为：当铺十处，本银八十万两、银号十处，本银六十万两；而《庸盦笔记》中却记载为：当铺七十五座，本银三千万两，银号四十二座，本银四十万两。

还应该指出：野史、笔记中所载的各种《查抄和珅家产清单》，虽然是相互传抄，但由于途径不同，时间较长，难免以讹传讹，造成家产数字彼此不尽相同，真可以说是千奇百怪，五花八门。因此，不能不使人怀疑这些东西的可靠性。

在各种《查抄和珅家产清单》中，以中国第一历史档案馆保存的《和珅犯罪全案档》极为典型，它与社会上流传的《查抄和珅家产清单》以及《庸盦笔记》所载《查抄和珅住宅花园清单》非常相似，数目也大体相同。我们不妨以此为例，作以下考实。

《和珅犯罪全案档》与中国第一历史档案馆保存的其他档案截然不同，它所记事实与其他档案、《清实录》、《东华录》、《清史列传》及《清史稿》等不同，但是与市井传说或野史、笔记所述相似。仔细研读后，发现其中破绽百出，错字连篇，疑云丛生。不论从形式、字体、用词、称谓，还是从财产数量等各方面看，彼此间都差异极大。现摘其要者，分述如下：

第一，从形式上看，它与中国第一历史档案馆所保存的其他档案不同。该件档案，本名为《录和珅犯罪全案》（以下简称《全案档》，其封面《和珅犯罪全案档》的题签是后人托裱后才加上的），从一个“录”字，就可以知道它不是原始的档案。从其内容上看，它既包括嘉庆皇帝的上谕，也包括《御览抄产单》；既有和珅的二十大罪状，也有他与爱妾的诗文，可以说是一盘名符其实的“大杂烩”。经仔细与《清仁宗实录》（以下简称《实录》）、《清史列传》、《清史稿》等官书及其他原始档案比较，出入颇大。其中不但讹舛很多，而且有些嘉庆帝的上谕在其他档案和《实录》等官书中根本找不到，不知源于何处。总之，《全案档》不像是一份经过官方系统整理后编辑的文书档案，却仿佛是一份民间传抄的杂录。

第二，从《全案档》成档的时间上看，也可以证明它不是原档，并且可以肯定它不是在嘉庆年间成“档”的。因为在《全案档》中，凡遇“宁”（繁体字为“寧”）字均写成为“寍”（少一笔为“笔讳”——笔者注），不言而喻,这是为了避讳嘉庆帝的儿子道光皇帝旻宁的名字。由此可见，这件“档案”一定是道光年间以后才形成的。

第三，《全案档》所载审办、查抄和珅家产、园寓的人员与正式档案、《实录》及其他官书所载审办、查抄和珅家产、园寓的人员名单及分工均不相符。《全案档》所列查办和珅人员是八王爷（即仪亲王永璇）、十一王爷（即成亲王永瑆）、绵二爷（即定亲王绵恩）、七额驸（即拉旺多尔济）、刘中堂（即刘墉）、王中堂（即王杰）、董中堂（即董诰）、盛柱、庆桂等人。具体分工为：永璇、拉旺多尔济、刘墉、王杰、董诰等负责审讯和珅；永瑆、盛柱、庆桂等负责查抄和珅住宅；绵恩负责查抄和珅花园（即淑春园，即今北京大学未名湖一带），并奉旨将和珅儿子丰绅殷德交宗人府看管。但在原始档案中所列却不大一样，在《军机处上谕档》与《录副奏折》中记载，主持审理和珅案件的是永璇、拉旺多尔济、王杰、刘墉与董诰等人，有时还有永瑆、布彦达赉、那彦成等人。最早派去查抄和珅家产的是永瑆，后来增加了绵恩、淳颖、缊布、庆桂等人。查抄和珅在海淀钦赐花园的则是永锡、绵懿和永来等人。查抄和珅热河寓所的是书鲁、姚良（二人均是热河总管）与穆腾额等人。查抄和珅在蓟州坟茔的是绵懿、特清额等人。根本就没有盛柱。由此可见，《全案档》与原始档案记载不同，却与野史、笔记的记载相雷同，故不难看出《全案档》并非第一手史料。

第四，在《全案档》中收录的嘉庆帝上谕中对大臣的称谓，与一般官书不同。一般说来，清朝皇帝称臣下多是直呼其名，偶尔才有缀上封爵和官职的情况。但无论如何不会有什么“八王爷”、“十一王爷”、“七额驸”、“绵二爷”、“王中堂”、“刘中堂”和“董中堂”之类的称呼。这一破绽，也可以证明该《全案档》并非原始档案，同时也不能不使人们对它的真实性与可靠性产生怀疑。

第五，《全案档》所录嘉庆帝上谕多与《实录》的同一上谕差异很大，错字、丢字和添字比比皆是，极不严肃。相反，《实录》中的该上谕却与档案（包括内阁上谕、军机处上谕、起居注等）中的同一上谕（除个别字句外）大体相同。这就说明《实录》是源于档案的，而《全案档》中的文字，却是辗转传抄而来的。例如，关于嘉庆四年正月初四日上谕，《实录》原文是：“自用兵以来，皇考焦劳军务，寝膳靡宁……”

《全案》档中却是："自用兵以来，皇上焦劳军务，寝膳靡宁……"《全案》档中称"皇上"显然不通。首先，嘉庆帝根本不可能称自己为"皇上"；其次，从上下文的情况来看，此处系指乾隆帝为妥，因此应该称"皇考"，而不应该称"皇上"。

第六，《全案档》中错字、丢字俯拾皆是，如把"靖"写成"竣"字；把"咎"写成"疚"字；把"有"字写成"不"字；把"继"字写成"计"字；把"苦"字写成"若"字；把"每"字写成"再"字；把"昭"字写成"照"字；把"妾"字写成"妄"字；把"德"字写成"怀"字；把"伸"字写成"深"字；把"和琳"写成和珅等等，不一而足。此外，《实录》中有"尚未抄毕约有数万两之多"；而《全案档》中为"所藏金银、古物等物，尚未抄毕约有万万余两之多"。此外，《全案档》还把"十一王爷"写成"十三王爷"，把"贵德"写成"贵怀"，把"刘马二家人"写成"刘二马家人，把"朋党"写成"明党"，等等。

第七，《全案档》所载《御览抄产单》与原始档案所载的数字不合。

首先，查抄的房屋数量不合。《全案档》记载数为："正房一所，十三层（进）共七十八间；东房一所，七层（进）共三十三间；东西侧房共五十二间；徽式房一所，共六十间；花园一座，楼台四十二所；钦赐花园一座，亭台六十四所、四角更楼十二座（更夫一百二十名）、堆子房七十二间（档子兵一百八十名）、杂房六十余间。"而实际和珅拥有的房屋要大大超过此数。他家除北京城内什刹海畔的居所（即今恭王府）外，仅在京城西郊海淀附近的别墅和花园内就有房屋1003间，游廊、楼亭共357间。其次，他家京城内外取租房共有35项，按契载共房1001间半。此外尚有涿州、蓟州等处当铺取租房279间，在热河小南门等处有典卖房280间、京城会计司胡同住房141间、赏给和孝公主家人住房6所，共计98间、赏给庆郡王永璘宅门口等处铺面房75间、正阳门外大栅栏等处铺面住房间

496间。此外，尚有马圈一所，房45间、善缘庵寓所一处，房86间，游廊42间，这样加在一起，约计共有房屋3851间半。这里并没有包括留给庆郡王永璘的和珅住宅的前半部分与祠堂、马圈在内，也没有包括留给和孝公主居住的和珅住宅的后半部分与花园内房屋在内。显然和珅实际所拥有的房屋要比《全案档》所载房屋数字多得多。

其次，《全案档》所载和珅在京家产数目与正式档案所载数目不合。《全案档》引述嘉庆帝上谕说："和珅家产一百零六号中二十五号，即折算成银二万二千三百八十九万五千一百六十两；所藏金银、玉石、古玩等物，约值万万两之多。"可是这两条上谕不见于正式档案和正史。笔者认为和珅的家产，除难以估价的稀世珍宝、文物古玩外，其他财产是不会达到上亿两白银的。这从嘉庆帝的一道上谕中就可以得到证实。上谕中说："从来人言，多以外任为可羡，得资丰衣足食，以京官为清苦，不免生计艰难。殊不知外任官员，如果洁清自矢，亦岂能积有余资？而身任京员者，侥营私骫法，任意贪婪，如和珅、福长安，何曾一日外任，而封殖自肥，家资累至数十百万，胜似外任百倍，可见居官苦乐，不在京外之分，而在贪廉别也。"[24]这里嘉庆帝只说和珅"家资累至数十百万，胜似外任百倍"。看来他是有根据的，如果和珅果真有几亿两白银，皇帝是绝不会替他隐瞒的。

再有，清末以来，一些学者就曾对"和珅家产抄家清单"之类的东西表示怀疑。例如，薛福成、邓之诚等人，在他们的著述中都认为这些数字不可靠。薛福成认为："世俗私相传抄之本。乃其实数耶？抑或当时共谂和珅之富，遂于查抄清单之下，浮写其估价之数日久延，遂莫能辨真伪耶。总之，此单传抄以旧，余所见数本大致相同，断非凭空捏造，而与《东华续录》又似不无抵牾之处。盖私家记载颇资耳食，难尽为凭，官书又外间不能多见。事隔九十余年见闻已歧异若此，兹特兼志于此，以待搜考，并质世之博物洽闻耳。"[25]邓之诚也说："是时军饷告竭，欲得其家产以瞻军耳。世传《查抄和珅家产

[24]《清仁宗实录》，嘉庆四年三月乙丑条。

[25] 清·薛福成：《庸盦笔记》卷三《轶闻·查抄和珅住宅花园清单》。

清单》，出于当时民间小抄，实不足据。”[26]这说明民间传抄的《查抄和珅家产清单》是很值得怀疑的。

还有，和珅及其家人所经营当铺的本银数量与一般当铺本银数量不符。《全案档》记载，和珅有当铺七十五座（本银3000万两），银号四十二座（本银40万两）。但原始档案却记载为：“查出和珅借出本银开当铺十二座及家人刘全、刘印、刘陔、胡六自开，伙开当铺共八座。附近通州、蓟州地方均有当铺、钱店，查计资本又不下十余万。”

从上述材料可以看出，除当铺数量不相符外，《全案档》所列每座当铺的本银多者高达三四十万两，少者也在一两万两左右，这是颇值得怀疑的。从现存的内务府档案看，清朝在乾嘉时代，北京地区当铺的本银一般是达不到此数的。当时开一座当铺，大致有两三万两白银作为本银也就足够用了。如果一座当铺的本银和架上货物的价银加在一起，能够达到五六万两，那在当时已是一座很大的当铺了。无论如何一座当铺本银也不会达到三四十万两之多。如和珅家的恒升当，原来的本银为五万七千八百两左右，这在当时已是一座很大规模的当铺了。又如，福长安所开三座当铺的本银多在几千两左右，最多的也不超过两三万两。例如，他家的广泰号当铺，本银也就是在七千两左右。由此可见，一座当铺本银如果达到五六万两就已经是相当大了，如果一座当铺成本过多，就有碍于生意运营了；既不利于经营（即积压资金），也会造成浪费。因此，在这种情况下，当铺主人就要想办法分号经营了。

再则，和珅所拥有的土地数目与《全案档》所载的数目不合。《全案档》记载和珅有土地8000顷，但是档案中却记载为：“取租地计一千二百六十六顷零。”此数字虽然只是和珅在京畿与热河地区的田产，但这些地区是和珅家田产最多、最集中的地区。虽然可能在其他地区或隐匿未查出来的土地还有一些，如，他家在盛京义州（今辽宁省义县）地区，就有许五德私自馈送给他的官地20顷；其次，在直隶易县、静海地区也还有一些零星地亩，但这些地区的土地数目不是很大，加起来

[26] 邓之诚：《中华二千年史》中册。

绝不会有六七千顷之多。由此可知，《全案档》所载和珅拥有的土地数量也是夸大其词。

总之，《全案档》的漏洞百出，舛误颇多，是不足为信的。当然，档案或其他官书中的数字也未必可靠。其中有些数字很可能被缩小了，或者他家的部分财产为本家所隐匿，或为经办人员侵吞，或因其家产分散、零星，因此未能查出来。但是不管怎样，档案中记载的数字应是和珅家产的绝大部分。除他家宅第、花园与大量稀世珍宝、书画，以及文物古玩外，其他财产加在一起是很难达到上亿两白银的。

第八，《全案档》在行文中也存在着许多明显的讹错与事实不符。例如，把和琳革去公爵，撤出太庙、拆毁专祠，其子丰绅宜绵割去公爵、斥退侍卫等事都张冠李戴地安在了和珅及其儿子丰绅殷德头上。

通过以上考察，可以得出结论：《全案档》至今仍然保存在中国第一历史档案馆里，但是笔者认为它并不是一份正式档案。可以肯定它的文字不是原办案机构整理编纂的，而是后人汇集草成的。有种种迹象可以说明，《全案档》最早的材料来源是由宫内太监或好事者从邸报、小抄，以及人们的传闻口碑中转抄、记录下来的。其中有真有假，特别是许多数字是经过渲染、夸大的。后来又在市井流传，添枝加叶、添油加醋，尤其是对和珅的家产进行了无限膨胀、夸大，至道光年间以后才汇集成册，最终变成了今天这个样子。

长期以来，《全案档》在清宫内外流传，加上人们又轻易看不到原始档案材料，因此便以讹传讹，着力渲染，很少有人去认真核实、考察、比对与订正，致使鱼目混珠，真假难辨。甚至有不少人以类似这样虚假的材料来说明历史问题。

由于《全案档》与原始档案、官书等相差甚远，而与野史、笔记极为相近，故可以推知它们是同出一源。这样，通过证实可知《全案档》是不翔实、不可靠的，亦可以证实《查抄和珅家产清单》、《庸盦笔记》等一类有关和珅家产的记载也是不真实、不可靠的。这些记载只能供人们在研究和珅问题时参考而已，而不能以此为依据。通过以上的考察，可以得出这样的结论：和珅的家产肯定不会像传闻所说有八亿两白银。这个数目之大，简直难以令人相信。因为和珅出身于满洲中上等的武官之家，并不是祖传的殷实巨富，所以家里没什么雄厚的积蓄；且他为官20余年，也不是一开始就是军机大臣、大学士与一等公。即使20多年来一直做上述高官，那他每年的薪俸也只有白银2000两左右；从乾隆四十一年（1776年）至嘉庆四年（1799年）的23年左右的时间里，累计俸银也不过40000～50000两之数，除去他一家人的开销，所余不会太多。加上他招权纳贿、贪污中饱的各种财源，肯定会有不少积蓄；但按常理来看，无论如何，一个人每年的收入也不会等于全国每年财政总收入的四分之一以上。因为当时的社会生产力只发展到那个水平；封建国家从广大人民身上所榨取的剩余劳动，不可能再增加四分之一或更多。况且当时举国上下贪污成风，如果各级官员都依照和珅敛财的比例敛财的话，那广大劳动人民将无法维持再生产了，社会必将立刻崩溃。可是乾嘉之际还没有危机到那种程度，当时只是由盛转衰的开始，而不是社会的总崩溃。

200多年来，为什么人们对和珅的家产这么感兴趣，记载这么多呢？这是由于和珅是乾嘉时期非常有名的权相，是个“大奸大蠹”式的人物，他营私舞弊、贪污受贿的数量的确是“从来罕见罕闻”的。因此，在审理和珅案件的同时，举国上下、街头巷尾都在流传着有关他的逸闻轶事。人们认为嘉庆帝诛和珅主要就是要籍没他家财产，用来接济军事上镇压白莲教农民起义的开支，故不少好事者就在财产问题上大做文章，添油加醋，无限夸大，以致越传越多，越传越神，几至到了令人难以相信的地步。尤其到了清末民初时期，由于人民反清情绪高涨，对于清统治者，特别是对满族出身的高官更是无比仇恨。于是，人们对清史中的一些问题，更是以传闻为史实，并以此对满族统治者进行鞭挞和痛斥。这样使本来就眉目不清的一些问题，如“皇后下嫁”、“雍正夺位”、“乾隆帝非雍正帝所出”，结果弄得更加混乱，扑朔迷离，以致真假难分。现在，有必要进一步澄清。有关和珅家产问题，近年来已有不少触及，但始终没能得出令人信服的结论。因此，至今许多论著还是因袭野史、笔记中的说法，认为和珅家产有八亿两白银……有鉴于此，作一些认真地考实、澄清的工作是完全必要的。

乐善堂、重华宫、倦勤斋与乾隆帝的精神支柱

故宫博物院宫廷部　王子林

一　乐善堂：青年乾隆的精神支柱

雍正四年（1726年），弘历16岁，读书于圆明园桃花坞，书屋自命曰“乐善堂”。[1] 雍正五年（1727年），17岁的弘历成婚，被赐居于紫禁城乾清宫西二所。[2]雍正七年（1729年），弘历19岁时，被蒙赐居于圆明园长春仙馆。[3]有一天，父皇雍正帝在圆明园九州清晏别室召开了一次法会，特意让弘历参加，因记一时问答语，雍正帝赐给弘历号曰“长春居士”。[4]

雍正十一年（1733年），弘历被封为“和硕宝亲王”，紫禁城西二所住地赐名“乐善堂”。雍正十二年（1734年），弘历书写了“乐善堂”匾（图1），匾为黑漆地金字，落款为“雍正甲寅嘉平月吉旦日”，此匾挂于西二所内。

在乾隆帝青年时代，对他的思想形成影响的有两件事，一是乐善堂，二是长春居士。

弘历最初对长春的理解是长寿，雍正十二年（1734年），郎世宁绘制《弘历采芝图》（图2），图中青年弘历一副清都客的打扮，手持灵芝，抚摸着鹿，少年弘历肩荷锄，手提采撷的灵芝。二者四目相对，心灵相通。而鹿位于二者的中间，是画面的中心，象征着长寿。鹿是唯一能够确定灵芝位置的动物，因此备受尊崇。人们认为，鹿角尖部含有灵芝的精华。据说，鹿茸制成的药丸能益寿延年、强身健体，使人精力旺盛。弘历

[1]“‘武陵春色’额为皇上御书四十景之一也，旧总名桃花坞，雍正四年皇上读书于此，颜曰‘乐善堂’，旋移居长春仙馆。”《钦定日下旧闻考·圆明园二》卷八一，《钦定四库全书·史部·地理类》，台北商务印书馆，1986年。

[2] 清·弘历：《新正重华宫诗》注云：“予十二岁入居毓庆宫，十七岁娶皇后，始居重华宫，逮今六十年矣。”

[3] 清·吴振棫：《养吉斋丛录》卷一七，记：“长春仙馆，在正大光明之西偏，循寿山口西入焉。雍正七年，高宗蒙赐居于此。”

[4] 清·吴振棫：《养吉斋丛录》卷一七，第190页，1983年。

图1 乐善堂匾

图2 《弘历采芝图》

题诗曰：“何来潇洒清都客，逍遥为爱云烟碧。筠篮满贮仙岩芝，芒鞋不踏尘寰迹。人世蓬莱镜里天，霞巾仿佛南华仙。谁识当年真面貌，图入生绡属偶然。”落款为“长春居士自题”。可知这是一幅“自题照画像”，青年时代的弘历显得如此的自信，如神仙一样逍遥于世，追求长寿。即位后，乾隆帝因“长春居士”号而建长春书屋，释长春为善即仁。把青年时所追求的“延长寿命”即生命本体的追求和政治理念结合了起来。

乐善堂则是弘历青年时代精神的寄居之所，雍正八年（1730年），20岁的弘历把他从14岁以来写的诗文，挑选一部分，辑成《乐善堂文抄》一书，他在序言中说：“余生九年始读书，十有四岁学属文。今年二十矣。其间朝夕从事者，《四书五经》、《性理纲目》、《大学衍义》、《古文渊鉴》等书，讲论至再至三，顾质鲁识昧，日取先圣贤所言者以内治其身心；又以身心所得者措之于文，均之有未逮也。日课论一篇，间以诗歌杂文，虽不敢为奇辞诡论，以自外于经传儒先之要旨，然古人所云‘文以载道’者，内返窃深惭恧。每自思念受皇父深恩，时聆训诲，至谆且详；又为之择贤师傅，以受业解惑，切磋琢磨，从容于藏修息游之中，得以厌饫诗书之味。而穷理之未至，克己之未力，性情涵养之未醇，中夜以思，惕然而惧。”此书是弘历的心血所成，包含了对圣贤之道的阐述和理解。张廷玉在此书的序中说：“皇子以天授之才，博古通今之学，循循乎祗遹圣训，敬勤无斁。”鄂尔泰亦曰："皇子乐善之诚，充积于中，而英华外发，有不知其然而然者……则精一危微之训，上接列圣之心传者，莫不此会而极。"这里的"精一危微之训"即《尚书·大禹谟》所记大舜传位于大禹时所说的16字心传："人心惟危，道心惟微，惟精惟一，允执厥中。"显然，鄂尔泰把弘历看成是未来皇位的继承者了。朱轼亦曰："圣祖仁皇帝德合乾坤，功参化育。我皇上钦明缉熙，圣以继圣，本精一执中之心法，发而为荡平正直之皇猷。万方臣庶，是训是行。矧皇子天禀纯粹，志气清明，晨夕侍奉之下，其薰陶涵育于圣德圣训者，固已日新月盛，莫知其然而然矣。从此敬承无斁，优游厌饫。戒于思虑之未萌，恭于事物之既接，进德修业之功，孰得而窥其所至哉。"正因为这本书的出版，使弘历有了"天授之才"、"上接列圣之心传"、"进德修业之功"怀有治国平天下的道德和才能的储君形象。

不管是大臣们的鼓吹，还是弘历的谦虚之词，这本书必定是弘历精神追求的反映，他在《乐善堂记》[5] 中作了表白：

> 凡人之性，未尝不善，仁义礼智全备于我，所谓得天地之正气而为人也。然有智愚贤不肖之分者，气拘之，私诱之，遂日以蔽，锢而昏昧，有能复其性者，鲜矣。人能自强不息以复性为功，已有善念扩而充之，人有善事喜而从之，则本性呈露而有馨香之德矣。是故明德之馨胜于黍稷、芝兰、鲍鱼，与之俱化，未有乐善而不能修德者也。余有书屋数间，清爽幽静，山水之趣，琴鹤之玩，时呈于前。莱圃数畦，桃花满林，堪以寓目。颜之曰'乐善堂'者，盖取大舜乐取于人以为善之意也。夫孝弟仁义乃所谓善也，人能孝以养亲，弟以敬长，仁以恤下，义以事上，乐而行之，时时无怠，则能因物付物，以事处事，而完所性之本体矣。是故大舜，圣人也。犹存虚受之心，闻一善言，若决江河。汉明帝尝问东平王："在国何事最乐？"王曰："为善最乐。"余虽不敏，然赖皇父之明训，师友

[5] 清·弘历：《御制乐善堂全集定本·乐善堂记》卷八，《钦定四库全书·集部·别集类》，台北商务印书馆，1986年。

之切磋，于大舜之善与人同，虽有志而未逮，而东平王之为善最乐，则不敢不勉焉，是为记。

人的本性是善，仁、义、理、智每个人都与生俱来，然而有的人被私欲所诱惑，被贪欲所蒙蔽，丧失了这个本性。人之所以为人，是因为得了天地之正气，故人能自强不息以恢复本性，并能把自己的善念推及扩展，人们受此影响并效仿之，则本性呈露而有馨香之德，所以明德之馨胜于黍稷、芝兰、鲍鱼之美食。弘历说我有书屋数间，清爽幽静，得山水之趣，书屋名曰“乐善堂”，这是取自于大舜“乐取于人以为善”之意。善是什么？就是孝悌仁义，人因为有了孝才能赡养亲人，尊敬长者，有了仁才能体恤下民，有了义才能事奉上级，人人乐于遵守，并付诸行动，就能回归到人的本性上来。大舜把善施予普天之下，所以他是圣人。

“乐取于人以为善”出自《孟子注疏》[6]：“大舜，虞帝也。孔子称曰‘巍巍’，故言大舜有大焉，能舍己从人，故为大也。于子路与禹同者也。自耕稼陶渔以至为帝，无非取于人者，取诸人以为善，是与人为善者也。故君子莫大乎，与人为善。舜从耕于历山，及其陶渔，皆取人之善谋而从之，故曰‘莫大乎与人为善’。”别人指出子路的过错，子路就感到高兴，喜的是自己近于善；大禹听到善言，就拜谢，拜的是他人成于善；而伟大的舜，境界则最高，他主动地把善施予他人，超越了人我的畛域，唯善是从。在大舜看来，在具有善性这一点上，人与人是相同的；在为善这一点上，是无分你我的。因而他不惜舍己从人，乐取于人，善于发掘别人之善，乐于推动别人为善，并甘于与别人行善。

人人都具有善性，也就是人们常说的“人人皆可为尧舜”，故弘历敢说他要立志做一个像大舜那样的人，虽然他把东平王搬出来以勉励自己，但他内心深处还是要做一个像大舜那样的圣帝明君。

我们看到乐善堂的背后是大舜的“乐取于人以为善”的精

[6] 汉·赵岐注：《孟子注疏》卷三下，《钦定四库全书·经部·四书类》，台北商务印书馆，1986年。

神在支撑着青年弘历。

二 重华宫：中年乾隆的精神支柱

雍正十三年（1735年）八月二十三日，雍正帝驾崩，九月三日黎明，弘历于太和殿即皇帝位。原居住的乾西二所成为龙潜之所，按例升为宫，于是屡经缮治，耀为璇题。大学士鄂尔泰、张廷玉看透了乾隆帝的心思，拟额为‘重华宫’，重华之名出自《尚书·舜典》，孔颖达疏："此舜能继尧，重其文德之光华。"尧舜乃上古的贤明帝王，舜继尧位，后人以"尧天舜日"比喻理想的太平盛世。大学士张廷玉、鄂尔泰拟此宫名，意在颂扬乾隆皇帝有舜之德，继位名正言顺，能使国家有尧舜之治。

重华宫沿用乾西二所的三进院落格局，重华宫位于中心。前院正门为重华门，正殿为崇敬殿（图3），面阔五间，进深三间，黄琉璃瓦歇山顶，前檐正中接抱厦三间，为改建后所添。明间开门，古钱纹棂花隔扇门四扇，其余为槛窗。殿内正中悬弘历为和硕宝亲王时亲笔书匾额"乐善堂"（图4）。中院正殿即重华宫（图5），面阔五间，进深一间，黄琉璃瓦硬山顶，明间开门，余皆为槛窗，前接抱厦三间。殿内明间与东、西次间均以紫檀雕花隔扇分隔，隔扇雕刻精美，是紫禁城宫殿内檐装修的上乘之作。重华宫左右配殿各面阔三间，进深一间，黄琉璃瓦硬山顶。东配殿曰"葆中殿"，殿内额曰"古香斋"，曾收贮《钦定古今图书集成》；西配殿曰"浴德殿"（图6），殿内额曰"抑斋"，为乾隆皇帝的书屋。院内东西各有井亭一座，东井亭内有井，西井亭仅为对称而设。后院正殿曰"翠云馆"，两侧有耳房及东西配殿。翠云馆（图7）面阔五间，进深一间，黄琉璃瓦硬山顶，明间开门，余皆为槛窗。殿内黑漆描金装修，十分精美。东次间匾曰"长春书屋"，为乾隆皇帝的书屋。

重华宫对于乾隆帝来说可谓重要，第一，重华宫是自己

图3 崇敬殿

图4 崇敬殿内景

图5 重华宫

图6 浴德殿

图7 翠云馆

的潜邸，于此居住了八年，对此地深怀感情。第二，重华宫是他效仿大舜之为的宫殿。第三，是乾隆帝与大臣们进行茶宴联句之所，此地成为他与大臣们感情联系的纽带。自乾隆八年（1743年）始，每岁新正召集内廷大学士、翰林等人在重华宫赐茶宴联句。乾隆皇帝往往另作律诗一两首，命人刻匾悬于崇敬殿内檐，至乾隆六十年（1795年）时已挂满四周。第四，辟前殿崇敬殿明间为书屋乐善堂，“乐善堂”匾悬挂于正中，《乐善堂记》悬挂于东壁。第五，开辟抑斋书屋。第六，开辟长春书屋。第七，政令所出之所。所以重华宫给笔者的印象是一种政治形象。

（一）重写《乐善堂记》，立志做一个像大舜那样的圣帝明君

重华宫竣工后，乾隆帝首先对前殿乐善堂进行了说明，重新写了一篇《乐善堂记》[7]：

> 昔《乐善堂集》中有所谓《乐善堂记》者，盖用此堂之名以名圆明园赐居桃花坞之堂而记，亦记彼处之胜与宫中此堂无涉也。然彼时之乐善祇数典汉东平王，以为亟今斯堂则为重华宫之前殿，不可以桃花坞堂之记概之。因思东平之乐善原数典于大舜，所谓乐取于人以为善也。兹适为重华宫之前殿，则今之乐善只宜景仰大舜之为，而不必更宥于东平之迹矣。夫大舜之取诸耕稼陶渔之善世远，固不可征而询岳咨牧。载在《虞书》者，彰彰可考，无非舍己从人，与人为善。而地平天成，庶绩咸熙，胥于是乎基之是乃千古帝王之法则，而非藩服屏翰者所可相提并论，其事体大而责任重也。昔之效东平为甚易，今之企大舜为其难，是不可无记，以朝夕体之心而措诸政也，然而其志在，是其惭亦在是矣。

乾隆帝说青年时写的《乐善堂记》是记桃花坞乐善堂之

[7] 清 · 弘历：《御制文初集 · 乐善堂记》卷七，《钦定四库全书 · 集部 · 别集类》，台北商务印书馆，1986年。

胜，与今日宫中乐善堂没有关系。彼时名“乐善”是数典东平王，而今把重华宫前殿仍名为乐善堂，因此，不能用桃花坞之《乐善堂记》来概括今日之乐善堂。他又进一步地说因思东平王之乐善原数典于大舜“乐取于人以为善”之意，那么重华宫之前殿乐善堂就不必宥于东平王之迹，而是直接表示以大舜为学习的榜样。笔者认为，乾隆帝说这番话，实属掩耳盗铃，他在青年时写的《乐善堂记》中明明说此堂“颜之曰‘乐善堂’者，盖取大舜乐取于人以为善之意也”，怎么现在就改了口了？笔者想这可能是乾隆帝想掩盖以往的说法，昔日桃花坞之乐善堂只效仿汉东平王之迹，也就是说年轻时并没有想当帝王的非分之想。现在登上了大宝，才可以名正言顺地说乐善堂是效仿大舜之为，但乾隆帝感到了肩上的责任重大，因为效仿东平王容易，而要达到大舜的地步则难，所以一定要朝夕用心体会，推行善政。

这篇重新写的《乐善堂记》，就像一篇誓言，立志要做一个像大舜那样的圣帝明君。所以，大舜仍然支撑着他的精神。乐善堂成为重华宫的灵魂。

（二）开辟抑斋书屋，以示为君谨慎之道

乾隆帝于重华宫开辟抑斋，意在警示自己，言行要谨慎，《抑斋记》[8] 云：

> 予向居重华宫，洁治西厢为书室而名之曰抑斋。践祚之后于凡御园行馆处，山水之佳，适性情之雅，可以凭扉几，展芸编者，无不以是为名，示不忘旧也。而向未有记，夫记之意识也。左史记言，右史记事是也。又记之言，志也。公府奏记，进己志是也。深居九重，暇余万几，宵衣旰食之际，左右史之职废已久矣！夫谁与记之？而公府奏进己志，其能陈天命之艰，决屋漏之隐者，亦鲜焉！是在自谨其起居，自任其出，令以代左右史之识，凛顾諟钦几微，以通公府之志。尤不可不作于今日者也。夫预向之所云抑者，不过欲退损以去骄，吝慎密以审威仪，

[8]《文渊阁四库全书》第1301册《别集类·御制诗初集》卷二八，第246～247页，台北商务印书馆，1986年。

所以敬业身群之事耳。若夫今之所云抑，则岂数语所能尽者，命不易哉！无曰高高在上，抑也。日盈则昃，月盈则蚀。予临万民，凛乎若朽索之驶六马，抑也。无平不陂，无往不复，艰贞无咎，抑也。斯其大者，至于一言之不谨，一事之不慎，其害将贻于天下后世。呜呼！今日之抑之艰，岂昔日之抑之易，所可相提并论者哉！卫武公作抑之诗，使人日诵于侧，以自警彼诸侯也。尚知以是为棘。则预之不忘旧日之命，而益励日新之德，于以代左右史之职，通公府之志，不亦宜乎！

抑斋语出《诗经·小雅·宾之初筵》："其未醉止，威仪抑抑。"是说饮酒不要过度，才能够保持威仪。《诗经》是讲人的行为要止于礼，《毛序》曰："《宾之初筵》，卫武公刺时也。幽王荒废，媟近小人，饮酒无度，天下化之。君臣上下，沉湎淫液。武公既入，而作是诗也。"这首诗传为卫武公所作，其意是告诫君臣不要沉湎于游玩享乐。

抑斋，初建于重华宫，后凡御园行馆景色优美处，无不以此为名，目的是不忘旧志。作为一位君王，能处处以"抑"来警示自己，不能任其所为，而是有所克制，实难能可贵。古代有左史记言，右史记事之制，公府奏记的目的在于进陈己志。帝王深居九重，日理万机，宵衣旰食之际，左右史之职早已废除了！而公府奏记所言己志，能陈述天命之艰难，解决屋漏之隐患者，又太少了！所以反省主要是靠自己，注重平日的起居言行。抑就是克制，只要克制自己的欲望，才能把善施给普天之下。抑可以去骄，保持威仪。日盈则昃，月盈则蚀。乾隆帝说自己统御万民，心理畏惧就好像用腐朽的绳子驾驶六匹奔跑的马，时刻都有被颠覆的危险。作为君王，一言一行更要谨慎，更有所克制，有时因为一言之不谨，一事之不慎，其结果都会对天下后世造成极大的危害。三十九年（1774年）乾隆帝《题抑斋》诗云："只有抑然志，庶几如武公。"又五十一年（1786年）《题抑斋》诗云："赐宴命教歌抑戒，老来勖欲武公循。”乾隆帝说自己始终遵循卫武公之志，即便是赐宴教歌也是有所抑制的。

因此，抑斋书屋不是一般意义上的看书写字的书屋，而是一种具有政治形象工程的书屋。

（三）开辟长春书屋，以示推行仁政之意

乾隆帝于重华宫开辟长春书屋，最根本的目的是推行仁政。

乾隆帝的很多书屋都以长春命名，是因为父亲赐给他“长春居士”号的缘故：“曩时蒙恩尝读书于此，即‘长春’之号亦系赐予者，故各处书屋率以此名之。”[9]乾隆元年（1736年）直接把父亲赐他长春居士号的圆明园九洲清晏别室改名为长春书屋，一方面是为了说明这是父亲传位于他所发出的信号，另一方面则是为了昭示体仁临民之要即推行仁政之理想。

首先，乾隆帝释长春之义为仁，《长春书屋》[10] 诗云：“书屋长春到处如，长春之义可言诸。元为善长功生物，人以仁名语启予。”天的首要之功在于善即生物，是“仁”名启发了我，故名为长春书屋。乾隆三十六年（1771年）作《长春书屋口号》[11] 一诗，向天下昭示，长春之义为仁，“书庐到处额长春，此日名和实逼真。个里若寻切己句，亦云元善勉依仁”。乾隆三十九年（1774年），乾隆帝作《长春书屋》[12] 诗云：“元既贯四德，春应含四季。义经曰统天，已示长春义。”乾隆帝说“统天”一词，揭示了长春之义即春为仁。“统天”，出自《周易》所言“大哉乾元，万物资始，乃统天”之句，乾元即乾阳，它具有统御天体运行的功能，万物借助了乾阳才开始具有生命。乾阳统贯天德，天有四德即“元、亨、利、贞”。天地形成后，元气的功能和德性被天所体现了出来，《周易》说乾即天有四种特质即“元、亨、利、贞”，儒家把它解释为“体仁、嘉会、利物、贞固”四德，它所对应的就是春、夏、秋、冬四季。万物的萌生，生命的出现，是从春天开始的，春天就是体仁，就是元即一。朱熹说天之德的体现就好像一棵树，从春天开始长出新叶，到了夏天枝繁叶茂，秋天果实成

[9] 清·弘历：《御制诗三集》卷六一《长春书屋》，《钦定四库全书·集部·别集类》，台北商务印书馆，1986年。

[10] 清·弘历：《御制诗三集》卷六一《长春书屋》，《钦定四库全书·集部·别集类》，台北商务印书馆，1986年。

[11] 清·弘历：《御制诗三集》卷九四《长春书屋口号》，《钦定四库全书·集部·别集类》，台北商务印书馆，1986年。

[12] 清·弘历：《御制诗四集》卷一七《长春书屋》，《钦定四库全书·集部·别集类》，台北商务印书馆，1986年。

熟，冬天树叶凋零收藏。所以“只如四时，春为仁，有个生意”[13]。从树的生长过程中，我们可以看出天地之心是生物。故乾隆帝说：“四德无非元，而元之本则在于大生。诚观四时之春，而可知天地之心矣。”天地之心体现于春。于是，儒家从天具四德中推衍出人亦具四德即仁、义、礼、智，仁是第一位。故朱熹说：“仁者，天地生物之心，而人物之所得以为心。”朱熹又说：“万物之心，便如天地之心。天下之心，便如圣人之心。”[14]

春代表仁，仁是天地之心，它就是儒家所传之道统，即仁道。所以乾隆帝建长春书屋是为了体仁，体仁的目的是什么？是为了施仁于天下，乾隆于三十四年（1769年）作《长春书屋》[15]诗阐释了其观点，是要学习元太祖成吉思汗推行仁政之理想：“旧日题书屋，今朝临始春。四时恒不息，五德首惟仁。颜子弗违处，丘翁进义辰。参观均切己，便拟致于民。”五德，即仁义礼智信，仁为首。颜子即孔子的弟子颜渊，《论语》记颜渊问仁于孔子的典故。丘翁即丘处机，号长春子，全真派道士，元太祖曾延见之，乾隆帝说“长春书屋”名为旧时所题，今朝才始临春，这使他更加思绪起伏，想到昔日元太祖问“道”于长春子丘处机，长春子进说“节欲保躬”、“天道好生恶杀”语，促成了元太祖推行仁政之道。参观对照此道正符合自己的想法：四时永恒不息，仁为五德即仁、义、礼、智、信之首，仁是天道的反映，应该施仁于民。

乾隆五十六年（1791年），即将归政之时，乾隆帝写下了最后一首《长春书屋》[16]，“长春”的谜底，他终于揭开了：“先年赐号曰‘长春’（雍正年间，纂当今法会书，因赐号曰‘长春居士’，尔时王大臣共闻之，今无一人知此者矣），到处颜斋训仰谆（长春园、万寿山、静宜园、避暑山庄、宁寿宫等处，皆以此颜斋，用昭圣训，垂示体仁临民之要）。宁只谈禅适清豫，临民要在体元仁。”乾隆帝说“长春居士”是自己的法号，年轻时，父皇所赐，当时王大臣都知道这件事情，时间过去了60余年了，今天无一人知晓了。书屋取名为“长

[13] 钱穆：《朱子新学案》（上），第238页，巴蜀书社，1986年。

[14] 钱穆：《朱子新学案》（上），第240～241页，巴蜀书社，1986年。

[15] 清·弘历：《御制诗三集》卷七七《长春书屋》，《钦定四库全书·集部·别集类》，台北商务印书馆，1986年。

[16] 清·弘历：《御制诗五集》卷六六《长春书屋》，《钦定四库全书·集部·别集类》，台北商务印书馆，1986年。

春”，一方面是为了永远记住父皇的谆谆教导，另一方面是为了昭示圣训，垂示体仁临民之要即要体会天道之心，把善施予普天之下。

（四）《重华宫记》，对40余年执政的总结

乾隆执政四十余年之后，他才下决心写一篇《重华宫记》[17]：

> 宫殿之制，乾清、坤宁二宫为紫微正中，左右各二永巷，每一永巷以次列三宫，斯为十二宫，其后东西以次各列五所，重华宫则昔之西二所也。雍正年间，予蒙赐居于此，即位后应升为宫，彼时大学士鄂尔泰、张廷玉拟以重华为额，虽颂之意耶！而规即在此，是以俞而称之夫！重华协帝，岂易言哉！必有所以敕几兴事，知人安民，而其本则在于审危微之心，执精一之中。是以四十余年，惟日孜孜，宵衣旰食，虽未致陨越，而于熙世化民究无所成。是故纪恩堂之记为于丙戌，抑斋之记作于辛卯，凡所以迟迟慎重者，恐有言行不符，致负初心耳。若夫重华宫之记自不可阙，而其应慎重，又奚啻前二记之比哉！少而居之，长而习之，四十余年之政皆由是而出之。兹去归政之年亦只一记，然予犹是予也，政犹是政也，寰区犹是寰区也。而户口日以增，谷帛日以昂，养且不能，那更言教？蒿目焦心，难臻大当。回思居是宫，勤圣学而谈王道，不唯莫之有为，而竟失于无策，则是记也。亦自讼自责之章，益增惭愧。而已昔宋孝宗倦勤之后，所居号重华宫，此系近年观《武林旧事》而知者其名不约而同然。既为上，皇奚取重华之义，彼其之人，实非予所羡也。一记之后，将退居宁寿宫，亦不忍移此名于彼。盖宿学之所安，旧剑不能忘也。是以四十八年以来，元旦除夕无不于此少坐，新正与诸臣茶宴联句，率为例典。异日归政，或时一来临，更成佳话。其能践斯言与否，则敬俟昊苍之眷佑。今日之下，亦不敢预为侈谈也。

[17] 清·弘历：《御制文二集》卷一四《重华宫记》，《钦定四库全书·集部·别集类》，台北商务印书馆，1986年。

此记作于乾隆四十八年（1783年），这里是他年少时居住的地方，是他勤于圣学，谈论王道的地方，也是他年长后常常临憩的地方，40余年所制定的政令都是从这里颁发的。乾隆帝还特别提到，潜邸名重华宫与宋孝宗赵昚倦勤之后所居之宫同名，实属偶然，并非是羡慕他的宫殿而名之。也就是说乾隆帝名重华宫是另有一番意义的。

大学士鄂尔泰、张廷玉名我的潜邸为重华宫，是称颂之意，但“重华协帝，岂易言哉”！原来“重华”二字出自《尚书》“帝舜曰‘重华’，协于帝”之句，舜帝名叫重华，与尧帝合志。《尚书注疏》[18]说：“此舜能继尧，重其文德之光华。用此德合于帝尧，与尧俱圣明也。”鄂尔泰、张廷玉之意显然是把乾隆帝看成是像大舜那样的圣君了。乾隆帝谦虚地说要做到像大舜那样，太不易了，所以40余年勤政爱民，始终抱守大舜所传之心法“人心惟危，道心惟微，惟精惟一，允执厥中”，人心是危险的，因为它被贪欲所蒙蔽，沉溺于恶习，其本性几乎丧失殆尽。而道心即天心却是精微的，所以要精研、要专一，永远保持至诚之心。《大学》开篇就讲“大学之道，在明明德，在亲民，在止于至善”，要彰显天所赋予你的光辉的德行，发挥自身善的本性，把人的贪欲去掉，让本来天所赋予的德即善光明起来。当你把善施予他人的时候，你就达到了至善。所以大舜让位给大禹时，最后叮嘱道：“钦哉！慎乃有位，敬修其可愿。四海困穷，天禄永终。”要恭敬啊！慎重对待你的大位，敬行人民可愿的事。如果四海人民困穷，天的福命就将永远终止了。

经过这40多年的努力，虽未达到熙世化民的程度，但感觉自己并没去贪图享乐，而是始终以大舜为学习的榜样，所以乾隆帝才敢写此《重华宫记》。自此之后，他将退居宁寿宫，那么，这篇记就成为他归政之前的最后一篇记，并作为对他中年的总结。

40余年的执政生涯，正是乾隆帝的中年时期即鼎盛时

[18] 汉·孔安国传，唐·孔颖达疏：《尚书注疏》卷二，《钦定四库全书·经部·四书类》，台北商务印书馆，1986年。

期，重华宫是这一时期他的精神支撑。他“惟日孜孜，宵衣旰食”，循武公之志，体仁临民，“其本则在于审危微之心，执精一之中”，像大舜那样永远坚守天道，把善施予普天之下。

三 倦勤斋：老年乾隆帝的精神支柱

乾隆帝于三十七年（1772年）至四十一年（1776年），花了四年的时间修建他的归政之宫宁寿宫，位于宁寿宫花园最北端的倦勤斋（图8）就点明了他归政的原因，“倦勤”出自《尚书·大禹谟》“朕宅帝位三十有三载，耄期倦于勤”之句，舜帝因为到老还在勤于政事，但又因年老不胜政事之辛劳，于是让位归政。原来乾隆帝即位时曾对天立誓：“昔皇祖御极六十年，予不敢相比，若邀穹苍眷佑，至乾隆六十年乙卯，予寿跻八十有五，即当传位皇子，归政退闲。”[19] 表面上看，乾隆帝归政是因为皇祖康熙帝执政60年的原因，但实际上他把自己的归政看成是要像大舜那样“倦勤”。

尧舜禹时代被认为是中国历史上最辉煌、最理想的时代，

图8 倦勤斋

[19]《高宗纯皇帝实录》卷一〇六七，第277页，中华书局，1986年。

也是历代帝王们为之努力奋斗想实现的时代。乾隆帝说自己执政60年后，即效仿舜帝退位归政，也就是说，能像大舜那样归政，不仅仅是因为年老，更重要的是执政60年，国家进入了太平盛世，实现了尧舜禹那样辉煌的时代，才有可能谈得上归政，如果国家不太平，恐怕连60年也到不了，更谈不上归政。

乾隆帝效仿大舜年老归政，如果我们仅仅从年老不能胜任政事之繁忙的角度来理解乾隆帝的归政，那他似乎太自私了。就像南宋赵构不顾收复失地，只图偏安一隅，急图内禅，自身享乐一样，但这是乾隆帝最看不起的。[20]乾隆帝在《倦勤斋作歌》中说："斯有说焉俟他日，匪曰今敢图安晏。旰食宵衣犹恐懈，慎终如始应无间。"所以乾隆帝以'倦勤'名之，不仅要学习舜的归政之美德，更重要的是要学习舜之大德，即孟子所言："舜有大焉，善与人同，舍己从人，乐取于人以为善"，即把善施予普天之下，故乾隆帝《倦勤斋》[21] 诗曰："耄斯未逮称勤倦，敢与重华拟比肩。"为什么说倦勤斋可以与重华宫相比肩呢？我们先来看看倦勤斋的通景画就明白了。

倦勤斋最核心的部分就是位于西三间的通景画（图9），这是乾隆帝精心装饰的空间。通景画粘贴于西三间的西壁、北壁和天顶上，整个天顶被描绘成一座藤萝架，架上爬满了藤萝，并垂下累累硕果。透过藤萝架和枝叶，从空隙中能见到蓝蓝的天空。藤萝架通景画主题由两部分组成，并以乾隆帝的御制诗句点明。第一部分是藤萝架（图10），藤萝缠满竹架，枝叶繁茂，象征延绵不绝，藤萝果实累累，其果实（即子）无法数清，象征子孙万代。在中国传统吉祥图案中，藤萝与葡萄、葫芦的象征意义是一样的。第二部分是一对喜鹊飞临竹篱笆月亮门，门内有仙鹤和牡丹花，象征双喜临门（图11），牡丹象征富贵，仙鹤象征长寿，故曰"二喜"。西三间的中心是一座戏台，戏台的柱上悬挂着一副乾隆帝的御制诗对联挂匾（图12）："筹添南极应无算，喜在嘉生兆有年。""筹添南极应无算"出自乾隆九年（1744年）的御制诗《恭祝皇太后圣寿诗》[22]："锦绣云霞淑景闻，阳回恰值舞莱新。筹添南极应无

[20] 乾隆帝于《题乐寿堂》诗中自注云："宋高宗居德寿宫，自称乐寿老人。高宗未及耄期，急图内禅，意在避事偷安，余深鄙之。"

[21]《御制诗五集》卷四三，《钦定四库全书·集部·别集类》，台北商务印书馆，1986年。

[22] 清·弘历：《御制诗初集》卷二三，《钦定四库全书·集部·别集类》，台北商务印书馆，1986年。

图9　倦勤斋通景画贴落

图10　倦勤斋天顶藤萝架通景画

图11　双喜临门

图12　戏台柱上的乾隆帝御制诗对联挂匾

算，瑞满西池别有春。宝扇双开龄比鹤，华筵初启脯为麟。愿将甲子周千亿，纪取慈宁献寿辰。”原本是为太后祝寿的诗，乾隆帝也用在了这里。筹，古时以刻有数字的竹筹计算，称为竹筹。南极，星名，多用于比喻长寿。无算，无法计算。此句是说寿命无法计算。“喜在嘉生兆有年”出自乾隆三十年（1765年）的御制诗《汉玉谷璧》[23]：“粟粒平擎若自然，葆光韫采谢雕镌。楚州底论第三宝，喜在嘉生兆有年。”嘉生，生长茂盛的谷物，在古代被称为祥瑞，有年，即丰年。此句说谷物生长茂盛，预示着丰年。乾隆帝在众多的诗中选择了这两句，并把它放在倦勤斋通景画中，显然意有所指。

上句“筹添南极应无算”是说自己的长寿无法计算，与天顶藤萝果实相对应，藤萝果实的子多得无法计算，象征子孙万代。反过来说，子孙无穷多，那么自己的寿命亦无穷长，因为自身的寿命是靠儿孙得以延续的。但乾隆帝并不是想着自身的长寿，他认为自己的长寿是与万民的长寿相同的，故《八旬万寿盛典》[24] 称：“筹添南极应无算，亿万人增亿万年。”普天之下都长寿，这样就升华了长寿的境界。我们似乎从这里可以看见西方极乐世界的影子，因为在极乐世界里，人人都长寿无比。

下句“喜在嘉生兆有年”，是说谷物生长茂盛，老百姓有饭吃，天下也就太平了。乾隆帝《焉有不仁者乎》[25] 一文说：“民为邦本，食乃民天。菽粟如水火，斯民敦礼让之习，户有盈宁之象，仁风于是乎兴矣。”民为邦本，食乃民天，“仓廪实而知礼节”，如果户户有盈宁之象，天下仁风于是乎兴矣，也就是说天下就太平了！

由这两句组合成的对联，是对藤萝架通景画的最好诠释，“万民长寿，天下太平”是这幅通景画的主题。同时，笔者认为这副对联挂匾，反过来亦可当做警句，如果天下不太平，那么老百姓就不长寿，乾隆帝还有心情坐在这儿看戏（图13），听高雅的岔曲吗？所以他用了一个“喜”字，能坐在这里看戏，是因为天下太平，万民长寿了。

乾隆帝把对生命本体的追求即追求长寿与政治理念相结

[23] 清·弘历：《御制诗三集》卷四三，《钦定四库全书·集部·别集类》，台北商务印书馆，1986年。

[24] 清·弘历：《八旬万寿盛典》卷一三〇，《钦定四库全书·史部·政书类》，台北商务印书馆，1986年。

[25]《文渊阁四库全书》第1301册，《别集类·御制诗初集》卷一，第19页，台北商务印书馆，1986年。

图13　乾隆帝看戏的宝座

合，给我们描绘了一个“天下太平，万民长寿”的美景蓝图，可能这也许就是他心中尧舜禹时代的景象吧。

名重华宫是为了学习大舜的善德，倦勤斋名义意在归政，实际上也是为了学习大舜的善德，因为归政的前提条件是国家治理好了，万民长寿了，故二者是一样的。

老年乾隆帝仍抱守着“乐取于人以为善”的精神。

四　宁成万国，寿先五福

在乐善堂、重华宫和倦勤斋的背后都有一个人的名字出现，那就是大舜。乐善堂代表了乾隆帝的青年，重华宫代表了他的中年，而倦勤斋则代表了他的老年，不同的人生阶段，都有一个相同的追求：像大舜那样“乐取于人以为善”。

学习大舜的结果是什么？前面倦勤斋的通景画已经寓意了，那就是万民长寿、天下太平。

归政之宫宁寿宫建成后，乾隆帝写了一篇《宁寿宫铭》，“宁寿”本康熙帝所命名，以作为太后颐养天年的地方。乾隆帝非常喜爱“宁寿”二字，并赋予“宁寿”以新意：

宁成万国，寿先五福。宫用题额，文叶义淑。
于赫皇祖，奉养慈闱。孝惠爰居，爰曰延晖。
小子践祚，兹历数年。设复廿载，八旬五征。
敬思仁皇，卜号康熙。六十一载，今古诚稀。
同以为艰，敢期过益？况值耄耋，归政理得。
適是新宫，以待天庥。企余望之，愿可如不！
授终奉懿，其礼自殊。斟酌损益，匪曰侈图。
殿称皇极，重檐建前。宫仍其旧，为后室焉。
执神敬神，我朝旧制。异日迁居，礼弗敢废。
清宁坤宁，祖宗所奉。朔吉修祀，宁寿期踵。
虽谢万几，宁期九畿。始予一人，寿同黔黎。
告我子孙，毋逾敬胜。是继是承，永应福庆。

乾隆帝站在一个很高的角度，阐释宁寿宫之意是“宁成万国，寿先五福”。“宁成万国”出自《周易》“万国咸宁”，意为天下太平；“五福”出自《尚书》“敛时五福，用敷锡厥庶民，惟时厥庶民于汝极。”“五福：一曰‘寿’，二曰‘富’，三曰‘康宁’，四曰‘攸好德’，五曰‘考终命’。”是说帝王治理天下应遵循一定的法则，应将“五福”惠及于百姓，在五福中，寿排在第一位，所以赐给百姓应先赐寿。万民都长寿了，天下也就太平了。“天下太平，万民长寿”，故曰“宁寿”。乾隆帝在更早时侯写的《乾清宫铭》亦是这种观点：“五福敷锡，万国咸宁。”《宁寿宫铭》中又说“寿同黔黎”，说自己与老百姓一样长寿，这就摆脱了追求自身长寿的局限性，这与西方极乐世界里众生平等，众生长寿何其相似。所以，乾隆帝的一生以大舜为学习的榜样，做一位像大舜那样的人，把善施予普天之下。当万民都长寿了，这是一幅什么样的景象，那一定是天下太平的景象，也就是历代帝王梦寐以求的理想，进入了尧舜禹的辉煌时代。

这里笔者想起了乾隆帝青年时，由郎世宁绘制的《弘历采芝图》。那时，弘历追求长寿，完全是对个人生命延长的期盼，当他树立起以大舜为学习的榜样时，他就超越了对自身长寿的追求，而是“寿同黔黎”，“亿万人增亿万年”。作为帝王，当你把善施给普天之下时，你也就是把寿施给了万民，这即是大舜的“乐取于人以为善”的精神——乾隆帝一生的精神支柱。

乾隆朝灯火之戏与“十全武功”

故宫博物院资料信息中心　张小李

上元节（元宵节）节俗活动在中国古代宫廷与民间都非常兴盛。上元节在汉代就已具雏形，其主要的节庆内容为张灯、观灯。随着时代的发展，元宵的张灯活动“经历了一个从独立到组合、从静止到活动、从单纯到装饰的发展过程”[1]。至唐宋，出现了极富装饰性的灯树、鳌山。最迟到清代，宫廷出现了由上千人舞灯而拼出吉祥文字的灯戏，这类似于现代的大型团体操表演。在火药出现之后，放烟火也是元宵节的重要内容，最迟不晚于宋代，已经有了烟火表演；到了明代，制作复杂的能够表现一定主题的烟火戏出现了。[2]

清朝入关以后，继承、发展了汉族的上元节俗活动。清宫上元节以及夏秋之际在避暑山庄举行的灯火戏（烟火与舞灯）表演在乾隆朝尤为兴盛。灯火之戏既是一项节庆娱乐活动，同时又有一定的政治意义。本文以相关史料尤其是乾隆帝御制诗为基础，力图对乾隆朝的灯火戏表演进行历史还原，并探讨灯火戏对宣扬清朝文治武功、巩固乾隆帝“十全武功”成果的重要作用。

一　乾隆朝灯火之戏概貌

烟火（火戏）与舞灯（灯戏）都是上元节节庆活动，它们通常同时举行。清朝定鼎中原后，灯火之戏成为皇朝伟业之缩影。康熙四十五年（1706年）上元夜，康熙帝招文武百官入

[1] 乔继堂：《中国岁时礼俗》，第49页，天津人民出版社，1991年。

[2] 参见郭正谊：《中国烟火史料钩沉》，《中国科技史料》1990年第4期。关于上元节张灯、放火源流及发展，以及宫廷与民间的上元节节俗活动的影响与互动，笔者将另作文章探讨。

西苑，观看烟火。大臣查慎行为此做了《丙戌上元夜，召入西苑，观千叶莲花灯恭纪四首》[3]，其一云：

太华晴光绚晚霞，良宵移入玉皇家。
月华满苑清如水，涌出峰头十丈花。

其二云：

天香飘下蕊珠宫，映水俄惊太液红。
不夜城中光四照，南薰先应五弦风。

其三云：

不羡金莲画诏回，恍疑风引近蓬莱。
分明千佛光中现，并作红云一朵开。

其四云：

彩棚高傍御楼悬，千萼多从一蒂联。
不是大罗天上见，人间谁识火中莲。

查慎行之诗，描绘了康熙朝西苑烟火之宏大、锦绣的景致，“涌出峰头十丈花”点明了烟火之高；“月华满苑清如水”、“不夜城中光四照”描绘了烟火之亮；“分明千佛光中现，并作红云一朵开”摹写了烟火之奇幻；“不是大罗天上见，人间谁识火中莲”表现了皇家烟火之华贵。查慎行笔下的烟火表演，正是康熙朝盛世的注脚。

灯火之戏在乾隆朝更为兴盛。乾隆帝在多首诗里，将烟火表演称之为“火戏”[4]，如乾隆二十年（1755年）乾隆帝所作《上元灯词》之二[5]：“去年万树园中景”句之自注：“去年都尔伯特亲王策凌、辉特亲王阿睦尔撒纳等先后归附，宴于

[3] 查慎行：《敬业堂诗集》卷三二，文渊阁藏《钦定四库全书·集部·别集类》。

[4] 乾隆朝灯火戏所需烟火，由内务府花爆作筹办，据《清高宗实录》卷一二七三，乾隆五十二年（1787年）正月，大臣李世杰上奏称，狼山镇统辖之盐城等营岁需硝磺均有缺额，乾隆帝认为里面存在舞弊情况，“硝磺为军火要需，向来俱系委员采办足额”，乾隆帝两次强调“内府花爆作，每岁开销，仅需硝磺一千余觔”。

[5]《御制诗二集》卷五四，《钦定四库全书·集部·别集类》。

避暑山庄万树园，皆设火戏，赋灯词纪之。”乾隆帝四十七年（1782年）乾隆帝所作《上元灯词八首》之五[6]有“太乙神权助青帝，得教火戏烘春融”句。乾隆五十年（1785年）乾隆帝所作《上元灯词》之八[7]有“火戏楼前与众观，西戎北漠及回官 ”句。“火戏”不仅出现在乾隆帝御制诗中，也出现在这些诗的注解中，当为烟火之戏的正式称呼。而在朝鲜使臣的文献中，出现更多的是“灯戏”这个词，如嘉庆三年（1798年）朝鲜正史金文淳、副使申耆给朝鲜国王的报告：“嘉庆三年正月十四日，旋设灯戏于山高水长……又设灯戏于山高水长。”[8]简言之，乾隆帝所指侧重于烟火表演，朝鲜使臣所指侧重于舞灯表演，它们其实是同一表演场景的两个方面。

乾隆朝灯火戏分为上元灯火戏与避暑山庄灯火戏。上元灯火戏的起止时间，据乾隆五十六年（1791年）乾隆帝御制《十七日率御前蒙古王公等观灯用近作节后含经堂韵》“昨偶值风烟火罢”句之自注：

> 御园灯节例以十三日起，至燕九日收灯。前十四日以傍晚雪势未止，停放烟火。十五正日恰即晴霁，依例举行。昨十六日又以值风停止。七日之内偶停一二日，亦属恒事耳。[9]

嘉庆年进士吴振棫所作《养吉斋丛录》卷一三云：

> 宫中放灯，自正月十三日始，凡七日，过燕九乃罢……烟火之戏，由来久矣。乾隆间，自正月十三日起，即奉皇太后至山高水长看烟火，至收灯止。惟丙寅、乙酉于宫内庆赏元宵。又巡行之日在上元前后，则行宫亦陈烟火。[10]

光绪年间进士吴士鉴所作宫词《观焰火》云：

> 寂寞山高与水长，银花火树不成行。
> 迎春别启新堂宇，燕九年年乐未央。

[6]《御制诗四集》卷八六，《钦定四库全书·集部·别集类》。

[7]《御制诗五集》卷一二，《钦定四库全书·集部·别集类》。

[8] 吴晗选编：《朝鲜李朝实录中的中国史料》（下编）卷一二《正宗实录三》，第4950页，《朝鲜李朝实录中的中国史料》，中华书局，1980年。

[9]《御制诗五集》卷六二，《钦定四库全书·集部·别集类》。

[10] 清·吴振棫撰，童正伦点校：《养吉斋丛录》卷一三，第182页，中华书局，2005年。

自注云：乾隆以后，每岁燕九日，于圆明园山高水长殿内（匾额即以此名）看焰火。庚申园毁，至光绪中叶兴修三海，筑迎春堂，始循旧例，于堂外放焰火焉。[11]

乾隆帝之自注，明确指明“御园灯节例以十三日起，至燕九日收”，吴振棫所谓“宫中放灯，自正月十三日始，凡七日，过燕九乃罢……乾隆间，自正月十三日起，即奉皇太后至山高水长看烟火”，吴士鉴所谓“每岁燕九日，于圆明园山高水长殿内看焰火”，对此也予以了旁证。乾隆朝上元灯火戏从正月十三日开始，到燕九日（正月十九）收灯，一共七天时间。

如上面引文所述，上元灯火戏一般在圆明园山高水长举行。为何在山高水长表演灯火戏呢？乾隆五十年（1785年）年乾隆帝作《上元灯词》之六云：

嘉景山高水长庆，动光火泽有如睽。
因之绎理时用大，惕尔惟蘉敬以跻。

首联自注：山高水长在御园之西，此地平旷。每岁上元庆节于此陈火戏。[12]

吴振棫《养吉斋丛录》卷一三谓：

山高水长（楼名）在圆明园之西，俗呼西厂，地势宽敞，宜陈火戏。[13]

乾隆帝之自注以及吴振棫所记述，均指明山高水长因为“此地平旷”、“地势宽敞”，所以上元节才在此陈灯火戏。盖火戏表演，需要有一定隔离区域放烟火，而规模庞大的舞灯表演，也需一定的场地才能摆开。

《清高宗实录》记录了乾隆九年（1744年）正月十六日在圆明园山高水长放烟火的上谕，提到了参观人员：

[11] 刘潞选注：《清宫词选》，第125页，紫禁城出版社，1985年。

[12]《御制诗五集》卷一二，《钦定四库全书·集部·别集类》。

[13] 清·吴振棫撰，童正伦点校：《养吉斋丛录》卷一三，第182页，中华书局，2005年。

谕：今夕山高水长处点放烟火盒子。着外省将军、副都统大臣等，及京城部院衙门、旗下满洲大臣等，进内观看。着御前乾清门行走之蒙古王、额驸台吉等，在两廊下坐。大臣等，皆在阶下两旁列坐。准噶尔使臣图尔都，着在头班大臣后随坐。[14]

生活在乾嘉之际的亲王昭梿，在《啸亭续录》卷一之《山高水长殿看烟火》中也提到了圆明园山高水长烟火之戏的参观人员：

乾隆初定制，于上元前后五日，观烟火于西苑西南门内之山高水长楼。……是日申刻，内务府司员设御座于楼门外，凡宗室、外藩王、贝勒、公等及一品文武大臣、南书房、上书房、军机大臣以及外国使臣等咸分翼入座。[15]

据乾隆帝上谕以及昭梿所述，山高水长灯火戏表演，参观人员有满汉大臣，还有御前乾清门行走之蒙古王、额驸台吉，准噶尔使臣、外国使臣等。

灯火戏的表演场景，昭梿在《山高水长殿看烟火》有生动的描绘：

圃前设火树，棚外围以药栏。上入座，赐茶毕，凡各营角伎以及僸佅兜离之戏，以次入奏毕，上命放瓶花。火树崩湃，插入云霄，洵异观也。膳房大臣跪进果盒，颁赐上方，络绎不绝，凡侍座者咸预焉。次乐部演舞灯伎，鱼龙曼衍，炫曜耳目。伎毕然后命放烟火，火绳纷绕，砉如飞电，俄闻万爆齐作，轰雷震天，逾刻乃已。[16]

表演灯火戏时，“乐部演舞灯伎，鱼龙曼衍，炫曜耳目”，然后再“后命放烟火，火绳纷绕，砉如飞电，俄闻万爆齐作，轰雷震天，逾刻乃已”。即先是舞灯、鱼龙百戏，然后

[14]《清高宗实录》卷二〇九。

[15] 清·昭梿：《啸亭杂录》（附《啸亭续录》），第374～375页，中华书局，1980年。

[16] 清·昭梿：《啸亭杂录》（附《啸亭续录》），第375页，中华书局，1980年。

放烟火，其阵势惊天动地，宏伟异常。

山高水长的灯火戏表演场景，从上文所述，朝鲜使臣也躬逢其盛。在朝鲜文献中，也有山高水长火戏、灯戏记载。据《朝鲜李朝实录中的中国史料·正宗实录三》记载，朝鲜李朝正宗二十二年（嘉庆三年，1798年），朝鲜正使金文淳、副使申耆向朝鲜国王汇报：

> 嘉庆三年正月十四日，旋设灯戏于山高水长，而以风势之太紧，姑为停止。十五日朝先设放生灯，又赐宴正大光明。通官引臣等入诣殿槛外，太上皇陞殿，皇帝西向侍坐，动乐设戏，各赐馔桌及酪茶一巡。……又设灯戏于山高水长，通官引臣等进诣花障子内班，太上皇出巡御山高水长，皇帝如前侍坐，设角抵戏。赐酪茶一巡，馈果盒及猪羊肉鹿尾盘。又以元宵饼各一器，遍及于臣等及从人，灯火杂戏，西洋秋千，次第设行。炮仗埋火，尤为轰烈，声响如雷，烟焰涨空。[17]

正月十四的烟火灯戏，因有大风而停止，正月十五照常进行。过了五天，即正月十九日（燕九），金文淳、申耆又在圆明园山高水长看灯戏、火戏，“灯戏炮具之设，一如上元日”[18]。

除上元节在圆明园山高水长表演灯火戏外，乾隆帝万寿节为八月十三，其时皇帝一般在避暑山庄，因此就在此过万寿节，这时也表演灯火戏。乾隆二十年（1755年）乾隆帝所作《万树园灯词》之五云：

> 烟火三番万树园，银花高下玉蛾繁。
> 今宵未弛金吾禁，都道居然度上元。[19]

乾隆帝在诗中将避暑山庄万树园的“烟火三番”与上元节相提并论。对避暑山庄的灯火戏表演，朝鲜使臣朴趾源著《山

[17] 吴晗选编：《朝鲜李朝实录中的中国史料》下编卷一二《正宗实录三》，第4950页，中华书局，1980年。

[18] 吴晗选编：《朝鲜李朝实录中的中国史料》下编卷一二《正宗实录三》，第4951页，中华书局，1980年。

[19]《御制诗二集》卷五九，《钦定四库全书·集部·别集类》。

庄杂记·万年春灯记》也做了生动地描述：

> 日既曛，悬黄色大柜于红阙，柜底忽落一灯，其大如鼓，灯联一绳。绳端火忽自燃，缘绳而走，上及柜底，柜底又垂一圆灯，绳火烧其灯落地，自柜中又垂铁笼帘子，帘面皆篆“寿”、“福”字，着火青莹。良久，“寿”、“福”字火自灭落地。又自柜中垂下联珠灯百余行，一行所联为四五十灯，灯中次第自燃，一时通明。[20]

朴趾源之记述，为我们保存了灯火之戏表演的所需物品，如黄色大柜、铁笼帘子、篆体吉祥字、联珠灯等，并描绘了灯火戏表演过程。灯火戏表演主要有两项内容，即放烟火和舞灯（灯戏）。烟火之盛，毋庸置言，上文所引文献已多有描述。其舞灯表演即通过舞灯人的动作，拼出吉祥文字。据赵翼《檐曝杂记》卷一之《烟火》所述山高水长的舞灯表演：

> 日既夕，则楼前舞灯者三千人列队焉，口唱《太平歌》，各执彩灯，循环进止，各依其缀兆，一转旋则三千人排成一“太”字，再转成“平”字，以次作“万”、“岁”字，又以次合成“太平万岁”字，所谓“太平万岁字当中”也。[21]

赵翼所见，舞灯表演所拼吉祥文字为“太平万岁”。吴士鉴所著《上元舞灯》宫词云：

> 百宝华灯密炬红，太平万岁字当中。
> 换衣试作回身舞，可似幽州浑脱工。
>
> 自注：每岁上元或万寿节，令乐工舞灯，衣五色画衣，分行成字，凡数十变。有太平万岁、万寿无疆诸字。以黄绫册书成字样，陈诸御案，已备观览。[22]

[20] 朴趾源：《热河日记》，第247页，上海书店出版社，1997年。

[21] 清·赵翼、姚元之：《檐曝杂记、竹叶亭杂记》合订本，第12页，中华书局，1982年。

[22] 刘潞选注：《清宫词选》，第125～126页，紫禁城出版社，1985年。

吴士鉴所述上元舞灯的吉祥文字有“太平万岁”、“万寿无疆”等，这些文字是由乐工穿五色画衣，通过分行列队组成的。朝鲜使臣朴趾源在《山庄杂记·万年春灯记》中所记述的舞灯拼字，却有不同：

又有千余美貌男子，无髭须，衣锦袍，戴绣帻，各持丁字杖，两头皆悬小红灯，进退回旋，作军阵状。忽变而为三座鳌山，忽变而为楼阁，忽变而为方阵。既黄昏，灯光益明，忽变而为“万年春”三字，又变而为“天下太平”四字，忽变而为两龙，鳞角爪尾蜿蜒转空。[23]

朝鲜使臣在避暑山庄所见文字为“万年春”与“天下太平”，舞灯人达到了上千。要之，舞灯表演具体所拼之字是灵活的，根据一定的场合选择一定的吉祥用词。

二 观看灯火之戏的蒙回等部首领、外藩使臣与乾隆帝“十全武功”

据上文所引《清高宗实录》，乾隆九年（1744年）正月十六日在圆明园山高水长参观灯火戏之人员，除外省将军、副都统大臣，及京城部院衙门、旗下满洲大臣及汉大臣外，还包括御前乾清门行走之蒙古王、额驸台吉、准噶尔使臣等。以后，随着乾隆帝的“十全武功”的推进，参与灯火戏的外藩逐渐增多。

乾隆十九年（1754年），蒙古准噶尔部围绕汗位继承权展开激烈争夺，并爆发内乱，作为失败一方的阿睦尔撒纳率部两万余众归降，乞求清政府派兵靖乱。乾隆帝封阿睦尔撒纳亲王爵，第二年任命其为北路副将军，率兵进攻准噶尔，获得胜利，生擒了准噶尔部统治者达瓦齐汗。乾隆二十年（1755年），乾隆帝作《上元灯词》[24]，对阿睦尔撒纳归降作了记述。该诗之二云：

[23] 朴趾源：《热河日记》，第247页，上海书店出版社，1997年。

[24] 《御制诗二集》卷五四，《钦定四库全书·集部·别集类》。

受吏康居复呼偈，来庭乌弋与黄支。
去年万树园中景，例此重开莫漫迟。
颈联自注：去年都尔伯特亲王策凌、辉特亲王阿睦尔撒纳等先后归附，宴于避暑山庄万树园，皆设火戏赋灯词纪之。

之六云：

吉祥云拥庆霄楼，王母来临楼上头。
祝寿外藩将内吏，承欢万载复千秋。

“受吏康居复呼偈，来庭乌弋与黄支”，康居、呼偈这样的西域古地“受吏”，乌弋、黄支这样的南方僻壤“来庭”，大清的威势可见一斑。“去年万树园中景”句之自注，记述了蒙古都尔伯特亲王策凌、辉特亲王阿睦尔撒纳等归附，他们到避暑山庄万树园时，乾隆帝为他们设灯火戏。“祝寿外藩将内吏”，他们作为外藩，却像内吏一样为乾隆帝祝寿，乾隆帝志满意得之神态，溢于言表。

同年乾隆帝所作《万树园灯词》之四云：

黄幕穹庐向远开，灯光月色共徘徊。
紫霞满酌亲分赐，毳服儒冠杂沓来。
自注：内外蒙古汗王台吉以次召至御前赐酒，内廷词臣亦得与赐。[25]

之五云：

烟火三番万树园，银花高下玉蛾繁。
今宵未弛金吾禁，都道居然度上元。
首联自注：去岁夏宴都尔伯特，冬宴辉特、和硕特，

[25]《御制诗二集》卷五九，《钦定四库全书·集部·别集类》。

今始合四部卫拉特而封以汗王各爵。

颈联自注：自九月十三至十五凡三夕。

这年夏天在避暑山庄，乾隆帝云“毳服儒冠杂沓来”，表明了华夏与蛮夷之地均受大清统领。“烟火三番万树园”句自注所谓“今始合四部卫拉特而封以汗王各爵”，指四部卫拉特（即厄鲁特，西部蒙古。分为准噶尔、都尔伯特、和硕特、土尔扈特四大部，及附牧于杜尔伯特的辉特部）都被封以汗王爵，西部蒙古均被征服。但西部蒙古问题在此时并没有根本解决，阿睦尔撒纳野心膨胀，其进驻伊犁之后，公开要求清政府封他为厄鲁特四部总台吉，他的要求被拒绝。于是，其在蒙古各部进行煽动，并与沙俄暗中勾结，公开发动叛乱。乾隆帝于乾隆二十二年（1757年）派兵第二次征讨，打败了阿睦尔撒纳。阿睦尔撒纳一路逃亡，漂泊于中亚，清朝从此控制了天山北部。

原属蒙古准噶尔部支配下的天山南路，居住着回部（即维吾尔人），准噶尔被清统一后，回部首领大小和卓（“和卓”意为“圣人的子孙”）发动叛乱。乾隆二十三年（1758年），清政府迅速派兵出剿，翌年占领叶尔羌，二十五年（1760年）清朝在喀什噶尔置参赞大臣，管辖天山南路，直接受伊犁将军节制，又在南疆各地设办事大臣、领队大臣。至此，回部降番也参与乾隆帝的灯火宴会，如乾隆五十年（1785年）乾隆帝作《上元灯词》之八云：

火戏楼前与众观，西戎北漠及回官。

灯词拙速仍八首，例事依然不畏难。

颔联自注：向例上元赐蒙古诸藩王公及回部降番等观灯与宴，近并令朝鲜、暹罗陪臣一体预观。[26]

从乾隆帝“西戎北漠及回官”自注可知，蒙古诸藩王公及回部降番是一直“观灯与宴”的，但这一年还增加了朝鲜、

[26]《御制诗五集》卷一二，《钦定四库全书·集部·别集类》。

暹罗陪臣。朝鲜与清朝的臣属关系比较稳定，而暹罗曾有过插曲。乾隆三十二年（1767年），缅甸国王孟驳攻打暹罗，郑信（其祖先为中国人）率领华人、华侨及暹罗各族人民击退缅军。郑信请求清朝封他为暹罗国王。清王朝以为郑信是乘机篡位，予以拒绝。后清政府改变对郑信的态度。乾隆四十六年（1781年），郑信遣使入贡，乾隆四十七年（1782年），取代郑信王朝的曼谷王朝第一个国王拉玛一世向清朝上表。乾隆五十年的暹罗陪臣就是暹罗国内发生剧变后派遣的。

乾隆朝的对外影响仍然在扩大。乾隆五十六年（1791年）乾隆帝所作《十七日率御前蒙古王公等观灯用近作节后含经堂韵》“中外百年乐可征”自注：

> 向例上元节于御园正大光明殿筵宴各蒙古回部外藩及各国使臣，晚间命于山高水长楼前观放烟火，并令随至同乐园观庆丰图以示优惠，今岁西北则增哈萨克，南则增暹罗、缅甸诸藩国来使我朝。百数十年版图式廓，中外一家，欢若家庭，实亦自昔罕闻。[27]

这一年来朝贡的藩属，“西北则增哈萨克，南则增暹罗、缅甸诸藩国”。哈萨克本臣服于蒙古准噶尔部。清朝统一了准噶尔部，解除了准噶尔部对哈萨克的威胁，哈萨克便归顺了清朝。清政府与缅甸关系很特殊，清政府和缅甸长期没有往来。缅甸阿拉文巴雅朝廷不断扩张领土，导致其与清政府纷争不断。乾隆三十二年（1767年），乾隆帝派云贵总督明瑞进攻缅甸，后明瑞战死。翌年，任命傅恒为统帅。但因时值雨季，无法继续进军。于是双方达成和议，缅甸国土归顺清朝并按时朝贡，清政府则退还先前攻占的缅甸领土。

乾隆五十六年（1791年），乾隆帝所谓“百数十年版图式廓，中外一家，欢若家庭，实亦自昔罕闻”，实在有些盲目乐观。这一年马上就发生了战事。乾隆四十五年（1780年），六世班禅进京为乾隆帝祝寿，因患天花同年在北京西黄寺圆寂，

[27]《御制诗五集》卷六二，《钦定四库全书·集部·别集类》。

乾隆帝赏赐给他的巨额财富被其兄弟仲巴呼图克图所独吞。他的另一个兄弟沙玛尔巴因气愤，勾引廓尔喀军队入侵后藏日喀则。廓尔喀军队所到之处，烧杀劫掠，乾隆帝派福康安率军入藏平叛。次年，即乾隆五十七年（1792年），乾隆帝所作《上元灯词》之三[28]："三接恰当宴元夕，共希伐邑捷音来"句自注云：

戊申年廓尔喀侵扰藏界，及大兵进剿，彼即畏罪归降，复遣大头目来京入贡，怜其诚恳特加宽宥，并锡以封号。以我朝幅员之广，视之何异小邑。不意甫过一年，去岁辛亥复肆豨突，侵优藏界，直抵后藏扎什伦布之庙。兹当开韶锡宴，恩隆三接，蕞尔弹丸，有烦挞伐，正叶晋上九伐邑之辞，列坐藩臣具悉曲直，无不共思敌忾，且盼捷音。

之四"设使断章以取义，得其大首正殷期"句自注云：

明夷九三爻辞曰：得其大首。此番廓尔喀滋事，我兵声罪致讨，理正师直，日愿擒渠献馘，以符此占。

之七" 从军顿缱王臣蹇"句自注云：

福康安由西宁一路赴藏，剿办廓尔喀，道路较近，惟严冬冒寒，不辞劳瘁，有合王臣蹇蹇之义，嘉尚之余，殊深缱念。

这一年的灯词，生动地记录了乾隆帝挂念前线的心情，"共希伐邑捷音来"自注部分指明了廓尔喀出尔反尔，屡次侵犯西藏。乾隆五十六年（1791年），廓尔喀就曾以边界课税纠纷为借口大举侵入西藏。"列坐藩臣具悉曲直，无不共思敌忾"；"设使断章以取义，得其大首正殷期"自注以《周易》"九三"爻辞"明夷于南，得其大首"表明期盼捷音之迫切心

[28]《御制诗五集》卷七〇，《钦定四库全书·集部·别集类》。

情。“从军顿缱王臣蹇”自注点明派福康安进剿廓尔喀及对福康安的眷顾之情。

乾隆五十七年（1792年）五月，福康安等率兵攻入廓尔喀境内；八月，逼近阳布（今加德满都），廓尔喀军请降。十月初三日，八十二岁的乾隆帝撰写了《十全记》[29]，记述了其在边疆地区建立的十大武功：“十功者，平准噶尔为二，定回部为一，扫金川为二，靖台湾为一，降缅甸、安南各一，即今二次受廓尔喀降，合为十。”上文乾隆帝灯词所记述的征伐，涉及“平准噶尔为二”、“定回部为一”、“降缅甸、安南各一”、“二次受廓尔喀降”，共六场战争。

三　灯火之戏寄寓对外藩、属国的怀柔与威慑

历朝的文治与武功总是相辅相成的，战场上的胜利成果需要文治手段来巩固，具有高超政治手腕的乾隆帝当然能明白其中的奥秘。为了拉近与外藩、属国的心理距离，乾隆帝殚精竭虑，采用各种怀柔手段。为此，乾隆帝身体力行，花费了大量精力。例如，随着与各少数民族接触的扩大，乾隆帝努力学习少数民族语言。乾隆四十六年（1781年）所作《杂咏》“癸亥学谈蒙古语，回番唐古递通多”句自注云：

> 余自乾隆八年习蒙古语，二十五年平回部习回语，四十一年平两金川习番语，四十五年因班禅来谒并习唐古忒语，皆以学而能也。而不学者光阴玩愒，吾末如之何矣！[30]

乾隆五十三年（1788年）所作《上元灯词》第三首云：

> 及时膏泽可教屯，光武宁当学闭门。
>
> 弗藉舌人通译语，华灯联席共欢论。
>
> 颈联自注：乾隆八年始习蒙古语，二十五年平回部遂习回语，四十一年平两金川略习番语，四十五年因班禅来

[29]《御制文三集》卷八，《钦定四库全书·集部·别集类》。

[30]《御制诗四集》卷八四，《钦定四库全书·集部·别集类》。

谒，兼习唐古忒语。是以每岁年班蒙古、回部、番部等到京接见，即以其语慰问，无藉通译。元夕命新旧诸藩入同乐园随观灯火并燕笑联情，用示柔远之意。[31]

《杂咏》之“癸亥学谈蒙古语，回番唐古递通多”句之自注“余自乾隆八年习蒙古语，二十五年平回部习回语，四十一年平两金川习番语，四十五年因班禅来谒并习唐古忒语”，和《上元灯词有序》之“弗藉舌人通译语”句自注“乾隆八年始习蒙古语，二十五年平回部遂习回语，四十一年平两金川略习番语，四十五年因班禅来谒，兼习唐古忒语”，乾隆帝自我总结了其学习少数民族语言的过程。这两个地方的叙述一致，可互为印证。而《上元灯词》自注里乾隆帝点明接见外藩时“即以其语慰问，无藉通译”，已表现其“柔远”的真切心意，这是他学习少数民族语言的最大动力。

乾隆朝的灯火戏表演也寄寓了乾隆帝怀柔外藩、属国的意图。乾隆四十年（1775年）《上元灯词》之五云：

宁须西域微苏合，却笑龙川贡蜡枝。
庆节因之寓柔远，斯佳亦戒过华奇。[32]

在这一首诗里，乾隆帝对外藩进贡什么物品非常达观，其最为看重的是借着上元节日来“寓柔远”，即给其怀柔外藩、属国搭建一个平台。为了达到这个目的，在上元节，乾隆帝不断提高招待外藩、属国的规格。以接待朝鲜使臣为例，“自顺治二年（1645年）以后，朝鲜使团的使清人数每次在200～300名，其主要成员是正使、副使、书状官。他们被称之为‘正官’，又称‘三使’。”[33]在乾隆四十七年（1782年）之前，并不是所有的朝鲜使臣都能参与观看灯火戏，但后来情况发生了改变。乾隆四十八年（1783年）御制《上元灯词八首》之六云：

陪臣去岁预观灯，惠远何妨作例应。

[31]《御制诗五集》卷三五，《钦定四库全书·集部·别集类》。

[32]《御制诗四集》卷二六，《钦定四库全书·集部·别集类》。

[33] 王政尧：《〈燕行录〉初探》，《清史研究》1997年第3期。

礼义国原闲赋咏，上元帖子句当增。

领联自注：昨岁命朝鲜陪臣一体与上元筵宴观灯，以示怀柔，因以为例。该国陪臣郑存谦、洪良浩赋诗呈进，亦颇清顺。仍照上年例，宴赉亦增，太平佳话也。[34]

乾隆四十七年（1782年），"命朝鲜陪臣一体与上元筵宴观灯，以示怀柔"，到乾隆四十八年（1783年），这样的高规格接待成为惯例，朝鲜陪臣郑存谦、洪良浩都赋诗呈进，而乾隆帝给他们的赏赐在比照上年的基础上，又有增加。相信他们对清廷的顺服之心，又有所增加吧。乾隆帝对于朝鲜使臣的礼遇乃"醉翁之意不在酒"，其主要的"公关"对象其实是朝鲜国王，嘉庆三年（1798年）正月十九日（燕九）在圆明园山高水长看完灯戏、火戏后，乾隆帝通过朝鲜正使金文淳、副使申耆向朝鲜国王传话：

太上皇使和珅传言曰："你们还归，以平安以过之意，传于国王可也。"[35]

乾隆帝这些话，朝鲜使臣向国王作了转述，乾隆帝的怀柔之意也就实现了。

上元灯火之戏所营造的喜庆氛围与受邀与会在外藩首领、属国使臣心目中所产生的受重视感，通过使臣向其国王的捎话问侯以及说外藩语言而在外藩首领中所产生的亲近感，乾隆帝这些友善举动综合起来，使灯火之戏的怀柔效应产生最大的影响。但对于乾隆帝来说，光有善意是不够的，还必须在友善中体现出大清的威严。因当时盛大的烟火表演不是寻常的娱乐活动，其恢弘场面具有震撼人心的力量，可以借此在蒙古、回部等少数民族首领以及藩属国使臣前展示大清威势，以此巩固"十全武功"的征伐效果。

乾隆帝为外藩表演灯火戏时，通常要表演"万国春台"这出火戏。乾隆四十七年（1782年）乾隆帝作《上元灯词八首》

[34]《御制诗四集》卷九四，《钦定四库全书·集部·别集类》。

[35] 吴晗选编：《朝鲜李朝实录中的中国史料》下编卷一二《正宗实录三》，第4951页，中华书局，1980年。

之八云：

> 三元首祚迎和畅，万国春台乐皞熙。
> 百年嘉夜皇都景，保泰心犹念在兹。[36]

“万国春台”俗称“炮打襄阳城”，具有怀柔外藩的含义，吴振棫撰《养吉斋丛录》引《毛西河诗话》云：

> （康熙年火炮）有所谓“万国乐春台”者，象四征九伐，万国咸宾之状，纷纶挥霍，极尽震炫而后已。[37]

康熙年间博学鸿儒毛奇龄（即毛西河）谓“‘万国乐春台’者，象四征九伐，万国咸宾”，就是清政府举行灯火戏之寓意，其是通过“纷纶挥霍，极尽震炫”达到的。也就是说，通过灯火戏的盛大场景威慑、震慑参会的蒙、回外藩首领及其他藩属国使臣。乾隆五十一年（1786年）乾隆帝所作《上元灯词》之六云：

> 北漠西昆久来贺，东瀛南海创随班。
> 春雷启蛰同倾听，熙景扬觯许畅观。
> 颔联自注：向年蒙古王公及回部等均以上元节庆，于御园正大光明殿赐宴观灯，近岁乃敕朝鲜及琉球使臣一体随班典宴，俾观王会朝正之盛。[38]

“北漠西昆久来贺，东瀛南海创随班”句之自注“俾观王会朝正之盛”，正是乾隆帝邀请外藩属国参与灯火戏盛会的良苦用心。通过武功，达到了“百数十年版图式廓，中外一家，欢若家庭”，藩属国“毳服儒冠杂沓来”的局面；而通过灯火戏等威慑效应，是为了让外藩及属国认识到大清的威势与严整，使其安于现状，莫生异心。

亲临乾隆帝灯火戏之宴的外藩及属国使臣，也确实受到了

[36]《御制诗四集》卷八六，《钦定四库全书·集部·别集类》。

[37] 清·吴振棫撰，童正伦点校：《养吉斋丛录》，第184页，中华书局，2005年。

[38]《御制诗五集》卷二〇，《钦定四库全书·集部·别集类》。

大清盛世武功的震撼，《朝鲜李朝实录中的中国史料·正宗实录三》[39]金文淳、申耆所描述的“炮仗埋火，尤为轰烈，声响如雷，烟焰涨空”的宏大场面给人压迫与振奋感，但这还不是主要的，朝鲜使臣朴趾源看了灯火戏中的舞灯表演后，在《山庄杂记·万年春灯记》中云：

> 此斯须之戏耳，其纪律之严有如是者。以此法临军阵，天下孰敢婴之哉？然而在德不在法，况以戏示天下哉！[40]

从舞灯表演看出大清“其纪律之严”，并进而想到“以此法临军阵，天下孰敢婴之哉？”但最终落脚到“在德不在法”，大清皇帝之用心被朝鲜使臣极好地领会与诠释了。

要之，乾隆朝上元灯火之戏等节庆活动，通过邀请外藩首领、属国使臣与会的方式，实现了武力所不能及的政治功效，或者说通过文治的手段巩固了战争成果：第一，在这些节庆活动中，高规格接待、打通语言隔阂、创造节日气氛等都有助于拉近清政府和皇帝本人与外藩首领、属国使臣的心理距离，进而拉近与其统治集团、人民的心理距离，这是纯粹之“柔”。第二，通过宏大的节庆表演气势，继续展示大清的实力，对参与盛会的外藩首领、属国使臣产生心理威慑，并通过他们，把这种心理威慑传递到各地，此为“柔中带刚”。因此，我们可以说，灯火之戏等节庆活动，其娱乐功能为表，其政治目的为里。

清政府对蒙、回外藩及朝鲜、缅甸等属国的文治武功，不仅表现在武力征伐、朝会盛典、典章制度上，即使在灯火之戏这样的节庆表演中也有所体现。陈寅恪先生倡导“以诗证史”，乾隆帝御制灯词作为诗歌，也为我们展现了其“十全武功”的历史画卷，以及文治与武功这两种统治手段相辅相成、综合运用的策略。

[39] 吴晗选编：《朝鲜李朝实录中的中国史料》（下编）卷一二《正宗实录三》，第4950页，中华书局，1980年。

[40] 朴趾源：《热河日记》，第247页，上海书店出版社，1997年。

清代“太监永远铡草”制度浅探

故宫博物院宫廷部　滕德永

清宫太监的处罚自成体系。顺治时期，清廷即有规定：“内监有罪，由上驷院拘禁。”至康熙三十年（1791年），则做出新的规定：“有罪拘禁内监，着发往新设瓮山马厩铡草。”[1]这是康熙朝太监瓮山铡草制度的开端，也是有清一带太监铡草的肇始。康熙末年，在太监铡草的基础上又衍生出了“太监永远铡草”制度。

一　清代永远铡草制度之概况

（一）清宫太监永远铡草制度之形成

清代太监永远铡草制度发端于康熙末年。康熙五十一年（1712年），十五阿哥太监王玉鲁持小刀伤人之事引起康熙皇帝的重视，他认为这是对皇室人员人身安全的极大威胁，这种太监不能“容留宫内”，必须从重处罚。为此，康熙皇帝下令将其“交瓮山铡草”，并且规定：“嗣后如有似此持刀太监，亦著交予瓮山。”[2]清代太监永远铡草由此肇始。

此后近十年间，紫禁城内又先后发生多起太监用刀自伤或伤人事故。康熙五十三年（1714年），太监孙佩持刀自刎被发送瓮山铡草。康熙五十四年（1715年），太监刘快嘴持刀刺人被发送瓮山铡草。康熙六十一年（1722年），太监金廷麟因持刀欲与首领太监拼命被发送瓮山铡草。[3]太监伤人的事件频发令清帝非常紧张。

[1]《大清会典事例（乾隆朝）》卷一六四。

[2] 中国第一历史档案馆藏：《呈为太监王玉获罪缘由单》，奏案05-0006-020。

[3] 中国第一历史档案馆藏：《呈为瓮山圈禁永远铡草太监等花名单》，奏案05-0073-033。

康熙之后，雍正皇帝基本上延续了康熙朝既有制度。但是，内廷太监管理制度的不完善，为其留下了较大的发挥空间。体现在对太监的管理方面，雍正皇帝未受康熙皇帝提出的持刀太监发往瓮山铡草规定的局限，而是将范围给予扩大。雍正五年（1727年），狗房太监范可端因踢打苏拉致死被发瓮山铡草。雍正十一年（1733年），打扫处太监王保因偷窃并逃跑被发瓮山铡草。但是，由于资料的匮乏我们尚不能确定：雍正皇帝的这一做法是否是有意识地在确立这种制度。

这种情况至乾隆初期则有显著改观。乾隆皇帝登基不久，即将太监的管理问题提上日程。他不仅首次明确提出了永远铡草的概念，并将永远铡草作为处罚逃跑太监的重要手段。乾隆十年（1745年），清廷确立了每年按时上报永远铡草太监情况的制度，以加强对永远铡草太监的管理。这标志着清代永远铡草制度的最终确立。不过，在此后的执行过程中，永远铡草制度也几经变迁。至乾隆末年，受罚永远铡草的太监越来越少。

乾隆时期是清代永远铡草制度最为完善的时期，也是永远铡草制度的巅峰时期，为了更好地了解这一时期此项制度的情况，笔者根据有关档案进行了统计，并形成如下表格（表1）。

[4] 数据来源于内务府奏销档和奏案。

[5] 中国第一历史档案馆藏：《呈为太监牛大获罪缘由单》，奏案05-0006-019。

[6] 中国第一历史档案馆藏：《呈为太监闻进获罪缘由单》，奏案05-0006-024。

[7] 中国第一历史档案馆藏：《呈为太监范可端获罪缘由单》，奏案05-0006-026。

[8] 曾于乾隆十年再次逃跑。第一历史档案馆：《乾隆十六年十二月十七日奏报发往南苑永远铡草太监名单折》，奏销档226-088。

表1　乾隆朝永远铡草太监一览表[4]

序号	判罚时间	太监	缘由	最后见于档案年代	最后年龄	地方	铡草年限
1	康熙五十年	牛大[5]	发遣逃跑	乾隆元年	52	瓮山	24年
2	康熙六十年	闻进[6]	讹诈银两	乾隆元年	55	瓮山	14年
3	雍正五年	范可端[7]	踢打苏拉致死	乾隆元年	63	瓮山	9年
4	雍正十一年	王保[8]	偷窃并逃跑	乾隆十七年	37	瓮山	20年
5	乾隆元年	饭房王国泰	持刀自刎	乾隆二十三年	40	瓮山	22年7个月
6	乾隆二年	郑斐	圈禁				
7	乾隆四年	冯玉	二次逃走			瓮山	
8	乾隆五年	成贵	二次逃走			瓮山	
9	乾隆八年	张凤	二次逃走			瓮山	

续表

序号	判罚时间	太监	缘由	最后见于档案年代	最后年龄	地方	铡草年限
10	乾隆八年	宋进朝	二次逃走			瓮山	
11	乾隆十年	御花园于文[9]	持刀自刎	乾隆四十四年	49	吴甸	34年8个月
12	乾隆十年	恭住	二次逃走			瓮山	
13	乾隆十年	常在	二次逃走			瓮山	
14	乾隆十一年	慈宁宫董启辅	持刀自刎	乾隆十七年	77		7年
15	乾隆十一年	静宜园苏成	所管处所陈设被盗	乾隆三十九年	67	吴甸	27年6个月
16	乾隆十二年	御膳房马凤	持刀自伤	嘉庆五年[10]	70	吴甸	53年9个月
17	乾隆十八年	闻奇理					1年
18	乾隆十八年	圆明园王凤	逃跑	乾隆二十年	38	吴甸	3年
19	乾隆十八年	南府学艺太监王连璧	偷盗	乾隆二十年	34	吴甸	3年
20	乾隆十九年	祭神房罗思贵	持刀自刎	乾隆四十八年	52	吴甸	29年4个月
21	乾隆二十一年	四执事太监李进朝		乾隆二十三年（发往热河当差[11]）	33	吴甸	2年
22	乾隆二十二年	四执事李良	奏对不实	乾隆二十四年	47	吴甸	2年
23		四执事高鸣皋	奏对不实	乾隆二十四年	50	吴甸	2年
24	乾隆二十二年	銮仪卫王遇喜	打骂随围披甲人	乾隆二十六年	38	海子	4年5个月
25	乾隆二十五年	圆明园山高水长王端	持刀自刎	乾隆五十三年	54	吴甸	27年9个月
26	乾隆二十七年	掌仪司白玉	偷窃并二次逃走	乾隆三十八年	29	吴甸	11年8个月
27	乾隆二十八年	景山高维成		乾隆三十一年	40	吴甸	3年8个月
28	乾隆二十八年	圆明园张泰	酗酒不服管束	乾隆四十四年	49	吴甸	16年10个月
29	乾隆二十八年	圆明园王进喜	酗酒不服管束	乾隆三十九年	35	吴甸	10年9个月
30	乾隆二十八年	掌仪司徐进玉	持刀自刎	乾隆五十七年	49	吴甸	29年2个月

[9] 乾隆十八年曾经逃走，被获，仍发吴甸永远铡草。

[10] 中国第一历史档案馆藏：《呈永远铡划太监马凤情罪清单》，奏案05-0485-054。

[11] 中国第一历史档案馆藏：《奏为太监王国泰等发往热河当差事》，奏案05-0169-021。

续表

序号	判罚时间	太监	缘由	最后见于档案年代	最后年龄	地方	铡草年限
31	乾隆三十年	打扫处韩得玉	偷盗总管银两	乾隆三十三年	42	吴甸	3年10个月
32	乾隆三十年	打扫处赵进喜	偷盗总管银两	乾隆三十三年	32	吴甸	3年10个月
33	乾隆三十年	熟火处齐国泰	偷盗总管银两	乾隆三十三年	29	吴甸	3年10个月
34	乾隆三十九年	前三殿徐贵	代为背送貂皮擅出禁门	乾隆四十四年	68	吴甸	5年2个月
35	乾隆四十年	掌仪司王进朝	二次逃走	乾隆四十四年	38	吴甸	4年3个月
36	乾隆四十年	弘德殿郭呈祥	讳盗不报	乾隆四十四年	62	吴甸	4年2个月
37	乾隆四十七年	含经堂邓大成	酗酒滋事	嘉庆元年	63	吴甸	11年[12]
38	乾隆五十一年	掌仪司徐德	滑懒疯癫	乾隆五十二年	60	吴甸	1年

（二）清宫廷对永远铡草太监之管理

1．清宫廷太监永远铡草之地点

清宫廷缘罪太监永远铡草之地在乾隆十五年（1750年）前后有重要变化。乾隆十五年以前，其铡草地方主要在瓮山。瓮山是清代前期对万寿山的称谓。乾隆时，一方面由于铡草太监的增多，瓮山地方狭小，不能满足用来处罚获罪太监铡草的需要，迫切需要寻觅新址以安置日益增多的铡草太监；另一方面，为向其母祝寿，乾隆皇帝在此地兴建寺庙，这里不再适宜作为太监铡草之处。不久，乾隆帝降旨将“瓮山”命名为“万寿山”[13]。由此，瓮山结束了惩罚缘罪太监铡草的使命。此后，清代将惩罚太监铡草的地方由瓮山转移至南苑吴甸，而吴甸也成为乾隆时期缘罪太监受罚铡草的最为重要的基地。

2．清宫永远铡草太监的待遇

清宫永远铡草太监其日常工作主要是铡喂马草、煮料、添草、上料、拣粪、打扫马圈等。但由于永远铡草太监皆身负重罪，他们没有丝毫的人身自由，被禁闭在铡草区域之内，不得出门，没有假期，也不能享受政府的钱粮。一些犯有重罪的太监还要带锁铡草，其所带锁链少者带锁两条，多者九条。[14]

[12] 邓大成被判永远铡草的第二年，即乾隆四十八年，蒙恩赦回。不过，因酗酒再次被罚永远铡草，于乾隆五十一年发往吴甸，直至嘉庆元年。中国第一历史档案馆藏：《嘉庆元年十二月初九日呈报永远铡草太监马凤等情罪清单》。

[13] 故宫博物院编：《钦定内务府则例二种》第二种，第三册，清漪园卷，海南出版社，2000年。

[14] 中国第一历史档案馆藏：《奏为遵旨查得发往瓮山铡草犯人管理怠忽分别办理并请将上驷院等官员查议事》，奏案05-0001-005。

永远铡草太监待遇情况可从清廷对铡草太监的规定中了解大概。据档案记载，早期的铡草太监衣食并无定例。至雍正五年（1728年），铡草太监还是以喂马的仓米、料豆充饥。在统治者看来，这些犯罪太监地位根本不如这些马匹，"伊等每日食喂马仓米、料豆，则喂马之正项有亏"[15]。因此，为了改变这种状况，内务府奏请雍正皇帝，决定按照慎刑司监管犯人办法，由上驷院统一配给。几乎与此同时，铡草太监所用衣服被褥也形成制度，雍正六年（1728年）内务府规定："瓮山铡草内监，每年春季各给蓝布袷袄一件、单袴一条，冬季给粗布棉袄一件、棉裤一条，棉袜一双。三年一次给老羊皮袍一件，钧呈堂移咨广储司支领。"[16]在此之后，铡草太监的供给制度基本确立。

3．清宫廷永远铡草太监的管理

由于档案缺失，我们对乾隆以前清宫永远铡草太监的管理情况了解不多。总体来看，这一时期清宫对其管理比较松散，其表现之一是铡草太监竟然分散住宿。乾隆时，清宫加强了对永远铡草太监的管理。

首先，清宫确立了永远铡草太监的上报制度。鉴于缘罪发往瓮山永远铡草太监"俱未明确其年限"，不利于清朝统治者进行管理，因此，乾隆十年（1745年）十月初十日，根据总管内务府奏请，乾隆皇帝要求铡草地方厩长每年年底向其汇报永远铡草太监数目，并详细记录其获罪缘由。[17]其后，终乾隆一朝，该项制度执行不辍。

其次，清宫对永远铡草太监的日常管理也形成了制度。被发送吴甸铡草的太监，由厩长等两三人进行稽查，白天日间令其进圈，夜间则予以圈禁，特派看守领催、披甲人等看守。[18]不过，随着承平日久，这种制度并不能得到严格执行，它存在着严重的安全隐患。乾隆十年（1745年）二月，由于管理人员懈怠，永远铡草太监王保得间脱逃。这一事件引起了乾隆皇帝的重视，为此采取了一些措施加强防卫。"瓮山地方地广墙低，惟厩长、厩副二三人稽查难周，不免疏纵之虞，将内监等

[15] 中国第一历史档案馆藏：《奏为遵旨查得发往瓮山铡草犯人管理怠忽分别办理并请将上驷院等官员查议事》，奏案05-0001-005。

[16]《大清会典事例（乾隆朝）》卷一六四。

[17] 中国第一历史档案馆藏：《奏为酌定太监逃走投回之处分事》，奏案05-0073-032。

[18] 中国第一历史档案馆藏：《呈为吴甸厩长福秀为太监尹进忠越墙逃走事的供单》，奏案05-0157-013。

现在居住房屋、墙垣交与该处酌量修整，务令（铡草太监）住宿一处，增委内府领催一名、骁骑五名，严加看守。”[19]但乾隆皇帝的这些措施收效甚微，铡草地方的防卫愈加松懈。乾隆二十二年（1752年）七月十九日，吴甸铡草太监尹进忠逃走事发充分说明了守卫的形同虚设。当时，看守铡草太监人员主要是各旗轮流值班的披甲人，共十人。这些人主要由各主管佐领指派。这些人有的是各地淘汰不用之人，如常年在此的六斤，因眼部有残，被其主管安排在了吴甸值班。但多数则是各值班人员、甚或是由各领催人员直接出资找人雇佣，在这些所雇的值班人员之中，还存在多次雇佣现象，即雇佣人员再次雇佣他人代替值班之事情。明安佐领下披甲人黄达子直接花钱1800文雇佣他人代替值班8个月，实际上，黄达子本人也是代替别人值班。总之，十人之中有七人是雇佣他人顶替，只有三人是正式人员。不过，三人之中，一人请假，一人随围当差，其代替之人未到。不仅如此，在事发的前两天，其他人员也以种种理由请假，最后仅有五人还在轮流值班。[20]太监铡草地方防卫形同虚设。

4．清代永远铡草太监的特赦

在封建社会，每逢重大节日或者国家遭遇重大灾难之时，封建帝王经常会大赦天下。清代帝王也经常会对国家重要人犯进行特赦。清代的永远铡草太监也偶尔能够承其恩泽。打扫处太监王保于雍正十一年（1733年）因逃跑并偷窃之罪被发送瓮山铡草，因不堪忍受管理人员的虐待，至乾隆十年二月再次逃跑。不久，王保被番役抓获，并被再次发送瓮山永远铡草。但是，王保的命运很快发生了变化。乾隆十年四月二十一日，由于“京师三月以来雨泽愆期，今麦秋已届，未沛甘霖，仰望正切”，于是，乾隆帝发布谕旨，“虔诚祈祷”，为此，“因恩清理刑狱”。二十七日，经内务府奏请太监王保得以宽免。[21]当然，还有更加幸运的，太监邓大成因酗酒被发往吴甸永远铡草，但第二年，即乾隆四十八年（1783年），清廷即将其特赦释回。[22]不过，更多的永远铡草太监则无此幸运。乾隆十五年（1750年），永远铡草太监刘快嘴65岁，太监金廷麟56岁，他

[19]《大清会典事例（乾隆朝）》卷一六四。

[20] 中国第一历史档案馆藏：《呈为吴甸厩长福秀为太监尹进忠越墙逃走事的供单》，奏案05-0157-013。

[21] 中国第一历史档案馆藏：《奏为天旱清狱将枷号未满之太监王保等宽免事》，奏案05-0071-017。

[22] 中国第一历史档案馆藏：《奏为拿获初次逃走太监刘进忠发往吴甸铡草事折》，奏销档371-094-1。

们是康熙五十四年（1715年）和康熙六十一年（1722年）开始铡草，至此已经分别铡草了36年和28年。为了显示乾隆皇帝的仁爱之心，内务府将其“遵旨释放为民”。与此同时，尚有永远铡草太监8名，除郑斐得到特赦外，其余7名中“虽有年齿衰老”，但因“发往年份尚属浅近”，未能得赦。[23]

二 乾隆朝太监永远铡草制度变迁之解析

综合以上太监永远铡草情况，我们可以发现乾隆时期的永远铡草制度具有以下特点：

首先，乾隆皇帝非常重视永远铡草的处罚作用。在其实际掌权的60余年中，永远铡草制度执行不辍，并且实行严格的申报制度。在位期间，乾隆皇帝遵循了康熙皇帝的训令，将在宫内擅动刀刃之太监发送瓮山等地永远铡草。

其次，乾隆皇帝将永远铡草的应用范围不断扩大。乾隆时期，不仅在宫内擅动刀刃之太监需要受罚永远铡草，而且很多其他违反宫廷制度的太监也要受罚永远铡草。通过上述表格，我们可以看出除擅动刀刃之太监以及乾隆早期二次逃亡之太监发往瓮山等地永远铡草外，其余永远铡草太监之处罚皆无例可循。

最后，乾隆皇帝并未能将永远铡草进一步制度化，这主要是指永远铡草的适用范围。从表格中我们可以看出，乾隆时期除延续康熙时的政策外，其余的处罚，如酗酒、偷窃等等，这些都具有很强的随意性，并且这些处罚也未成为定例为后世所遵循。

在这之中也有短暂的例外。乾隆登基之初，他制定了初次逃走太监的惩罚标准，并于乾隆四年（1739年）左右，内务府将二次逃跑太监发送瓮山永远铡草。[24]乾隆十年，内务府取消了二次逃跑太监永远铡草的制度。当时清宫大量太监的逃亡是其直接诱因。满族统治者在确立其统治的过程中，吸取了明王朝灭亡的深刻教训，强化了对清宫太监的管理。不仅如此，清初帝王还极力贬低太监的人格，将他们看做“虫蚁一般之

[23] 中国第一历史档案馆藏，《奏为肆行太监金廷麟等发热河铡草并太监郑斐等释放为民事》，奏案05-0105-003。

[24] 根据乾隆朝《大清会典事例》，二次逃跑太监发往瓮山铡草的规定形成于乾隆八年。不过，根据档案考证这一记载有误。

人”[25]，认为他们“至微极贱”[26]。在这种思想的影响之下，清宫太监的地位十分低下，生活境遇非常凄惨，以致诸多太监无法忍受，逃亡事件时有发生。仅乾隆五年（1740年），即有太监八人出逃。这种情况每年都有发生，这使得清宫本来即数额不足的太监更捉襟见肘。所以，为了杜绝清宫太监的出逃，乾隆皇帝加大了对外逃太监的处罚以图威慑。但是，清宫太监数量的不足关键不在于太监的出逃，而是由于太监数量供给的不足，所以，乾隆皇帝永远铡草的威慑并不能最终解决这一问题。在这种情况之下，内务府不得不寻求新的解决办法。于是，乾隆十年（1745年），内务府奏请更改二次逃跑太监即发往翁山永远铡草的规定，将二次逃跑被获者发往瓮山带锁铡草三年。但是，这一规定并未得到内务府的严格执行，乾隆二十七年（1762年）与乾隆四十年（1775年）的判罚即是证明。

结合这三个特点，并联系乾隆朝宫廷制度的发展，我们发现一个重要问题：乾隆皇帝重视永远铡草对太监的威慑作用，但并未将这一制度载之典籍。乾隆时期是清代宫廷制度发展完善的重要时期。在总结前朝经验的基础上，乾隆皇帝敕令廷臣撰修了《国朝宫史》、《钦定内务府则例》、《钦定宫中现行则例》等书，其中宫廷对太监的管理制度详明而细致。《国朝宫史》记载了对太监处罚的制度化，其中有《钦定则例七条》，《宫殿监处分则例十一条》，《各处首领太监处分则例十六条》等。在《钦定宫中现行则例》中的规定则更为详细，涉及宫廷安全、宫廷秩序、请假制度、太监逃跑与自伤自尽五个方面。不过，在这些纷繁的制度之中，永远铡草却不在其列。其原因是什么？其实，这与乾隆皇帝取消二次逃跑太监永远铡草处罚的原因一致——清宫太监不敷应用。清宫档案显示：康熙年间清宫有太监3343名，雍正年间则有2575名，而乾隆时有太监2789名。[27]在乾隆时期，紫禁城内各项活动频繁，如此数量的太监远远不能满足宫中需要，于是，在乾隆十六年（1751年），乾隆皇帝将宫中太监数目定为3300名。[28]然而，

[25] 清·鄂尔泰、张廷玉等：《国朝宫史》，第7页，北京古籍出版社，1994年。

[26] 清·鄂尔泰、张廷玉等：《国朝宫史》，第35页，北京古籍出版社，1994年。

[27] 中国第一历史档案馆藏：《奏为遵旨查奏各处太监数目事》，奏案05-0027-021。

[28] 中国第一历史档案馆藏：《奏为十六年分现有太监数目事》，奏案05-0118-077。

由于太监来源不足，乾隆皇帝也不得不经常向京中王公索取太监，但终其一朝其宫内太监数目也未能足额。因此，若将大量太监发配永远铡草，清宫太监必将更加不敷，进而必将影响皇室成员的生活质量。所以，乾隆皇帝虽然重视永远铡草对太监的威慑作用，但也只能将其局限于康熙皇帝规定的擅动刀刃太监的范围之内，而未将其扩大化。

乾隆皇帝重视并终其一朝对太监永远铡草制度遵行不悖，但这一制度也存在其不足，不可避免地走上了灭亡之路。

永远铡草制度的消亡发生在嘉庆时期。乾隆皇帝退位后，并未将权力完全交付于嘉庆皇帝，其影响仍然存在。在此情形之下，嘉庆皇帝也没有贸然更改太监永远铡草制度，但是实际上这种制度已经名存实亡。至嘉庆初年，太监永远铡草上报制度仍在继续执行，不过，此时永远铡草太监已经仅剩御膳房太监马凤一人，而他已经铡草53年零9个月。不过，嘉庆五年（1800年）以后，这个乾隆朝太监永远铡草制度的遗迹也荡然无存了。至此，历经康雍乾三朝的太监永远铡草制度最终消亡。

太监永远铡草制度的威慑力不足是其消亡的自身原因。从永远铡草太监的待遇方面，我们可以得出这样的印象——永远铡草太监的境遇非常凄惨，实际上，这是非常错误的。当时服务于宫廷的太监，虽然其衣食住行较永远铡草太监为优，但是他们所面临的压力也是空前的。为了强化对他们的约束，清宫中制定了名目繁多的处罚制度。负责各项差使的太监容不得丝毫的疏忽，否则必将遭受各种体罚。乾隆十六年（1751年），太监张玉、蔡勋为皇帝备用衣服，因检查疏忽，未能检出袍袖之中所藏缝衣针，这是一种非常严重的失误，结果二人被鞭一百。[29]不仅如此，宫廷之中还实行连坐制度，太监一旦犯错，其直接主管的首领太监也要受到处罚，其结果则是当事太监遭受更为严厉的处罚。正是因为如此，诸多太监不堪忍受纷纷走向逃亡之路。而永远铡草太监则未有这种压力，他们虽然承担了众多的铡草任务，但是实际上铡草人员不仅仅局限于他们，还有很多太监因为种种原因被罚短期铡草，并且这批人员

[29] 中国第一历史档案馆藏：《奏为皇上袍袖有针将首领太监张玉等革职治罪事》，奏案05-0115-015。

的数量远远多于永远铡草太监人数。他们的到来极大地分担了永远铡草太监的工作，这使得他们的工作相对轻松，并且铡草地方的管理相对宽松，他们不需终日战战兢兢，因为疏忽而遭受刑罚。在这种情形之下，他们的身心远较宫中太监健康，在上表统计的38位永远铡草太监之中，铡草年限超过10年的达到14人，约占其总数的36.8%。而38人之中，年龄超过50岁的12人，约占其总数的31.6%。因此，如若永远铡草地方的生活极其悲苦，那么对这些数据将无法给予解释。所以，永远铡草作为一种惩罚制度已经远远不能发挥威慑太监的作用，它必将需要被更为严厉的惩罚来代替。这一点早在乾隆中后期已经有所体现。为此，乾隆皇帝对一些太监的处罚已经不再局限于发往吴甸永远铡草，而是发遣打牲乌拉及新疆等地。

太监永远铡草制度的消亡也有深刻的外因。乾隆后期，清王朝已经走向了衰落，清廷面临一系列的难题。对于这些问题，乾隆皇帝至死也未能予以解决。乾隆皇帝去世后，嘉庆皇帝得以秉掌国政，他要力图改变这种局面。为此，嘉庆皇帝在朝中与宫中采取了严厉的措施。

在朝中，嘉庆皇帝发布谕令，力图改变乾隆皇帝的“宽大”政策，严格对各级官吏的管理，要求“各路带兵大小各员，均当涤虑洗心，力图振奋，务于春令一律剿办完竣，绥靖地方。若仍蹈欺饰怠玩故辙，再逾此次定限，惟按军律从事。言出法随，勿谓幼主可欺也。”[30]嘉庆帝的上谕表明了其行政的决心。当然，嘉庆帝最大的行动则是诛除和珅。

在宫廷，嘉庆皇帝虽然继承了乾隆朝的既有制度，但更趋于严厉，因为他希望用更加严厉的惩罚来强化宫廷的管理。嘉庆时期，内务府则进一步强化了惩罚的力度。仅仅是太监酗酒一项，在乾隆时期，酗酒太监被发往吴甸永远铡草，而在嘉庆时期，这些太监则被发往打牲乌拉给兵丁为奴。[31]同样，嘉庆皇帝对于乾隆时期用永远铡草处罚太监的刑罚并不十分认同，他取消了这种处罚太监的刑罚，取而代之的是更为严厉的连坐刑罚。嘉庆五年（1800年），奉先殿当差太监赵雅图因自行砍

[30]《清仁宗实录》卷三七，第413～414页。

[31] 中国第一历史档案馆藏：《奏为太监苑进喜酗酒不法将之治罪事》，奏案05-0482-060。

伤即被处斩，而且其余本处太监也被责打三十板。[32]后来，嘉庆皇帝又加重了对这些自伤太监的处罚。不仅太监本人（被救活者）要遭到流放的惩罚，而且其亲属也要发配边疆给兵丁为奴。因此，太监永远铡草制度的灭亡也是嘉庆朝宫廷制度发展的必然结果。

在清代，历朝帝王都非常重视对太监的管理，为了将太监的消极作用降到最低，他们制定严厉的惩罚制度。太监永远铡草制度是清王朝的统治者们统治理念的重要组成部分，它是对太监人性的一种抹杀，也严重摧残了太监的身心健康。这种制度越来越不能适应形势的发展，并逐渐消亡。但是，这种消亡不是清朝统治者对太监人性的发现，而是变本加厉地加重了对太监的处罚。这是太监制度灭亡的先兆。

[32] 中国第一历史档案馆藏：《奏为太监赵雅图自行砍伤照例治罪事》，奏案05-0483-019。

论明清天坛祭天文化中的孝文化思想

北京市天坛公园管理处　张晶晶

中国的祭天文化可追溯至远古时期，西周时，祭天之制雏形粗具，祭天历经数千年的发展延续至明清时，早已从最初的人类祈求神人相通、神赐人福的单纯行为，逐渐发展成为包含维护政治秩序的政治伦理活动，内容愈加丰富，形式愈加繁琐。以儒家文化为主流的中国封建社会一直倡导以礼治国，“孝”是中国传统礼制思想的重要表现，也是贯穿社会伦理道德的一条主线。北京天坛始建于明，是明清两代皇帝祭天的专用场所，天坛祭天文化是封建社会皇家祭天文化的重要表现形式之一，是古代祭天文化的集中展示和综合反映。作为中国古代礼制思想的重要组成部分，天坛祭天文化中蕴涵着丰富的孝文化思想。

一　明清时期的祭天文化

祭天在我国有着悠久的历史，传说早在黄帝时期就已经有祭天的行为。据《史记・五帝本纪》载，黄帝时即有封禅天地之举，“万国和，而鬼神、山川封禅，与为多焉”[1]。帝尧时，“命羲、合，敬顺昊天，数法日月星辰，敬授民时”。到了西周以后，为了巩固社会秩序，强化统治力度，周公制礼作乐，《周礼・春官・大司乐》：“冬日至，於地上之圜丘奏之……则天神皆降，可得而礼矣。”[2]随之祭天礼仪初备，在中国逐渐形成了

[1] 汉・司马迁：《史记・五帝本纪》，第30页，中华书局，1959年。

[2]《周礼・春官宗伯》，第29页，广陵书社，2007年。

以“礼莫大于敬天，仪莫大于郊祀”为核心的祭天制度。

历经朝代的更迭，至明清时期，已陆续形成了一套体系完备、内容丰富的祭天文化。明永乐十八年（1420年），明成祖朱棣在北京南郊建成了郊祀祭天建筑天坛，并一直沿用到清朝灭亡。封建帝王每年在此隆重举行孟春祈谷、孟夏常雩、冬至祭天等祭天典礼。

自明至清，天坛陆续建成了五组祭天建筑群（祈谷坛、圜丘坛、神乐署、斋宫、牺牲所），能够完整地服务并满足于历代帝王的祭天需求，其中，祈谷坛用以举行正月祈谷大典、圜丘坛用以举行冬至祭天大典、神乐署用以演练祭祀乐舞、斋宫供皇帝祭前斋宿、牺牲所专门豢养祭祀用牺牲。这些建筑在以往朝代祭天建筑的基础上，形成了自己独特的风格，在建筑色彩、建筑形制、建筑寓意等方面综合体现了古人营造祭天建筑的理念和思想，反映出其更加细致、深远的追求。祭坛择址选在东南“阳天”的位置，在建筑色彩上多采用蓝色，建筑形制上多取圆形，均是“天”的象征，建筑数字多运用“九”以象征天数，并多运用与天时、农时、农事相联系的数字，这些完全符合天坛祭天的意境。同时，天坛还具有独特的祭坛氛围，天坛坛域宽广，面积达273公顷，其中近十分之一的坛域种植有松柏等树种，古人认为“坛之后树以松柏”，寓“尊而识之”之意。祭天大典发展到明清，更为繁琐，细节更加完善，天坛祭天典礼前期的备祭就包括“择吉日”、“题请”、“涤牲”、“省牲”、“演礼”、“斋戒”、“上香”、“视笾豆”、“视牲”、“行礼”、“庆成”等多项仪程。祭典现场又包括“燔柴迎帝神”、“奠玉帛”、“进俎”、“行初献礼”、“行亚献礼”、“行终献礼”、“赐福胙”、“彻馔”、“送帝神”、“望燎”等仪程，可谓相当完备。天坛祭天还包含丰富的礼乐文化，中和韶乐是对雅乐发展至明清时期的音乐形态的称谓，也是在明清祭天大典上演奏的祭祀乐，处处体现出“礼”的本质。它集礼、乐、歌、舞于一身，中正平和，采用宫、徵、商、羽、角的五声音阶；一字一音，保存和延续了先秦雅乐的特征；八音具备，以金、石、丝、竹、土、木、匏、革八种材料制成的乐器进行演奏；有乐必有歌；钟声磬韵，体现“金声玉振”的特点。

作为中国古代礼制文化的重要组成部分，天坛祭天在继承中国几千年的祭天文化的基础上，形成了历史上最完备、最成熟的祭天文化体系。从祭天建筑的选址营造和具体规制、祭天祀典的严谨制定、祭天乐舞的编排演练，到祭天器物的形制要求，祭祀牺牲的选用制作等，处处反映出“礼”的规范和要求，祭天俨然成一文化体系，充分反映了中国传统礼制思想的丰富内涵，成为中国几千年礼制文化发展的规整有序的、等级鲜明的表现形式之一。

二 中国孝文化思想

著名学者梁漱溟说：“中国文化是‘孝的文化’，自是没错。”[3]哲学家谢幼伟在其《孝与中国文化》中指出：“中国文化在某一意义上，可谓为‘孝的文化’。孝在中国文化上作用至大，地位至高；谈中国文化而忽视孝，即非与中国文化真有所知。”[4]

孝文化起始于上古社会尧帝以前，据《史记·五帝本纪第一》记载，舜“父顽，母嚚，弟傲，能和以孝。不至奸。”[5]舜二十岁以孝闻名于天下，被尧帝选为接班人。可见当时“孝”已经作为选择接班人的主要标准，舜帝成为二十四孝之一，“虞舜圣君，大孝感天”所讲述的就是关于舜帝之孝的故事。“孝”是中国古代传统思想的重要组成部分，也是中华文化的本源之一，《孝经·开宗明义章》：“孔子曰：‘夫孝，德之本也，教之所由生也。’”[6]强调了“孝”是德行之根本，教化产生的根源。

“孝”字最早见于3000多年前的殷商甲骨卜辞。甲骨文“孝”字像孩子扶持老人之形，描绘的正是人类的自然亲情。《尔雅·释训》以为“善父母为孝”。东汉许慎《说文解字》对孝作了生动而准确的解释：“善事父母者。从老省，从子，

[3] 梁漱溟：《中国文化要义》，第20～21页，学林出版社，1987年。

[4] 谢幼伟：《孝与中国文化》，青年军出版社，1946年。转引自梁漱溟：《中国文化要义》，第21页，学林出版社，1987年。

[5] 汉·司马迁：《史记·五帝本纪》，第30页，中华书局，1959年。

[6] 孔丘著，汪受宽撰：《孝经译注》，上海古籍出版社，2004年。

子承老也。”孝最初仅限于人伦的范畴，指对父母的物质奉养和精神奉养。到殷末时，“孝”字被赋予了尊祖、敬祖的道德含义。《商书·太甲中》载：“奉先思孝”，表现的就是尊崇祖先的意思。[7]殷商时期十分重视祭祀祖宗，卜问祖先，并视此为重视“孝”。夏代已盛行祖宗崇拜，殷代更为发展。对祖先和至上神的不敬，在夏、殷两代被视为最大的罪名，会受到严厉的处罚。据《孝经》载，夏朝“五刑之属三千，而罪莫大于不孝”。《商书》中曰，殷商“刑三百，罪莫重于不孝”。[8]

儒家鼻祖孔子对“孝”推崇备至，子曰：“孝子之事亲也，居则致其敬，养则致其乐，病则致其忧，丧则致其哀，祭则致其严。五者备矣，然后能事亲。”[9]反映了孔子“礼孝”的思想，其孝道思想奠定了中国传统孝道的基本内涵。《论语》中比较集中地体现了儒家的“孝”文化思想。子路问曰：“愿闻子之志。”孔子曰：“老者安之，朋友信之，少者怀之。”[10]把“老者安之”放在第一位。孟懿子向孔子问孝时，孔子曰：“无违”，即不违背、不违反父母的意愿、意志。“子爱利于亲，谓之孝”，衡量子女的行为是不是孝，其标准是该行为是否对父母有利，不只是经济的，还包括感情上、心理上是否对父母有利。

孝俗在中华民族传统文化中占有极重要的地位。《诗·大序》曰：“先王以是经夫妇，成孝敬，厚人伦，美教化，移风俗。”[11]可见它不只是简单的子女同父母等长辈的关系。《孝经·庶人章》云：“用天之道，分地之利，谨身节用，以养父母，此庶人之孝也。”[12]庶人之孝，就是奉养自己的父母。《礼记·祭统》云：“孝子之事亲也，有三道焉，生则养，没则丧，丧毕则祭。养则观其顺也，丧则观其哀也，祭则观其敬而时也。尽此三道者，孝子之行也。”[13]

几千年来，孝文化思想深深地影响着人们的思想和行为方式，成为支配人们行为的准则和评判德行的标准，同时也成为统治阶级的专用统治工具，在数千年的意识形态领域留下了永不磨灭的印迹。

[7] 江灏、钱宗武：《今古文尚书全译》，贵州人民出版社，1992年。

[8]《吕氏春秋·孝行》，贵州人民出版社，2009年。

[9] 孔丘著，汪受宽撰：《孝经译注·纪行章》，上海古籍出版社，2004年。

[10]《论语·公冶长第五》，第4页，黄山书社，2005年。

[11] 汉·郑玄笺，唐·孔颖达等：《正义·毛诗正义·十三经注疏》，上海古籍出版社，1997年。

[12] 孔丘著，汪受宽撰：《孝经译注》卷八《感应章第十六》，上海古籍出版社，2004年。

[13] 潜苗金译注：《礼记译注》，第582页，浙江古籍出版社，2007年。

三　明清天坛祭天文化中所蕴含的孝文化思想

在封建社会，“君权神授”的观念一直影响着中国几千年的社会政治生活，“敬天法祖”成为历代君王政治思想的重要组成部分。董仲舒《春秋繁露·顺命》：“天者，万物之祖，万物非天不生。”[14]君王以天的意志来行政，保全天的子民，从而为其统治的合理性提供了理论依据。《左传·成公十三年》有载：“国之大事，在祀与戎。”[15]祭祀已成为一项非常重要的社会政治生活，受到统治者极高的礼遇和尊崇。祭天文化作为中国古代社会长期存在的一种文化现象，自成体系，也是中国礼制文化的重要组成部分。天坛祭天文化中包含了很多“孝”的元素和内容，从祭天文化的初衷以及表现形式上来看，传达的就是人类对神秘莫测的“天帝”的一种“孝”，《易·说卦》中载：“乾，天也，故称乎父。”[16]天坛的祭天建筑继承和发扬了中国古代祭祀建筑的特点，不仅布局合理，构造巧妙，而且蕴涵着丰富的象征寓意。其建筑格局、特点从不同角度折射出中国古代“孝”的思想。

中国古代视“天”（又称皇天上帝、昊天上帝）为世间的主宰，自西周时最高统治者自称为天子，《礼记》云：“君天下曰‘天子’。”《春秋繁录》中亦称：“尊者取尊号，卑者取卑号。故德侔天地者，皇天佑而子之，号称天子。”西汉董仲舒“君权神授”的政治理论也明确了君权与天的关系，通过强调君权的天然合理性和神圣不可侵犯性反映出“天”的至高无上。天坛祭天建筑的特点恰恰能反映出阶级社会中天子与天的关系，统驭万民的天子对“天”是敬畏的，是孝敬的。天坛的主要建筑祈年殿、圜丘、皇穹宇（回音壁）等坐落在中轴线上，均是采取坐北向南的方位。与这些建筑有着截然不同的特点的是坐落在天坛西南方位的斋宫，斋宫是天坛主要建筑之一，是皇帝举行祭天大典前进行斋戒的场所。《礼记·郊特牲》：“郊用辛。注，凡为人君当斋戒自新”，是为斋戒之始。《易经·系辞上》称：“洗心曰‘斋’，防患曰

[14] 汉·董仲舒：《春秋繁露》，中华书局，1975年。

[15] 《左传》成公十三年，第269页，黄山书社，2005年。

[16] 《周易·说卦》，第204页，黄山书社，2005年。

‘戒’。”《孟子·离娄下》称：“虽有恶人，斋戒沐浴，则可以祀上帝。”说明了斋戒的重要性和必要性。明代朱元璋时正式修建斋戒建筑斋宫，斋宫是皇帝祭祀大典前斋戒的场所，作为九五之尊的天子的居所应该是正位，然而这个院落却采取的是坐西向东的方位，建筑的琉璃瓦色也使用了绿色，而非帝王居所专用的明黄色，隐喻皇帝对天以青宫自居之意。青宫是古时对太子的一种代称，意为自称为天子的皇帝在天坛斋戒时对于遥居天庭的“皇天上帝”是作为父亲来尊敬的，是怀着崇敬和敬畏的心情的，这是一种孝敬的表达。

古语云：“孝悌之至，通于神明。”孔子亦云：“王者父事天，母事地，言能致事宗庙，则事天地能明察也……则神感至诚而降福佑。”子曰：“昔者，明王事父孝，故事天明；事母孝，故事地察；长幼顺，故上下治。君能尊诸父，先诸兄，则长幼之道顺，君人之化理。天地明察，神明彰矣。事天地能明察，故曰彰也。”[17]古人将王者孝敬父母与天地明察联系起来，认为二者间存在直接的因果关系。贤明的帝王能够奉侍父亲孝顺，所以在祭祀天帝时能够明白上天覆庇万物的道理；奉侍母亲很孝顺，所以在祭祀后土时能够明察大地孕育万物的道理；理顺并处理好长幼秩序，所以对上下各层也就能够治理好。能够明察天地覆育万物的道理，神明感应其诚，就会彰明神灵、降临福瑞来保佑。

天坛的祭天文化是综合涵括对“天”的情感的一种礼制文化的表达，在其祭天礼仪方面同样传达出“孝”的思想。自明代开国皇帝太祖朱元璋建南京天地坛时这种思想就如影随形。中国古代祭祀制度源远流长，自西周以来历朝历代多在都城南郊举行郊天之仪。周时还在南郊建祇宫以祭地，实行天地分而祀之的祭祀制度。自此以后的朝代则时而天地分祀，时而合祀。明朝洪武元年（1368年），太祖朱元璋采纳中书省李善长的建议，祭天制度遵照古制，“分祭天地于南北郊。冬至则祀昊天上帝于圜丘，以大明、夜明、星辰、太岁从祀。夏至则祀皇地祇于方丘，以五岳、五镇、四海、四渎从祀。”[18]建圜

[17] 孔丘著，汪受宽撰：《孝经译注》，上海古籍出版社，2004年。

[18] 清·张廷玉等：《明史》卷四八，第1246页，中华书局，1974年。

丘于南京钟山之阳以祭天，建方丘于钟山之阴以祭地。到了洪武十年（1377年）秋，朱元璋因感斋居时京师阴雨不断，阅览了京房灾异之说后，认为原因在于天地分祀。“谓分祭天地，情有未安”随即命在南郊建大祀殿。当年冬至日，因为营建工程未完成，太祖迫不及待地在宫中的奉天殿举行了天地合祀，并且亲自撰写祝文，内容明确了“人君事天地犹父母，不宜异处”。[19]遂定每年合祀于孟春为永制。明太祖将天地视同父母，不可分而祀之，从而更改祭祀制度，其实质就是遵循“孝”的思想。他的后代子孙一直遵循祖制举行天地合祀，直至16世纪明世宗嘉靖皇帝即位，才打破了这种祭祀旧制。

在天坛建筑改制的历史上，明世宗朱厚熜可谓是书写了重要的一笔。正德十六年（1521年），明武宗朱厚照驾崩，身后无嗣，经朝廷集议，远在湖北安陆的朱厚熜最终以藩王世子的身份承继大统，继位后的朱厚熜随后对祭祀制度和祭祀建筑进行了大刀阔斧的改革。他继位后实行天地分祀，在大祀殿南专门建造圜丘坛以祭天。为尊崇其生父，改建大祀殿为大享殿，以其生父配天而祭。嘉靖十七年（1538年）六月，致仕扬州府同知丰坊上疏建议：“孝莫大于严父，严父莫大于配天。请复古礼，建明堂。加尊皇考献皇帝庙号称宗，以配上帝。”[20]丰坊援引《孝经》中的言论，认为将父亲配天而祭是做人子最大的孝敬，请求嘉靖帝建明堂，追尊献皇帝庙号为“睿宗”，尊其生父献皇帝为宗，配上帝而祭。嘉靖帝采纳了丰坊的建议。同年九月追尊其父庙号为“睿宗”，随后拆大祀殿，改建为大享殿，用以举行季秋大享之礼。“定岁以秋季大享上帝，奉皇考睿宗配享。行礼如南郊，陈设如祈谷。”[21]这些举措在当时的朝野引发了巨大的争议。从祭祀制度到祭祀建筑所作的改变，姑且不论朱厚熜内心的真实想法，这种做法也从一个侧面反映出他作为人子表达孝敬的心理，突出地反映了“孝”的思想。

《礼记·王制》中记载：“天子祭天地，诸侯祭社稷，大夫祭五祀。”[22]不同的政治地位决定了祭祀权的不同，祭天成为国家的最高统治者——天子所独擅的行为，是君王自家的

[19] 清·张廷玉等：《明史》卷四八，第1246页，中华书局，1974年。

[20] 清·张廷玉等：《明史》卷四八，第1246页，中华书局，1974年。

[21] 清·张廷玉等：《明史》卷四八，第1246页，中华书局，1974年。

[22]《礼记》卷一二《王制》，第25页，广陵书社，2007年。

事情，正如《汉书·郊祀志》所载："帝王之事莫大乎承天之序，承天之序莫重于郊祀，故圣王尽心极虑以建其制。"[23]明清帝王郊祀多为亲祭，尤其是清代诸帝，一方面以表虔敬之情，同时也向天下耀示作为正统嗣位者的身份，即位当年，均要亲祭南郊。自清入关后的清代十位帝王，在承继大统之当年，均在南郊举行冬至圜丘祭天大礼。"顺治世祖入关宅帝位，于是冬至祀圜丘，奉日、月、星辰、云、雨、风、雷配。"[24]顺治十四年（1657年），因感"人君事天如父，岁止一郊，心有未尽"，诏言"惟营殿禁中，岁时致祀，配以太祖、太宗，庶昭诚敬"[25]，至是始有禁中祀天礼。至圣祖嗣位，方诏罢之。清统治者在关外时未实行雩祀，顺治十四年（1657年）因夏旱，"世祖始祷雨圜丘，前期斋三日，冠服浅色，禁屠宰，罢刑名。届期，帝素服步入坛，不除道，不陈卤簿，坛上设酒果、香灯、祝帛即熟牛脯醢，祭时不奏乐，不设配位，不奠玉，不饮福、受胙。余如冬至祀仪。其方泽、社稷、神祇诸坛，则遣官莅祭。既得雨，越三日，遣官报祀。定躬祷郊坛仪自此始。""越三年又旱，卜吉致斋，步至南郊，躬亲告祭。于时天无片云，顷之乃大雨。报祀如初。"[26]

康熙也是亲祷祈雨的力行者，康熙九年（1670年）夏旱，"诏百官修省，礼部祈雨。十年（1671年），帝亲祷。自后躬祀以为常。二十六年，亲制祝文祈告，雨立降。又尝设坛宫禁，跽祷三昼夜，日惟淡食，越四日，步祷天坛，雨骤澍，步还宫，衣履霑湿云。"[27]

为示诚孝，有清一代帝王很少遣代他人郊祀，"康熙二年，定郊祀躬亲行礼，无故不摄。四十六年，冬至大祀，会天寒，群臣以代请，勿许。……越二年，祀圜丘如初。嗣是帝年逾六十，兼病足……明年冬至，斋戒，犹力疾升坛省俎豆，量力拜跽，退处幄次，俟摄事者礼讫始还宫。臣工固请停躬诣，犹勿许。六十一年，祀南郊，始遣世宗恭代，距宾天止五日也。"[28]咸丰八年、九年时，"帝疾不能亲，犹宫内致斋，届日诣大高殿、皇穹宇行礼"[29]。

[23] 汉·班固《汉书》卷二五《郊祀下》，第953页，吉林人民出版社，2003年。

[24] 赵尔巽等主编：《清史稿》卷八三，第2503页，中华书局，1986年。

[25] 赵尔巽等主编：《清史稿》卷八三，第2504页，中华书局，1986年。

[26] 赵尔巽等主编：《清史稿》卷八三，第2511页，中华书局，1986年。

[27] 赵尔巽等主编：《清史稿》卷八三，第2512页，中华书局，1986年。

[28] 赵尔巽等主编：《清史稿》卷八三，第2504页，中华书局，1986年。

[29] 赵尔巽等主编：《清史稿》卷八三，第2505页，中华书局，1986年。

借助天坛这座与“天”通灵的载体，表达人类祈佑世事平安的诉求，是在天坛举行祭天大典的主旨。除了天坛每年固定举行的几次大祀以外，如遇一些重大事件，皇帝也会在天坛举行告祭活动，如皇帝登基，册立皇太子，册立皇后等。在众多的告祭活动中，有一件反映“孝”的典型事件，这就是康熙二十六年（1687年）因祖母孝庄太后病重，康熙皇帝从紫禁城步行至天坛圜丘进行祈祷的事情。

康熙帝一生崇尚孝道，他曾言，因自幼“父母膝下，未曾一日承欢”，而是在祖母的呵护下长大，在个人成长及执政的过程中又得到了祖母的谆谆教诲，感情颇为深厚。自孝庄太后病重以来，康熙帝是寝食难安，康熙二十六年十一月甲辰，谕大学士等打算至南郊为祖母祈祀，“自太皇太后圣体违和以来，多方医治，罔克奏效，病势渐增，甚为可虑，朕夙夜忧惧，兹欲躬诣郊坛，虔行祷祀，保佑太皇太后慈躬和豫，永获康宁，可将朕意传示九卿”。九卿认为康熙帝“圣孝之诚，必当感格穹苍。……似不必诣坛致祭，天心自为默佑。”[30]而康熙帝坚持自己的想法“如稍有可望之机，亦不敢祈躬祷天坛之念，今竟毫无冀望，何计可施，惟有竭抒诚悃，叩祈上天之眷佑耳，并非沽取虚名，徒事粉饰为也。皇皇上天，其可欺乎？”遂令诸大臣传示谕旨。同年丁卯十二月乙巳朔，康熙帝亲率诸王、贝勒、贝子及文武官员等，步诣天坛致祭。并亲撰祝文曰：“嗣天子（臣）玄烨敢昭告于皇天上帝曰‘臣仰承天佑，奉侍祖母太皇太后，高年荷庇，藉得安康。今者，疹患骤作，一旬以内，渐觉沉笃，旦夕可虑。（臣）夙夜靡宁，寝食捐废，虔治药饵，遍问方医，罔克奏效，五内忧灼，莫知所措。窃思天心仁爱，覆帱无方。矧（臣）眇躬，夙蒙慈养，忆自弱龄，早失怙恃，趋承祖母膝下，三十余年，鞠养教诲，以至有成。设无祖母太皇太后，断不能致有今日成立，罔极之恩，毕生难报，值兹危殆，方寸愦迷。用敢洁蠲择日，谨率群臣，呼吁皇穹，伏恳悯念笃诚，立垂昭鉴，俾沉疴迅起，遐算长延，若大数或穷，愿减（臣）龄，冀增太皇太后数年之寿，

[30]《清圣祖实录》卷一三二，第421页，中华书局，1985年。

为此匍伏坛下，仰祈洪佑，不胜悬祷之至。’”读祝版时，康熙帝涕泪交颐，陪祀诸王大臣等，无不感泣。

“夫孝，天之经也，地之义也，人之行也。”在这个历史上著名的体现封建帝王孝道的事件中，康熙帝的孝敬之情在一个祭天的场所进行宣泄和表达，一方面体现出康熙帝与其祖母的深厚情感，另一方面也反映出祭天建筑是寄托了人间无限希望和情感的一处建筑，是人类精神世界与现实生活的交接点。天坛作为中国数千年祭天文化的终结表现，其所代表的中国传统精神信仰对整个社会发展进程产生了难以抹去的深刻印记，而它自身也毫无例外地融入了中国封建社会的多重特征，“孝”能够“通于神明，光于四海，无所不通”的作用在某种程度上恰恰成为支撑人间帝王举行祭天活动的有力精神力量。

清宫萨满教的历史演变与文化影响

上海社会科学院宗教研究所　王宏刚

满族先民女真族曾经建立金朝，满族建立了清朝，这两个入主中原的王朝立国约400年，因此满族及其先民在中国文明史上发挥了重要的历史作用，其文化的最终核心是萨满教。

满族的萨满教信仰渊源悠长，满族先民肃慎、挹娄、勿吉、靺鞨、女真都曾信奉萨满教。13世纪初，南宋徐梦莘在《三朝北盟会编》一书中首次明确记载了女真人的萨满称号[1]，首创女真文字的一代名相完颜希尹就是个通变如神的女真萨满，说明当时萨满教已进入金朝宫廷，并有重要影响。金朝对长白山的册封，表明萨满教已开始国典化。

有清一代，萨满教一直是清宫爱新觉罗皇室宗教信仰的主体部分，但这种传承已久的传统信仰发生了巨大的变化。皇朝的建立，使清宫萨满教国典化、法制化，在吸收汉族、蒙古族、藏传佛教等外来文化的影响下，其神系、祭典发生了很大变化，增强了萨满教的普世性，并深刻地影响到八旗部民，使本以氏族为本的原始信仰——萨满教向民族宗教转化。虽然随着清朝的灭亡、社会形态的转型与进步，满族萨满教并没有最后完成这种历史演变，但已提供了一个氏族宗教向民族宗教进化的范例。本文据《大清通典》、《大清会典》、《钦定满洲祭神祭天典礼》等清宫典籍，以及笔者近30年来在东北满族集聚地的萨满教田野调查资料，探索清宫萨满教信仰的历史演变及其对满族的文化影响。

[1] 南宋·徐梦莘：《三朝北盟会编》，上海古籍出版社，1987年。文中记载："兀室奸滑而有才。……国人号为珊蛮。珊蛮者，女真语'巫妪'也，以其通变如神。""三朝"指宋徽宗赵佶、宋钦宗赵桓、宋高宗赵构三朝。

一 努尔哈赤、皇太极、顺治时期的萨满教改革

努尔哈赤起兵后，在佛阿拉建堂子祭天，后定都兴京赫图阿拉后，便“立一堂宇，缭以垣墙，为礼天之所”。随着后金的强大和都城的迁徙，后金统治者也先后在东京辽阳、盛京沈阳设堂子礼天，使满族萨满教祭祀逐渐庙堂化。

努尔哈赤起兵攻占哈达、朱舍里、长白山、辉发、叶赫、董鄂、乌拉、斐攸等部，兵马先破“堂色”（即堂子），“掠祖像神器于贝勒马前”。[2]各部的神像、神器或被烧毁，或被改造，以此割断人们同以往世界的精神联系。在统一女真各部的同时，对各氏族的萨满教进行改造，开始统一化、规范化的历史进程。

据《清史稿》、《满洲源流考》等记载，皇太极时期祭神的堂子是在沈阳城的东内治门外，而祭神祭祖的地方主要在盛京皇宫的清宁宫。每次元旦谒堂子之后，皇太极都要回到清宁宫拜神，然后才御朝上殿。崇德元年（1636年），皇太极正式颁布了元旦谒堂子拜天的礼仪，规定“固山贝子、固山福晋以上者往祭，祭前亦须斋戒。此外，妄行祭祀，永行禁止。”同时，颁布了统一的萨满教祭堂子、祭神的满文祝辞。

《清太宗实录稿本》记载：“凡人祭神、还愿、娶亲、死人、上坟、杀死货卖，宰杀牛、马、骡、驴，永革不许。”“满洲、蒙古、汉人、端公、道士，永不许与人家跳神拿邪，妄言祸福，蛊惑人心，若不遵者杀之。”这是一场由沈阳清宫发动的萨满教去魅运动，对满族民间萨满教的影响深远。自此，满族萨满教中的巫术成分逐渐被剔除。皇太极的禁令保护了牛、马、骡、驴等大牲畜，有力地保障了满族方兴未艾的农业的正常发展。

清定都北京后，仿盛京城外东南的堂子结构，在紫禁城东南长安左门外、玉河桥东建堂子，并仿盛京清宁宫改建坤宁宫。坤宁宫除皇帝大婚洞房暂住三日外，成为清宫萨满祭祀经常进行的固定场所。另外，在神武门内西旁设祭马神室五间。

《清史稿·礼四》记载：“顺治二年定，每年三月初一

[2]《清太祖武皇帝实录》卷一。

日、九月初一日俱立杆，皇帝亲诣致祭。”王、贝勒、贝子等参加，有了国家典礼的意义。堂子俗佛为崇德元年（1636年）正式确定，顺治年间沿用下来，反映了萨满教与喇嘛教的交融。出现了坤宁宫日祭，使萨满教祭礼经常化，各种类型的萨满祭祀礼与皇家礼仪交染，以典制确定下来，并使祭祀神职人员职官化。

努尔哈赤、皇太极、顺治时期的萨满教改革，为康熙至乾隆朝清宫萨满教的制度化、国典化的定型奠定了基础。

二　康熙至乾隆朝清宫萨满教的制度化、国典化的完成

（一）康熙朝清宫萨满教的制度化、国典化

1．康熙朝清宫萨满教祭礼场所的固定化与庙堂化

萨满祭祀的场所，在远古时代并不是固定的。明代女真，那时社会经济生活主要是游猎，打猎走到哪里就在哪里祭天、祭神，后来由于农业发展，女真——满族人开始定居，有欲祭神者，于卧室内以绳贯于新衣饰如神幔，照平日祭神之礼以酒、糕与猪祭之，开始有固定的场所。至清朝初期，清宫萨满教祭礼开始国典化，到康熙朝清宫萨满教祭礼场所的固定化与庙堂化已经完成，其主要场所如下：

（1）堂子

北京堂子建在紫禁城东南方的长安左门外，在街南玉河桥东地方。街门朝北，而内门向西。门内正中的祭神殿，是朝南的五间殿廊式建筑。它的南面为甬道，直达拜天圆殿，又叫亭式殿。亭式殿南面正中设有皇帝的神杆石座，是祭祀时树立神杆的位置。稍后两翼是皇子、王公随祭的神杆石座，次亲王、郡王、贝勒、贝子、公，依次序列。神杆石座总共73座，均向北。

在堂子的东南角建有上神殿，又叫尚锡神亭。它自有一个小院，周围有两层院墙，呈方形。院中为上神殿，规制如同亭式殿，略小。上神殿东边有一间储存楮帛的房子，东西甬道与

南北甬道相连接，储楮帛室向北可达祭神殿，向南可达拜天圆殿。堂子内门外西南有祭神房三间。

堂子原是入关之初建在北京东交民巷的。庚子年（1900年）义和团运动前后，西方国家纷纷在那儿大建使馆，清朝将堂子移建东长安门外之南。现北京堂子已不存在。

（2）坤宁宫神堂

坤宁宫位于皇帝居处乾清宫后，原是明代皇后居住的正宫，共有九间。清朝入关定都北京后，将其中部和西部共四间改为萨满祭祀神堂，建筑风格改造为满族风格，正门开在偏东一间，将明代的菱花窗格改为满族的直棂吊窗，窗户纸糊在外。宫内东头两间暖阁，作为皇帝大婚时临时居住的洞房。神堂的东北角隔出一小间，内有煮祭肉、蒸糕的三口大锅，东南角的东墙上供有灶君神位。神堂南、北、西三面有满族传统的万字炕，又叫转角炕。神堂西墙正中供有朝祭神位，北墙西角供有夕祭神位。坤宁宫门外东南方立一楠木神杆，杆长一丈三尺，神杆上有斗径七寸、高六寸的楠木圆斗。萨满洒米祷祝祭天后，杀牲祭献于高案及碗内，神杆穿新猪颈骨，将精肉、胆及洒米装楠木斗内，立起神杆，夹新净纸于神杆倚柱之间。行礼祭天毕，皇帝、皇后入坤宁宫受胙。

（3）祭马神室

清宫在神武门内一处院落作为祭马神室，为南北正房，东侧间开门，正对门有煮肉大锅一口、蒸糕大锅一口。门西为神堂，西墙正中为朝祭神位，朝祭进牲前，要将佛亭、菩萨像及一对香碟移至廊下。[3]

（4）清宫的其他萨满祭礼场所

康熙皇帝幸畅春园、热河，驻跸日久，即在畅春园、热河张挂神幔，设佛亭神位以祭。分府的皇子有亲王、郡王等爵位，均在居宅祭神祭天，未分府的在紫禁城内居住之皇子，每月各于所居之处祭神祭天。皇帝妃嫔多，其未成年的皇子均在紫禁城中居住，其居处正寝均设有神龛，院中均设神杆进行萨满祭祀，主要在南薰殿、咸安宫等处。因其未出紫禁城，可算

[3] 嘉庆《大清会典事例》卷八九二。

清宫萨满祭祀的附属部分。

2．康熙朝清宫萨满祭典的制度化

康熙朝清宫萨满祭典按祭礼场所分类，有堂子亭式殿所祀神灵、堂子上锡神亭所祀神灵、堂子飨殿所祀神灵、坤宁宫所祀神灵、祭马神室所祀神灵等祭礼。以祭祀的时间、内容分类，有堂子圆殿元旦拜天、堂子月祭、堂子女杆大祭、堂子浴佛、堂子尚锡神亭月祭、为马祭神于堂子圆殿、出师祇告及凯旋告成于堂子、坤宁宫元旦行礼、坤宁宫日祭、坤宁宫月祭、坤宁宫报祭、坤宁宫大祭、坤宁宫求福、坤宁宫大祭翌日祭天、坤宁宫四季献神、正日为所乘马于祭马神室、次日为牧群繁息于祭马神室等。[4]可见，原来女真人按年或按时节的祭礼终于发展成天天都有的常祭。当然，针对某些重大活动的时节祭仍然保留，但萨满教在清宫中的文化影响是大大加强了。

某些重要的祭礼，如堂子立杆大祭，是清代宫廷的祭天大典，仪礼十分隆重。立杆大祭之松木神杆，要提前一个月，派员往直隶延庆州[5]，会同地方官，于洁净之山内，砍取松树一枝，长二丈，围径五寸，树梢留枝叶九节，制为神杆，运回堂子。大祭前一日，立杆子于亭式殿中间石上。坤宁宫则于大祭前40日，在宫内西炕神位前置缸一口，以盛清酒。司俎妇做搓条饽饽，并将一应供物，按规定摆设好。这些活动，均由司祝萨满参加祝祷。春秋立杆大祭前一两日，先于坤宁宫举行报祭，然后祭神于堂子飨殿。大祭之日，先在亭式殿祭祀，有两名萨满参加，一在亭式殿，一在飨殿。在飨殿内，司香举授神刀，司祝授受神刀前进，司俎官赞鸣拍板，奏三弦、琵琶，司祝叩头，司俎官赞歌“鄂啰啰”，侍卫等唱“鄂啰啰”。司祝擎神刀，祷祝三次，诵神歌一次。如是诵歌三次，祷祝九次毕。然后进亭式殿，叩头，诵神歌，祷祝三次，合掌致敬。如遇皇帝亲诣堂子祭天，则按宫廷仪礼，出仪仗，致飨殿和亭式殿拜祭。[6]

清宫的立杆祭天是满族先民的传统萨满教仪式。据我们20世纪80年代在松花江上游地区的满族聚居地的田野调查，当

[4] 嘉庆《大清会典事例》卷八九二。

[5] 今北京延庆县。

[6] 嘉庆《大清会典事例》卷八九二。

地的满族诸氏族普遍保留祭天之俗。民间祭天，也称“祭杆子”，即立神杆祭天神阿布卡恩都里[7]。神杆是从高山上砍来的挺拔直溜的树杆，长九尺，代表九层天；顶端涂上鲜血，让天神喝；在神杆顶部还要绑上带着五谷杂粮和猪杂碎的草把，以供天神的侍女——乌鸦和喜鹊。祭天时，萨满要用家酿的米尔酒和五谷杂粮作祭品，以求天神再赐给他们一个金色的丰秋“巴音波罗里”。在祭天时，将喜猪肉剁成碎末，和小米煮在一起，俗称“小肉饭”，任何过路人都能和族人一起分享这喜庆的小肉饭。仪式结束后，神杆要送放到松花江，或长年立杆。与满族民间的萨满祭礼比较，清宫的堂子立杆大祭仍然保留萨满教原始信仰的基质。

3．康熙朝清宫萨满祭典的主祭人与禁忌

顺治元年（1644年）定，赞祀女官长2人，赞祀女官10人，司香妇长6人，司香妇24人；首领太监三人，太监26人。其中，赞祀女官长与赞祀女官均为萨满太太，必须在上三旗觉罗命妇内选取，保留了满族氏族萨满的传统。至康熙朝宫中设置一大批人员专掌皇室祭祀，扮演主角者为司祝。司祝，或称赞祀女官长，俗称萨满太太，食三品俸，为专业神职人员。另有赞祀女官、司香妇长、司香妇及太监等多人配合，都是经过专门训练、熟悉祀典仪式者，并成为以后历朝定制。溥佳在《记清宫的庆典、祭祀和敬神》一文中讲：“进来两个‘萨满太太’身穿绣花长袍，足登绣花厚底鞋，一个弹起三弦，另一个腰间系上成串的铜铃铛，一手拿着摇鼓跳了起来。口中不断地用满文喃喃歌唱。她唱的是向天地神祇和四海神灵求福求禄，驱魔祛病的意思。”[8]保留了萨满教的特色。据我们在东北地区的满族聚居地的调查，满族诸姓的萨满祭礼仍由氏族萨满[9]主持。

清宫萨满教禁忌主要有：

（1）自大内以下、闲散宗室觉罗以至伊尔根觉罗、锡林觉罗姓之满人祭祀，均用猪。大内每日朝、夕祭各用猪两头。祭天用猪一头。春秋大祭，马神祭用猪一头。求福用鲤鱼两条。小孩避痘疹，用猪、糕祭天，去祟时用小猪祭天。

[7] 满语：天神。

[8] 嘉庆《大清会典事例》卷八九二。

[9] 男女都可担任萨满，一般推选品行优良、聪明端庄者担任。

(2) 凡满族人等，祭祀所用之酒与糕，皆自酿造和制作，并不沽之于市。是以大内特设神橱，制作各种祭品。

(3) 凡神位必供于正室。背灯祭祀之肉，例不出门，其朝祭之肉，除皮骨外，一概不准出户。凡食祭肉，虽奴仆经家长使役，也不得一边吃肉一边出门，必下咽方准出祭室。

(4) 凡祭祀用猪之满族人家，如遇墓祭、丧祭，皆不用猪，包括皇帝的陵寝祭也如此。

(5) 祭神所用之猪，必须纯黑色，不许有杂毛。

(6) 凡满族豢养牲畜之家，不许猪进入祭室院内，倘有走入者，必省（避杀字）而祭之。与之相关的语言禁忌如：猪死曰“气息”，背灯祭之猪曰“牺牲”，焚所挂纸钱曰“化之烧燎”，猪之头、蹄削去其毛则不曰“刮之”，而曰“焨之”。

(7) 已整理好祭品和酿酒的人家，不去丧家。倘遇不得已之事，必须往者，必等新更月建后，或更衣沐浴。过三日后，方可入祭室。若本家有丧事，必请出神位，暂时安放于洁净之室。若族中孝服，则在大门外脱去孝服，始可入院内。如无另室之家，则净面洗目，焚草越火而过之始入。

(8) 祭祀之室及院内，不许持鞭人进入。祭室内不许哭泣、责处人，不语伤心事，不言忌讳恶语，要择嘉祥吉庆之事言之。[10]

清宫萨满教禁忌与民间基本相同，满族萨满教的主旋律是英雄崇拜，其文化基调是喜是壮。

（二）乾隆朝《钦定满洲祭神祭天典礼》的颁布与满族民间家祭的形成

《钦定满洲祭神祭天典礼》是乾隆十二年（1747年）清廷颁布的关于清宫堂子祭、宫廷祭祀典礼的官方文件，清高宗弘历钦定，这是清廷对满族萨满教进行规范化的正式法典。该文颁布后，满族众多姓氏的萨满教祭礼基本按此规范化，用歌舞、神技表现的野神祭已消失于圣坛，只保留在某些神祠中。祭祀程序也简化了许多，一般在氏族中某一家的家中举行，俗

[10] 嘉庆《大清会典事例》卷八九二。

称家祭。吉林乌拉的满族瓜尔佳氏传有咸丰年间根据乾隆时期转抄的神谕，他们的祭礼一直是遵照神谕规定的程序进行的，在满族中有一定的代表性，简介如下[11]：

1．祭饽饽神

也称是“早晨饽饽神”，即在晨光“乌尔顿”到来的时侯，用饽饽供神。萨满在代表一切神灵的黄幔帐前，供上大黄米打成的神糕，点上息香，穿上神裙，甩开腰铃，打起神鼓，唱道：

像大地柳叶那么多的众姓里，
有我们瓜尔佳哈拉[12]（姓氏）旺族，
从女萨满色夫传下的古老神祠，
阖族推我做待神的小萨满。
阖族德高望重的长者，
下至幼童晚辈，
喜庆金色的丰秋，
喜庆欢乐的丰秋，
跪接乌忻贝勒，
进门享有甜酒新歌。

乌忻贝勒是男性农神，满语也叫做乌忻恩都里、乌忻额真、乌龙贝子，有了他的庇佑，禾苗茁壮、五谷丰收、牛肥马壮、六畜兴旺。

2．祭肉神

俗称白天肉神，即在白天用猪肉祭神。族人把挑选好的纯黑毛并经过阉割的公猪放在神案前，老萨满将净水灌进猪耳朵，必须等猪耳朵摆动，才意味着神祖领了族人的供品。这仪式称为“领牲”。“领牲”礼毕，杀猪、煮肉，又将煮八分熟的猪肉各部位摆成一个整猪，俗称“摆键子”。摆完键子，萨满击鼓唱道：

按照祖宗的礼俗，

[11] 据富育光、王宏刚1985年在吉林省乌拉街满族乡的调查资料。

[12] 满语：姓氏。

堂前杀牲饮血，
请做阿木孙神肉，
请宇宙大神阿布卡色夫临降神堂吧！
请尊贵的战神辍哈占爷临降神堂吧！
请部落守护神芒阿色夫临降神堂吧！
请威武的猎神代敏古宁临降神堂吧！
祈请阖族连年富庶，
牛肥马壮，人寿年丰，
百年无灾，六十年无病……
萨满唱出了祭礼的宗旨与族人的心愿。

3．背灯祭

当“蓝天万星出齐了，银河千星出齐了，高天北斗七星出齐了，柳梢众星出齐了”的时侯，萨满用神鼓从猪圈领出纯色乌毛“神猪”，领牲后，杀猪摆键，熄灭一切光亮，族人跪地，萨满用神刀、腰铃、卡拉器[13]合奏出沉重和谐的声响，代表众夜神在风云中行走的脚步声，此时，萨满唱道：

迎请那丹拉浑[14]（领星女神），降临神堂！
阿浑年锡[15]（古神），降临神堂！
胡拉贝子[16]（祖先英雄神），降临神堂！
纳伦色夫[17]（萨满神），降临神堂！
泰宁格格[18]（女神名），降临神堂！
代敏嘎哈[19]（雕神），降临神堂吧！
庇佑八方安宁，
长夜无病无灾。

这些神祇多为黑夜的守护神和氏族、部落保护神。实际上，背灯祭是对其先人遥远星光古洞生活的追忆和再现。

4．立杆祭天[20]

在祭天时，还要在屋里进行祭“佛托妈妈”仪式，即给孩子

[13] 用木板组成的乐器。
[14] 满语：领星女神。
[15] 满语：古神。
[16] 满语：祖先英雄神。
[17] 满语：萨满神。
[18] 满语，女神名。
[19] 满语：雕神。
[20] 详情见上一节。

们换锁。用彩布作佛托妈妈的锁线，给男孩带上，长大就会成为骁勇威武的勇士巴图鲁；给女孩带上，就可长得俊俏健壮。

这个民间仪式与清宫树柳树枝求福仪礼十分相近，清宫的求福仪礼可以在朝祭或夕祭时进行，也可单独进行。祭祀前数日，司礼官、司俎、司香等到九家满族中进取棉线敬捻绳索两条，夹以小方戒绸各三片，酿礼酒。前一天，取高九尺，直径三寸的完整柳枝一株，用黄布包裹，运回坤宁宫。届时，树柳枝石于坤宁宫户外廊下正中，柳枝上悬挂镂钱净纸条一张，三色戒绸三片。神位的安置和朝祭、夕祭相同，西炕供佛、菩萨、关圣帝君，北炕供萨满诸神。悬挂神幔，摆设各类供品。萨满在求福神箭上系练麻和从九家满族中攒取棉线捻就的棉索一条，另一条棉索上系各色绸片，一头系西山墙上，一头穿出户外，系于柳枝上。遇有皇帝、皇后亲诣行礼，入坤宁宫，立于南首，萨满擎神刀祷祝，祷毕，萨满左手擎神刀，右手持神箭走出户外，对柳枝举扬神箭，以练麻拂拭柳枝，诵神歌。举神箭，将练麻献给皇帝，皇帝三捋而怀之。太监鸣拍板，歌“鄂啰啰”，如此仪式进行三次。皇帝、皇后叩头，坐于西炕，举酒洒于柳枝，并以桌上所供之糕夹于柳枝所有枝杈，最后享受福胙，礼毕还宫。[21]

可见在《钦定满洲祭神祭天典礼》颁布后，八旗部民的萨满教去魅运动已基本完成，成为一种庄严、肃穆的慎终追远的氏族祭天、祭神、祭祖仪式，已有了儒家敬天祭祖的文化意味。其变革的源头就是清宫这一场历时约200年的萨满教改革运动。自乾隆朝起，满族萨满教有了共同的信仰体系、大致相近的祭典与具有文化功能的民族宗教的要素。

三　清宫萨满教神系分析

清宫萨满教的历史性变化，反映在从乾隆朝已规范的神系中。

[21] 嘉庆《大清会典事例》卷八九二。

（一）女真古神

清宫堂子元旦圆殿行礼、出师祗告及凯旋告成于堂子所祭对象均是上天之子，尽管没有实物象征，但在圆殿南有沟通天人的神杆，其顶上留枝叶九层，表示满族所信奉的九层天。上天之子作为天神，在堂子的三个主要祭祀场所，即圆殿、尚锡神亭和飨殿中都是排在第一位的主神。其朝、夕祭神灵中的上天之子赫然排在众神之首。

圆殿中所祀纽欢台吉，释为苍天，为天神之一。从坤宁宫萨满祭祀中看，坤宁宫祭神翌日祭天祷辞称所祭为上天、昊苍，其为天神无疑。其朝、夕祭神灵中的上天之子赫然排在众神之首。可见，上天之子作为天神遍布清宫萨满祭祀的各种场合和时空，俨然成为众神的领袖。十分有意思的是，坤宁宫朝祭神灵中如果去掉后来的客神，诸如佛、菩萨、大君先师、关圣帝君，那么朝祭主神只剩下上天之子和三军之帅，从中可见萨满祭祀中朝祭的原始形态只是对天、日、光和军事领袖的信仰崇拜，这些在记录努尔哈赤时代的史籍中有清晰的反映。坤宁宫夕祭神灵较之朝祭神灵多得多，上天之子仍然排在第一位。阿珲年锡之神是祖先神，也是自天而降的，归入天神也未尝不可。其他星神众多，诸如纳丹岱珲、恩都哩僧固，作为自然神，也可视为天神。

在堂子祭中，除去上天之子、纽欢台吉外，武笃本贝子是满族先世最早的祖先神。其实，上天之子也有爱新觉罗氏祖先的内涵，三仙女中的佛库伦所生之子正是其祖先布库哩雍顺。坤宁宫夕祭中的阿珲年锡、安春阿雅喇、纳丹威瑚哩等都是满族的祖先神，坤宁宫求福仪式中的佛立佛多鄂漠锡玛玛是能使子孙繁衍兴旺的祖先神。[22]

堂子中的尚锡之神，《钦定满洲祭神祭天典礼》释作为田苗而祀，是为农神。穆哩罕神（穆哩穆哩哈）原是黑龙江以北的圣山，是女真时期的狩猎神，后来演化为满族畜牧神。再如各种星神，也属自然神类。

有的神灵具有几种身份，外延与内涵出现了模糊性，增添

[22]《钦定满洲祭神祭天典礼》卷一，《沈阳文物》1992年创刊号。

了它的神秘性。如纳丹岱珲作为七女星可为天神之一，属自然神，但清宫绘有七个青年女人的画像代表此神，可为满族皇室的祖先神。至今尚有某些清宫萨满祭祀的神灵，如卓尔欢钟依、恩都蒙鄂乐、珠噜珠克特亨等仍然无解，需要进一步探索。

（二）蒙古、汉族等外来神祇

远在努尔哈赤兴起之前，关圣在满族中的影响很大。清太宗皇太极曾在天聪七年（1633年）说过，关圣敬上爱下，张飞敬上不恤下[23]，代表了大多数人的看法，因以神灵视之。朝祭中，在皇帝、皇后不参加行礼之日，“司祝叩头毕，司香撤佛、菩萨前供酒二钱，阖供佛小亭门，撤菩萨像恭贮龄典漆木筒，司俎太监等恭异供佛小亭并所供二香碟奉龄坤宁宫西楹大亭，香碟供龄前”[24]。佛、菩萨作为外神、客神的地位，在这种情况下表现明显。但对关圣帝君则十分亲近，移走佛亭、撤去菩萨像后，“移神幔稍南位关帝神像放正中，所供之酒并香碟皆移正中”[25]，奏三弦、琵琶、鸣拍板、拍掌、进牲。关帝、大君先师为外来的汉族神，先师孔子在清初影响不大，而关帝似与满族萨满祭祀原有神灵融为一体。由朝祭灌酒转猪耳祷词和朝祭供肉祝词看，其神灵则主要指“上天之子、三军之帅、关圣帝君”。满族萨满祭祀朝祭中原有的神灵为上天之子、三军之帅，他们虽然没有实体象征，但从其无所不在来看，他们才是清宫萨满祭祀中固有的朝祭神。三军之帅与关圣帝君当是两位神，关圣帝君不仅是军事统帅，他崇高的德望是满族人敬重的主要原因。

喀屯诺延在《钦定满洲祭神祭天典礼》中释为蒙古神，明确指出以先世有德而祀，显然是指满族与蒙古族发生通婚关系以后的事，清宫中有实物神偶为证。在此之前，其为满族先民共同供奉的祖先神喀屯那彦。这里显然有一个萨满祭祀神灵的借用转化的问题。喀屯诺延作为蒙古神，两个神偶均穿大领满蒙长袍，头戴满蒙小帽，即从乾隆年间算起至清末已存在了200多年，是作为清皇室祖先来祭祀的。

[23]《清初内国史院满文档案译编》上，第19页。

[24]《钦定满洲祭神祭天典礼》卷一，《沈阳文物》1992年创刊号。

[25]《钦定满洲祭神祭天典礼》卷一，《沈阳文物》1992年创刊号。

清宫的萨满教神系对满族民间影响深远，在我们的田野调查中，可以发现清宫神系的相当一部分已成为满族的共祀神祇。

长白山也是清宫萨满教的重要守护神，康熙朝对长白山的敕封与祭拜，是长白山成为清朝国家典礼的一部分，而在满族民间也普遍崇奉长白山之神，在某些满族姓氏中，如松花江上游的锡克特立氏已形成了完整的长白山神系。

结语

清宫萨满教信仰既传承了原始宗教的某些基质，又与时俱进，吸收外来宗教文化元素，成为一种新的宫廷信仰形态，起着凝聚爱新觉罗皇室与八旗部民的文化功能，并使满族萨满教从氏族宗教向民族宗教演进。清宫萨满教信仰中保留了一部分古老的女神，因而在近代满族萨满教的创世神话《天宫大战》中传承了史前三百女神神系，这里蕴涵着满族及其先民在历史上多次勃兴的文化奥秘。

从钦安殿、雨花阁到坤宁宫看不同宗教信仰在紫禁城内的融合

故宫博物院宫廷部　周京南

一　道教神殿——钦安殿

钦安殿位于紫禁城内御花园的中心，面阔5间，重檐，是紫禁城内专供道教玄武大帝的场所，建于永乐年间。钦安殿内供奉的是道教神像——玄武大帝。道教是自东汉以来一直盛行于我国的一大宗教，是汉民族固有的宗教信仰。它的教理教义，是以战国时代流行的神仙信仰为根基，兼容并蓄古代社会诸子百家中的神秘主义思想因素、传统的伦理道德、传统的民间宗教意识而形成的宗教思想体系。在道教体系里，玄武大帝又称为“真武大帝”，本为元始化身，脱胎为净乐国王子，不统王位，入太和山修行，功成飞升，上帝封为“玄天上帝”。我国古代阴阳五行家，认为玄武是管水的神；日行万里，威镇北方，又称为“北祇神”；水以黑色为代表，所以玄武形象也尚黑。我国古代天文学家把二十八星宿归为东西南北四方。而玄武又是北方七星的总称呼，称为北宫玄武。宋真宗大中祥符年间，因为避讳，改“玄武”为“真武”。

明永乐帝朱棣本为太祖朱元璋之四子，早年被封为燕王，镇守北平。建文初年，道士们传说武当山出现祥瑞彩云，北方真武大帝在云中出现，同时道士们又为朱棣造作谶语：“莫逐燕，逐燕日高飞，高飞上帝畿。”[1]由于朱棣镇守北方，而真武大帝又主北方之天神，因此朱棣认为这是祥瑞之象，果不出道士

[1]《明史》卷三〇《志六》。

所言，数年之后，朱棣称帝，改年号为“永乐”，是为明成祖。

朱棣入继大统后，道士们绘制“太和山祥瑞图”奉献。成祖特加封真武为“北极镇天真武玄天上帝”，同时，成祖还在北京营建宏伟的真武庙，表达自己的至诚之意。永乐十八年（1420年），朱棣更在其居住的紫禁城御花园中，建钦安殿专祀真武大帝，在他坐朝的奉天殿两壁斗拱间，竟也绘有真武神像。朱棣对真武大帝，可谓虔诚至极。

钦安殿位于紫禁城内御花园的中心，面阔五间，重檐。殿基为须弥座式的石台，前正中雕刻云龙石阶，台上周边有极精致的汉白玉龙凤图案栏杆，都是明代遗物，殿上端是平顶，周围是四面坡的“盝顶”。围脊当中安镀金宝顶，檐角斜出四条重脊。殿四周有矮垣围绕，自成格局，《国朝宫史》卷十二记载：“钦安殿祀元天上帝，御笔匾曰‘统握元枢’，顶安渗金宝瓶。”[2]殿内正中陈列的铜镏金玄武铸像，是明代文物，其前有神牌，上书“玄天上帝”，至清代又在其左右各增加了一尊，而今这三尊神像身披黑衣正襟危坐，手握宝剑，龟蛇二将卧在玄武像前，周公和桃女抱着经卷，托着印玺侍立两旁；此外，在坐北朝南的玄武大帝东西两侧，又塑有关羽、周仓的雕像，威风凛凛，神态生动，侍卫着玄武大帝。

钦安殿在明代深为诸帝崇信，明代诸帝多崇尚道教，对道教方术和民间信仰有着特殊的感情，朱元璋以大明王自居，成祖自认为是真武大帝化身，武宗自封为道教帝君。明代祀典除岁时致祭之外，凡帝后诞辰、忌辰，祈晴求雨，禳灾祛祸，都按所需随时在钦安殿等处举行斋醮祈祷。明代历朝皇帝始终信仰不渝，虔行不怠。

入清以后，这座道教神殿被清帝完整地保留了下来。清入关以后，定鼎北京，对明宫大内之物悉数保存。满洲贵族以前没有道教信仰，入关前接受藏传佛教，入关后又在明宫旧址上大建佛堂，供奉佛教诸神，但这一切并不影响宫内的道教活动。

清初顺治、康熙、雍正三朝，从笼络汉人的需要出发，

[2]《国朝宫史》卷一二《宫殿二》，第216页，北京古籍出版社，1987年。

对道教仍沿袭明例加以保护。顺治六年（1649年），敕命第52代正一天师张应京入宫，授“正一嗣教大真人”，掌天下道教事，给一品印。康熙帝对道教亦有兴趣，曾命第54代天师张继宗进香五岳，祈雨治河。雍正帝虽笃信禅宗，但从三教一体的观点出发，对道教有所重视，对符录及方术亦有所信仰。雍正八年（1730年），封江西龙虎山道士娄近垣为四品提点司、钦安殿主持。钦安殿俨然成为一座道观模样。设钦安殿首领3名、太监12名，俱充道士，专司“唪诵经忏、焚修香火等事”。钦安殿道场活动在清代顺理成章地成为定制，规定：每岁元旦，宫殿监率该处首领太监等于钦安殿、天一门正中设斗香，恭候皇帝诣拈香行礼。元旦敬遵旧例，皇帝服朝衣大裘，恭诣钦安殿、天一门行礼。每遇年节，钦安殿设道场，拜进表文。

在今天保留下来的清宫内务府造办处的各作成做活计档中，就有不少是反映雍正帝参与道教活动的记载，如：“雍正九年正月二十七日，内务府总管海望奉上谕，朕看后花园千秋亭若设斗坛不甚相宜，用后层方亭设斗坛好，前面千秋亭或做星坛，或做法事，后面位育斋中间仍供佛，两次间给法官办事暂坐。再，玉翠亭之东有空地，量其地式将小些的房添盖几间，给法官住，如何添盖，如何设坛收拾之处，尔等画样呈览。钦此。”后花园即大内之御花园，千秋亭后层之方亭及玉翠亭都位于御花园内钦安殿之西。以上档案揭示了雍正帝对在御花园内设斗坛之事一一指点，事必躬亲，足见其于道教诸法事崇好之甚。再者，紫禁城内虽设有多处供奉佛道之处，唯此等处所，除太监僧人、太监道士外，僧道向不准在内居住，现在雍正帝谕命在御花园内钦安殿的西边建房“给法官住”，也实在是破天荒的举动了。

高宗弘历继位后，对理学崇奉至极，道教地位有所下降，不过乾隆三十一年（1766年）天旱，第57代正一天师入大内祈雨，因有功，升正三品，赐御书匾额，而且乾隆帝曾亲手书写的道教经文，至今仍藏于钦安殿之中。以后诸帝，除了道光帝曾下诏“永远停止”拜斗外，钦安殿的香火从未断过。

据《国朝宫史》记载，“钦安殿斗香礼：钦安殿斗香仪，每岁元旦，宫殿监率该处首领太监等于钦安殿、天一门内正中设斗香，恭候皇帝亲诣拈香行礼。其每月朔望，俱设斗香，宫殿监等敬谨拈香行礼。”[3]在清代，每逢年节，皇帝都要在宫内的天穹宝殿及钦安殿各设道场，拜表进文，其道场有用外道官、道众者，也有用太监道官、道众者。按照清《宫中则例》，每岁元旦，宫殿监的太监都要事先在御花园内天一门、钦安殿等处设斗香，元旦这天到来后，皇帝要身服朝衣大褂，御驾亲至钦安殿、天一门、天穹宝殿、奉先殿、堂子等处行礼。而每月的朔望，宫殿监也要率领该处的首领太监在钦安殿内设斗香，在供案上摆上白果十斤及核桃、栗子、黑枣、圆眼、荔枝等果品，祭祀玄天上帝。另外，宫内的一些重要节日，如立春、立夏、立秋、立冬、仲春的朔祭日、仲秋的望祭月、七夕祭牛郎织女，都要在钦安殿里面摆上供案，奉安神牌，由皇帝亲自拈香行礼，然后皇后、皇贵妃、贵妃、妃、嫔等依次行礼。据史载，钦安殿内还存贮有道教诸神画像。《秘殿珠林》卷二四记载，“贮钦安殿：道氏神像星辰灯图一册，伏魔大帝画像一轴，伏魔大帝墨刻像一轴，北极像一轴。”

钦安殿内各龛中，均供有神祇，其所供奉的神祇，究为何方神圣？故宫博物院学者王子林在其著述《紫禁城的原状与原创》一书中把钦安殿神龛所供各神专门列表（表1），为我们解开了这个答案。

[3]《国朝宫史》卷六《典礼二》，第111页，北京古籍出版社，1987年。

[4] 王子林：《钦安殿道场的陈设供奉及其形成》，《紫禁城的原状与原创》，第159～160页，紫禁城出版社，2007年。

表1　钦安殿各龛供奉一览表[4]

现名	所供神名	陈设位置	乾隆二十一年所记龛名	乾隆三十二年所记龛名	道光二十年所记龛名
正龛	内供玄天上帝铜像一尊，玄天上帝神牌一面，龛前供四从神铜像	靠北墙正中	正龛	正龛	正龛
东大龛	内供玄天上帝铜像一尊，玄天上帝神牌一面，龛前供二从神铜像	正龛东	无此龛和神像	东四龛	东大龛

续表

现名	所供神名	陈设位置	乾隆二十一年所记龛名	乾隆三十二年所记龛名	道光二十年所记龛名
西大龛	内供玄天上帝铜像，玄天上帝神牌一面，龛前供二从神铜像	正龛西	无此龛和神像	西大龛	西大龛
东重檐龛	内供铜胎玄天上帝一尊，从神四尊和瓷胎玄天上帝一尊	东大龛东	第二龛	东夹龛	东重檐龛
西重檐龛	内供铜胎玄天上帝一尊，从神四尊和瓷胎玄天上帝一尊	东大龛西	有龛，但没有写明是第几龛	西二龛	西重檐龛
东红油帖金木龛	内供“夏令司掌至德尊神”牌	西重檐龛西	有龛，但没有写明是第几龛	东三龛	红油帖金木龛
西红油帖金木龛	内供“秋令司掌至德尊神”牌	西重檐龛西	有龛，但没有写明是第几龛	西三龛	红油帖金木龛
东描金漆神龛	内供关圣大帝和从神六尊	东红油帖金龛东	有龛，但没有写明是第几龛	东二龛	描金漆神龛
西描金漆神龛	内供关圣大帝和从神六尊	西红油贴金神龛	有龛，但没有写明是第几龛	西四龛	描金漆神龛
东二红油贴金神龛	内供“春令司掌至德尊神”牌	东描金漆神龛东	第一龛	东一龛	红油帖金神龛
西二红油帖金木龛	内供“冬令司掌至德尊神”牌	西描金漆神龛西	有龛，但没有写明是第几龛	西一龛	红油帖金木龛

从上述列表可知，钦安殿内所供诸神有道教玄天上帝（即玄武大帝）、关圣大帝及春夏秋冬四季司掌至德尊神等神祇，他们均为汉族所信仰的传统各路神仙。

有趣的是，至今在钦安殿内供案的西侧，还留有一个签筒，里面依然保留着清宫占卜用的神签，神签有吉有凶，最好的当属“飞龙在天”大吉签，其他有“龙剑出匣”、“鲲化为鹏”等上吉签，也有不少下签及凶签，如“入山迷路”、“有舟无楫”等。想来，当初设签的目的是为了让帝王后妃们在拈香完毕后，再卜算一下自己的未来，从签的内容来看，大致是吉凶参半，并没有因为迎合帝王之家而广设吉签。

二　藏传佛教殿堂——雨花阁

藏传佛教起源于青藏高原，公元7世纪佛教传入西藏以后，掺入了本地固有的宗教成分，为了区别于一般的佛教，称为喇嘛教。喇嘛教后来逐渐北传至青海、蒙古等地，成为蒙藏民族信仰的宗教。

藏传佛教在元代得到了中央政府的重视。元朝中央政权在建立全国统一的事业中十分重视任用西藏的政教领袖，萨迦派首领取得元皇室的敬信和支持，萨迦五祖八思巴被封为帝师，掌管总制院。总制院于1264年设立，专门管理全国的佛教及西藏地方行政事物。元世祖忽必烈还委托八思巴创造了蒙古新字（即八思巴文），定为国书，下诏颁行，封八思巴为“大宝法王”。

元皇室信奉藏传佛教，传入内地，帝师成为皇室的精神支柱，皇帝继位前要从帝师那里接受灌顶与戒条，宫廷中经常举行藏传佛教法事，一年达数百次。修建了众多寺院，如大护国仁王寺、大圣寿万安寺（白塔寺）。

明朝对西藏的管理基本沿袭了元代的办法，明朝改变元朝独尊萨迦派的政策，采取“多封众建，尚用僧徒”的办法，对各教派领袖人物，只要归顺朝廷朝贡请封的，全给予封号，赐予印信，他们定期进京朝贡，朝廷给予优厚的赏赐。

入清以后，清帝充分了解藏传佛教在蒙藏地区的重要影响，把“兴黄安蒙”作为巩固蒙藏边疆的重要国策，贯彻始终。乾隆帝在《御制喇嘛说》中曾这样分析：藏传佛教与蒙藏民族的关系“盖中外黄教总司以此二人（指达赖喇嘛、班禅额尔德尼），各蒙古一心归之，兴黄教，即所以安众蒙古，所系非小，故不可不保护之，而非若元朝之曲庇谄敬番僧也。”尊崇达赖、班禅、章嘉、哲布尊丹巴等黄教领袖，给予他们崇高的地位。清代达赖、班禅三次到北京朝觐，分别是顺治九年（1652年）五世达赖，乾隆四十五年（1780年）六世班禅，光绪三十四年（1908年）十三世达赖，均受到了皇帝的隆重接待。时间恰好在清朝的早、中、晚三个时期，他们的造访在宫廷中留下了印记。

随着西藏与中央关系的不断加强，联系更加紧密，藏传佛教也逐渐成为清代皇室的宗教信仰。

紫禁城内的藏传佛堂分布于内廷各区，第一类为独立建筑，大致分为以下几个区，中正殿区：中正殿、中正殿后殿、中正殿东西配殿、香云亭、宝华殿、梵宗楼、雨花阁、雨花阁东配楼，总计10座建筑，是紫禁城内全部由佛殿组成的建筑群。以中正殿为代表的这一区域，是宫廷佛教活动的中心。此外，还有建福宫花园区、慈宁宫区、慈宁花园区、御花园区、宁寿宫区。以上独立佛堂共35处。

第二类为建筑的一部分辟为佛堂，有养心殿西暖阁、养性殿西暖阁、崇敬殿东西暖阁、宁寿宫东暖阁、宁寿宫楼上、颐和轩东暖阁、寿康宫东暖阁、惇本殿东西暖阁等，共计10处。此外，还有零星分布在各宫殿内的佛龛更是难以计数。[5]

无论是在帝后日常起居的寝宫内，还是休闲游乐的花园中，都有供佛之所。这些殿堂内供奉着藏传佛教神像、佛塔、佛经、祭祀法器，组成了紫禁城中一个神秘的藏传佛教世界，而其中雨花阁可以说是故宫现存最大的藏传佛教神殿。

雨花阁位于故宫外西路春华门内，是故宫西部建筑群中最高的一座。阁前有东西二配楼，阁后西部是梵宗楼。阁北一院内有宝华殿，宝华殿紧联香云亭、中正殿（此二殿建筑毁于1923年大火）。这是一组以中正殿为主的佛堂建筑群，是清代宫中藏传佛教祭祀活动的重要场所。

雨花阁在这一区域的最南部，平面为长方形，面阔三间，进深三间（外加抱厦一间）。立面为阶梯形三层，内里四层，其中第二层是夹层。一、二两腰檐铺葺蓝绿二色琉璃瓦。屋顶四角攒尖，顶尖耸立一镏金喇嘛塔，四条金龙跃于脊上，满覆镏金铜瓦。镏金屋顶下没有斗拱。檐口装饰华丽繁复，其彩色立体方块，兽面梁头等都有着鲜明的藏族建筑艺术色彩。

雨花阁的修建，与乾隆帝对藏传佛教的格外推崇是分不开的。据《章嘉国师若必多吉传》记载，“阳木鼠年，大皇帝向

[5] 王家鹏：《清宫藏传佛教文化考察》，《清史论丛》第137页，紫禁城出版社，1996年。

章嘉国师详细询问：‘佛法在雪域是如何弘传的，出现过哪些佛教大师，讲论佛法的寺院是如何建立的？’章嘉活佛都一一作了陈述。皇帝谕示：‘佛教之弘法及长久住世，全仗讲论佛法之寺庙。若兴建闻修显密教言等一切学科之经院，对佛教传习大有益处。’”[6]阳木鼠年即乾隆九年（1744年），从这年开始，乾隆帝才有了于宫内外建立寺庙佛堂的思想，首先“把先帝受封时为亲王居住过的王府改建为一座寺庙”[7]。这座寺庙即是雍和宫，内部建有大经堂，右有佛堂、甘丹佛殿、法轮佛殿、天王殿等，规模宏大，是一所讲经的扎仓。

又据《章嘉国师若必多吉传》记载，“一天，大皇帝问章嘉国师：‘在西藏为佛教建有广大功业的杰出人物有哪些？他们的主要功绩如何？’”章嘉国师一一详细列举，其中讲到了大译师仁钦桑波创建的托林寺，寺内正殿有四层，内设四续部佛众的立体坛城的情况。大皇帝说：“在朕的京城中也要建一座那样的佛殿。”于是，由章嘉国师负责，在内城右方建起了一座四层金顶佛殿，内置四续部佛众的塑像。顶层殿内塑有密集像，第三层殿内塑有大日如来现证佛像，底层殿内作为各扎仓僧众念诵三重三昧耶仪轨的场所。[8]

据王家鹏先生考证，这座四层的金顶佛殿就是雨花阁。[9]即顶层“雨花阁”，第三层“普明圆觉”，第二层仙楼，第一层“智珠心印”。

藏传佛教强调兼修显密，但实际上整个格局是以密宗为重心的。中正、香云、宝华、梵宗各殿虽也供有众多密宗神像，但主神是显宗。在这一区佛堂中完整的密宗神殿是高耸的雨花阁。它位于前院正中，建筑体型雄伟高大，色彩装饰华丽，与其余各殿从建筑体量与外观上都形成了强烈的对比；显然是为了突出它的崇高庄严。此阁是宫中最大的密宗殿，它按照藏密的事、行、瑜伽、无上瑜伽四部设计建造，配置神像，主供大威德、上乐、密集三大主尊。除建有三大主尊珐琅坛城等重器外，还有大量的藏传佛教艺术珍品，诸如唐卡、金铜佛像、法器等，其中有清宫造办处工匠与中正殿造佛喇嘛的杰作，还有

[6] 土观·洛桑却吉玛著，陈庆英、马连龙译：《章嘉国师若必多吉传》，第136页，民族出版社，1988年。

[7] 土观·洛桑却吉玛著，陈庆英、马连龙译：《章嘉国师若必多吉传》，第136页，民族出版社，1988年。

[8] 土观·洛桑却吉玛著，陈庆英、马连龙译：《章嘉国师若必多吉传》，第221页，民族出版社，1988年。

[9] 王家鹏：《故宫雨花阁探源》，《故宫博物院院刊》1990年第47期。

西藏、印度、尼泊尔各时期的珍贵作品。它们来源于藏蒙等地的进贡。按照年班制度，达赖、班禅两年一次轮流入供。王公贵族与各大呼图克图按地区分若干班次进京入供。贡品中除土特产之外，还有珍贵的佛教艺术品作为至宝献给皇帝。日积月累大量的佛教艺术珍品荟萃于宫廷，使得清宫佛堂成为世所罕见的藏传佛教艺术宝库，这是清宫佛堂的一个显著特点，雨花阁便是一个突出的典型。[10]

雨花阁内部共分四层：第一层殿正中供奉的是紫檀木佛龛，供佛三尊，中供铜镀金释迦牟尼，左右是无量寿佛，正中佛龛后面为三大坛城。坛城，又称道场，即大曼荼罗，建于乾隆二十年（1755年），它是为佛教密宗祭供诸佛及诸德的一大法门；坛城坐落于汉白玉须弥座上，外部硬木做重檐亭式罩，坛城本身用掐丝珐琅构成，内以“大畏德”（文殊菩萨的化身）为主尊造像。坛城建在金刚交杵之上，以红、黄、蓝、白、黑色显五方，坛城上宫殿幡幢庄严，供养着仙乐、飞天仙女等。其下铁围山内为八大寒林，即密宗所称的八大地狱（一般称为十八层地狱）。雨花阁内所设的三大坛城，其依据的是密宗的深密教义和常规术语：“六大四曼三密如其次第，配于体相用之三大。”

“三密”为密宗所指的身、意、口，配于体（身体）、相（形象）、用（使用），雨花阁坛城就是三密圆满俱足的体现。二至四层，每层为一佛龛一供案，除没有设坛城外，与一层形式基本相同，第二层是雨花阁的暗层，供奉着行德（即行部）品佛；第三层供奉的是瑜伽品佛；第四层供奉的是无上品佛、大威德金刚。这四层的陈设正好契合黄教密宗修习的“四续部”：事部、行部、瑜伽部和无上瑜伽部。按黄教密宗的规定，修行的内容主要是密集、胜乐、大威德以及一些次要的金刚和护法神，修行人要严格遵循修行次第，最后经过研习“生起、圆满”二次第，达到解脱成佛。

雨花阁建成后，一直是乾隆皇帝敬心礼佛的场所。乾隆帝虽然利用喇嘛教安抚团结蒙、藏民族，维系皇权，但他自己

[10] 王家鹏：《中正殿与清宫宫藏传佛教》，《故宫博物院院刊》1991年第3期。

对喇嘛教也恭信不疑。为修成功德，乾隆帝曾要求章嘉活佛在雨花阁内为其灌顶授法。据《章嘉国师若必多吉传》记载："灌顶时，皇帝（乾隆帝）请章嘉国师坐在高高的法座上，而皇帝自己坐在较低的坐垫上，直到灌顶结束，皇帝一直跪在地上，聚精会神地如律听受教法。"为达到修习圆满，这位贵为"九五之尊"的帝王竟屈驾受法，看来是够虔诚的了。不仅如此，即使是在乾隆帝本身休憩的养心殿西暖阁的卧榻之侧，也修建了一个幽深的小佛堂，在其国事劳顿之余，也在里面时时打禅入定，足以窥见喇嘛黄教在乾隆帝心目中的地位。

《钦定总管内务府现行则例》记载了雨花阁内的佛事活动："每年四月初八日，派喇嘛五名在无上层，唪大怖畏坛城经。二月初八日、八月初八日，各派喇嘛十名在瑜伽层唪昆卢佛坛城经。三月初八日、六月初八日、九月十五日、十二月十五日，各派喇嘛十五名在智行层唪释迦佛坛城经。每月初六日，在德行层放乌卜藏唪经。"[11]由此可知，在清代宫中，作为藏传佛教的佛堂，雨花阁内的佛事活动相当频繁，在清代皇宫佛堂中占有着重要的地位。

三　萨满祭祀在清宫

满族及其先民崇信萨满教。萨满教产生于母系氏族社会，是包括自然崇拜、图腾崇拜和祖先英雄崇拜的原始宗教，是民族文化和民族形态的母源。萨满教属于残留于现代文明世界少有的原始文化遗存，保留着极其可贵的北方人类童年时期开拓自然、征服自然、繁衍种族艰辛岁月中的情感、观念、经验认识。这对研究人类思维发展规律，对人类文明史的研究都是极为珍贵的人文资料。

萨满及其信仰，本是中国北方阿尔泰语系诸民族普遍传承的一种习俗，流传地区十分广阔。居住在中国东北地区白山黑水和大小兴安岭一带的满族、达斡尔族、赫哲族、鄂伦春族、鄂温克族、锡伯族及部分入旗的汉族（汉军旗人）中。直到今

[11]《钦定内务府现行则例中正殿卷》，《清宫述闻》卷六《雨花阁》，第414页，北京古籍出版社，1988年。

天，仍有萨满习俗流传。此外，在俄罗斯西伯利亚及远东地区的阿尔泰语系的民族中，也有信徒。中国东北地区的萨满信仰在长期的历史发展过程中，形成了一个独特的文化圈，也是萨满文化传承最稳固的地区。萨满，通古斯语，其含义按照满族史诗《乌布西奔妈妈》中的解释为“晓彻”之意，最能通达、知晓神的旨意。按女真语解释，则为“天使”、“天仆”。满族神话中讲，第一个萨满是天神派来的，或天神命神鹰变幻的，因而萨满是宇宙的骄子，天穹的裔神。综上所述，萨满是天的使者，向天报告人的行为动作并祈求愿望，向人传达天的旨意，是天与人之间的中介。萨满教，即由萨满而得名。

萨满教是万神崇拜的宗教，多姿多彩的祭礼中供奉着各种神灵，包括自然神祇，动植物神祇和英雄祖先神祇。而萨满神偶是被神化而具有超凡神性、神力的崇拜偶像，是祭祀、崇拜的对象，被确信为具有超凡的神性、神力，是萨满教灵魂世界的幻想神体。萨满神偶有兽形、鸟形、虫形、拟人形、半人半兽形等多种形态，多用草木、金石、皮骨、布帛等材料制作或绘制。萨满神偶只能由本族萨满秘传，世代传承。在萨满教的观念中，神偶的产生须经萨满梦取、病许等形式，并经过庄严的嗜血仪式，使宇宙间气化、神化、灵魂化的物质寓于其中，从而使偶像具有洞察秋毫、祛病除邪、卜测除灾之功能，成为保护族人的真神。

满族人在关外即崇信萨满诸神，入关定鼎燕京后，他们把萨满神祭祀带到了宫内，在皇城内建神堂，俗称“堂子”，在坤宁宫内祭祀萨满诸神。

堂子是清代专门建立的祭天或出师告祇、祭马神、田苗神的地方。《大清会典事例·堂子规制》载：“顺治元年，建堂子于长安左门外，玉河桥东。祭神殿五间，南向；上覆黄琉璃瓦，前为拜天圆殿，八面棂扉，北向；东南上殿三间，南向。内垣一重，门三间，西向。门外西南，祭神房三间，北向。门西直北，为街门三，闲以朱栅。外垣一重，乾隆三年准奏，增设堂子祭神殿。黄纱灯四座，圆殿黄纱灯四座，大门红灯四座，甬道红灯二十八座。”昭梿《啸亭杂录》载：“国家起自辽沈，有设杆祭天之礼，又总祀社稷诸神祇于静空，名曰‘堂子’……既定鼎中原，建堂子于长安左门外，建祭神殿于正中，既汇祀诸神祇者，南向前为拜天圆殿，殿南正中第一重为设大内致祭立杆石座次。”[12]另外，吴振棫《养吉斋丛录》也说：“顺治元年，建堂子于长安左门外，玉河桥东。元旦必先致祭于此，其祭为国朝循用旧制，历代祀典所无。又康熙年间，定祭堂子，汉官不随往，故汉官无知者。询之满洲官，亦不能言其详，惟会典诸书所载。……祭神殿南向，拜天圆殿北向，上神殿南向，上神殿即尚锡神亭。”[13]

除了堂子之外，满族统治者更把萨满祭祀带进了宫禁森严的清宫大内。紫禁城内廷的坤宁宫成了萨满祭神的场所。坤宁宫在故宫内廷的后侧，明永乐十八年（1420年）建，清顺治十二年（1655年）重建，改为祭神场所。每天的朝祭、夕祭、月祭、报祭、大祭，均在坤宁宫举行。吴振棫《养吉斋丛录》载：“坤宁宫广九楹，每岁正月、十月，祀神于此。赐王公大臣吃肉，至朝祭、夕祭，则每日皆然。宫内西大炕供朝祭神位，此炕供夕祭神位。”[14]坤宁宫的祭神，有每年元旦次日或正月十日的大祭，春、秋二祭，以及每日的朝祭、夕祭；此外还有二月一日、五月五日、七月十五日、九月九日的祭祀，冬至宫中也要在这里祭天。

按照《钦定大清会典事例》卷一一八三所载，坤宁宫祭神之制：“坤宁宫广九楹，内西大炕供朝祭神位，北炕供夕祭神位。谨案钦定满洲祭神、祭天典礼。朝祭神，为释迦牟尼佛、观世音菩萨，关圣帝君。夕祭神，为穆哩罕神、画像神、蒙古神，而祝词所称，乃有阿琿、年锡、安泰阿雅喇、穆哩穆哩哈、纳丹岱琿、纳尔琿轩初、恩都哩僧固、拜满章京、纳丹延瑚哩、恩都蒙鄂乐、喀屯诺延诸号，中惟纳丹岱琿，即七星之祀。其喀屯诺延，即蒙古神。以先世有德而祀。其余均无可考。又树柳枝求福之神，称为佛立佛多鄂谟锡玛玛者。为保婴而祀。”

[12] 清·昭梿：《啸亭杂录》卷八，第231页，中华书局，1980年。

[13] 清·吴振棫：《养吉斋丛录》卷七，第65页，北京古籍出版社，1983年。

[14] 清·吴振棫：《养吉斋丛录》卷七，第65页，北京古籍出版社，1983年。

坤宁宫内西侧的大炕，供奉着朝祭神位；北侧的炕上，供奉着夕祭的神位。朝祭时间是每日的寅时至卯时（三点到七点）之间，夕祭的时间是每日的未时至申时（十三点到十七点）之间。所祭之神，杂糅多种，有释迦佛、关帝君、蒙古神、满族始福。清宫极为崇敬关公，把他作为战神来祭祀，军中亲切地称关羽为关玛法（玛法，满语意为父亲）。

坤宁宫的日常祭祀，主持者是满族传统的女性神职人员，称为萨满太太。萨满太太总共有20多人，平日居住在皇宫东部的南三所。皇后应每日在神前行礼，后来改由一位女官代替。

坤宁宫前，清代一直竖立着一个三丈高的神竿，又称“祖宗竿子”。祭祀时，上面悬挂着敬献给神的猪颈骨肉，在神竿的东北设一张案，陈放祭祀肉。跳神仪式就在神竿下进行。宫内设煮肉的大锅三口，用于煮整头的猪，一个长桌，西边墙上悬挂天神像和布偶像，壁上悬挂着黑色布幔。祭神的器物有铜铃、拍板等。

在元月和春秋举行的大型祭祀上，皇帝要率内外藩王、贝勒、辅臣、六部九卿吃祭神肉。吃祭过神的肉便是祭祀活动的主要内容。皇帝行礼之后，坐在御座上，御座在殿庭中央的南部，面向北部的神幄。王公、臣僚们面向西，向神幄行礼，再向皇帝行礼。御膳房大臣捧着御用的俎盘，跪着进呈皇帝，盘上是被视为最上等的、在神竿上祭过的猪髀骨肉。司俎官再将猪臀、肩、腰、骼部位的肉分盘摆放在王公诸臣之前。皇帝用自佩的匕首割肉，在场臣僚也是同样，默不作声地吃肉。皇帝以佩刀自行割肉，遵循的是清太宗皇太极的诫令，皇太极有这样的谕旨：“若废骑射，宽袍大袖，待他人割肉而后食，与尚左手之人何异？”乾隆皇帝将此谕刻碑于箭亭，以警后世。

皇帝与王公大臣在坤宁宫正堂吃祭神肉的同时，皇后率贵妃及以下女眷在东暖阁分吃祭神肉。

坤宁宫每日都要用两只整猪祭神，祭过神的猪肉分给散秩大臣和侍卫食用，这些人轮班来到坤宁宫，从门外取过一个毡垫，悄无声息地走到自己的坐处，先叩头，然后接过分配给自己的一盘祭肉。食毕，静静地走出去。

清代皇帝和皇后在每年元旦的子时，即旧年进入新年的第一刻，要到坤宁宫的司香神位前上香，可见坤宁宫内的萨满祭祀在清代皇家宗教信仰中占有重要的位置。

关于坤宁宫内的萨满祭祀，清末皇族溥佳在他的《记清宫的庆典、祭祀和敬神》一文中有一段详细的描述："我在内宫伴读期间，曾叫太监领我去坤宁宫看了两次跳神。到了坤宁宫，先看到殿外东南角立着一根楠木神杆，上面有一个碗形的东西，内置五谷杂粮，说是专供'神鸟'吃的。在坤宁宫的西暖阁里据说供着萨满神……正殿当中放着两张长桌，上置铜铃铛、琵琶、三弦、大鼓、摇鼓、檀板、神刀、神箭等物。不一会，进来两个'萨满太太'（萨满教的巫祝），身穿绣花长袍，头戴钿子，足登绣花厚底鞋，一个弹起三弦，另一个腰间系上成串的铜铃铛，一手拿着摇鼓，另 只手拿着椅板，就跳了起来。她先在中央跳，后又向四方跳，口中不断地用满文喃喃歌唱。太监们告诉我，她唱的无非是向天地神祇和四海神灵求福求禄，驱魔祛病的意思。"又说："我在宫内，每天都会见到有人赶着两口猪进苍震门，据说这是祭萨满神用的。"[15]

清代在宫内保留萨满习俗，源于清代统治者对本民族文化的保护，及为了加强民族凝聚力的心理。清代立国之后，对原属于满族民间信仰的萨满文化，并未随之抛弃，相反作为凝聚满民族心理的一种手段，加以尊重和传承。

清代统治者早在创基盛京（今沈阳）的时代，传习古老习俗，恭建"堂子"祭天，又在寝宫正殿恭建神位，有祖佛（释迦牟尼）、菩萨（观世音）和神（萨满诸神）等。嗣后，虽建立坛、庙，分天、佛及神，而旧俗未改，与祭祀之礼并行。至清代定鼎中原，迁都北京，祭祀仍循昔日之制，而且满族各姓也都以祭祀为至重，大内及王、贝勒、贝子、公等，于堂子内向南祭祀，其余均于各家院内，向南以祭。"又有建立神杆以祭者，此皆祭天也。"也就是说，满族在入主中原以后，并未放弃萨满祭祀的古俗。上至宫廷、王公大臣，下至普通满族，

[15] 溥佳：《记清宫的庆典、祭祀和敬神》，《晚清宫廷生活见闻》，第121页，文史出版社，1982年。

都遵守祭天和祭神的旧俗。但满族统治者离开了土生土长的白山黑水，定鼎燕京后，中原地区的汉族文化不可避免地与满族文化发生碰撞，对满族文化发生影响，特别是佛教文化和道教文化已浸入萨满祭祀之中。汉语代替满语，汉文代替满文，使清代最高统治者对满族文化的渐次消失与变异产生忧虑。特别是在历史上对满民族产生过凝聚力的萨满文化，如不加以保护和利用，民族意识也会渐渐消失。这就是满族在入主中原的初期，王室中存在的一种顾虑。所以，乾隆十二年（1747年）农历丁卯年七月丁酉，“上谕”管理内务府事的和硕亲王允禄等大臣，总办、承修、监造、监绘、誊录《满洲祭神祭天典礼》，使满族民间的萨满信仰系统化和典礼化，在清宫仪礼中加以永久保存。关于编纂《满洲祭神祭天典礼》的缘由和具体要求，在乾隆皇帝给内阁的上谕中讲得十分清楚：

> 上谕：我满洲，禀性笃敬，立念肫诚，恭祀天、佛与神，厥礼均重，惟姓氏各殊，礼皆随俗。凡祭神、祭天，背灯诸祭，虽微有不同，而大端不甚相远。若我爱新觉罗姓之祭神，则自大内以至王公之家，皆以祝词为重，但昔时司祝（萨满——引者）之人，但生于本处，幼习国语（满语——引者），凡祭神、祭天、背灯、献神、行祭、求福，及以面猪、祭天去祟、祭田苗种、祭马神，无不斟酌事体，编为吉祥之语，以祷祝之。厥后，司祝者，国语俱由学而能，互相授受，于赞祝之原字、原音，斯至淆舛，不惟大内分出之王等，累世相传，家各异词，即大内之祭神、祭天诸祭，赞祝之语，亦有与原字、原韵不相吻合者。若不及今改正，垂之于书，恐日后文讹漏滋甚。爰命王大臣等，敬谨详考，分别编纂，并绘祭器形式，陆续呈览，朕亲加详覆酌定，凡祝词内字韵不符者，或询之故老，或访之士人，朕复加改正。至若器用内楠木等项，原无国语者，不得不以汉语读念，今悉取其意，译为国语，共纂成六卷。庶满洲享祀遗风，永远遵行不坠。而朕尊崇祀典之意，亦因

之克展矣。书既告竣，名之曰《满洲祭神祭天典礼》，所有承办王大臣官员等职名，亦着叙入，钦此。[16]

根据《钦定满洲祭神祭天典礼》所载，清代宫廷的萨满祭祀包含的内容十分丰富。它将满族民间萨满祭祀的主体部分，通过典礼形式固定下来，对参与祭祀的人员、方式、地点、供物、器用等都作了明确规定，甫成典章六卷，各项萨满祭祀仪注近20项。基本包括堂子元旦挂纸钱行礼、每月初一日和正月初三日挂纸钱行礼、春秋立杆大祭、出征凯旋拜堂子、四月初八日浴佛祭、马神祭，以及坤宁宫每天朝祭、夕祭、新月祭、四季祭、春秋大祭、大祭之前报祭、求福还愿祭等等。对每项祭祀的祭品、祭器、祭祝程式乃至祭器的敲打方法、点数等，无不做了细致的规定。

在世界众多信奉萨满教的民族中，中国清代满族统治者制定的《钦定满洲祭神祭天典礼》，在人类历史上第一次把萨满祭祀的仪轨形式通过国家官方文书的形式固定下来，完成了萨满祭祀由野祭、家祭到庙堂化、司祝化的转化，这是绝无仅有的创举，具有深远的意义。而前文提到的清代统治者在皇城内建堂子，在坤宁宫内祭祀萨满诸神的一切仪轨活动均是按照《钦定满洲祭神祭天典礼》的仪礼规范进行的。在宫内进行的萨满祭祀活动，一方面出于为清代统治者祈求护佑的需要，另一方面从客观上也保留了满族特有的民俗文化。

结语

如前所述，紫禁城内的主要宗教场所有道教的钦安殿、藏传佛教的中正殿雨花阁一区及分布在各处的佛堂，还有萨满祭祀的坤宁宫等处，而这几处宗教殿堂恰恰代表了不同民族的宗教信仰，钦安殿内供奉的是汉族人固有的道教诸神，雨花阁里面供奉的是蒙藏等少数民族信奉的藏传佛像，而坤宁宫内的萨满祭祀是满族统治者从东北地区带来的宗教信仰的仪轨形式。

[16]《钦定满洲祭神祭天典礼》卷首。

这样，在同一座皇宫内同时供奉汉族、满族、蒙藏等民族不同的宗教神祇，这样多重的宗教建筑及信仰集中于同一座皇宫内，被皇家所崇拜，在同时代的世界其他地区的皇宫中也是绝无仅有的。

清代帝王对于在中国境内主体民族宗教信仰的尊重，从某种形式上也体现了“大一统”观下的民族政策。清朝统治者在民族观上主要着力宣扬两种观念，一是满族统治者为天下共主的观念，二是“中外一家”的思想。正如《清世宗实录》所说：“我太祖高皇帝开基东土，遐迩率服，而各蒙古又复望风归顺，咸禀正朔，以迄于今，是中国之一统，始于秦。塞外之一统，始于元。而极盛于我朝。自古中外一家，幅员极广，未有如我朝者也。”[17]

又《清世宗实录》卷一三〇所说：“我朝肇基东海之滨，统一诸国，君临天下。所承之统，尧舜以来中外一家之统也；所用之人，大小文武，中外一家之人也；所行之政，礼乐征伐，中外一家之政也。内而直隶各省臣民，外而蒙古极边诸部落。以及海澨山陬、梯航纳贡，异域遐方，莫不尊亲，奉以为主。……朕以凉德、缵承统绪，勤求治理，勉效祖考。虽未能跂及万一，然十载之秉公矢诚，朗如天日。满汉蒙古，并无歧视。”[18]在清代帝王眼里，无论满、汉、蒙古，都是“一家之人”，并无歧视。他们极力树立心胸博大、容纳百川的君王形象，把皇帝视为这个家庭中的家长。康熙皇帝在为《平定朔漠方略》所作序言中说：“朕祇承天眷，懋绍祖宗丕基，为亿兆生民主。海内外皆吾赤子，虽越在边徼荒服之地，倘有一隅之弗宁，一夫之弗获，不忍恝然视也。”[19]史臣也说：“皇上统御万邦，为中外生民主，文德诞敷，武功丕显，仁育义正，久道化成，声教讫乎遐荒，太和洽于宇宙。”

乾隆帝是一位雄才大略的皇帝，在对待民族问题上，有开明的看法。《平定准噶尔方略》中记载他给准噶尔台吉策妄多尔济那木扎尔敕书说：“朕总理天下，无分内外，一视同仁，惟期普天生灵各得其所。”在《石峰堡纪略》中，他还说：

[17]《清世宗实录》，第99页，中华书局，1985年。

[18]《清世宗实录》，第696页，中华书局，1985年。

[19] 故宫博物院编：《故宫珍本丛刊》第44册，《亲征平定朔漠方略》第一册，第1页，海南出版社，2000年。

“内外均属编氓赤子，顺则恩渥有加，逆则法无可宥。”在给叶尔羌、喀什噶尔、库车、阿克苏、和田等“回部”的敕谕中，他又说：“朕为天下共主，罔有内外，一体抚绥，无使失所。”显然，“天下共主”、“无分内外”是乾隆帝对待治下各民族时一贯的态度。他的这些言论统统被写进“方略”，其目的显然是要把这些当作处理民族问题的准则。

乾隆皇帝在晚年曾自鸣得意地说：“五十余年以来，蒙古臣仆亲如家人父子，致数万里之卫藏及外札萨克，边远喀尔喀部落，悉就约束，遵我轨度。”[20]到乾隆帝统治时期，由于国家的统一，中央政府对边疆少数民族地区统治的进一步加强，奠定了我国近代历史上的版图。北达恰克图，南至海南岛以及南沙群岛和西沙群岛，西及巴尔喀什湖和葱岭，东至库页岛、台湾岛及其周围群岛，在这辽阔广袤的土地上，全国各民族完全统一在清中央政府治下，中华各民族人统一的思想，进一步发展。乾隆十九年（1754年），在改建承德避暑山庄丽正门时，以满、蒙、汉、维、藏五种民族文字题写了门额。后来，乾隆帝又下令将沈阳的大清门，以及永陵、福陵、昭陵等清朝祖陵“所有下马木牌，具着改用石碑，镌刻清、汉、蒙古、西番（藏）、回子（维吾尔）五体字，以昭我国家一统同文之盛”。[21]

正是在清代帝王这种“中外一家”、“并无歧视”、“以昭我国家一统同文之盛”的大一统观的思想主导下，清代统治者实行的是一种“修其教不易其俗，齐其政不易其宜”的因俗而治的统治政策。而这种“因俗而治，修其教不易其俗”的统治在宗教上的直接反映，就是清代帝王信奉一种宗教的同时并未偏废另一种宗教，三种宗教的仪轨活动同时存在，并行不悖，反映了最高统治者对于当时占中国主导地位的几大民族宗教信仰的尊重，同时也是满族统治者萨满教多神崇拜的心理在清宫宗教信仰中的反映。萨满教是万神崇拜的宗教，多姿多彩的祭礼中供奉着各种神灵，包括自然神祇、动植物神祇和英雄祖先神祇。而紫禁城内不同民族的宗教信仰、宗教偶像在清朝统治者看来，皆可视作为我所用、祈福纳祥的天地神灵，与萨

[20]《御园暮春清暇即事》诗自注，《清高宗御制诗文十全集》卷五一，转引自张羽新：《清前期的边疆政策》，第316页，中国社会科学出版社，1990年。

[21] 清·王先谦：《东华续录》卷四六。

满教诸神护佑的思想是一致的。在禁城大内同时供奉汉族、满族、蒙藏等民族不同的宗教神祇，打破了民族之间的樊篱界限。而值得我们认真关注的是，多重的宗教信仰及宗教殿堂同时集中存在于同一座皇宫内，形成了几大民族的宗教神祇在紫禁城内同享共存的局面，在同时代的世界其他地区的皇宫中也是独一无二的，可以称得上是独例。从宏观的历史来看，不同民族宗教信仰在紫禁城内的和谐共存、相互包容，对于理解我们统一的多民族国家的形成、中华民族强大的凝聚力和向心力有着非常重要的意义。

从进贡、抄家看乾隆朝清宫书画的收藏

中国人民大学清史研究所　董建中

故宫博物院是中国文物典藏的宝库，当人们在这里的精美艺术品前驻足流连时，或许会想到一个问题：这些珍品来自哪里？可以说，北京与台北两地故宫博物院的文物主体是承继清宫的收藏。清朝时，这些收藏有三个主要来源：一是继承了旧藏，二是清宫内部的创作，三是来自宫廷以外。在第三种来源中，官员的进贡以及籍没官员财产即抄家所得，是两种重要的形式。本文意在以书画为例，利用中国第一历史档案馆所藏《宫中进单》等档案和已出版的《乾隆朝惩办贪污档案选编》以及《石渠宝笈》等资料，对乾隆朝进贡及抄家中的书画作品及其入藏清宫做初步的考察。

一　臣工进贡中的书画

“任土作贡”是中国古代社会的一个传统，职守一方的臣工向最高统治者上贡方物、土宜以表恭顺。从现有史料看，清朝特别是作为进贡顶峰时期的乾隆朝，臣工的进贡早已突破了传统意义上的进贡，内外官员都可以进贡。更为重要的是，贡品不再限于茶果、吃食等方物，而是种类繁多：金、银、玉器、古玩、书画、瓷器、铜器、陈设、绸缎织物、皮张、洋货等等。书画是贡品中的一种，如同其他贡品一样，因乾隆皇帝的赏收而进入宫廷。[1]

我们能够从一些材料中看到书画进贡的记载[2]，但不如《宫

[1] 参见拙文《清乾隆朝王公大臣官员进贡问题初探》，载《清史研究》1996年第1期。

[2] 例如，汪由敦向乾隆皇帝进《快雪时晴帖》，见赵汝珍编述、石山人标点：《古玩指南全编》，第533页，北京出版社，1992年；康熙时期的进贡可参考《万寿盛典初集》卷五四至卷五九《庆祝五 · 贡献一》至《贡献六》，这是康熙帝六旬万寿时的进贡记录，其中有许多书画；嘉庆二十四年十月二十五日，嘉庆皇帝召见73代衍圣公孔庆镕，赏收后者的进贡，包括赵孟𫖯达摩画一轴、马麟荷香清夏画一卷、册页一部，见《曲阜孔府档案史料选编》第三编第三册，第32页，齐鲁书社，1980年。

中进单》表现得集中与精确。进单是臣工在进贡时，与贡品同时呈进的贡品清单，它记载了贡品的赏收与驳回等信息，尽管进单与贡品已经分离，但在今天，这些进单仍然是极宝贵的、可资利用的材料，请看表1。

表1　乾隆朝臣工进贡书画一览表（部分）

序号	（贡品呈览）时间	进贡人	贡品赏收（及拨发地点等）	贡品驳回	来源（《宫中进单》，另注者除外）
1	3–8–12	多罗贝勒允祈		南极多寿图一轴、群仙拱祝图一卷	497
2	15–8–6 (15–7–3进贡)	江西布政使彭家屏		赵孟頫抚松听阮一轴、仇英雪夜江舟一轴、陆治平远山村一轴、文伯仁葛仙移居一轴	639
3	17–7–13	河南巡抚蒋炳		宋李唐林峦叠翠图卷、恽寿平花卉册、元倪瓒竹石一轴、恽寿平山水一轴	313
4	17–7–15	太子太保两江总督尹继善	韩滉五牛图一卷、李龙眠五马图一卷	江贯道溪山无尽图一卷、王翚江山苍霭图一卷	312
5	22–3–12	侯选知府奏兆雷	卓民逸修稧图一卷、郭天锡雨梧烟柳一卷	王绂溪山无尽图一卷、王时敏晴岚暖翠图一卷、董其昌春山欲雨图一轴、钱穀山水一册、侯懋功山水一册子、恽寿平花卉一册、吕嵒像一轴（秦兆雷之父秦瑞熙画）、山水一轴（秦瑞熙画）	52
6	22–7–15	湖南巡抚蒋炳		倪瓒山水一轴、唐寅芦江月雁一轴、张郡之书杜甫古栢行一卷、沈周山水一卷	275

续表

序号	（贡品呈览）时间	进贡人	贡品赏收（及拨发地点等）	贡品驳回	来源（《宫中进单》，另注者除外）
7	23-6-20	大学士史贻直	恽寿平仿巨然山水（交懋勤殿）	唐张旭草书二册、宋李遵道江乡秋晚图手卷（二十名人题咏，三十跋）、宋边景昭鹌鹑、明钱谷重冈深秀图、明张舒山水、明曾士俊百叶图手卷	29
8	25-2-6	两淮都转盐运使司运使卢见曾	巨然画幅成轴（交懋勤殿）、王蒙画幅成卷（交懋勤殿）	郭熙画幅成轴、钱选画幅成卷、倪瓒画幅成轴	729
9	27-2-23	恩加礼部尚书衔加一级原任礼部右侍郎在籍食俸沈德潜	陈裸山水一卷（交懋勤殿）	仇英竹林七贤图一卷、周之冕花鸟一卷、居节古木苍崖图一轴、王翚寒夜图一轴	235
10	30-2-27	恩加礼部尚书衔原任礼部右侍郎在籍食俸沈德潜	王鑑山水画轴（交懋勤殿）	元人无名氏应真图卷、沈周山水画卷、文征明寒林高士画轴、王翚临冷谦黄山云海图画轴	245
11	31-7-2	福建巡抚暂留湖南巡抚李因培		曹知白画山水手卷成件	24
12	36-2-24	江苏布政使吴坛	元钱选金达摩成幅、宋苏汉臣懋边图成幅、王时敏晴岚暖翠成轴		53
13	36-2-24	四川总督阿尔泰	藏佛二轴		53
14	32 7 17	衍圣公孔昭焕	宋刊春秋左氏音义一部（交懋勤殿认看）	宋人书归去来辞图一卷、案元人画一册十帧、吴彬奇峰修涧一轴、倪瓒松石图一轴、傅希说秋山双雉一轴、唐寅秋林夜色一轴、俞和四体千字文一册、董其昌书演连珠一卷	86

续表

序号	（贡品呈览）时间	进贡人	贡品赏收（及拨发地点等）	贡品驳回	来源（《宫中进单》，另注者除外）
15	37–12–26	（西洋人）李俊贤、潘廷璋	潘廷章自画人物一张（交外养心殿）		421
16	42–12–20	福隆安 迈拉逊	纸画一百卷（交养心殿内）		528
17	42–12–26	和珅		唐阎立本画无量寿佛成轴	187
18	无年 –2–30	浙江巡抚王亶望	唐宋元人画计一百幅（交刘秉忠）、元人画罗汉十八轴（交董浩）	停云集绘四册	141
19	无年 –4–15	国泰	张照临赵孟頫心经一轴（交懋勤殿）	文征明手书诗经一部、管道升妙法莲华经一册	813
20	49–3–18	浙江学政窦光鼐	仇英海湖观音成轴（交懋勤殿）	俞和乐毅论成卷、元人松阴放鹤图成轴、文征明宇画册页八帧	129
21		阮葵生		金刚般若波罗蜜经一匣（阮葵生书）	238
22	50–5–3	纪昀		钱选花卉蜂蝶一册、陈淳采莲图一卷、陈嘉言正午石榴一轴、王世昌夏耘图一轴	90
23	55–3–7	浙江学政窦光鼐		元吴镇墨竹成卷	83
24	55–3–7	湖南巡抚浦霖		旧书画手卷三轴（米芾真迹、陆治花鸟、陈居中西旅贡獒图）	83
25	56–8	蔡新		王云采芝图成轴	34
26	56–8	弘旿	寿宇霏甘仿古山水二轴（弘旿绘，交热河）		34

续表

序号	（贡品呈览）时间	进贡人	贡品赏收（及拨发地点等）	贡品驳回	来源（《宫中进单》，另注者除外）
27	59–3–15	湖广总督毕沅		宋陈容龙云施雨图一轴、宋人寒山拾得仙像一轴	170
28	59–3–17	毕沅	何晏论语集解一部（明汲古阁抄本）、赵歧孟子注一部（明汲古阁抄本）（着徵瑞差人送京交金简）	明仇英江南春色卷	《宫中各项档簿》318
29	59–3–17	纪昀		李唐山馆图一轴	170
30	59–3–25	江苏巡抚奇丰额		丁云鹏白描罗汉、黄荃四时蔬果图、手卷二件、 宋元明人山水花卉、文征明山水书画墨迹册页二件	《宫中各项档簿》184
31	59–5–2	刘墉		仇英溪榭纳凉一卷	342
32	59–5–2	窦光鼐		元王若水花竹山禽一轴、明边峦双结子图一轴、蒋廷锡荷花一轴	342
33	59–5–3	汪承霈	时景瓶蓝挂屏一对、花卉扇一盒（俱系汪承霈画，交宁寿宫）	天中佳卉挂屏一对、百耆扇一盒（俱系汪承霈画）	342
34	59–7–29	江兰		山水花鸟画百幅	532
35	59–8–2	汪承霈		协瑞欣荣画册一轴、手卷一盒、茂实恒春一轴、秾华披秀一轴（俱系汪承霈画）	532

续表

序号	（贡品呈览）时间	进贡人	贡品赏收（及拨发地点等）	贡品驳回	来源（《宫中进单》，另注者除外）
36	59–8–2	窦光鼐		元王若水花竹山禽一轴、元人松阴放鹤一轴、明王方穀仿米云山一轴	532
37	59–8–10	纪昀		元人应真一轴、陈嘉言荷塘水鸟一轴	551
38	59–12–16	户部左侍郎蒋赐棨	周臣画水仙成轴（交懋勤殿）	周臣画梅花林屋成轴	176
39	59–12–22	刘墉		元人三大士像三轴	176
40	59–12–26	礼部尚书纪昀		关九思林峦雪霁一轴、旧刻梅花一轴	175
41	59–12–25	窦光鼐		元黄公望山水一轴、明吕纪花卉一轴	176
42	59–12–26	汪承霈	御制诗记十全敷藻册一匣（交宁寿宫）、丰年瑞景挂屏一对（交瀛台）、春祺介寿一轴、丽日舒芬一轴、秀色延龄一轴、瑶华呈瑞一轴（交懋勤殿）（以上六件系汪承霈画）		175
43	60–8–3	留保住		一堂画像千尊无量寿佛九轴	33
44	60–8–3	和珅		宋人画无量寿佛一轴、元人画功成捷报图一轴	128

对于表1的材料来源有必要做一说明。乾隆朝的进单总量很大[3]，笔者在1994～1995年查阅宫中进单时，重点是放在进贡制度以及政治史的考察上，当时并没有特别关注书画贡品，而表1只是据当年笔者所抄录的进单制成，因此不能反映乾隆朝书画进贡的全貌，只能为此研究提供一个线索。[4]

下面仅就上表对乾隆朝臣工书画贡作一粗略的分析：

第一，臣工进贡贡品全部是书画的，在整个乾隆朝的进单中极为少见。上表序号5、9、10是这样特例，这也是当年笔者抄录这几份进单的原因所在。通常，书画是作为贡品之一种而进贡的，上表其他各例皆是如此。

第二，从表1可以看出，作为贡品的书画可以说是贯穿着整个乾隆朝。那么，书画贡以及含有书画的进贡占整个乾隆朝进贡的比例是多少？笔者给不出答案。笔者翻阅进单的印象是，书画贡不比方物、玉器、古玩等贡品普遍。笔者曾收集了乾隆五十九年（1794年）的臣工进贡情况。统计出当年共有111人、329次进贡，其中纯粹的方物包括吃食、花树等贡有26次。[5]而表1所列乾隆五十九年贡品中有书画的进贡为18次，占329次的5.4%，占到除去方物贡303次进贡的5.9%。

当然，乾隆五十九年已是乾隆末期，或许不能反映乾隆盛世的进贡，包括书画的情况。乾隆四十五年（1780年）乾隆帝七旬万寿，该年七月，各地进贡达到高潮，当时的朝鲜人目睹，仅贡车就多达三万辆，此外还有人担、驼负、轿驾者更是数不胜数。为争运贡品，车辆互相争道催促，“篝火相望，铃铎动地，鞭声震野”[6]。

中国第一历史档案馆所藏的《宫中档簿》记载了部分进贡的材料，绝大多数是驳出贡品的情况。表2是据《宫中档簿》制成的乾隆四十五年被驳书画情况表。表2的记载肯定也是不完备的，更为遗憾的是我们看不到乾隆皇帝相应所收下的书画情况。

从表1和表2可以看出，进贡书画的官员很广泛，满汉大臣、内外官员皆有。此外也有商人的书画贡品，如乾隆四十五年二月二十四日，乾隆皇帝有旨：“两淮盐政伊龄阿代商人江

[3] 中国第一历史档案馆藏《乾隆朝宫中进单》编号共有825（即档案袋），计22757件（这是中国第一历史档案馆的统计数字）。参见注1拙文中的注释2。

[4] 这里可以补充一个《进单》中书画进贡的例子。乾隆帝首次南巡，休致在籍的沈德潜进呈书画七件：董其昌行书二册、文徵明山水一卷、唐寅山水一卷、王鉴山水一轴、恽寿平花卉一轴、王翚山水一轴。其中唐寅画作赏收，其余则驳回。该进单的图照见万依、王树卿、陆燕贞主编：《清宫生活图典》，第98页，紫禁城出版社，2007年。该进单应是出自《宫中进单》而笔者未抄录者。

[5]《清乾隆朝臣工进贡制度研究》，附表1“乾隆五十九年臣工进贡一览表”。中国人民大学硕士学位论文，1996年。

[6] 朴趾源：《燕岩集》卷一四《万国进贡记》，转引自《清代全史》第四卷，第187页，辽宁人民出版社，1991年。

表2 乾隆四十五年进贡被驳书画情况表[7]

序号	（贡品呈览）时间	进贡人	书画被驳件（种）数	页数
1	1–20	江苏布政使吴坛	7	334
2	1–26	贵州巡抚舒常	3	338
3	2–11	顺天府尹吴绶诏	4	346
4	2–21	大学士程景尹	2	353
5	2–21	刑部侍郎杜玉林	3	353～354
6	2–26	江西按察使姜晟	3	358～359
7	3–2	湖南布政使陈用敷	3	359
8	2–30	礼部侍郎谢墉	7	360
9	4–29	湖南巡抚刘墉	6	386
10	7–28	大学士程景尹	2	398～399
11	7–28	兵部尚书蔡新	5	399
12	7–30	湖北巡抚梁敦书	7	401
13	8–1	吏部侍郎谢墉	4	403
14	8–1	礼部侍郎阿肃	5	403
15	8–1	工部侍郎胡高望	5	403～404
16	8–1	贵州布政使孙永清	7	404
17	8–1	上书房行走侍讲彭冠	5	405
18	8–1	上书房行走翰林吴寿昌	2	405
19	8–1	上书房行走詹事府中允嵇承谦	3	405
20	8–1	江西学政汪永锡	3	406
21	8–1	上书房行走编修王懿修	2	406
22	8–1	上书房行走翰林学士朱珪	1	406
23	8–1	上书房行走通政使副使吉梦熊	5	407
24	8–1	上书房行走翰林李汪度	4	407
25	8–1	原任陕西巡抚毕沅	7	408

[7] 中国第一历史档案馆、香港中文大学文物馆合编：《清宫内务府造办处档案总汇》第44册，人民出版社，2005年。

续表

序号	（贡品呈览）时间	进贡人	书画被驳件（种）数	页数
26	8–2	太常寺卿倪承宽	8	409
27	8–2	刑部尚书杜玉林	3	409～410
28	8–2	协办大学士嵇璜	7	410
29	8–2	礼部侍郎庄存与	9	412
30	8–3	贝勒永瑢	9	416
31	8–3	礼部侍郎钱载	4	420
32	8–3	都察院左都御史罗源汉	4	421～422
33	8–3	在籍侍郎汪廷兴	3	425
34	8–4	刑剖尚书胡季堂	4	427～428
35	8–4	副都统弘旿	6	431～432
36	8–5	弘曧	9	434
37	8–5	公永璥	18	435～436
38	8–10	光禄寺卿陆锡熊	1	449
39	8–10	翰林院编修韦谦恒	1	450
40	8–10	内阁学士纪昀	2	450～451
41	8–11	河南学政王大鹤	2	456
42	8–11	湖南学政姚颐	3	458
43	8–12	两淮盐政伊龄阿	3	460～461
44	8–13	大学士英廉	1	462
45	8–13	兵部侍郎周元理	2	462

广达所进松鹤画一轴、云龙画一轴、山水画一轴、春燕画一轴，着伊龄阿差人送往京城交与内务府大臣英廉。”[8]

但并不是人人都进贡书画，笔者曾收集了李侍尧155次进贡[9]，但贡品中没有出现书画。

第三，对于贡品，乾隆皇帝经常说：不过酌量赏

[8] 中国第一历史档案馆、香港中文大学文物馆合编：《清宫内务府造办处档案总汇》第44册，第348页，人民出版社，2005年。这也是该书所记载乾隆四十五年唯一的一次赏收书画。

[9] 见拙文《李侍尧进贡简论》，载《清史研究》2006年第2期。

收，以联上下之情。[10]从《宫中进单》等看，贡品全收与全驳的情况都存在，如表1序号2，彭家屏进贡，乾隆皇帝就下令："彭家屏所进之物，奉旨俱不收，仍发回去。"[11]这次全部驳回应该是因为布政使没有资格进贡的缘故。但绝大多数情况是有收有驳，即便贡品是乾隆皇帝极为喜欢的，亦是如此。这一点不难从常理上推得：全收，显得皇帝过于好物；全驳，臣工会感到无比的压力。从表1序号5、9、10看，这三次书画贡就是有收有驳。表1中有许多书画全部被驳回的情况，但那是因为这些书画只是整个贡品的一部分。

赏收的贡品，特别是书画，进入清宫，自然就成为清宫收藏的一部分。

从表1可以看出，对于赏收书画的处理，一种是交与有关人等，比如序号第28。乾隆皇帝于五十九年三月十三日自圆明园出发，巡幸盘山，四月十六日返回圆明园。这是乾隆皇帝在外巡幸过程中对臣工贡品的一种处置，让人带回北京。

二是指明了拨发的地点：瀛台、宁寿宫、养心殿等处。更多的则是交懋勤殿。《清宫述闻》综合各种史料载述，指出懋勤殿除了秋审时皇帝亲自于此"勾到"外，"懋勤殿取懋文勤武之义，故以贮典籍文房"；懋勤殿"弆藏书画及文房四事等"；"凡文房四事，由各等处呈进赏收者，预备上用颁赐各件，皆收贮懋勤殿库。"[12]

二　抄家中的书画

抄家是清朝常见的一种刑罚。但法律没有明确的条款，"当时的抄家，往往是作为一种政治性（诸如惩处谋叛，排除异己，打击政敌等）、行政纪律性（诸如惩处贪污、渎职等）刑罚的附带刑，即对犯罪者除撤职革爵、关押、流放、杀头等以外，进一步剥夺其全部或大部分财产，或用以抵赃。当然，也有在定案判罪之前即谕令抄家的，这是为了进一步搜获罪证和扩大株连。"[13]

抄家可以有各种分析角度，与清宫收藏有关的是：许多抄

[10] 例如乾隆皇帝曾说："即如朕上年六旬诞辰，诸臣所进，不过酌留一二，联上下之情。"见光绪《清会典事例》卷四〇一《礼部，风教，禁止贡献》。乾隆皇帝在进贡问题上，尽管经常谕令禁止官员进贡或进贡珠玉宝玩，乃至有却贡的做法，但实际上他"口是心非"，对于乾隆朝进贡的盛行负直接、重要责任，此不具论。

[11]《宫中进单》639。

[12] 章乃炜、王蔼人：《宫中述闻》（初、续编合编本），第545页，紫禁城出版社，1990年。

[13] 韦庆远：《清代的抄家档案和抄家案件》，载《学术研究》第5期，1982年；又收入《档房论史文编》，福建人民出版社，1983年。

家案中籍没的家产物品最后进入了宫廷。[14]

乾隆朝的抄家案件之多难以统计。中国第一历史档案馆编辑出版的《乾隆朝惩办贪污档案选编》收录乾隆二十二至六十年间17个贪污等案件，表3是对该选编抄家清单中的书画及流向的列表。

[14] 魏美月曾指出：抄家的物品中，“最好的必须解送内务府，成为清宫的藏品，因此也是研究故宫文物不可忽略的材料”。见魏美月：《清代乾隆时期军机处档有关抄家之史料及其价值》，载《故宫季刊》第15卷第1期，1980年。魏文的关注点不在于此，只是点到为止。

表3 《乾隆朝惩办贪污档案》记载所抄书画及其流向

案件	官员（财产起解处所）	书画	流向（不甚明确的则空缺）	册/页：（前为书画，后为流向）
云贵总督恒文勒索属员案（乾隆二十二年案发）	恒文	册页三幅、王原祁册页一幅、赵千里仇十洲手卷二匣、唐寅画一轴	“银两交广储司，其余俱留内”	1/64、1/60
原山西布政使蒋洲侵亏帑项勒派属员案（乾隆二十二年案发）	蒋洲	各样书画五十八轴、各种手卷四十一卷、各种册页三十二幅	“所有呈览物件具着留内”	1/97、1/94
云南布政使钱度贪婪骪法案（乾隆三十七年案发）	钱度（原籍等）	书画八十五种	解内务府	1/337–340、1/331
	钱度幕友叶士元及伊弟叶士俊	旧手卷二个、册页二部	“俱留内”	1/369
云贵总督李侍尧贪纵营私案（乾隆四十五年案发）	云南按察使汪圻（原籍）	帖二套、书画大小三十九件	“以上各项分别解京留变”	1/1031、1/1031
	昆明革职知县杨奎	书画帖七件	变价	1/1032、1/1032
	原任按察使汪圻之子汪师曾	大小新旧书画八轴、新画二轴	变价	1/1148、1/1135
	汪圻、杨奎等六员	仇英春山图一卷（霉湿）、仇英画一轴（霉湿）、王振鹏画一张（破烂）、文衡山真迹一卷（破烂）、林椿花卉一卷（霉湿）、破烂书画十三卷		1/1161

续表

案件	官员（财产起解处所）	书画	流向（不甚明确的则空缺）	册/页：（前为书画，后为流向）
甘肃捐监冒赈案（乾隆四十六年案发）	王亶望	应解书画一百九十九件	解崇文门	2/1828–1832、2/1783
	甘肃山牡县知县万邦英（原籍）	书画十五件	解京	2/1870、2/1863
	蒋全迪	书画手卷十一件	解交内务府	2/1949
	程国泰	书画十二轴		2/1950、2/1949
	顾芝	手卷一个		2/1951、2/1949
	陈鸿文	画四件		2/1951、2/1949
	原任甘肃泾州知州陈常家	大小字五十五件	估价	2/2044–2045、2/2044
杭嘉湖道王燧贪纵不法案（乾隆四十六年案发）	王燧	零星画片及时人手卷册页共二百三十七件	“留浙估变”	3/2134、3/2132
乌鲁木齐各属侵冒粮价案（乾隆四十七年案）	乌鲁木齐原任都统诺木策凌（任所）	书画册页共十五件、画十轴	送京	3/2303、3/2298
	前任玛纳斯县丞徐维绂（原籍）	字条一幅、时画一副、对条一副	估变	3/2348、3/2321
山东巡抚国泰贪婪营私案（乾隆四十七年案发）	原济南府知府冯埏（任所）	墨刻七本、各种书画五十七件		3/2427
	原历城县知县郭德平	书画卷册挂轴共一百五十一件		3/2431
	国泰同父文绶弟国霖	书画四十九卷又一匣册页十三本		3/2497
闽浙总督陈辉祖侵盗王亶望入官财物案（乾隆四十七年案发）	浙江布政使国栋（任所）	书画三十五件、法帖七种	送京	3/2650、3/2647
	衢州府知府王士澣（原籍） 高模（本籍）	书画共一百六十一件		3/2695
		手卷一个、破法帖册页一副、时人画一轴、双款字一副		3/2710

续表

案件	官员（财产起解处所）	书画	流向（不甚明确的则空缺）	册/页：（前为书画，后为流向）
	陈辉祖（任所）	墨刻碑帖并书画册页、手卷共六百四十六件	解内务府	3/2804
	陈辉祖长随杜泰等	书画共十宗计一百件	解内务府	3/2829
浙江巡抚福崧等侵挪库项案（乾隆五十八年案发）	参革两淮盐运使柴桢（任所）	书画册页四十七件		4/3304
	柴桢家人柏顺（寓所）	时人书画十件		4/3304
	柴桢（原籍）	各种书画书帖四十二件		4/3328
	福崧（任所）	刻丝手卷、时人画轴、法帖共二十五件		4/3342
闽浙总督伍拉纳婪赃受贿案（乾隆六十年案发）	布政使伊辙布	破书画十轴		4/3451
	截留伍拉纳赀重船	书画灯毯杂物共九百二十六件		4/3481
	巡抚浦霖（原籍）	各项时人书画共三百五十一幅	解京	4/3495、4/3493
	伍拉纳长随吴泰	画六卷、字四卷		4/3504
	伍拉纳长随雇工厨役	破书画三轴		4/3507
	闽浙总督长麟家人	破旧书画册页八十三件	赏还	4/3542、4/3540
	升任广西按察使（留闽）	画一卷		4/3562
	钱受椿（原籍）	书画册页五十三件	解京	4/3566、4/3565
	伍拉纳（原籍）	画一轴		4/3666

应当指出，上表中缺乏一些主要涉案人员如国泰案中的国泰和开易简，伍拉纳案中伍拉纳、浦霖等的家产清单。

从上表可以看到，籍没涉案人员家产，既包括官员，也包括其家人，甚至长随、厨役等，而这些人的家财凡有价值者，多解京，许多进入了内廷[15]，其中就包括了书画。从量上看，抄家所得书画的数量远远大于进贡所得。

此外，官员进贡书画和抄家中的书画也有某种联系。官员将书画等精品进贡，有时乾隆皇帝碍于面子，不能全收，但有着很高艺术修养的他却对驳回的贡品念念不忘。例如，他曾说过：“王亶望平日收藏古玩书画等物最为留心，其从前呈进各件未经赏收者，尚较他人为优。”[16]因此，王亶望被抄家时，有些被乾隆皇帝驳回的物品，包括书画，最终又进入内廷，成为清宫的收藏。仅就表1看，进贡书画的卢见曾、沈德潜、国泰、王亶望等在乾隆朝被抄了家，而毕沅、和珅等是在嘉庆时期被抄家。

表2中的钱度和王亶望的抄家清单中开列有详细的书画名单。现开列王亶望解京的199件书画，以期对于书画由于抄家而入藏清宫有一感受：

文衡山书绝句册页一本、东坡金刚经法贴册页一本、佑圣观玄武殿碑法帖一本、文征明墨字册页一本、贴绒花卉册页一本、九如图册页一本、李邕法帖册页二本、新罗山人花卉山水册页一本、恽寿平花卉册页一本、冷文炜临圣教序册页一本、御制农器图册页一本、王石谷山水册页一本、董其昌墨宝册页一本、罗源汉法帖册页一本、金农梅花册页一本、颜鲁公法帖三部（计三件）、陆瓒隶书帖二部（四册计二件）、倪云林山水画一轴、恽庆生梅花画一轴、沈周慈鸟画一轴、恽寿平临宋真迹一轴、沈石田山水画一轴、倪瓒山水画一轴、陆治花卉画一轴、董其昌字一轴、铁梗海棠画一轴、新罗山人寒鸠花竹画一轴、钱选花卉画一轴、恽寿平菊花一轴、沈石田山水画一轴、钱谷人物画一轴、钱谷山水画一轴、王衡字一轴、王澍字一

[15] 对于乾隆时期的抄家资财，魏美月认为：在地方的，平常分为三部分处理，一是贵重物品，解内务府；二是较平凡的，但仍值钱的，解崇文门变卖入官；三是田房不动产等，与不值钱者由地方估变（见注12魏美月论文）。而许惠润对此作了更为仔细的考察，她认为：“入官物到达京城后，不管是总管内务府大臣或崇文门监督，都必须分别上奏皇帝后最终处理。”见许惠润：《清乾隆朝抄家案件研究：以甘肃冒赈案为中心》，中国人民大学博士学位论文，2000年。

[16]《乾隆朝惩办贪污档案选编》第三册，第2518页，中华书局，1994年。

轴、宋懋晋山水一轴、盛子昭山水一轴、沈宗敬山水画一轴、项元忭山水画一轴、新罗山水牡丹画一轴、李长衡山水画一轴、王冕墨梅一轴、玉兰花画一轴、王石谷山水画一轴、陆包山腊梅花画一轴、安仁仿赵千里汉宫雪景画一轴、文征明独坐看泉图画一轴、新罗山人画梅花一轴、黄大痴山水画一轴、文伯仁山水画一轴、周之冕梅花一轴、宋比玉先生墨妙画一轴、王石谷山水画一轴、荷花画一轴、项墨林杞菊图一轴、陆包山墨牡丹画一轴、腊梅花一轴、王若水花鸟画一轴、铁生松鳌图一轴、雪景画一轴、金寿门梅花一轴、董其昌字屏面八条、时人画屏面十条、董其昌字屏面十条、王铎字屏面十条、王石谷山水画一轴、顾绣岁兆图一轴、新罗山人堂画一轴（三公一品）、寿星麻姑堂画一轴、新罗山人松竹堂画一轴、新罗山人花卉翎毛堂画一轴、赵雍山水楼阁堂画一轴、新罗山水松树堂画一轴、元管道升竹树画一轴、华秋岳梧冈鸣凤堂画一轴、明周臣春畴柳阴堂画一轴、新罗山人三星山水堂画一轴、麻姑寿意一轴、浦文璇松鹤堂画一轴、新罗山人凤桐画一轴、恽寿平香国恒春堂画一轴、松鹿图画一轴、沈周花卉画一轴、八仙寿意画一轴、明谋鹡诸仙祝寿画一轴、时人竹鸟图画一轴、葛徵奇溪山秋水画一轴、宋旭达摩祖师一轴、恽寿平山水画一轴、寿星图堂画一轴、恽寿平群仙祝寿图堂画一轴、耀乡打猎图堂画一轴、三星图堂画一轴、仇英海山楼阁画一轴、仇英仙算图画一轴、恽寿平花卉画一轴、天士出山墨碑像一轴、吕纪天香图堂画一轴、王翚秋林平远画一轴、汉宫春晓屏面十二条一卷、顾绣画一轴、百寿图一轴、缂丝八仙画一轴、渤海藏真帖四套（每套四册，又一套）、渤海藏真帖四十部（未裱，计四十束）、史阁部像赞一卷、明人书画扇面页二件一匣、沈周沧浪图卷、文衡山墨迹千字文手卷、明人书画扇面册页一本、元宋明人册页一本、王武罂粟花一轴、赵松雪墨拓赤壁赋四件一轴、张风水墨画四件一匣、周东邨山水画一轴、仇英临赵伯驹手卷、赵千里瀛海仙人图一卷、董其昌墨迹一卷、董文敏临天马赋手卷、董文敏临米真迹手卷、袁江花果手卷、沈周墨迹一卷、泥金无量寿佛一轴、王翚山水画一轴、钱选群仙图一卷、仇英山水一卷、马远大士像、董其昌写心经手卷、白阳山人陈道复四季画四轴（计四匣）、谢时臣山水大堂画一轴、钱选放鹤图手卷、沈石田严桂香馥图一卷、新罗山人画册一本、陆包山花卉册页一本、钱谷山水一卷、恽寿平翠柏春晖画一轴、董其昌临月仪帖手卷、宋苏子瞻法书真迹手卷、归昌世墨竹一卷、唐寅石涧秋林一卷、仇十洲七贤过关图一卷、恽南田龙池思泽画一轴、唐寅人物山水手卷、王汝邻山水画一轴、上官用山水画一轴、彭翼麻姑仙画一轴、杜陵女史海鹤蟠桃一轴、钱舜举采芝献寿画一轴、顾绣花卉画一轴、顾绣菊花一轴。

三　从《石渠宝笈》等看入藏清宫的进贡书画

《石渠宝笈》初编、续编与三编，分别成书于乾隆十年（1745年）、五十八年（1793年）和嘉庆二十一年（1816年）。《石渠宝笈》与《秘殿珠林》是著名的清宫书画著录目录。嘉庆皇帝并不讳言“臣工所进”[17]是清宫书画收藏的重要来源。而抄家所得的书画肯定是无法明言的。[18]

《石渠宝笈》作为书画著录书籍，内容丰富。除了对作品本身的著录外，也还有作品上的其他信息，诸如御题诗文、印鉴以及该作品的“收藏印记”等等。本文的目的不是对《石渠宝笈》进行研究，而是用《石渠宝笈》的著录，为因进贡而进入清宫的书画提供直接、坚实的证据。

《石渠宝笈》所记载的乾隆皇帝在书画作品上的御题诗文中，有的直接说出了该作品乃从进贡所得。如，乾隆皇帝在“项圣谟临韩滉《五牛图》一卷”后的御题中就是明确指出：“韩滉《五牛图》于壬申秋入石渠宝笈，进而尚书蒋溥进贡

[17]《秘殿珠林石渠宝笈三编序》，嘉庆皇帝提到的书画来源有：先朝皇帝和自己的翰墨，并“臣工所进及旧编阙略者”。

[18] 乾隆皇帝似乎有意掩盖抄家所得。例如唐杜牧《行书张好好诗》墨迹，卷后有“双峰积雪斋，年羹尧观”题句，以及“年羹尧”印鉴。见《故宫博物院珍藏历代碑帖墨迹选》（第一集），紫禁城出版社，1998年。所收该墨迹影印本。但《石渠宝笈》卷四《贮养心殿·列朝人书画目录》却对此略而不载。从该卷后面显示的清代人物包括梁清标、宋荦等看来，年羹尧应是最后一人，故而该卷极可能是雍正三年年羹尧被抄家时进入清宫的。雍正皇帝在雍正八年六月曾言：康熙时宫中“竟无一件为人所罕见可珍奇者”，待其继位后，“今宫中之所有稍可贵重之物，有来自朕藩邸，及数年以来内外诸臣进献而朕酌留一二件者。又二阿哥旧物及年羹尧入官之物，亦在其中，并非皇考宫中之所留遗者”。见《雍正朝起居注册》第五册，第3689页，中华书局，1993年。就笔者所见，年羹尧于雍正二年十月、十一月在京时曾索要、收受鸿胪寺少卿葛继孔馈送古玩两次，一次铜器、瓷器、书画共十二件，又一次玉器字画共五件。见《上谕内阁》“三年六月十七日上谕”，中国第一历史档案馆编《雍正朝汉文谕旨汇编》第六册，第218～219页，广西师范大学出版社，1999年。上述唐杜牧《行书张好好诗》墨迹是否在内还有待于考查。

其父大学士蒋廷锡所临《五牛图》，观题跋乃知从项圣谟本摹取，而未知其所在。故题句有‘圣谟迹落有无间’之语。蒋溥近复觅得项本来进，殆有剑合延津之异。……乾隆甲戌孟春御题。”[19]壬申是乾隆十七年，甲戌是十九年。

《石渠宝笈》中亦有只记载书画作品是由外进入内府的，如“马远《华灯侍宴图》一轴”，乾隆皇帝在御题中直接写道：“近又得此幅”，御题时间是“乾隆癸卯冬”，即四十八年冬。[20]至于从具体何时，何人所进则未言（实际上，上述蒋溥所进画作亦无确切的时间）。

但即便如此，上述情况在《石渠宝笈》中也并不多见。相较之下，进单中有乾隆皇帝赏收书画贡品的确切时间。因此，在与《石渠宝笈》相关作品中乾隆皇帝御题内容以及落款时间加以对比后，我们就可以确定该作品的确切来源及时间。

仅就表1中赏收的书画与《石渠宝笈》进行比对，得到以下结果：

第一，《石渠宝笈续编》著录有“韩滉《五牛图》一卷”。对此图，乾隆皇帝在“壬申嘉平朔”（十七年十二月初一日）的御题中特别提到“今年秋甫得此卷”。[21]这与表1序号4乾隆十七年七月十五日（1752年8月23日）乾隆皇帝赏收尹继善所进“韩滉《五牛图》一卷”的时间相符。[22]

第二，《石渠宝笈续编》著录有“明卓迪《修禊图》一卷”[23]。乾隆皇帝对此的御题落款时间为“乾隆丁丑春”，即乾隆二十二年春。这与表1序号5乾隆二十二年三月十二日（1757年4月29日）乾隆皇帝赏收侯选知府奏兆雷进“卓民逸《修禊图》一卷”的时间相契合。卓迪，字逸民。

第三，《石渠宝笈续编》著录有“王时敏《晴岚暖翠图》一卷”。乾隆皇帝对此有御题，时间地点是“辛卯仲春下浣泰山行馆”，即在乾隆三十六年二月下旬于泰山行馆。该御题诗中有云：“我时二月方东巡，岱宗近瞻五岳尊”[24]。这与表1序号12乾隆三十六年二月十四日（1771年3月29日）江苏布政使吴坛所进“王时敏《晴岚暖翠成轴》”的呈览时间相符（进贡呈

[19]《石渠宝笈续编》第七十七《西苑等处藏二·瀛台三》。

[20]《石渠宝笈续编》第五《乾清宫藏五·列朝名人书画一》。

[21]《石渠宝笈续编》第七十七《西苑等处藏二·瀛台二》。

[22] 见拙文《〈五牛图〉流入清宫的确切日期》，载《故宫博物院院刊》2006年第2期。

[23]《石渠宝笈续编》第三十《重华宫藏七·列朝名人书画三》。

[24]《石渠宝笈续编》第五十八《宁寿宫藏十五·本朝臣工书画一》。

览在中旬，御题的时间在下旬）。[25]应该指出的是，笔者所看到吴坛这份材料，不是吴坛单独的进单，而是《宫中进单》中内府书写的一份清单的一部分，该清单的名称是“乾隆三十六年二月初五日起山东一路进贡陈设清单”。这有力地证明了此《石渠宝笈》中“王时敏《晴岚暖翠图》”为吴坛所进，具体的时间也因此可以确定。

《石渠宝笈》并不是清宫书画的总目，因此，表1中乾隆皇帝赏收的书画有些在《石渠宝笈》中未找到，这也在情理之中。笔者对上文抄家所得书画进行了初步比对后，发现书画名称相近者不少，但未见时间上明确相吻合者。

结语

书画是中华文化的瑰宝。在中国古代，历代宫廷所藏书画无疑是当时收藏中的最大宗。清朝是最后一个王朝，内廷书画的收藏在乾隆时期达到巅峰，而后书画的风云聚散延绵不断，乃至影响到今天。

因进贡和抄家而进入清宫的书画，特别是进贡被皇帝赏收的书画，多为精品。仅就上述《五牛图》等三件作品而言，都再见于著录或现存于世。乾隆皇帝极喜欢韩滉的《五牛图》，特别在西苑建春藕斋予以贮藏。近代历经辗转，终又回到故宫博物院。卓迪的《修禊图》于1922年被溥仪“赏赐”给溥杰，被带出宫外。[26]而王时敏的《晴岚暖翠图》，由溥仪赏给陈宝琛[27]，后又易手，该卷现收藏于上海博物馆。

本文对于乾隆朝清宫书画收藏的研究是极为初步的。将来若能全面整理《宫中进单》及《宫中档簿》等相关档案，包括赏收和驳回的书画，以及乾隆朝抄家档案中进入内廷的书画，并参照《石渠宝笈》等诸种著录目录，并各博物馆的现有收藏，无疑会极大推动清宫书画收藏及其流传的研究。

[25]“轴”不同于“卷”，这抑或是当时内廷人员登录时将“卷”误写为“轴”，希望将来能找到吴坛的进单原件。

[26]《溥仪赏溥杰宫中古籍及书画目录（上）》，时间是“宣统十四年”十一月初五日（1922年12月12日）。卓迪《修禊图》一卷（静字一百六十九号），载《历史档案》1996年第1期。（这里是“修禊图”，而进单和《石渠宝笈续编》是“修稧图”。）

[27]溥仪《我的前半生》第二章“我的童年”之四“毓庆宫读书”中，记载一份“宣统八年十月十四日”（1916年11月9日）的赏单：其中有“赏陈宝琛王时敏《晴岚暖翠阁》手卷一卷”，群众出版社，1964年。这里“晴岚暖翠阁”的“阁”（閣）字疑是“图”（圖）之误。曾临摹过真迹的关松房在自叙中的称谓是“王时敏的《晴岚暖翠》”（见《关松房自叙》，载《新美域》2005年第3期）。任道斌也认为溥仪所赏的就是《晴岚暖翠图》，但他同时说：“此卷向为清乾隆内府收藏”，看来他也不清楚该卷的具体由来。

清代宫廷对所藏传世文物整理成果的回顾及评论

故宫博物院宫廷部　许静

皇家收藏由来已久，其数量极为丰富，是历代珍品的荟萃，无疑代表了当时最高的艺术水平。在中国历史上，每逢朝代更迭，新的统治者都要面临一项重要的任务，即顺利接收前朝藏品。这些藏品由之前历朝积累而成，期间经历了无数兵燹、水火，屡易主人，甚至流落民间。而最终流传下来的，便形成了每个王朝藏品中最重要、最有价值的部分——传世珍品。历朝历代的统治者都近乎狂热的搜求传世珍奇，似乎不满足仅仅拥有政权，而是竭力把数百、数千年流传下来的文化、艺术品统统据为己有。也许只有这样，他们才更有信心掌控整个国家。中国历史上有许多皇帝对自己的藏品投入了极大的时间、精力、热情，他们不单单是收藏者，同时也是鉴赏者。他们命人对宫中所贮各类藏品进行统计、甄别、整理、编目、加注释文，不仅有利于藏品的有序保存，也方便了自己的鉴赏，其中以宋代尤为突出。宋代是文化、艺术极为兴盛的时代，藏品日渐丰富。皇帝在藏品整理方面下了很大的工夫，所著成果颇丰，难怪后世有人评论曰："宣和之政无一可观，而赏鉴则为独绝。"[1]其中《宣和博古图》、《宣和书谱》、《宣和画谱》是中国古代收藏史上第一次最为系统、规模最大的著录工程。而且，它们也对后世的著录产生了很大的影响，曾被后世许多谱录的编撰者所效仿，如明宣德皇帝下令编撰《宣德鼎彝谱》时，有谕"数目多寡、款式巨细悉仿《宣和博古图》及考

[1]《四库全书总目》卷一一二《宣和书谱》。

古诸书”[2]。

清代无论在藏品的丰富程度上还是在藏品整理成就方面，都不逊于前代。明亡之际，战火中紫禁城遭到了很大的破坏，宫中所藏历朝珍品也损毁严重。免于厄运的藏品悉数为清宫收掌。经过几朝皇帝的努力，到乾隆朝，宫廷收藏达到了极盛，“单纯从收藏的数量来看，乾隆超过了以往的任何一个皇帝”[3]。藏品种类繁多，青铜器、玉器、陶瓷、金银器、竹木牙角、漆器、珐琅器、名人法帖、名家绘画、善本古籍等等，在清宫中一应俱有。许多曾藏于宋、元宫中的稀世珍品都曾被收贮在宫中，如：现藏于台北故宫博物院的东晋王羲之《快雪时晴帖》的唐代摹本、唐孙过庭《书谱》、唐怀素《自叙帖》等，以及现藏于故宫博物院的晋王珣《伯远帖》、隋展子虔《游春图》、唐韩滉《五牛图》、五代顾闳中《韩熙载夜宴图》等。[4]对这数以万计的传世古物珍宝，清代诸帝倍加珍爱，令当世名儒进行大规模的整理，详加鉴别、著录成书，成果极其丰富，许多著录为世人所熟知，并流传至今。

一

书画作品长期以来在皇家收藏中有着重要的地位，颇得历代皇帝珍视。清代自然也不例外。康熙四十七年（1708年），康熙皇帝命礼部侍郎孙岳颁等人编撰《佩文斋书画谱》，共100卷，包括论书论画18卷，历代帝王书画3卷，书家画家传37卷，无名氏书画8卷，御制书画跋1卷，历代帝王书画跋2卷，历代书画跋18卷，书画辨证3卷，历代鉴藏10卷，“凡书画之源流、古今工于此者之姓氏，以至文人之题跋、历代之鉴藏悉备考而慎其择，亦可谓详尽矣”[5]。乾隆年间法式善曾对其评价为：“此书出，《铁网珊瑚》、《清河书画舫》均不足论矣！”[6]

到了乾隆初年，内府收藏书画日渐增多，各类书画作品盈千累万，其中，释、道二氏相关作品种类繁多、数量庞大，内容十分丰富。乾隆八年（1743年），乾隆皇帝命张照、梁诗

[2] 明·吕震等撰：《宣德鼎彝谱》卷一，丛书集成初编本。

[3] 珍妮特·埃利奥特、沈大伟：《中国皇家收藏传奇》，当代中国出版社，2007年。

[4] 郑欣淼：《天府永藏》，第4页，紫禁城出版社，2008年。

[5] 清·孙岳颁等纂辑：《佩文斋书画谱》御制序，乾隆内府刻本。

[6] 清·法式善：《陶庐杂录》卷一，中华书局，1959年。

正、励宗万、张若霭将内府所藏释典、道教方面的书画作品编录成书，为《秘殿珠林》。《秘殿珠林》成书于乾隆九年（1744年），共24卷。首载三朝宸翰、皇上御笔，次为历代名人书画并附以印本、绣线、缂丝之属，次为臣工书画，次为石刻、木刻经典语录科仪及供奉经像。每件作品分别标注收藏处所，以重典守。其著录次序先释后道，先书后画，次卷，次轴，用鉴赏家著录之通例，而于绢本、纸本、金书、墨书、水墨书、着色画一一分别。其标题、款识、印记、题跋、高广、尺寸亦一一详列。除了具备详细、完备这一特点之外，《秘殿珠林》还是专门著录宗教题材书画作品成书的首创。在它之前的此类著述均不独成一书，如：晋唐人所书释道经典均杂列古法帖真迹内而无所区分；《宣和画谱》分十类，以道释为一类；郑椿《画继》分八目，亦仙佛鬼神为第一目。由此，“其以书画涉二氏者别为一书，实是编创始。”[7]

乾隆朝是清宫藏品迅速积累的一个时期，书画尤甚。到了乾隆五十六年（1791年），连皇帝自己也为之感慨：“凡四十八年间，每遇慈宫大庆，朝廷盛典，臣工所献古今书画之类及几暇涉笔者，又不知其凡几，无以荟辑，日久或致舛伪。”[8]于是，乾隆皇帝下令按初编章程编撰《秘殿珠林》续编。续编纂修人主要为王杰、董诰、彭元瑞、沈初等。

《秘殿珠林》续编成书于乾隆五十八年（1793年），二十三年后，嘉庆二十年（1815年），嘉庆皇帝下令纂修《秘殿珠林》三编，将二十三年间内府新增古今释道书画作品依照初编、续编之例遴选、著录。纂修人主要是英和、黄钺、姚文田等人。[9]三编于嘉庆二十一年（1816年）成书。

《秘殿珠林》前后三编，历经乾隆、嘉庆两朝，著录了清宫所藏自晋唐至清代书画中佛、道题材的作品，包括佛、道经卷、语录、科仪等。其内容详细、全面，将内府所藏佛道作品梳理成目；并精于考证，给后世研究者提供了良好的条件。

在《秘殿珠林》编纂的同一时期，另一部书画著录作品《石渠宝笈》也应运而生，并且常常被后人看做是它的姊妹

[7]《四库全书总目》卷一一三《秘殿珠林》。

[8]《清高宗御制文三集》卷九《续纂秘殿珠林、石渠宝笈序》。

[9]《清仁宗实录》卷三〇三。

篇。《石渠宝笈》始编于乾隆九年（1744年），参加纂修者为张照、梁诗正、励宗万、张若霭、裘曰修等人。成书于乾隆十年（1745年），共44卷，收录的是清宫中《秘殿珠林》收录之外的书画作品，主要是唐宋以来直至当朝的历代书法、绘画、碑帖、缂丝等等。该书以贮藏殿阁依次提纲，以书册、画册、书画合册、书卷、画卷、书画合卷、书轴、画轴、书画合轴分列条目，其箴素、尺寸、印记、姓名、赋咏、跋识与奉有御题、御玺者皆一一详列。[10]

《石渠宝笈》中所录书画作品收贮在乾清宫、养心殿、重华宫、御书房、三希堂、长春书屋、攸芋斋、随安室、静宜轩、三友轩、画禅室等处。[11]以所贮之所为卷，不仅使藏品存贮更加清晰、有条理，方便进一步的保管，也最大限度地方便了鉴赏者查阅、鉴赏。

如同《秘殿珠林》，《石渠宝笈》也产生了续编、三编。乾隆皇帝分别于乾隆五十六年（1791年）、五十八年（1793年）下令编纂《石渠宝笈》续编、三编，二者分别成书于五十八年（1793年）与嘉庆二十一年（1816年）。续编、三编的纂修者主要是王杰、董诰、彭元瑞、沈初、英和、黄钺、姚文田等人。

乾隆朝是宫廷书画收藏的巅峰时期，而《秘殿珠林》、《石渠宝笈》前后三编，纂修过程历时74年之久，是清代宫廷收藏书画作品的总账，也被称为中国书画收藏史上的巨观。两部巨著整理、鉴定了清初至嘉庆二十一年间清内府所藏书画珍品上万件，其中，“唐宋元三代法书名画近2000件，明代作品也达2000件左右”[12]，因此，书中所收除当朝皇帝、大臣作品之外，清以前的传世书画作品占了相当大的比重。如此大规模的梳理、鉴定，使这些珍贵的墨迹得以有序流传和更好的保存。另外，参与编撰的都是当时著名的文臣雅士，他们博古通今、精于鉴赏，具有极高的文化素养，这也就决定了这两部巨著的质量及价值。所以，每每提及清宫书画的整理、鉴赏成果，《秘殿珠林》、《石渠宝笈》肯定是位居冠首。

[10]《四库全书总目》卷一一三《石渠宝笈》。

[11] 清·鄂尔泰、张廷玉：《国朝宫史》卷三三《书籍十二》，第651页，北京古籍出版社，1987年。

[12] 齐秀梅、杨玉良：《清宫藏书》，第270页，紫禁城出版社，2005年。

二

印制法帖也是清宫整理历代名人墨迹的一项重要举措，它将原帖或复本刻于木板或石头上，即可以长久保存，避免散佚，也可以反复拓印，广为流传。法帖之印制、传拓始于南唐李后主，北宋时期达到极盛，明清继之。清康熙、乾隆年间，内廷镌刻了各类法帖多达70余种[13]，除去许多御临、御笔及其他当朝作品，对古法帖的重新整理也涌现了不少作品。

早在康熙二十九年（1690年），康熙皇帝便下令刻《懋勤殿法帖》。康熙皇帝的这一举措，一方面是效仿先贤之所为，“昔日右文之君，得一名迹，每使当世之能书者排类摹仿，镌诸文石以广其流传”。另一方面，是出于保护古帖，“念古帖岁久渐湮，近时转相摹刻者多失其真”[14]。《懋勤殿法帖》收录的主要是内府所藏旧拓与名人墨迹，包括历代帝王与名人法书，及康熙皇帝御临、御笔法书等。有学者将《懋勤殿法帖》与《淳化阁帖》进行比较研究[15]，认为《懋勤殿法帖》是在《淳化阁帖》的基础上重新增删编次而成的，但是其内容比其更为丰富。《淳化阁帖》又称《阁帖》，刻于北宋淳化三年(992年),是宋太宗赵光义命翰林侍书王著甄选秘阁所藏历代名家书法而编刻，是我国流传至今摹刻最早的一部丛帖，主要收录了唐以前的书法作品。《懋勤殿法帖》收录了《阁帖》以外的许多珍贵的名家法帖，如王羲之的《快雪时晴帖》、《破羌帖》、《平安帖》，虞世南的《奉诏临王书帖》，欧阳询的《去月帖》，怀素的《藏真帖》，颜真卿的《鹿脯帖》等等，内容更加充实。《懋勤殿法帖》也被看做是中国书法艺术发展史上的重要资料。

《三希堂法帖》的问世也是乾隆皇帝整理、保存古书法的一项重要举措。乾隆十二年（1747年），鉴于王羲之《快雪时晴帖》、王献之《中秋帖》、王珣《伯远帖》为稀世珍宝，乾隆皇帝下令将其贮于紫禁城养心殿内西侧一间小小的雅室，并因之赐名为“三希堂”，为的是让“墨迹经数千百年治乱兴

[13] 万依：《三希堂法帖杂谈》，《故宫博物院院刊》1980年第2期。

[14]《清圣祖御制文二集》卷三二《懋勤殿法帖序》，清康熙内府刻本。

[15] 志高：《懋勤殿法帖》，《故宫博物院院刊》1979年第4期。

衰、存亡离合之余适然荟萃于一堂”[16]。不仅如此，乾隆还效仿宋太宗刻《淳化阁帖》、宋徽宗刻《大观贴》，命梁诗正、蒋溥、汪由敦等人将《石渠宝笈》中存于三希堂内及内府所藏魏晋以来至明末诸家真迹中尤者编次、勾摹上石，并命人镌刻而成《三希堂法帖》。《三希堂法帖》工程巨大，共32卷，收录了魏晋以来至明末135人的340件楷、行、草书作品。另有题跋210多件，包括钟繇、王珣、梁武帝、颜真卿、孙虔礼、怀素、宋太宗、赵孟頫、董其昌等诸多书法大家之珍品。[17]《三希堂法帖》刻成后，石刻共有500块，乾隆皇帝下令在北海白塔山西麓建围楼，“以石刻列嵌楼壁上下，翰墨琳琅，辉映廊庑”[18]，而围楼也因此得名为“阅古楼”。乾隆曾多次以阅古楼为主题题写诗文，并将《三希堂法帖》的拓本赏赐给王公大臣。《三希堂法帖》大部分都是根据内府所藏珍品勾摹的，刻工精细，收罗作品丰富，对当时书法艺术的传播及许多珍贵法帖的保存、流传都起到了重要的作用。这些石刻迄今仍保存在北海公园中。

继《三希堂法帖》之后，乾隆皇帝于乾隆十九年（1754年）再次命人于《石渠宝笈》中选取名人墨迹尤者钩摹勒石，为《墨妙轩法帖》，收录了自唐褚遂良以下至元赵孟頫18人书，共四卷。乾隆皇帝将其定为《三希堂法帖》之续，如其诗中所言：“三希法帖萃名书，墨妙苕华复继诸。自是毕然缘望古，将毋玩物志渝初。”[19]有趣的是，乾隆皇帝还专门表示了刻此帖并非与宋代《淳化阁帖》、《大观贴》从数量上争夺取胜，而是为了使前人墨迹得以昭示，也有利于后世研究书法。[20]刻成后，乾隆皇帝命将法帖石刻嵌于万寿山之惠山园内墨妙轩两壁间。遗憾的是，此石刻现在已不得而见。

重新摹刻宋《淳化阁帖》是乾隆皇帝于乾隆三十四年（1769年）下令开展的又一项工程。关于《淳化阁帖》，上文已有所提及，它的问世，在中国书法艺术发展史上意义深远。康熙皇帝曾赞誉其“神采焕发，波磔明润”，“汉晋以来翰墨风规宛然犹在者尚赖此帖之存也”[21]。雍正皇帝也曾作

[16]《清高宗御制文初集》卷四《三希堂记》，清乾隆武英殿刻本。

[17] 清·嵇璜等纂：《皇朝通志》卷一一六《金石略二》，清乾隆武英殿刻本。

[18]《国朝宫史》卷一六《宫殿六》，第361页。

[19]《清高宗御制诗二集》卷七六《墨妙轩》。

[20]《国朝宫史》卷三六《石刻》，第676~677页。

[21]《清圣祖御制文集》卷二八《书宋拓淳化阁帖后》。

文以表达对此贴的爱慕之意："朕批阅再三，心契神会，如接古人于砚席，益悟字学之精微，见古法之严整。书此以识企慕云。"[22]嗜古情怀绵绵不绝的乾隆皇帝干脆在三希、墨妙二帖完成后紧接着下令重刻《淳化阁帖》，并命于敏中等人详加考证，旁注释文。所刻石板砌于长春园含经堂之后回廊中，而廊中原有的"蕴真斋"因此更名为"淳化轩"[23]。整个刻帖过程始于乾隆三十五年（1770年），于三十七年（1772年）告竣，于敏中、王际华、裘曰修为之作跋，称其为"七百余年之名迹重复旧观，而精覈则盛于曩昔。"[24]乾隆四十三年（1778年），侍郎金简因"石刻贮禁庭，自宣赐以外罕得瞻仰"，便抄录释文以武英殿聚珍版印制，使海内"共窥八法之精妙"[25]。

之后，乾隆皇帝于四十四年（1779年）下令刻《快雪堂帖》。《快雪堂帖》由明清之际冯铨所辑、刘光旸摹刻，得名于冯铨因收藏王羲之《快雪时晴帖》而署堂名为"快雪堂"。福建总督杨景素购得石刻，于乾隆四十四年（1779年）呈进内府。乾隆皇帝仿淳化轩之例在北海北岸建快雪堂，将石刻嵌于廊内，将其中数块木板重新刻于石，并作《快雪堂记》以记之。[26]《快雪堂帖》内辑历代诸多名家真迹或翻刻，如王羲之《快雪时晴帖》、《晚复帖》，王献之《承姑帖》、《过节贴》，欧阳询《卜商帖》、《张翰帖》，颜真卿《蔡明远帖》、《寒食帖》，蔡襄《持书帖》等等，是明清汇帖中较好的一部。[27]

同年，乾隆皇帝将王羲之《兰亭序》八个摹本真迹，即褚遂良、虞世南、冯承素三人钩摹的《兰亭序》墨迹，柳公权《兰亭诗》，《戏鸿堂帖》刻柳公权《兰亭诗》的阙失部分，明董其昌仿柳公权《兰亭诗》，清于敏中《戏鸿堂帖》，乾隆本人临摹董其昌仿柳公权《兰亭诗》，命工匠摹刻于八个石柱上，名曰《兰亭八柱帖》。[28]王羲之《兰亭序》原件虽已不复存在，但是后世书法名家从未停止过对其摹拓，《兰亭八柱帖》的摹刻演绎了一段清皇室鉴赏、传承王羲之《兰亭序》的历史。

[22]《清高宗御制文二集》卷一二《淳化轩记》。

[23]《清高宗御制文二集》卷一二《淳化轩记》。

[24]《钦定重刻淳化阁帖释文》跋，清乾隆武英殿聚珍本。

[25]《钦定重刻淳化阁帖释文》提要。

[26]《清高宗御制诗四集》卷七六《题快雪堂》。

[27] 王连起：《〈快雪堂法书〉帖考》，《故宫博物院院刊》1991年第4期。

[28]《皇朝通志》卷一一六《金石略》。

三

如果说整理、鉴别书画作品是皇帝们更多的出于爱好而做出的行为的话，对青铜器的整理也许更多的是出于对青铜器作为“礼器”的重视。所谓礼器，一般认为是古代贵族在进行祭祀、丧葬、征伐和宴享等活动时举行礼仪所使用的器皿。礼器中，最重要的要算青铜礼器，包括鼎、鬲、尊、罍、爵、斝、觚等，是皇家的重要典藏。乾隆十四年（1749年），乾隆皇帝命尚书梁诗正、蒋溥、汪由敦率内廷翰林仿照宋代《宣和博古图》样式编撰《西清古鉴》40卷，将内府所藏古鼎、尊、彝、罍等青铜器绘制器形、款识，并援据经典、一一考证。十六年（1751年）成书，“其体例虽仿《考古》、《博古》二图，而描绘精审、毫厘不失则非二图所及。”[29]乾隆五十八年（1793年），王杰等奉敕撰《西清续鉴》甲编，之后，又完成了《西清续鉴》乙编。除此之外，乾隆年间还编有《宁寿鉴古》，其编纂时间应在《西清续鉴》甲编之前，编纂体例仿《西清古鉴》，收录青铜器700余件。

《西清古鉴》、《西清续鉴》甲编及乙编、《宁寿鉴古》合称“西清四鉴”，收录了清内府所藏4000余件青铜器。[30]

乾隆皇帝十分重视对历代古钱币的收录整理工作，乾隆十五年（1750年），命梁诗正、于敏中等编撰《钱录》。《钱录》共16卷，所录皆清内府所藏历代古钱，上自伏羲氏昊钱下至明崇祯通宝，不仅如此，还收录了诸多外域钱币。不仅数量丰富，而且俱经详细鉴别，“凡钱五百六十有七，辨明真赝，图绘形模。”[31]从普通意义上来看，古钱币在紫禁城内盈千累万的珍品中似乎算不上重要，它们身上没有古书画作品所体现的东方艺术之美，没有青铜器在皇家收藏中作为传国重器的地位，也没有金银玉器所具有的富丽璀璨。但是，“钱币之利弊可以验国政之废休”，正是在这样的指导思想下，乾隆皇帝在下令编撰《西清古鉴》的第二年便命人编撰《钱录》，并且编撰完成后，或自成一书，或附于《西清古鉴》之后。[32]

[29] 《四库全书总目》卷一一五《西清古鉴》。

[30] 郑欣淼：《天府永藏》，第167页。

[31] 清·刘锦藻编纂：《清朝文献通考》卷二二八《钱录》，浙江古籍出版社，2000年。

[32] 清·刘锦藻编纂：《清朝文献通考》卷二二八《钱录》，浙江古籍出版社，2000年。

钟情于文房四宝对于一位醉心于翰墨的皇帝来说并非稀奇："向咏文房四事，谓笔砚纸墨，文房所必资也。然笔最不耐久，所云老不中书。纸次之，墨又次之，惟砚最为耐久。故自米芾、李之彦辈率谱而藏之，以为艺林佳话。内府砚颇夥，或传自胜朝，或弃自国初，如晋玉兰堂砚、璧水暖砚，久陈之乾清宫东暖阁。因思物繁地博，散置多年不有以荟综萃记，或致遗佚失传为可惜也。因命内廷翰臣甄复品次，图而谱之。"[33]这是乾隆皇帝于四十三年（1778年）为《西清砚谱》所作序文中所言。《西清砚谱》共24卷，由大学士于敏中等奉敕编纂。收录了自汉代至清代瓦石之属砚200方，464幅图；又附松花、紫金、驼基、红丝诸品及仿制澄泥各类砚共41方，108幅图。每砚各绘其正面、背面、侧面。凡奉有御题、御铭、御玺及前人款识、印记皆按体临摹，并详细叙述其尺度、材质、形制。其收藏鉴赏者姓名及旧人题跋、大臣奉敕所题均附于宸章之后。[34]这是一部收罗丰富、著录翔实的古砚谱录著作。

四

典籍也是清宫收藏中的重要部分。中国历代皇室历来都有藏书之举，汉代的兰台、晋代秘阁，唐代的乾元殿、宋代的崇文院、明代的文渊阁等等，都是当时皇室藏书之所。皇家藏书颇受重视，其原因很明确，无非是历代帝王讲求文治的治国方略的重要组成部分，在此不作赘言。到了清代，皇家藏书建设备受重视，宫廷藏书浩如烟海，藏书处所遍布整个紫禁城、皇家苑囿及各处行宫。其中最珍贵者，当属"天禄琳琅"藏书。

乾隆九年（1744年），乾隆皇帝命内廷翰林检阅内府藏书，选取其中的宋、元、明善本置于昭仁殿，列架庋藏，乾隆帝亲题匾曰"天禄琳琅"，悬于殿内。昭仁殿位于乾清宫东侧，原为康熙皇帝读书及日常起居之所，乾隆皇帝继位后"弗敢居焉，乃贮'天禄琳琅'宋元镌本于此"[35]。"天禄琳琅"藏书不仅收录了许多堪称世间珍宝的孤本、秘籍，还对这些善

[33]《清高宗御制文二集》卷一七《砚谱序》。

[34]《清朝文献通考》卷二二八《经籍考》。

[35]《清高宗御制诗初集》卷四四《昭仁殿》。

本书籍进行精心审校与装潢，是清宫藏善本书中的精华。而昭仁殿则一直成为宫中专藏宋、辽、金、元、明各朝善本之所。

30余年后，因宫内所藏秘籍珍函日渐充盈，又加上因编修四库全书而广求天下遗书，一时间，昭仁殿藏书颇具规模。到了乾隆四十年（1775年），乾隆皇帝命于敏中、王杰、彭元瑞、董诰等人将“天禄琳琅”典籍重加整理，以经史子集为纲，以宋、金、元、明刊版朝代为次，编成《天禄琳琅书目》以“垂示方来，冠以丁卯”[36]。《天禄琳琅书目》共10卷，收书429部，包括宋版书71部，影宋抄本书20部，金版书1部，元版书85部，明版书252部。不仅收录丰富，而且编订精审，着重研究各书刊印流传的时代、学术鉴赏的源流、收藏家生平事略及藏书印记真伪等，是不同于前代的内府书目。嘉庆二年（1797年），乾清宫、交泰殿发生火灾，殃及昭仁殿，殿内藏书付之一炬。复建后，昭仁殿仍为藏书之处，保留“天禄琳琅”，不断有善本汇于其内。太上皇乾隆命彭元瑞从未编入《天禄琳琅书目》的内府藏书中选取精华部分，依照《天禄琳琅书目》体例辑成《天禄琳琅书目续编》，共20卷，著录各书，鉴别精审、考证明确。[37]《续编》完成后，嘉庆有意编纂《天禄琳琅书目三编》，但最终未能完成。道光中，词臣曾奉敕编纂《天禄琳琅书目三编》，并写定进呈本一函。光绪十八、十九年间开始修《天禄琳琅书目四编》，但因甲午战争中止。现不知《三编》、《四编》之遗稿是否存于世上。[38]

后世的研究者对《天禄琳琅书目》及续编给予了很高的评价，被誉为清代目录书中的典范。此书目记载了收藏家的印章，是书目著录的一大创举。藏书印章是书目流传的重要依据之一，它提供了书籍流传的主要线索，也是书籍自身价值的重要参照。书目摹刻印章，并记载印章的文字种类、形状、印色等，这对于考证这些传世善本书方面提供了丰富的资料，补充了藏书的史料，是一种空前绝后的书目著录方式。不仅如此，书目还将所收善本书进行纵向梳理，交代了书籍的流传过程。[39]

清代内阁大库中也藏有一定数量的宋元明善本古籍，是

[36]《四库全书总目》卷八五《天禄琳琅书目》。

[37] 齐秀梅、杨玉良：《清宫藏书》，第19、26页。

[38] 张升：《明清宫廷藏书研究》，第184页，商务印书馆，2006年。

[39] 唐桂艳：《略论〈天禄琳琅书目〉的文献学价值》，《故宫博物院院刊》2007年第2期。

明代文渊阁藏书遗存下来的。明代从明太祖朱元璋时期就注意收集古籍，并将元代皇室藏书运至南京收藏。南京文渊阁建成后，前代图书咸集于此。正统年间北京紫禁城内文渊阁建成，所有图书正式入藏。明末李自成入宫后，文渊阁被毁，所有藏书转移至内阁大库。这些明文渊阁遗存下来的古籍善本多是袭自宋元内府，有许多孤本秘籍，十分珍贵。从明代始，宫中就针对此部分藏书编撰许多目录及书单，清代将之延续下去，也陆续编出了内阁大库藏书的许多目录，如《康熙时内阁之书目》，所收百余部俱为前朝古籍，并登记了作者、卷数，进行了整理。再如乾隆初年所编《清查内阁大库时所编书目》，著录题名、卷数。清代对内阁大库藏书有较为规范的整理，其藏书的变化也会及时反映在书目中。[40]

清代对古籍的整理并不限于内府所藏，其范围扩大到整个朝野上下。首先要谈到由康熙、雍正年间著名的学者陈梦雷主持纂修的鸿篇巨著《古今图书集成》。《古今图书集成》始编于康熙三十九年（1700年），最终完成时间为雍正三年（1725年）。全书10000卷，内容极其丰富，几乎囊括了清雍正以前我国古代社会积累的各个门类的知识，每一门类的资料收集十分详尽。此书还是一部图文并茂的著作，全书共有插图2000余幅，花草树木、鸟兽鱼虫、亭台楼阁等等无所不包，尤其是其中青铜器、古乐器、玉器等图像，很可能就是以宫中所藏实物绘制而成，是极其珍贵的图像资料。[41]《古今图书集成》虽然是由陈梦雷提议并主持的，并非敕修，但是，在整个纂修过程中，始终得到了皇帝的指示、审阅及协助，康熙皇帝还专门组织相关人员，成立了“古今图书集成馆”，并亲赐书名。

乾隆年间编纂的《四库全书》，是乾隆皇帝访征天下书籍、集中了大量的人力、物力、财力纂修而成的一部文化巨著，是中国古代文化史上的一项浩大的工程。《四库全书》著录书籍3461种，79309卷；存目书籍6793种，93551卷；共计10254种，172860卷，几乎囊括了乾隆以前中国历史上的主要典籍，堪称传统文化的总汇，是当时在中国乃至世界上绝无仅有

[40] 张升：《明清宫廷藏书研究》，第188、189页。

[41] 齐秀梅、杨玉良：《清宫藏书》，第89页。

的鸿篇巨著。[42]尤其是对《永乐大典》的辑佚，发掘出了一大批文化宝藏，使得许多珍贵的书籍失而复传。《四库全书》的总纂官为当时学识渊博的儒学名臣纪昀，他负责全书的编纂审核工作，制定凡例，审核各书决定取舍，起到了总揽全局的作用。《四库全书》成稿后，先后抄出七部，分藏七阁，即紫禁城文渊阁，圆明园文源阁，承德避暑山庄文津阁，盛京（今沈阳）文溯阁，杭州文澜阁，扬州文汇阁，镇江文宗阁。

在纂修过程中，纂修官为经手的每一种书籍撰写提要，介绍作者生平，叙述典籍内容，评论长短得失。提要完成后，逐一夹在书内，送交总纂官处，由纪昀全面审核。在陆锡熊等人的协助下，纪昀对每一篇提要都要经过反复考证、修改、润饰，方可定稿。纪昀将各篇定稿提要按照经史子集四部分类体例排比成编，通过反复斟酌调整，最终编纂成了《四库全书总目》。《四库全书总目》内容分类合理、组织严密，将《四库全书》所收录上万种书籍统括为一个有机整体。在《四库全书总目》的编修过程中，乾隆皇帝考虑到其内容浩繁，利用起来不方便，于是下令编修《四库全书简明目录》，不收录存目书籍，仅记载著录书籍，提要文字也很简练。

乾隆皇帝下令编纂《四库全书》不可能做到收尽天下藏书，所以就出现了后来阮元的拾遗补漏的工作。阮元是嘉庆年间的著名学者兼政治家，从嘉庆初年开始，他便留心访求东南一带的珍贵典籍，凡是未被《四库全书》收入的他都加以收集，不辞劳苦。他将所得书籍撰写提要，呈入朝廷，10年间共进书174种。嘉庆皇帝令仿四库之例排比装潢，并钤盖“嘉庆御览之宝”印，赐名《宛委别藏》藏于养心殿。《宛委别藏》中所收有一部分宋、元、明、清刊本，大部分都是根据旧本影写精抄，这些书大多都是世所罕见的珍贵典籍。[43]

需要指出的是，上文所述只是清宫藏书中的一部分，当然也是最珍贵的一部分，许多在当时是作为珍品加以收藏整理的。除此之外，当朝所产生的实录、起居注、圣训、会典、方略、列朝御制诗文等数量也十分可观，有的也被收入《四库全

[42] 黄爱平：《纪昀与四库全书》，《安徽史学》2005年第4期。

[43] 张升：《明清宫廷藏书研究》，第166页。

书》之内，它们存放地点遍布紫禁城各个院落。由此，也产生了许多藏书书目，这些书目少部分是为了鉴藏而作，大部分是为了作为宫中的档案而留存，而对于此类藏书及书目，便不在本文讨论范围之内了。

五

由上文所述了解到，清宫对所藏传世珍品的整理涉及了书法、绘画、青铜器、典籍等许多方面，不仅规模大，涉及门类多，而且对于每一类的整理都倾其人力、财力，成就斐然。

探求其原因，首先，要归功于清代的文化政策。清朝虽为少数民族所建立政权，但是他们并未摒弃汉族悠久的文化传统，而是选择了积极接受汉族文化，将有利部分加以改造和推崇。他们利用儒家学说统一思想，提倡文治。这种政策并非一开始便得到积极推行，而是随着几朝皇帝的实践与摸索，最终于康熙朝确立下来并产生了良好的成效。

成效之一便是诸多优秀的汉族文人得到皇帝的赏识并被重用。这一群体具有很高的文化素养，都是博学之士。作为儒臣，他们不仅协助皇帝处理政务，而且在清朝以“稽古右文”为指导的文化建设上发挥了重大的作用。《四库全书》的总纂官纪昀、《宛委别藏丛书》的组织者阮元，他们都是饱读诗书、博古通今的儒者。乾隆时期有著名的五词臣——张照、梁诗正、汪由敦、钱陈群、沈德潜，乾隆皇帝对他们的学识赞赏有加：张照“性颖敏，博学多识……文笔亦隽秀拔俗，尤工书”，梁诗正“老成勤恪，诗笔工整，亦能书……其资望为内廷翰林所推”，汪由敦“学问渊纯，古文雅饬有法”，钱陈群“深于诗学，书法亦苍老”，沈德潜“早以诗鸣，非时辈所能及”。而钱陈群与沈德潜曾被乾隆皇帝称为“江浙二老”，认为“词臣退居林下，齿爵学问，足为缙绅领袖者惟钱陈群、沈德潜二人”[44]。前文所述清代著名的宫廷收藏著录《石渠宝笈》、《秘殿珠林》、《西清古鉴》便是由张照、梁诗正等人

[44]《清高宗御制诗四集》卷五九《五词臣五首》。

编纂而成。

成效之二便是清代官修图书的发展。纵观中国历代王朝，实行文治总是与编纂书籍分不开的。对于图书的编纂，清代皇帝下了相当大的力气。清代的官方修书机构，除了翰林院外，还有一些机构分设于其他各处，如专修天文、历数、音律诸书的蒙养斋，专修经史、文学书籍的佩文、渊鉴二斋，专司翻译满蒙少数民族文字的清文经馆，会典馆，方略馆等。另外，内务府设有专门机构——御书处，负责镌刻、刷拓法帖等刻石。宫中武英殿也设有修书处，最初为武英殿造办处，雍正七年（1729年）改名为武英殿修书处，在宫廷中负责图书刊印。康、雍两朝，官修图书有数十种，《三朝实录》、《太祖太宗圣训》、《大清会典》、《平定三逆方略》、《古今图书集成》、《历象考成》、《数理精蕴》、《康熙字典》、《渊鉴类函》、《全唐诗》等等。而到了乾隆时期，更多的人力、财力、物力投入到文化建设中。数十年间，官修各类书籍多达120余种。如《周易述义》、《清文鉴》、《钦定蒙古源流》、《平定两金川方略》、《满汉名臣传》、《大清一统志》、《大清通典》、《皇朝文献通考》、《四库全书》、《石渠宝笈》、《秘殿珠林》、《天禄琳琅书目》等等。这一时期官修书籍“不仅在数量和卷帙上堪为中国历代封建帝王修书之冠，而且在内容和部类方面也包罗广泛，门类齐全。”[45]

其次，清代皇帝个人的兴趣喜好也是一个重要的因素。“中国新的满族统治者比以前的皇帝更为欣赏中国的文化艺术”[46]顺治皇帝爱好书画艺术，并被认为颇有造诣：其书法宗钟繇、王羲之，兼采欧阳询书；绘画兼收荆浩、关仝、倪瓒、黄公望之长。他常常创作书画作品赏赐群臣。紫禁城乾清宫内高悬于宝座上方的“正大光明”匾便是他亲笔所书。康熙皇帝自幼对儒家文化充满了浓厚的兴趣，一生孜孜不倦、勤学不辍。他喜欢诗文，一生写了千余首诗，其诗文涉及政治活动、读书感悟、自然景物等等，内容广泛；他怡情翰墨，“自幼好临池，每日写千余字，从无间断，凡古人之墨迹石刻无不细心

[45] 黄爱平：《中国古代的文化传统与图书编纂》，《理论学刊》2006年第10期。

[46]《中国皇家收藏传奇》，第67页。

临摹”[47]。康熙皇帝酷爱董其昌的书法，曾多次临写。他的书法被诸多书画研究者誉为潇洒秀丽、苍劲率真，颇得董书的精髓。在乾清门内西廊下，有一处所名为“南书房”，清初曾为皇帝读书处，自康熙十六年（1677年）始，内廷翰林奉旨入值于此。这里是康熙皇帝与词臣讲经论史、切磋书法之地。康熙朝许多著名的文士兼朝廷要员都曾在南书房供职，如清代著名画家王原祁，曾奉命入值南书房。康熙皇帝爱好非常广泛，他对西洋科技也有浓厚的兴趣并持有积极开明的态度。他任用西方科技人才担任宫中职务，引进或令宫中造办处制作西洋仪器，组织翻译、编撰科学著作，进行全国大规模的地质测量等等。康熙皇帝扎实的文化功底加上这种广泛的兴趣爱好，造就了他博古通今的知识水平，而皇帝的水平则又成就了当朝整体的文化水平。

乾隆皇帝对汉文化的热爱远远超过了他的祖父，“他一生尽情地享受着汉族物质文明带来的一切乐趣，他嗜好苏菜，喜听昆曲，陶醉江浙山水，迷恋南国园林”[48]。除了在朝处理政务，闲暇时间便是谈经论道、题诗作画、把玩古玩、游览江南美景，徜徉在汉族文化的海洋中。清代发展至乾隆朝，国家稳定，国库充盈，乾隆皇帝有了充分的条件进行收藏，他成了中国历史上一位藏品极丰的收藏家。乾隆皇帝酷爱书画，因而乾隆朝成为历史上宫廷收藏字画最多的一个朝代。他对传世书画精品爱不释手，鉴赏之余，往往加盖印章。一生共治印玺1800余方，钤盖在古今书画上的也有千余方，是中国历史上在书画作品上留下印迹最多的一位皇帝。[49]不仅仅限于书画，乾隆皇帝对玉器、瓷器、珐琅器、漆器等各类传世、当朝工艺品无不喜爱备至。在他的诗文中，对于古物的吟咏随处可见。许多经他把玩、鉴赏过的玉器、瓷器上都刻有他的御制诗。乾隆皇帝一生创作诗文的数量也是惊人的，《乾隆御制诗》收诗作四万余首，《乾隆御制文》收文1000多篇，乾隆帝还将其重要之作刻成玉册。亲自参与创作书法、绘画作品，对于乾隆来说也是乐此不疲的。他尝试绘画，故宫博物院现存有他的许多绘画作

[47] 清·和珅等纂：《钦定热河志》卷一四《巡典二》，清乾隆武英殿刻本。

[48] 郭成康：《也谈满族汉化》，《清史研究》2002年第2期。

[49] 郭福祥：《清宫书画上的乾隆印玺》，《紫禁城》2006年第9期。

品；他推崇东晋王羲之的书法，练习临摹王羲之的作品，并学习古代其他书法名家如赵孟頫、董其昌的作品，博采众长，形成了自己的风格，并得到了后世许多书法研究者的肯定，被评论为“章法布局疏朗大方，用笔灵活遒劲”。

而几乎同一时期，一些皇族内部成员也在书画艺术上崭露头角，甚至于有很深的造诣。康熙皇帝第三十一子允禧，其年龄与乾隆皇帝相仿，工诗擅画，在绘画方面成就斐然。他的画以山水为主，远师五代画家董源和元代倪瓒，近学明代画家文征明，清幽淡雅、笔致超逸，很有贵族画家的气质；乾隆第六子永瑢，工绘画、诗文，通天算，他的绘画得到了乃父的赞赏；乾隆第十一子永瑆，是一位颇负盛名的书法家。他与翁方纲、刘墉、铁保被誉为乾嘉朝四大书家。他初学元代赵孟頫，又兼采各家之长，并与当世书法名家切磋交流，形成了很高的书法造诣，在文坛艺苑中成为宗室里的领军人物。终清之世，皇帝们从未放弃过对儒家经典的研读和对艺术的追求，而清代异常严格的皇子教育制度也造就了一批具有较高文化素养的皇子和皇族成员。

清代的文化政策和清代皇帝们对汉族文化、艺术的喜爱，使得清代的文化随着康乾盛世的到来也发展到了一个很高的水平，而对于藏品的整理、编目方面自然也产生了较高的成就。

结语

从清初直至清中期，宫廷所藏传世精品是一个不断积累的过程，它们或来自前朝遗留，或来自皇室多方访求，到乾隆朝时期达到极盛，堂堂中华帝国也因此增添了几分辉煌的气象。面对这些承载着几千年的文化与艺术的历朝珍品，清代的皇帝以其独有的气魄接纳它们，汲取它们身上所积蓄的养料。但他们并不使自己过于沉迷，而是把握了很好的尺度，鉴赏之余则致力于对其加以整理、保护。

如同日出、日落一般，封建帝国不管如何繁盛，最终有日薄西山之时，清朝也不例外。这种整理、保护的举措在清中期以后随着国力的衰微以及内忧外患的出现而逐渐淡出了皇家的日常事务。特别是到了清末，国家难保，何况藏品？！随着鸦片战争的爆发，宫廷的藏品也遭遇了浩劫：英法联军火烧圆明园，不仅使这座举世闻名的“万园之园”化为断壁残垣，还使得无数珍贵的艺术品葬身火海；八国联军攻占北京，他们如同强盗一般，抢劫、毁坏了大量皇家收藏的历代珍贵字画、艺术品；逊帝溥仪在紫禁城居住的13年中，通过赏赐、典押使很多藏品流失，而内廷管理的混乱也使藏品被偷盗出宫。怎能不令人心痛！

往事如烟已散去，历史仍在前进，我们不必去责怪前人的过错，只求扬先人之长而避其短，应该看到清前、中期皇帝在宫廷藏品整理方面所作出的努力及取得的成果，他们的举措也是许多珍贵的书画、器物、典籍一直流传至今的重要原因。

关于明清宫廷演剧研究的几点思考

英国伦敦大学亚非学院　陈䕫沅

一　宫廷演剧研究的多重视角

宫廷演剧是明清宫廷文化中重要的一环，也是中国戏曲发展史上值得注意的一个研究课题。关于明清宫廷演剧的研究，长年来已累积不少成果。过去十年，尤其在清代宫廷演剧方面，更是研究者渐多，著述迭出。[1]此外，在西方汉学界同样也有学者关注这一课题。[2]在前贤研究的基础上，本文提出对此研究领域的一些构想和观察，以求教于各位专家和同好。

一般所谓"宫廷演剧"或"宫廷戏曲"，是一个概括性的说法，其实包含了各种不同戏剧文类和表演形态。在具体运作上又涉及不同场合，与明清宫廷礼乐制度、演剧机构、节日庆典等密切相关。要了解明清宫廷的演剧文化，包括了对其剧本、文物、表演形态、机构体制、建筑设备等方面的综合研究。这也要求研究者在研究方法及材料运用上更为多元化，对文本（包括剧本、史料）与实物进行综合研究和思考。故宫博物

[1] 参见丁汝琴：《清代内廷演剧史话》，紫禁城出版社，1999年；赵杨编著：《清代宫廷演戏》，紫禁城出版社，2001年；王政尧：《清代戏剧文化史论》，北京大学出版社，2005年；朱家溍、丁汝琴：《清代内廷演剧始末考》，中国书店，2007年等。更已有学位论文开始整理、概括这方面的研究，见肖岸芬：《清代宫廷戏剧研究综述》，广州大学硕士论文，2007年。

[2] 例如，Wilt L. Idema and Stephen H. West. *Chinese Theater, 1100–1450: A Source Book* (Wiesbaden: Franz Steiner, 1982) 一书收录了宋至明初关于中国演剧的丰富资料，部分章节亦涉及宫廷戏曲表演状况和体制。Colin Mackerras, *The Rise of the Peking Opera, 1770–1870: Social Aspects of the Theatre in Manchu China* (Oxford: Clarendon Press, 1972) 也有关于清宫演剧的讨论，见第116～124，154～161页。专门讨论宫廷演剧的单篇论文有 Wilt Idema, *"State and Court in China: The Case of Hung-wu's Imperial Theater,"* *Oriens Extremus*, 23:2 (1976): 175–189，中译见赖瑞和译：《中国的戏台和宫廷——洪武御构栏考》，收入王秋桂编：《中国文学论著译丛》，第725～743页，学生书局，1985年，及其"Performances on a Three-tiered Stage: Court Theatre during the Qianlong Era," 收入 Lutz Bieg, Erling von Mende and Martina Siebert, eds., Ad Seres et Tungusos: *Festschrift für Matin Gimm* (Wiesbaden: Otto Harrosowitz, 2000), 201–219; Ye Xiaoqing, "Imperial Institutions and Drama in the Qing Court." *European Journal of East Asian Studies*, vol. 2, no. 2 (2003): 329–364，及其 "Ascendant Peace in the Four Seas: Tributary Drama and the Macartney Mission of 1793," *Late Imperial China*, vol. 26, no. 2 (2005): 89–113. 博士论文有 Liana Chen, "Ritual into Play: The Aesthetic Transformations of Qing Court Theatre" (Ph.D. diss., Stanford University, 2009).

院保存了大量的戏曲文物（戏台、砌末、戏服等）[3]，是研究中国宫廷演剧的重要材料。

明清帝后不乏戏曲爱好者，宫廷成为戏曲表演的主要场所。[4]从明代的御勾栏到清代的宫廷戏台，在建筑结构和戏台设备上均有其特点。[5]以清代宫廷剧场为例，目前仍可见的除了引人注目的三层大戏台以外，还有室内小戏台。[6]既然有如此丰富的实物保存下来，我们可以把宫廷戏曲文本研究放到这些特定的剧场环境来考察。戏曲表演离不开其演出环境，清宫内这些大大小小的戏台为各式宫廷演剧提供了不同的可能性。

关于宫廷演剧与戏台结构之间的密切关系，清朝末年曾在宫廷内演戏的曹心泉曾有过一番精彩的描述：

> 宫中戏台，最大者三处，以热河行宫戏台为尤大，其次为宁寿宫，其次为颐和园中之颐乐殿。内监称此三戏台为“大爷，二爷，三爷”。此三戏台建筑，皆分三层，下有五口井，极为壮丽。有数本戏，非在此三戏台不能凑奏者：一是《宝塔庄严》：内有一幕，从井中以铁轮绞起宝塔五座；二是《地涌金莲》：内有一幕，从井中绞上大金莲花五朵，至台上放开花瓣，内坐大佛五尊；三是《罗汉渡海》：有大切末制成之鳌鱼，以机（唧）筒从井中吸水，由鳌鱼口中喷出。至今此巨鳌切末，仍陈列于宁寿宫戏台上；四是《闸道除邪》：此端午应节戏也。亦从井中向台上吸水；五是《三变福禄寿》：此戏在台上分三层奏演。最初第一层为福、二层为禄、三层为寿，一变而禄居上层，寿为中层，福为下层，再变而寿居上层，福居中层，禄居下层。以上五出，布景伟大，非此三台，不敷布置。他处戏台较小，不能演此大戏也。[7]

由此可见，唯有此类三层大戏台的特殊构造和设备才能够排演这些承应戏的舞台效果。从剧本的舞台指示中，也可以看出一些宫廷大戏的剧本是专门针对宫廷的特定建筑和设备而编写的。

[3] 参见张淑贤主编：《清宫戏曲文物》，上海科学技术出版社，商务印书馆，2008年。

[4] 关于明清帝后与戏曲的关系，可参考郎秀华：《中国古代帝王与梨园史话》，中国旅游出版社，2001年；曾永义：《明代帝王与戏曲》，《文史哲学报》1993年第40期；郑文佩：《清代帝王与戏曲研究》，台湾大学硕士论文，1997年；丁汝芹：《康熙帝与戏曲》，《紫禁城》2008年第6期；么书仪：《乾隆皇帝与戏曲》，《紫禁城》2005年第6期；么书仪：《西太后时代的“内庭供奉”》，《寻根》2001年第3期。

[5] 参见廖奔：《中国古代剧场史》第九章《宫廷剧场》，第131～149页，中州古籍出版社，1997年。

[6] 参见傅惜华：《清宫内廷戏台考略》，收入《傅惜华戏曲论丛》，第153～158页，文化艺术出版社，2007年；岩城秀夫：《颐和园の三层舞台と清朝宫廷の好剧》，见其《中国古典剧の研究》，第130～152页，创文社，1986年；刘畅：《清代宫廷和苑囿中的室内戏台述略》，《故宫博物院院刊》2003年第2期。

[7] 曹心泉述、邵茗生记：《前清内廷演戏回忆录》，《剧学月刊》1933年5月第2卷第5期。

我们在研究时有必要将戏曲中所描述的表演空间与实际戏台的舞台空间作进一步的结合，探讨舞台设计与戏曲演出的关系。此外，在现有研究基础上，也可与欧洲同时期的宫廷剧场作进一步比较，探讨明清宫廷的演剧场所在世界剧场史上的意义。[8]

再以宫廷戏曲服饰的研究为例，也体现了文本与实物的综合研究之必要性。一方面，我们可以依据文本及史料记载。例如，明代宫廷戏服的研究主要是依据《脉望馆抄校本古今杂剧》中附“穿关”（即剧中人物装扮，包括盔冠头饰、面具化妆、服装砌末等）的102种杂剧，[9]在清代具有同等价值的则有藏于故宫博物院的两册《穿戴提纲》。《穿戴提纲》作为“清宫管理服装道具人员的工作手册”[10]，收录了近500出节令、开场、大戏、弋腔、昆腔杂戏的服装与道具和扮相的名称，有丰富的史料价值。[11]另一方面，除了这些文字记载，可供研究宫廷戏服的文物还包括了相关的图像记录。例如，同样藏于故宫博物院的两册《戏曲人物画》，共100幅，而更为珍贵的，当然是实物本身，即故宫博物院所藏的明清（绝大多数为清代）戏衣。[12]

此外，专门为宫廷演出而创作的戏曲，如明代“教坊剧”和清代各类“承应戏”等，与朝廷礼乐制度和节日庆典关系密切，既是研究宫廷庆赏文化的珍贵资料，同时也可从中探究宫廷乐制与演剧形式之间的关系。由此可见，明清宫廷演剧文化的研究涉及面极广，允许多视角的探讨，也更强调结合文学、表演、建筑、音乐、服饰等不同学科的研究，并对宫廷戏曲文本与实物进行综合思考。研究的开展须立足于文献，所以宫廷剧本的发现和整理，对于明清宫廷演剧研究来说至关重要。

二　宫廷剧本的整理和研究

明清两代的宫廷剧本文献，各有其特点，研究者在梳理时也面对不同的问题。简括而言，明代宫廷演剧资料较匮乏，而清代所存大量文献则仍有待进一步整理。这里以数量较多的清代宫廷剧本为主，讨论此类文献的整理和研究工作。

[8] 关于欧洲宫廷剧场的研究，可参考Ange Beijer, *Court Theatres of Drottningholm and Gripsholm* (New York: Benjamin Blom, Inc., 1972); Eric R. Gustafson, *The Court Theaters of Europe* (New York: Nugent Press, 1982); John Astington, *English Court Theatre, 1558–1642* (Cambridge: Cambridge University Press, 1999); Eleanore Boswell, *The Restoration Court Stage, 1660–1702, with a particular account of the production of Calisto* (London: George Allen and Unwin Ltd, 1966) 等。

[9] 宋俊华：《中国古代戏剧服饰研究》，第75页，广东高等教育出版社，2003年。

[10] 朱家溍：《清代的戏曲服饰史料》，《故宫博物院院刊》1979年第4期。

[11] 宋俊华：《〈穿戴提纲〉与清代宫廷演剧》，《中山大学学报》（社会科学版）2007年第4期。

[12] 参见朱家溍：《清代的戏曲服饰史料》，第28～31页；许玉亭：《宫廷戏衣》，《故宫博物院院刊》1985年第4期。

清代宫廷承应戏数量庞大，品种繁多，在中国国内主要藏于故宫博物院、中国第一历史档案馆、中国国家图书馆、中国艺术研究院戏曲研究资料室、首都图书馆、北京大学图书馆等单位，另外还有私人珍藏，研究者不容易窥探全貌。[13]在这样的情况下，目录的编写显得更为重要。这里只举两种重要的宫廷戏目录加以说明：

傅惜华先生的《清代杂剧全目》卷七至卷十著录了“承应戏丛编”、“开团场承应戏”、“月令承应戏”、“庆典承应戏”等多种清宫杂剧。此书详细列明剧本所藏单位，性质上可以说接近于一部清代宫廷剧本总目，贡献甚大。然既为杂剧目录，故并未著录《劝善金科》等清宫大戏。[14]吴晓铃先生早在1939年为“中央研究院”历史语言研究所藏善本剧曲编目时，也曾为宫廷戏的整理做过一番工作。他在目录的前言中说明：“我特别把内府承应戏单立一个部门，普通的曲目多是把它并入杂剧中的，我以为就体制和内容讲来，似乎都不十分恰当，而且承应戏本在清代又是那样的繁多，所以就把它分出来了。”[15]吴晓铃先生注意到这些宫廷剧本的独立性和特点，因此在编目时别立一个“清内府承应戏”部门，并将之分为“月令承应”、“九九大庆”、“承应史剧”、“其他承应剧本”四大类，剧本共130种。[16]这130种剧本中，又有许多一种多本的情况，所以实际曲本的数量更为可观。《清代杂剧全目》后来处理这些剧本时，除了部分清宫大戏因体例不符而未收入以外，凡原藏于历史语言研究所之剧本均注明“已毁于抗日战争期间”。其实不然，这些剧本仍藏于台北“中央研究院”历史语言研究所傅斯年图书馆善本室，可依据吴晓铃先生所做的目录再做进一步查核。[17]

让人感到欣喜的是，近年来一些珍贵的文献资料陆续影印出版，例如，海南出版社2001年出版的《故宫珍本丛刊》，其中第660至718册中共收录了《清代南府与升平署剧本与档案》1600余种。据说中国国家图书馆善本室和中华书局也正在做整理出版升平署档案的工作，希望早日能问世。[18]此外，学苑出

[13] 关于清升平署戏曲文献的搜集、整理与研究的回顾，可参见苗怀明：《二十世纪戏曲文献学述略》，第178～185页，中华书局，2005年。

[14] 傅惜华：《清代杂剧全目》，第351～620页，人民文学出版社，1981年。

[15] 吴晓铃：《“中央研究院”历史语言研究所善本剧曲目录》，《书目季刊》1940年新第2卷第3期。

[16] 详目参见吴晓铃：《“中央研究院”历史语言研究所善本剧曲目录》，第401～412页。

[17] 可亦参考《俗文学丛刊》中之重印资料。台北“中央研究院”历史语言研究所，新文丰出版社，2001～2006年。

[18] 么书仪：《关于升平署档案》，《文学遗产》2008年第2期。

版社2004年出版的《绥中吴氏抄本稿本戏曲丛刊》重印了吴晓铃先生所藏曲本，其中包括了月令承应戏共180多种。[19]此类整理和重印计划往往有助于发现新的资料，例如裘琏（1644～1729年）所作《万寿无疆升平乐府》12出，过去未见著录，而现已可见于《绥中吴氏抄本稿本戏曲丛刊》中。

海外有关宫廷剧本的收藏同样值得我们注意，在此仅略举数例：日本东京大学东洋文化研究所的双红堂文库，藏有内府抄本戏曲超过100种。[20]其中《庆赏中秋唐明皇游月宫昆灯戏总本》一卷，据《清代杂剧全目》载“清人以来，各家戏曲书目，未见著录”，过去仅知有傅惜华私人所藏之民国抄本，[21]而双红堂文库所藏本则注明为清抄本，[22]可供比勘。此外，大阪图书馆也藏有清内府刊本《升平宝筏》和《昭代箫韶》。[23]欧美方面，吴晓铃先生曾著文介绍美国普林斯顿大学葛思德图书馆（Gest Library）所藏总题为《碧天霄霞》的承应戏六出[24]，哈佛大学燕京图书馆所藏齐如山先生藏书内也包括宫廷大戏《昭代箫韶》的内府刊朱墨套印本，而巴黎国家图书馆亦藏有蒋士铨所作承应戏《西江祝嘏》四种的嘉庆十五年大文堂刊本。[25]但整体而言，目前对于海外汉学图书馆在这方面收藏情况的了解，仍相当有限。

文献整理是研究的基础，如果能够根据这些新资料，在前人编目的基础上，整理一份较完整的宫廷剧本目录，虽然工程浩大，但肯定将有助于推动明清宫廷戏曲的研究工作。

明清宫廷剧本在戏曲文学史上，一般评价不高，认为这些供皇室观赏的戏曲虽然排场宏伟壮观，注重舞台效果，文辞典雅华丽，但都是宫廷的产物，多数内容单调空洞、平板枯燥，毫无生气。[26]笔者无意将这些宫廷承应戏的艺术成就特意拔高，但作品的价值

[19] 吴书荫：《吴晓铃和“双棔书屋”藏曲》，《中国文哲研究通讯》2004年第14卷第3期。

[20] 详见黄仕忠：《双红堂文库所藏戏曲考》，《故宫学术季刊》2008年第25卷第4期。

[21] 傅惜华：《清代杂剧全目》，第276页。傅惜华先生未将此剧列为承应戏。

[22] 编号“双红堂·戏曲·34”，原书影像可参见东洋文化研究所所藏汉籍善本全文影像数据库。

[23] 黄仕忠、日·金文京、日·乔秀岩编：《日本所藏稀见中国戏曲文献丛刊》，第43页，广西师范大学出版社，2006年。

[24] Wu Xiaoling, “Glowing Clouds in an Azure Sky: A Newly Discovered Royal Pageant,” trans. Lindy Li Mark and Samuel H. N. Cheung, *Chinoperl Papers*, No.14 (1986): 1–14. 《碧天霄霞》六出，即《清代杂剧全目》中所著录乾隆帝第三次“巡幸”五台山时所编六种承应戏，见第383～386页。据说中国社科院文学所也藏有这六种承应戏，见Ye Xiaoqing, “Ascendant Peace in the Four Seas: Tributary Drama and the Macartney Mission of 1793,” 94n24.

[25] 郑振铎：《巴黎国家图书馆中之中国小说与戏曲》第6卷，第427～429页，《郑振铎文集》，人民文学出版社，1988年。

[26] 有关宫廷戏曲的评价，可参见曾永义：《明杂剧概论》，第128～136页，学海出版社，1979年；魏城璧：《明初宫廷杂剧研究》，第103～133页，明报出版社有限公司，2008年；郑莉：《浅谈明代宫廷杂剧的总体特征》，《故宫博物院院刊》2008年第6期；李真瑜：《清宫演剧的宫廷文化意味》，《中国典籍与文化》2001年第4期；李玫：《清代宫廷大戏三题》，《中国典籍与文化》1999年第1期。

应当允许不同的衡量标准，还应考虑到其原来的作用和特定环境。将承应戏放置在其原来的宫廷演剧环境中来考察，自有其研究价值。

此外，从文本形态上来看，也可探讨“内府本”剧本的概念和特点，了解宫廷演剧的审美要求和限制。以元杂剧在明代的流传过程来说，宫廷所扮演的角色不容忽视。现存元杂剧的明抄本均直接或间接来自内府本。[27]通过对同一剧目的元刊本与传自内府的明抄本的比较，可以让我们了解元杂剧文本如何在明代宫廷中被编辑和修订，使之符合宫廷演剧环境的要求。[28]举一个例子来说，明初曾颁布有关演出帝王等人物的禁令，所以元杂剧的明抄本如何处理一些涉及帝王（即剧本中的“驾”）扮演的内容和场面，就值得我们注意。[29]

以此观之，清代宫廷对大量的内府抄本戏曲的修订过程，应该也是同样值得研究的课题，但一直以来却似乎未受关注。根据中山大学黄仕忠教授的著录，双红堂文库所藏的内府本戏曲“有许多为初次从民间采择之本，故屡见删订、核对、付抄之识语”[30]。这些剧本记录了修改的痕迹，正可以为“内府本”的文本研究提供珍贵的线索和实在的证据。如果我们可以摒弃过去对于宫廷戏的一些偏见，对现存明清两代大量的宫廷戏曲抄本的文本形态做进一步研究，将有助于我们了解宫廷演剧的特殊环境和要求。

此外，因为客观条件上的差异，有关明清宫廷个别时期演剧状况的研究往往呈现不同的侧重点。例如，除了明前期的御用文人以及藩王剧作家以外，明清宫廷演剧研究一般不以剧作家为主，因为宫廷戏曲大多为不知名的教坊艺人等所编写。除了对戏曲文本研究的重视，我们也有必要对宫廷戏曲的创作队伍有更全面而深入的了解，例如在清代文人剧作家中其实就有不少曾涉及宫廷演剧活动。

[27] 孙楷第：《也是园古今杂剧考》，第152页，上杂出版社，1953年。

[28] 日本和欧美汉学家对此关注甚多，而体现其研究思路的另一面就是重视元刊本杂剧的价值。这方面已累积不少研究成果，在此仅举其中三篇作为代表：日·小松谦：《内府本系诸本考》，收入《田中谦二博士颂寿纪念中国古典戏曲论集》，第125～159页，汲古书院，1991年；Wilt L. Idema, “Why You Never Have Read a Yuan Drama: The Transformation of Zaju at the Ming Court,” in *Studi in onore di Lanciello Lanciotti*, ed. S. M. Carletti, M. Sacchetti, and P. Santangelo (Napoli: Istituto Universitario Orientale, Dipartimento di Studi Asiatici, 1996), 765–791，中译见宋耕译：《我们读到的是“元”杂剧吗——杂剧在明代宫廷的嬗变》，《文艺研究》2001年第3期，第97～106页；以及 Stephen H. West, “Text and Ideology: Ming Editors and Northern Drama,” *in The Song-Yuan-Ming Transition in Chinese History*, ed. Paul Jakov Smith and Richard von Glahn (Cambridge, MA: Harvard University Asia Center, 2003), 329–373.

[29] 参见拙文：“Prohibition of Jiatou Zaju in the Ming Dynasty and the Portrayal of the Emperor on Stage,” *Ming Studies*, *Number* 49 (Spring 2004): 82–111.

[30] 黄仕忠：《双红堂文库所藏戏曲考》，第174页。

三　宫廷演剧与文人戏曲

一般以宫廷、文人和民间来划分中国戏曲史的三大重要社会层面，只是一种论述上的方便，在实际研究上应更注重三者之间的交流及相互影响。这里专就宫廷演剧与文人戏曲之间的关系作一初步探讨。

明清两代极盛的文人戏曲，可以说是中国戏曲文学史的主流。这些戏曲作品既是文人所创作，主要对象亦为文人，通常在其诗朋文友之间流传，不仅仅是表现文人剧作家的文采，也是他们借以泄愤言志的途径。[31]与之相对比，宫廷戏曲的创作不是为了表达剧作家的心声，而是为了娱乐皇室，或承应某宴会庆典。概括而言，有关中国宫廷演剧的研究往往更注重这些宫廷戏演出的场合，而并非个别作品和剧作家，焦点在于戏曲排场和舞台效果，而非剧本的文辞和主旨。

此外，宫廷戏曲的作者多为不署名的教坊艺人或御用作家等，与戏曲文学史一般以文人剧作家为中心的研究对象也形成了鲜明对比。文人戏曲为中国戏曲文学史的谱写提供了一代又一代才华横溢的剧作家和一部接一部艺术成就非凡的经典作品，而宫廷内的演剧活动虽然一样多姿多彩，但与文人戏曲相对比，却是一个充斥着大量无名氏作品的戏曲世界。如此看来，在清代戏曲史上，文人戏曲和宫廷戏曲似乎分别属于两个不同的空间。但仔细分析则会发现其实不然，我们可以看到两者在特定的历史时期曾有过不少交汇点。较显著的例子有明初曾侍燕王朱棣（即后来的明成祖，1402～1424年在位）于燕邸的汤式（活跃于1383年左右）、杨讷（活跃于1402年左右）和贾仲明（1343～1422年）[32]，而明中叶南京文人曲家如徐霖（1462～1538年）等也曾涉足宫廷。

值得关注的是，当这些文人剧作家为宫廷演出写戏，或在帝后和其他皇室面前呈现他们的戏曲作品时，其文人戏曲的特质与宫廷演剧的要求之间会发生怎么样的一种碰撞?

再看清代的情况，我们可以发现文人剧作家也曾在不同

[31] 关于明清两代剧作家如何通过杂剧来抒怀写愤，参见王瑷玲：《明清抒怀写愤杂剧之剧构特质与审美形态》，收入《晚明清初戏曲之审美构思与其艺术呈现》，第287～384页，台北"中央研究院"中国文哲研究所，2005年。

[32] 参见《录鬼簿续编》，《中国古典戏曲论著集成》第二册，第283～284、292页，中国戏剧出版社，1980年。

程度上参与了宫廷的演剧活动。首先，某些文人戏曲虽然不是专门为宫廷而创作，却也因受欢迎或获得皇室青睐而纳入宫廷演出剧目中。例如，《穿戴提纲》第二册中所列的312出昆腔剧中，绝大多数都是明末清初昆剧舞台上经常上演的剧目，其中不乏文人戏曲中的名篇如《牡丹亭》、《长生殿》等。[33]尤侗在其自撰《年谱》中曾记顺治十五年（1658年）事云："有以余《读离骚》乐府献者，上益读而善之，令教坊内人播之管弦，为宫中雅乐，闻者艳之。"[34]

我们可以设想，这些文人戏曲传入宫中，应该会对宫廷演剧产生一定影响，但这些影响不容易说得清楚。此外，这主要还只是作品本身流传到宫中，许多时侯剧作家可能并无任何参与。要探索文人曲家和宫廷演剧之间较直接的关系，笔者认为还应将研究集中在文人曲家为了宫廷演出而被令创作的，或他们拟向朝廷进呈的剧本，即一般所称的"承应戏"。以下试举数例：

清朝初年，吴绮（1619～1694年）和丁耀亢（1599～1669年）二人均曾按顺治皇帝的旨意，根据杨继盛（1516～1555年）的事迹分别编写戏曲。吴绮在顺治十三年（1656年）作传奇《忠愍记》，因为此剧得宠于清世祖而获升迁[35]，而丁耀亢在顺治十四年（1657年）所作的传奇《蚺蛇胆》（一名《表忠记》）则因其措辞有所违碍而最终并未呈献给皇帝。[36]《忠愍记》今已佚，而《蚺蛇胆》现存顺治刊本[37]，卷首题目前明确标有"拟进呈"三字。丁耀亢的《蚺蛇胆》正好给我们提供了一个不符合清初宫廷演剧要求的文本。此外，与丁耀亢其他并非应制而作的戏曲作品相比较，也可探讨同一位剧作家为不同场合所作的戏曲是否呈现任何差异。

众所周知，乾隆帝（1736～1795年）在位时期是承应戏发展的一次高潮。据昭梿（1780～1833年）《啸亭续录》中所载：

> 乾隆初，纯皇帝以海内升平，命张文敏制诸院本进呈，以备乐部演习，凡各节令皆奏演。其时典故如屈子竞

[33] 胡忌、刘致忠：《昆剧发展史》，第357页，中国戏剧出版社，1989年。

[34] 转引自李修生主编：《古本戏曲剧目提要》，第704页，文化艺术出版社，1997年。

[35] 事见程华平：《明清传奇编年史稿》，第282～283页，齐鲁书社，2008年。

[36] 程华平：《明清传奇编年史稿》，第286页，齐鲁书社，2008年。

[37] 原书藏于上海图书馆，《古本戏曲丛刊》五集据此影印。

渡，子安题阁诸事，无不谱入，谓之月令承应。其于内庭诸喜庆事，奏演祥征瑞应者，谓之《法宫雅奏》。其于万寿令节前后奏演群仙神道添筹锡禧，以及黄童白叟含哺鼓腹者，谓之《九九大庆》。又演目犍连尊者救母事，析为十本，谓之《劝善金科》，于岁幕奏之，以其鬼魅杂出，以代古人傩祓之意。演唐玄奘西域取经事，谓之《升平宝筏》，于上元前后日奏之。其曲文皆文敏亲制，词藻奇丽，引用内典经卷，大为超妙。其后又命庄恪亲王谱蜀、汉《三国志》典故，谓之《鼎峙春秋》。又谱宋政和间梁山诸盗及宋、金交兵，徽、钦北狩诸事，谓之《忠义璇图》。其词皆出日华游客之手，惟能敷衍成章，又抄袭元明《水浒义侠》、《西川图》诸院本曲文，远不逮文敏多矣。[38]

这一段记载对乾隆时期各种承应戏介绍甚详，也透露了有哪些人曾参与这些宫廷戏曲的编写工作。最值得注意的是张文敏，即张照（1691～1745年），曾奉旨编写各类宫廷戏曲。昭梿对其曲文的评价是“词藻奇丽，引用内典经卷，大为超妙”。张照还曾奉命与庄亲王允禄订正《律吕正义》，续编《律吕正义后编》一书，在音乐方面有一定的造诣，而且又是著名的书法家，近年来已有不少专门研究张照的论文。[39]相比之下，其他同时期的一些宫廷剧作家，即昭梿所指的“日华游客”，则未受重视。例如，周祥钰和邹金生至少曾参与另外两部承应戏《忠义璇图》和《鼎峙春秋》的编写，还曾与一组人共同编纂《九宫大成南北词宫谱》这样一部集大成的曲谱。这些编纂者对于戏曲在宫廷中的发展，有直接的影响和贡献，有必要进一步研究。

值得一提的是，过去一般根据昭梿的记载而笼统将这些宫廷戏视为张照或其他词臣在乾隆时期所撰，其实已有学者指出，许多戏在康熙时（或甚至更早）就已有。[40]了解这一点，有助于我们进一步探讨和重新评价张照等人在乾隆时期大规模的宫廷戏曲改编过程中的实际工作和作用。

[38] 清·昭梿：《啸亭续录》卷一“大戏节戏”条，《啸亭杂录》，第377～378页，中华书局，1980年。

[39] 参见戴云系列论文：《清代艺术家张照生平事迹考》，《广西社会科学》2003年第11期；《张照艺术成就述略》，《艺术百家》2003年第4期；《简论张照及〈劝善金科〉》（上、下），分载《戏曲艺术》1995年第3期、第4期。亦可参考梁继：《张照交游考略》，《书画世界》2007年第5期；《张照与乾隆关系考述——以书法为视角》，《学术交流》2008年第8期。

[40] 戴云：《张照艺术成就述略》，第54页。例如，戴云曾通过对康熙旧本《劝善金科》的考证，说明张照奉旨修改的目连戏，实际上是在康熙朝就已流行的同名剧作的基础上修改，而并非根据明代郑之珍本大加增改而成，见其《康熙旧本〈劝善金科〉管窥》，《湖南社会科学》2004年第5期。

在现存清代承应戏中，有一部分可考知其创作年代及所供奉之特定场合。如乾隆皇帝1751年第一次南巡，当时以诗词著称的厉鹗（1692～1752年）就曾作《百灵效瑞》一剧，与吴城（1703～1773年）的《群仙祝寿》合刻为《迎銮新曲》。这也是我们仅知厉鹗和吴城曾写过的戏曲。王文治（1730～1802年）也曾为乾隆四十五年（1780年）第五次南巡时编写九部戏。乾隆十六年（1751年），当时25岁的蒋士铨（1725～1785年）曾为江西士绅祝贺皇太后生日撰写四部承应戏，总题为《西江祝嘏》。[41]此外，为庆祝皇帝"万寿"，直隶制府亦曾命吕星垣（1753～1821年）编写十部杂剧，总题为《康衢新乐府》。[42]就现存剧本来看，上文所提到的吕星垣和王文治仅存的作品都是为皇室观赏而作。蒋士铨则不同，他总共创作了31部戏，是清代重要戏曲家之一，而且除了他年轻时所写的以上四部承应戏以外，其后期戏曲都与宫廷演出无关。

最后，再看另一位著名的清代剧作家杨潮观（1710～1788年）的例子，可能代表了文人戏曲和宫廷演剧另一层面的交互影响。杨潮观不曾为宫廷演出而专门编写承应戏，但他的一组32部单折杂剧（总称《吟风阁杂剧》）值得我们注意。一方面，这些短剧似乎标志着文人戏曲朝向案头剧的发展，但另一方面，学者如周贻白先生也曾提出这种"以简短形式的一折杂剧，合为一个总集，显然是受了当时内廷的所谓《法宫雅奏》或《九九大庆》的影响"[43]。

以上仅列出笔者所留意到的一些个案，仍待进一步研究。这里提出来，首先是想说明一般所谓承应戏，不全都是不署名的，甚至有一些还是出于著名文人曲家之手。换言之，文人曲家与宫廷剧作家的界线还有待重估。

其次，这些文人曲家撰写或编改承应戏，究竟是扮演着怎样的角色？在宫廷内任职的张照，以及周祥钰、邹金生等"日华游客"，与明代燕邸中的御用文人相比较，是否有所不同，值得进一步研究。再如梁廷楠《曲话》中曾记录王文治撰写承应戏的缘由："乾隆中，高宗纯皇帝第五次南巡，族父森时服

[41] 周妙中：《蒋士铨和他的十六种曲》，《蒋士铨戏曲集》，第4页，中华书局，1993年。

[42] 厉鹗、吴城、吕星垣、王文治，以及蒋士铨所作之承应戏，均著录于傅惜华：《清代杂剧全目》，第354～367页。《清代杂剧全目》注明吕星垣《康衢新乐府》作于乾隆二十四年。据师亮采为此剧所作之序文可知，这些承应戏其实应编于嘉庆年间，当时吕星垣任赞皇令，见蔡毅：《中国古典戏曲序跋汇编》，第1176页，齐鲁书社，1989年。吕星垣是在嘉庆二十二年六月任赞皇知县，与师亮采序文所言相符，见史赓云、周晋堃、赵万泰等纂修：《续修赞皇县志》卷一四，《中国地方志集成》（河北府县志辑），第197页，上海书店出版社，2006年。

[43] 周贻白：《中国戏剧史讲座》，第223页，中国戏剧出版社，1958年。

官浙中，奉檄恭办梨园雅乐。先期命下，即以重币聘王梦楼编修文治填造新剧九折，皆实时即景为之”[44]。如此看来，因皇帝南巡而受重金礼聘来编写戏曲的王文治，究竟应视为文人曲家或专业剧作家，其身份同样不容易界定。

此外，值得注意的是，以上所讨论的这些“宫廷戏曲”，包括了不少为了乾隆帝南巡而编写的承应戏，或称之为迎銮曲。一般认为清宫大戏的豪华排场、奇特机关砌末、众多人物等特点，有赖于宫廷内的演剧机构和清宫戏台的特殊结构。那么，各地安排的迎銮戏曲，虽然同样是为皇帝观赏所作，却都是在宫廷以外创作、演出的，要如何达到宫内演剧的要求，又或是呈现出不同的审美面貌，有待进一步研究。乾隆帝南巡时各地所编写的这些“迎銮新曲”，以及民间戏班进京承应演出，也说明了朝野之间在戏曲艺术上的交流。从这些视角重新审视明清宫廷演剧，可展现出“宫廷戏曲”丰富而复杂的意涵。

本文提出对明清宫廷演剧研究的一些构想，主要在于说明这一领域仍有很大的研究潜力和发展空间。综上所述，演剧作为明清宫廷文化的一部分，允许我们从不同视角切入研究，也要求戏曲研究与其他学科的综合思考，以及文本与实物研究的结合。对宫廷剧本的系统整理和研究，则是推动各项研究的必要文献基础。此外，本文透过对文人戏曲和宫廷演剧这一课题的初步探讨，既是希望将宫廷演剧纳入戏曲文学史的发展脉络中来思考，也尝试着说明虽然一般以宫廷、文人和民间来划分中国戏曲史的三大重要社会层面，其实三者之间的交流及相互影响更值得我们重视。

[44] 梁廷楠：《曲话》卷三，见《中国古典戏曲论著集成》第八册，第265页，中国戏剧出版社，1980年。

清宫乐舞的民间旋律

沈阳故宫博物院市场营销部　韩春艳

发祥于我国东北“白山黑水”之间的满族能歌善舞。

远在隋朝时，满族先民靺鞨人的使者就曾给隋文帝表演歌舞，“使者与其徒皆起舞，其曲折多战斗之容”[1]。渤海时期，靺鞨人的渤海音乐传到日本，成为日本宫廷音乐之一。渤海乐在金代仍流传，《金史》载：“有渤海乐”，而且还有渤海教坊。金代女真人善奏鼓和笛，著名的乐曲“鹧鸪调”流传久远。女真乐也深受中原人士喜爱，并运用到金元杂剧中，对散曲、北曲都有相当的影响。

在努尔哈赤统一建州女真各部初期，女真人喜好歌舞之俗更盛，并且已从民间进入上层贵族首领的宴会中。1596年，奉命出使建州女真的朝鲜官员申忠一，就曾记录下在佛阿拉城所见正月初一日新春宴会的情形：与宴者有努尔哈赤、舒尔哈齐兄弟及麾下诸将，还有其他女真部落的首领。酒过数巡，被俘归顺的海西女真乌拉部贝勒布占泰率先起舞。随后，努尔哈赤也离座“自弹琵琶，耸动其身”，又有“优人八名各逞其才”，同时“厅外吹打，厅内弹琵琶、吹洞箫、爬柳箕，余皆环立，拍手唱曲以助酒兴”[2]。当时努尔哈赤还是部落首领的身份，上述宴会表演中已出现职业性的“优人”和乐器演奏者，水平应高于民间同类场合的演出，从中可以看出，这种宴间歌舞在当时女真人中十分普及，所以身为上层贵族的布占泰和努尔哈赤等人都能表演自如。

[1]《隋书》卷八一。

[2] 朝鲜·申忠一：《建州纪程图记》，第18～19页，辽宁大学排印。

满族传统民间音乐调式是以中国传统的宫、商、角、徵、羽五声音阶所构成。以宫调式居多，商调式、角调式次之，徵调式和羽调式较少见。此外，还有微升宫音（以宫为主音的调式）及微升徵音和清角音，它们和五正声中的三个或四个音组合构成一些特殊的“五声”音阶，有的和五正声组合，形成不同的六声音阶。

宫商角三音小组是满族民间音乐的核心音调，这种核心音调也是构成各种调式的基础和骨干音，旋律多以级进为主，旋律线从上行级进开始，以调式主音为轴心，划出一个波浪形的线条，通过多次起伏，最后用下行级进进入主音结束。旋律平稳、质朴，音域狭窄，起伏较小，以级进、小跳、重复、变化重复为主展开，少大跳。

满语属阿尔泰语系“满——通古斯语族”满语支，是一种黏着语状态，具有前紧后松、重音在后的音节规律，而不同于汉语单音节、以四声变化为依据的特点。因此，满族民间音乐节奏规整，以均等固定音型为主，节拍强弱变化呈“弱弱强、弱弱强”型。

鼓在满族民间音乐中有着突出的位置。鼓点的快慢、轻重等变化与节奏相协调，给音乐旋律以有力烘托，更显现出满族音乐的独特风采和神韵。

清代宫廷礼乐的主体架构沿用明代旧制，如祭祀乐中的中和韶乐、朝会乐中的丹陛大乐、行幸乐中的铙歌鼓吹等。然而，礼乐中所纳入的满洲乐舞尽管所占比例不大，但其乐舞的形式与乐章的内容，无不体现出强烈的民族心理和民族特性，因而成为清代宫廷礼乐中最具特色的一部分。

清宫音乐与历朝宫廷音乐一样，分为“雅乐”与“燕乐”。“雅乐”用于祭礼，“燕乐”用于宴飨。“燕乐”同民间俗乐的关系更为密切。周朝以后历代均设置燕乐，并以民间俗乐等为其内容。

本文主要讨论的是清宫中燕乐的重要组成部分——庆隆舞和宫廷萨满祭祀仪式中的萨满乐舞。

一 蒙古乐与满洲舞

太祖统一女真诸部时，宫廷燕乐已经开始萌芽，出现了将满族民间歌舞用于宴飨助兴的情况：万历二十四年（1596年）在努尔哈赤招待朝鲜使臣申忠一的宴会上，“厅外吹打，厅内弹琵琶、吹洞箫、爬柳箕，余皆环立，拍手唱曲，以助酒兴”[3]。

后金政权建立后，用乐逐渐增多，据《清实录》、《清朝文献通考》和《清会典事例》记载，主要用乐如下：天命元年（1616年），定上尊号建元行礼庆贺乐制。是年元旦，诸王、贝勒、文武群臣进表，恭上尊号曰：覆育列国英明汗。上焚香告天，行受宝礼，以是年为天命元年。礼毕，升御座，诸贝勒群臣行庆贺礼，陈设卤簿奏乐[4]。奏乐所用乐器有乐麾、金口角、大铜角、铜鼓、大鼓几种。由此可见，清代的宫廷音乐在其国家草创阶段即已开始使用，但奏乐的形制、内容均无明确规定。

由于战事频繁，此时的宫廷用乐多为出征前或战争中。天命三年（1618年），太祖率兵征伐乌喇国，“庚申，至乌喇国，上张黄盖，鸣钲鼓，沿乌喇河而行”[5]。同年，太祖起兵讨伐明朝，临行，“上率诸贝勒及统军诸将，鸣鼓，奏乐，谒堂子而行”[6]。天命四年（1619年），太祖进攻叶赫国，“布扬古、布尔杭古率兵出城西门，立近城冈上，鸣角鼓噪，钲鼓相闻”[7]。

乐工在宫中筵宴时演奏，是清初内廷音乐的萌芽。天命四年（1619年），努尔哈赤率兵攻破铁岭，活捉守城介赛，“翌日，大宴奏乐。令介赛等匍匐谒上。”[8]在《满洲实录》中有一幅名为“太祖大宴群臣”[9]的插图，图中丹墀上，太祖面南端坐正中，后面左右分别站立侍从三人，并张黄盖，两侧为众王、贝勒、大臣，并按等级分别坐于丹墀上下。丹墀下两侧站立乐工各六人，其中司鼓者二人，司大铜角者二人，司金口角者四人，司龙头横笛、司笙、司箫、司云锣者各一人，乐工做演奏状。

天命八年（1623年），台吉阿巴泰等征蒙古回至都城，太祖出城迎之，在古城堡南相遇，因破敌，竖八纛鸣角，拜天地，礼

[3]《明代满蒙史料·李朝实录抄·宣祖实录》卷七一，东京大学文学部，1958年。

[4]《钦定文献通考》卷一五五。

[5]《清太祖高皇帝实录》卷四。

[6]《清太祖高皇帝实录》卷五。

[7]《清太祖高皇帝实录》卷六。

[8]《清太祖高皇帝实录》卷六。

[9]见《满洲实录》卷七,《太祖大宴群臣》插图。

毕御帐殿，出征台吉大臣等朝见，于是设大宴庆劳奏乐。

天聪六年（1632年），和硕郑亲王济尔哈朗等奏报锦州蒙古贝勒诺木齐乌巴什等归降，太宗大悦，命八门击鼓，召众于崇政殿宣捷。翌日，太宗至演武亭，率诸王、贝勒、群臣行拜天礼毕，升御座，诺木齐乌巴什等率部众朝见行礼毕，设乐舞大宴。

祭祀用乐见于崇德元年（1636年），肇建太庙追尊列祖，凡四孟时，享岁祫祭并奏乐。

嘉庆《大清会典》卷三四中，对燕乐所包括的乐舞有如下记载：凡燕乐有舞乐，有四裔乐。舞乐曰“庆隆舞”，曰“世德舞”，曰“得胜舞”。文舞曰“喜起”，武舞曰“扬烈”。“四裔之乐”：东曰朝鲜、瓦尔喀，西曰回、番、廓尔喀，北曰蒙古，南曰缅甸。这与清初的记载是有出入的。

开“四裔乐”为清代宫廷燕乐先河的是努尔哈赤，他仿周朝以来的汉族传统，将东征瓦尔喀部所获瓦尔喀部乐列入燕乐。太宗皇太极继承太祖衣钵，将征察哈尔部时所获蒙古乐以及朝鲜所献朝鲜国俳乐等也作为燕乐。天聪三年（1629年）闰四月，大宴科尔沁国大妃时，就“备陈满洲、蒙古、汉人、朝鲜四国乐舞”[10]。

嘉庆《大清会典》卷三四中以满洲为中心的“四裔乐”如下所示：

	北	
	蒙古	
西	中	东
回部	满洲	朝鲜
西番		瓦尔喀
	廓尔喀	
	南	
	缅甸	

此段目的在于指出满洲舞不在“四裔乐”之列。此时的满族统治者已经入主中原，在认同中原文化的基础上，更着重强

[10]《清太宗文皇帝实录》卷五，中华书局，1985年。

调汉文化的中心位置。

从形式上看，清代宫廷燕乐包括庆隆舞、蒙古乐、朝鲜国俳乐、回部乐、番子乐、廓尔喀部乐、缅甸国乐、安南国乐等。清代宫廷乐舞之典型，是宴飨中表演的庆隆舞、世德舞、德胜舞、瓦尔喀部乐舞以及在祭祀仪式中表演的萨满乐舞。

清初，莽式舞（玛克式）在宫廷中十分盛行。庆隆舞的前身为满洲民间的莽式舞，它是由满洲民间的“莽式”为基础而创制的宫廷乐舞。满族民间在节日或喜庆的宴会，或为老人祝寿时，通常要跳莽式舞以表示喜庆和祝福。莽式舞的跳法：男女轮番起舞，两个相对，举一袖于额，反一袖于背，盘旋作势；旁边的人，一人歌唱，其余的人则拍手齐喊“空齐”与之相和。[11]

清廷保持满洲的民间旧俗，举行宫廷大典时也跳莽式舞。据《佳梦轩丛著》记载：“蟒式舞……每朝会大典辄行之，俱以满蒙及宗室大臣、侍卫充当……典至于重而隆也，另又有演唱一人，以八旗章京及护军充当……随舞而歌。”[12]《圣祖实录》记载康熙帝曾为庆祝其母孝惠皇太后70大寿在宫中亲自起舞：“上诣皇太后问安。先是谕礼部：莽式舞者，乃满洲筵宴大礼，隆重欢庆之盛典。向来皆王大臣行之。今岁皇太后七旬大庆，朕亦五十有七，欲亲舞称觞。是日，于皇太后宫进宴，皇太后升座，乐作，上近前起舞进爵。”[13]

由此可见清帝对满洲传统舞乐莽式舞的喜爱和重视程度。关于民间莽式舞的表演，清人杨宾在《柳边纪略》中记述：“满洲有大宴会，主家男女更迭起舞，大率举一袖于额，反一袖于背，盘旋作势，曰‘莽式’。中一人歌，众皆以‘空齐’二字和之，谓之曰‘空齐’，犹汉人之歌舞，盖以此为寿也。”[14]从中可见，“莽式”为舞，“空齐”为歌，民间的莽式舞，是一种歌舞结合的“舞乐”。宫廷的提倡使莽式舞在民间更为广泛地流行。有诗为证：“马间秋草后，人醉晚风轻，莽式空齐曲，逍遥二十年。”[15]后来满族民间莽式发展为包括起式、摆水、穿针、吉祥、单奔马、双奔马、怪蟒出洞、大小

[11] 参见清·吴振臣：《宁古塔纪略》，载《清朝藩属舆地丛书·宁古塔纪略》，台北台联国风出版社，1967年；清·杨宾：《柳边纪略》卷三，载《明清史料汇编》第七集，台北文海出版社，1972年。

[12]《近代中国史料丛刊·佳梦轩丛著》，台北文海出版社，1970年。

[13]《清圣祖仁皇帝实录》卷二四一。

[14] 清·杨宾：《柳边纪略》卷三，载《明清史料汇编》第七集，台北文海出版社，1972年。

[15]《清朝文献通考》卷一五五。

盘龙、大团圆，以及手脚腰转飞各二式、肩二式、走一式等表现丰富多样的“九折十八式”莽式，就是一个例证。[16]其舞，今已失传；其歌，尚有流传。

空齐曲为满族传统民歌形式，一般与莽式舞一起表演，所以又称“莽式空齐”。据清代辞书《五体清文鉴》[17]记载，满语kongci（空齐）为“应歌声”。也就是说，“空齐曲”是因为众人以“空齐”二字和之而得名。空齐曲与莽式舞同时表演时，犹如后来的宫廷庆隆舞的乐章一样，是地道的满族民间音乐部分，并且逐渐形成了一种独特的民歌形式。流传至今的空齐曲已经不多了，下面的《喜歌》就是一首：

urgun ucun
bulwri kongci kongci
saksaha uncehen golmin
sadun jafabumbi
haha jui banjici orho hadumbi
sargan jui banjici biyando fatambi
喜歌
布拉利，空齐，空齐，
花花喜鹊长尾巴，
你我两家结亲家。
养个儿子打羊草，
生个闺女摘豆角。

这首《喜歌》是一首典型的“空齐曲”形式，因为是在结婚时演唱，所以又称“喜歌”。这首“空齐曲”，至今流传于黑龙江沿岸的满族屯子里，由会满语的老人演唱。歌词虽然只有四句话，但却很好地体现了满族民歌的特点。头韵为sa、sa、ha、sa，尾韵为in、bi、bi、bi ，开头“布拉利、空齐、空齐”正是众人相和之声。

空齐曲在满族宫廷和民间广泛流传，它的古朴、清新、大众

[16] 参见张其卓：《满族在岫岩》，第161页，辽宁人民出版社，1984年。

[17] 见《五体清文鉴》，故宫博物院藏。

化及其独特的民族语言韵味等特点，在满族音乐文化中占有特殊的地位，表现出了对满族原始诗、歌、舞一体艺术的继承关系。

庆隆舞包括扬烈舞和喜起舞。扬烈舞追忆了满洲人精于骑射、英勇善战、“马背上打天下”的辉煌历史，其舞象征了列宗列祖所建大清帝国之武功；喜起舞，表现了国泰民安、太平盛世的景象，其舞象征了大清王朝治世的文德。关于喜起舞的表演，承德地区保留的《队舞排场公用缮单》中描述得比较清楚：“仪容尔整齐，三叩兴勿依。左陛燕翅伍，队队行国礼。面迎举笑意，胸正仪刀齐。前趋两退迂，左进右踩溪。而御旋右臂，齐额稍而曲。左旋右上替，肩端娜妯依。前队横陛舞，后队摆朝衣。左臂舞于额，右臂舞背齐。面面叩国礼，双转左襟踢。箭袖转三檀，伍伍随朝仪。”[18]扬烈、喜起二舞合一于庆隆舞，一武一文，起伏跌宕，相映成趣。

包括扬烈舞和喜起舞两个舞段的庆隆舞，在乾隆朝之后有并列使用的情形。此时，扬烈舞改由庆隆舞名之，并与喜起舞递次使用。《钦定大清会典事例》（光绪朝）中多处记载，均将庆隆舞和喜起舞并列：

> （乾隆）二十二年奏准，每遇保和殿、正大光明殿筵燕，内有庆隆舞、喜起舞……遇紫光阁、山高水长筵燕，向不进庆隆舞，则喜起舞为时较迫……二十三年奏准，嗣后，太和殿筵燕，先进庆隆舞，次喜起舞……

自乾隆末年，较少提及“扬烈舞”，多“庆隆舞”与“喜起舞”并提。名为“庆隆舞”之记载，皆是“扬烈舞”的内容，故似以“庆隆舞”代之“扬烈舞”。

从实际表演的内容和形式来看，统称为“庆隆舞”的扬烈舞、喜起舞与分别称呼的扬烈舞（此时称“庆隆舞”）、喜起舞在用途和表演程序上并无实质性的区别。那么，为什么将喜起舞从庆隆舞中拆出而与之并列名之？可能是喜起舞与扬烈舞两个舞段已经逐渐成熟，发展为可以独立成章的乐舞。至于弃

[18] 转引自赵展：《满族文化与宗教研究》，第182、183页。

扬烈舞之名而以庆隆舞代替之，缘何于此，尚待探究。

清宫燕乐中除庆隆舞为满族乐舞外，其余均为少数民族及周边国家的音乐。乾隆朝《律吕正义·后编》所录少数民族音乐，以蒙古的“笳吹”（67首）与“番部合奏”（31首）数量为最多，共98首，其中“笳吹”全部为蒙古文唱词，“番部合奏”6首有词。凡附蒙古文唱词的，都附有满汉译词。

蒙古乐如何成为清宫“燕乐”重要的一部分，目前学界仍无定论。成书于1818年的《嘉庆会典》有关蒙古乐的讨论，比收录了这些乐曲的《律吕正义·后编》（1746年）更为详细，其文：“北曰蒙古，太宗文皇帝平定察哈尔获其乐，列于燕乐，是曰‘蒙古乐’，有笳吹，有番部合奏。”[19]天聪九年（1635年），皇太极平定察哈尔，林丹汗妻及子献上元朝传国玉玺。旧满洲档“天聪九年”，对当时皇太极从察哈尔蒙古所获牛、马及林丹汗的妻妾等数目，记载得十分详细，唯独对所谓蒙古乐之“笳吹”及“番部合奏”没有一字涉及。有关乐器，只记载获“银琵琶”一个。

为何在清宫廷“燕乐”中满洲舞（1首）与蒙古乐（98首）在数量上相差如此悬殊？理解这个问题要从满蒙之间的密切关系入手。万历四十年（1612年）正月，努尔哈赤以科尔沁蒙古贝勒明安之女“颇有风姿”为名，“遣使欲娶之。[20]明安贝勒遂绝先许之婿，送其女来。太祖以礼亲迎，大宴成婚”。明安贝勒是蒙古封建王公中第一个与建州女真联姻者，这使科尔沁蒙古更加倾向建州女真。万历四十三（1615年）年，努尔哈赤又娶科尔沁郡王孔果尔之女博尔济吉特氏为妃。努尔哈赤不仅娶科尔沁两贝勒的女儿为妻，他的儿子也相继纳蒙古王公的女儿做妻子。仅万历四十二年（1614年），努尔哈赤的四个儿子，即次子代善娶扎鲁特部钟嫩贝勒女为妻，第五子莽古尔泰娶扎鲁特部纳齐贝勒妹为妻，第八子皇太极娶科尔沁部莽古思贝勒女为妻，第十子德格类娶扎鲁特部额尔济格贝勒女为妻。[21]尔后，第十二子阿济格娶科尔沁部孔果尔女为妻[22]，第十四子多尔衮娶阿尔寨台吉女为妻[23]。这是贯穿清王朝始终的满蒙联

[19]《律吕正义·后编》卷三四。

[20]《清太祖高皇帝实录》卷四。

[21]《清太祖高皇帝实录》卷四，第12页。

[22]《清太祖高皇帝实录》卷四，第8页。

[23]《清太祖高皇帝实录》卷九，第7页。

姻的开端。据《清皇室四谱》第二卷记载，太宗皇太极有蒙古妻七人，占其后妃总数的一半左右；世祖福临有蒙古妻六人，占其后妃总数的三分之一。从《大清会典》及《礼部则例》记载看，所有清宫重要礼仪如皇帝大婚、寿诞，皇太后、皇后寿诞等日，必奏“蒙古乐”。对满族皇室而言，这98首“蒙古乐”其实已经是满族音乐文化的重要组成部分。

图1 对舞供献于神前

满族的萨满歌舞，都是依赖于萨满教特有的祭祀典礼仪式萨满跳神活动(俗称烧香)的存在而得以展现的。从满族萨满祭祀的跳神表演中见到的“喝喝咧咧，似呼喊，似唱的说着唱、唱着说、乐中舞、舞中歌”的场景姿态或呼叫歌声里，可以体会到这种歌舞颇具热烈虔诚的性格及其“原声腔”、“原生型”的特征。萨满们“以鼓舞百兽”所做出最初模拟的姿态或音声，既非口语又非歌唱，但既是口语又是歌唱的旋律(或曲调)，以及既非乐器又非祭器，但既是乐器又是祭器的鸣器。正同满族的“喝喝咧咧，似喊似唱，说着唱、唱着说，乐(鼓)中舞、舞中歌”的形象非常吻合。（图1）

满族的祭祀与烧香跳神，既有联系又有区别，二者乐舞各异。祭祀礼仪所唱的曲调，均似“宣叙调”，这种吟诵性的吉词，只唱无舞，没伴奏，而烧香时则要“跳家神”。

从烧香跳神时的鼓点和所唱的曲调看，与说唱音乐及地方戏曲音乐的曲联体相类似。它的歌舞丰富多彩，鼓点和形式多变。有独唱、对唱（问答式）、有领有和（帮腔）、多声部混声等多种形式。分跪唱、坐唱、站唱、走唱四种，并有抻着唱、顿着唱、连着唱三种唱法。从流传至今的满族萨满音乐看，有比较固定的曲调形式，按照传统的分类有老三点、老五点、快五点、正七点、花七点等。[24]如满族家祭《走腰铃》节奏为：

[24] 石光伟：《满族烧香萨满跳神音乐》，《中国音乐》1980年第3期。

老三点：4／4 光光光— | 扎扎扎— |
老五点：4／4 光光光— | 扎—扎— |
快五点：2／4 光光光光 光 | 光光光光 光 |
快七点：4／4 光光 光光 光— | 光— 光— |

神歌大都是用满语保存下来的。其中有一部分用汉字记音的方式，一部分采用汉语形式。比如，流传至今的吉林省九台县佛满洲石克特立哈拉（石姓）神本子中的祭《按巴瞒尼》[25]神歌：

爱一 莫讷 秃拉滚得
ai i mene turgunde
卧一 莫讷 扎林 得
wei mene jalin de
山眼 阿林 哈打 特哈
sanyan alin hada tehe
很一 阿巴卡 七 瓦西哈
deni abka ci wasika
孙 叭 博 舒得合
sun biya be surdehe
按巴 托立 扎伐腓
amba toli jafafi
左 嘎拉 得
juwe gala de
不勒库 街
buleku gaifi
我木 朱录 德
emu juru de
嘎思哈 鸡录 得一 嘎录代 得
gasha giru dei gurudai de
阿沙沙拉 阿思行俄
assara ashangga

[25] 宋和平译注：《满族萨满神歌译注》，社会科学文献出版社，1993年。

按巴 托立 札伐拉 得
amba toli jafara de
朱录 瓦西哈 恩都立
juru wasika enduri
松阿立 必拉 七 瓦西哈
sunggari bira ci wasika
是什么原因，
为谁家之事，
在此时请神？
居住在白山山峰上，
由高高的天上降临，
在日、月间盘旋的，
按巴瞒尼、善佛等。
手执大托立（神镜），
两手明晃晃。
头戴双鸟神帽，
犹如凤凰美丽，
又像展翅飞翔。
按巴瞒尼神，
手执两个大托立，
飞速舞动着，
信佛两位神灵，
沿松花江而降临。

这段满语神歌是用汉字记音方式记录下来的，还原成满文也是一首很不错的满语民歌。上面所引部分是《按巴瞒尼》神歌的开头一段。从诗歌的形式上看，句式短小，语言朴实，韵律和谐。头韵以a、e为主，并交替变化，如开头几行分别为ai-wei-sa-de。尾韵以e为主，略有变化，如开头几行分别为de-de-he-ka-he。

满语神歌音域较窄，语音平直，这是受到满语语音谐和规律所制约（满语无四声，阴阳两个声道互不交叉）。神歌演唱时的主要伴奏乐器为手鼓、腰铃、抬鼓等。手鼓有男手鼓、女手鼓之分。男手鼓称imcin，女手鼓称untun。演唱神歌时，是整个萨满祭祀中的主要乐器，其他乐器都围绕着萨满手中的手鼓伴奏。腰铃满语称sisa，是由众多的金属长铃系在宽皮带上制成。演唱时，将其系在腰间，靠臀部左右摇晃，使铃声响起，并且配合手鼓的节拍伴奏。抬鼓满语称tungken，又称架鼓。演奏时萨满将鼓夹于两膝中间，用手掌或手指击奏，或用木架支撑抬着演奏。

萨满的宗教表演实际上是一项综合的文化现象，仅从诗、歌、舞一体方面上看，萨满所唱的神歌本身就是一首首韵律和谐的满族古歌。萨满跳神，祈请众神的表演的乐曲，以及与手鼓、腰铃之间的配合，就是古朴的满族原始音乐。它集音乐、舞蹈、文学、服装甚至戏剧表演为一体，是满族传统艺术的集中表现。

二　宫廷乐舞的民间旋律

清代宫廷中的满族音乐有两种，一种是宫廷宴乐，一种是祭祀与跳神音乐。

宫廷宴乐的代表为庆隆舞。乾隆八年（1743年），满族民间的“莽式”歌舞被正式列入清代宫廷舞，称之为庆隆舞。宫廷对庆隆舞乐队的编制、歌唱和舞蹈人数以及服装等都作了明确规定：庆隆舞的表演由武舞扬烈舞与文舞喜起舞组成，表演时，由琵琶、三弦和击节等40名乐器演奏者，以及16名鼓掌者和13名歌唱者组成的歌唱乐队奏唱庆隆舞乐章，乐声中，40名装扮成八旗兵和怪兽的演员首先上场表演周旋驰骋、射杀怪兽，使群兽慑服的扬烈舞。随后18名身着朝服的对舞大臣随着乐声依次俩俩进前表演喜起舞。[26]

据《清史稿·乐志》记载：

[26] 参见《律吕正义·后编》卷四五，第2917～2918页，台北商务印书馆，1968年。

> 隶属对舞者初名莽式舞，亦曰“玛克式舞”。乾隆八年更名“庆隆舞”。内分大、小马护为扬烈舞，是为武舞。大臣起舞上寿为喜起舞，是为文舞……扬烈舞，用戴面具三十二人，衣黄画布者半，衣黑羊皮者半。跳跃倒掷，象异兽。骑禺马球者八人，介胄弓矢，分两翼上，北面一叩，兴。周旋驰逐，象八旗。一兽受矢，群兽慑伏，象武成。喜起舞，大臣二十二人，朝服仪刀入，三叩，兴，退东位西向立。以两而进，舞毕三叩，退。次队继进如前仪。北队舞之大较也。[27]

扬烈舞中戴面具的32人，一半着黄色布制演出服（套），一半着黑色皮制演出服（套）；舞者戴着面具，扮作野兽；踩高跷骑马的八人披挂盔甲，腰挂（或手持）弓箭，象征八旗之兵。这一满族传统歌舞典型地反映了满族早期渔猎经济类型的社会生活。戴面具，衣羊皮，介胄弓矢，“一兽受矢，群兽慑伏”的描写，犹如一幅“狩猎图”，充分反映了满族人民尚武、善骑射的民族精神。

“马”者，类似今之民间秧歌“跑驴”中的道具：有头、身和尾，而无腿。马身中空，表演者身居其中，马身下露出双跷，象征马腿，远远看去仿佛真的骑在马上。这种仿真道具，在清代已有很高的工艺水平。除了仿马道具，还有仿凤道具：将凤的头颈、身翅、尾臀三部分分别用丝绳连接以牵动之。凤头戴在演员的头部，凤身穿在演员的上身及两肩，凤翅自然飘坠而下，凤尾系在演员臀部齐腰处。高跷是凤腿，其表饰以“凤腿裤”。从扬烈舞的仿马道具来看，这种民间仿真道具的工艺已经传入宫中，并且以“道具仿物”与“高跷仿腿”巧妙地结合起来使用为其显著特征。

喜起舞的表演者，清代官书中称“喜起舞大臣”，一般以宫廷侍卫充任。其装束“朝冠朝服，释补服、悬朝珠、朝带、佩帉、佩刀”[28]。或言“咸一品朝服”[29]。初定为18人，嘉庆十四年（1809年）增至22人。[30]扬烈舞演出后，喜起舞大臣入

[27] 赵尔巽等主编：《清史稿》，上海古籍出版社，1986年。

[28] 光绪《大清会典》卷五六。

[29] 清·昭梿：《啸亭续录》卷一。

[30] 赵尔巽等主编：《清史稿》卷九四，上海古籍出版社，1986年。

殿，北向三叩头，少退，于殿东侧面向西站立，随着立于殿西侧司章的歌声，两人一队进前起舞，每队舞毕三叩头退，次队续进，直至乐章结束。

乾隆八年（1743年），乾隆帝首次巡幸盛京，拜谒祖陵时，亲撰世德舞歌词十章，并由18名对舞大臣于崇政殿，按喜起舞形式表演“世德舞”，追思先帝功业。乾隆十四年（1749年），乾隆帝增制“德胜舞”。三舞之乐章（歌词）9～18章不等，多为四言体，亦有五言体和多言体。其内容记述了从满洲起源的古神话“神鹊衔朱果”至乾隆朝以来历朝清帝的功德。其曲调、乐器、舞者数量相同，而乐章和使用场合不同。即“皇太后万寿、皇帝三大节及除夕、上元之宴均用庆隆舞，宴宗室用世德舞，凯旋赐宴用德胜舞。三舞同制。”[31]

庆隆舞、世德舞、德胜舞表演形式基本相同，但却各有伴舞乐章（歌词），以适合相关表演场合的需要，这也是乾隆时期宫廷典制进一步完备的表现。庆隆舞的基本乐章，是以“于铄皇清”开头的“元旦、冬至、万寿三大节庆隆舞乐九章”，观其歌词内容应作于乾隆八年庆隆舞命名之时。此后乾隆二十六（1761年）年至道光二十五年（1845年），又先后为某位皇太后或皇帝万寿庆典等不同场合，共10次编制一次性的专用庆隆舞乐章，如乾隆三十六年（1771年）的“皇太后八旬万寿庆隆舞乐十八章”、四十五年（1780年）的“（高宗）七旬万寿庆隆舞九章”等。此外，同治、光绪年间，还曾三次专门制作庆祝慈禧皇太后万寿的喜起舞乐章。世德舞乐章共有两种，一是乾隆八年皇帝御制的十章，供东巡盛京大政殿筵宴时使用；一是乾隆四十八年（1783年）所制九章，供乾清宫宗亲宴时使用。德胜舞乐章共三种，分别用于乾隆十四年（1749年）平定金川、二十五年（1760年）平定西域和道光八年（1828年）平定张格尔叛乱的凯旋宴表演。[32]这些乐章歌词出自皇帝和满汉文臣之手，内容虽以歌功颂德为主，但文辞典雅、韵律和谐，更加适合于宫廷庆典的演出环境。

从满族民间“莽式”到清代宫廷“庆隆舞”，虽然在内容

[31] 光绪《大清会典》卷四二。

[32] 光绪《大清会典》卷五二五。

和形式上有些变化，但歌与舞一体的艺术形式没有变。除了舞蹈之外，还有音乐，即歌和歌词。清代称音乐部分为乐章，在《清史稿》、《清会典》及《清会典图》以及故宫博物院图书馆藏《万寿庆隆舞乐章》、《世德舞乐章》、《德胜舞乐章》中都有类似的乐章保存下来。其中保存最为完整的是《御制律吕正义》中的《庆隆舞乐章》[33]。它既保留了庆隆舞的乐谱"工尺谱"，又保留了极完整的满汉文歌词，为研究满文诗歌提供了重要材料。

清宫萨满祭祀是满族萨满祭祀的重要组成部分。

坤宁宫中的萨满祭祀名目繁多，计有常祭、月祭、报祭、大祭、求福等。每祭又常常分为"朝祭"、"夕祭"、"背灯"三大项。坤宁宫满洲萨满祭祀中使用的乐器比较齐全，主要有依姆钦（手鼓）、同肯（铁箍鼓）、西沙（腰铃）、轰勿（杆铃）、哈尔马力（神刀）、嚓拉器（拍板）、琵琶 、三弦。其基本编制为依姆钦一、同肯一、大西沙一、小西沙一、哈尔马力一、嚓拉器十一、轰勿一、琵琶一、三弦一。从乐器的配置上看，有与这三项祭祀形式相适应的三种编配方式。

坤宁宫祭礼中，最有萨满祭祀特色的是夕祭中的"背灯"祭祀仪式。背灯，实际上是包括在夕祭中的宫廷萨满祭祀活动。本文将其单列，是因为在夕祭中它的乐器配置与夕祭中其他的乐器配置不同。在背灯祭中，萨满主要使用的乐器为：同肯一、小西沙一、轰勿一，另有嚓拉器若干。

在举祭之前，掩门，熄灭灯火、香火、灶火：

> 司祝坐于杌上，初次诵神歌，向神铃祈请时击鼓四点。又双槌交击一次，拍板三鸣以和之。次，司祝执铃杆，振铃诵神歌以祷。鼓击五点，拍板三鸣以和之……司祝摇腰铃、诵神歌以祷。鼓击五点，拍板三鸣以和腰铃之声。[34]

腰铃此时是拿在手中"摇"动，而不是系在腰间"摆"动。这与民间的背灯祭礼中腰铃的用法是相同的。据《祭祀

[33] 参见爱新觉罗·赢生：《清宫庆隆舞初探》，天津古籍出版社，1988年。

[34]《钦定满洲祭神祭天典礼》卷一，《辽海丛书》，辽海书社，1985年。

全书巫人诵念全录》所载“舒舒觉罗哈拉萨满”的《背灯祭图》，便有一萨满手擎西沙（腰铃）双腿跪地摇奏，这是西沙的一种特殊的演奏方式。杆铃的演奏，在这里也有区别，萨满是采取“振”铃与“晃”铃的方法演奏的。具体说来，所谓“振”铃，就是采用手掌击“铃杆”使之振动发声的演奏方法。

结语

满族民间乐舞进入宫廷，经过了一个制度化、贵族化和精致化的过程，经过了依统治者的眼光和需要而进行的剪裁和加工的过程。它源于满族民间文化，浸染着几千年中华民族文化传承的历史积淀，同时又被加工改造和丰富起来。这也是一个文化再造的过程。

沈阳故宫建筑使用新探

沈阳故宫博物院科研部　王艳春

宫殿郁崔嵬，史事实壮哉！沈阳故宫旧称盛京宫殿或陪都宫殿，1624年努尔哈赤创建了沈阳故宫的东路建筑即大政殿与十王亭，1625年皇太极即位后续建了中路“大内宫阙”，并于崇德元年（1636年）正式定以嘉名，此标志着清入关前盛京宫殿正式形成。清迁都入关后，自康熙帝始，在此后的150年间，乾隆、嘉庆、道光诸帝曾先后10次东巡盛京。为此，乾隆帝又大兴土木，对旧有宫殿进行了大规模的改建、增建，并最终形成今天沈阳故宫东、中、西三路建筑并存的面貌。关于盛京宫殿建筑的使用研究，前辈学者曾取得过许多相关学术成果[1]，但迄今为止仍有诸多细节并不为人所知，而建筑内在的价值有时恰恰突出地体现在其使用功能方面。因此，本文试对湮没于历史文献中的盛京皇宫建筑之使用细节进行钩稽、审探，以期再现清入关前以及清帝东巡期间盛京皇宫建筑使用历史的灵动与鲜活。不当之处，敬请斧正。

一　清入关前盛京宫殿内议罪地点的变化

满人好讼，故在清入关前大政殿的使用中有诸多议罪断案事件的记载。如崇德二年（1637年）五月，固山贝子尼堪之妻即“图尔格所尚公主之女”，因婚后无子而担心尼堪另娶，便将一汉族仆妇的新生之女“诈为己生”[2]。事败，“上乃集

[1] 详见铁玉钦主编：《盛京皇宫》，紫禁城出版社，1987年；王佩环主编：《清帝东巡》，辽宁大学出版社，1991年；武斌主编：《清沈阳故宫研究》，辽宁大学出版社，2006年，等等。

[2]《清太宗实录》卷三五，第17页，台北华文书局。

诸王、贝勒、贝子及大臣于笃恭殿（笃恭殿即大政殿——笔者注）议其罪”[3]，初议将此案所涉人等包括和硕公主与其夫图尔格皆论死，仅尼堪被罢免议政“坐以应得之罪”。但皇太极以为“此案情罪重大，牵累甚多，万一有误，悔何及乎？”因此，令再次审验查实，将主谋尼堪之妻、参与此事的随嫁女三人等以及汉仆妇和新生之女全部斩首；对图尔格之妻“免和硕公主死，革和硕公主名号，断离图尔格，归其兄巴布泰、弟巴布海赡养。免图尔格死，革世职，解固山额真任，仍令赎身。”“以贝子尼堪柔懦尚自知首，免罪，仍命在议政之列，令其历事。”[4]有学者曾以此为例，认为大政殿是进行皇家宗族内部议罪断案的场所[5]。但大政殿应不是进行议罪断案的唯一场所，如崇德三年（1638年）七月，和硕额驸额尔克戴青狎妓时将朝带送给妓女之事败露[6]，司法部门议“额尔克戴青应革职，以别子承袭。与和硕公主离居，不许侍上左右，仍罚银一百两。”[7]此事奏闻，皇太极与“亲王、郡王、贝勒、贝子、固山额真及承政于崇政殿会议”[8]，虽然此前对额尔克戴青的处罚是得当的，但皇太极命免其罪，仅“饿禁二昼夜”了事。如此说来，崇政殿也是皇家内部议罪断案之所。那么，清入关前盛京宫殿议罪断案的地点究竟有何变化与区别呢？检阅史料，关于在大政殿、崇政殿议罪断案的记载很多，现以时间为序，摘录如下试析之。

（一）发生在大政殿

天聪九年（1635年）十二月初五日，莽古尔泰、德格类等谋逆事泄，抄莽古尔泰贝勒家“获木制牌十六枚，视其文，曰：‘金国汗之印。’”[9]于是，皇太极命在大政殿展示此16枚木牌于诸贝勒大臣及庶民前，将案件的真实情状晓谕众人。此条史料说明，在大政殿的使用上，除议罪断案外，还具有公示议罪断案结果于众之职能。

崇德二年（1637年）六月，因在皇太极御驾亲征朝鲜及皮岛期间，“王以下、诸将以上，多违法妄行”[10]，法司开始分

[3]《清太宗实录》卷三五，第18页，台北华文书局。

[4]《清太宗实录》卷三五，第18～19页，台北华文书局。

[5]支运亭主编：《沈阳故宫大政殿》，辽宁科学技术出版社，1997年。

[6]《清太宗实录》卷四二，第18页。

[7]《清太宗实录》卷四二，第18页。

[8]《清太宗实录》卷四二，第18页；《清初内国史院满文档案译编》（上），第336页，光明日报出版社，1989年。

[9]《清初内国史院满文档案译编》（上），第214、215页，光明日报出版社，1989年。

[10]《清太宗实录》卷三六，第20页。

别议罪。其中，重点议定了和硕礼亲王代善六项罪过。“上命集亲王、郡王、贝勒、贝子群臣于笃恭殿会审，复如前议。奏闻，上御崇政殿，以代善罪状宣谕亲王、郡王、贝勒、贝子群臣”，随之又赦免了代善之罪。[11]然后，则分别议处了济尔哈朗、多尔衮、岳托、豪格等人的罪过。[12]这条史料值得关注，因为同一件事先议于大政殿，后议于崇政殿，皇太极亲临崇政殿传谕，两者在使用细节上是有区别的。

崇德四年（1639年）六月，有蒙古人揭发已亡故的岳托犯有谋逆之罪，皇太极筹度良久，“乃集和硕亲王以下及诸大臣于笃恭殿讯其事”，又集众人“历数岳托之罪而赦之”[13]。此系在大政殿议罪与公示议罪断案结果并行之史证。

同年同月，皇太极“集汉官于笃恭殿”，命内三院大学士范文程、希福、刚林及刑部承政索尼等宣谕，历数固山额真石廷柱、马光远等人之罪，石、马等汉官皆叩首谢罪。[14]此亦为传谕宣罪公示之史证。其实，大政殿作为公布议罪断案结果场所的史事不胜枚举，如崇德六年（1641年）正月，琐尔哈随和硕郑亲王出征获罪。“上召群臣集笃恭殿，命诸王、贝勒下护卫传谕”，令琐尔哈“免死革职，籍其家”[15]。同年二月，“先是，上命户部察满洲、蒙古十六旗下牛录各以人口牲畜注册，分别贫富”，此时“部臣奏覆”，查出48个牛录下“人多贫困”。皇太极大怒，“集诸王贝勒诸臣于笃恭殿”，传谕申斥管牛录之人嗜酒误事，如正蓝旗莽古尔泰、德格类以及镶红旗贝勒、公等，“着将贫穷牛录该管之章京及骁骑校、小拨什库俱解本牛录任”[16]。同年三月，“萨穆什喀以获罪辩奏”，经兵部、刑部会议和王、贝勒、贝子、固山额真及议政大臣复审后，“上召众于笃恭殿宣谕”，因其旧有功劳，从宽免罪，只罚银400两。[17]同年七月，松锦前线战况报至朝廷，皇太极召集群臣于笃恭殿，谕曰：“右翼山营被夺，损伤士卒，皆郑亲王指挥失律之故。然此偶误耳，着免议”，并对立功之人予以奖赏。[18]至于其余获罪之人，“上命集诸王以下、梅勒章京及参政以上集于笃恭殿会审”，处以应得之罪。[19]崇德七年

[11]《清太宗实录》卷三六，第21页。

[12]《清太宗实录》卷三六，第21～42页。

[13]《清太宗实录》卷四七，第2～4页。

[14]《清太宗实录》卷四七，第4～6页。

[15]《清太宗实录》卷五四，第15～16页。

[16]《清太宗实录》卷五四，第20～22页。

[17]《清太宗实录》卷五五，第24～25页。

[18]《清太宗实录》卷五六，第15～17页。

[19]《清太宗实录》卷五六，第17～18页。

（1642年）六月，多罗安平贝勒杜度薨逝。当杜度病笃之时，诸王、贝勒等正集于笃恭殿，会议出征明朝锦州官员的功罪。[20]七月，叶克书旗下的噶布喇因锦州阵前逃跑之罪，“部议应论死”。皇太极亲自“召而诘之”，噶布喇辩称无证人。“上命噶布喇从宽免死。令于笃恭殿宣示其罪，鞭一百，给与和硕礼亲王代善为奴，籍其家产均给本牛录人。”[21]九月，汉人石名雄讦告刑部启心郎王廷选收受贿赂，属实。“法司议王廷选应革职，鞭一百”，但皇太极“命召王廷选至大政殿，诛之”，并治刑部错拟之罪。[22]

由是观之，大政殿作为清初议罪地点的同时，还是传谕宣罪，将断案结果公布于众的重要场所。值得注意的是，大政殿所议已明显不仅仅限于皇家宗族内部的事务，而事涉国家军机政要的亦不少。

（二）发生在崇政殿

崇德元年（1636年）七月，皇太极御崇政殿听政毕，“移御座稍前，令群臣近前，复召巴布海前跪”，诫饬其多项罪过，念其愚昧至极而未加以处罚。[23]

崇德四年（1639年）五月，“上御崇政殿，召诸王贝勒大臣等近前，命和硕豫亲王多铎跪受戒谕”，当众指出多铎行事悖谬等多项罪过。于是，议定和硕豫亲王七项罪过，欲削爵，将其所属人员、家产全部入官。但皇太极宽宥之，降其和硕亲王为多罗贝勒，罚银万两，所属的三分之一牛录归多尔衮，其库中财物由多尔衮和阿济格均分。[24]八月，内大臣多尔济属下有人逃亡，傅尔丹等追截时因路途难行而弃追返回。因此，“和硕亲王、多罗郡王、多罗贝勒、固山贝子及公等并文武群臣集崇政殿，上御殿，命众近前”，令疏脱逃人之镇国公扎喀纳、傅尔丹等人入大清门，跪于殿前，亲自讯审。傅尔丹因此伏法，其家产归其弟马福塔。[25]以上史实表明，崇政殿议罪，皇太极是主角。

综上可知，大政殿并不是清初盛京宫殿内进行议罪断案

[20]《清太宗实录》卷六一，第8页。

[21]《清太宗实录》卷六一，第24～25页。

[22]《清初内国史院满文档案译编》（上），第478页，光明日报出版社，1989年。

[23]《清太宗实录》卷三〇，第20页。

[24]《清太宗实录》卷四六，第20～27页。

[25]《清太宗实录》卷四八，第6～16页。

的唯一场所，在崇政殿的使用中亦不乏类似的案例，清入关前盛京宫殿内议罪地点的这种变化应是清初国家体制草创时期所具有之时代特点的具体体现。大政殿作为后金立国之大衙门的延续，由若干贵族大臣组成的以议罪为主题的议政会议在此频繁举行是必然的，而以汗家族为核心的努尔哈赤时期的国家制度，其最突出的特点就是家国不分，故大政殿在使用上自然会带有家族政治的色彩，即会议皇家宗族内部的事务。但到了皇太极时期，特别是崇德年间，议罪地点不仅未固定于大政殿一处，即在崇政殿内也发生过类似的历史事件，而且所议之事也并不局限于皇家宗族内部事务，而多涉及国家军政要务。此外，通过上述史料比较可知，在崇政殿议罪，皇太极均亲自到场，而大政殿议罪却未见其亲临，在大政殿传谕公示于众的事例较多，两者间确有区别。特别是前文中还有诸王、贝勒大臣在大政殿议罪于先，而皇太极御崇政殿议定结果于后的史实[26]，都说明清初在盛京宫殿内的议罪地点并不具有唯一性，其变化轨迹充分反映出崇德年间大清皇权不断加强，国家制度日趋汉化即封建化，最后的决断权限于皇太极一人的特征。

二 皇女、皇子在盛京宫殿内的婚嫁礼仪活动

在清入关前崇政殿的使用功能中，很重要的一项就是举行皇女、抚女、宗女及皇子的婚嫁礼仪活动，包括行聘礼、定婚礼、出嫁礼和婚礼。现以时间、人物为序胪列如下：

（一）皇女婚嫁

天聪七年（1633年）五月二十七日，“舅乌克善为其子尚汗女雅托格格，行纳聘礼，备办宴席，至中衙门举行盛宴。舅乌克善献甲胄鞍马三匹，驼三头，空马二十四匹。汗以定亲礼不可却，皆纳之。”[27]雅托格格即皇太极第四女雅图，中衙门即崇政殿。时隔七年之后的崇德六年（1641年）正月，固伦公主雅图下嫁科尔沁国卓礼克图亲王吴克善之子弼尔塔噶尔，婚

[26]《清太宗实录》卷三六，第21～42页。

[27]《清初内国史院满文档案译编》(上)，第18页，光明日报出版社，1989年。

礼于崇政殿举行。“和硕亲王以下牛录章京以上俱集，上御崇政殿。固伦公主等及和硕福金、多罗福金以下固山额真、昂邦章京、承政等官命妇以上，俱集清宁宫。卓礼克图亲王、巴图鲁郡王弼尔塔噶尔行三跪九叩头礼”，并分别向皇上与皇后献礼品。[28]

崇德三年（1638年）十二月，“额驸祁他特以尚固伦公主行定婚礼，设盛筵。上御崇政殿，祁他特行三跪九叩头礼。毕，献甲胄雕鞍马匹。”[29]崇德四年（1639年）正月，“上以第三女固伦公主下嫁科尔沁国额驸祁他特。是日，和硕亲王以下及满洲蒙古汉官俱集崇政殿，和硕福金以下满洲蒙古固山额真、昂邦章京、承政命妇俱集清宁宫。上御崇政殿，科尔沁国和硕福妃及次妃率随从妇女入大清门至阶下，福妃立于东侧，次妃立于西侧，行三跪九叩头礼，上降座答礼。次卓礼克图亲王吴克善、巴图鲁郡王满朱习礼、额驸祁他特率所属大臣行三跪九叩头礼毕，上命诸王坐于崇政殿内，固山贝子、宗室公及各官俱按本旗以次坐，大宴，福妃献上并皇后貂帽、貂镶女朝衣等物，酌纳之。”[30]

崇德六年（1641年）正月，“上以第五女固伦公主许字额驸恩格德尔之子索尔哈，行初聘礼。设宴，自和硕亲王以下牛录章京以上俱集。上御崇政殿，和硕额驸额尔克戴青、昂邦章京莽古尔岱、甲喇章京满朱锡礼率索尔哈行三跪九叩头礼。宴毕，索尔哈献驼马，酌纳之。”[31]两年后的崇德八年（1643年）八月，“上以第五女固伦公主下嫁内大臣和硕额驸恩格德尔之子索尔哈。和硕亲王以下、甲喇章京以上，与朝鲜国世子及戴青绰尔济、洪承畴、外藩庆贺来朝和硕土谢图亲王巴达礼、和硕卓礼克图亲王吴克善、多罗巴图鲁郡王满朱习礼、多罗郡王班第、额驸祁他特、弼尔塔噶尔、巴雅思护朗”以及三顺王、续顺公等“俱朝服列崇政殿。上御殿，和硕礼亲王代善入，上降阶迎之，复自中阶升御座，代善自西阶坐于殿内西侧。索尔哈母和硕公主率固山额真阿山妻行三跪六拜三叩头礼，昂邦章京莽古布什、内大臣额尔克戴青率索尔哈行三跪九叩头礼。和硕福妃、和硕贤妃、察哈尔国固伦公主、固伦额驸

[28]《清太宗实录》卷五四，第10～11页。

[29]《清太宗实录》卷四四，第25页。

[30]《清太宗实录》卷四五，第4～5页。

[31]《清太宗实录》卷五四，第10～11页。

祁他特妻公主、固伦额驸弼尔塔噶尔妻公主、固伦额驸班第妻公主、和硕亲王妻福金以下、昂邦章京固山额真承政等命妇以上，俱集清宁宫外。索尔哈母和硕公主率阿山妻朝见皇后，行三跪六拜三叩头礼，莽古布什、内大臣额尔克戴青率索尔哈行三跪九叩头礼，赐大宴。”[32]值得一提的是，皇太极就是在参加了皇五女出嫁婚礼的次日夜里，于清宁宫猝然离世。

崇德六年（1641年）三月，“上以第八女固伦公主许字土谢图亲王巴达礼子巴雅思护朗，行初聘礼。召和硕亲王以下牛录章京以上集崇政殿，和硕福金以下固山福金以上集清宁宫，赐大宴。巴达礼献甲胄雕鞍马驼貂裘等物，酌纳之。”[33]

崇德六年（1641年）五月，“上以第六女固伦公主许字固山额真阿山子夸扎，行初聘礼。设宴，诸王以下牛录章京以上集崇政殿。上御殿，固山额真阿山、阿尔津、塞赫率夸扎行三跪九叩头礼。夸扎又诣皇后宫，行三跪九叩头礼，阿山妻亦率其诸媳皇后宫行三跪九叩头礼。宴毕，阿山等献驼马，酌纳之。”[34]

（二）抚女婚嫁

崇德四年（1639年）八月，“以衍庆宫淑妃所抚蒙古女许与和硕睿亲王多尔衮”。多尔衮行定婚礼，“设筵崇政殿献上，复献雕鞍马甲胄等物”[35]。崇德五年（1640年）正月，“以衍庆宫淑妃所抚蒙古女妻和硕睿亲王多尔衮，和硕亲王以下梅勒章京以上俱集崇政殿。上御座，多尔衮率多罗郡王阿达礼固山贝子尼堪、罗托、博洛行三跪九叩头礼，复诣皇后前行三跪九叩头礼，次于关雎宫宸妃、麟趾宫贵妃、衍庆宫淑妃、永福宫庄妃前行两跪六叩头礼。大宴毕，诸王率群臣行一跪三叩头礼。”[36]

崇德八年（1643年）七月“上以麟趾宫贵妃抚养女下嫁德参济王之子噶尔马。内两旗固山额真以下牛录章京以上俱朝服集崇政殿。上御座，德参济王率其子噶尔马行三

[32]《清太宗实录》卷六五，第39～40页。

[33]《清太宗实录》卷五五，第1～2页。

[34]《清太宗实录》卷五五，第30～31页。

[35]《清太宗实录》卷四八，第16页。

[36]《清太宗实录》卷五〇，第12～13页。

跪九叩头礼，设大宴”[37]。

上述淑妃与贵妃原分别是蒙古察哈尔部林丹汗的窦土门福晋和囊囊太后，故皇太极所抚之蒙古女实为林丹汗之血脉。

（三）宗女婚嫁

崇德四年（1639年）七月，“以多罗安平贝勒杜度之妹下嫁科尔沁国巴图鲁郡王满朱习礼。上御崇政殿，和硕亲王以下牛录章京以上俱集，固伦公主、和硕公主、和硕福金以下大臣妻以上皆集清宁宫。大宴，满朱习礼献甲胄雕鞍马驼，上酌纳之，分赐和硕礼亲王代善、多罗安平贝勒杜度、固山贝子尼堪有差。”[38]从朝鲜史料得知，杜度之妹是以寡妇的身份再嫁。[39]

崇德五年（1640年）正月“以多罗郡王阿达礼妹许配苏尼特部落墨尔根台吉腾机思。是日，初行聘礼。设宴，和硕亲王以下牛录章京以上俱集崇政殿。上御座，腾机思行三跪九叩头礼，复诣皇后前行三跪九叩头礼，献甲胄雕鞍马驼，酌纳之，俱赐阿达礼。”[40]

（四）皇子婚礼

史料中，清入关前于盛京宫殿内举行皇子的婚礼仅有一次，即崇德元年（1636年）七月“和硕肃亲王豪格纳科尔沁国贝勒伊尔都齐女。诸和硕亲王、多罗郡王、多罗贝勒、固山贝子及文武群臣左右序列，上御崇政殿，豪格行三跪九叩头礼。毕，大宴。”[41]

综上，盛京宫殿内举行的婚嫁礼仪活动事涉皇女五人、抚女二人、宗女二人和皇子一人，总体上是以女性为主、为多。从下聘礼到举行婚礼，其间隔时间长短不一，如皇四女就从天聪七年延续至崇德六年为最长，达七年之久。最短的当属皇三女，崇德三年十二月订婚，崇德四年正月即出嫁为最短，将近一个月。且崇德六年（1641年）一年之中，皇太极曾送皇四女、皇五女、皇六女和皇八女共四位公主出嫁，频率极高。

[37]《清太宗实录》卷六五，第21～22页。

[38]《清太宗实录》卷四七，第25页。

[39]《沈阳状启》，辽宁大学历史系编。

[40]《清太宗实录》卷五，第13页。

[41]《清太宗实录》卷三，第16页。

从其皇女、抚女与宗女所嫁之人看，多出自蒙古诸部，其皇子所娶之妻亦来自蒙古科尔沁部，这应是皇太极时期满蒙联姻具有长期性、连续性特点的最好佐证。而从出嫁公主的身份地位看，嫁与蒙古诸部皇女的地位相对显赫，而许字满洲内部的公主则地位相对偏低。并且在上述皇女中，地位尊贵的固伦公主如皇三女、皇八女为孝端皇后所出，皇四女、皇五女为庄妃（孝庄）所出，她们均许字嫁与了蒙古科尔沁部，这也是其他蒙古联姻部落所不能比拟的。另一方面，从上述清入关前于盛京宫殿内所举行的婚嫁礼仪活动中可知，凡有婚嫁活动，必是男宾聚于崇政殿，而命妇集于清宁宫，相关人等分别向皇帝与皇后等行礼，清晰地展示出清初宫廷礼仪典制日趋完善的脉络，及以皇后为首的崇德五宫后妃地位得到相应提升的事实。

另外，崇德六年（1641年）二月“上以第七女公主许字俄齐尔桑之子铿格尔耿，行初聘礼，和硕亲王以下甲喇章京以上俱集于笃恭殿，赐大宴，俄齐尔桑献驼马”[42]。前文已提及崇德年间皇女等婚嫁仪式多在崇政殿举行，大政殿嫁皇女，仅此一例，原因待考。

三　清入关后盛京宫殿使用的新发现

关于清入关后盛京宫殿的使用，特别是清帝东巡驻跸盛京宫殿期间的使用，随着近年来史料发掘和史学研究的深入，又有了新的发现。

（一）东巡期间的清宁宫祭祀

众所周知，位于沈阳故宫中路的清宁宫是清初帝后寝宫，同时又是进行萨满祭祀的重要场所。乾隆帝四次东巡盛京均在清宁宫举行过隆重的祭神典礼，即：乾隆八年（1743年）九月“丁未，上诣清宁宫祭神”，“己酉，上诣清宁宫祭神”[43]；乾隆十九年（1754年）九月“己丑，上诣清宁宫祭神”[44]；乾隆四十三年（1778年）九月“丁亥朔，上诣清宁宫祭神”[45]；

[42]《清太宗实录》卷五四，第23页。

[43]《清高宗实录》卷二〇一。

[44]《清高宗实录》卷四七二。

[45]《清高宗实录》卷一六〇六。

乾隆四十八年（1783年）九月“己酉，上诣清宁宫祭神。礼成，赐扈从皇子、王公、大臣及蒙古王、贝勒、贝子等食胙。”[46]只是这些惜墨如金的记载，并不能告知其中的相关详情。但最近笔者读到了乾隆帝于第四次东巡时因对清宁宫祭神活动有所感怀而写下了《清宁宫感旧留句》一诗[47]，从这首御制诗中，人们可以知道许多从前不知道的历史细节。

为清晰起见，现将全部内容摘录如下：“旧都之正寝名曰清宁宫，尔时命名意乾坤包括中。”即所谓：“清宁宫为旧都正寝，当日命名即协乾清坤宁包举囊括之意。”“执豕敬祀神，依例举以恭。癸亥有主妇，甲戌已弗同。然尚奉徽音，糕酒敬献衷。戊戌及兹至，两事惭成空。祀典不宜阙，受厘我独翁。再来未可卜，欲去念无穷。”

诗注有三，一曰：“国朝典礼最重祀神，必于正寝执豕荐酭。兹驻盛京，仍照癸亥、甲戌、戊戌三次之例，敬谨将事。”二曰：“我朝敬神旧例，凡行礼受福，必主妇躬亲襄事。癸亥岁，诣盛京时，孝贤皇后躬左，苹蘩备礼尽诚。承欢行庆，至今不胜追忆。”三曰：“凡大祀神，先期蒸糕酿醴，以昭吉蠲。甲戌岁，诣盛京，犹恭奉慈宁，受厘承豫。及兹，已不可复得，弥深感怆。”

研析以上内容，可得出如下结论：

第一，乾隆帝曾四次东巡盛京，每一次都确如《清高宗实录》所载，依祖制“执豕荐酭”，杀通神之猪，备美酒佳酿，在盛京宫殿的正寝——清宁宫内重行祭神典礼。

第二，乾隆八年（1743年）即癸亥岁第一次东巡时，随行的有皇太后（即孝圣宪皇后）和皇后富察氏（即孝贤皇后）。在此次清宁宫举行祭神典礼的过程中，孝贤皇后立于清宁宫神堂西四间之左，亲自主持了祭神典礼，且承欢于皇太后膝下，其乐融融。忆及此事，令写此御制诗时已届古稀之年的乾隆帝“不胜追忆”。

第三，乾隆十九年（1754年）即甲戌岁第二次东巡盛京时，孝贤皇后已因病亡故，乾隆帝仅奉皇太后同行。此次在清

[46]《清高宗实录》卷一一八九。

[47] 清·阿桂修，刘谨之、程维岳纂：《钦定盛京通志》卷一六，武英殿本。

宁宫举行祭神典礼后，乾隆帝曾亲自将祭神之糕酒恭奉于母后，以示吉祥而共享福祚。追忆那已逝去的情景，乾隆帝心中倍添悲怆。

第四，乾隆四十八年（1783年）即写此首诗时的癸卯岁，在依前三次之例举行过清宁宫祭神典礼后，已经73岁的乾隆帝十分感慨，清宁宫家祭之礼不可或缺，但“受釐”的仅余其一人，能否再来盛京已不可预知，念及于此不禁令人思绪万千。

一首御制诗，顿时令清宁宫显得灵动与鲜活起来。清宁宫祭神的具体礼仪可参见《钦定满洲祭神祭天典礼》，而关于依清敬神旧例即“凡行礼受福，必主妇躬亲襄事”的传统，则在诸多满族家谱中存有佐证，最典型的如《辽滨塔满族家祭》等。《辽滨塔满族家祭》是以满族家祭器具和谱牒资料为基础，对今沈阳市新民县公主屯镇辽滨塔村满族瓜尔佳氏家族祭祀仪文《祭仪大略》和图册《敬神图像》进行了汇总与诠释。其中，其家祭礼仪与清宁宫的基本规则无太大差异，只是清宁宫的祭具、仪式略显复杂而已。而其中主妇参加祭神并主持祭礼并不罕见，如朝祭中“供肉行礼”时，就是主妇“将拿件肉碗拿去冒汤，加箸一双，供于神桌南头”[48]。而树柳枝求福祭礼（即换索），更是由家族主妇来担任。由是观之，乾隆帝依祖制于清宁宫内与孝贤皇后共同主持隆重的祭神典礼实属必然。迄今为止，因该条史料尚未见用，故本文特加以详解。当其时也，乾隆帝与孝贤皇后共同主祭，孝圣宪皇太后享胙，充分体现出沈阳故宫清宁宫这一祭神典型环境的典型性，令清宁宫的历史顿显色彩与生机。如果说清代堂子祭是“国祭”的话，那么在清宁宫（清入关后改在北京坤宁宫）举行的祭典就是爱新觉罗皇族的“家祭”，这也应是清宁宫作为清初帝后正寝之重要性的另一种体现吧。

（二）两座戏台

近年来，沈阳故宫博物院在对西路建筑之仰熙斋进行古建维修中，发现与该建筑西侧山墙相连接的耳房内之东墙中部，

[48] 姜相顺等：《辽滨塔满族家祭》，第28页，辽宁民族出版社，1991年。

尚留有曾开过门后又被封堵的痕迹。又查得嘉庆六年（1801年）之《盛京宫殿全图》中所附文字中有“殿内戏台，拟请如将来不用，随时拆去隔断”[49]的记载。学者佟悦又辅以《黑图档》、《钦定盛京通志》等资料，指出沈阳故宫仰熙斋内原设一小型戏台，与北京故宫漱芳斋内所设名“风雅存”者相仿。[50]那么，加上建于沈阳故宫西路南部建筑嘉荫堂前的中型戏台，沈阳故宫原应有两座戏台。纵观历史，清入关后，清帝数年甚至十几年才驾临盛京驻跸数日，应该说沈阳故宫西路建筑的使用频率实在有限，但在乾隆帝最后增建之西路建筑的有限空间内却修筑了大与小、室内与室外共两座戏台，不仅如学者佟悦所言，“可见当时清代宫苑建筑设计风尚以及内廷演戏之盛行”，还可从这一侧面窥知清入关后建筑风格对清入关前盛京宫殿之影响，对客观、全面地认知沈阳故宫大有裨益。

（三）崇谟阁藏书

迄今为止，对于沈阳故宫崇谟阁于清代曾尊藏有清代皇家《实录》、《圣训》以及《满文老档》等内府秘籍这一点，大家是耳熟能详的。但崇谟阁还珍藏过“天聪至崇德年间朝鲜国王致皇太极书信”的事实却鲜为人知。[51]因近悉日本学者已对此有专文论述，故在此不再赘述。

总之，随着时代的发展，学术研究的深入，不断探索与丰富沈阳故宫建筑使用的新史料，进而深刻地认识沈阳故宫的文化内涵与文化价值是十分必要的，愿与志同道合者共勉。

[49] 该图现藏于中国第一历史档案馆，沈阳故宫博物院存有复制件。

[50] 佟悦：《盛京宫殿建筑探索拾零》，《沈阳故宫博物院院刊》2007年第3辑。

[51] 参见日·内藤虎次郎：《增补满洲写真帖》，转引自《盛京风物——辽宁省图书馆藏清代历史图片集》，第228页，中国人民大学出版社，2007年。

皇极殿前的天灯、万寿灯[1]

故宫博物院宫廷部　林姝

在中国传统的节令中，最隆重的就是春节，庆贺活动从年前延到年后，民间如此，皇家也不例外，只不过更讲究，甚至于成为一种仪式。紫禁城内的天灯、万寿灯即为一例。

紫禁城内过年时，灯火辉煌，悬挂、摆放各式各样的灯笼和灯具，但最高等级的却是天灯、万寿灯，有一套上灯仪式。偌大的紫禁城只有两处同时设有天灯、万寿灯：一是乾清宫，在丹陛上下明代即设置天灯、万寿灯，清袭明制，悬挂之万寿灯联也“传自前明”[2]；二是皇极殿，清代乾隆年间所设。

皇极殿[3]位于宁寿全宫的中轴线上，是乾隆皇帝为自己将来做太上皇接受朝贺而特设的临御正殿。乾隆三十九年（1774年）建造，四十一年合龙，四十四年竣工。虽然在嘉庆十一年（1806年）成书的《国朝宫史续编》中明确记载皇极殿“仿乾清宫制”，但实际上其规制远远高于乾清宫，是紫禁城内仅次于太和殿的殿宇[4]；与此同时，皇极殿也具备与乾清宫相仿的特征，主要体现在庭院布局与天灯、万寿灯的安设上。

本文主要依据《奏销档》、《活计档》、《会典》，首先梳理出皇极殿天灯、万寿灯的建造时间，制作过程，灯联内容，使用情况等相关问题，进而探讨皇极殿天灯、万寿灯与乾清宫天灯、万寿灯的差异，以及乾隆皇帝的心态变化。

另一方面，鉴于两处天灯、万寿灯俱无遗存，只存石座，故而理清两处天灯、万寿灯的相关问题，对于文物与场景的复

[1] 本文得到故宫博物院2009年度科研课题经费资助。

[2] 清·庆桂等：《国朝宫史续编》（上册）卷四七，第376页，北京古籍出版社，1994年。

[3] 本文所要讨论的皇极殿是指位于清代紫禁城东北角宁寿全宫内的皇极殿，而不是明代紫禁城营建之初始称奉天殿、嘉靖继位后改称皇极殿、清代又名后至今沿用的太和殿。

[4] 参见拙文《皇极殿考略》，第13届国际清史学术研讨会论文，待刊。

原有着重要的学术指导意义与实用价值，也有助于将来原状陈列工作的进一步深化。

一　皇极殿天灯、万寿灯的建立始末

（一）乾隆皇帝下旨增设天灯、万寿灯

乾隆四十四年（1779年），时届乾隆皇帝七旬大寿，宁寿全宫基本告竣，承办官员加恩议叙。[5]同年十月丙辰日，乾隆皇帝“御皇极殿，赐王大臣等茶；御阅是楼，赐皇子、皇孙、皇曾孙、王大臣等宴”[6]。这是乾隆皇帝对皇极殿的首次使用。五十一年（1786年）二月，遵旨“宁寿宫皇极殿前照乾清宫殿前安竖天灯二座、万寿灯二座”[7]，也就是说，增设天灯、万寿灯由乾隆皇帝亲自提出。

和珅、金简等人遵照圣旨，随即到乾清宫、皇极殿前勘察，奏报“皇极殿前月台、丹陛两边院落比乾清宫较窄”，“若照乾清宫天灯杆、万寿灯杆长径尺丈成做安竖似觉稍大，不称观瞻”，建议将天灯杆抽短三尺五寸，万寿灯杆抽短二尺五寸。并将烫样随折呈览，得到皇帝批准，奉旨：“照样准做。”[8]

（二）天灯与万寿灯的形制、工艺及费用

皇极殿的天灯、万寿灯在形制上仿乾清宫之天灯、万寿灯。皇极殿的天灯二座以楠木成做，虽说比乾清宫的稍短，却也通高三丈九尺六寸，其中石座高三尺六寸、灯杆净高三丈六尺，内灯杆高三丈五寸五分，径一尺六寸，周围雕做云龙，“下桦高三尺一寸、径一尺，上桦高七寸五分、见方八寸，上安龙头龙尾灯托各一件，云托高八寸五分，六角重檐亭高四尺六寸、径二尺六寸，亭内安画像、仙人、风扇六扇外，桅木戗跋（八）根，各长三丈四尺八寸、径七寸。”而“楠木万寿灯二座，各通高三丈六寸，除现有青白石座高三尺六寸，灯杆净高二丈七尺，内自石座往上至云托下皮明高二丈一尺七寸五

[5] 乾隆四十四年八月二十四日，奉乾隆皇帝谕旨：“所有管理宁寿宫工程之大臣及在工人员俱着加恩，交部议叙。”见永瑢等：《总管内务府奏为宁寿宫工程告成议叙事》，乾隆四十五年四月十三日，中国第一历史档案馆藏卷宗号05-0351-066。

[6]《清高宗实录》卷一〇九二，乾隆四十四年十月丙辰。

[7] 清・和珅等：《奏为建造天灯派员估需银两事》，乾隆五十一年二月十六日，中国第一历史档案馆藏卷宗号05-0400-026。

[8] 清・和珅等：《奏为建造天灯派员估需银两事》，乾隆五十一年二月十六日，中国第一历史档案馆藏卷宗号05-0400-026。

分，云托内梓口高一寸、径一尺四寸五分，周围雕做云龙外，下榫高三尺一寸、径九寸，上榫高七寸五分、见方七寸五分，上安云龙挑头云戗仙人、蹲龙各八件，挑头下安灯联宝盖八个、旌头八个，云龙托高八寸五分，六角重檐亭高四尺四寸、径二尺五寸，亭内各安画像、仙人、风扇六扇外，杉木戗八根，各长二丈五尺、径七寸。”[9]相应配套的还有坠风铜人16件、甜瓜式铜鼓16件、铜风铃36件、铁套筒4件[10]，以及随天灯、万寿灯所用镜架等梯43架、板凳8条、并抬运安设应用大小桅杉扛148件、青白石戗顶16个，等等。[11]

以上各灯杆、铜件等项制作工艺复杂，根据不同的材质与要求由营造司、造办处和苏州织造分工承造。灯杆由营造司负责，“灯杆、云托、龙头、龙尾、灯托、挑头、云戗、仙人、蹲龙钻生漆一道，使漆灰七道，夏布二道，糙漆，垫光漆，使漆戳扫红黄金，罩漆。灯杆榫头光黑漆，云托上下面仙人、蹲龙底面光朱红漆。龙头、龙尾、灯托、挑头、云戗、榫头钻生漆一道，使漆灰三道，糙漆，垫光漆，光朱红漆。灯亭托泥、柱木、槛牙、额枋、平板枋并头停钻生漆一道，使漆灰五道，夏布一道，糙漆。内托泥、柱木、槛牙，头停外面垫光漆，使漆戳扫红金，罩漆。额枋、平板枋外面彩画金琢墨沥粉贴金。亭座里面垫光漆，光朱红漆。斗科、机拽枋、挑檐桁、角梁、椽子钻生漆一道，使漆灰三道，戳绢一道，糙漆，彩画刷青绿。挑檐桁沥粉贴金。吻兽、狮、马、勾滴钻生漆一道，糙漆，垫光漆，使漆戳扫红金，罩漆。灯联宝盖上湾帐并旌头钻生漆一道，使漆灰三道，戳绢一道，糙漆，垫光漆，使漆戳扫红金，罩漆。宝盖里面糊裱料纸二层，西纸一层，垫光油，光朱红油。戗杆钻生漆一道，使漆灰五道，夏布一道，糙漆，垫光漆，光朱红漆，戳扫金龙，罩漆”[12]。铜人、铜鼓、风铃、铁套筒由造办处铸炉作负责，其中坠风铜人十六件以烧古制作，高二尺四寸。灯联则发往苏州绣做，要二面绣蹋金字，共三十二条，每条字二十个，用洋金线绣做。而乾隆皇帝担心金线太细，提出是否将三根金线捻成一根绣做。懂行的原任苏州

[9] 清·和珅等：《奏为销算宁寿宫皇极殿天灯万寿灯工料银两事》，乾隆五十二年六月二十一日，长编68822。

[10] 中国第一历史档案馆、香港中文大学文物馆编：《清宫内务府造办处档案总汇》（以下简称《造办处档案》）第49册，第197～201页，乾隆五十一年二月三十日《记事录》，人民出版社，2005年。

[11] 清·和珅等：《奏为建造天灯派员估需银两事》，乾隆五十一年二月十六日，中国第一历史档案馆藏卷宗号05-0400-026。

[12] 清·和珅等：《奏为销算宁寿宫皇极殿天灯万寿灯工料银两事》，乾隆五十二年六月二十一日，长编68822。

织造、现任副都统的舒文奏称："用三根捻成线绣做，恐其不能平整，拟周围用滚子线圈边，内用糙苏金线铺底垫绣一层，上面再用发去洋金线，亦可不至过费。"他的提议马上得到了皇帝的批准。[13]

制作费用除去可以行取领用的材料外（实际上是主材），工料饭食银有案可查的将近8636两有余。营造司负责的部分，除去桅杉架木、楠木、樘木、红黄金银、朱布、绢行取应用外，估算需用工料银六千二百七两一钱九分六厘[14]，实际奏销工料银六千三百五十五两五钱六分二厘。后经详加斟算，"内有不符之处应减银一百四十八两三钱六分六厘，应请销银六千二百七两一钱九分六厘"[15]，与预算的完全一样。造办处负责的部分共用铜九千七百五十二斤十三两、生铁一万一千四十八斤八两，其余工料饭食银二千四百二十九两五分二厘。而发往苏州绣做的灯联二面绣蹋金字，共六百四十字，每字均高七寸，均宽六寸，合用二等洋金线三百两八钱，重十八斤十二两，共五十六把零六子。[16]

（三）竖立时间

乾隆五十四年（1789年）十二月十四日奉旨："宁寿宫天灯、万寿灯着于十二月二十日竖立，嗣后着为例。钦此。"这是皇极殿天灯、万寿灯的首次竖立[17]，因为转年即恭届乾隆皇帝的八旬大寿。

从乾隆五十四年开始，皇极殿的天灯、万寿灯每年十二月二十日竖立，直到嘉庆二十五年（1820年），期间还要减去为太上皇守制的嘉庆五年和六年（1800～1801年）。确切的竖立年份是乾隆五十四年至六十年（1789～1795年），乾隆朝计7年；嘉庆元年到四年（1795～1799年），之后减去五年、六年，七年又立，直到二十五年，嘉庆朝计23年，总计整整30年。

道光二年（1822年）六月，营造司专折奏报天灯、万寿灯按例应"十年修理一次，三年后每岁粘修"，意为年底竖立做好准备。但在具奏修理宁寿宫皇极殿天灯、万寿灯估需工料银

[13]《造办处档案》第49册，第197～201页，乾隆五十一年二月三十日《记事录》。

[14] 清·和珅等：《奏为建造天灯派员估需银两事》，乾隆五十一年二月十六日，中国第一历史档案馆藏卷宗号05-0400-026。

[15] 清·和珅等：《奏为销算宁寿宫皇极殿天灯万寿灯工料银两事》，乾隆五十二年六月二十一日，长编68822。

[16]《造办处档案》第49册，第197～201页，乾隆五十一年二月三十日《记事录》，人民出版社，2005年。

[17] 营造司：《奏为进立天灯万寿灯事》，乾隆五十四年十二月十七日，中国第一历史档案馆藏卷宗号05-0424-074。

一千五百七十六两四钱二分六厘，乾清宫天灯、万寿灯估需工料银一千六百九十九两五分三厘，请旨向广储司支领之时，奉旨：“宁寿宫天灯、万寿灯暂时不必修理。钦此。”[18]道光皇帝这一“暂时不必修理”的谕令决定了皇极殿天灯、万寿灯的命运，暂时变成了长久。从此，皇极殿的天灯、万寿灯再未竖立点燃。

道光皇帝自然不会讲明不再竖立皇极殿天灯、万寿灯的理由，但不难看出修理、搬运费用不菲占有一定的因素。修理一次，“除桅杉木、楠木、金漆颜料等项行取外，净估需工料银一千五百七十六两”[19]有余，嘉庆十三年（1808年）修过一次，同样需要一千五百七十八两有余[20]。而搬运一次，动用的人力、费用同样不菲。皇极殿天灯、万寿灯自乾隆五十一年（1786年）建造以来，包括灯本、灯楼、仙人、云墩、龙岔、梯座、线麻大绳、石鼓天秤各项，即与乾清宫的天灯、万寿灯同收贮于地安门内之米粮库内。每年十二月竖立之时，需用抬夫搬运至皇极门外，再雇用搭彩匠抬运竖立，次年二月拆卸运回。往返所需抬夫数目高达“八千六十名，每名工钱大制钱四十文”，加之竖立、拆卸共用食粮各项匠役五百四十名，每名饭钱大制钱三十五文。又由于“宁寿门内外踏跺较乾清宫踏跺窄狭，且坡身势短，灯本势长”，宫内负担杂役的苏拉不娴抬运，“恐于栏杆、地面有碍”，不能胜任此项工作，因而每年还需在五城范围内雇用搭彩匠人四百六十五名，每名工钱大制钱一百四十文。[21]

另外，乾隆皇帝为宁寿宫区域的使用做出了规定：“若我大清亿万斯年，我子孙仰膺昊眷，亦能如朕之享国日久，寿届期颐，则宁寿宫仍作太上皇之居”。并将此谕旨缮录两份，一交上书房，一交内阁存记。“俾我子孙知所宪章，勿得轻为改作，用垂法守。”[22]也就是说只有“享国日久，寿届期颐”的太上皇才能居住与使用。因而，孙儿道光皇帝严守成宪，只派人整理陈设、造册存档、看守护卫，将皇极殿作为库房使用[23]。库房之前，自然不需竖立天灯、万寿灯。

[18] 内务府：《奏报勘估修理乾清宫及宁寿宫天灯及万寿灯需用工料银两数目折》，道光二年六月二十三日，中国第一历史档案馆藏卷宗号512–142。

[19] 内务府：《奏报勘估修理乾清宫及宁寿宫天灯及万寿灯需用工料银两数目折》，道光二年六月二十三日，中国第一历史档案馆藏卷宗号512–142。

[20] 内务府：《奏为估需修理宁寿宫天灯万寿灯工料银两事》，嘉庆十三年三月初二日，中国第一历史档案馆藏卷宗号05–0533–051。

[21] 清·桂芳等：《奏为查明宁寿宫天灯应用抬夫工价事》，嘉庆十七年十二月二十七日，中国第一历史档案馆藏卷宗号05–0563–112。

[22] 清·庆桂等：《国朝宫史续编》卷四，第39页，北京古籍出版社，1994年。

[23] 在道光朝的档案记载中有“皇极殿，库房七间”之语，七间系指明殿七间，而不包括东西夹室。见富文等：《查验宁寿宫中路殿座修理等工缴回银两事》，道光十六年九月二十七日，长编67604，内务府呈稿道营209。

二　皇极殿与乾清宫天灯、万寿灯的异同

乾清宫竖立天灯、万寿灯的仪礼从明朝一直持续到清帝退位。乾隆皇帝身为皇子时写过一首《立天灯》诗[24]，说的便是乾清宫天灯、万寿灯竖立之事。

金龙护柱长数丈，四柱撑如巨灵掌。
彩灯左右列丹墀，万寿灯明丹陛上。
年年腊月二十四，缚架悬灯声扰攘。
百夫舆柱齐用力，一一都听铜锣响。
灯上联书细金字，惟乞岁岁登丰穰。
瑶宫乐事与民同，从识太平真有象。

按照惯例，每年十二月二十四日[25]，乾清宫丹陛上左右安设万寿灯二座，丹陛下左右安设天灯二座。届日，总管内务府大臣率员役由乾清门舆灯竿进，宫殿监率首领太监关防，树灯竿讫，即悬挂天灯。自此日为始，每晚上灯，至二月初三日出灯之日为止。

万寿灯自树竿之后，左右各悬万寿宝联16幅。至除夕，于皇帝升保和殿筵宴时，总管内务府大臣仍率员役由乾清门进，换联安灯，并安设两廊暨甬道石栏上灯。[26]是夕暨元旦、正月十一、十四、十五、十六等日俱上灯，至正月十八日出灯。其上灯之夕，宫殿监传各该处首领太监等伺候。届时，宫殿监副侍一员，从乾清门引掌仪司音乐首领太监等至丹陛上两边排立，营造司首领向上行一跪一叩礼，赞“上灯”，敬事房首领太监一名同乾清门太监一名在乾清门檐下起标灯，掌仪司音乐太监等奏丹陛清乐，歌“火树星桥之章”[27]。营造司太监上万寿灯，各该处首领太监等上两廊及石栏灯。上毕，乐止，各退。[28]嘉庆六年（1801年）奉旨：“乾清宫安挂万寿灯、廊灯，嗣后着于每年除夕前一日安挂，中和乐亦着豫日一同安设。”[29]

[24] 清·弘历：《乐善堂全集》卷一七《立天灯》。

[25] 康熙年间，于十二月二十二日竖立。详见嘉庆朝《大清会典事例》卷九一六《内务府·进灯》。

[26] 清·鄂尔泰等：《国朝宫史》卷八，第143页，北京古籍出版社，1994年。

[27] 词曰：“火树星桥，烂煌煌，灯月连宵夜如昼。春风料峭，钧天奏彻箫韶。烟云中，瑞霭交，笼著鲛绡。锦绣丛，万花缭绕。鱼龙夭矫，嵩祝声高（一解）。分明是洞天，是绛霄。分明是灵台灵囿灵沼。更春光乍到，景物暄妍雨露饶。又黄上柳条，漏泄青阳在野桥（二解）。贺圣朝，世德遥。郁曈曈，日丽层霄。圣嗣圣，重明继照。万民欢乐，万方熙皞。升平节，瑞应昭，琼蕊飘萧。宝殿开，法曲云璈。鱼龙夭矫，嵩祝声高（三解）。金支麝气飘，西吠琉璃四照。影娥池，凤烛绕，百子池，涎爇龙膏。九华灯，篆烟销。寒星累累缀银霄。蚁穿九曲珠光耀。好良宵，是皇家，景福滔滔（四解）。满山椒花簇，百枝娇，月轮正高。灯和月，一片冰霄，是皇家，景福滔滔（五解）。殿当中，黼座高，春悄铜壶漫敲。笙歌千万里而遥，是皇家，景福滔滔（六解）。良宵正好，正好良宵。看皇都，万井多娱乐。良宵正好，正好良宵。蓬壶清窈，银海光摇。百和

康熙年间，每年乾清宫进灯好似很轻松，与乾隆、嘉庆年间动辄需用抬夫八千六十名不可同日而语。只需“皮库官一人、库使四人、领催四人、匠人十四名，瓷库官二人、库使六人、领催四人、行取内管领下服役人八十名，衣库官二人、库使四人、领催二人、匠人二十名，进天灯二盏并坠绳铜回回八座，万寿灯灯联十六挂并铜回回八座，铜鼓墩十六个，安设讫。至除夕，内管领六人、皮库官二人、库使八人、领催三十六名、服役人及广储司匠人各三百名，内务府总管同宫殿监内监率领官役进内，安设万寿灯十六挂，共大小灯一百二十八。乾清宫檐下张悬大镫九，乾清门大灯五，日精门、月华门大灯各一，两廊张灯一百二十，栏杆灯一百九十四。本日衣库官率人役将灯联收回。至次年正月二十日，内务府总管同宫殿监内监等，照前率领皮库、瓷库官役进内，出万寿灯，并乾清宫诸处所张各灯及铜回回、铜鼓墩一并收回。至二月初三日，皮库、瓷库官照前率领人役，彻（撤）天灯，并铜回回收回。”[30]上灯进联总计需用143人，除夕日撤联安灯也不过354人。故推测全套灯具当时很可能分贮在宫中的皮库、瓷器库及衣库内。

皇极殿天灯、万寿灯与乾清宫相比，上灯、上联次序相同。不同之处在于，除了上述皇极殿因院落窄小灯本稍短外，还有石座内的套筒。乾清宫的为铜质，皇极殿的为铁质（耗费生铁11048斤8两），这主要因为乾隆时期铸造了许多大型的庭院陈设，诸如铜镀金狮子、铜仙鹤、铜龟、铜缸等，铜料需求量过大，此前已经将一些旧的铜器回炉铸造，因而石座内的套筒采用生铁铸造。另处两处还有竖立时间上的差别。乾清宫天灯、万寿灯每年十二月二十四日竖立，而皇极殿天灯、万寿灯于十二月二十日竖立，提前四天。但二者最大的差别是在灯联上，乾清宫灯联为明代翰臣所撰，具体撰写人已无从考查，清代乾清宫灯联一直沿用明代的乾清宫灯联。而皇极殿的灯联则由彭元瑞[31]撰写，以“东西南北方隅列，左右后前次第呈”胪写出乾隆皇帝的文治武功（表1）。

香，霏瑶岛，紫罗囊，绣彩飘。花匼币，东风吹饱，同庆清朝（七解）。小梅梢，暗香浮动，淡烟笼罩。月上柔枝，露滴轻苞。今宵里，巷舞衢歌，遍寰瀛，同庆清朝（八解）。愿春光，年年好，三五迢迢。不夜城，灯月交，奉宸欢，暮暮朝朝。成斋成卿，万朵祥云护帝霄（趋辞）。”详见鄂尔泰等纂：《国朝宫史》卷八，第145页，北京古籍出版社，1994年。

[28] 清·庆桂等：《国朝宫史续编》卷四七，第368页，北京古籍出版社，1994年。

[29] 嘉庆朝：《钦定大清会典事例》卷八九八《内务府·进灯》。

[30] 嘉庆朝：《钦定大清会典事例》卷九一六《内务府·进灯》。

[31] 彭元瑞（1731～1803年），字掌仍，一字辑五，号芸楣（一作云楣），江西南昌人，乾隆二十二年进士，改庶吉士，授编修，官至工部尚书、协办大学士。纪昀为《四库全书》总纂官时，彭元瑞是十个副总裁之一。博学多识，精于对联。乾隆帝六旬寿诞时，恭集《圣教序》字缀辑成《万福集成赞》、七旬万寿时进《古稀颂》，八旬万寿时进《万寿衢歌》三百首，受到皇帝嘉奖。皇极殿灯联撰写后，因称旨，当年冬被授予协办大学士，一时京师有“灯联相公”的称谓。

表1　乾清宫灯联与皇极殿灯联对照表[32]

方位	乾清宫灯联	皇极殿灯联
左正南	万国庆咸宁，爰偕乐升平，午夜铜壶歌管，声连紫陌； 一人宏敛锡，政同赓保定，千秋金鉴图陵，象叶彤墀。	南斗炳珠弧，六旬御宇，万祀颐和，尧封祝曰圣人寿； 前星临黼扆，九陛崇基，三元肇祚，周雅歌之君子宁。
正北	兰苕翡翠逐时荣，熊熊丸丸，辉映处，遍满图陵松柏； 火齐木难同夜永，麟麟炳炳，影摇中，昭回日月山川。	北极共皆期，子帝为帝，曾孙有孙，五福堂前欢舞彩； 后天锡难老，长春如春，元夜不夜，九华灯下寿称觥。
正东	履泰升恒，银烛映三阶，朱耀华檠，照彻冰壶凝海岳； 晋离观豫，金枝分百子，翠旌铜错，露承仙掌灿星辰。	东作穑关心，雪融陇麦，烛照田蚕，课雨占晴尚初志； 左旋杓向角，节宴尧浆，灯词舜轸，抚时行庆有前规。
正西	宫中圣诞，天上元宵，皓月映星联，阊阖辉煌遍斗柄； 岁首春阳，人间佳节，晴霞连日丽，衣冠拜舞觐龙颜。	西域被流沙，年班藩部，岁报屯田，照世杯圆里二万； 右垣通阁道，出震迪光，乘乾垂裕，和时灯朗界三千。
东南	九微光启重轮，南极祥符，萃万国灵图，亘天申有秩； 四照香传复旦，东皇宝烛，凝三辰瑞霭，集嵩祝万疆。	东国旧戎衣，吹豳有籥，作岐有蓺，小物克勤咏糠烛； 南邦昔车斗，恬海如麟，翕河如镜，民风可观戒灯船。
西南	祥光回碧落，肇八千岁春，八千岁秋，彩映瑶林宝炬； 寿酒献彤廷，环五百里侯，五百里甸，欣陪凤辇鳌峰。	西园翰墨林，四库积玉，七阁抽琅，大乙藜光灯以右； 南宫礼乐地，两举制科，六开恩榜，文昌珠彩月同圆。
东北	离照回当天，期亿万年华渚祥流，长并月轮昭万汇； 泰阶方入旦，更三五夕嵩呼声动，重开莲炬烛三垣。	东揖木公朝，十年庆典，千叟恩荣，洛社画图鸠杖集； 北迎元日韶，五代齿繁，百家算倍，康衢灯火筱骖游。
西北	九枝万象乐千秋，清晛雍熙，龙烛炳云中，香飘玉殿； 七采百华喜四表，祥烟灿烂，鳌山浮海上，景耀丹墀。	西定噶喇依，恭者我仆，偕者我俘，恋目更番入春宴； 北逾额济勒，威曰归降，德曰归顺，鸿臣来贺御东朝。
右正南	丹霄灼烁焕灵葩，麟符凤彩开祥，奕奕霞辉传宝胜； 紫极昭回笼翠霭，青海赤城献瑞，重重星彩丽冰轮。	南面久仔肩，求衣问夜，秉烛待章，福用敷之次五极； 前盟果如意，鸟篆镌琼，鸿文刻玉，古维稀矣四三皇。
正北	丹廷分燎火，珠斗常明，愿圣寿无疆，长见流辉六宇； 紫极聚阳和，银花永灿，望天颜有喜，深思同乐千春。	北戒拱论都，洒得真源，淮得真源，九如咸颂川方至； 后车勤观岳，岱犹望幸，嵩犹望幸，万寿宜歌山有台。

续表

方位	乾清宫灯联	皇极殿灯联
正东	九旒端拱，知临照无私，看翠甸黄舆并入光明烛里； 一曲清平，见雍熙有象，愿紫霞绀露常流长乐钟边。	东厢启儒席，论敷奥旨，雅肄古歌，诗诵万寿千无量； 左海侑宾筵，句补吹笙，乡观饮酒，礼成月三五而盈。
正西	蓬莱日永，杯斝献南山，玉烛长调，一统乾坤归朗照； 阊阖天开，衣冠趋北阙，金茎共挹，八方河岳遍清辉。	西叙溯成功，振以特磬，声以镈钟，节序新词卑火树； 右文呰鸣盛，风有干城，雅有髦士，科名旧事压灯毬。
东南	瑞日丽璇霄，喜五夜莲光，万树千花，回应虹流电绕； 祥烟辉宝炬，听九天钧奏，六鳌三岛，环依华峙嵩高。	东震旦最亲尊，楼涌万佛，经译三乘，欢喜园中法轮转； 南瞻部妙胜，印写秘文，塔飘吉帛，光明天上慧灯悬。
西南	华烛吐青烟，看北斗联珠，影重螭头，遥拜九重天上； 琼霄连紫气，正西池献寿，香生凤羽，群瞻五色云中。	西社赛春灯，市流帑镪，鬴溢仓粮，六十年逢年布惠； 南荣曝朝日，户弛鏐租，漕除玉粒，二千万累万全蠲。
东北	青阳辟三五之晖，视当年桂火兰烟，未若辉腾玉陛； 紫极符八千之纪，卜异日椿灵松茂，常如彩溢金轮。	东陆鸟司开，辛祈绀殿，亥耤黛辕，颙若躬亲奕叶守； 北辰象布令，秋狝木兰，冬嬉太液，昭哉心法耄期勤。
西北	六鳌恒戴极三山，拱璧月以流光千载，启长春之算； 双凤共鸣和九有，望卿云而纪瑞万方，开不夜之城。	西来福德智，高六帝帝，享万年年，典盛礼隆胪旧政； 北向子臣民，受至尊尊，为众父父，天符人瑞遂初心。

需要指出的是，乾隆皇帝对乾清宫灯联态度的变化，有一个从肯定到不屑的过程。乾隆帝身为皇子时必不待言，时值乾隆四十九年（1784年），乾隆皇帝在《元宵乾清宫家宴即事成什》诗中注明："每岁十二月二十四日，乾清宫丹陛左右设金龙柱二，各悬绣金字万寿宝联十八幅，联句工丽，字画端楷"，"传自前明，我朝因仍旧制，藉存殷鉴，益凛然于敬天勤民之义耳"[33]。不仅持肯定的态度，称赞"联句工丽，字画端楷"，而且说明因循前明旧制，是为了"藉存殷鉴，益凛然于敬天勤民之义"。因为当时还没有在皇极殿配备万寿灯的设想。五十一年（1786年），下旨在皇极殿安设天灯、万寿灯。次

[32] 乾清宫灯联见《国朝宫史》卷八，皇极殿灯联见《国朝宫史续编》卷四七。

[33] 清 · 弘历：《元宵乾清宫家宴即事成什》诗注，《御制诗五集》卷二，第11页。

年，当彭元瑞所撰写的灯联绣做完成后，对比之下，乾隆皇帝转而认为由明代翰臣所撰的乾清宫灯联，“不过点窜灯节虚词，巽元瑞此联远甚”[34]。至嘉庆元年（1796年），他再次强调皇极殿的灯联“钜细胪陈，均非虚语。以视乾清宫灯联，明代翰臣等点缀灯节星桥火树，徒侈谀词者，实巽今制远甚”[35]。乾隆皇帝的心态经历了从“联句工丽，字画端楷”，到“不过点窜灯节虚词”，再到“徒侈谀词者”的阶段性变化。

三　乾隆皇帝与皇极殿万寿灯联

皇极殿的万寿灯与乾清宫的万寿灯虽然形式上相同，但本质的区别在于灯联的内涵。乾清宫灯联的主题为吉庆祥瑞，用描绘歌舞升平、天界神仙的华丽辞藻来颂扬太平盛世，祝福帝王国祚永固、万寿无疆。而彭元瑞所撰的皇极殿万寿灯灯联，是为乾隆皇帝特别编撰的，在形式上按东西南北、左右后前八面各缀一联，每联首字又以南前北后东左西右方位排列；在内容上，歌颂了乾隆皇帝御极五十年以来的“实政”——丰功伟绩，胪列了诸如平定西域、两金川诸武功，编辑四库全书、定礼乐、开恩榜诸文治，以及“恩礼鸿臣、绥徕藩部，除漕蠲租、省方施惠诸大典，至于劭农课量、勤政单心，绳祖武以敕几，戒民风而崇朴”[36]，等等。特别是尾联“西来福德智，高六帝帝，享万年年，典盛礼隆胪旧政；北向子臣民，受至尊尊，为众父父，天符人瑞遂初心”，更是深得乾隆皇帝之欢心。乾隆皇帝先后吟诗两首，嘉许彭元瑞的灯联。乾隆五十二年（1787年），乾隆皇帝有《题彭元瑞撰皇极殿镫联词》，并作了长序[37]：

宝柱簇行行彩胜，制昉乾清；绣幡先面面华灯，庆长宁寿。俟八载方临兹御，而万事贵豫以成。蕲集吉语于王春，用表祥辉于皇极。爰咨内翰，聿奏联词。其惟瑞簪朵殿之毫，久经予纳大钧之铸。成文来上，省览载嘉。体

[34] 清·弘历：《题彭元瑞撰皇极殿灯联词有序》，《御制诗五集》卷二八，第15～17页。

[35] 清·弘历：《题彭元瑞所撰皇极殿灯联词》，《御制诗余集》卷一，第3～4页。

[36] 清·弘历：《题彭元瑞所撰皇极殿灯联》，《御制诗余集》卷一，第3～4页。

[37] 清·弘历：《题彭元瑞撰皇极殿灯联词有序》，载《御制诗五集》卷二八，第15～17页。

以偶连，裁廿言而云属；辨由位正，动八方以风行。十六联务去陈言，五十年胥胪实政。曷克臻此，赖天恩祖德之贻；是维艰哉，皆旰食宵衣所致。语有征而可信，思取巧而不佻。异宋宫内禅之三，盛真稀古；驾明制虚言之耦，事必因时（原注：乾清宫灯联，乃明代翰臣所拟，不过点缀灯节虚词，巽元瑞此联远甚）。什以弁吟，书宜表卷。属词泰陛，较富张说之七言；述职明庭，实殊章懋之一疏。屈指筹开八帙，建竿生蔼蔼之春；盟心宇御六旬，负扆犹孜孜之日云尔。

凡事曾闻豫立诠，嘉称元瑞制灯联。
东西次第南而北，左右分明后与前。
神以通灵气以运，六为之俪四为骈。
双撑宝柱辉皇极，虔祝天恩待八年。

八年之后的嘉庆元年（1796年），又作《题彭元瑞所撰皇极殿灯联》[38]：

八柱灯联元瑞彭，预教属句十年成。
东西南北方隅列，左右后前次第呈。
诘武敷文勤实政，抚遐惠近戒虚名。
恐难符愿竟如愿，颂以为规烛照明。

并在诗注中称赞“巧不涉佻，深堪嘉予”。又特别对“恐难符愿竟如愿”一句进行解释：“前题诗时，予年七十七岁，计至丙辰归政，犹有八年，因有‘双撑宝柱辉皇极，虔祝天恩待八年’之句。彼时虽自觉精力尚健，而敕几敷政，惟虑年臻耄耋，或有豫怠，惟日孜孜，益加自勉。今幸荷昊慈，竟符所愿，每至宁寿宫阅视灯联，在元瑞实本事为颂词，而予视之不啻进陈规语矣。”既见乾隆皇帝对彭元瑞才情的肯定，又见其内心对60年后归政之愿望从即位之初的祈求、之后的担心到天遂人愿后的自得之情。

[38] 清 · 弘历：《题彭元瑞所撰皇极殿灯联》，《御制诗余集》卷一，第3~4页。

综上所述，皇极殿前天灯、万寿灯的竖立体现了乾隆盛世的辉煌，彭元瑞的灯联是对乾隆御极50年来文治武功的颂扬，而上联、点灯的时间比乾清宫提前四天，显示出了太上皇帝凌驾于皇帝之上的权威与尊严。乾隆皇帝的谕旨既规定了宁寿宫的使用权限，实际上也限制了皇极殿天灯、万寿灯的竖立，而“点缀灯节虚词”的乾清宫灯联适用于每个帝王，因而能够长久，年年竖立，直至清末。

从颐和园仁寿殿论清代皇家园林的政治地位

北京颐和园管理处　王鸿雁

颐和园万寿山东麓的平地上，坐落着一组布局规整、轴线分明的建筑群——仁寿殿建筑群。整组建筑由一座牌楼、两个广场、一条护城河及两座石桥、一座影壁、两道宫门、两进院落、三座宫殿、六座朝房组成。仁寿殿建筑群在整个颐和园中并不是太起眼，青砖灰瓦，体量也不是很大，但是这组小小的建筑群，却决定着晚清政府的政治风向，行使着晚清王朝的最高权力，中国近代史上许多重大的政治和外交事务都与之息息相关。从仁寿殿承担的政治功能可以推知整个颐和园的政治地位，进而审视整个清代皇家园林的政治地位。

一　颐和园仁寿殿与皇家园林听政建筑的渊源

仁寿殿建筑群位于整个颐和园的最东端，是颐和园建筑的起点。就建筑本身而言，仁寿殿的建筑等级并不高，既非庑殿顶，也非歇山庑殿顶，只是普通的歇山式顶，顶瓦也是使用的清水筒瓦，而非琉璃瓦，这点甚至比不上园内黄瓦覆顶的排云殿。仁寿殿在开间上也不是独一无二的，园中的乐寿堂、颐乐殿都和仁寿殿一样面阔七间。尽管如此，仁寿殿建筑群布列有序的建筑组合，明确地昭示着其在颐和园中独特的政治地位。

仁寿殿的宫门也是整个颐和园的宫门，宫门面阔四间，歇山式顶，明间面东额枋柱上悬挂着光绪帝御书的“颐和园”金字大匾。宫门前外广场上耸立着一座四柱七楼的木构大牌楼，这座题额“涵虚”的牌楼是仁寿殿组群最前面的一座建筑，也是整个颐和园建筑乐章的序曲。由牌楼进入，一条月牙形状的护城河划分出颐和园的内外广场，内广场迎面竖立着一座红色影壁，南北两厢分列着四座朝房，这些并不起眼的朝房，承担过重要的历史使命，慈禧太后与光绪帝驻园时，文武大臣就在这里面候朝。

宫门内第一进院落的两厢，是颐和园的内朝房，清代权势显赫的六部九卿，就曾在此地值班，故又称为南、北九卿房。

第二进院落的大门是一座棂星门，门上悬挂着满汉文“仁寿门” 额，仁寿门左、右的雕龙青砖影壁，是颐和园内唯一的一座砖雕影壁。

仁寿殿坐落在院落正中，面阔七间，进深五间，周围有廊，柱高5.53米，建筑面积776平方米。歇山式屋顶，明间外檐柱间悬挂用满、汉两种文字书写的匾额“仁寿殿”。殿内明间正中的地平床上设象征封建皇权的九龙宝座，上方悬挂着一块匾额“寿协仁符”。

“仁寿”二字出自《论语·雍也》篇，孔子曰：“知者乐水，仁者乐山，知者动，仁者静，知者乐，仁者寿。”仁寿殿名取义“仁者寿”，殿内悬挂着“安乐延年”、“寿恺禔康”的匾额，殿前有一块巨大的寿星湖石作为屏障，从这些看来，仁寿殿应是一座与长寿有关的宫殿。但是，历历在目的档案资料告诉我们：仁寿殿中发生的都是一些关系国计民生的重大历史政治事件，仁寿殿所承担的都是与国事政务有关的政治职能，但也表达出主政者长寿的心愿。

据《光绪起居注》记载：

> 光绪二十二年(1896年)正月十六日，光绪帝升仁寿殿，赐廷臣、大学士等宴。
>
> 光绪二十三年(1897年) 十月八日，光绪帝奉慈禧太后幸仁寿殿筵宴。

光绪二十四年(1898年)四月二十八日，光绪帝在仁寿殿召见康有为、张元济。[1]

光绪二十八年(1902年) 八月二十二日，光绪帝奉慈禧太后升仁寿殿宝座，接见德国使臣。[2]

光绪二十九年(1903年)六月二十六日，光绪帝万寿圣节。光绪帝诣乐寿堂向慈禧太后请安，递如意。御仁寿殿升座，受王公大臣、蒙古王、贝勒、贝子、额驸、文武大小官员等行庆贺礼成。

光绪三十年(1904年)十月八日，光绪帝跪接慈禧太后升仁寿殿宝座，慈禧太后赐近支宗藩等宴，上率近支王、贝勒、贝子、公等谢宴行礼毕，上诣慈禧太后前，进爵进舞，行礼，宴毕，上率近支王、贝勒、贝子、公等跪送慈禧太后还乐寿堂。

为什么皇家园林中的仁寿殿会有如此规整的建筑布局呢，为什么仁寿殿会承担如此重要的政治职能呢，这就需要从仁寿殿的历史渊源和皇家园林的发展轨迹做一番追溯。

颐和园的前身是修建于乾隆年间的清漪园，仁寿殿在清漪园时本名勤政殿，是乾隆修建清漪园时最早设计建造的建筑之一。清漪园“宫门五楹东向，门外南北朝房。架两石梁，下为溪河，左右罩门内有内朝房，亦南北向，内为勤政殿七楹。勤政殿内额曰‘海涵春育’。联曰：‘念切者丰年为瑞，贤臣为宝；心游乎道德之渊，仁义之林。’又联曰：‘义制事，礼制心，检身若不及；德懋官，功懋赏，立政惟其人。’”[3]这两副乾隆御笔亲书的对联，前一副对联说的是乾隆对国家和自身的祝愿：殷切期盼的祥瑞是丰年、珍宝是贤臣，希望自己的心灵思想徜徉在道德仁义之中。后一副对联典出《尚书》，本意是用来规范君王的，乾隆此处借来表达自己对治国经邦的理解和策略：以义为标准处理事务，以礼为标准约束思想，检点自身唯恐不及别人；德盛者以官职勉励，功高者以奖赏勉励，设立官员在贤不在多。

以勤政命名一座宫殿，再以对联申明治国大义，宫殿的政

[1] 光绪帝在仁寿殿里与康有为密谈两个多小时，实行改良，推行戊戌变法，试图挽救清王朝衰亡的命运，期间光绪帝在此颁布200多件诏书，在全国各地推行变法。

[2] 据对《光绪起居注》及宫中档案的不完全统计，1902年至1908年的5年间，慈禧太后和光绪帝接见外国使节最少时（1907年）1次，最多时（1903年）14次。接见对象有时是一国使臣，有时是多国使臣，如1904年9月8日一次接见过德、比、日、美、法、英、意、墨、荷、葡、俄、丹麦等12个国家的使臣；1905年4月12日，接待各国使臣共98人游园。

[3] 清·于敏中：《钦定日下旧闻考》卷八四《国朝苑囿》，第1392页，北京古籍出版社，2001年。

治功能和性质已经不言而喻。

那么皇家园林颐和园中为什么会出现这样一座具有政治功能的宫殿呢?

其实，皇家园林中出现勤政性质的宫殿渊源有自。皇家园林自建立之日起，其功能不断发展和变化，从早期的养殖、狩猎逐步发展到通神、求仙、生产、游憩、居住、娱乐，承担的功能越来越多，园林区域和建筑形式也越来越丰富。

秦汉时期修建的离宫别苑，动辄占地数百里，承担着狩猎、娱乐、游憩、生产、居住等多种功能。例如：西汉著名的上林苑，据史书记载，苑中荟萃了众多不同性质的宫、苑、台、观。“苑中养百兽，天子春秋射猎苑中，取兽无数。其中离宫七十所，容千骑万乘。”[4]“天子校猎”，“千人唱，万人和，山陵为之震动，川谷为之荡波”[5]。苑中有饲养马、犬、象的走马宫、走狗宫、观象观；有专门演奏音乐的宣曲宫，有养殖奇花异木的扶荔宫，有供游憩、居住的宜春苑等。另外，苑中还专门设有供太子招揽宾客的思贤苑、博望苑等，[6]这些建筑已经具有初步的政治含义和政治功能。

唐仲友的《汉甘泉宫记》记载了位于长安西北约300里之甘泉宫的状况：“汉有区夏，作都长安。封畿之内，宫馆环列盖数十百所……而文物之盛莫如甘泉。”明确提到甘泉宫在求仙通神、避暑游憩之外，还兼有朝会仪典等政治军事功能：“自孝文迄于元、成，尝于此整军经武，祀神考政，行庆赏朝会，非止为清暑也。”汉武帝每年于五月到此避暑，八月乃归，此期，甘泉宫便成了皇帝处理政务、接见臣僚和外国使节的地方，为此而建置了百官邸舍和接待外宾的馆驿。这里虽然没有提到具体用来听政的宫殿，但从上述史料不难推断出，甘泉宫中应当辟有此类场所。

隋唐时的皇家园林继承了汉代在园内建筑听政宫殿的传统。据《唐书·玄宗本纪》记载，唐代兴庆宫的苑林区建有勤政楼，玄宗经常在勤政楼举行政事活动，包括宴请群臣、行献俘礼、殿试制举等：“四载春三月甲申，宴群臣于勤政楼……

[4]《汉书·旧仪》。

[5] 汉·司马相如：《上林赋》。

[6] 周维权：《中国古典园林史》，第30页，清华大学出版社，1993年。

十三载……壬戌，御勤政楼大酺，北庭都护程千里生擒阿布思献于楼下……秋八月，上御勤政楼，试四科制举举人，策外加诗赋各一首，制举加诗赋自此始也。”[7]这是首次在文献中提到以“勤政”两字来命名皇家园林中的建筑，而皇家园林的政治功能也首次通过建筑的命名凸显出来。

但是，此后皇家园林的政治功能并没有得到加强，反而渐渐有所削弱。

北宋时，最为著名的皇家园林是建于汴梁的艮岳，宋徽宗赵佶御制《艮岳记》详细记述了其内的奇峰怪石、名花异草、珍禽异兽、飞瀑流池、亭台楼榭；宋僧祖秀《华阳宫记》详细描述了艮岳丘壑池馆之胜，但都未提到办事殿之类的建筑。

元朝时最重要的皇家园林是建于大都中心的大宁宫，其内建筑以宗教建筑和游憩建筑为主。明朝时没有建置新的行宫别苑，只是在大宁宫的基础上扩建西苑，增建了一些宫殿和庙宇，其中包括奉祀蚕神，供后妃亲蚕的先蚕坛，以及供皇帝亲耕劝农的南台。两朝都没有在皇家园林中建置听政殿，但是明代的先蚕坛和南台还是包含了一定的政治用意及功能。

这种情况到了清朝有了很大的转变，清朝不仅大规模地营建皇家园林，而且在每个皇家园林中都无一例外地设立了听政殿，清漪园中的勤政殿就是其中的一座。

二　清代皇家园林中的听政殿

清朝历代帝王都热衷于皇家园林的建设，从清入关后第一位皇帝顺治肇加修葺的南苑，到清最后一个终于帝位的皇帝光绪修建的颐和园，清朝扩建和兴建的皇家园林大大小小有十余处，其中最主要的当属皇城内的西苑，京城内西郊海淀的三山五园，以及京师以外的承德避暑山庄。

清朝的西苑是康熙年间在明朝的基础上扩建而成。扩建的一项重要内容就是增建了勤政殿、涵元殿、紫光阁及宫廷辅助用房，清帝经常在西苑勤政殿、惇叙殿、涵元殿、紫光阁等

[7]《唐书·玄宗本纪》。

处召见大臣，处理国政，宴会王公卿士，接见外藩，召见与慰劳出征将帅，举行武科校技等等。西苑的勤政殿在清代皇家园林中所处的位置非常重要，可以说是清代皇家园林听政殿的滥觞，“御园及山庄，殿胥勤政名。数典实于兹，皇祖额焕楹。”“是处檐额，皇祖所御题。其圆明园、万寿山清漪园、香山静宜园及避暑山庄，凡听政之所，均以勤政名之，实数典于此。”[8]自西苑勤政殿开清代御苑听政之先河，此后畅春园、避暑山庄、圆明园、颐和园的御苑听政与之一脉相承，形成了清代独特的政治风景。

三山五园指的是畅春园、圆明园、万寿山清漪园、玉泉山静明园、香山静宜园。

畅春园兴建于康熙二十三至二十六年（1684～1687年），是在明代外戚李伟的别墅“清华园”废址上建成的。“畅春园宫门五楹，门外东西朝房各五楹，小河环绕宫门，东西两旁为角门，东西随墙门二，中为九经三事殿，殿后内朝房各五楹。宫门悬畅春园额，殿内联曰：皇建有极，敛时敷锡而康而色，乾元下济，亏盈益谦勉始勉终。”[9]九经三事殿前后有内外朝房，是康熙皇帝会见朝臣、听政理事之处，虽然没有以勤政殿命名，但其殿名和殿内楹联明确表现出勤政的意旨。[10]另外，园内东路南端还有一组建筑，名澹宁居，其前殿也承担着一定的理政功能。“澹宁居前殿为圣祖御门听政、选馆、引见之所，后殿为皇上旧时读书之处，额亦圣祖御书。”[11]

圆明园原为康熙帝赐给雍亲王的花园，雍正帝即位以后，于雍正三年（1725年）扩建圆明园，其中一项重要内容就是新建宫廷区和听政殿：“惟建设轩墀，分列朝署，俾侍直诸臣有视事之所。构殿于园之南，御以听政。”[12]圆明园的宫廷区包括中轴线上的九州清晏建筑群及其东面的勤政亲贤建筑群。其中，勤政亲贤建筑群中的“勤政殿”是园内最重要的听政殿，殿外檐悬挂雍正御书“勤政殿”匾，内额为“勤政亲贤”，“勤政亲贤殿……列圣筵宴外藩及内廷大臣均于此。皇帝驻跸则听政焉。遇驻跸圆明园，凡召对群臣，引见庶僚，均于勤

[8] 清·庆桂：《国朝宫史续编》卷六二，第525页，北京古籍出版社，2001年。

[9] 清·于敏中：《钦定日下旧闻考》卷七六《国朝苑囿》，第1274页，北京古籍出版社，2001年。

[10]“九经”取义儒家经典九部，即《周礼》、《仪礼》、《礼记》、《左传》、《公羊传》、《谷梁传》、《周易》、《尚书》、《诗经》，“三事”典出《尚书·立政》：“任人、准夫、牧，作三事。”

[11] 清·于敏中：《钦定日下旧闻考》卷七六《国朝苑囿》，第1275页，北京古籍出版社，2001年。

[12] 清·于敏中：《钦定日下旧闻考》卷八〇《国朝苑囿》，第1323页，北京古籍出版社，2001年。

政亲贤殿。”[13]雍正帝在《御制圆明园记》中声称：“晨曦初丽，夏晷方长，召对咨询，频移画漏，与诸臣相接见之时为多。”“书接臣僚，宵披章奏，校文于墀，观射于圃，燕闲斋肃，动作有恒，则法皇考之勤劳也。”[14]乾隆帝的御制诗中也曾提到：“正大光明之东为勤政殿，日于此披省章奏，召对臣工，亭午始退。”[15]

香山是元明时著名的名刹之区，康熙、雍正时有所增建。乾隆年间扩建为静宜园，其中一项重要内容便是增建勤政殿。“宫门内为勤政殿五楹，南北配殿各五楹”，“殿曰勤政，朝夕是临，与群臣咨政要而筹民瘼，如圆明园也”[16]。

玉泉山曾是元代的八大水院之一，康熙十九年（1680年）至二十一年（1682年）扩建，初名澄心园，三十一年（1692年）更名静明园。畅春园建成之前，康熙帝经常来此驻跸。乾隆时扩建静明园，增设听政殿廓然大公，“宫门内为廓然大公，正殿七楹，东西配殿各五楹”[17]。“听政之所，虚明洞彻，境与心会，取程子语颜之。”[18]

避暑山庄是清朝最大的皇家园林，始建于康熙四十二年（1703年），历经三代至乾隆五十五年（1770年）始告竣工，耗时89年。宫廷区由正宫、东宫、松鹤斋和万壑松风四组建筑组成。勤政殿是东宫区域的主殿，是清帝驻园期间接见群臣、发布政令的地方，殿内面南有乾隆帝亲笔题署的“正大光明”匾，面北悬“高明博厚”匾，“丽正门之左，南向殿二重。前五楹，为视事之所。高宗敬天法祖，式勤民隐，巡行所至别殿临朝，悉循圆明园之例以勤政。”[19]

事实上，在皇家园林中设立宫廷区和听政殿，已经成为清代皇家园林建设的惯例，并且作为一种祖制家法传承了下来。这点，乾隆帝不止一次明确提到过：“勤政殿左侧（清漪园前殿，亦名勤政殿，遵家法也），怡春向额堂。”[20]“皇祖就西苑趯台之陂为瀛台以避暑，视事之所颜曰勤政。皇考圆明园视事之殿亦以勤政名之。予既以静宜名是园，复建殿山麓，延见公卿百僚，取其自外来者近而无登陟之劳也。晨披既勤，书

[13]《大清会典》，第882页，中华书局，1991年。

[14] 清·于敏中：《钦定日下旧闻考》卷八·《国朝苑囿》，第1322页，北京古籍出版社，2001年。

[15]《清高宗御制诗初集》卷二二，《圆明园四十景诗·勤政亲贤》。

[16] 清·于敏中：《钦定日下旧闻考》卷八六《国朝苑囿》，第1438页，北京古籍出版社，2001年。

[17] 清·于敏中：《钦定日下旧闻考》卷八五《国朝苑囿》，第1412页，北京古籍出版社，2001年。

[18] 清·于敏中：《钦定日下旧闻考》卷八五《国朝苑囿》，第1413页，北京古籍出版社，2001年。

[19]《热河志》。

[20] 孙文起：《颐和园志》，第298页，林业大学出版社，2006年。

接靡倦，所行之政即皇祖、皇考之政，因寓意兹名，昭继述之志，用自勖焉。”[21]“我皇考于理事正殿，皆颜勤政，诚以持心不可不敬，为政不可不勤也。”[22]

这些听政殿大多被命名为勤政殿，当然也有例外，如畅春园中的九经三事殿、静明园中的廓然大公殿。听政殿就像印在清代皇家园林山水画卷上的一枚印章，标示着园林独特的政治地位和身份。

三 清代皇家园林的政治功能和政治地位

清代皇家园林的政治地位是由其承担的政治功能决定的，而这种政治功能归根结底是高度集中的皇权专制的产物。清代皇家园林中的听政殿，既是皇家园林政治功能得以行使的载体，又是皇家园林政治地位得以巩固的保障。

不过，尽管清代重要的皇家园林中都设有听政殿，但是由于听政殿实际承担的政治功能不尽相同，其政治地位也有显著的差异。“而畅春园创自圣祖，圆明园启自世宗，实为勤政敕几劝农观稼之所。皇上绍庭继述，每岁恭值驾幸圆明园，凡莅官治事，一如内朝，晷刻靡间。其旁近园居若清漪、静明、静宜诸园，规制朴略，以备岁时观省。”[23]简言之，康熙时期的畅春园、雍乾时期的圆明园“莅官治事，一如内朝”，是当时最重要的皇家园林，清漪园、静明园、静宜园等园林的政治地位无法与之相比。

畅春园建成后，康熙帝非常喜欢这里的环境，“其轩墀爽垲以听政事，曲房邃宇以贮简编”[24]，经常驻跸于此，处理政务，接见臣僚。据《清圣祖实录》与《康熙起居注》记载，从康熙二十六年（1687年）二月二十二日首次驻跸畅春园，至康熙六十一年（1722年）十一月十三日病逝于园中，36年间，康熙帝累计居住畅春园3870余天，年均驻园107天。如果除去南巡、西狩、谒陵、行猎、秋狝的时间，康熙帝在畅春园驻跸的时间实际上要多于留在皇宫的时间。驻跸期间，清政府的权力

[21] 清·于敏中：《钦定日下旧闻考》卷八六《国朝苑囿》，第1439页，北京古籍出版社，2001年。

[22] 清·庆桂：《国朝宫史续编》卷六二，第526页，北京古籍出版社，2001年。

[23] 清·于敏中：《钦定日下旧闻考》卷七四《国朝苑囿》，第1231页，北京古籍出版社，2001年。

[24] 清·于敏中：《钦定日下旧闻考》卷八六《国朝苑囿》，第1269页，北京古籍出版社，2001年。

中心也就随之由紫禁城转移到了畅春园。康熙帝去世后，很少再承担政治功能的畅春园政治地位下降，并逐渐为圆明园所取代。

圆明园内先后曾有五位皇帝长年居住。雍正三年（1725年）八月二十七日，雍正帝首次正式驻跸圆明园，直至病逝园中，11年间累计来园2314天，年均210天，这说明雍正帝一年中大部分时间都是在圆明园中度过。雍正帝驻园期间，照常听政理事，与在皇宫中相比毫不懈怠。入驻当天明确传谕："朕在圆明园与宫中无异，凡应办之事照常办理。"不过，这一上谕未能引起廷臣的足够重视，雍正帝为此很生气，特发上谕进行申饬："上谕大学士等，朕今日坐勤政殿以待诸臣奏事，乃部院八旗竟无奏事之人，想诸臣以朕驻跸圆明园欲图安逸，故将所奏之事有意简省耶。朕因郊外水土气味较城内稍清，故驻跸于此，而每日办理政事与宫中无异，未尝一刻肯自暇逸，已曾屡降谕旨，切告廷臣，令其照常奏事。若朕偶欲静息，自当晓谕诸臣知之。傥廷臣不知仰体朕心，将陈奏事件有意简省，是不欲朕驻跸圆明园矣。"[25]

从这份上谕可以看出下面几层意思：第一，雍正帝确实在圆明园勤政殿听政；第二，部院八旗以为雍正帝驻跸圆明园是贪图安逸，故无人奏事；第三，雍正帝自称驻跸圆明园是因为郊外水土气味较城内稍清，但办理政事与在宫中一样严肃认真；第四，雍正帝认为廷臣将陈奏事件有意简省，是不想让他在圆明园安心地驻跸下去。由此可见，雍正帝在圆明园的听政绝非虚言，而正如他自己所说："未尝一刻肯自暇逸。"为此，他在上谕中对圆明园奏事做了具体细致的规定和安排："又见各衙门奏事有一日拥集繁多者，有一日竟无一事者，似此太觉不均。以后八旗定为八日，各分一日轮奏，部院衙门各分一日轮奏，六部之外都察院与理藩院为一日，内务府为一日，其余衙门可酌量事务之多寡，附于部院班次，每日一旗一部，同来陈奏，则朕每日皆有办理之事，而不来奏事之大臣，又得在京办理，诚为妥便。至朕听政办事及百官齐集之日，原不在轮班奏事之数，次日仍按班前来，若该部院衙门轮班之日

[25]《皇朝通志》卷六《至诚宪皇帝圣训·圣治二》。

无事可奏，其堂官亦着前来，恐有召问委办之事，亦未可定。其紧要事件仍不拘班次，即行启奏。”[26]

雍正帝的认真态度使得圆明园的政治职能得到了充分的发挥和传承，雍正帝以后直至咸丰十年（1860年）被毁，乾隆、嘉庆、道光、咸丰四位皇帝亦是常年驻跸圆明园，其中，乾隆帝于乾隆三年（1738年）正月十一日首次驻跸圆明园，58年间累计居住7310余天，年均126天。除南巡外，乾隆帝基本上都是正月初迁居圆明园，十月甚至十一月底才最后回宫过年，连立储这样重大的事情都是在圆明园勤政殿宣布的，“卯刻，上御勤政殿，召皇子、皇孙、王公、大臣等，宣示立皇十五子嘉亲王颙琰为皇太子。”[27]

由于外巡的次数减少，嘉庆、道光、咸丰帝驻跸圆明园的时间都长于乾隆帝。例如，嘉庆帝嘉庆二十四年（1819年）驻跸圆明园198天，道光帝于道光二十九年（1849年）驻跸圆明园竟达354天，次年病逝于园内慎德堂。咸丰十年（1860年）圆明园被毁前，咸丰帝还在圆明园驻跸212天。圆明园自建成至被毁，有两位皇帝嘉庆、咸丰诞生于此，有两位皇帝雍正、道光驾崩于此，“龙诞之地”、“龙殡之地”、“龙兴之地”，圆明园的政治地位于此也可见一斑。

乾隆以后，随着静宜园、静明园、清漪园的扩建和兴建，清帝亦经常在这几处园林游憩赏玩，而这些园林也都设有听政殿，供帝王随时听政理事之用。

其中，值得玩味的是清漪园。清漪园建成后，乾隆帝非常喜爱，亲笔题写：“何处燕山最畅情，无双风月属昆明。”但是，由于与圆明园相距甚近，乾隆帝从未在清漪园中驻跸，“过辰而往，逮午而返，未尝度宵”。当时，他给几座重要的皇家园林做了一番定位：“然而畅春以奉东朝，圆明以恒莅政，清漪、静明一水可通，以为敕几清暇散志澄怀之所……”[28]作为“散志澄怀之所”，清漪园更多承担的是游憩娱乐功能，而非政治功能。这种情况，到光绪年间发生了根本性的变化，当时，被英法联军烧毁的三山五园中，只有清漪

[26]《皇朝通志》卷六《至诚宪皇帝圣训·圣治二》。

[27]《乾隆起居注》，乾隆六十年九月初三日。

[28] 清·于敏中：《钦定日下旧闻考》卷八四《国朝苑囿》，第1393页，北京古籍出版社，2001年。

园得到了修复，并改名颐和园。园建成后，慈禧太后将其当做自己的离宫御苑，自光绪十八年至光绪三十四年（1892～1908年）17年间，她在紫禁城与颐和园两地往返游豫，有时一年中住园9个月，直到死前26天尚在园中。慈禧太后在园中处理军国大事，接见枢机大臣，也在园中举行庆典，宴饮享乐。颐和园不再仅仅是清帝散志澄怀的游娱场所，它已成为与紫禁城紧密相连的政治中心。

另外，还有一座皇家园林值得一提，这就是京师之外最重要的皇家园林承德避暑山庄。避暑山庄的建造与当时清廷的民族政策和边疆经略有关，为了怀柔蒙古各部，巩固北部边疆，康熙二十年（1681年），在距京350公里的塞外木兰地区建立了广大的围场，定期举行“木兰秋狝”，沿途建立行宫，以备皇帝及随行人员中途休息和补给，避暑山庄就是其中的一座。从康熙朝开始，清朝历代皇帝每年都要驻跸山庄处理政治、军事、民族和外交事务，召见与宴赏蒙古王公，以及藏、哈萨克、维吾尔、柯尔克孜等族的上层人士。乾隆帝于此宴赏过厄鲁特蒙古杜尔伯特台吉三车凌、土尔扈特台吉渥巴锡，以及西藏政教首领六世班禅等重要人物，还接见过以特使马戛尔尼为首的第一个英国访华使团。病逝于避暑山庄的嘉庆帝曾经在上谕中指出：“秋狝大典，为我朝家法相传，所以肄武习劳，怀柔藩部者，意至深远。我皇考临御六十余年，于木兰行围之先，驻跸避暑山庄，岁以为常，敕几勤政之暇，款洽蒙古外藩，垂为令典。”[29]正因为承担着“怀柔藩部”，“合内外之心，成巩固之业”的民族政治功能，避暑山庄有着其他皇家园林无法取代的政治地位。

以康熙时期的畅春园、雍正至咸丰时期的圆明园、光绪时期的颐和园以及避暑山庄为代表的皇家园林，不仅是皇家的休闲娱乐场所，更因为其承担的政治职能而成为清代的政治运作核心，成为紫禁城之外的权力中枢。皇家园林的这种重要政治地位，得到了法律的保障。例如，《大清律例》明确规定：“凡伦窃大内及圆明园、避暑山庄、静寄山庄、清漪园、静明

[29]《清仁宗实录》卷一〇一，第352～353页。

园、静宜园、西苑、南苑等处乘舆服物者，照例不分首从拟斩立决。”

其实，皇家园林的这种政治地位从英法联军纵火焚园的行为上也可以得到侧面的反映。咸丰十年（1860年），英法联军侵犯京师，为了给清政府施加政治压力，决定焚毁圆明园等皇家园林，英军统帅额尔金在阐述其火烧圆明园的理由时明确提到：“……圆明园宫殿之为要地，人所共知。毁之所以予中国政府以打击，造成惨局者为此辈而非其国民，故此举可谓为严创中国政府，即就人道而言，亦不能厚非也。”事实上，额尔金的这一决定，确实达到了制裁清朝统治者的目的，对当时的咸丰皇帝来说，这种打击是致命的，当他听到圆明园等皇家园林被焚毁的噩耗之后，当场口吐鲜血，旧病复发，不到一年，就在另一座皇家园林避暑山庄中含恨而逝。

四　清代皇家园林中出现听政殿的原因分析

勤政殿之所以出现在皇家园林中，原因有如下几点：

（一）自古形成的宫苑合一的建筑规划形式，使得具备办公职能的听政殿出现在皇家园林中成为可能

皇家园林自产生之日起，就有着一种兼容并蓄的姿态，无论从形式、内容还是从功能上，一直是一种多元化的状态。从形式上讲，皇家园林涵盖了掇山理水、建筑布局、花木配置等多种园林艺术形式；从内容上讲，皇家园林中包纳了山水形胜、亭台楼榭、奇花异草、珍禽异兽等丰富繁多的内容；从功能上讲，皇家园林承担着生产、狩猎、游憩、娱乐、居住、听政理事等众多功能。皇家园林的这种多元化趋势日益发展成一种包罗万象的特性，天人感应、皇权至尊、纲常伦理、宗教信仰、大一统等封建统治思想，都在园林的艺术形式和内容中有所体现。

清代是中国皇家园林发展的鼎盛时期，造园艺术的成熟

带来了园林形式、内容和功能的更加丰富多彩。皇家园林几乎成为中国小社会的缩影，包含着帝王“移天缩地在君怀”的理想，宫殿、寺庙、街肆、村落、关隘、农田、作坊，应有尽有。以乾隆时期的清漪园为例，园中有大报恩延寿寺、须弥灵境、宝云阁、云会寺、五圣祠、花神庙、蚕神庙等寺庙景观，有苏州街、西所买卖街等街肆景观，有水村居等村落景观，有文昌阁、宿云檐、紫气东来等关隘景观，有耕织图、织染局等处的农田和作坊景观。当然，更少不了以勤政殿为中心的宫廷区域。

（二）日益强化的封建专制集权制度与皇权的独一无二性，使得听政殿出现在皇家园林成为必然

清朝是封建专制集权高度强化的时期，权力日益集中在皇帝一个人手中，所谓“乾纲独断”的专制统治意味着皇帝要过问每一件事情，使皇帝不得不拿出更多的时间和精力来决断国家大事，皇帝的行在决定着行政职能的转移，皇帝在离宫中驻跸，离宫就被赋予了行使行政职能的权利，离宫中必然会出现一个办公场所。清代皇帝长年驻跸皇家园林，皇家园林就必须有一个相对完整和独立的政治区域，以便能够承担处理国事和政务的功能，听政殿的出现顺理成章而且势所必然。

（三）听政殿在清代皇家园林中的普遍出现，与清朝皇帝的勤政传统是密切相关的

清朝自开国大汗努尔哈赤时期起，就形成了严格的可汗议政制度，给后来历代清帝的勤政做出了表率，“我朝家法，无一日不听政临轩”[30]，“为政在勤，勤则不匮”[31]，“勤政则国兴，怠则国亡”，勤政，成为清代帝王治国的一种传统。

清朝以前的皇家园林，虽然也兼有众多功用，但其主要功能还是供皇帝游憩赏玩，而清朝的皇家园林则成为勤勉的清朝皇帝励精图治的重要场所。正如乾隆皇帝所说：“自金盛时，即有西苑太液池之称。名迹如琼华岛广寒殿诸胜，历元迄明，

[30] 清·庆桂：《国朝宫史续编》卷六二，第526页，北京古籍出版社，2001年。

[31] 清·庆桂：《国朝宫史续编》卷六二，第527页，北京古籍出版社，2001年。

苑池之利相沿弗改，然以供游憩而已。我朝列圣相承，励精图治，于此引对臣工总理机务，或宴赉王公卿士，或接见朝正外藩，以及征帅劳旋、武科较技，例于苑内之惇叙殿、涵元殿、瀛台、紫光阁亲莅举行。龙光燕誉，赓拜扬休。冬月则陈冰嬉，习劳行赏，以简武事而修国俗云。”[32]帝王驻园不能只顾沉浸于亭台之乐，玩物丧志，“宫室服御奇技玩好之念切，则亲贤纳谏勤政爱民之念疏矣，其害可胜言哉！”[33]

清代皇家园林中的听政殿，间接地反映出清代帝王的勤政程度，如上文所述，清代每座大型皇家园林内都会有一座听政殿，即便不是常驻的离宫，也会设立听政殿，比如清漪园，乾隆帝从未打算在清漪园驻跸，也确实没有在清漪园驻跸过，而且其常驻的圆明园距清漪园只有咫尺之遥，但还是一开始就在这座用以“散志澄怀”的园林中修建了勤政殿。其实，当时的三山五园都相距不远，也许清帝并不会每到一处园林都必须要处理政事，但至少表明了一种勤政的态度，一种勤政的习惯。

（四）清朝统治者喜欢园居是听政殿出现在清代皇家园林中的前提

清代皇帝有园居的习惯。所谓“紫禁映红墙，未若园居良”。满族统治者来自关外，很不习惯北京城内炎夏溽暑的气候，而他们入关以后尚保持着祖先驰骋山野的骑射传统，不乐于像明代皇帝那样整日身居宫禁，希望能在郊野的自然风景地带营建居处之地。顺治元年（1644年），就将永定门外的南海子修缮增建成南苑，作为顺治帝游驻、狩猎、阅兵讲武之用。康熙亲政以后，每逢有病，就出塞疗养。他说：“朕少时始患头晕，渐觉清瘦，至秋塞外行围，蒙古地方水土甚佳，精神日健……”，这就不难理解为什么他在京城营建畅春园后，又在承德大兴土木修建宏大的避暑山庄了。

清代帝王喜欢在远离宫禁的御苑中临朝问政，除了气候地理和狩猎习惯方面的因素，还源于他们对汉文化与园林艺术的喜爱。几乎每修建一处皇家园林，都要有皇帝亲自撰写记制，

[32] 清·于敏中：《钦定日下旧闻考》卷二一《国朝宫室》，第271页，北京古籍出版社，2001年。

[33] 清·于敏中：《钦定日下旧闻考》卷八〇《国朝苑囿》，第1323页，北京古籍出版社，2001年。

题写景点和匾额。如康熙帝的《御制畅春园制》、雍正帝《御制圆明园记》、乾隆帝的《御制圆明园后记》、《御制万寿山清漪园记》；中南海勤政殿为康熙御题，圆明园勤政殿为雍正御题，清漪园、静宜园、静明园、承德避暑山庄勤政殿均为乾隆御题。另外，还有遍及各处皇家园林的御题匾额、石刻等等。避开宫廷的繁文缛节、深宫高墙，也是清代皇帝在京城西郊兴建园林并在其中听政治国的重要原因。

清帝步骑射与射侯射鹄靶考

故宫博物院宫廷部　毛宪民

清代帝王沿袭中国古代“训教德行”的教育方法，强化“国语骑射”并训谕为祖制家法，明文规定八旗宗室子弟必须自幼习骑射之功，皇子阿哥更不例外。清帝骑射自幼习成，教以他们骑射巩固社稷的治国思想，具有崇武、尚武、习武的治国方略。笔者利用文献史料的记载和宫廷中遗留下来的布侯布鹄靶和宫廷诗书画中的反映，对其进行深入探讨和考证。

一　中国古代重视射礼与训教射侯射鹄靶

中国古代重视对宫廷贵族的特殊教育，据《周礼》载，周朝为了教育“国之贵游子弟”，专设有师氏、保氏两种官职，是以训教德行、教以“六艺”（礼、乐、射、驭、书、数）和“六仪”（祭祀、宾客、朝廷、丧纪、军旅、车马等容仪）。其中的“射”是“六艺”中显示贵族竞技武勇的实用本领。

在古代的青铜器图案上也非常突出表现竞射图案。以故宫博物院藏青铜器“战国宴乐渔猎攻战纹铜壶”为例，两人正在持弓射“侯”、“鹄”靶。“侯”、“鹄”即箭靶，用兽皮或布制成。《周礼·天官·司裘》曰：“王大射，则共虎侯、熊侯、豹侯，设其鹄。”《考工记·梓人》：“张皮侯而栖鹄。”孔颖达疏：“缀于中央，似鸟之栖，故云‘栖鹄’也。”郑康成《礼记》注：“栖皮曰鹄。”箭靶中心称

"鹄"。"鹄的"即箭靶子的中心，练习射箭的目标。此铜壶上表现一个竞技者箭已射出，另一竞技者则引弓待发。有的箭已射在了侯上，靶前面的跪坐人是"获者"（报靶员）。两人后面还有一持弓站立者，图下方有几人执弓挟矢，准备竞射。[1]这是反映古代生活中典型的"射礼"活动之一。

所谓"侯"、"鹄"，据明程良孺撰《读书考定》解释《侯》云：

> 矦，射侯也。居矦中曰：正鹄，正亦鸟名。齐鲁之间谓题有为正，正鸟之捷黠者射之难中。以中为俊，故射取名焉，亦曰：鹄。周礼司裘注谓之鹄者，鹄小鸟，难中是以中之为隽也，又画布曰：正，栖布曰：鹄，射人五正，注射者内正，其志则能中，画五正之矦中，朱次、白次、苍次，黄玄居外。[2]

解释《正鹄》云：

> 居侯中曰：正鹄大射，正亦鸟名，齐鲁之间谓题肩为正，正鸟之捷，黠者射之，难中以中为俊，故射取名焉，亦谓之鹄者。鹄小鸟，难中是以中之为隽也。[3]

"鹄"，水鸟名，形体颈长，全身白羽，俗称"天鹅"或"鹤"也。关于对"鹄鹤"的考释，"鹄即鹤音之转，后人以鹄名颇著谓之外，别有所谓鹄，故埤雅既有鹤又有鹄。盖古之言鹄，不口浴而白，白即鹤也。鹄名啥啥啥鹤也。以龟、龙、鸿、鹄为寿亦鹤也。故汉昭时，黄鹤下建章宫太液池而歌则名，黄鹤神异经鹤国有海鹄，其余诸书文或为鹤或为鹄者甚多，以此知鹤之外无别有所谓鹄也。"[4]看来"侯"、"鹄"靶内容大同小异。

古代"射"艺中的射侯射鹄直至沿袭清代，清王朝有"国家以弧矢定天下"之说。正如清雍正四年（1726年）所谕：

[1] 杜廼松：《探索青铜器图案中的体育文化》，《紫禁城》1990年第3期。

[2] 明·程良孺：《读书考定》卷三〇，第438页，海南出版社，2001年。

[3] 明·程良孺：《读书考定》卷二六《正鹄》，海南出版社，2001年。

[4] 明·程良孺：《读书考定》卷二九《鹄鹤》，第426页，海南出版社，2001年。

古者射御居六艺之中，为圣人之所重。本朝自开国以来，骑射精熟，历代罕有伦比。旗人凡少长贵贱悉皆专心练习，未有一人不娴熟弓马者。士子应试必先试其骑射，合式方准入闱，盖恐其专习文艺或至骑射生疏，故先以此试之。即各部院堂官司官，亦必每月如期在本旗教场，该管都统佐领看练弓马。所谓有文事者，必有武备，创制立法之意诚深远也。近来文官外任之人，渐渐疏于骑射，若听其因循怠惰，将来必致骑射生疏，人材软弱，岂国家创制立法之意乎。凡旗人外任文官六十岁以下者，限二年之内仍熟练骑射，倘二年后有不能骑射者，该督抚即行参劾。若督抚徇隐，经朕察知将督抚一并治罪。[5]

清太宗皇太极即告诫王公贵族，“我国家以骑射为业，今若不时亲弓矢，惟耽宴乐则田猎行阵之事必致疏旷，武备何由而得习乎？盖射猎者演武之法，服制者立国之经，朕欲尔等时时不忘骑射，勤谏士卒。”[6]顺治帝更是以“虑武备废弛，不忘骑射，时时亲行较猎”为宗旨[7]。康熙帝曾训曰：

我朝祖宗开创以来，弧矢之利，以威天下，伐暴安民，平定海内。今朕上荷祖宗庇荫，坐致升平，岂可一日不事讲习？故朕日率尔诸皇子及近侍卫人等，射侯射鹄，备仪备典，八旗官兵以时试肄。朕常临御教场，历观兵卒，等其优劣，赏赐褒嘉，黜陟劝勉，故尔旗分佐领，各个娴习弓马，武备足观。《礼》曰：‘男子生，桑弧蓬矢六，以射天地四方’。天地四方者，男子所有事也，故必先志于其所有事。又曰：‘者，进退周旋必中礼，内志正，外体直。’又曰：‘立德行者莫如射。’而射者所以观德也。故‘孔子射于矍相之圃，盖观者如堵墙。’《易》曰：‘射隼射雉。’《诗》曰：‘决拾既佽，弓矢既调。’‘角弓其觩，束矢其搜。’‘敦弓既坚，四鍭既钧；舍矢既均，序宾以贤。’《书》曰：‘若射之有

[5] 雍正朝《大清会典》卷一〇二《兵部二》。

[6]《清太宗实录》卷三四，崇德二年四月丁酉。

[7]《清世祖实录》卷八九，顺治十二年二月壬戌。

> 志。’子曰：‘射不主皮，为力不同科。’射有似乎？君子失诸正鹄，反求诸其身。周礼以射法治射仪，然则古圣经书，射以垂训，历历可监。习射上功，宾兴择士，况我国家立德立功，振兴要务，自当严加训练，多方教谕，不可一刻废懈也。[8]

康熙帝力求通过垂训教谕，娴习弓马、射侯射鹄、严加训练、择其优劣、赏赐褒嘉、以威天下、为国立德立功之目的。

应该说，太宗皇太极大阅注重炮兵、步兵、骑兵的演练，而顺治帝、康熙帝则更注重骑射的演练。清代大阅典礼，早在天聪六年（1632年）太宗皇太极幸北演武场阅兵，额驸佟养性率所统汉兵，各擐甲胄执器械列于两旁，置铅子于红衣将军炮内立射演试，军容整肃。[9]顺治十三年（1656年）议准："大阅讲武，典至重也。自太祖、太宗以来举行已久，今请酌古准今，三年一次大阅。阅毕传令大臣并侍卫于御前较射"[10]。据记载，顺治帝幸南苑，命两翼内大臣侍卫等擐甲胄阅骑射，"复陈围猎，以示群臣"。次年，顺治帝阅武于南苑，躬擐甲胄，集部院三品以上汉官及翰詹科道，命内大臣及侍卫擐甲驰马。[11]十六年（1659年）谕："大阅典礼，三年一行，已永着为例"[12]。康熙帝又略不同于顺治帝，如康熙十二年（1673年）大阅于南苑时，除擐甲登晾鹰台阅毕后，"又命树侯台上，亲发五矢皆中的，复骑射发矢即中"[13]。十六年（1677年）康熙帝御南苑晾鹰台大阅后，"命于台下树侯，圣祖仁皇帝率内大臣、侍卫马步射各四次；命大学士、学士、记注官及各官兵，以次射毕……"[14]。"昔皇考常躬率士卒，寓训练于较猎之中，皇考射超伦，士卒无不钦服，各相鼓励"[15]。这说明康熙帝骑射首先身先士卒，先行较射，尔后各大臣、官员及士兵都要献骑射技艺，也可观察各旗平日训练之素质。康熙十九年（1680年）康熙帝阅毕后，"亲率内大臣和侍卫等马步射"。二十四年（1685年）康熙帝大阅后"设布侯校射而还"。二十六年（1687年）康熙帝幸卢沟桥大阅军容，由于有

[8] 雍正皇帝辑：《康熙皇帝教子格言》（《庭训格言》），湖南人民出版社，1999年。

[9]《钦定大清会典事例》卷七〇六《兵部·大阅·大阅典礼》。

[10]《钦定大清会典事例》卷七〇四《兵部·大阅·大阅规制》。

[11]《钦定大清会典事例》卷七〇六《兵部·大阅·大阅典礼》。

[12]《钦定大清会典事例》卷七〇四《兵部·大阅·大阅规制》。

[13]《钦定大清会典事例》卷七〇六《兵部·大阅·大阅典礼》。

[14]《钦定大清会典事例》卷七〇六《兵部·大阅·大阅典礼》。

[15]《清世宗实录》卷六，雍正元年四月丁卯。

外藩等诸王台吉随观即设布侯，“圣祖仁皇帝率诸王射，次八旗善射者校射；又命喀尔喀土谢图汗之子噶尔旦台吉，所属厄尔德尼额尔克宰桑等射”[16]。通过校射即较射比武，相互往来，加深情感，同时也隐含其威慑震虎的作用。康熙三十年（1691年）康熙帝大阅于多伦诺尔，御甲胄乘马大阅后，“下马树侯上亲射，发十矢九中，次十五善射并硬弓侍卫等射”[17]。“校射赏赉”是清康熙朝鼓励士气的一个特点，凡奉旨校射，领侍卫内大臣及侍卫等，根据射十矢中九矢至四矢者，赏赐马匹至弓、缎料等不同等级的物品。[18]根据文献记载，康熙帝直至四十三年在大阅军容后，都要擐甲骑射、树侯，拉弓射箭，发矢皆中，然后命诸皇子善射及内大臣、侍卫等较射，这即是对射箭能力的一种考察，又是督促他们不可懒惰消极、等闲视之。

乾隆帝继承了祖宗之传统并将其发扬光大，在紫禁城箭亭内建立一石碑，上刻乾隆帝重申太宗皇太极戒后世训守衣冠仪制的圣谕，名曰《训守冠服骑射碑》，刊载“太宗文皇帝实录……衣服语言，悉遵旧制，时时练习骑射，以备武功。虽垂训如此，后世之君，渐至懈废，忘其骑射。……我朝满洲先正遗风，自当永远遵循，守尔勿替，是以朕常躬率八旗臣什行围较猎，时时学习国语，熟练骑射，操演技勇……”乾隆帝的确遵循旧制，永垂法守，告诫后世子孙居安思危，将保持本民族的骑射、服饰和语言视为生死存亡之传统，将《训守冠服骑射碑》“着于紫禁城箭亭、御园引见楼及侍卫教场、八旗教场，各立碑刊刻，以昭朕绍述推广至意”。乾隆六年（1741年），乾隆帝恢复了已中断十余年（雍正朝停围13年）的木兰秋狝，强调遵从祖训，重骑射，强武备。但每当出行狩猎之时，总有一些王公贵族及其子弟或言妻儿有病，或以家事为辞，不愿前往。这引起了乾隆帝的愤怒，由此深感王公贵族风气不正，更感到满族的骑射、服饰和语言有丧失的可能，于是他于乾隆十七年（1752年）重温了清《太宗实录》圣谕并立碑以警示后世。

乾隆帝精于文韬武略，他和皇子阿哥们一样从4岁就接受严

[16]《钦定大清会典事例》卷七〇六《兵部·大阅·大阅典礼》。

[17]《清圣祖实录》卷一五一；《钦定大清会典事例》卷七〇六《兵部·大阅·大阅典礼》。

[18] 光绪朝《大清会典事例》卷一二一三《内务府·恤赏·较射》。

格的封建教育，9岁从师于翰林院庶吉士福敏；同时又由贝勒允禧教授弓术，练就了一身过硬的武功，而且他还精通骑射和枪法。康熙帝多次夸耀自己的孙儿弘历射箭弓术之高，其射中布鹄可达百发百中。乾隆帝还是皇孙时，就随皇祖康熙帝出行塞北行围狩猎，在他12岁时，康熙帝命他于避暑山庄宫门试射，因屡屡中鹄而受到褒奖。据《钦定热河志》记载：乾隆即帝位后，仍不废骑射，“皇上巡幸塞外，几余游艺惟射与书”[19]。乾隆帝为了练习弓术与较射，除了在避暑山庄开辟阅习步围之地和猎获麋鹿等兽的猎场外，还将紫禁城皇宫中的箭亭、西苑中南海内的紫光阁辟为专供阅射、习射和较射之地。乾隆十四年（1749年）秋，乾隆帝在畅春园习射，“发二十矢，中者十九，侍从诸臣无不悦服”[20]，足见乾隆帝弓马精熟，技艺高超。为使满族骑射习武传统制度化，“每岁上狩木兰前，将派往扈从王公大臣文武官员等习射于出入贤良门。上亲阅之以定优劣，其中三矢者，优赉有差。……岁以为常，大有安不忘危之意”[21]。这是清廷的射侯、射鹄布靶制度与奖励惩罚相结合，并写入《宫中内务府现行则例》中。据清内务府档案记载，乾隆五十六年（1791年）六月二十六日，扈从行围的文武官员在乾隆帝面前射布靶。平时注意习射的官员都能较好的表现完成射中布靶的任务，而内务府上驷院员外郎鹤庆弯弓表演时，两臂无力，丑态百出，遭到了乾隆帝的痛斥，谕令内务府大臣依照宫规覆查议奏。次日奏折称：“总管内务府谨奏：为遵旨覆查议奏事，昨日上驷院员外郎鹤庆于皇上面前射布靶，竟未能开弓，且使箭扣开裂。该员甚为错误，殊属无用。……先前，主事桂成在皇上面前射布靶时，曾因箭矢折断被罚俸六个月。员外郎鹤庆亦应照此例罚俸，以示儆戒，为此谨奏。请旨。”乾隆帝御批：“知道了。”[22]

乾隆帝大阅时都要亲自拉弓射箭，身先士卒进行较射。乾隆四年（1739年），乾隆帝初行大阅于南苑，御晾鹰台圆幄，躬擐甲胄，佩御刀、櫜鞬，乘马试射，连发五矢皆中的，然后在演兵王大臣、兵部堂官、内大臣、侍卫及总理王大臣、满大

[19]《钦定热河志》卷一四《巡典二》，四十三年六月乙亥。

[20] 清·昭梿：《啸亭杂录》卷一。

[21] 清·昭梿：《啸亭杂录》卷一。

[22] 中国第一历史档案馆藏：清乾隆《内务府奏案档》295号。

学士的簇拥下亲阅队伍，谕“总理大臣曰：‘今阅看各兵进退整齐，朕甚喜悦，着交总理大臣等照雍正六年之例，查明奏闻赏给。’”查雍正六年“赐扈从内大臣及大臣、官员、兵丁等貂皮、甲仗、缎匹、银两各有差”。乾隆二十三年（1758年）十一月初五日[23]，乾隆帝前往阅兵，由于天气寒冷，“官兵等不必穿甲过早，酌朕到时再行穿甲”。届时乾隆帝大阅御晾鹰台帐殿，豹尾班三旗侍卫分翼列侍；兵部院大臣分翼序立。只见“高宗纯皇帝躬擐甲胄，乘马出，试射，连发七矢皆中的。亲阅队伍……”[24]看来，乾隆帝与康熙帝不同，乾隆帝是亲阅队伍前拉弓矢射中“的”，康熙帝则是亲阅队伍后“树侯”拉弓矢射。但无论是乾隆帝使用的“的”，还是康熙帝使用的“侯”则均是由清代武备院预备的御射布侯布鹄箭靶。

二　清帝射侯射鹄靶与御用箭的种类与特点

上述谈及清帝较射的“树侯”、“布侯”、“布鹄”、“的”究竟是什么？“侯”，《考工记·梓人》：“张兽侯，则王以息燕。”郑康成注：“兽侯，画兽之侯也。”“鹄”（“的”），《考工记·梓人》：“张五彩之侯，则远国属。”郑康成注：“五彩之侯，谓以五彩画正之侯也。”《宋史·兵志》：“画的晕五重。”“的”，如果按清史专家王钟翰先生的解释：“骑射即能在骑马奔驰中射箭中的（箭靶的中心）。”[25]简言之，“侯”、“鹄”（“的”）即是射箭之靶。“侯”、“鹄”（“的”）靶区别在于，“侯”靶画兽形为中心；“鹄”（“的”）靶画有色圆圈或五晕彩圆圈形为中心。

清代皇帝御用“侯”、“鹄”靶由武备院预备：

凡阅射则供射侯。步射布侯，高四尺七寸，广一尺，以木为边，鞔以素布画鹿形为正。毡侯，高五尺，广四尺，虚中径三尺，中鬃皮为的。席侯如之。皮鹄，径九寸至一寸五分。布鹄，径一尺二寸至四寸各有差。试武举席

[23]《钦定大清会典事例》卷七〇六《兵部·大阅·大阅典礼》。

[24]《钦定大清会典事例》卷七〇六《兵部·大阅·大阅典礼》。

[25] 王钟翰：《国语骑射与满族的发展》，《清史新考》，第62页，辽宁大学出版社，1997年。

侯，高八尺，广五尺，髹以朱，绘鹄三，上插五色旗五。马射毡球，圆径八寸，白毡为之，实以驼线，上缀朱牦，演习鸟枪，设木牌为的，高二尺，广半之。[26]

康熙六年（1667年）奏准：

躬祀坛庙具御用饰东珠倭段櫜鞬，以司弓、司矢恭奉随侍。一射侯，步射布侯，高四尺七寸，广一尺，以木为边，鞔以素布画鹿形为正。毡侯高五尺，广四尺，虚中径三尺中栖皮为。席侯亦如之。皮鹄径九寸至一寸五分；布鹄径一尺二寸至四寸，各有差试。武举席侯高八尺，广五尺，髹以朱，绘鹄三，上插五色旗五，马射毡球，圆径八寸，以白毡为之，实以驼绒上缀朱髦。鸟枪设木牌为的，高二尺广半之。[27]

清代皇帝御用“鹄”有皮、布两种。[28]

皇帝御用皮鹄，用革凡十，大者径九寸，以次递减至二寸，垩北，中衔圆的，髹朱，中则应矢而坠。[29]

皇帝御用布鹄，用布，径一尺二寸，凡五重，相比如晕，外红，次白，次蓝，次黄。其的红，牛革，贯的及晕，则应矢而坠，或用外红中白二重，径七寸至四寸。[30]

皇帝御用马射地球，白毡为之，高九寸，径五寸，上缀朱髦，置地射之。[31]

由此概括，清代使用的“侯”、“鹄”靶大致有：步射布侯、席侯、毡侯、皮鹄、布鹄、试武举席侯、马射毡毬、马射地球、鸟枪设木牌为“的”等。

故宫博物院珍藏有清宫旧藏的射箭使用的箭靶两件，即称谓“布侯”和“布鹄”靶。其布侯，呈长方形，通高165厘米、宽35厘米，四框为木，靶高123厘米，中蒙白布（已退色），

[26] 光绪《钦定大清会典》卷九六《武备院》；另见《钦定大清会典事例》卷一二四〇《武备·内务府·制造射侯》。

[27] 乾隆朝《大清会典则例》卷一六八《内务府·武备院》。

[28]《钦定大清会典》卷六一《武备·皇帝御用布鹄》。

[29]《钦定大清会典图》卷九五《武备·皇帝御用皮鹄图一》；另见清·允禄等编，牧东点校：《皇朝礼器图式》卷一四《武备二》，广陵书社，2004年。

[30]《钦定大清会典图》卷九五《武备·皇帝御用皮鹄图一》；另见清·允禄等编撰，牧东点校：《皇朝礼器图式》卷一四《武备二》，广陵书社，2004年。

[31] 清·允禄等编撰，牧东点校《皇朝礼器图式》卷一四《武备二》，广陵书社，2004年。

白布中部绘有一鹿，鹿身绘红、白、黑三色相间色，形似栩栩如生的梅花鹿，并完全符合文献资料记载："布侯，植木如屏，蒙以素布，高三尺六寸至四尺六寸，阔九寸至一尺，中绘鹿。"[32]而且"鞔以素布画鹿形为正"，是其皇帝御用"步射布侯"靶之特点。

另一件故宫博物院珍藏的清宫箭靶"布鹄"呈长方形，通高125.5厘米、宽63厘米，四边为木框，面蒙白色高丽纸，中部描有上下两圆红圈，直径均10厘米。此件使用的材料不同于文献描述的布或毡，所以不是皇帝御用布鹄，从使用的纸质和简陋的工艺程度看，或许为兵丁差役人员平时演练时所用。但若作为射箭训练时使用的靶子，还是十分清晰醒目的。

笔者在整理清宫藏武备兵器中，发现一木箱内放有一50厘米高的人偶，穿衣如侍卫臣工，但实则应是一个练习射箭时使用的箭靶，在他身边还存放有布鹄。布鹄用毛毡做成直径20厘米的圆形靶心，外圈白，中心圆红，可安放在人偶胸前作为射箭鹄靶心；另外箱内还有十几个纸质为外圈白、中心为直径6厘米的红圆圈射鹄靶心。除此之外，木箱内还存放有小桦皮弓一架，小骨质骲头箭等多支，以及象征八旗护军的小三角飞虎旗等。显然，这批弓箭器具往往与玩具人偶结合起来，寓教于乐，使清代骑射生活在天真活泼的小孩子的玩耍嬉戏中达到目的。正如清太宗皇太极即特别要求对孩儿从小进行锻炼，旨意"子弟辈壮者，当令以角弓羽箭习射，幼者当令以木弓柳箭习射"[33]进行训练，顺治九年（1652年）定，武生童由文学教官管理，"除骑射外，教以武经七书、百将传及孝经四书，俾知大义。令该管官将各学射圃修葺，置备弓矢，教官率武生童较射，以饬武备，其降黜劣行事宜，俱照文生例行"[34]。清代著名学者赵翼谈及皇子读书及练习骑射之事，"既入书房，作诗文，每日皆有程课，未刻毕，则又有满洲师傅教国书、习国语及骑射等事，薄暮始休"[35]。这就不难理解，现今故宫博物院仍保存着清宫旧藏的为皇子阿哥们使用训教的小弓、小箭和马[illegible]等器具了。

[32]《钦定大清会典图》卷九五《武备·皇帝御用布侯图》；另见清·允禄等编、牧东点校：《皇朝礼器图式》卷一四《武备二》，广陵书社，2004年。

[33]《清太宗实录》卷五四，崇德六年正月己未。

[34] 雍正《大清会典》卷一四六《兵部三六》。

[35] 清·赵翼：《檐曝杂记·皇子读书》卷一。

清帝御用射侯射鹄箭，据文献资料记载：

> 皇帝御用射侯箭二，皆杨木为笴，长二尺九寸。其一，铁镞长二寸一分，阔一寸四分，形如钍箭，笴首饰黑桃皮，鹳羽，拧之微曲以取声，括髹朱。其一，铁镞长一寸二分，阔七分，形如钍箭而小，笴首饰黑桃皮，孔雀羽，羽间朱，括髹朱。旁裹绿茧，射能及远。[36]
>
> 皇帝御用射鹄骲箭，杨木为笴，长二尺八寸，羊角骲长一寸，环穿五孔，笴首饰黑桃皮，花雕羽。括饰绿茧，旁亦如之。[37]

“皇帝御用马射骲箭”[38]三种。由此可知，射侯箭为钍箭，“凡镞冶铁为之曰钍箭”，但箭镞并不尖锐锋利，而是箭簇铁质较薄而阔。射鹄箭为骲箭，“骲箭以寸木（骨）空中锥眼为穴，矢发则受风而鸣，又谓之响箭，铁镞上加骨角小哨者曰：鸣镝，粘羽翎于箭括曰：箭羽”[39]。根据嘉庆帝七年（1802年）嘉庆帝旨意：“……箭镞翎羽之轻重，总视弓力为准。如射鹄则用骲头，射靶则用铲箭，射牲则用披（钍）箭，临阵则用梅针，随地异宜，总在发矢有准。”[40]

故宫博物院珍藏有清宫旧藏的多种钍箭，其中即有射侯钍箭和射鹄骲箭，均长96厘米，骲头羊角质，圆形前尖，环穿五孔。箭杆杨木，杆首饰金桃皮，栝四周裹桦皮，白雕羽。射侯钍箭与射鹄骲箭的箭杆，均饰黑、金桃皮，描金红花纹，饰雕羽、孔雀羽或鹳羽。钍箭簇上铁锓金或银，制作精致、美观。

三　清帝射侯射鹄在宫廷诗书画上的反映

清朝以骑射开国，武功定天下。清代康熙、乾隆帝更是重视武备，大力提倡国语骑射，当时宫廷内外、社会上下均将国语骑射作为祖制，既重视汉族传统的儒家教育，同时又重视本民族的弓马骑射。正如清文人吟咏《宫门御试鹄射恭纪》：

[36]《钦定大清会典图》卷九五《武备·皇帝御用射侯箭图一、二》；另见清·允禄等编撰，牧东点校：《皇朝礼器图式》卷一四《武备二》，广陵书社，2004年。

[37]《钦定大清会典图》卷九五《武备·皇帝御用射鹄骲箭图》；另见《钦定大清会典》卷六一《武备·射侯箭·射鹄骲箭》。

[38] 参见清·允禄等编撰，牧东点校：《皇朝礼器图式》卷一四《武备二》，广陵书社，2004年。

[39]《钦定大清会典事例》卷七一〇《兵部·军器》。

[40]《钦定大清会典事例》卷七一一《兵部·军器》。

圣主临轩猛士豪，袿黄翎翠绣弓弢。明蟾重晕月轮满，老鹤一声开宇高。金仆姑神窥宛转，锦盘陀赐慰贤劳。中皆已鹄蒙恩渥，无复冯唐叹二毛。[41]

乾隆帝年轻时随康熙帝扈跸热河行宫，曾忆及在宫门前试射受到褒奖的往事。如乾隆癸酉（乾隆十八年）习射诗：

佳山佳水漫游娱，习射相将校壮模。讵可太平耽燕耽，从来男子事桑弧。心平体直争何害，志定功成语不诬。犹疑髫龄兹扈跸，树侯连中被恩殊。[42]

清人笔记中记述当时“贤良门外有河，河有桥，式如弓背。上看箭，鹄设于桥西河边，射者立桥北，北向而射。每发矢，上右顾以视其中否。岁乙亥将桥拆平，鹄于桥南对上设焉；射者立桥北，面向西而射，以免上右顾之烦也。谈风水者谓桥架河上如弓之有靶，今拆平则弓去靶矣，恐武不振。明年有英夷之扰，其果以是欤？”[43]嘉庆年间“丁卯秋复随扈滦阳，上御宫门阅侍卫射鹄，命和同射。向例，侍卫射鹄，五发三中者始蒙恩，和仅中二枝，又蒙赏穿黄马褂。凡此皆破格恩也”[44]。同时，清代画家也将骑射狩猎，弓马武艺训练作为宫廷画主题，如描绘乾隆帝追逐射鹿、枪刺虎熊的激烈情景，王公贵族出行围猎的战斗场面，如首都博物馆藏《打猎图十二通景屏》，绢本，设色。该通景屏组成笔意和构图完整的一幅图画，描绘的是清代王公出行围猎的场景，只见王公大臣骑马驰射奋力追捕奔跑的梅花鹿。在《围猎图卷》中也突显了这一骑射猎鹿的情景。在另一副《僧忠亲王行猎图卷》中，图绘清代重臣僧格林沁和家臣于近郊狩猎的场景。中心身着褐色马褂蓝袍者即僧格林沁，被众人簇拥前行。前方一名勇士正拉弓引箭射向奔跑的鹿。后方骆驼背上满载着被刺杀射猎的动物。[45]其社会骑射之风成时尚。

[41] 清·梁章钜、朱智：《枢垣记略》卷二六，第312页，中华书局，1984年。

[42] 参见杨伯达：《乾隆射箭油画挂屏述考》，《清代院画》，紫禁城出版社，1993年。

[43] 清·姚元之：《竹叶亭杂记》卷一，第20页，中华书局，1982年。

[44] 清·英和：《恩福堂笔记》卷上，第24页，北京古籍出版社，1991年。

[45] 首都博物馆编：《紫禁城内外的竞技游戏》，第50～60页，燕山出版社，2008年。

清人画家也深刻描绘了王公贵族组织武人参加射侯射鹄的较射场面。如清人绘《观射图卷》，绢本设色。纵143.2厘米，横62.7厘米，外围纵230厘米，横93厘米。该图形象地展现了在屋前立有一红圆心的鹄靶，靶两侧立木桩拉绳索辟出射箭靶道，以便人们立足观看，又不至于影响较射人的视野。在鹄靶一侧有摆放好的弓箭器具，一人抱拳准备领命出击，另一侧两位鼓手在奋力挥锤击鼓，说明较射已经开始，但见靶心下部射中的三支长箭并未射中红圆靶心，也说明比赛的激烈程度和较射活动在社会上的普遍推行，可窥一斑。[46]

但最能直接反映乾隆帝射箭写生像的是故宫博物院珍藏的一幅《乾隆射箭油画挂屏》，图中乾隆帝步射时“体平持满”[47]，姿势标准。他射箭时所使用的正是布鹄靶。这幅由西方传教士画家王致诚创作的《乾隆射箭油画挂屏》，纵105.3厘米，横224.1厘米；画心纵95厘米。横213.7厘米[48]，非常生动形象地描绘了乾隆帝在热河避暑山庄处一块郁郁葱葱的平地上，正在御前侍卫的护卫下演练弓术的情景，前方是一圆形布鹄靶。画面简洁洗练，以油画技巧为特长，以写实手法发挥优势，如光线、明暗、体积、焦点透视的成功运用和逼真生动的艺术效果，再现了乾隆帝在热河避暑山庄试马埭习武射箭的真实场面。《乾隆射箭油画挂屏》深刻地反映了乾隆帝严守祖制，居安思危，不弛兵备，重视骑射巩固社稷的治国思想，同时是对乾隆帝身先士卒演练步骑射，做了最为生动和最直接的诠释。

[46] 首都博物馆编：《紫禁城内外的竞技游戏》，第49页，燕山出版社，2008年。

[47] 《钦定热河志》卷六《天章六・习射・辛巳》。

[48] 杨伯达：《乾隆射箭油画挂屏述考》，《清代院画》，紫禁城出版社，1993年。

试论准噶尔达什达瓦部归清始末及历史意义

故宫博物院宫廷部　曹连明

故宫博物院珍藏有准噶尔达什达瓦部所贡佩刀一把。该刀造型古朴、凝重，通长99厘米、柄长10厘米、鞘长87厘米、刀体长83厘米、刃宽3厘米。佩刀刀体微曲，刄中部起脊。护手呈十字形，铁质，鋄银、铜花纹。柄木质，柄尾部镶铁，系白绸一块。鞘木质，蒙革，外罩鹿皮套，鞘身边部饰铁环二，系皮带，接挂钩，备佩挂，其中一铁环上系白色长方形皮条一块，上满、蒙、藏、汉四种文字合书："乾隆二十年十二月厄鲁特台吉达什达瓦之妻遣部人厄齐尔以准噶尔故台吉巴罕策楞敦多克所遗佩刀来献，敕付武库，韬以口口，而纪其所自，并识岁月"。

由此可知，此刀的贡奉者为准噶尔达什达瓦台吉之妻。达什达瓦系藏语，意为祥月，本是人名，由于此人曾任准噶尔一分部领袖，故随称此分部为达什达瓦部。达什达瓦系巴罕策楞敦多克之子，巴罕策楞敦多克亦称策零敦多布，史籍多称其为小策零敦多布，他是与大策零敦多布齐名的准噶尔部一员猛将，死后，其子达什达瓦继任该分部领袖。

在乾隆帝众多御制诗中，有一首《御制蕃剑行》（实为刀），专咏达什达瓦之妻所贡小策零敦多布所遗佩刀，现抄录如下：

蕃剑一泓波溢塘，釽从文起飞寒芒。其来伊犁万里

> 外，限以大千天各方。语言不通振古异，谁欧冶为为鱼肠。昔策妄阿拉布坦，草创绝域夸雄强。大、小策零敦多布，皆其羽翼兄弟行。大者善计善将将，小者勇万夫莫当。矢石雨下自弗著，亦不惊避状若常。玛木特（玛木特，准噶尔达瓦齐手下猛将，后降清）及萨喇尔，自谓弗及言之祥。此剑乃彼所佩用，不离身持短入常。强者死绝弱者乱，曾不历世群丧亡。茕茕孤息挈部落，归命贡此呈天阊。暴得暴失何足纪，聊纪向化武库藏。聊纪向化武库藏，吾犹虑其为龙飞去水中央。[1]

诗中，乾隆帝明确指出："小者勇万夫莫当……玛木特及萨喇尔，自谓弗及言之祥。此剑乃彼所佩用，不离身持短入长。"从中，可以得出结论，乾隆帝所咏小策零敦多布之蕃剑即达什达瓦之妻所进之小策零敦多布所遗佩刀。清代，少数民族地区的刀与剑形制上本身区别就不大，故不同地域、不同民族的人们对它们的称谓也不尽相同，这些刀、剑贡入清宫后尤其如此。举例来说，故宫博物院现存的金川土司刀，在乾隆帝的御制诗中即称为"金川蕃剑"；再如，琉球国进贡的日本刀，清廷则称之为倭长剑，如此等等，不一而足。所以说，上述的推论是成立的。总之，达什达瓦之妻所贡佩刀受到了乾隆帝的高度重视，不仅为其吟诗做赋，并在其授意下，制成由清代宫廷画家董邦达画山水、钱汝诚书《蕃剑行》；钱维诚画山水、钱陈群书《蕃剑行》成扇两柄。众所周知，吟诗作画是风雅之事，题材多为风花雪月一类事物。一把佩刀何以入诗入画，受到乾隆帝如此青睐？因为，在它的背后隐藏着一段鲜为人知、可歌可泣的历史事件。

一

乾隆十年（1745年），准噶尔汗噶尔丹策零病殁，其子嗣围绕着汗位的继承问题展开了殊死的争斗。先是，其次子策妄

[1]《钦定皇舆西域图志》卷四一。

多尔济那木扎勒承袭汗位，由于他嗜杀成性，荒淫无道，属下多有不服。不久，其同父异母的长兄喇嘛达尔扎在众宰桑的拥立、策划下，袭杀策妄多尔济那木扎勒，并取而代之，自立为汗。策妄多尔济那木扎勒的盟友达什达瓦也未能幸免，惨遭杀害。

达什达瓦被杀后，达尔扎将达什达瓦的属下和部众分别赠与在这次谋位事件中有功的台吉和宰桑。达什达瓦人民忍无可忍，乾隆十五年（1750年），达什达瓦属下宰桑萨喇尔率所辖部众内迁归附清廷。清政府“将萨喇尔等照例安插，赏给畜产等项，编设佐领，即令萨喇尔管理，命安插于察哈尔，寻授萨喇尔为散秩大臣”[2]。乾隆十七年（1752年），达尔扎遣使入贡至京，索要萨喇尔，乾隆帝予以严词拒绝，“朕为天下大皇帝，以生成众生为本，岂肯转置之死地”[3]。萨喇尔的归附使清廷及时、准确地掌握了准噶尔的内部情况，为日后平定准噶尔部及达什达瓦夫人率部归清奠定了基础。

当萨喇尔率其部属内徙之时，达尔扎曾令大策零敦多布之孙达瓦齐前去堵截、追杀，达瓦齐未从其命，达尔扎怀恨在心。加之，达瓦齐倚仗其祖父声望雄霸一方，对汗位构成了潜在的威胁，故达尔扎必欲除之，以绝后患。熟料，达瓦齐和辉特部台吉阿睦尔撒纳结成联盟，先下手为强，于乾隆十七年（1752年）十一月直捣达尔扎驻地，袭杀之，达瓦齐遂登汗位。达瓦齐继承汗位后，排除异己，又将达什达瓦之子图鲁巴图及侄纳默库济尔噶尔杀害。不仅如此，曾为其盟友的阿睦尔撒纳亦遭其围攻，阿睦尔撒纳不敌，率众投降清廷。

长期以来，准噶尔内部相互倾轧、杀戮的事实，使乾隆帝清醒地认识到，准噶尔贵族统治势力一日不定，则准部一日不安。萨喇尔及阿睦尔撒纳先后来归，实乃天赐良机，乾隆帝痛下平定准部达瓦齐的决心。乾隆二十年（1755年）一月，命班第为定北将军、阿睦尔撒纳为定边左副将军统北路军；永常为定西将军、萨喇尔为定边右副将军统西路军；郡王班珠尔、内大臣鄂容安为参赞大臣殿后，三路大军并进。准噶尔人民饱受

[2]《清高宗实录》卷三七三。

[3]《清高宗实录》卷四〇六。

战争离乱之苦，对准部贵族争权夺利的行为早已深恶痛绝，故清军所到之处，准部“大者数千户，小者数百户，携酪酮、献羊马，络绎道左。行师数千里，无一人抗颜行者”[4]。其间，达什达瓦夫人率部众3000余户归顺清朝，并积极配合清军作战。由于准噶尔人民的全力支持，加之达瓦齐为政不仁，众叛亲离，清军仅用了四月余的时间，即平定准部，生擒达瓦齐。就在乾隆帝沉醉在胜利的喜悦中时，意想不到的事情发生了。

阿睦尔撒纳骁勇机智，野心勃勃，当初归顺清廷时，是想借助清朝的军事力量打败达瓦齐，从中渔利，达到他登上四卫拉特总汗的目的。从明代起，厄鲁特蒙古即分为准噶尔、和硕特、杜尔伯特及土尔扈特四部，俗称四卫拉特。土尔扈特部于明末远徙俄国后，由辉特部补入。准噶尔部人多势众，力量强大，它的首领一直是四部的总汗，其他三部只能唯命是从。乾隆帝在平定达瓦齐战役开始之前就明确表示，准噶尔平定后，不再设立总汗，议编四部，分设四汗，四部互不统属，达到“众建以分其势”的目的。

阿睦尔撒纳对乾隆帝的话置若罔闻，在平定达瓦齐的战役中，广结党羽，攫取牲畜，擅自使用从达瓦齐处缴获来的，象征四卫拉特最高权力的小红印钤印行文，号令厄鲁特四部，俨然又一个四卫拉特总汗。他采取旁敲侧击的手段，通过定北将军班第探听朝廷虚实，他对班第言道：“我蒙皇上重恩，已极尊荣，复有何求。但我等四卫拉特与喀尔喀不同，若无总统之人，恐人心不一，不能外御强敌，又行变乱。”[5]阿睦尔撒纳虽矢口否认有当四卫拉特总汗的想法，然这不过是欲盖弥彰罢了。与此同时，阿睦尔撒纳又将目光瞄向了达什达瓦部。达什达瓦死后，该部尚有一万余人，尤为重要的是，达什达瓦部作为准噶尔贵族小策零敦多布的旧属，在准噶尔各部中享有极高的声望，占有举足轻重的地位。阿睦尔撒纳为了将达什达瓦部据为己有，提出了娶达什达瓦之女为妻的请求，达什达瓦夫人识破了其阴谋，断然予以拒绝。一计不成，阿睦尔撒纳又生一计，以达什达瓦死后，其部无人统领为借口，要求清政府让他

[4] 清 · 魏源：《圣武记》卷四。

[5]《清高宗实录》卷四八九。

的外甥沙津巴图管理达什达瓦部事务。乾隆帝明察秋毫，这时他还不知道达什达瓦之子图鲁巴图已然遇害，故谕曰："小策零敦多布之子达什达瓦为喇嘛达尔扎所杀，部众分散，今俱归降。闻伊有子图鲁巴图逃入回部，如访得，即令统旧众"[6]。当得知图鲁巴图被害的真相后，谕令萨喇尔之兄布林为达什达瓦部总管，其部旧宰桑巴雅斯呼朗、博罗呼尔噶为副总管，并分别授予他们散秩大臣、头等侍卫等职，协助达什达瓦夫人管理该部事务。

阿睦尔撒纳当四卫拉特总汗及强占达什达瓦部的希望相继破灭后，原形毕露，趁平定达瓦齐后，清军陆续撤离，兵力不足之际，于乾隆二十年（1755年）八月发动叛乱。叛军攻占伊犁，二十九日在距伊犁200余里的乌兰固图勒，将班第、鄂容安、萨喇尔等团团包围，定边右副将军萨喇尔率百余人突围，定北将军班第、参赞大臣鄂容安力战不支，自杀身亡。一时间，人心浮动，许多刚刚归顺清廷的准噶尔部首领又投向了阿睦尔撒纳的阵营。

由于台站中断，信息阻隔，班第、鄂容安兵败自尽的消息西路军营及乾隆帝始终不知，失去联系达一月之久，形势万分危急。在这千钧一发的时刻，达什达瓦夫人派属下索诺木从伊犁奋力杀出至西路军营报信，清廷方知这一消息，为重新布置兵力，来日再战，赢得了宝贵的时间。

二

达什达瓦及图鲁巴图父子的相继遇害，使为妻为母的达什达瓦夫人悲痛万分，同时，她更为达什达瓦部的前途、命运担忧。叛乱后，阿睦尔撒纳变本加厉，对达什达瓦夫人威逼、利诱达到无以复加的程度。在达什达瓦部生死存亡的危急关头，达什达瓦夫人表现出了一个政治家的气魄和远见，她镇定自若、力排众议，于乾隆二十年（1755年）九月，率部众离开他们世居的家园，举部投归清中央政府。其间，他们和叛军数

[6]《清高宗实录》卷四九二。

次激战，冲破叛军的层层堵截，并坚拒喇嘛上层分子的煽动，义无反顾，经过近两个月的长途跋涉，于十一月抵达清军大营巴里坤。达什达瓦夫人对前去迎接的清朝官员言道“我等自伊犁起程时，曾有三千余户。途经吐鲁番前来时，与伊克明安之巴图尔、绰霍尔、克呼特、兀鲁特等共战三次，负伤、阵亡、被贼所掠者共有七百余户，因疲乏不能行走而留于吐鲁番者又三百户……”[7]，其中的千辛万苦可想而知。乾隆帝闻知达什达瓦部归清的消息后异常兴奋，多次传旨褒奖：“达什达瓦之妻，因伊犁扰乱，并不听从彼处众喇嘛等之言，带领游牧人众前来投顺，诚悃可嘉，着封授车臣默尔根哈屯名号（蒙语为聪明睿智的王妃），派副都统鄂实赍庄蟒缎十疋，银五百两，茶叶一千斤，前往赏赍。”[8]“达什达瓦之妻，深知大义，率领属下，弃贼来归，深属可嘉。”[9]不久，乾隆帝又颁发给达什达瓦夫人敕书一道：“达什达瓦系准噶尔后裔，自准噶尔扰乱之后，所属离散，各失主业。大兵平定伊犁时，将军、大臣等即将汝土地陈奏，今汝率众至巴里坤投诚，汝以妇人能知大义，输悃臣服，朕甚嘉焉。是用特需恩施，封汝为车臣默尔根哈屯，所属大宰桑布林、鄂斋尔、托里俱授为散秩大臣。其余人员各量本职，分授为管旗章京、副管旗章京、参领等官，得木斋授为佐领、收愣额授为骁骑校。移驻阿尔台（泰）地方安居乐业。汝受天朝厚恩，宜抚绥所属，俾各安辑，以期钦承毋懈，至汝所属宰桑等，受朕恩施，得受官爵，亦宜各饬所属，永除剽掠之习，诚能安静守法，庶承受有加之恩。若更妄肆劫夺，有违禁令，该管官员，必守法严行约束，不可尝试，特谕。”[10]

乾隆帝对达什达瓦部的归顺给予了高度的重视，部落首领分别被加官晋爵，部落人众的生计得到周到、妥善的安排。达什达瓦人民欢欣鼓舞，以极大的热情投身到平定阿睦尔撒纳叛乱的战斗中。“军营粮饷，关系紧要，理应加意办理……现在满洲及索伦、察哈尔兵丁，调结巴里坤，着交伊等运送，不但行走迅速，且于运粮之便，直抵军营，一举两得。况达什达

[7] 中国第一历史档案馆藏：《扎拉丰阿奏折》。

[8]《清高宗实录》卷四九九。

[9]《清高宗实录》卷五〇〇。

[10]《清高宗实录》卷五〇四。

瓦之众，此际已应至巴里坤附近地方，伊等善于行走，又熟悉路径，将伊等选派数百名，酌给粮食，与满洲、索伦等兵丁同运，更为有益。”[11]达什达瓦夫人根据乾隆帝的旨意，亲自挑选达什达瓦精壮兵丁800名，配合清军出色地完成了运送粮饷的任务，保证了平叛大军的后勤供应。又内大臣鄂勒哲依奏称：“与达什达瓦之妻商议，大兵由阔勒奇、博罗布尔噶苏进发……”乾隆帝遂降旨：“照伊所请，将内地之兵，仍由阔勒奇、博罗布尔噶苏进发，即将从前选派达什达瓦兵一千名，再派索伦兵二千名，噶勒藏多尔济兵一千名，由殊勒都斯进发。”[12]

就在平叛战争节节胜利，阿睦尔撒纳行将覆灭之际，达什达瓦夫人终因积劳成疾，于乾隆二十一年（1756年）四月不幸病逝。乾隆帝为表彰她率部归清的功绩，派重臣前往致祭“达什达瓦之妻现已病故，着公明瑞驰驿前往，率同侍读学士富森、土默特台吉喇嘛扎布等奠醊茶酒，并加恩赏银二百两，经理丧事。”[13]达什达瓦举部归清是中国民族关系史上的一件大事，它再一次说明祖国统一是大势所趋，分裂是不得人心的。达什达瓦夫人用她的行动，乃至生命谱写了多民族国家团结、友好的颂歌。由于史笔的疏漏及传统的封建意识，达什达瓦夫人的名姓及年龄均无从考证，实为憾事。小策零敦多布所遣佩刀，即贡于达什达瓦部到达巴里坤不久的乾隆二十年（1755年）十二月。

游牧地是游牧民族的主要生活支柱，达什达瓦部归清伊始，乾隆帝就有关事宜做了周密、细致的布置。先是安排他们到阿尔泰山以东的鄂尔坤地区驻牧，后应达什达瓦部的请求，乾隆帝又安排他们到承德避暑山庄附近居住。乾隆二十四年（1759年），达什达瓦部分两批陆续抵达承德，清政府将他们重新编为9个佐领，归入驻防八旗，并拨给牲畜、划给牧场、发放粮饷，在普宁寺附近的河谷上营建房舍供他们居住。从此，达什达瓦人民在承德地区永久地定居下来，安居乐业。

达什达瓦人民笃信黄教，在伊犁居住时，有专供他们进

[11]《清高宗实录》卷五〇一。

[12]《清高宗实录》卷五〇二。

[13]《清高宗实录》卷五一〇。

行宗教活动的寺庙——固尔扎都纲。阿睦尔撒纳叛乱时，寺庙毁于战火。为了尊重他们的宗教信仰，清政府于乾隆二十九年（1764年）在达什达瓦部驻地附近仿照伊犁河北岸固尔扎都纲的样式建造了一座佛教寺庙——安远庙。“固尔扎庙在伊犁河北，阿睦尔撒纳之叛，庙遭焚毁。乾隆乙酉年于热河避暑山庄之东北冈，如固尔扎规制，建安远庙，凡达什达瓦部众之隶居热河及杜尔伯特亲王策凌乌巴什等以朝贺至其地者，咸资瞻礼，并准达什达瓦属人入庙为喇嘛，其伊犁之固尔扎庙不更修建。”[14]需要说明的是，安远庙的建造绝不是单纯为了方便达什达瓦人民进行宗教活动，乾隆帝在《安远庙瞻礼书事碑》中说得明白：“然予之所以为此者，非惟阐扬黄教之谓，盖以绥靖荒服，柔怀远人，俾之长享乐利，永永无极云。”[15]

安远庙坐落在普宁寺与普乐寺之间的山冈上，依山临河，中轴线直对避暑山庄。安远庙占地 3.72公顷，平面呈长方形，由庭院、山门及主体建筑普渡殿组成。普渡殿高27米，共三层，一层供奉主尊佛像绿度母；二层供奉过去、今世、来世三世佛；三层供奉9头34臂16条腿的大威德金刚。

斗转星移，日月如梭，当年达什达瓦部反对分裂，毅然归清的壮举或许已被人们遗忘，但至今保存完好的达什达瓦夫人所贡佩刀及巍然矗立的安远庙，则成了民族团结、友好的见证。

三

清代前期，准噶尔长期割据，时叛时附，清军虽屡次征剿，天山南北始终处于动荡不安之中。若从康熙二十九年（1690年）清军首征噶尔丹算起，至乾隆二十二年（1757年）阿睦尔撒纳叛乱被清军平定止，在长达近70年的历史进程中，准噶尔堪称清廷的心腹大患。为此，清廷付出了大量的军力、物力，仅康熙二十九、三十五、三十六年三次平定噶尔丹之役赏给外藩蒙古随征官兵的行装银就达617358两之多[16]，而雍正九年（1731年）仅和通泊一役，清军阵亡将士即达万余人之

[14]《钦定皇舆西域图志》卷四七。

[15]《安远庙瞻礼书事碑》。

[16]《平定朔漠方略》卷四五。

众，使清廷丢尽了颜面。不仅如此，连年的战乱还给西北部地区的经济造成巨大的破坏。更为重要的是，沙俄帝国对西北部疆土觊觎已久，常有吞并之意。随着阿睦尔撒纳及随后大小和卓叛乱的先后平定，清政府根据全疆不同地区、不同民族的具体情况实行了三种不同的制度，对天山南北实施有效的管辖。

首先，于乾隆二十七年（1762年）在伊犁设伊犁将军，它是全疆最高的行政和军事长官，集军政大权于一身。伊犁将军由清中央政府直接任命，其下设都统、参赞大臣、办事大臣、领队大臣等，他们分驻全疆各地，分管各地军政事务。

其次，在天山南麓信奉伊斯兰教的地区，仍实行旧有的伯克制度，只是对旧有制度进行了重大改革，即取消世袭制，伯克的任免均由清中央政府掌管，伯克按其职位授予三至七品的等级。天山北麓东部接近内地汉人聚集区，实行内地的州县制。

再次，在哈密、吐鲁番、库车、阿克苏等蒙古、哈萨克、柯尔克孜等民族游牧区则沿袭了原来的扎萨克制，由清政府分封的世袭王公管理。为了加强该地区的军事力量，从乾隆二十七年（1762年）起，清政府调派大批的八旗、绿营、锡伯、索伦、察哈尔、厄鲁特蒙古等兵丁驻防天山南北各地，并在山川隘口、交通要道等要冲地带设置卡伦、台站100多处。

上述种种措施，从政治、军事、法律上保证了清政府对新疆地区的管理，加强了清中央政府和新疆地区的联系，西北部边疆得到极大巩固，粉碎了沙俄对我国西北边疆的图谋，促进了该地区的经济发展和繁荣。这一局面的形成，都源于阿睦尔撒纳叛乱的平定，而达什达瓦部则在平叛的过程中发挥了极为重要的作用。基于上述原因，乾隆帝对达什达瓦部的归清及该部所进佩刀格外重视也就不难理解了。

再论精巧秀美的雍正瓷器
——从雍正皇帝的宫廷生活谈起

故宫博物院古器物部　刘伟　赵聪月

爱新觉罗·胤禛是满洲贵族入主中原后的第三代皇帝，其年号雍正，就是雍亲王得位之正的意思。他中年登基，年富力强，称得上是一位具有雄才大略的政治家。[1]他兢兢业业、励精图治、勇于革新，使国家政局得以安定，社会生产力得以发展，同时促进了多民族国家的进一步巩固。在雍正皇帝的不懈努力下，[2]雍正时期不仅社会生活的方方面面与康熙晚期相比有了很大变化，其制瓷工艺的水平在中国陶瓷史上也达到了一个鼎盛期，毫不逊色于康熙、乾隆瓷器。当时宫中所用瓷器数量之大，后人无法想象。据清宫造办处档案记载：雍正七年至十三年的六年当中，御窑场为宫内烧造的瓷器不下三四十万件。[3]清人朱琰在《陶说》一书中描述雍正时期的制瓷状况时也曾说："景德镇袤仅十余里，山环水绕，僻处一隅，以陶来四方商贩，民窑二三百区，工匠人夫不下数十万，借此食者甚众。"当时官窑瓷器的产量"一岁之成，恒十数万器"，此一项"需耗银八千两"[4]。

[1] 阎崇年：《清朝皇帝列传》，第152页，紫禁城出版社，2002年。

[2] 阎崇年：《清朝皇帝列传》，第164页，紫禁城出版社，2002年。

[3] 中国第一历史档案馆、香港中文大学文物馆：《清宫内务府造办处档案总汇》卷四、卷五，人民出版社，2005年。

[4] 朱琰：《陶说》，第14页，轻工业出版社，1984年。

一　鲜为人知的宫廷生活

雍正时期宫廷瓷器数量剧增，是当时特殊的历史条件决定的。雍正皇帝从登上皇帝宝座的那天起，就一刻没有安稳过，一方面长达十几年的储位之争，使朝中政局长期处于动荡之中，诸皇子交结宗室大臣分派结党，明目张胆与之抗争，使关系到封建秩序稳定与巩固的皇权受到严重威胁；另一方面由于康熙帝晚年在一些政务的处理上反复无常，致使许多大臣不知所措，不仅朝政荒废，官僚阶层更是贪污受贿成风，侵蚀国帑成为司空见惯的事情，清王朝的经济危在旦夕。[5]在这样一种极为复杂的局面下，雍正皇帝继位之初就不得不把全部精力投到政务中去，“自朝至夕，凝作殿室，披览各处章奏，目不停视，手不停批，训谕数人，日不下千百言”[6]。同时为了提防皇八子允禩集团的篡位，入主皇宫13年来，他几乎是深居简出。除了元年先后送康熙帝和仁寿皇太后的灵柩去遵化东陵外，以后还去过东北谒祖祭陵，之后就再没有走出过京城半步。

清朝从康熙皇帝开始，将历代国君宣示“别殿临朝”、“省方问俗”、“核官抚民”的巡幸仪式，与以示“讲武习兵”的巡狩仪式合并在一起，称其为“北巡”[7]。它一般指初夏时节帝王去避暑山庄避暑，等到秋分时节举行木兰秋狝，之后再回銮紫禁城，历时约4到6个月，此段时期理朝视政如同在紫禁城一般。北巡成为清代前中期的国朝典制，但雍正皇帝却从来没有举行过类似其父康熙，及其子乾隆那样规模浩荡的南巡活动，也没有那种按季节出塞避暑、秋狝木兰习武行猎，清初帝王的重要活动均被他放弃了。[8]虽然他曾一再表示：“将天下政事经理区画悉皆得宜时，再行秋狝之礼”[9]，可始终没有成行。

雍正在位期间日常活动范围非常有限，几乎就是在紫禁城至圆明园这十公里之间，虽然繁忙的政务使他无暇出行，但是作为一国之君，他同样要享受生活。关于雍正皇帝的宫廷生活，虽然他自我标榜秉性“不喜华靡”，强调“崇俭禁侈”，禁止臣工“进献华丽、精巧之物”，其曰：“外间所进香囊、宫扇中有装饰华丽、雕刻精工者，此皆开风俗奢侈之端，朕所深恶而不取也”[10]，在当时一些文人的记载中，对雍正皇帝的私人生活也是赞赏有余。然而查阅清宫档案，发现雍正皇帝的宫廷生活，虽然与其父康熙、其子乾隆帝相比，称得上“撙节美德”，但决谈不上“节俭禁侈”。如档案记载；雍正三年

[5] 冯尔康：《雍正皇帝全传》，第528页，学苑出版社，1997年。

[6]《清实录》见《清代宫廷史》，第210页，辽宁人民出版社，1990年。

[7] 刘玉文、刘玮：《雍正中缀北巡与乾隆再行北巡原因考识》，第148页，紫禁城出版社，2007年。

[8] 梁希哲：《雍正帝·清帝列传》，第6页，吉林文史出版社，1993年。

[9]《雍正朝起居注》，中华书局，1974年。

[10] 阎崇年：《清朝皇帝列传》，第164页，紫禁城出版社，2002年。

（1725年）“年希尧进象牙4根，重290斤，后下旨做象牙席、象牙床边、象牙靠背等”[11]。雍正皇帝喜爱鼻烟壶，造办处一次就进100多个，仅《活计档》中就记载各式鼻烟壶多达2219个。雍正皇帝欣赏楠木家具，竟一次命定做楠木床18张，就连雍正皇帝喜爱的狗，其狗衣有硬虎皮衣、豹皮衣、猪皮衣、良鼠皮衣、狻猊马衣、麒麟衣等等，其奢华生活由此可见一斑。

雍正皇帝还在京城大肆兴建园林，不仅重修紫禁城宫殿、三海和景山等地，还进一步扩建圆明园[12]，使圆明园从一座小小的亲王园林，变成具有恢宏皇家气派的园囿。雍正皇帝经常在京城内这些皇家园林中游玩，当时宫廷绘画上都有表现，如故宫博物院藏一套设色绢本《雍正行乐图》，在多幅画面中，雍正皇帝将自己置于各种不同衣着和生活场景中，或月下松溪，独自抚琴；或箬笠蓑衣，寒江独钓；或粗衣布衫，荷锄归来；或摇羽微卧，临窗观荷；或放舟芦苇，独饮江中；甚至头戴假发，着西洋服饰，执戟击虎，一幅幅鲜明生动的生活场景，充分反映出胤禛作为帝王鲜为人知的，充满人性情趣的一面。

二　参与瓷器制作的雍正帝

正是由于长期固守紫禁城皇宫大内，所以雍正皇帝对宫中陈设观赏、日常生活所用的瓷器发生了极大兴趣，以至对瓷器制作的全过程都要详细过问，这在中国历代皇帝中实属罕见。

从宫中造办处档案得知，清代从康熙时期开始，一件器物成型之前先要秉承皇帝旨意，然后做出纸样、木样、漆样乃至由纸板做成立体模型，一些镂空的形体更要事先做成蜡样，待皇帝选中后再发往江西景德镇御窑场照样烧造。雍正四年《各作承做活计档》记载：“六月初四日圆明园来帖内称，太监杜寿交来斑竹花纹磁缸一件，塔心磁缸一件，奉旨着照此缸的尺寸，做些木样呈览过，或硬木的，或做漆的，准时再做”[13]。故宫博物院至今仍保留着这些进呈图样，这种呈审制度一直延续至晚清时期。

[11] 中国第一历史档案馆、香港中文大学文物馆：《清宫内务府造办处档案总汇》卷二，人民出版社，2005年。

[12] 万依、王树卿、刘潞：《清代宫廷史》，第285页，辽宁人民出版社，1990年。

[13] 中国第一历史档案馆、香港中文大学文物馆：《清宫内务府造办处档案总汇》卷三，人民出版社，2005年。

雍正皇帝不仅严格执行这种呈审制度，而且还直接参与瓷器的设计，甚至其高矮尺寸、纹样构图、造型设计等，也要亲自指示。这些在《雍正记事杂录》中均有记载：雍正四年（1726年）“八月初八日郎中海望持出宜兴挂釉瓶一件，奉旨旋一木样将两头收细，交年希尧烧造。再着年希尧圆球瓶径八九寸，上开口径二三寸，肚内安插花筒高二三寸，径三四寸，做一木样亦交年希尧烧造。”

雍正七年（1729年）“四月二十日，做得木样一件呈览。奉旨，此边口再放圆些，胆开大些，交年希尧各样釉水烧造几件，比此件大些的亦烧造几件。”

雍正七年（1729年）“四月二十七日，郎中海望奉旨：尔等将各样款式水盛或腰圆形、半璧形、鸡缸形或扁圆形，酌量做木样几件，不必呈览，交年希尧，或黄釉、或霁红釉、或脱胎、或冬青釉务要精细，每样烧几件。”

雍正九年（1731年）“四月十七日，内务府总管海望持白瓷碗二件，奉旨将此碗多半面画绿竹，少半面着戴临撰字立诗，题写地章。或本色全绿竹，淡红或白色酌量配合烧造。”[14]戴临为雍正皇帝的代笔人，雍正皇帝命其在瓷器上亲自题诗足见其喜爱程度。

对于一些雍正皇帝不喜欢的器形，则责令停烧，如宝月瓶曾大量出现在雍正前期，后来由于雍正皇帝不再喜欢此种造型，于雍正十一年（1733年）以后便传旨：“嗣后宝月瓶不必烧造。”

对于一些已烧成的器物，若纹饰造型不好，雍正皇帝则传旨另作烧造，如雍正七年四月二十一日档案记载太监持出洋瓷小圆盒一件，“奉旨着照此盒釉水烧造几件，其盒盖上的花纹不甚好，着他另改花样”[15]。

关于雍正皇帝直接参与瓷器制作一事，在雍正时期珐琅彩瓷的烧制上表现更为显著。珐琅彩瓷与其他品种瓷器完全不同，它是由宫廷画师出具样稿，由景德镇御窑场烧制上好素胎，然后送往京城皇宫内造办处选胎，再经如意馆画师绘画填

[14] 中国第一历史档案馆、香港中文大学文物馆：《清宫内务府造办处档案总汇》卷五，人民出版社，2005年。

[15] 中国第一历史档案馆、香港中文大学文物馆：《清宫内务府造办处档案总汇》卷四，人民出版社，2005年。

彩，最后入宫内彩炉烘烧，在清宫内独领风骚近百年。[16]珐琅彩瓷以洁白细腻的胎质，莹润如玉的釉面，明快艳丽的色调，以及精湛绝伦的绘画技巧，很快成为紫禁城内皇帝后妃们赏玩的御用瓷，一般不作为赏赐用瓷，除非极特殊情况。据档案记载雍正三年（1725年），皇帝赐给暹罗国王各色官窑瓷器共146件，其中仅有一件是珐琅彩瓷。内廷大臣中也只有年羹尧在多次恳请下，才赐给一两件。乾隆皇帝甚至赐御旨"庶民弗得一窥"。

清代康熙、雍正、乾隆三位皇帝，对珐琅彩瓷的喜爱，都达到了痴迷状态，雍正皇帝对珐琅彩瓷的酷爱不仅与康熙皇帝一样，在某些方面甚至还超过了其父。他不但加强对宫中制作珐琅彩瓷的巡视和督察，并亲自参与珐琅彩瓷的设计及制作，对使用的原料、绘画图案乃至器物的样式、高矮尺寸都要一一过问。宫中档案中也有不少关于雍正皇帝期间责令烧造珐琅彩瓷的记载，现摘录几条如下：

雍正七年八月十四日烧造得一件进呈，奉旨："此瓶釉水比先虽好，其瓶淡红地深红花，淡绿地深绿花，太碎太小不好看，嗣后不必烧造此样。或锦地或大些树叶花样，用心烧造，钦此。"[17]

雍正十年六月十三日……太监传旨："今日呈进画珐琅藤萝花磁茶园，再画珐琅器时不必画此样花。其百蝶碗画的甚不细致，钦此。"

雍正十年八月初八日……奉上谕："画黄地珐琅夔龙磁碟红色太浅，再吹时用西洋大红吹做。再磁碗足嗣后不必再画纹锦，钦此。"

雍正十年八月十五日……上谕："珐琅盘、碗茶园、酒园俱烧造的甚好，嗣后将画水墨的多烧造些，钦此。"

对于烧造得非常出色的珐琅彩瓷，雍正皇帝还常常要赏赐画匠及烧制人。雍正八年三月初六日，当郎中海望呈进一对珐琅彩烟壶时，上（雍正）问："画此壶是何人？""烧造是何人？"海望遂奏："此鼻烟壶系谭荣画的，烧珐琅料的是邓八格，还有太监几名帮助办理烧造。"奉旨："赏给邓八格二十

[16] 刘伟：《故宫藏珐琅彩瓷》，第24页，紫禁城出版社，2001年。

[17] 叶喆民：《中国陶瓷史纲要》，第256页，轻工业出版社，1989年。

两，谭荣二十两，其余匠人等尔酌量每人赏给银十两，钦此。”

由于雍正皇帝偏爱珐琅彩中的水墨山水和青绿山水，擅长此技法的画家汤振基、邹文玉也曾多次受到皇帝的嘉奖。雍正十年十二月二十八日，内大臣海望传谕：“邹文玉所画珐琅，数次皇上夸好，应遵旨用本造办处库银赏给十两，钦此。”此外，雍正十一年（1733）后每月给邹文玉的钱粮还加赏一两，档案中还有一些“赏给好饭吃”一类的温和话语。一位君临天下政务繁忙的皇帝，对珐琅彩瓷的制作关心到这种程度，在中国历史上恐怕绝无仅有，它进一步说明珐琅彩瓷在皇室中的位置。

为了更好地督造珐琅彩瓷，雍正帝在自己经常过问的情况下，又命其弟怡亲王统管造办处。怡亲王允祥是康熙帝诸皇子中少数没有政治野心而醉心于艺术的皇子，在允祥的直接领导下，造办处珐琅作的生产达到了鼎盛，其中自炼珐琅料的成功就是一个划时代的伟大创举。康熙时珐琅料都依赖进口，往往供不应求，同时进口西洋料颜色至多只有七八种，而此时珐琅彩瓷的绘画，已从康熙时规矩的装饰画面，发展到几乎与国画中的工笔重彩画日趋一致的艺术效果，单一的色料已经不能满足多层次的色调对比和丰富多彩的画面需要。虽然自炼珐琅料一事，早在康熙时就已开始酝酿，但正式指定专人，拨专款研制是雍正初年。在怡亲王的亲自督促下，雍正六年（1728年）珐琅料终于在宫中自炼成功，除了有九种与西洋料相同的颜色外，还新增加了九种颜料，[18]足以保证雍正珐琅彩瓷的需要。

在雍正皇帝的直接督烧下，雍正珐琅彩瓷风格与康熙明显不同，虽然仍以小型器物为主，但造型有盘、碗、杯、茶壶、瓶等多样。纹饰早期沿袭康熙珐琅彩，在各种色地上绘花卉的技法，后期形成自己的风格，即在白色釉地上，以山石、花鸟作装饰题材，其精湛的绘画技法，达到了雍正帝谕旨中注重的“内廷恭造之式”排除“外造之气”的要求。[19]雍正珐琅彩瓷的胎与康熙时有所不同，不再使用“反瓷”，而是大量使用景德镇烧制的精细白瓷。这种白瓷胎体轻薄，胎质细密，在白度或透明度上都超过明永乐时期的甜白瓷。一件松竹梅纹橄榄式

[18] 朱家溍：《清代画珐琅瓷器考》，《故宫博物院院刊》1982年第3期。

[19] 王健华：《清代宫廷珐琅彩综述》，《故宫博物院院刊》1993年第3期。

瓶，胎体轻薄达到半脱胎状，迎光透视可见器壁上所绘松竹梅纹饰。[20]雍正珐琅彩在这种白瓷上绘画，使山之皴法，水之波纹，鸟之羽毛，甚至花叶边缘之芒，月季枝干之刺，都表现得更加细腻。如一件白地雉鸡牡丹纹碗[21]，外壁绘花丛中雌、雄二雉鸡，栖于石上的雄雉鸡身绘各色鲜艳羽毛，若细分有十多种色彩，一翎一羽无不细致描绘，竭尽绚丽夺目之势。还有一件蓝料彩山水纹碗，胎体洁白剔透，外壁蓝料彩绘通景山水画。画中崇山峻岭、苍松翠柏、仙台楼阁、茫茫沧海等景色栩栩如生，宛如一幅工笔山水画。海天之上墨彩又题七言诗两句："翠绕南山同一色，绿园沧海缘无边。"句首句尾分别钤"寿古"、"山高"、"水长"等印章。[22]

珐琅彩瓷发展到雍正时期，应该说达到了一个极盛阶段，它能将层峦叠嶂的整幅山水浓缩在一件小碗的内心，又可以将万紫千红的满园春色再现在一件小瓶的外壁，在章法布局上还融诗、书、画、印为一体。后人评雍正珐琅彩瓷有四绝："质地之白白如雪，一绝也；薄如卵幕，口嘘之而欲飞，二绝也；以极精之显微镜窥之，花有露珠，鲜艳纤细，蝶有茸毛，且颈颈竖起，三绝也；小品而题极精之楷篆各款，细有蝇头，四绝也。"[23]雍正珐琅彩瓷之所以能取得如此高超的艺术成就，除雍正皇帝大力倡导外，画工精湛也是其根本原因。我国瓷器的彩绘装饰发展到清代，在吸收了传统绘画的技法以后，即由以图案形式为主，一变而成为以写实形式为主。这对于描写现实生活，扩大装饰题材和表现技巧都具有重要意义。特别是在明清彩瓷中，举凡可以描写的事物，无一不可作为陶瓷的装饰内容，甚至还有名家的书画作品。如清初画坛上的"四王"王时敏、王鉴、王原祁、王翚的山水画；恽寿平、邹一桂的花鸟画；仇英、费晓楼的人物画，他们的笔法也都能在陶瓷画面上找到踪迹，[24]这对于提高陶瓷装饰艺术水平无疑起着积极的影响。

据档案记载，当时供奉宫廷、提供画稿及画珐琅的人有戴恒、邹文玉、唐岱、汤振基、余秀、焦国俞、贺金昆、宋三吉、张琦、邝丽南、谭荣、周岳、吴士琦[25]等，他们大都是翰

[20] 刘伟：《历代宫廷藏瓷》，第171页，紫禁城出版社，2003年。

[21]《故宫博物院藏文物珍品大系·粉彩、珐琅彩》，第14页，商务印书馆香港有限公司，1999年。

[22]《故宫珍藏康雍乾瓷器图录》，第234页，紫禁城出版社，1994年。

[23] 叶喆民：《中国陶瓷史》，第590页，生活、读书、新知三联书店，2005年。

[24] 刘兰华：《清代陶瓷》，第114页，北方文物出版社，1988年。

[25] 陈佩芬：《上海博物馆藏宝录》，第153页，香港三联书店、上海文艺出版社，1988年。

林出身，书画功底极其深厚。其中，唐岱是以“山水沉厚深稳”著称画坛的画家；戴恒是长于画花鸟画的画家，也是画水墨珐琅的高手；邹文玉是康熙五十六年（1717年）奉敕和冷枚等人合绘《万寿图》的画家，也是数得雍正皇帝赏识的画珐琅人；贺金昆是《石渠宝笈续编》上有绘画作品的著录人，他以“善画人物花卉”、“笔底丘壑颇富”著称，也是雍正皇帝指名要其画珐琅器图案的画家之一。这些人在他们以画家身份闻名画坛之前或同时，都曾供奉宫廷画过珐琅彩瓷。此外，专门在珐琅器上写字的人戴临、徐正国等人，他们虽不是著名书家，但其字体娟秀而不纤弱，气静神闲与珐琅瓷的画风相得益彰。其中，戴临是武英殿侍诏，在宫中档案中曾不止一次见到雍正皇帝指名要戴临在珐琅瓷上题字的记载。珐琅彩瓷正是由于著名画家和名匠的参与制作，在雍正皇帝的直接指导下，成为一种极特殊的宫廷艺术。

三　雍正帝喜爱的宫廷瓷器

雍正时期的瓷器，不仅产量巨大，而且制作的相当精美，以造型为例，雍正瓷器一改康熙瓷器高大挺拔风格，代之以秀美精巧风貌。如果说康熙瓷器富有阳刚之气，雍正瓷器则具有阴柔之美。[26]其造型特征可用一个“秀”字来概括，器物线条间各部分比例非常协调，规矩方圆一丝不苟，这一点成为雍正瓷器鲜明的时代特征。

雍正时期瓷器造型风格的这一改变，和那个时代政治、社会生活的基本面貌相一致。当时大规模急风暴雨式的权力之争已经结束，社会经济由恢复期进入全面繁荣的发展阶段。在这种情况下人们对美的追求日趋强烈，希望处在优美的环境中生活。此外，雍正皇帝对瓷器又有极特殊的喜好，并对瓷器制作直接干预，也是其中一个重要因素。在大批清宫遗留的雍正瓷器中，有一件斗彩花卉纹尊，高25.7厘米，通体模印菊瓣纹，线条轮廓非常柔和。自上而下在每一个菊瓣处又以连枝花组成

[26] 耿宝昌：《明清瓷器鉴定》，第68页，中国文物商店总店，1983年。

繁密的直条花纹，使器物的造型和斗彩清丽秀雅的色彩能够统一在一个基调之中，艺术效果非常强烈。另一件红地粉彩花卉纹贯耳瓶，形体线条流畅到看不出转折处的线角变化，绘画与造型不仅相得益彰，工巧与纤细更胜一筹。[27]

雍正时期的制瓷匠师不仅精于器物成型技巧，还善于在大自然中发现美，他们运用丰富的表现力，着力于器物的仿生形，以简炼的手法不断创造出新品种。故宫博物院藏一件粉青釉花瓣式尊，整体造型取材自然界中的花朵形态，长颈部呈六面花瓣形，恰似蓓蕾初绽，俏丽生动。另一件仿官釉桃式洗，其造型仿桃实形状，近蒂处几片桃叶及一个完整的桃实，更增添了器物鲜明生动的美感。还有一件青花凤穿花纹盖罐，造型仿莲子形状而制，俗称“莲子罐”。[28]这些仿生器形充分反映出雍正制瓷匠师们，对自然生物的特定感受，和在造型能力上所具有的高超技巧。类似这种造型在清宫藏品中有许多，如石榴尊宛如一颗熟透的石榴；鱼篓尊造型仿渔家用柳条编织的鱼篓形状，还有橄榄式瓶、灯笼式瓶、瓜棱式瓶、荷叶洗、海螺式水丞、莲蓬式水丞等等[29]，都是以自然界中的动植物为器皿范本，采用概括、抽象手法进行艺术再创造，使器物造型呈现出无穷趣味，给使用者美的遐想。

雍正时期，瓷器在宫中处于一种非常特殊的地位，它不仅是生活用具，同时也是主要的陈设器，此外还是皇帝赏赐王公贵族的重要器物。雍正十年（1732年），雍正皇帝传旨：“备赏蒙古王公祭红高足碗，备赏蒙古王公祭青高足碗，备赏蒙古王公黄色高足碗，备赏蒙古王公白色高足碗。”[30]雍正时期还出现了一种专门用作赏赐的“赏瓶”，该瓶撇口细颈，圆腹，圈足，腹部绘青花缠枝莲花纹，图案取其“清廉”之意。雍正八年（1730年）九月，景德镇御窑场奉命“将赏用瓷瓶烧造些”[31]，此种赏瓶的形制一直延续烧制到晚清。正是由于瓷器在宫中处于这样一种举足轻重的地位，所以雍正时期御窑的制瓷水平得以迅速发展，康熙时期新出现的一些品种，如粉彩、墨彩和珐琅彩，以及传统的斗彩、釉里红、青花等釉色在此时

[27]《故宫博物院藏文物珍品大系·粉彩、珐琅彩》，第88页，商务印书馆香港有限公司，1999年。

[28]《清盛世瓷选粹》，第224页，紫禁城出版社，1985年。

[29]《故宫珍藏康雍乾瓷器图录》，第254页，紫禁城出版社，1994年。

[30]《清史档案·雍正记事杂录》，《景德镇陶瓷·纪念唐英诞生三百周年专辑》，第24页，1982年。

[31] 耿宝昌：《明清瓷器鉴定》，第132页，中国文物商店总店，1983年。

都以新的面貌光耀瓷史。所有器物不仅胎体洁白无疵，制作精益求精，而且所绘花鸟虫鱼，形态逼真，精致者甚至达到“花有露珠，蝶有茸毛”[32]的程度。其柔和淡雅的色调、逸丽清秀的风格，与雍正时洋溢着阴柔婉约之气的造型真可谓相得益彰。

雍正时期，不仅本朝瓷器成就甚高，仿唐宋名窑及仿明代名器，品种之丰富、仿制水平之高超，也是陶瓷史上任何一个朝代无法相比的。景德镇督陶官唐英详细记载了这一时期的制瓷成就，其曰：“厂内所造各种釉水（色）、款项甚多不能备，兹举其仿古宋今宜于大小盘碗盅碟瓶尊彝岁例贡御者五十七种。”[33]唐英所列举的各种釉色，虽然在称谓上与现在有些出入，但基本上都能与传世品相互印证。故宫博物院藏有一件雍正仿钧窑紫红釉鼓钉洗，其造型、胎体、釉色都与宋钧瓷鼓钉洗一般无二，甚至钧釉中那种所谓“蚯蚓走泥纹”也能仿得惟妙惟肖，其逼真之状令人叫绝。[34]在仿宋钧釉色基础上，雍正时期还烧制成功了一种“窑变花釉”，釉面比宋钧釉更显绚丽多彩，宛如熊熊燃烧的烈焰，因而又有火焰红、火焰青之称，其色调为蓝、紫、月白、绿、酱、青褐等色与红色交织在一起，形成放射的条丝和斑片状，好似激流瀑布从天而降，又好像火山喷发时岩浆奔涌，精美绝伦的釉色令世人赞叹，在中国陶瓷史上又书写下壮丽的一章。

通过以上分析，我们可以得出这样的结论：雍正时期制瓷业所取得的巨大成就，与雍正皇帝的喜爱与参与分不开。通过对这一时期瓷器所表现出的时代特征分析，我们对雍正皇帝在宫中生活的另一面，以及他所生活的那个时代，也会有更全面、更深刻的了解。

[32] 叶喆民：《中国陶瓷史》，第590页，生活、读书、新知三联书店出版社，2005年。

[33] 唐英：《陶成纪事碑》，《景德镇陶瓷·纪念唐英诞生三百周年专辑》，第25页，1982年。

[34] 叶佩兰：《古瓷辨识》，第17页，台北艺术图书公司，1994年。

图书在版编目（CIP）数据

明清宫廷史学术研讨会论文集．第1辑 / 故宫博物院编．-- 北京 ：紫禁城出版社，2011.4
ISBN 978-7-5134-0132-6

Ⅰ．①明… Ⅱ．①故… Ⅲ．①宫廷－历史－中国－明清时代－学术会议－文集 Ⅳ．①K248.07-53

中国版本图书馆CIP数据核字(2011)第056425号

明清宫廷史学术研讨会论文集（第一辑）
故宫博物院编

策　　划：陈丽华　任万平
主　　编：任万平
副 主 编：许　静
编　　务：张雅静　郭　威　滕德永　马顺平
责任编辑：杨付红　王志伟
装帧设计：王孔刚
出版发行：紫禁城出版社
　　地址：北京市东城区景山前街4号　　　邮编：100009
　　电话：010-85007808　010-85007816　传真：010-65129479
　　网址：www.culturefc.cn　邮箱：ggcb@culturefc.cn
印　　刷：北京方嘉彩色印刷有限责任公司
开　　本：787×1092毫米　1/16
印　　张：35.5
字　　数：680千字
版　　次：2011年4月第1版
　　　　　2011年4月第1次印刷
印　　数：1～2000册
书　　号：ISBN 978-7-5134-0132-6
定　　价：66.00元